齊齊哈爾市圖書館 編

齊齊哈爾市圖書館古籍善本圖録

（第二輯）

國家圖書館出版社

圖書在版編目（CIP）數據

齊齊哈爾市圖書館古籍善本圖録. 第二輯 / 齊齊哈爾市圖書館編. — 北京 : 國家圖書館出版社, 2022.8
ISBN 978-7-5013-7139-6

Ⅰ. ①齊… Ⅱ. ①齊… Ⅲ. ①古籍—善本—圖書館目録—齊齊哈爾 Ⅳ. ①Z838

中國版本圖書館CIP數據核字（2020）第263015號

書　　名　齊齊哈爾市圖書館古籍善本圖録（第二輯）

作　　者　齊齊哈爾市圖書館　編

責任編輯　王燕來　黄鑫

出版發行　國家圖書館出版社（北京市西城區文津街7號　100034）
（原書目文獻出版社　北京圖書館出版社）
010-66114536　63802249　nlcpress@nlc.cn（郵購）

網　　址　http://www.nlcpress.com

排　　版　愛圖工作室

印　　裝　北京雅圖新世紀印刷科技有限公司

版次印次　2022年8月第1版　2022年8月第1次印刷

開　　本　889 × 1194（毫米）　1/16

印　　張　19

書　　號　ISBN 978-7-5013-7139-6

定　　價　300.00圓

編纂委員會

前　言

“中華古籍保護計劃”啓動以來，齊齊哈爾市古籍保護工作進入新的發展階段。經過幾年時間，古籍普查工作已取得一定的成果，目前已對 6 萬多册古籍進行了普查登記。齊齊哈爾市圖書館在 2009 年和 2013 年分别被國務院核定爲“全國重點文物保護單位”和“全國古籍重點保護單位”。

齊齊哈爾市圖書館始建於清光緒三十二年（1906），作爲黑龍江省圖書館前身，是繼浙江、湖南、湖北三省之後，全國第四座省級公共圖書館，同時也是我國東北地區建立最早的公共圖書館。建館初期隸屬於黑龍江省將軍署學務處。1908 年 7 月，在齊齊哈爾西關外嫩江畔原普恩寺舊址興建圖書館，定名爲“黑龍江圖書館”。1925 年遷至省教育廳内，改稱“黑龍江省立圖書館”。1930 年 10 月，在龍沙公園内望江樓南側，建造一座三層中西合璧宫殿式仿古建築爲新圖書館，命名爲“黑龍江省圖書館”。1954 年因黑龍江省和松江省兩省合并，省會遷移到哈爾濱市，黑龍江省圖書館更名爲“齊齊哈爾市圖書館”。

齊齊哈爾市圖書館建館百餘年，館内藏有豐富的古籍文獻，現有唐、宋、元、明、清歷代古籍文獻 7000 餘種，12 萬餘册，其中善本古籍 761 種，7400 餘册，古籍藏書獨具特色，一些海内外孤本成爲研究古代歷史和文化的珍貴文獻。明代刻本《解學士文集》《朱文公校昌黎先生文集》《禮記集說》《詩集傳》《儀禮明解》《貞觀政要》《周禮明解》，明代套印本《楚辭》以及清代《新刻滿漢字詩經》等 9 種古籍入選《國家珍貴古籍名録》。在文化部 2013 年舉辦的珍貴古籍名録精品展中，《新刻滿漢字詩經》被展出了兩個月時間，在黑龍江省内是唯一一部參展古籍。館藏清抄本《龍沙劍傳奇》是黑龍江最早的一部戲曲劇本，是研究黑龍江戲劇和流人文化的珍貴古籍。館藏拓片碑帖也不乏珍品，包括明萬曆《淳化閣法帖》、清嘉慶《鐵公保梅庵行書》真迹等。

爲了讓公衆更多地了解塞北文化名城所藏古籍珍品，我們特編輯《齊齊哈爾市圖書館古籍善本圖録》以饗讀者。它的出版，得到了各級領導、各界朋友、同仁的支持，在此表示衷心的感謝。受水平所限，難免有錯漏不足之處，敬請廣大讀者匡誤賜正。

齊齊哈爾市圖書館

2017 年 12 月

凡　例

一、齊齊哈爾市圖書館萬卷閣收藏善本古籍761種，其中有9種入選《國家珍貴古籍名録》，24種入選《黑龍江省珍貴古籍要覽》。本書收録館藏善本古籍523種。

二、本書依中國古籍傳統分類法，即經、史、子、集四部分類編排，具體類目參照《中國古籍善本書目》，各部類内部順序依據館内排架順序編排。

三、本書分兩輯，第一輯收録經、史、子三部，第二輯收録子部、集部。

四、每種古籍包括書影及著録内容。每種古籍選圖一幀，儘可能選取該書卷端頁書影。著録内容依據原書著録，包括題名、卷數、責任者及版本信息。

目　録

子　部

集　部

子部

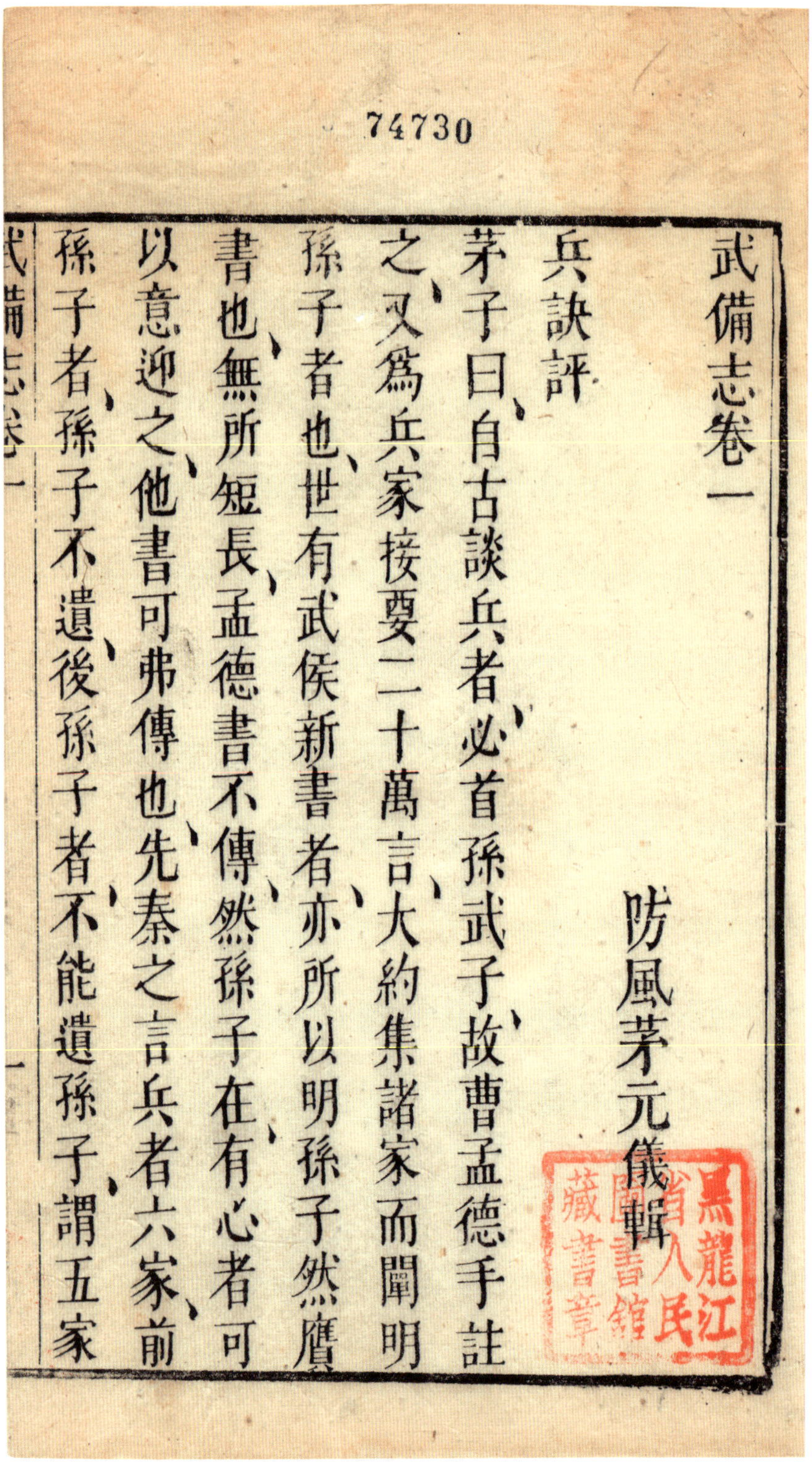

武備志卷一

兵訣評

防風茅元儀輯

茅子曰自古談兵者必首孫武子故曹孟德手註之又爲兵家接要二十萬言大約集諸家而闡明孫子者也世有武侯新書者亦所以明孫子然贋書也無所短長孟德書不傳然孫子在有心者可以意逆之他書可弗傳也先秦之言兵者六家前孫子者孫子不遺後孫子者不能遺孫子謂五家

武備志卷一　一

武備志二百四十卷　（明）茅元儀輯　明天啓元年（1621）蓮溪草堂刻本

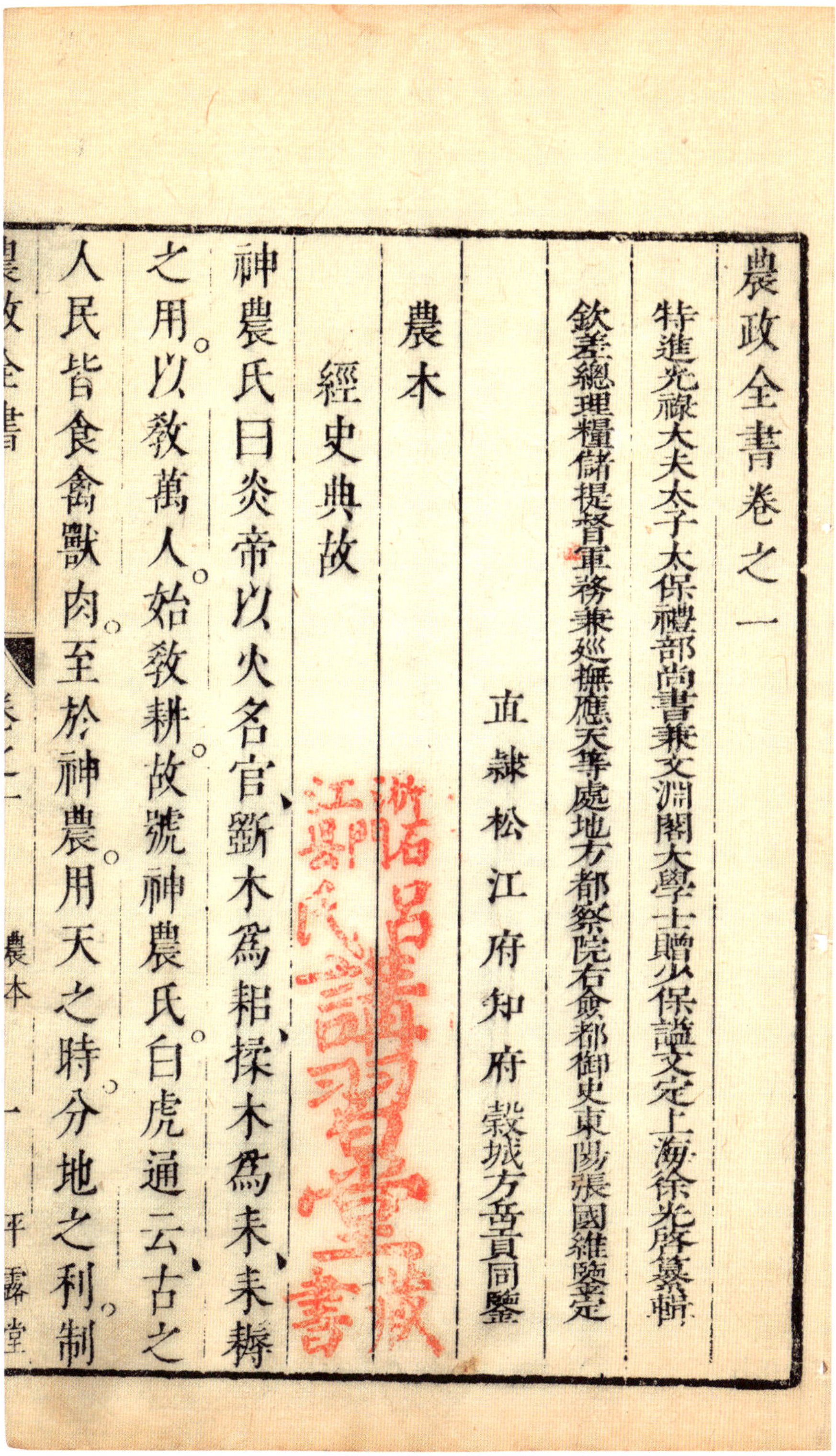
農政全書卷之一
特進光祿大夫太子太保禮部尚書兼文淵閣大學士贈少保謚文定上海徐光啓纂輯
欽差總理糧儲提督軍務兼巡撫應天等處地方都察院右僉都御史東陽張國維鑒定
直隸松江府知府穀城方岳貢同鑒
農本
經史典故
神農氏曰炎帝以火名官斲木爲耜揉木爲耒耒耨之用以教萬人始教耕故號神農氏白虎通云古之人民皆食禽獸肉至於神農用天之時分地之利制
農政全書　卷之一　農本　一　平露堂

農政全書六十卷　（明）徐光啓撰　（明）張國維　（明）方岳貢鑒定　明崇禎十二年（1639）平露堂刻本

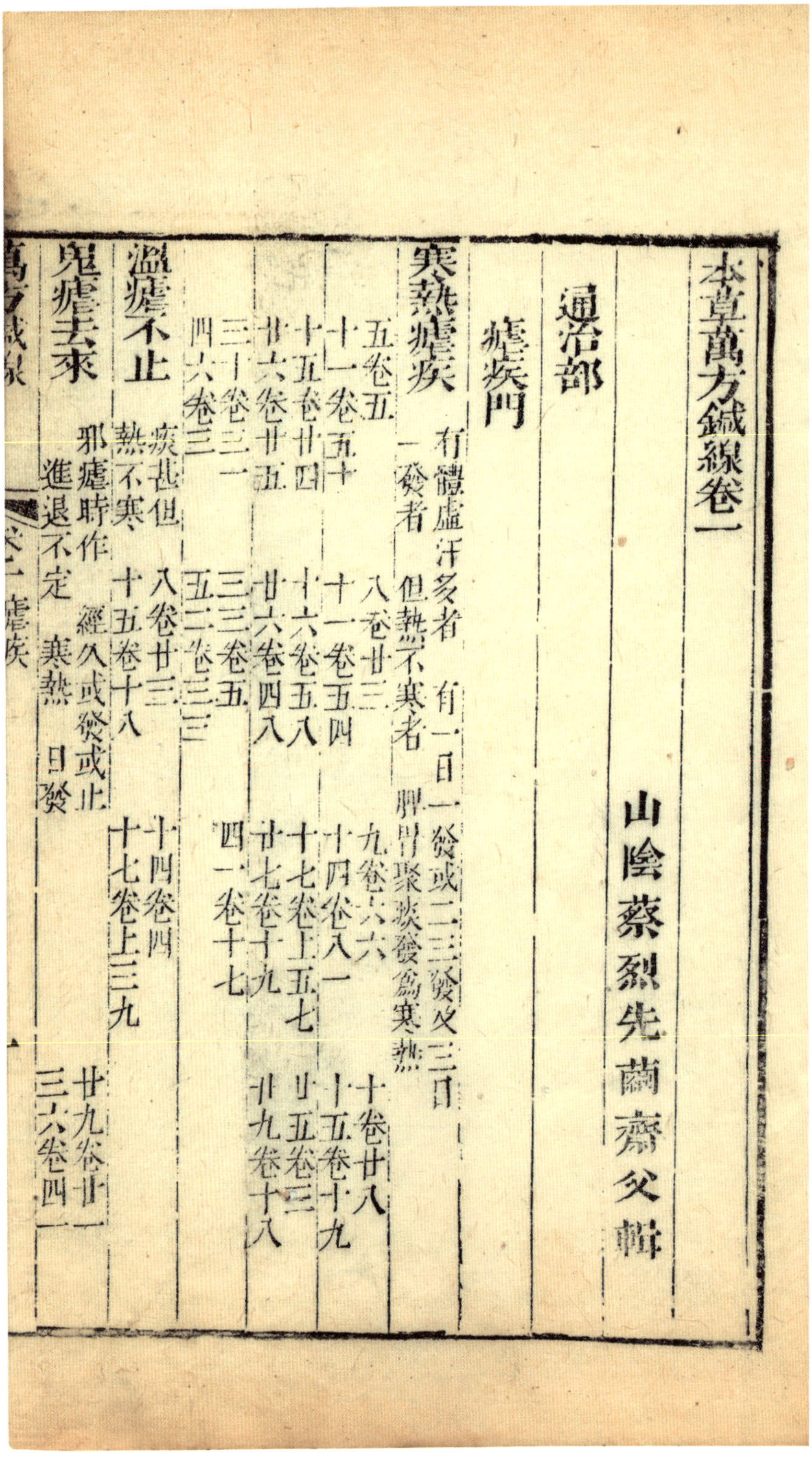
本草萬方鍼線卷一

山陰蔡烈先繭齋父輯

通治部

瘧疾門

寒熱瘧疾　有體虛汗多者　有一日一發或二三發及三日一發者　但熱不寒者　脾胃聚痰發爲寒熱

五卷五　八卷廿三　九卷六六　十卷廿八

十一卷五十　十一卷五四　十四卷八一　十五卷十九

十五卷廿四　十六卷五八　十七卷上五七　廿五卷十三

廿六卷廿五　廿六卷四八　廿七卷十九　廿九卷十八

三十卷三一　三三卷五　四一卷十七

四六卷三　五二卷三三

溫瘧不止　痰甚但熱不寒　八卷廿三　十四卷四

十五卷十八　十七卷上三九

鬼瘧去來　邪瘧時作　經久或發或止　進退不定　寒熱日發　廿九卷廿一

三六卷四一

萬方鍼線　卷一瘧疾

本草萬方鍼線八卷　（清）蔡烈先輯　清乾隆四十九年（1784）金閶書業堂刻本

痘疹元珠

原痘論一

痘本胎毒發於五臟初起太陽壬癸尅乎丙丁繼傳胎肝
氣血化為漿膿卒歸脾土返本還元傳染輕重由於傷感
所貴淡紅堅硬潤澤尖圓顆粒分清此吉症也唯忌頂平
脚濶黑陷乾枯細密沾沿此惡候也故避風寒節飲食戒
厭穢謹房色避其毒疫迎其順機防之腠理雖重而無傷
也夫痘症不一宜先知之如發熱之初面赤舌紫不時驚
搐心症也其熱發於巳午時其色紅呵欠煩悶目睛吊白

痘疹元珠一卷附療痘遺方一卷　（清）江希舜撰　清抄本

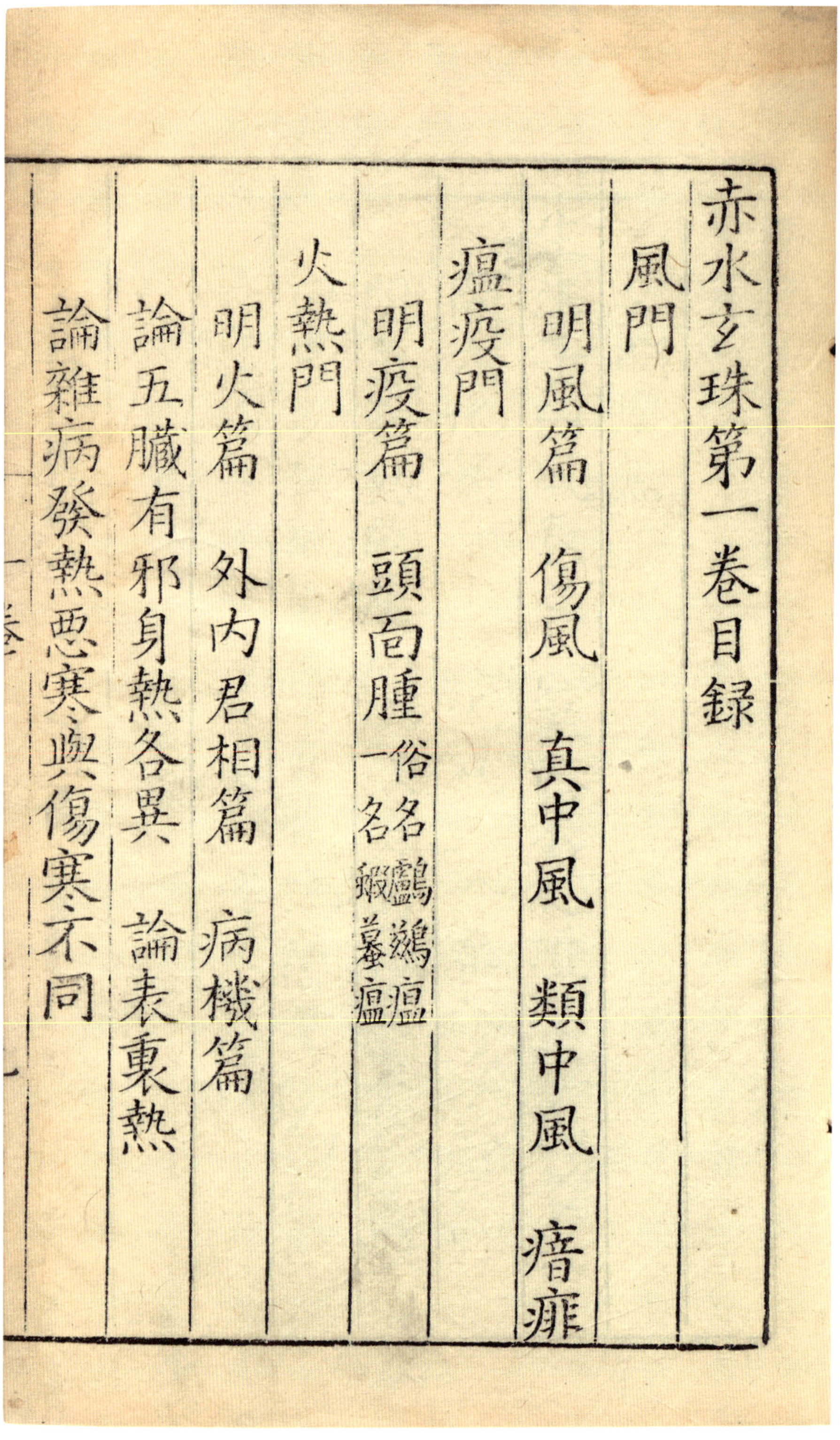
赤水玄珠第一卷目録

風門

明風篇　傷風　真中風　類中風　瘖痱

瘟疫門

明疫篇　頭面腫（俗名鸕鷀瘟　一名蝦蟆瘟）

火熱門

明火篇　外内君相篇　病機篇

論五臟有邪身熱各異　論表裏熱

論雜病發熱惡寒與傷寒不同

赤水玄珠三十卷　（明）孫一奎撰　明刻清修本

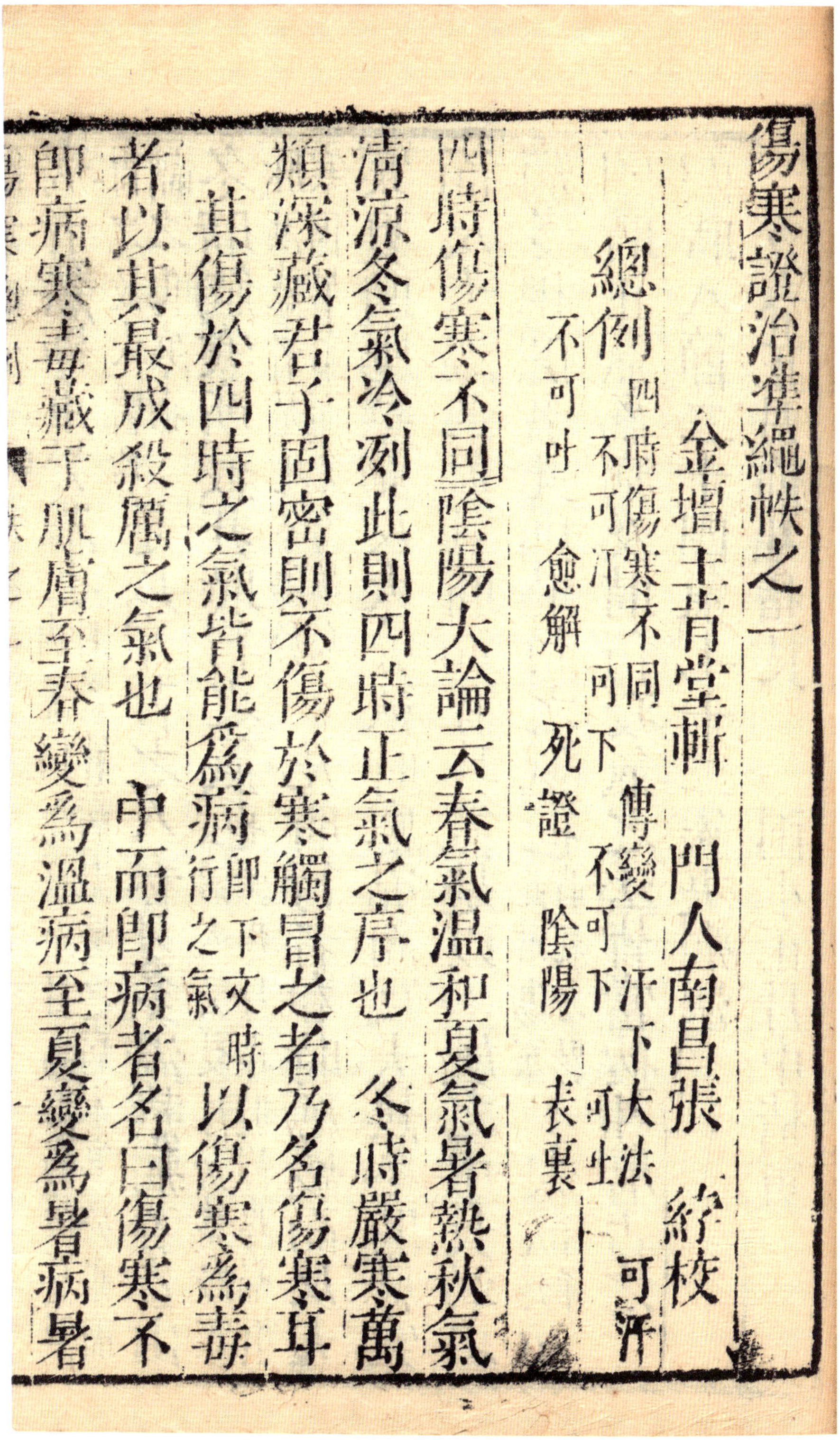

傷寒證治準繩帙之一

金壇王肯堂輯　門人南昌張　紵校

總例　四時傷寒不同　傳變　汗下大法　可汗　不可汗　可下　不可下　可吐　不可吐　愈解　死證　陰陽　表裏

四時傷寒不同陰陽大論云春氣溫和夏氣暑熱秋氣清涼冬氣冷冽此則四時正氣之序也　冬時嚴寒萬類深藏君子固密則不傷於寒觸冒之者乃名傷寒耳其傷於四時之氣皆能爲病（即下文時行之氣）以傷寒爲毒者以其最成殺厲之氣也　中而即病者名曰傷寒不即病寒毒藏于肌膚至春變爲溫病至夏變爲暑病暑

傷寒證治準繩八卷雜病證治類方八卷　（明）王肯堂輯　張紵校　明萬曆刻清康熙三十一年（1692）金壇虞氏修補本

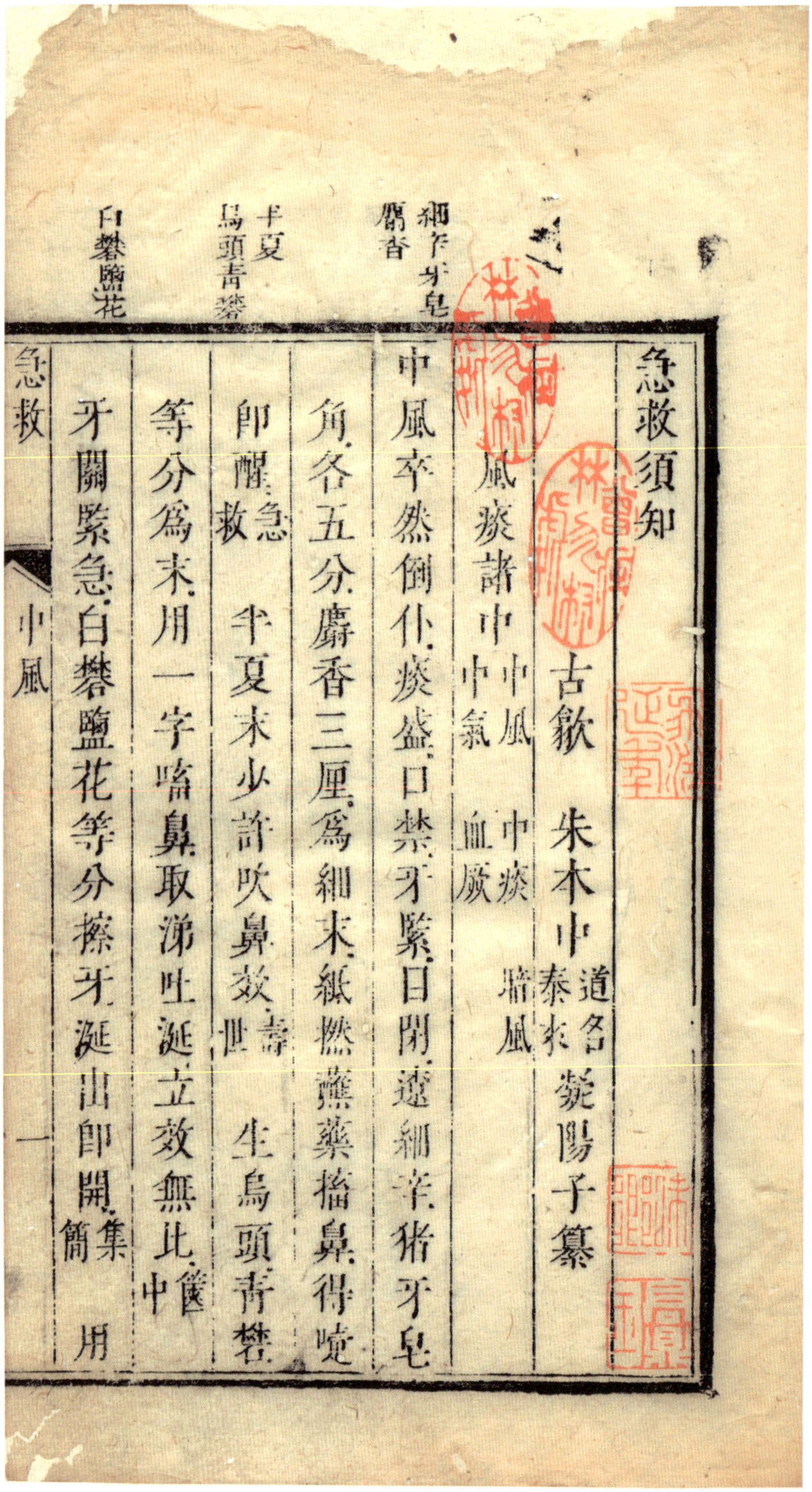

急救須知五卷 （清）朱本中纂 清康熙十五年（1676）刻本

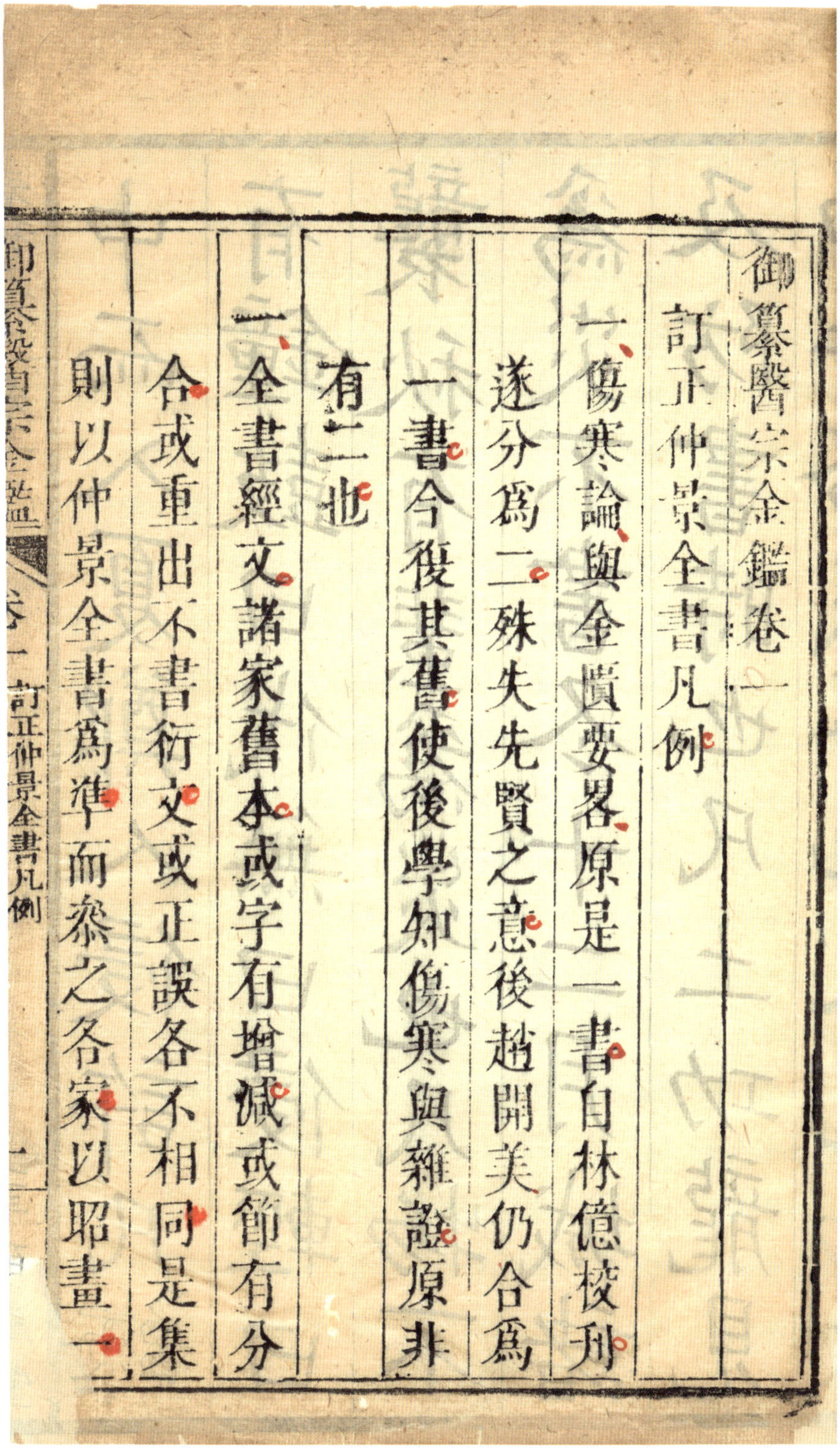
御纂醫宗金鑑卷一
訂正仲景全書凡例
一傷寒論與金匱要畧原是一書自林億校刊遂分爲二殊失先賢之意後趙開美仍合爲一書今復其舊使後學知傷寒與雜證原非有二也
一全書經文諸家舊本或字有增減或節有分合或重出不書衍文或正誤各不相同是集則以仲景全書爲準而參之各家以昭畫一

御纂醫宗金鑑九十卷首一卷　（清）吴謙等撰　清乾隆刻本

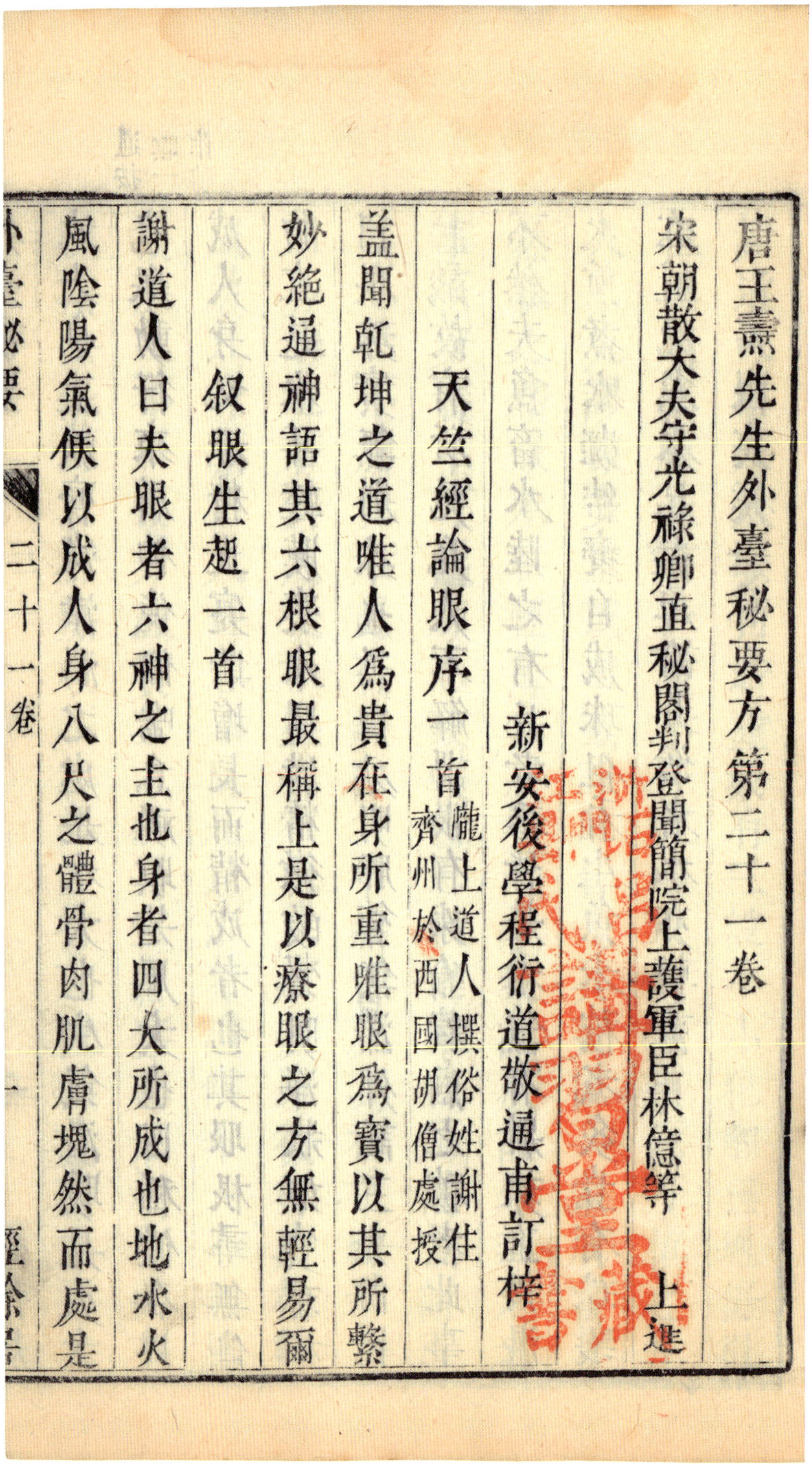
唐王燾先生外臺秘要方第二十一卷

宋朝散大夫守光祿卿直秘閣判登聞簡院上護軍臣林億等 上進

新安後學程衍道敬通甫訂梓

天竺經論眼序一首 隴上道人撰俗姓謝住齊州於西國胡僧處授

盖聞乾坤之道唯人爲貴在身所重唯眼爲寶以其所繫妙絶通神語其六根眼最稱上是以療眼之方無輕易爾

叙眼生起一首

謝道人曰夫眼者六神之主也身者四大所成也地水火風陰陽氣候以成人身八尺之體骨肉肌膚塊然而處是

外臺秘要 二十一卷 一 經餘居

唐王燾先生外臺秘要方四十卷 （唐）王燾撰 （明）程衍道訂 明崇禎十三年（1640）經餘居刻本

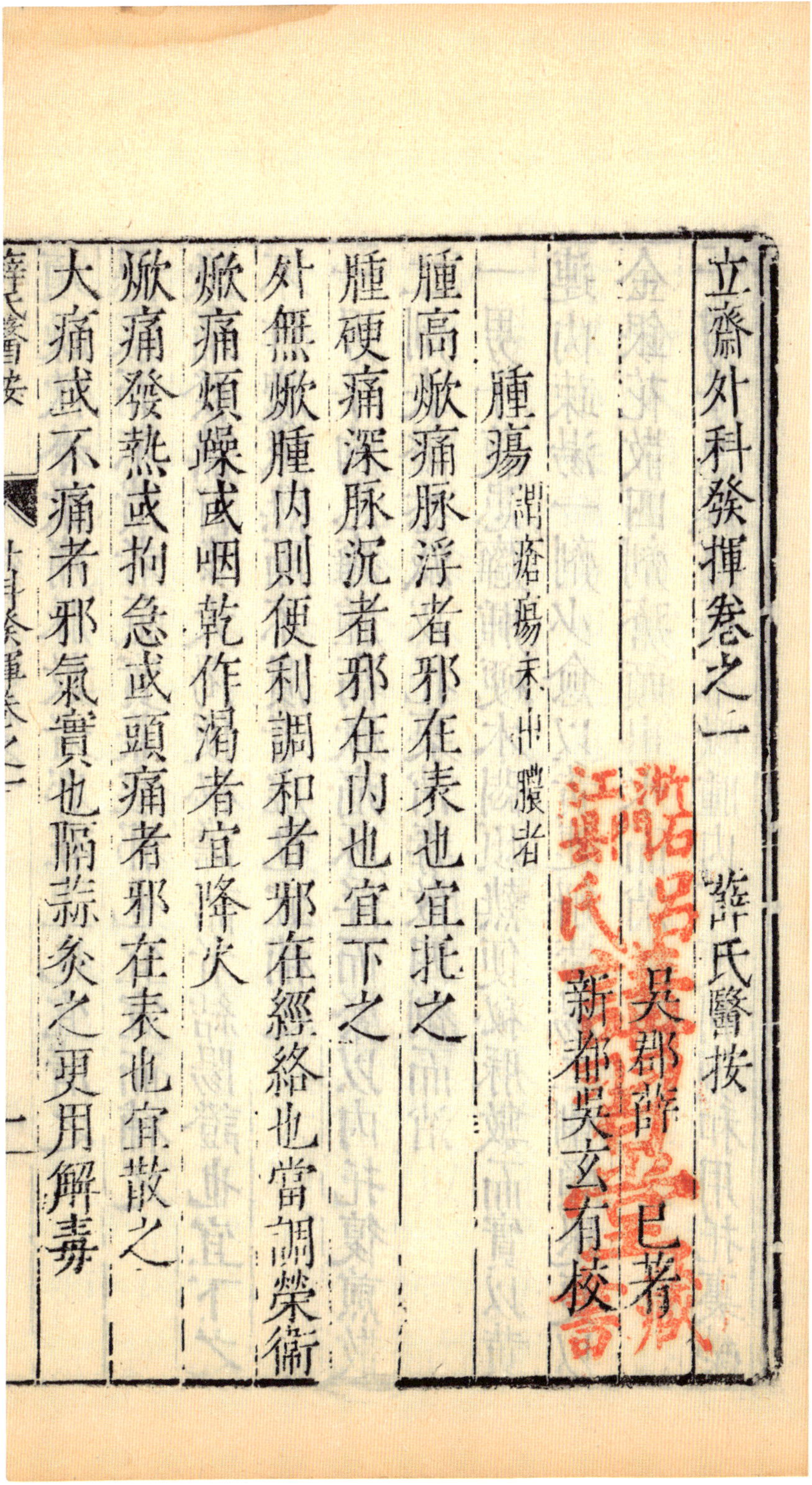
立齋外科發揮卷之一
薛氏醫按
吳郡薛　己著
新都吳玄有校
腫瘍　謂瘡瘍未出膿者
腫高焮痛脉浮者邪在表也宜托之
腫硬痛深脉沉者邪在内也宜下之
外無焮腫内則便利調和者邪在經絡也當調榮衛
焮痛煩躁或咽乾作渴者宜降火
焮痛發熱或拘急或頭痛者邪在表也宜散之
大痛或不痛者邪氣實也隔蒜灸之更用解毒
薛氏醫按　外科發揮卷之一　二

薛氏醫案七十八卷　（明）薛己撰　（明）吴玄有校　明刻本

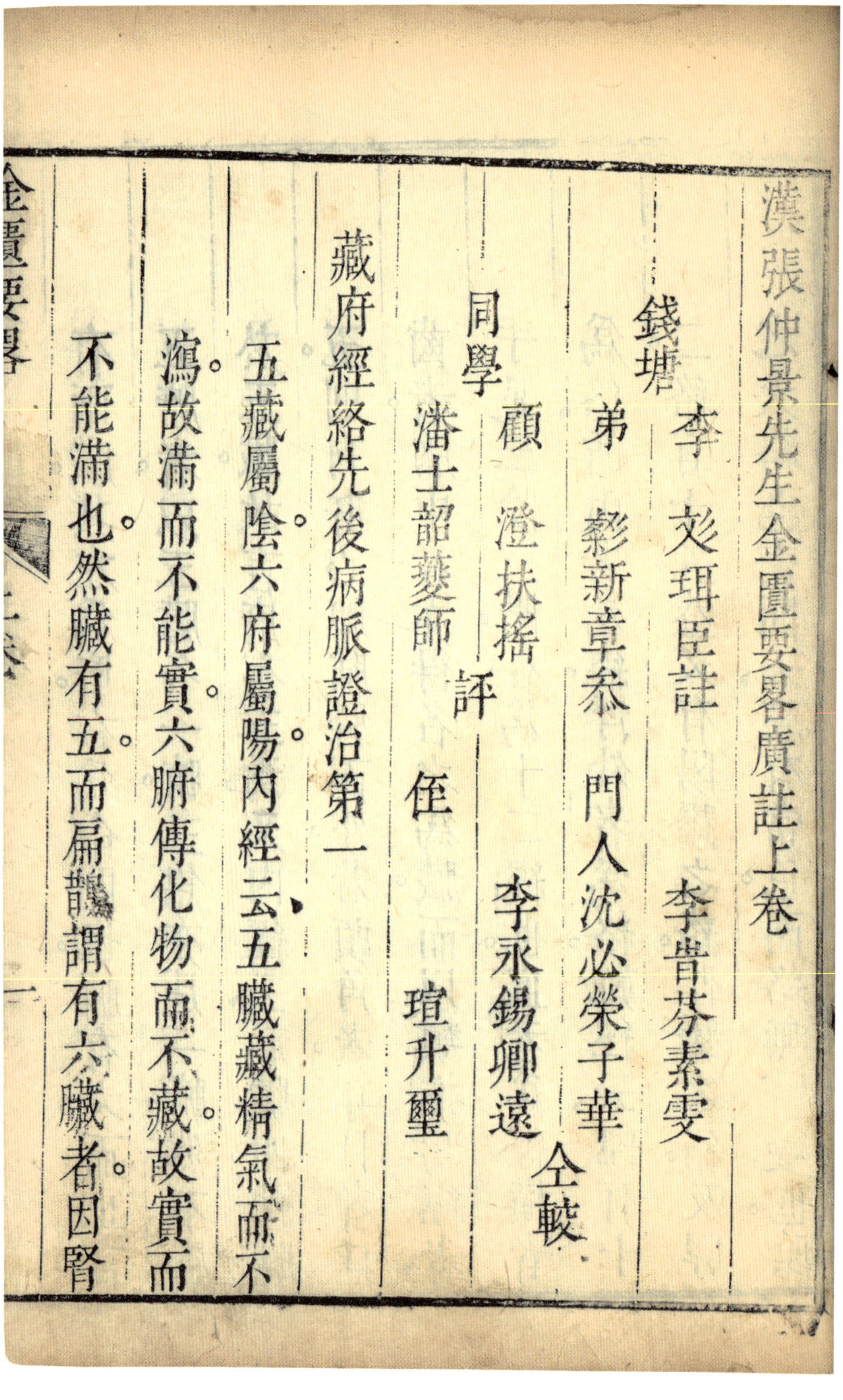
漢張仲景先生金匱要畧廣註上卷

錢塘　李彣珥臣註　李旹芬素雯

弟　彩新章叅　門人沈必榮子華　仝較

同學　顧　澄扶搖　李永錫卿遠

潘士韶夔師　評　任　瑄升璽

藏府經絡先後病脈證治第一

五藏屬陰六府屬陽內經云五臟藏精氣而不瀉故滿而不能實六腑傳化物而不藏故實而不能滿也然臟有五而扁鵲謂有六臟者因腎

金匱要畧　上卷　一

漢張仲景先生金匱要畧廣註三卷　（清）李彣注　清康熙二十一年（1682）刻本

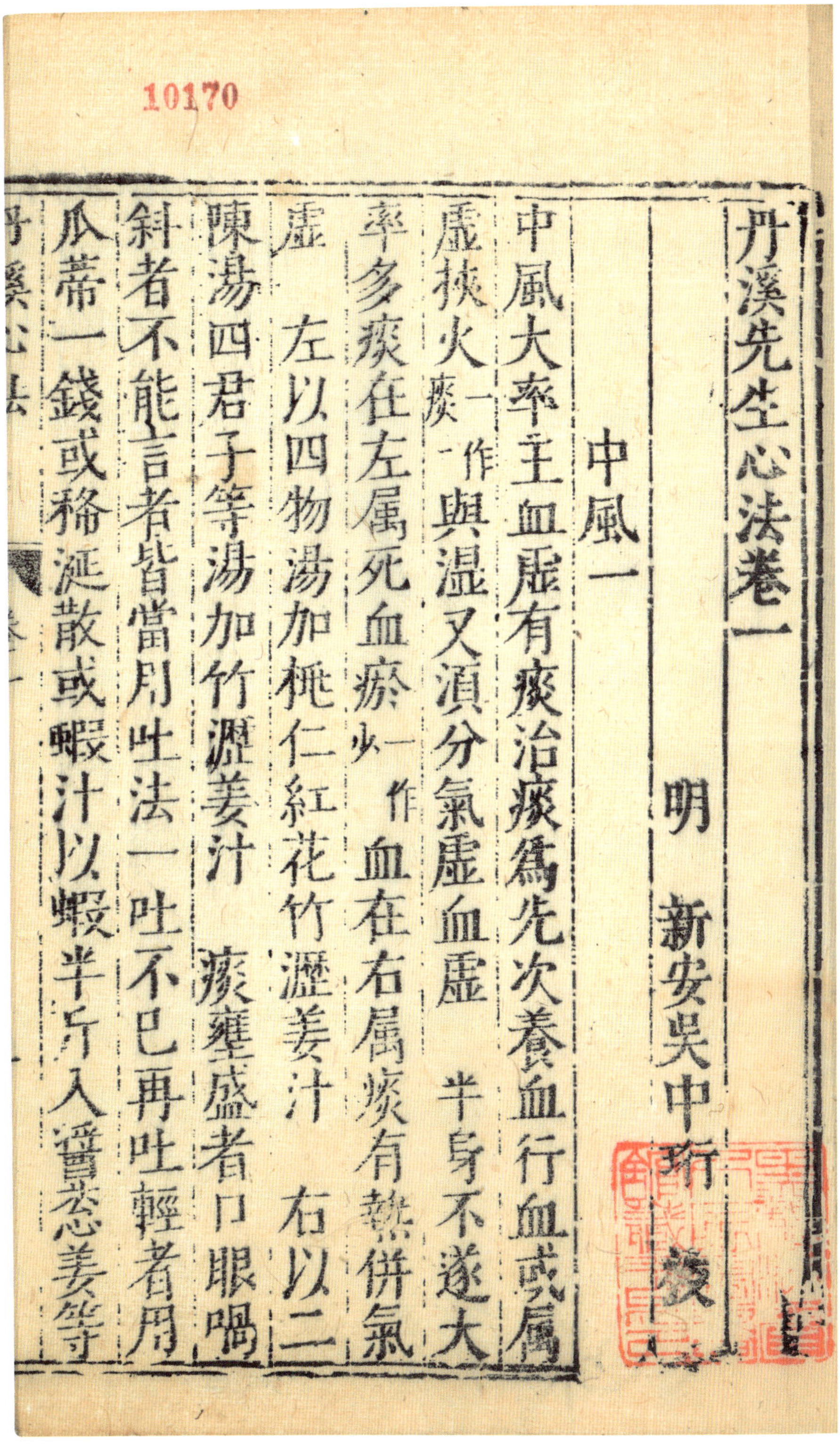

丹溪先生心法卷一

明　新安吴中珩校

中風一

中風大率主血虛有痰治痰爲先次養血行血或屬虛挾火（一作痰）與濕又須分氣虛血虛　半身不遂大率多痰在左屬死血瘀（一作少）血在右屬痰有熱併氣虛　左以四物湯加桃仁紅花竹瀝姜汁　右以二陳湯四君子等湯加竹瀝姜汁　痰壅盛者口眼喎斜者不能言者皆當用吐法一吐不已再吐輕者用瓜蒂一錢或稀涎散或蝦汁以蝦半斤入醬葱姜等

丹溪心法　卷一

丹溪先生心法五卷附録一卷金匱鈎玄二卷　（元）朱震亨撰　（明）吴中珩校　明步月樓刻本

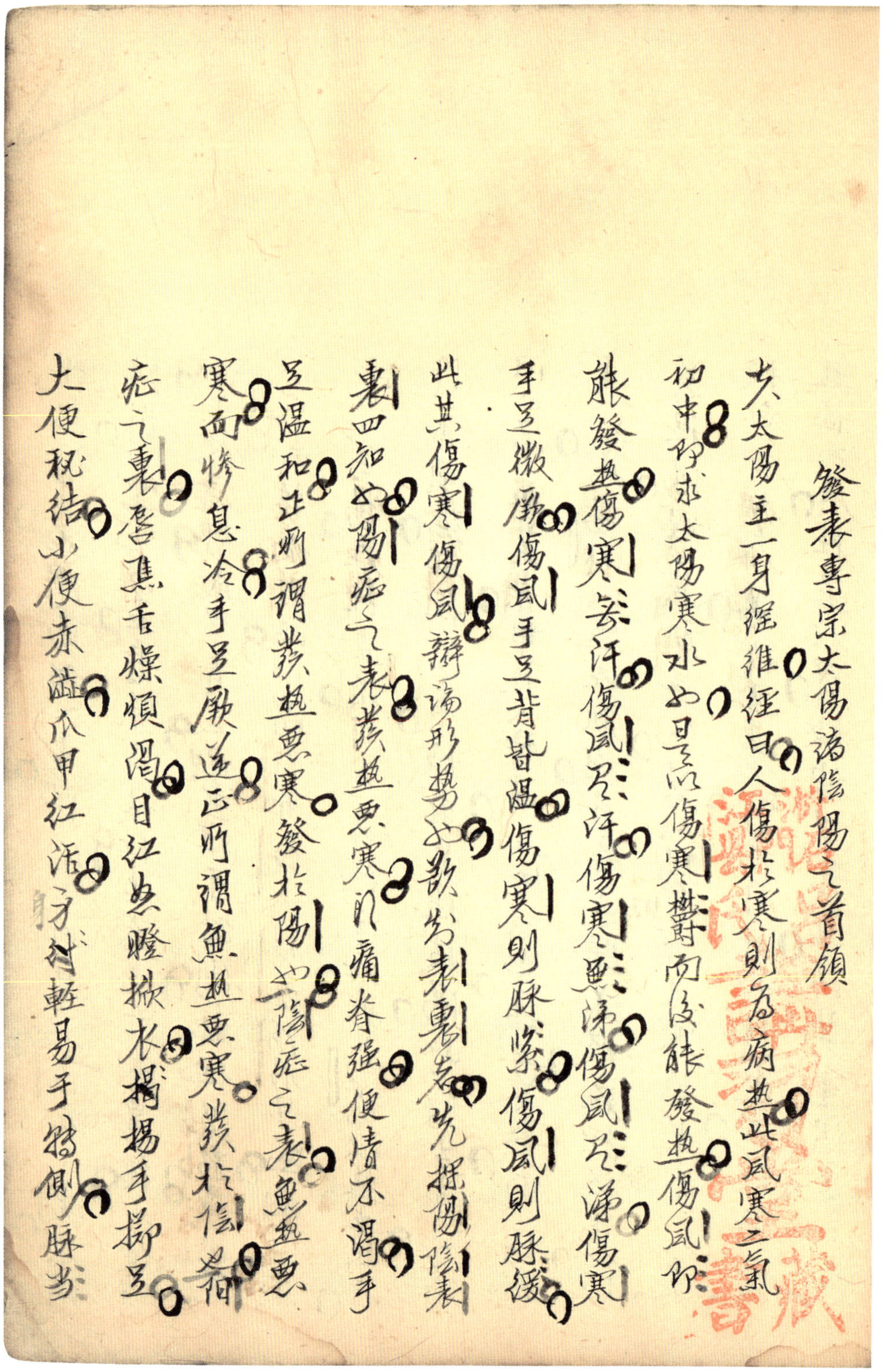

發表專宗太陽諸陰陽之首領
夫太陽主一身經絡經日人傷於寒則為病熱此風寒之氣
初中即求太陽寒水如日是以傷寒鬱而後能發熱傷風即
能發熱傷寒無汗傷風有汗傷寒無涕傷風有涕傷寒
手足微厥傷風手足背皆溫傷寒則脈緊傷風則脈緩
此其傷寒傷風辨論形勢如欲分表裏者先探陰陽表
裏四知如陽症之表發熱惡寒身痛脊強便清不渴手
足溫和正所謂發熱惡寒發於陽也陰症之表無熱惡
寒面慘息冷手足厥逆正所謂無熱惡寒發於陰者
症之裏唇焦舌燥煩渴目紅如燈撮衣摸揚手擲足
大便秘結小便赤澁爪甲紅活身輕易手轉側脈必

醫易合參五卷　（清）□□撰　清抄本

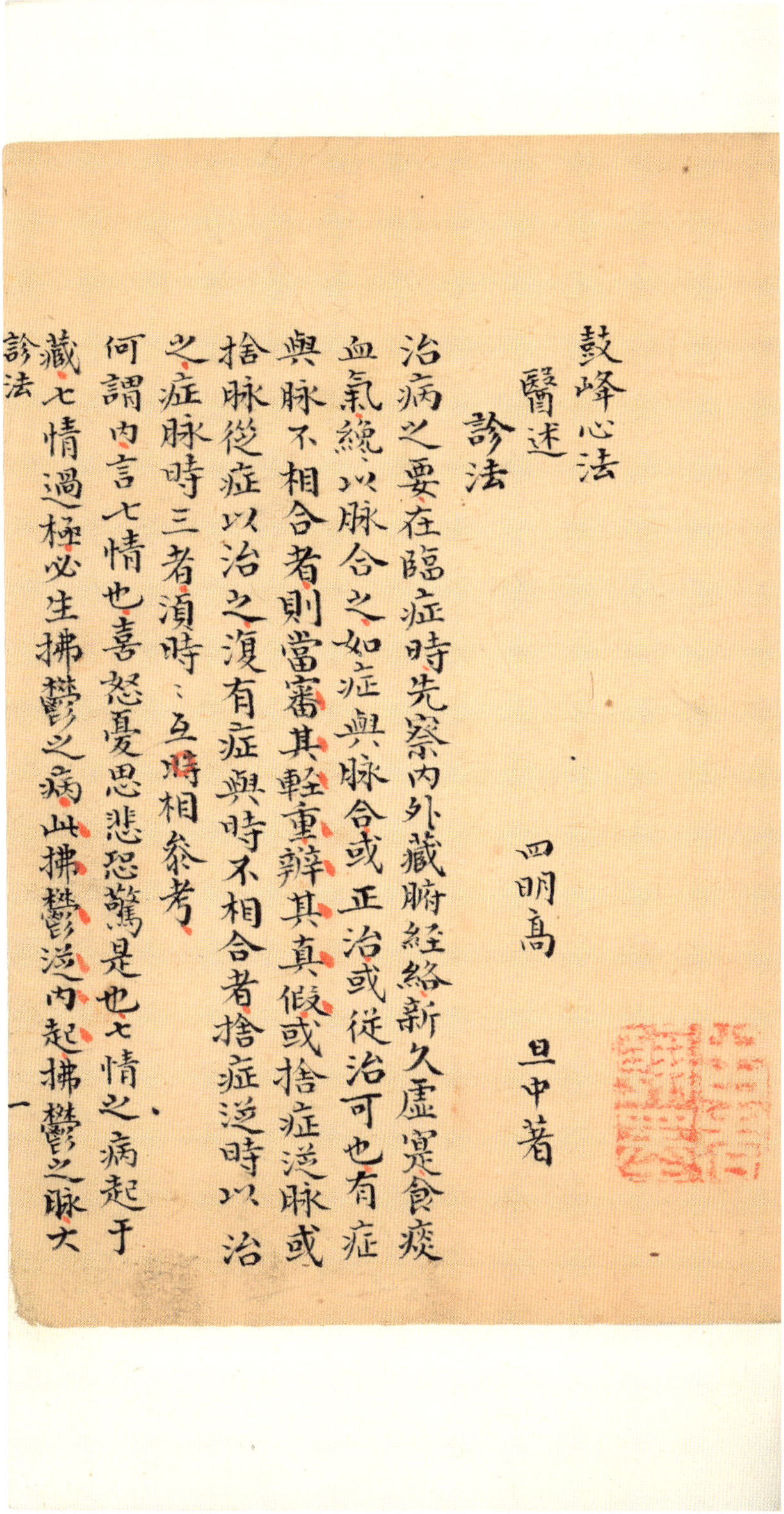

鼓峰心法

醫述　　　四明高　旦中著

診法

治病之要在臨症時先察內外藏腑經絡新久虛寔食痰
血氣纔以脉合之如症與脉合或正治或從治可也有症
與脉不相合者則當審其輕重辨其真假或捨症從脉或
捨脉從症以治之復有症與時不相合者捨症從時以治
之症脉時三者須時〻互時相參考
何謂內言七情也喜怒憂思悲恐驚是也七情之病起于
藏七情過極必生拂鬱之病此拂鬱從內起拂鬱之脉大

診法　一

鼓峰心法不分卷　（清）高旦中撰　清道光十七年（1837）喜亭抄本

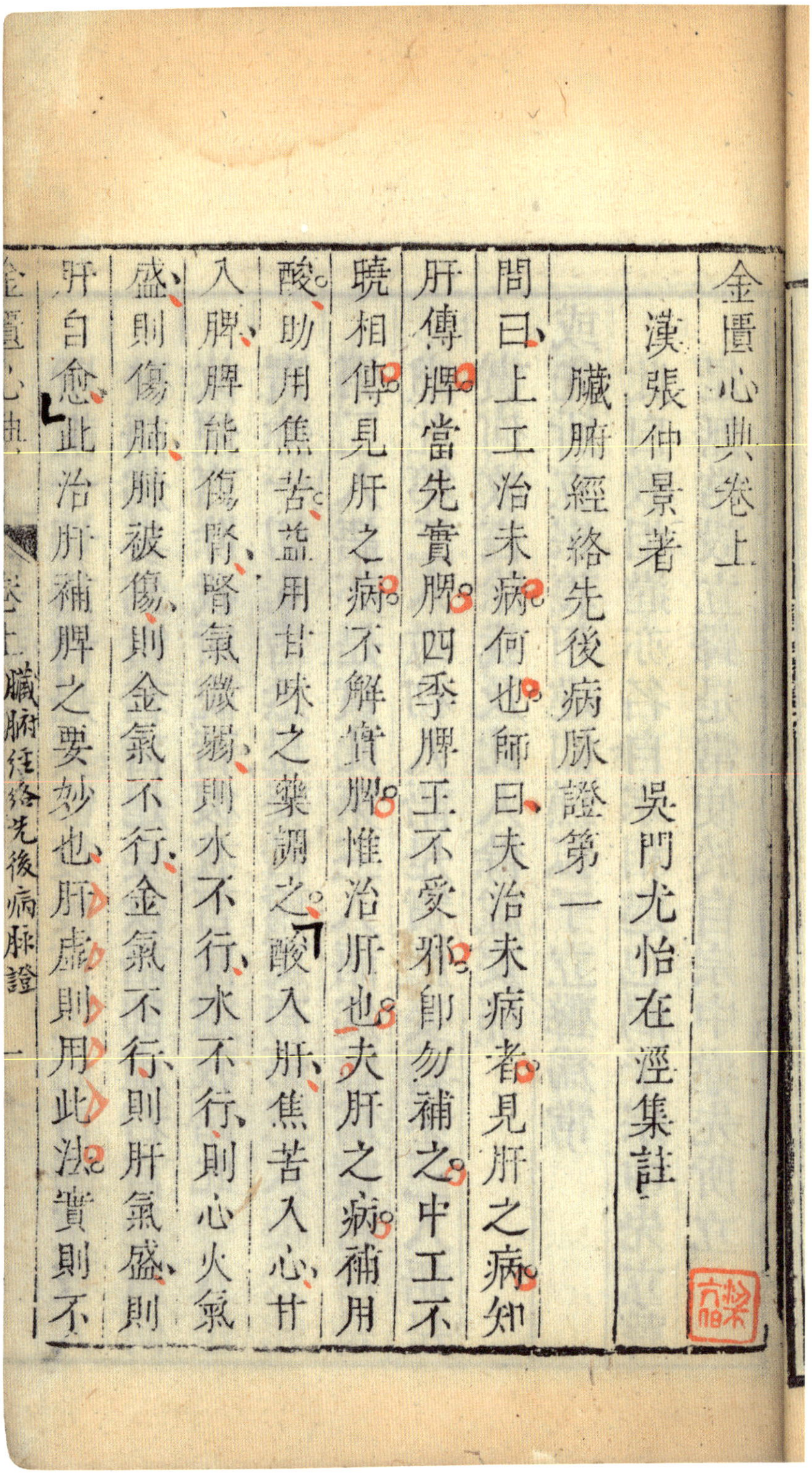

金匱心典三卷　（漢）張仲景撰　（清）尤怡集註　清雍正刻本

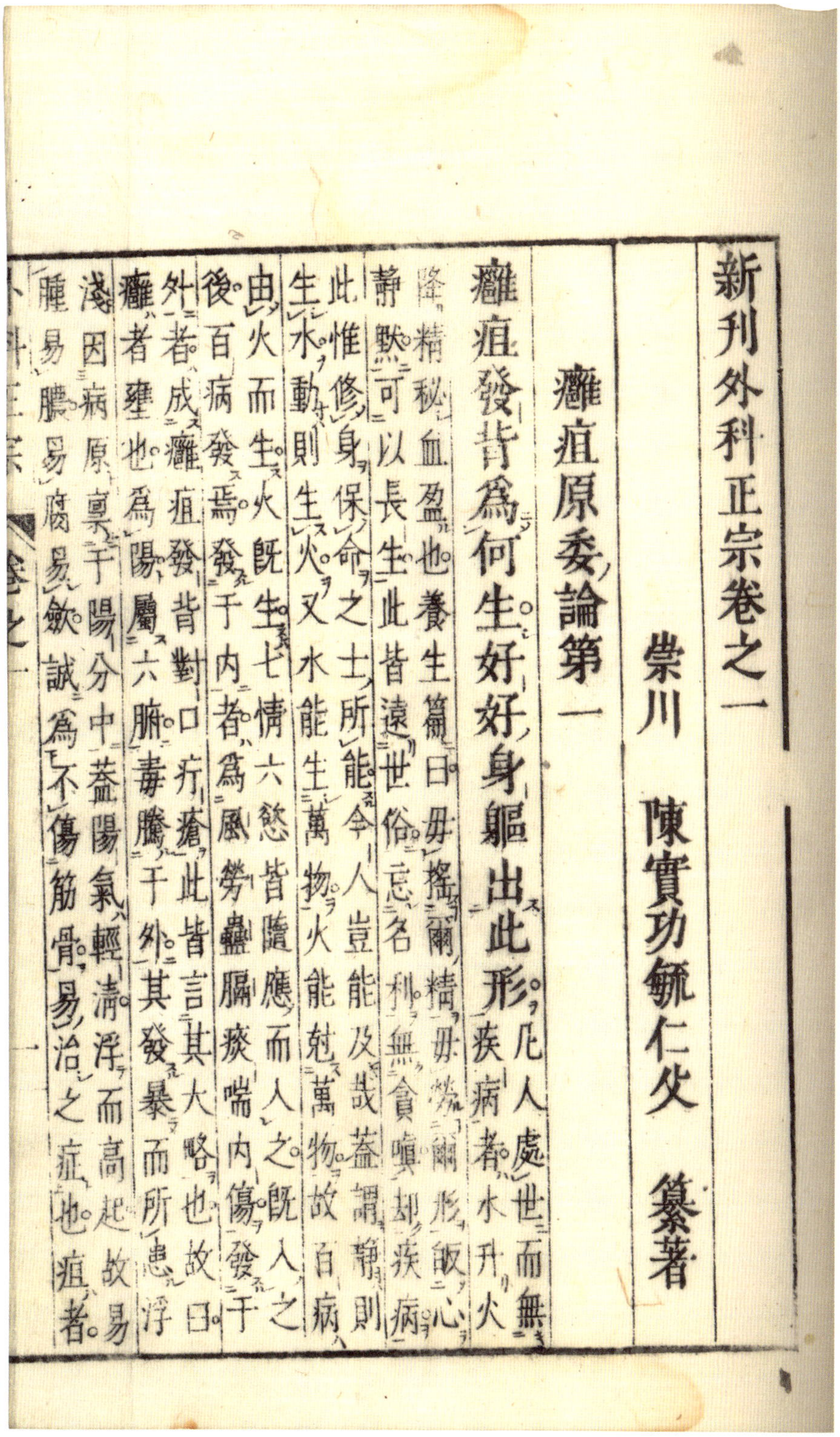

新刊外科正宗卷之一

崇川　陳實功毓仁父　纂著

癰疽原委論第一

癰疽發背為何生好好身軀出此形凡人處世而無疾病者水升火降精秘血盈也養生篇曰毋搖爾精毋勞爾形皈心靜默可以長生此皆遠世俗忘名利無貪嗔却疾病此惟修身保命之士所能今人豈能及哉蓋謂靜則生水動則生火又水能生萬物火能剋萬物故百病由火而生火既生七情六慾皆隨應而入之既入之後百病發焉發於內者為風勞蠱膈痰喘內傷發於外者成癰疽發背對口疔瘡此皆言其大略也故曰癰者壅也為陽屬六腑毒騰於外其發暴而所患浮淺因病原稟於陽分中蓋陽氣輕清浮而高起故易腫易膿易腐易斂誠為不傷筋骨易治之症也疽者

外科正宗　卷之一　一

新刊外科正宗四卷　（明）陳實功撰　［日本］寬政三年（清乾隆五十六年）（1791）源元凱刻本

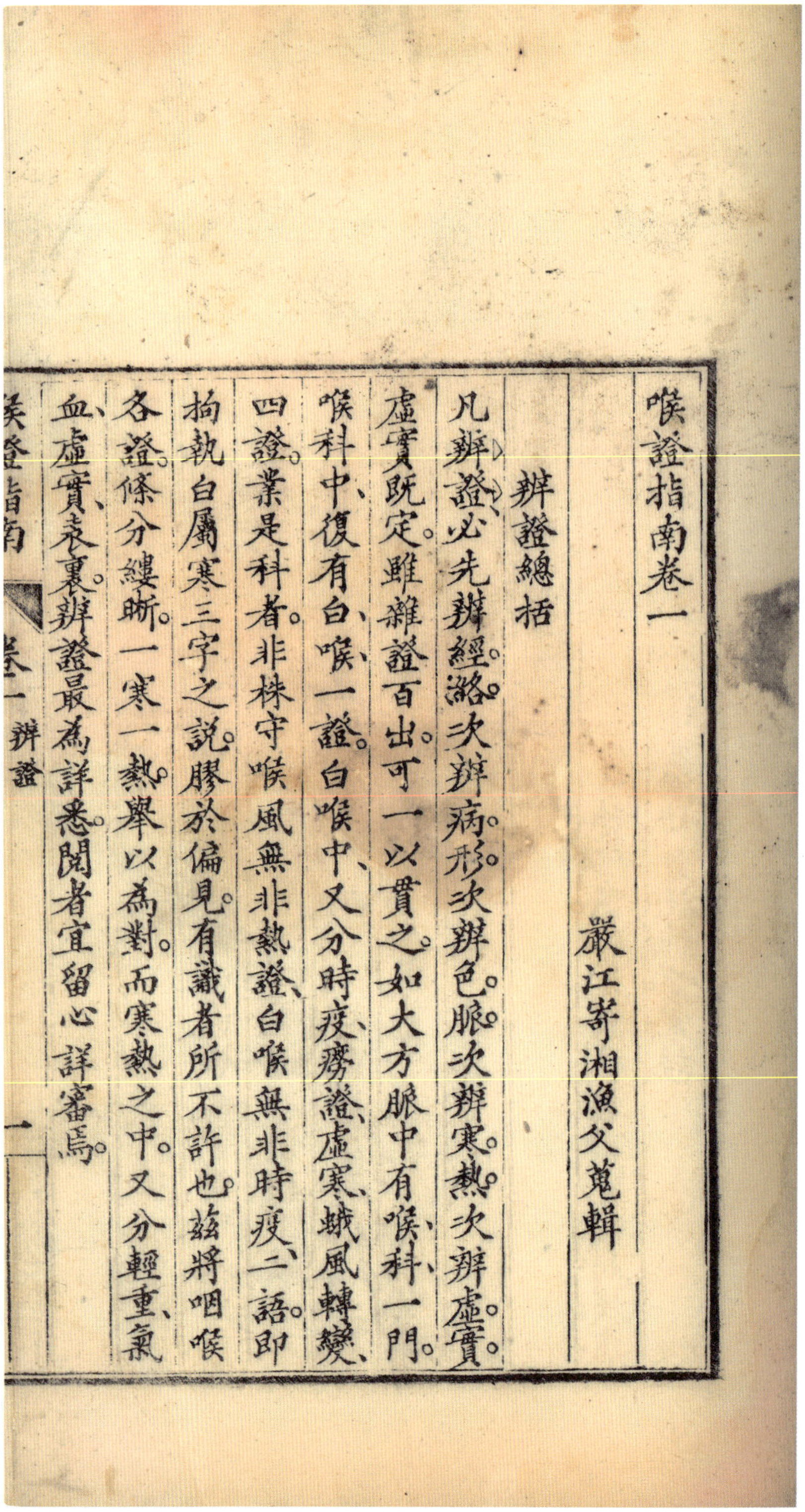

喉證指南卷一

嚴江寄湘漁父蒐輯

辨證總括

凡辨證必先辨經絡次辨病形次辨色脈次辨寒熱次辨虛實虛實既定雖雜證百出可一以貫之如大方脈中有喉科一門喉科中復有白喉一證白喉中又分時疫癆證虛寒蛾風轉變四證業是科者非株守喉風無非熱證白喉無非時疫二語即拘執白屬寒三字之說膠於偏見有識者所不許也茲將咽喉各證條分縷晰一寒一熱舉以為對而寒熱之中又分輕重氣血虛實表裏辨證最為詳悉閱者宜留心詳審焉

喉證指南 卷一 辨證 一

喉證指南四卷首一卷　（清）寄湘漁父輯　清光緒十三年（1887）刻本

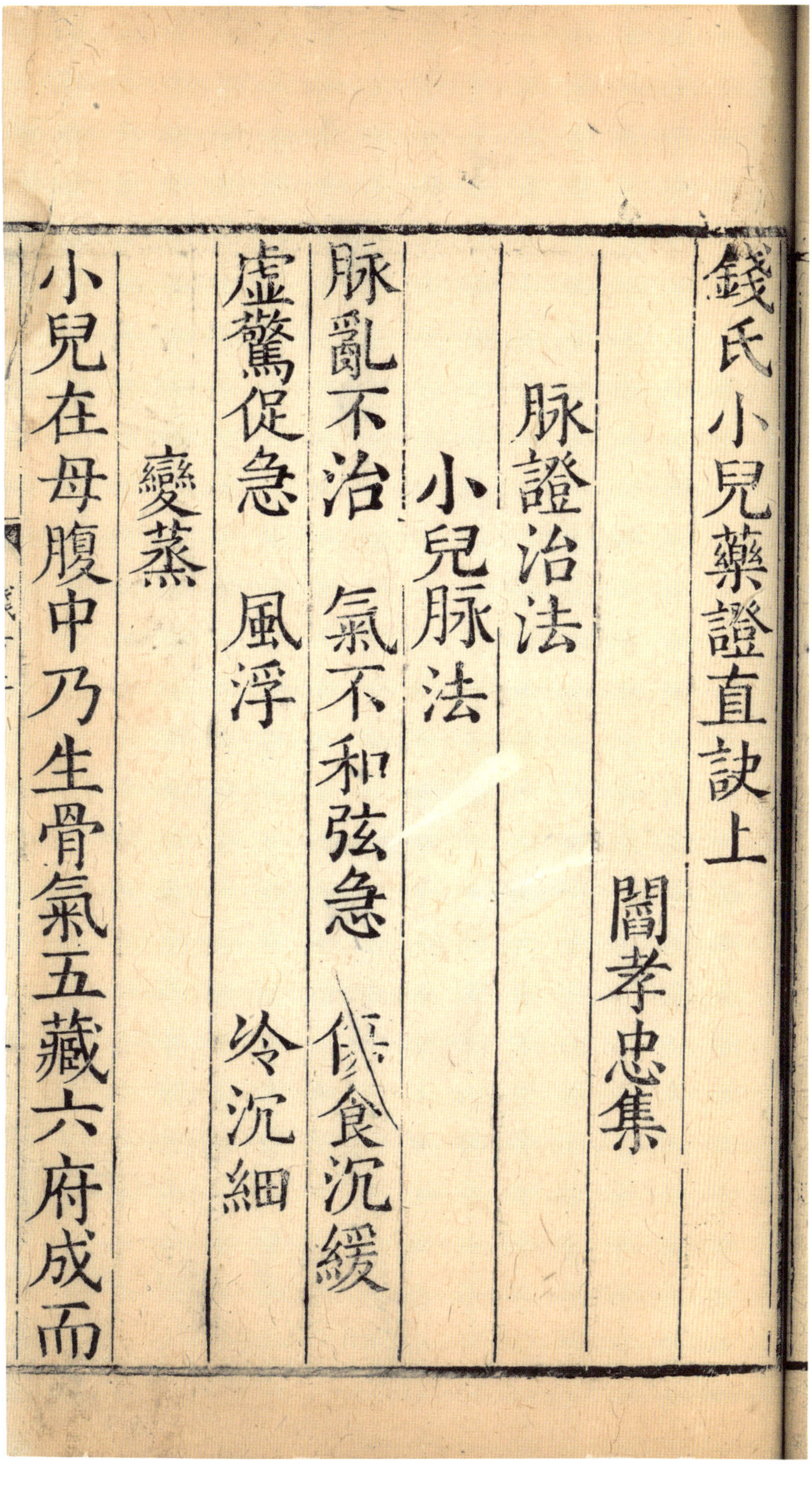
錢氏小兒藥證直訣上

閻孝忠集

脉證治法

小兒脉法

脉亂不治　氣不和弦急　傷食沉緩

虛驚促急　風浮　冷沉細

變蒸

小兒在母腹中乃生骨氣五藏六府成而

錢氏小兒藥證直訣三卷附方　（宋）錢乙撰　（宋）閻孝忠集　清陳世傑起秀堂影宋刻本

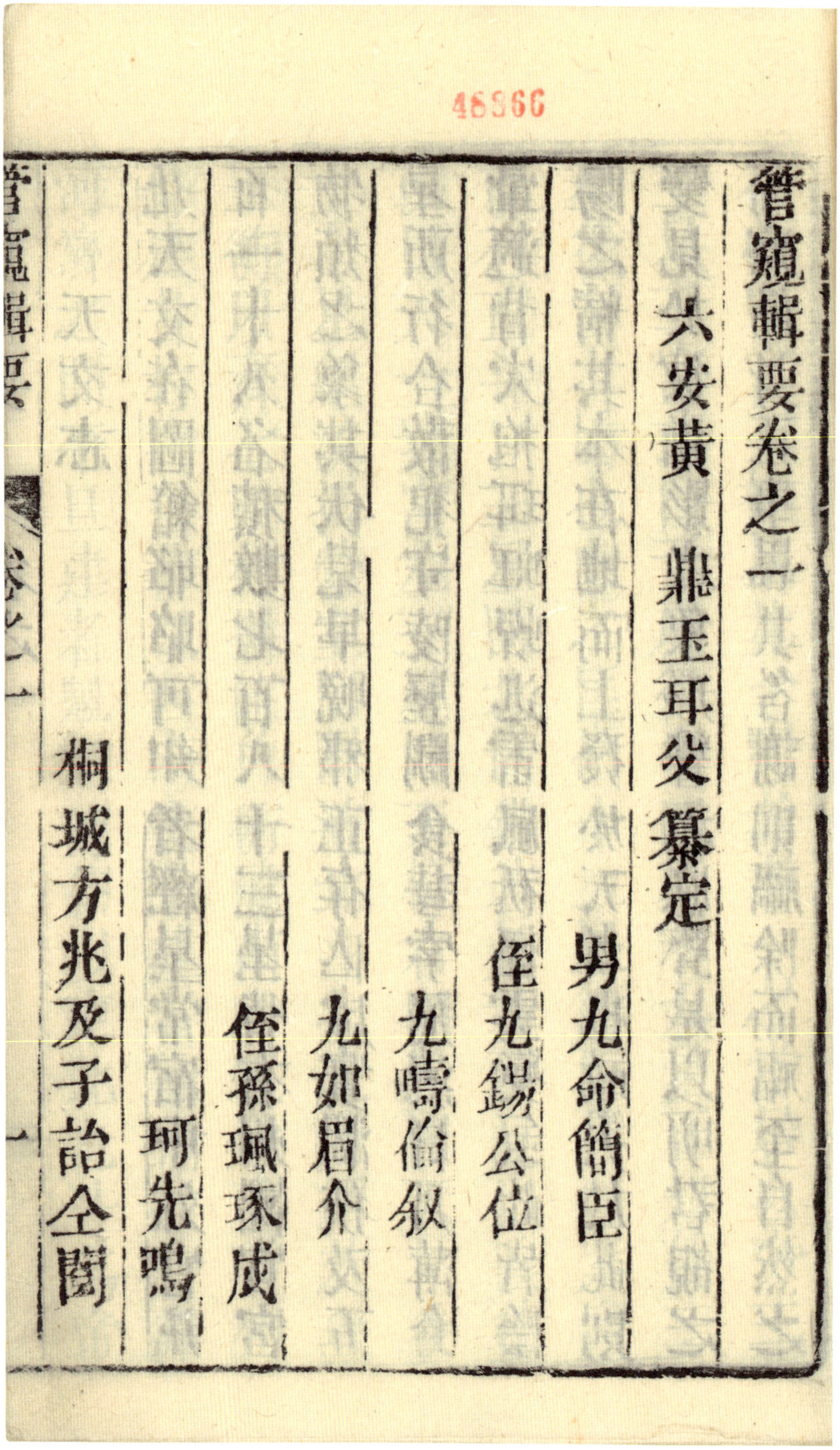

管窺輯要卷之一

六安黄　鼎玉耳父纂定

男九命簡臣

侄九錫公位

九疇倫叙

九如眉介

侄孫珮琢成

珂先鳴

桐城方兆及子詒仝閲

管窺輯要　卷之一　一

管窺輯要八十卷附天文步天歌一卷　（清）黄鼎撰　清順治十年（1653）善成堂刻本

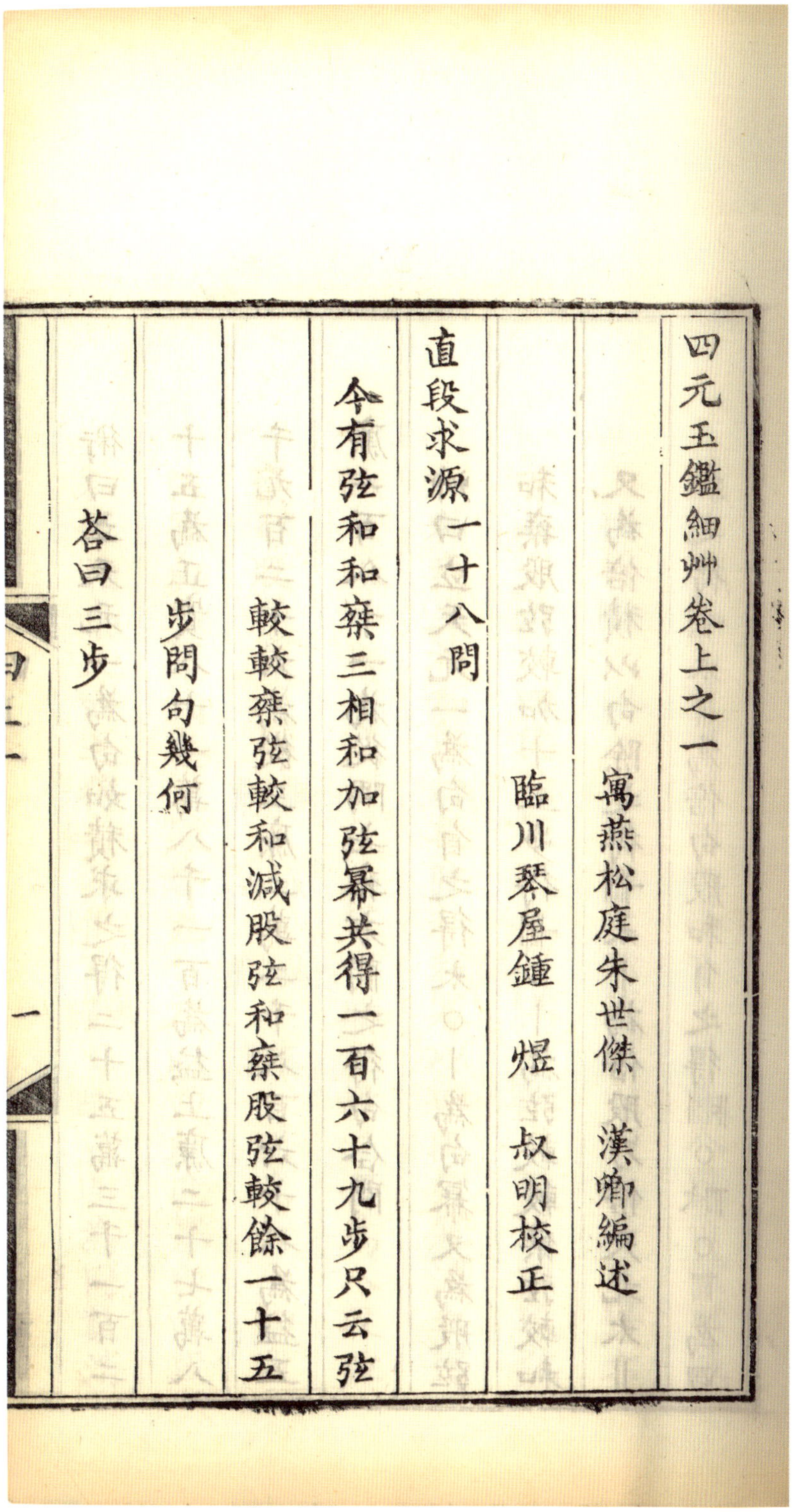

四元玉鑑細艸三卷附增一卷附一卷　（元）朱世傑撰　（元）鍾煜校　清道光十六年（1836）刻本

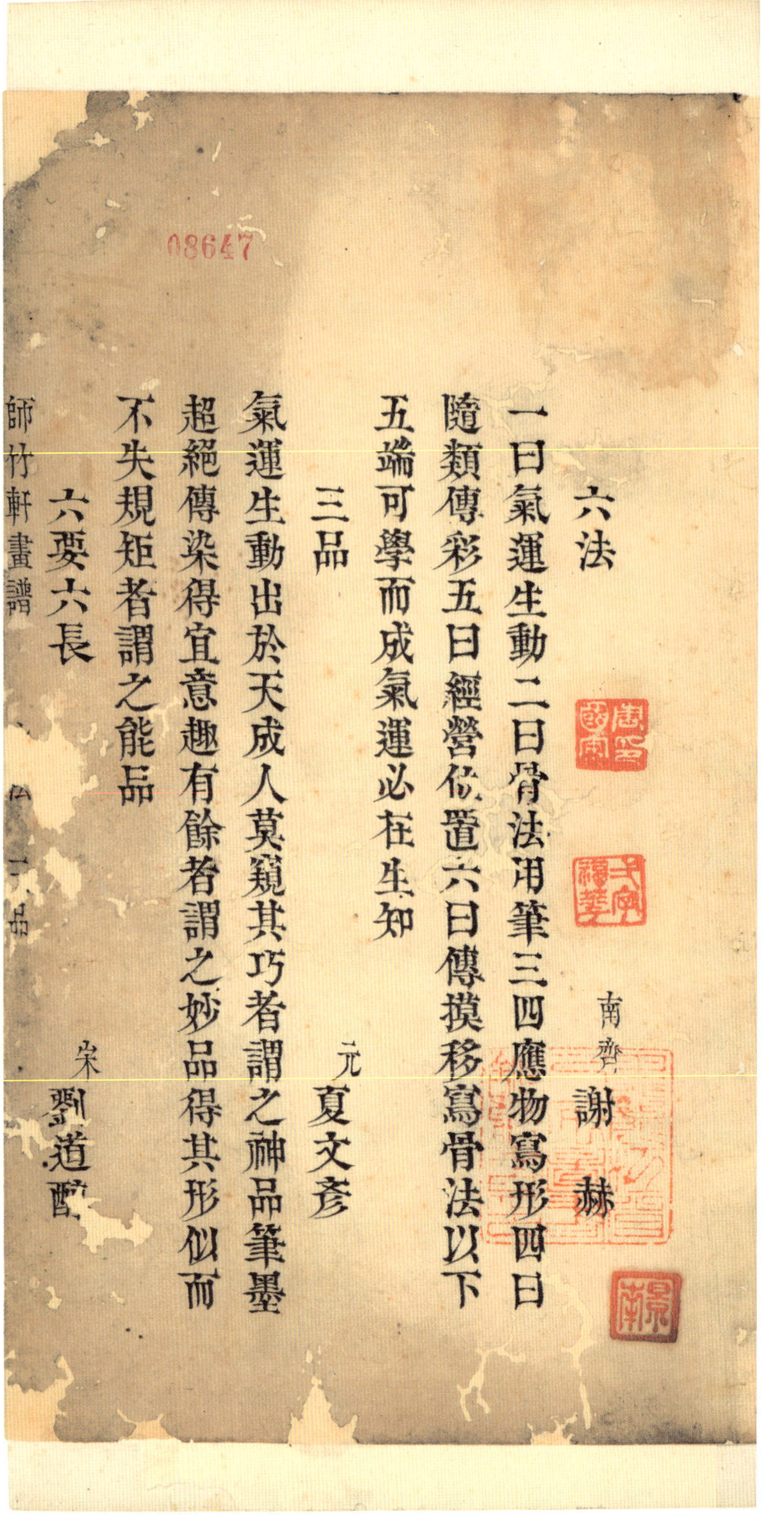

六法　南齊　謝赫

一曰氣運生動二曰骨法用筆三曰應物寫形四曰隨類傳彩五曰經營位置六曰傳摸移寫骨法以下五端可學而成氣運必在生知

三品　元　夏文彥

氣運生動出於天成人莫窺其巧者謂之神品筆墨超絕傳染得宜意趣有餘者謂之妙品得其形似而不失規矩者謂之能品

六要六長　宋　劉道醇

師竹軒畫譜

師竹軒畫譜一卷　（清）□□撰　清抄本

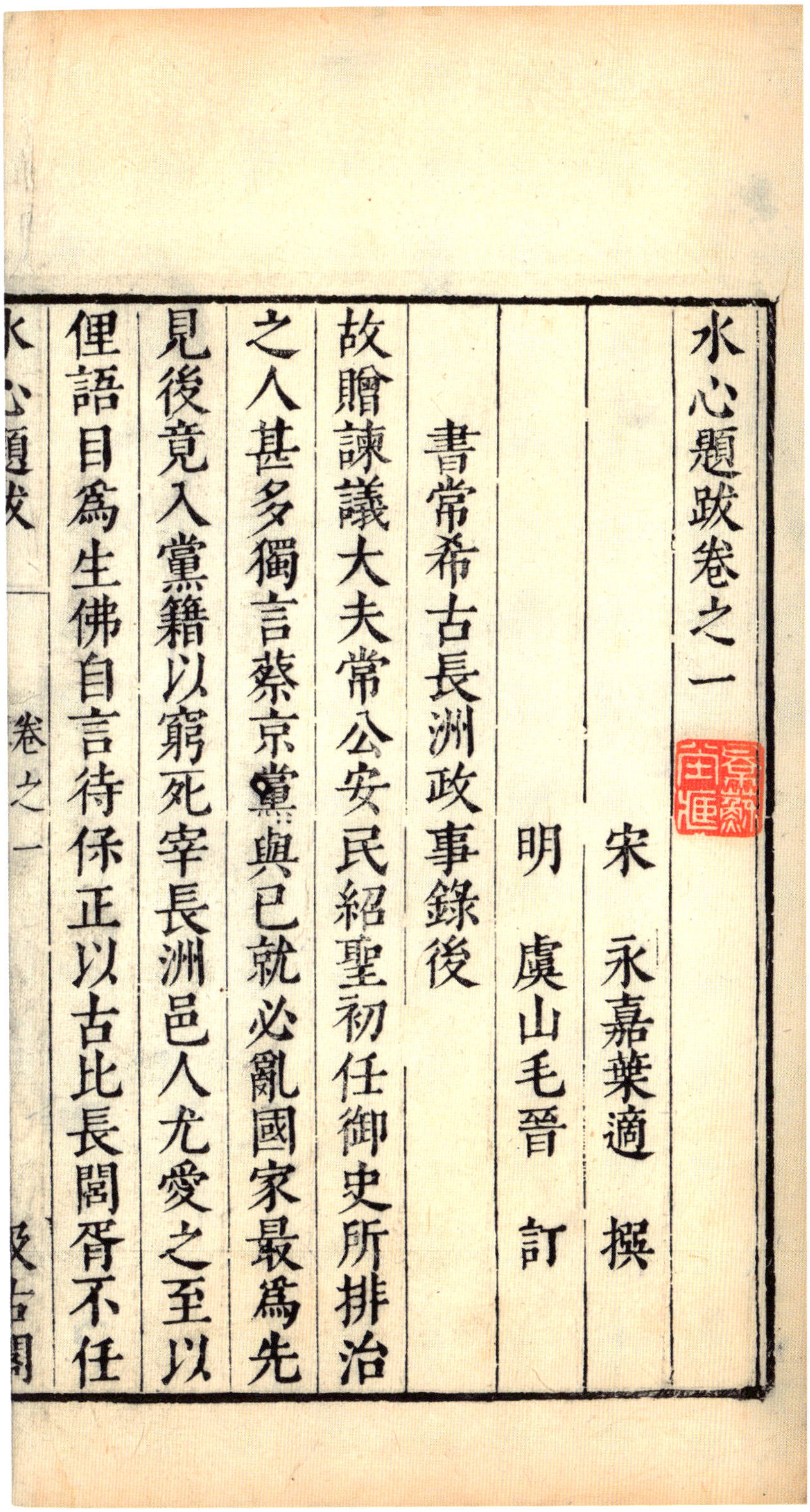

水心題跋卷之一

宋　永嘉葉適　撰

明　虞山毛晉　訂

書常希古長洲政事錄後

故贈諫議大夫常公安民紹聖初任御史所排治之人甚多獨言蔡京黨與已就必亂國家最爲先見後竟入黨籍以窮死宰長洲邑人尤愛之至以俚語目爲生佛自言待係正以古比長閭胥不任

水心題跋　卷之一　汲古閣

水心題跋一卷　（宋）葉適撰　（明）毛晉訂　明汲古閣刻本

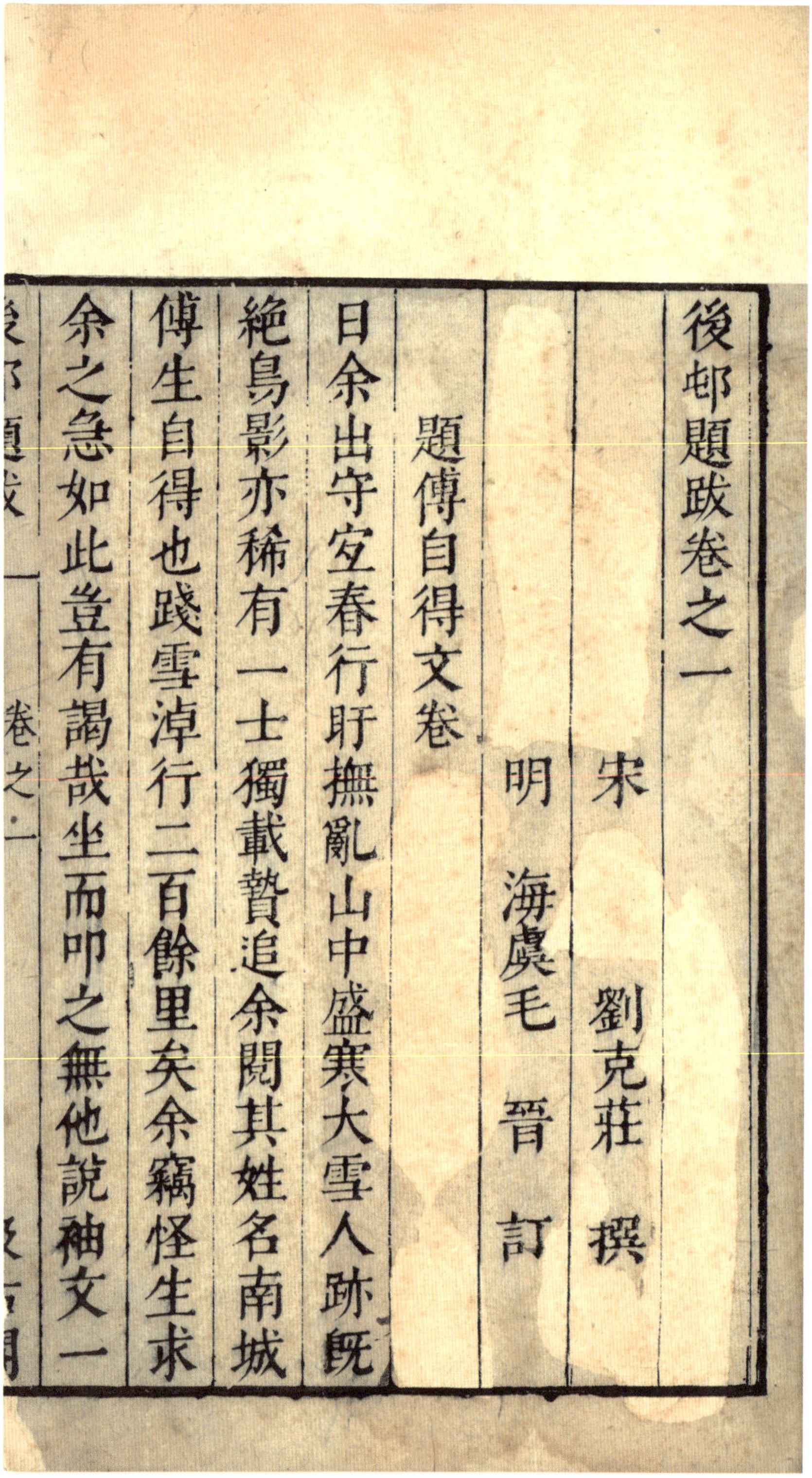
後邨題跋卷之一
宋 劉克莊 撰
明 海虞毛 晉 訂
題傅自得文卷
日余出守宜春行盱撫亂山中盛寒大雪人跡既
絶鳥影亦稀有一士獨載贄追余閱其姓名南城
傅生自得也踐雪淖行二百餘里矣余竊怪生求
余之急如此豈有謁哉坐而叩之無他說袖文一
後邨題跋 一 卷之一

後邨題跋四卷 （宋）劉克莊撰 （明）毛晉訂 明汲古閣刻本

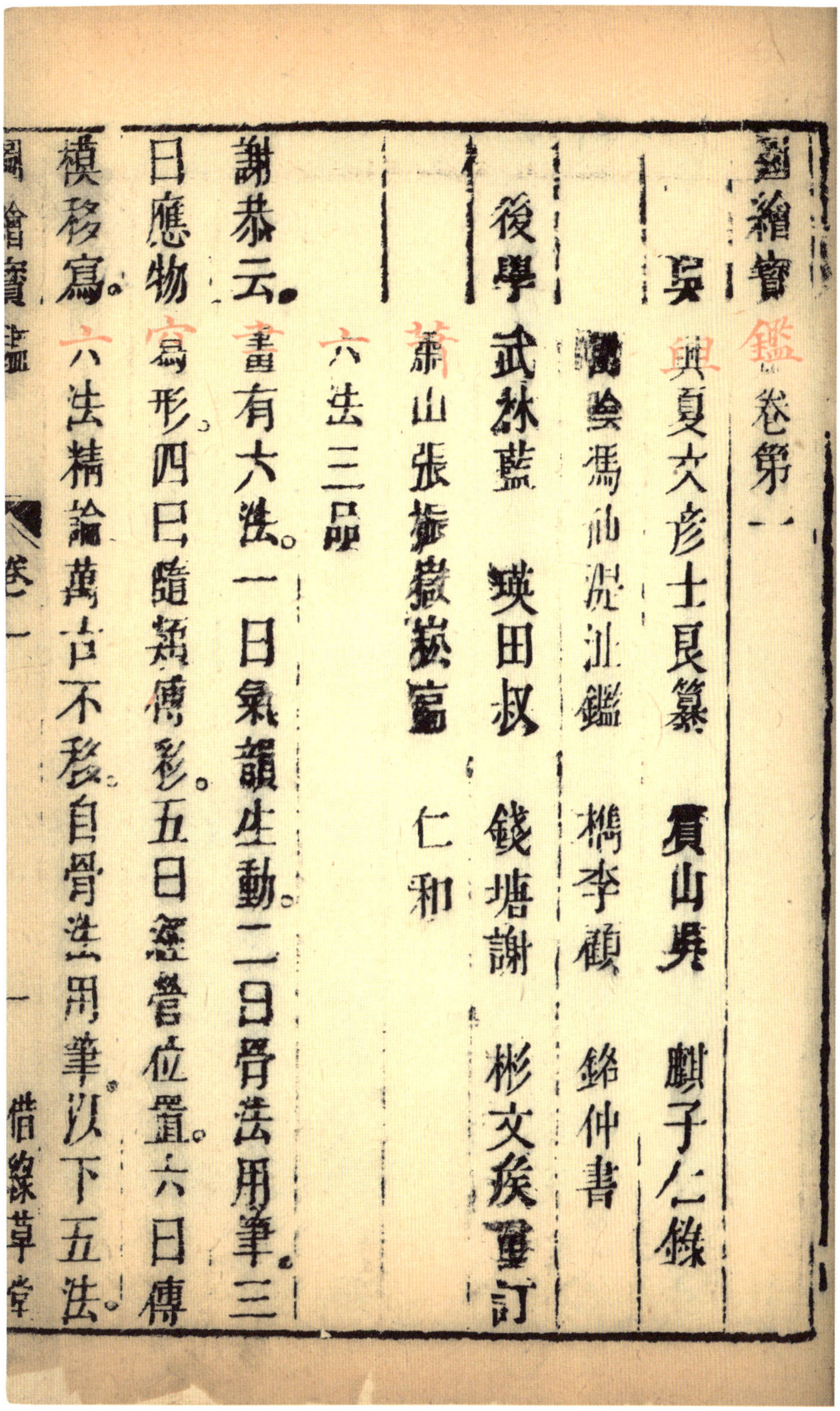
圖繪寶鑑卷第一
吳興夏文彥士良纂　眉山吳麒子仁錄
海鹽馮仙湜沚鑑　檇李顧銘仲書
後學武林藍瑛田叔　錢塘謝彬文侯重訂
蕭山張振嶽崧寫　仁和
六法三品
謝赫云。畫有六法。一曰氣韻生動。二曰骨法用筆。三曰應物寫形。四曰隨類傅彩。五曰經營位置。六曰傳模移寫。六法精論萬古不移自骨法用筆以下五法

圖繪寶鑑　卷一　一　借綠草堂

圖繪寶鑑八卷　（元）夏文彥撰　（明）毛大倫增補　清借綠草堂坊刻本

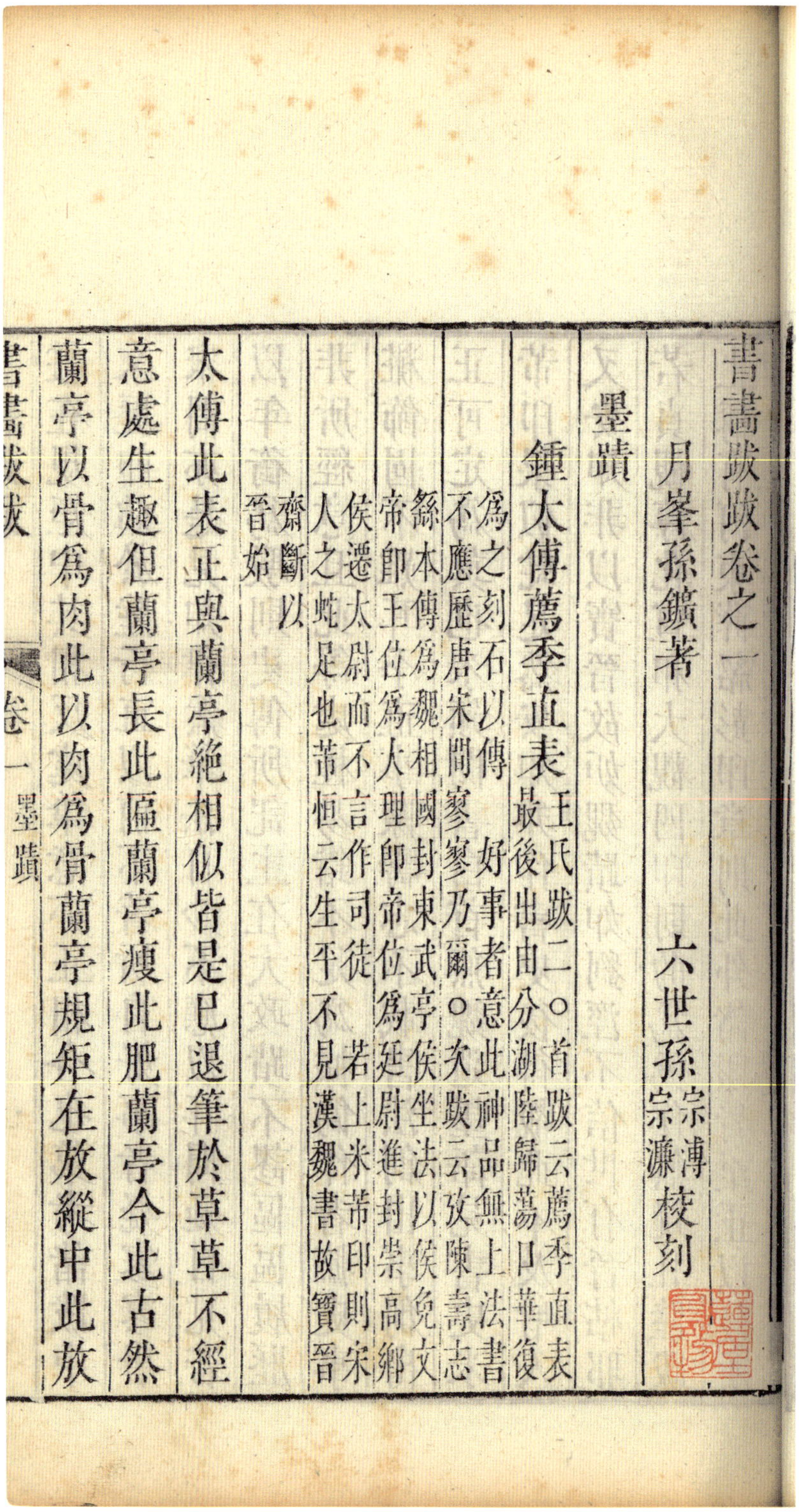
書畫跋跋卷之一
月峯孫鑛著　六世孫宗溥宗濂校刻
墨蹟
鍾太傅薦季直表王氏跋二○首跋云薦季直表最後出由分湖陸歸蕩口華復為之刻石以傳好事者意此神品無上法書不應歷唐宋間寥寥乃爾○次跋云攷陳壽志繇本傳為魏相國封東武亭侯坐法以侯免文帝即王位為大理即帝位為廷尉進封崇高鄉侯遷太尉而不言作司徒若上米芾印則宋人之蚍足也芾恒云生平不見漢魏書故寶晉齋斷以晉始
太傅此表正與蘭亭絕相似皆是已退筆於草草不經意處生趣但蘭亭長此區蘭亭瘦此肥蘭亭今此古然蘭亭以骨為肉此以肉為骨蘭亭規矩在放縱中此放
書畫跋跋　卷一　墨蹟

書畫跋跋三卷續三卷　（明）孫鑛撰　清乾隆五年（1740）孫氏居業堂刻本

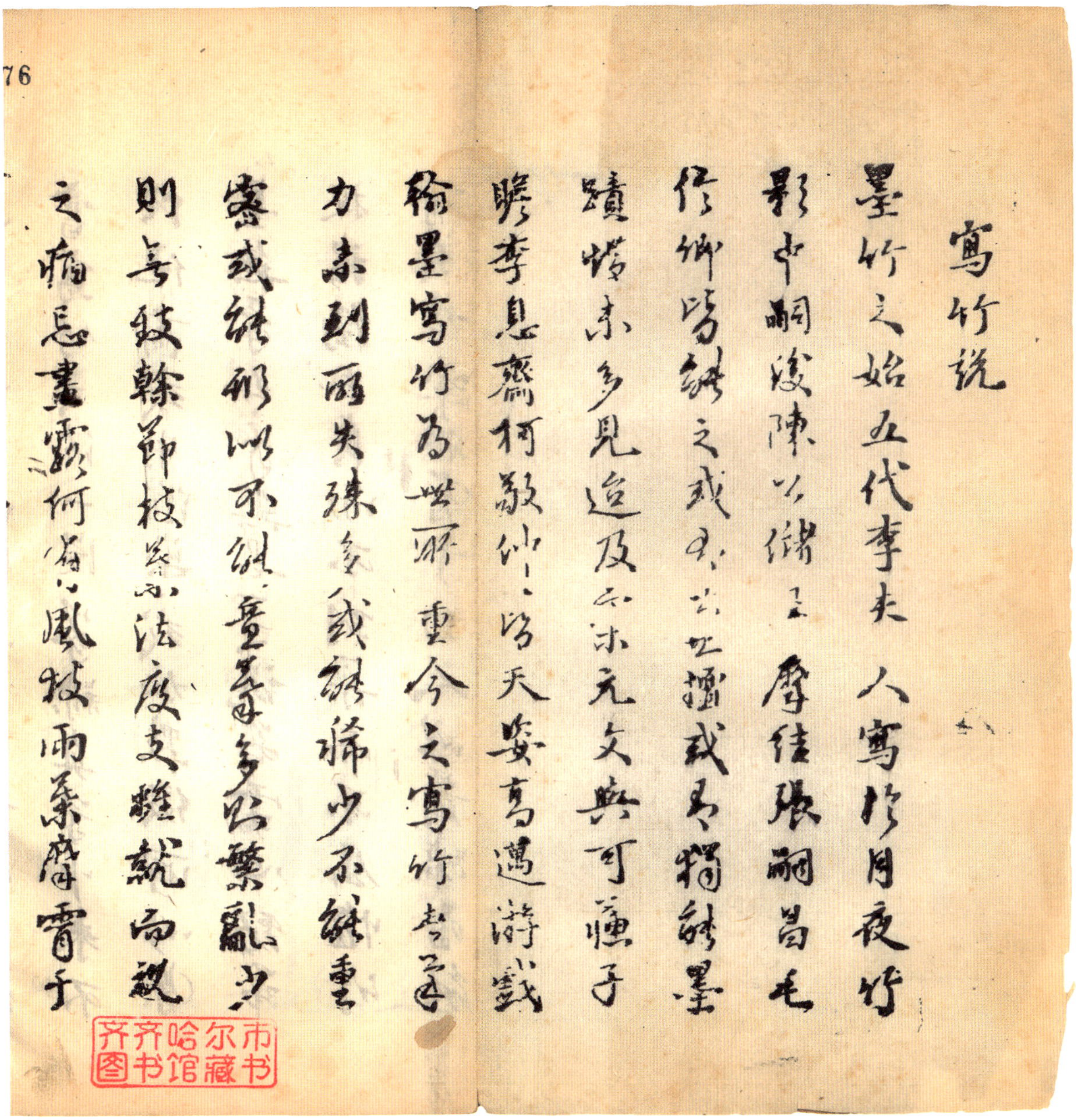

十竹齋畫譜不分卷　（明）胡正言輯　清康熙刻五色套印本

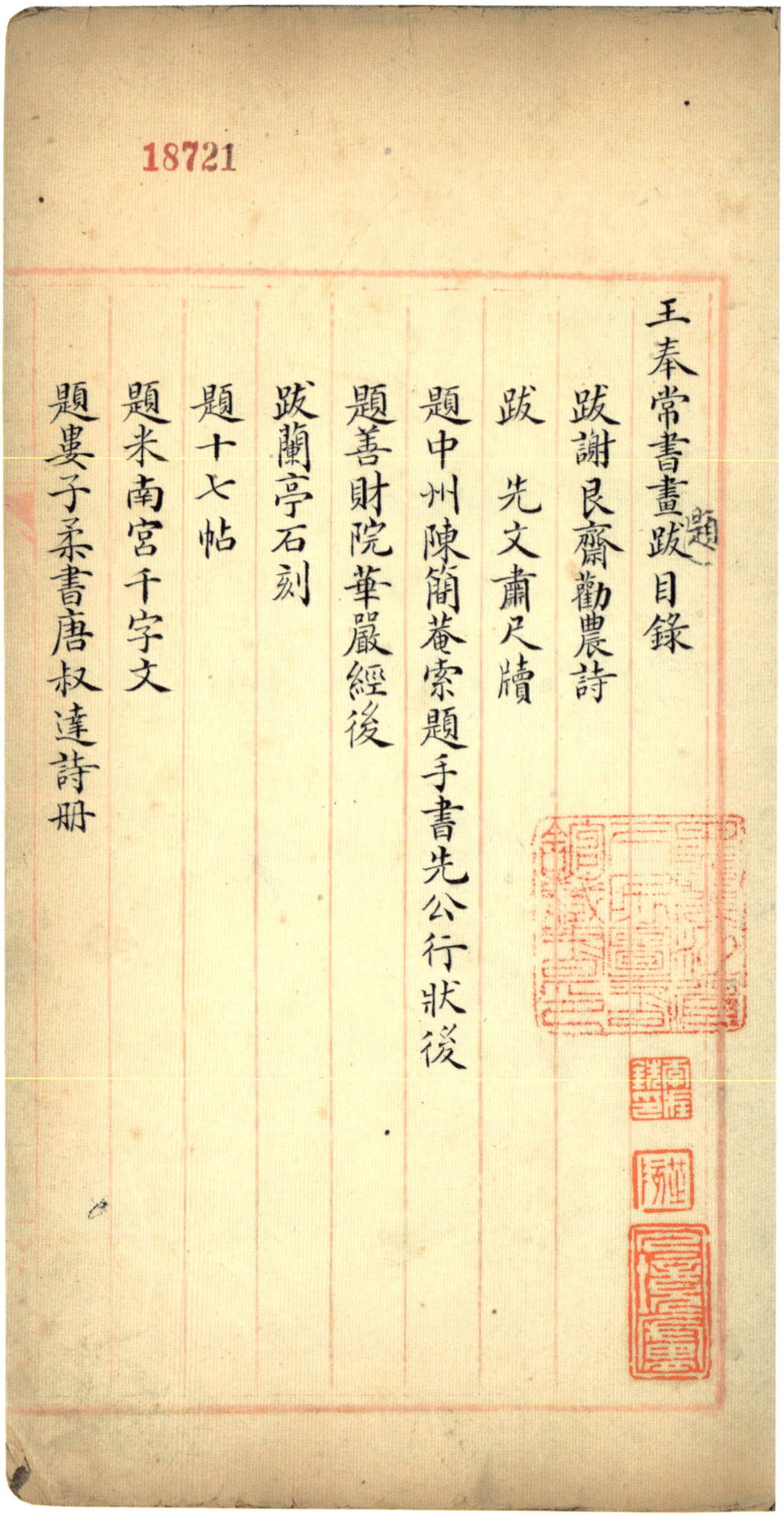

王奉常書畫題跋目錄
跋謝良齋勸農詩
跋　先文肅尺牘
題中州陳簡菴索題手書先公行狀後
題善財院華嚴經後
跋蘭亭石刻
題十七帖
題米南宮千字文
題婁子柔書唐叔達詩册

王奉常書畫題跋二卷　（清）王時敏撰　清松竹齋紅格抄本

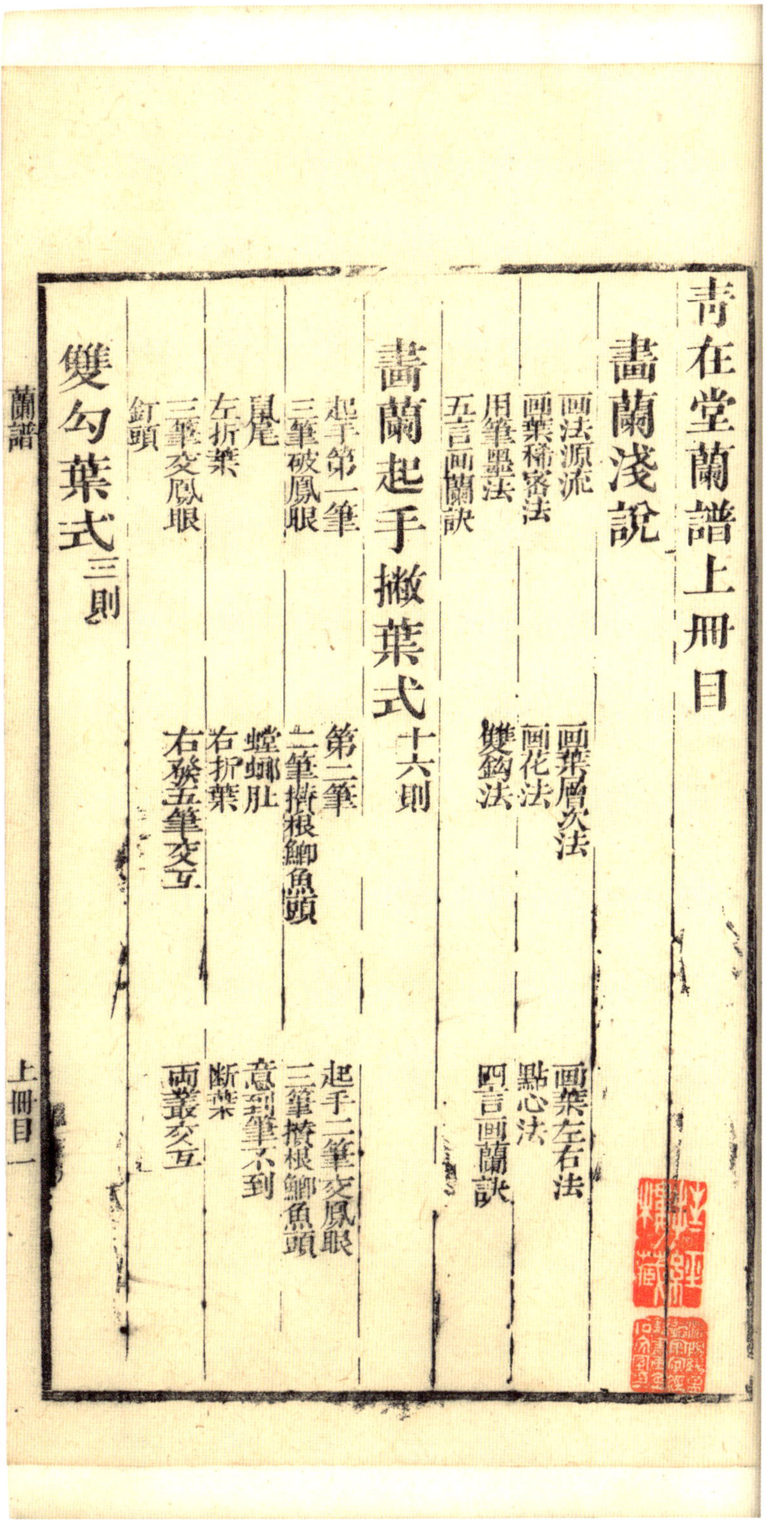
青在堂蘭譜上冊目

畫蘭淺說

畫法源流　畫葉層次法　畫葉左右法

畫葉稀密法　畫花法　點心法

用筆墨法　雙鈎法

五言畫蘭訣　四言畫蘭訣

畫蘭起手撇葉式十六則

起手第一筆　第二筆　起手二筆交鳳眼

三筆破鳳眼　二筆攢根鯽魚頭　三筆攢根鯽魚頭

鼠尾　螳螂肚　意到筆不到

左折葉　右折葉　斷葉

三筆交鳳眼　右發五筆交互　兩叢交互

釘頭

雙勾葉式三則

蘭譜　上冊目　一

芥子園畫傳二集四種　（清）王概等輯　清嘉慶五年（1800）金陵芥子園刻五色套印本

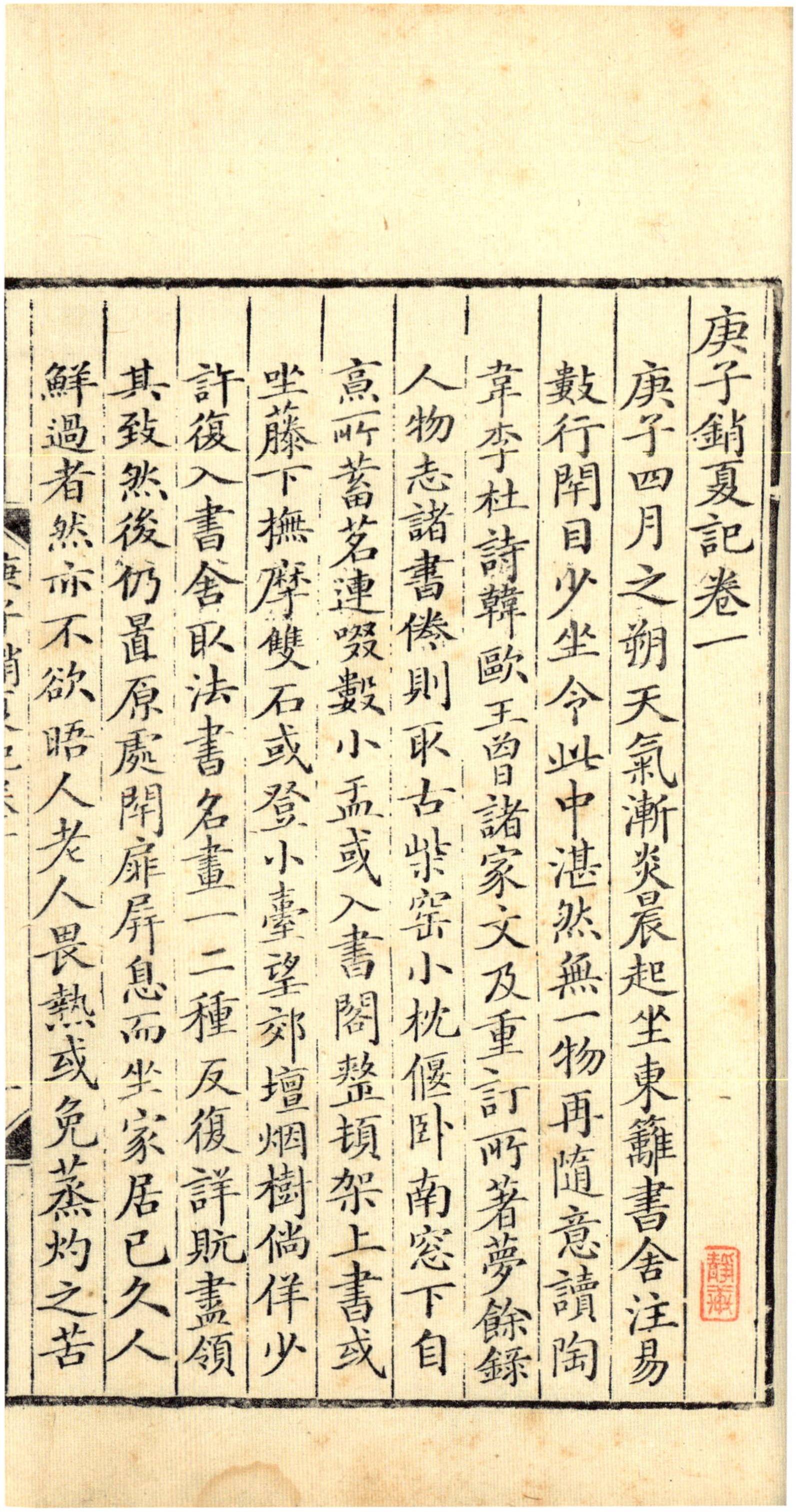

庚子銷夏記卷一

庚子四月之朔天氣漸炎晨起坐東籬書舍注易數行閑目少坐令此中湛然無一物再隨意讀陶韋李杜詩韓歐王曾諸家文及重訂所著夢餘錄人物志諸書倦則取古柴窑小枕偃卧南窓下自烹所蓄茗連啜數小盃或入書閣整頓架上書或坐藤下撫摩雙石或登小臺望郊壇烟樹倘佯少許復入書舍取法書名畫一二種反復詳玩盡領其致然後仍置原處閉扉屏息而坐家居已久人鮮過者然亦不欲晤人老人畏熱或免蒸灼之苦

庚子銷夏記八卷附閒者軒帖考一卷　（清）孫承澤撰　清乾隆二十五至二十六年（1760—1761）鮑廷博知不足齋刻本

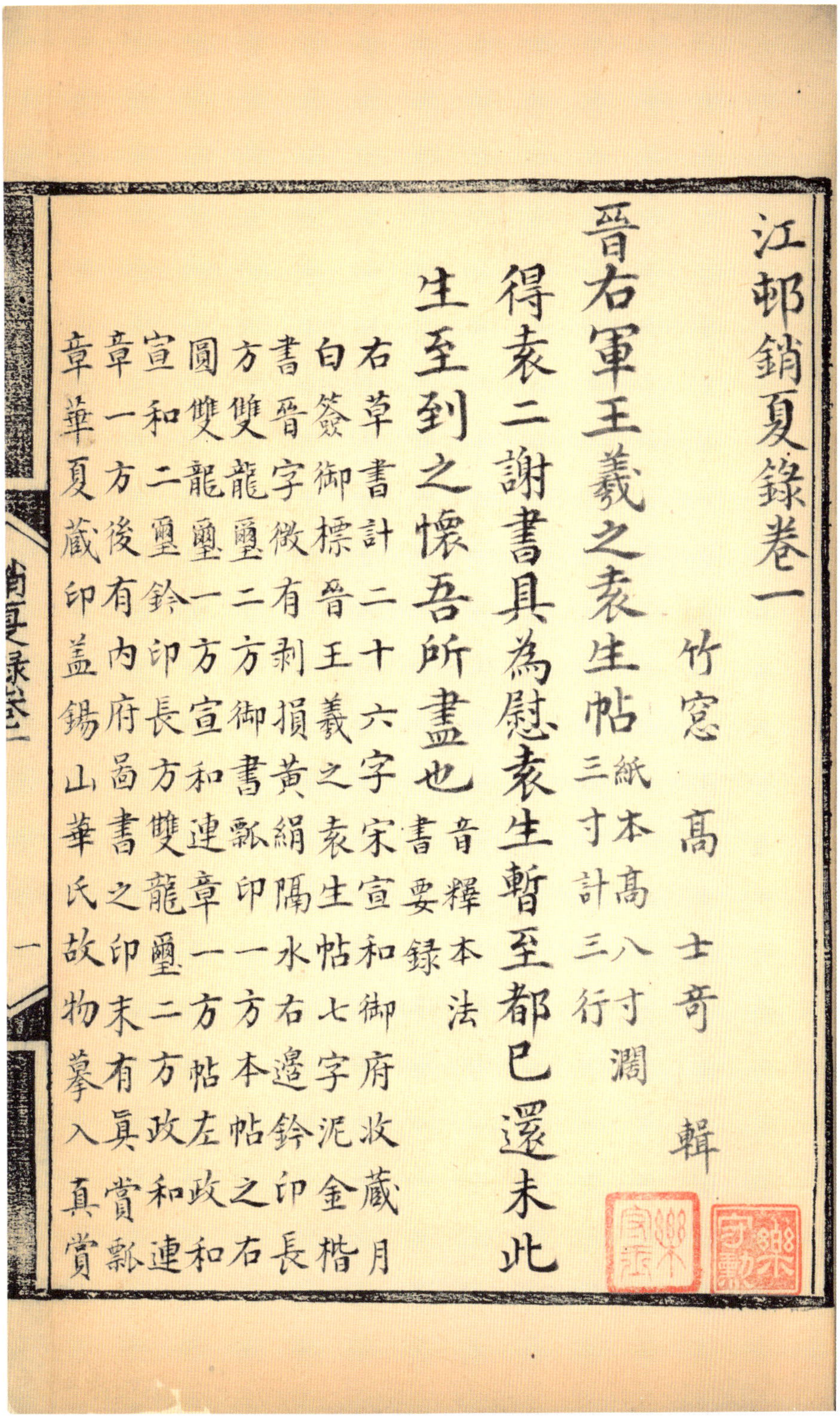
江邨銷夏錄卷一

竹窻　高士奇　輯

晉右軍王羲之袁生帖 紙本高八寸濶三寸計三行

得袁二謝書具為慰袁生暫至都已還未此生至到之懷吾所盡也 音釋本法書要錄

右草書計二十六字宋宣和御府收藏月白簽御標晉王羲之袁生帖七字泥金楷書晉字微有剥損黃絹隔水右邊鈐印長方雙龍璽二方御書瓢印一方本帖之右圓雙龍璽一方宣和連章一方帖左政和宣和二璽鈐印長方雙龍璽二方政和連章一方後有内府圖書之印末有眞賞瓢章華夏藏印蓋錫山華氏故物摹入眞賞

江邨銷夏錄三卷　（清）高士奇輯　清康熙三十二年（1693）刻本

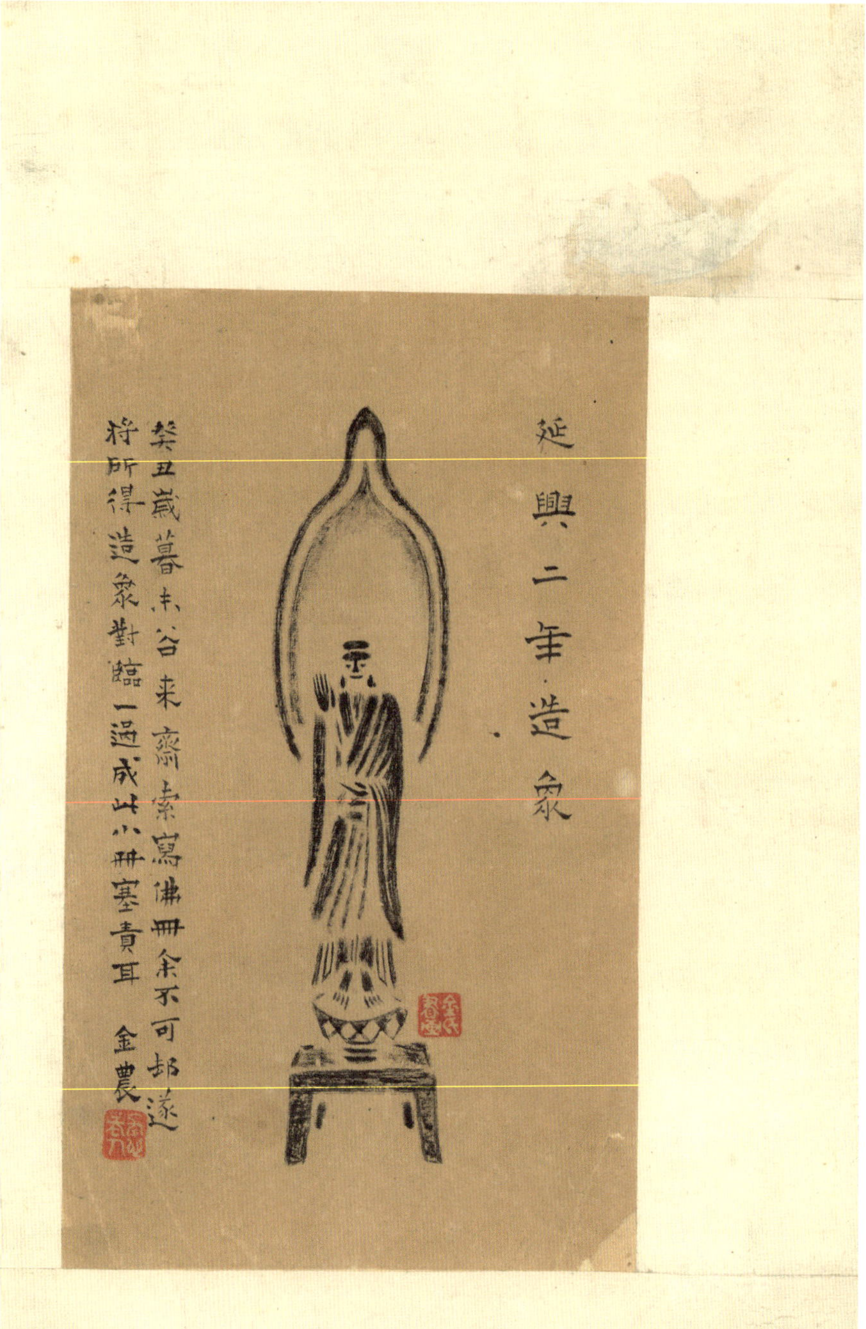

金農佛冊一卷　（清）金農繪　清雍正十一年（1733）繪本　經摺裝

晚笑堂竹莊画傳不分卷 （清）上官周撰并繪 清乾隆八年（1743）上官周刻本

張宗蒼摺本八幅　（清）張宗蒼繪　（清）張暐等配詩
清乾隆張宗蒼進呈本　經摺裝

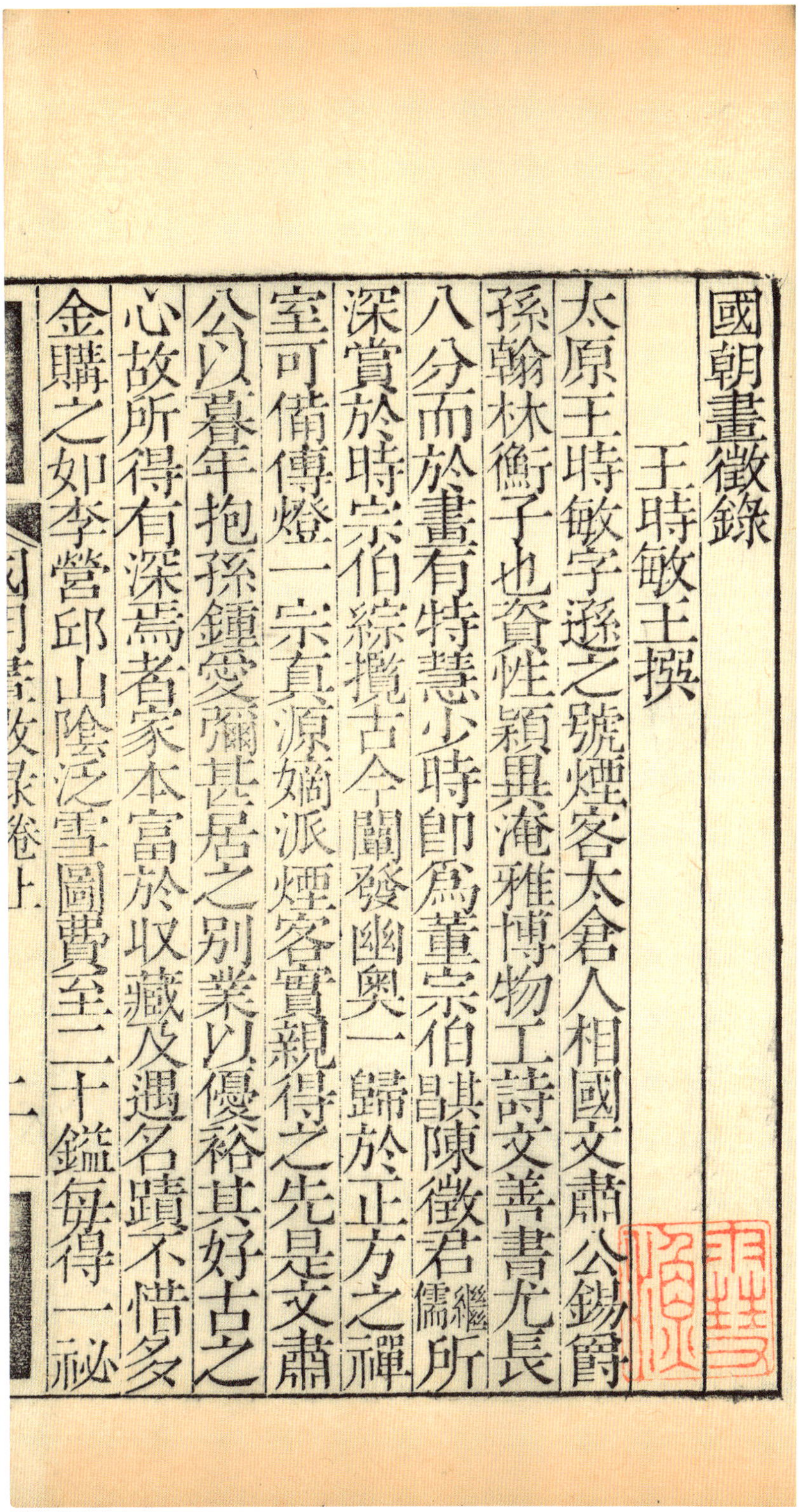

國朝畫徵錄
王時敏王撰
太原王時敏字遜之號煙客太倉人相國文肅公錫爵孫翰林衡子也資性穎異淹雅博物工詩文善書尤長八分而於畫有特慧少時即為董宗伯其昌陳徵君繼儒所深賞於時宗伯綜攬古今闡發幽奧一歸於正方之禪室可備傳燈一宗真源嫡派煙客實親得之先是文肅公以暮年抱孫鍾愛爾甚居之別業以優裕其好古之心故所得有深焉者家本富於收藏及遇名蹟不惜多金購之如李營邱山陰泛雪圖費至二十鎰每得一祕

國朝畫徵錄卷上　二

國朝畫徵錄三卷續錄二卷首一卷圖畫精意識一卷　（清）張庚撰　（清）蔣泰校　清乾隆四年（1739）刻本

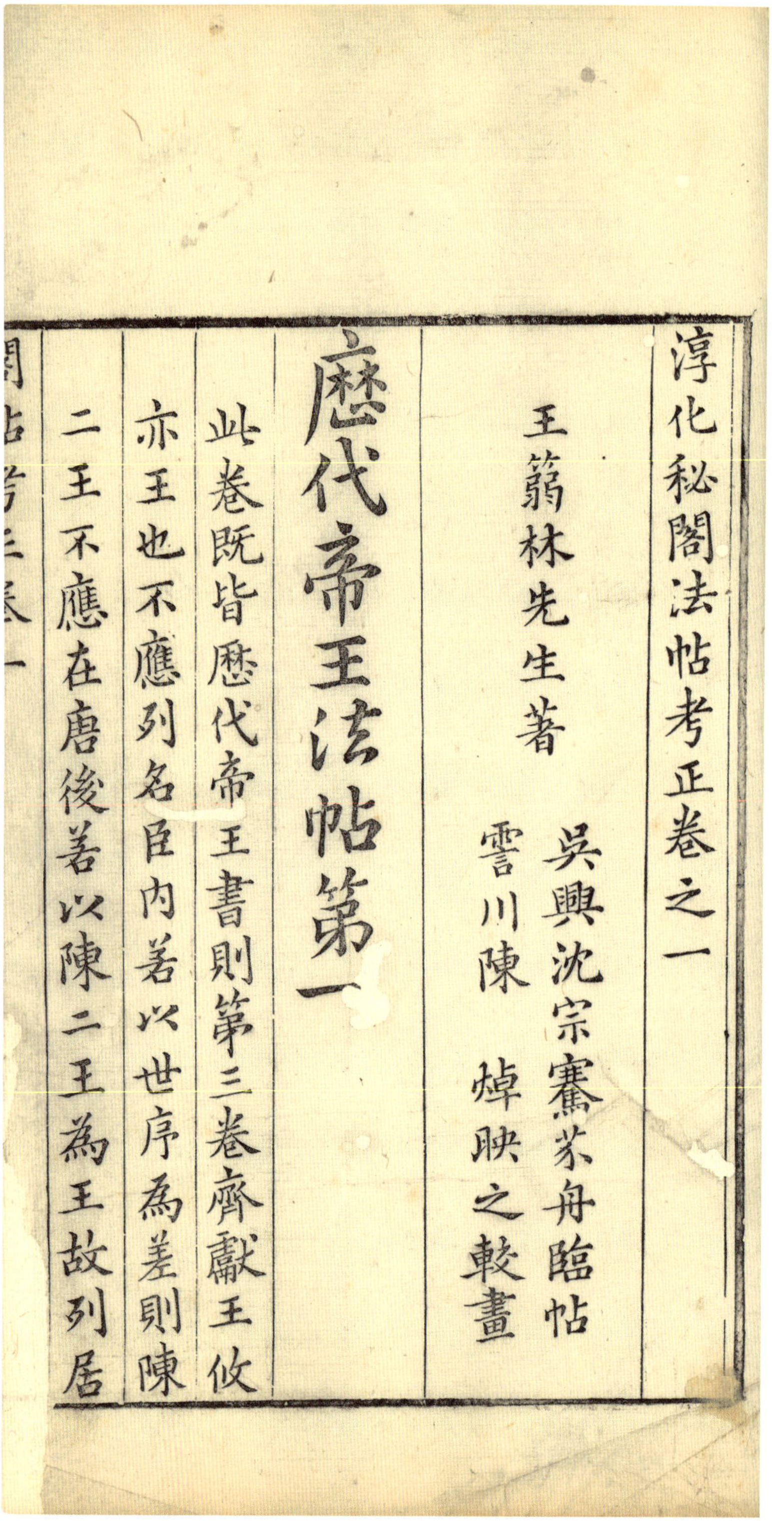

淳化秘閣法帖考正卷之一

王箬林先生著

吳興沈宗騫芥舟臨帖

雲川陳焯映之較畫

歷代帝王法帖第一

此卷既皆歷代帝王書則第三卷齊獻王攸

亦王也不應列名臣內若以世序爲差則陳

二王不應在唐後若以陳二王爲王故列居

閣帖考正卷一

淳化秘閣法帖考正十卷附二卷釋文二卷　（清）王澍撰　（清）沈宗騫臨帖　（清）陳焯校畫　清乾隆三十三年（1768）沈宗騫水壺閣刻本

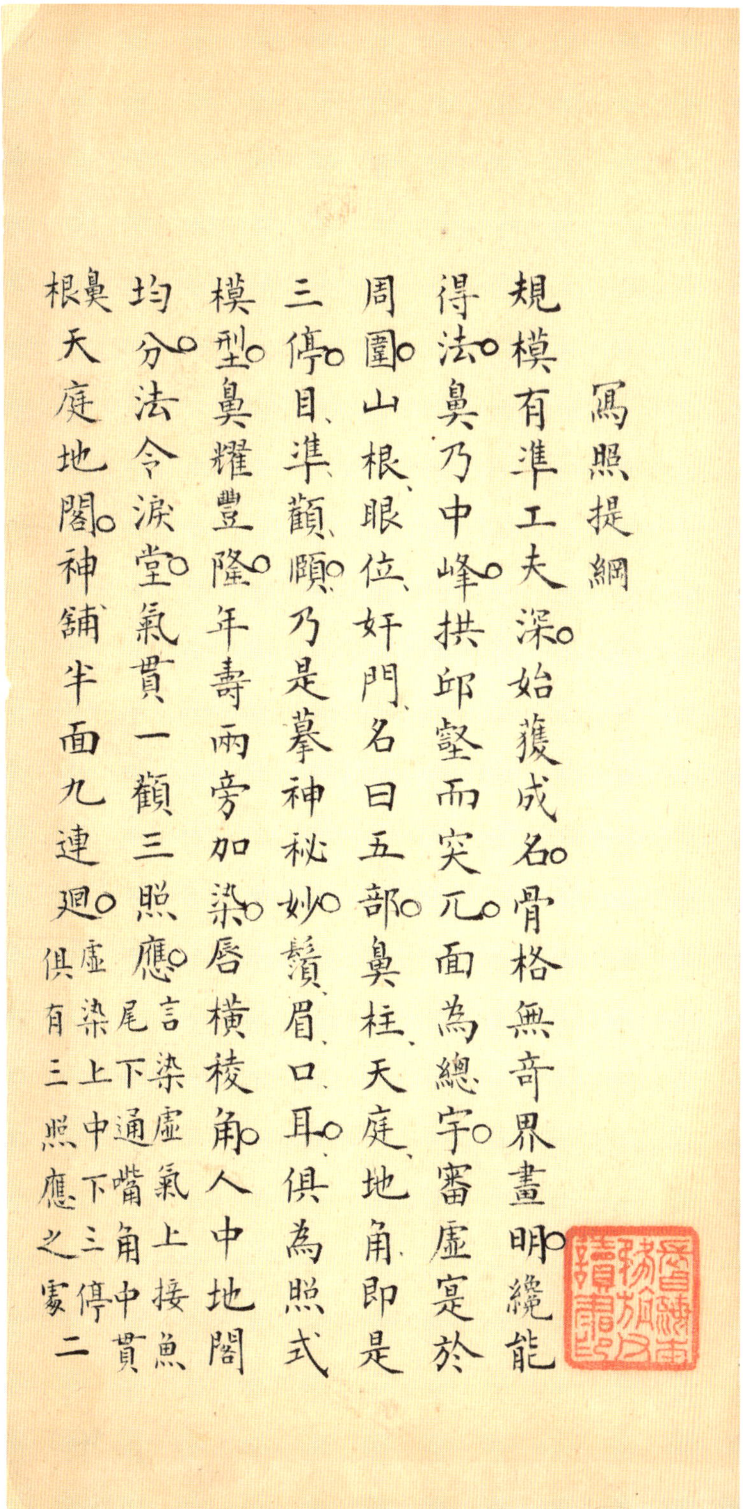

寫照提綱

規模有準工夫深。始獲成名。骨格無奇界畫明。纔能得法。鼻乃中峰。拱邱聳而突兀。面為總宇。審虛實於周圍。山根、眼位、奸門、名曰五部。鼻柱、天庭、地角、即是三停。目、準、顴、頤。乃是摹神秘妙。鬢、眉、口、耳。俱為照式模型。鼻耀豐隆。年壽兩旁加染。唇橫稜角。人中地閣均分。法令淚堂。氣貫一顴三照應。言染虛氣上接魚尾下通嘴角中貫鼻根天庭地閣。神鋪半面九連迴。虛染上中下三停俱有三照應之處二

寫照提綱一卷　（清）丁思銘等撰　清抄本

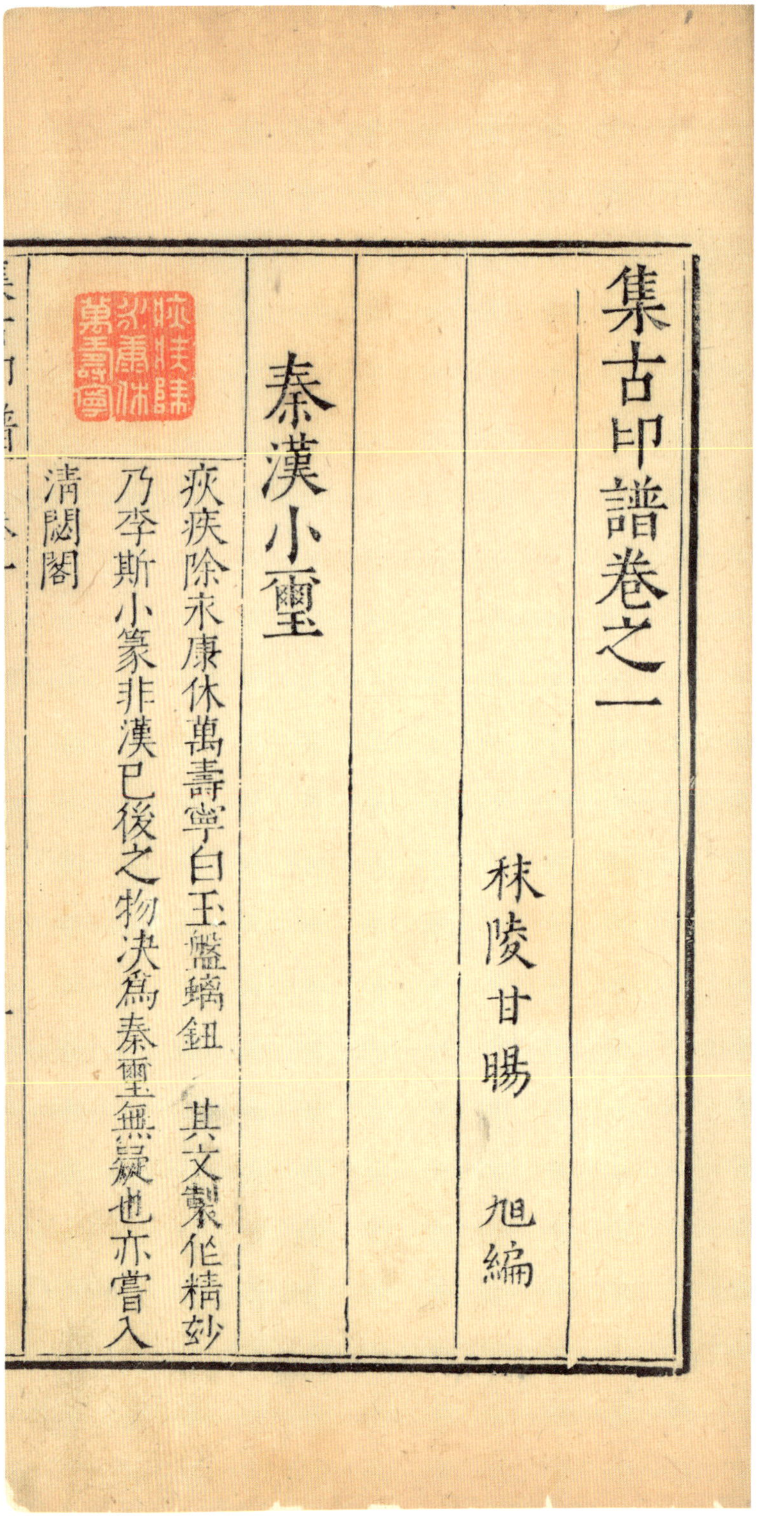

集古印譜卷之一

秣陵甘暘　旭編

秦漢小璽

疢疾除永康休萬壽寧白玉盤螭鈕　其文製作精刻
乃李斯小篆非漢已後之物決爲秦璽無疑也亦嘗入
清閟閣

集古印譜五卷　（明）甘暘編　明萬曆二十四年（1596）刻鈐印本

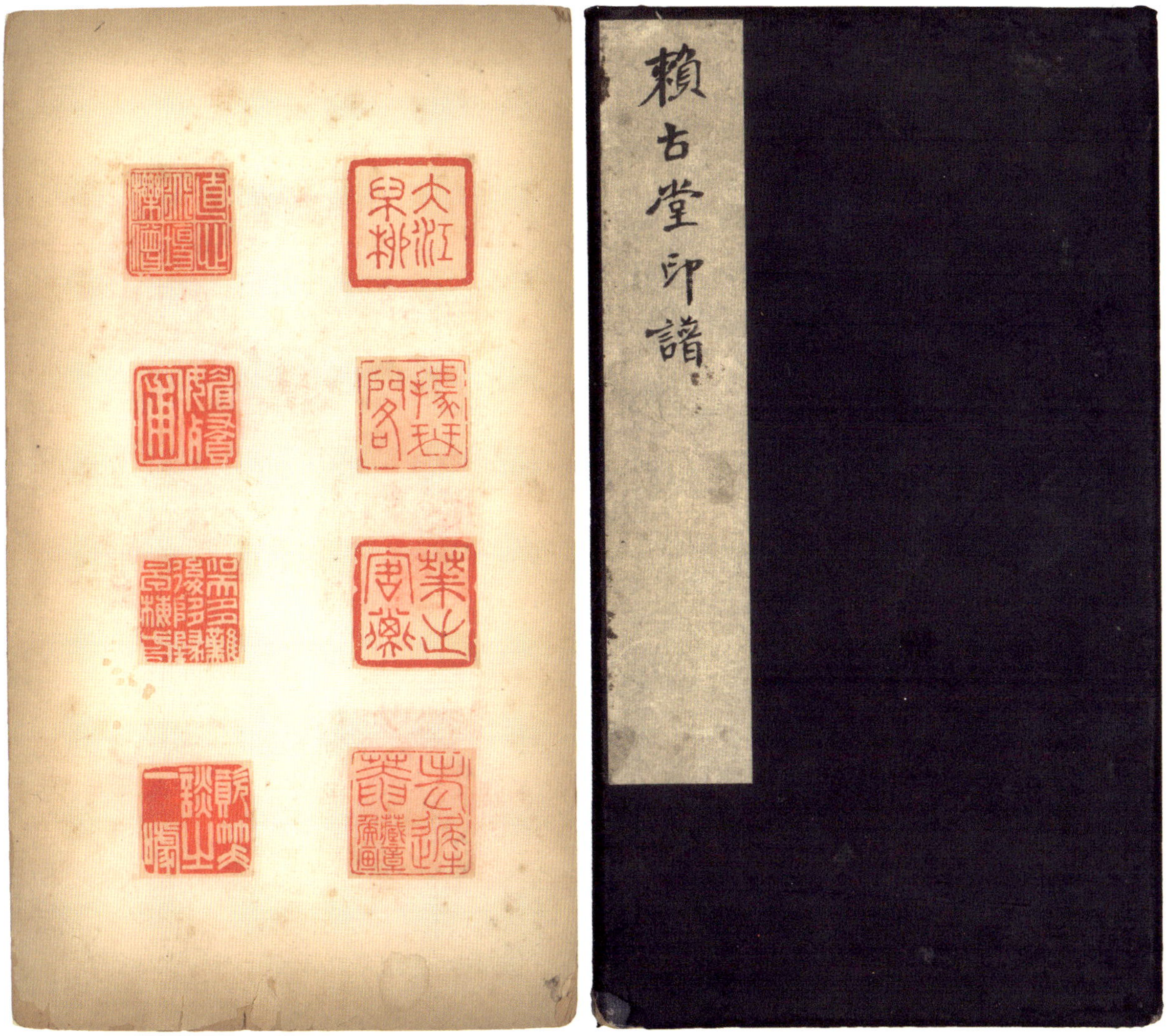

賴古堂印譜不分卷　（清）周亮工輯　清鈐印本

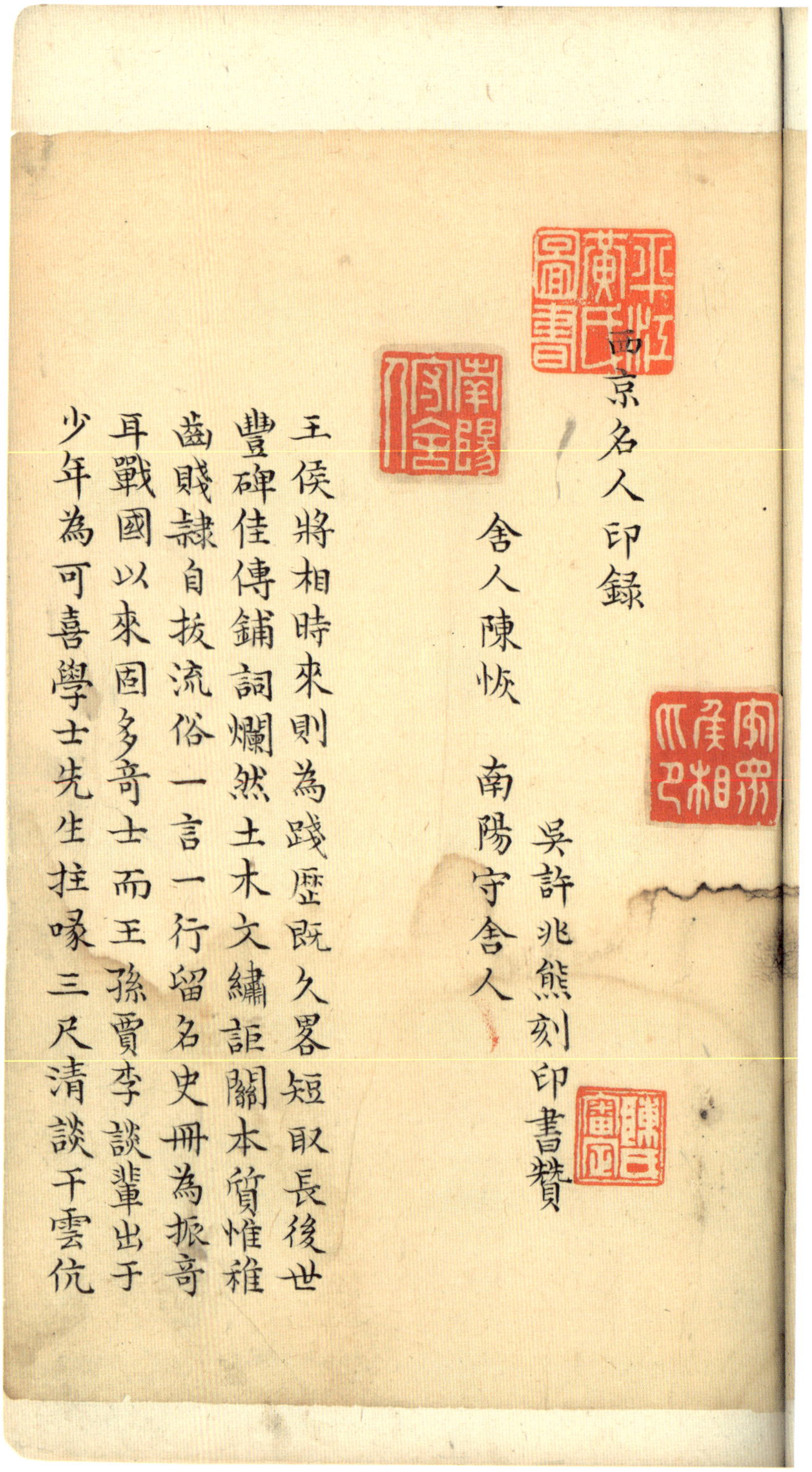
兩京名人印録

吴許兆熊刻印書贊

舍人陳恢　南陽守舍人

王侯將相時來則為踐歷既久畧短取長後世
豐碑佳傳鋪詞爛然土木文繡詎關本質惟稚
齒賤隸自拔流俗一言一行留名史冊為振奇
耳戰國以來固多奇士而王孫賈李談輩出于
少年為可喜學士先生拄喙三尺清談干雲伉

兩京名人印録不分卷　（清）許兆熊刻　清嘉慶二十二年（1817）抄本

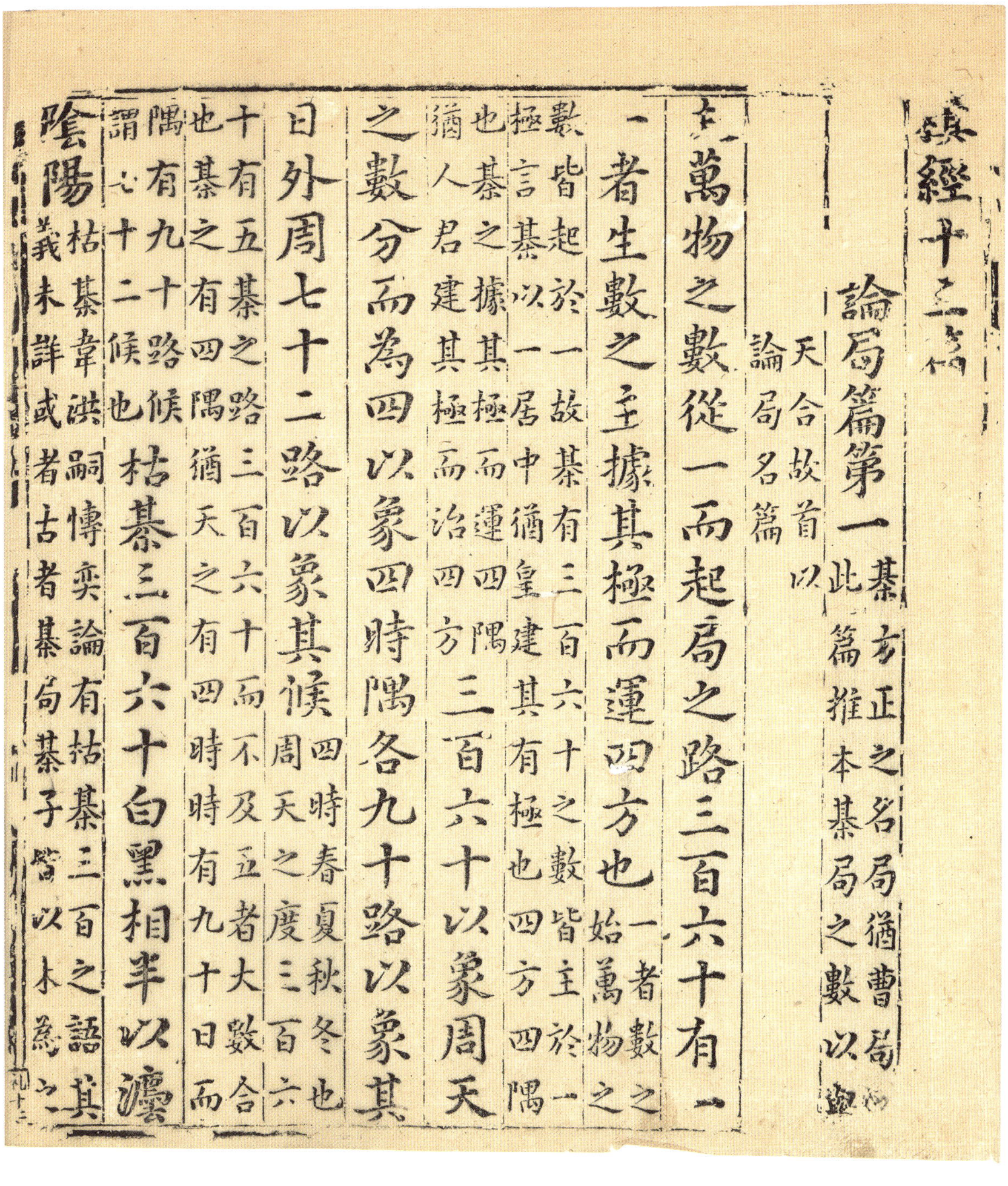

棊經十三篇

論局篇第一棊方正之名局猶曹局此篇推本棊局之數以迎天合故首以論局名篇

夫萬物之數從一而起局之路三百六十有一一者生數之主據其極而運四方也一者數之始萬物之數皆起於一故棊有三百六十之數皆主於一極言棊以一居中猶皇建其有極也四方四隅也棊之據其極而運四隅猶人君建其極而治四方三百六十以象周天之數分而為四以象四時隅各九十路以象其日外周七十二路以象其候四時春夏秋冬也周天之度三百六十有五棊之路三百六十而不及五者大數合也棊之有四隅猶天之有四時時有九十日而隅有九十路候謂之十二候也枯棊三百六十白黑相半以灋陰陽枯棊章洪嗣傳奕論有枯棊三百之語其義未詳或者古者棊局棊子皆以木為之

棋經一卷十三篇　（宋）晏天章撰　（明）王廷訥訂　明書林聚玉堂刻本

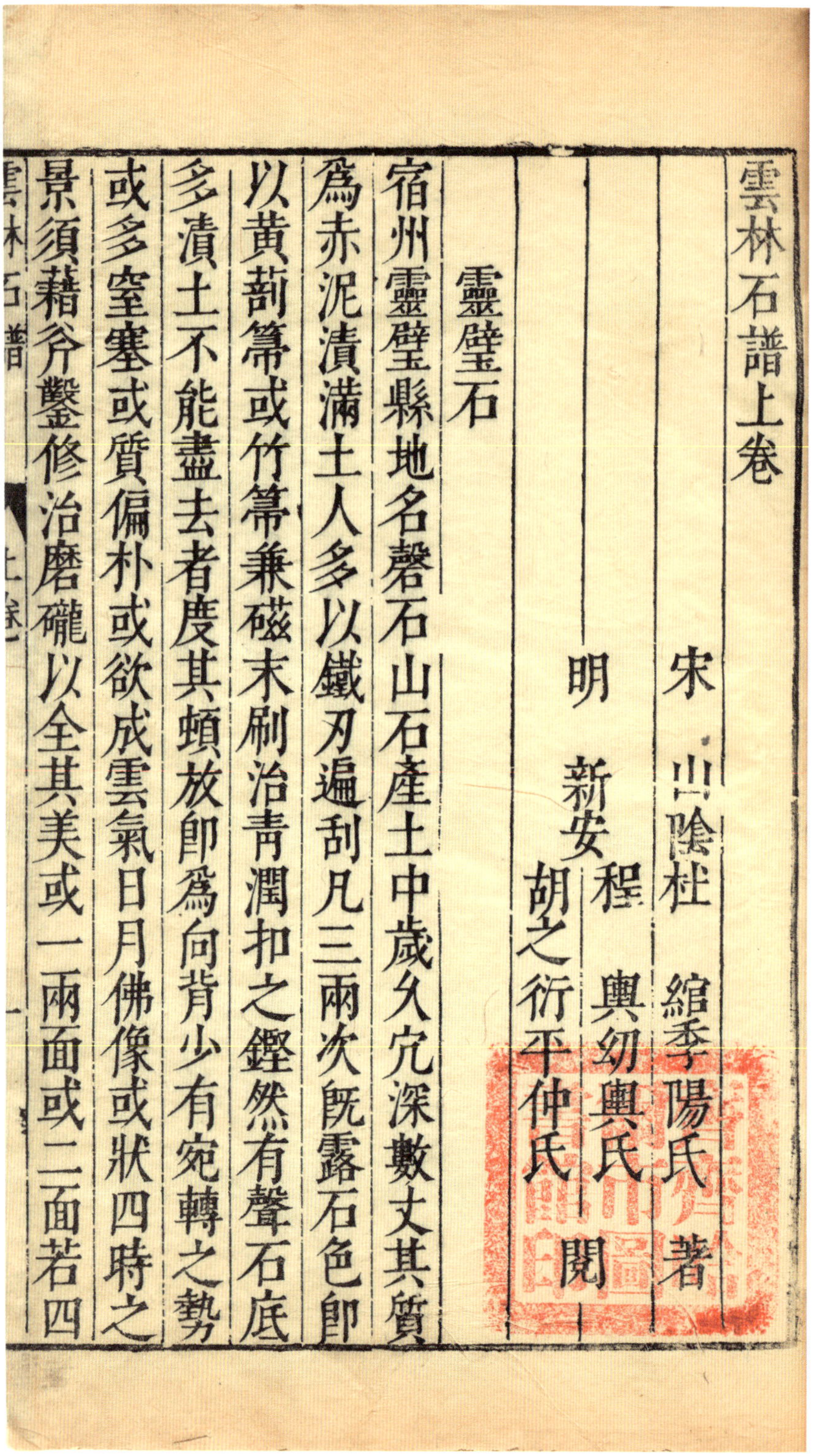

雲林石譜上卷

宋　山陰杜　綰季陽氏　著

明　新安程　輿幼輿氏　閱

胡之衍平仲氏

靈璧石

宿州靈璧縣地名磬石山石產土中歲久穴深數丈其質爲赤泥漬滿土人多以鐵刃遍刮凡三兩次既露石色卽以黃蒚箒或竹箒兼磁末刷治青潤扣之鏗然有聲石底多漬土不能盡去者度其頓放卽爲向背少有宛轉之勢或多窒塞或質偏朴或欲成雲氣日月佛像或狀四時之景須藉斧鑿修治磨礲以全其美或一兩面或二三面若四

雲林石譜　上卷　一

雲林石譜三卷　（宋）杜綰撰　（明）程百二輯　明萬曆四十三年（1615）新安程氏叢刻本

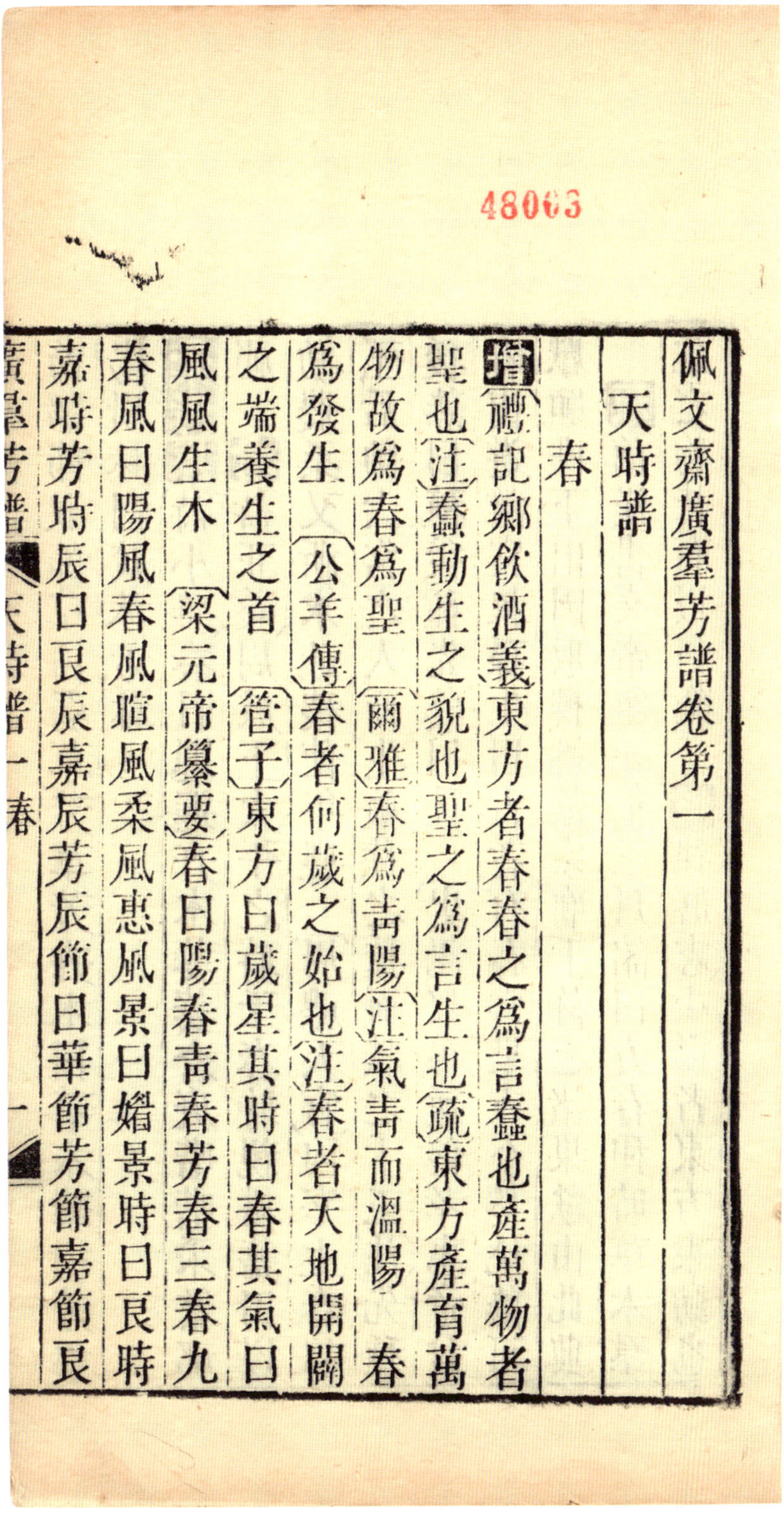

佩文齋廣羣芳譜一百卷　（清）汪灝撰　清康熙四十七年（1708）内府刻本

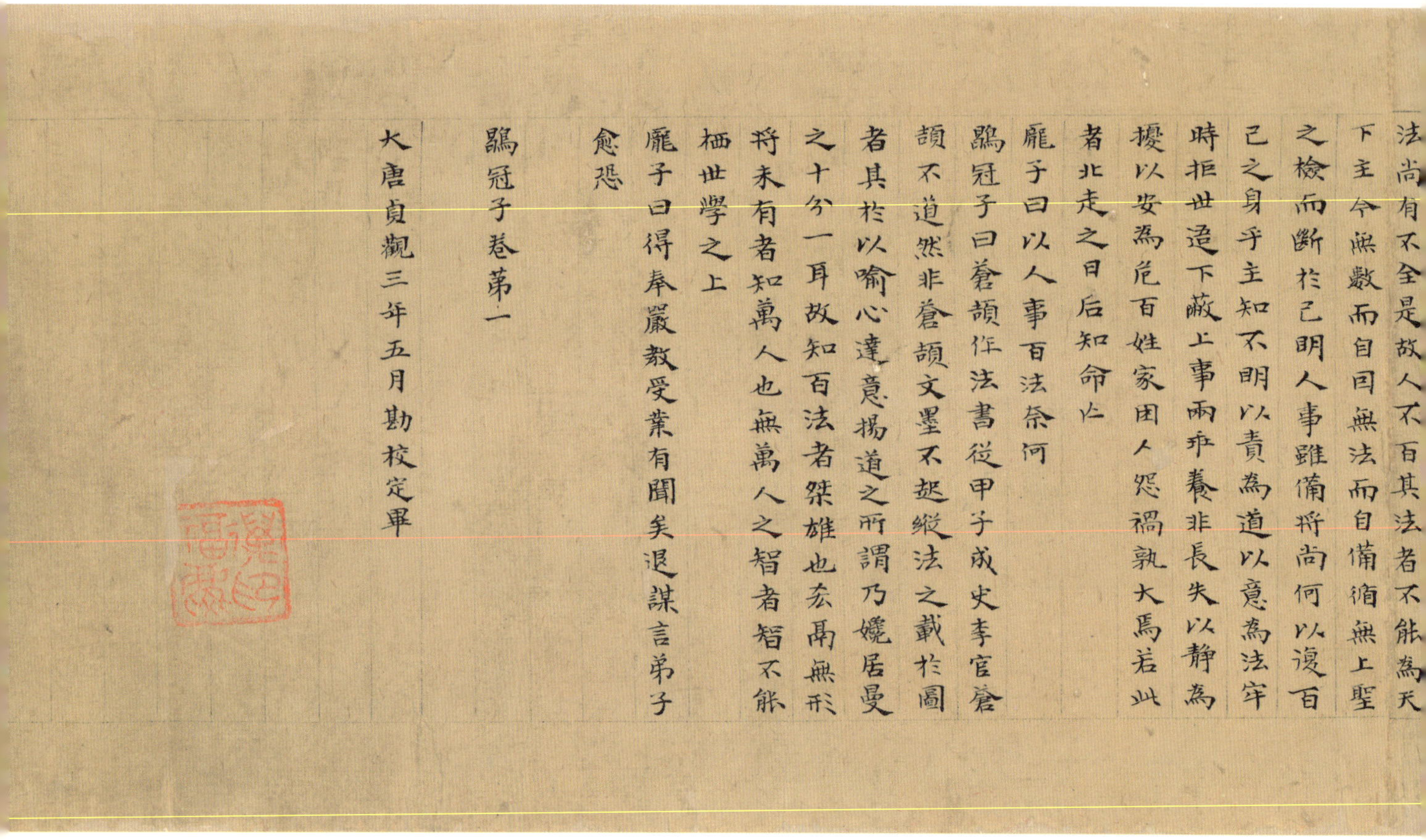
法尚有不全是故人不百其法者不能為天
下主今無數而自因無法而自備循無上聖
之檢而斷於己明人事雖備將尚何以復百
己之身乎主知不明以責為道以意為法牢
時拒世逜下蔽上事兩乖養非長失以靜為
擾以安為危百姓家困人怨禍孰大焉若此
者北走之日后知命亾
龎子曰以人事百法奈何
鶡冠子曰蒼頡作法書從甲子成史李官蒼
頡不道然非蒼頡文墨不起縱法之載於圖
者其於以喻心達意揚道之所謂乃纔居曼
之十分一耳故知百法者桀雄也若隔無形
將未有者知萬人也無萬人之智者智不能
棲世學之上
龎子曰得奉嚴教受業有聞矣退謀言弟子
愈恐
鶡冠子卷第一
大唐貞觀三年五月勘校定畢

鶡冠子一卷　（戰國）鶡冠子撰　唐貞觀三年（629）寫本
卷軸裝

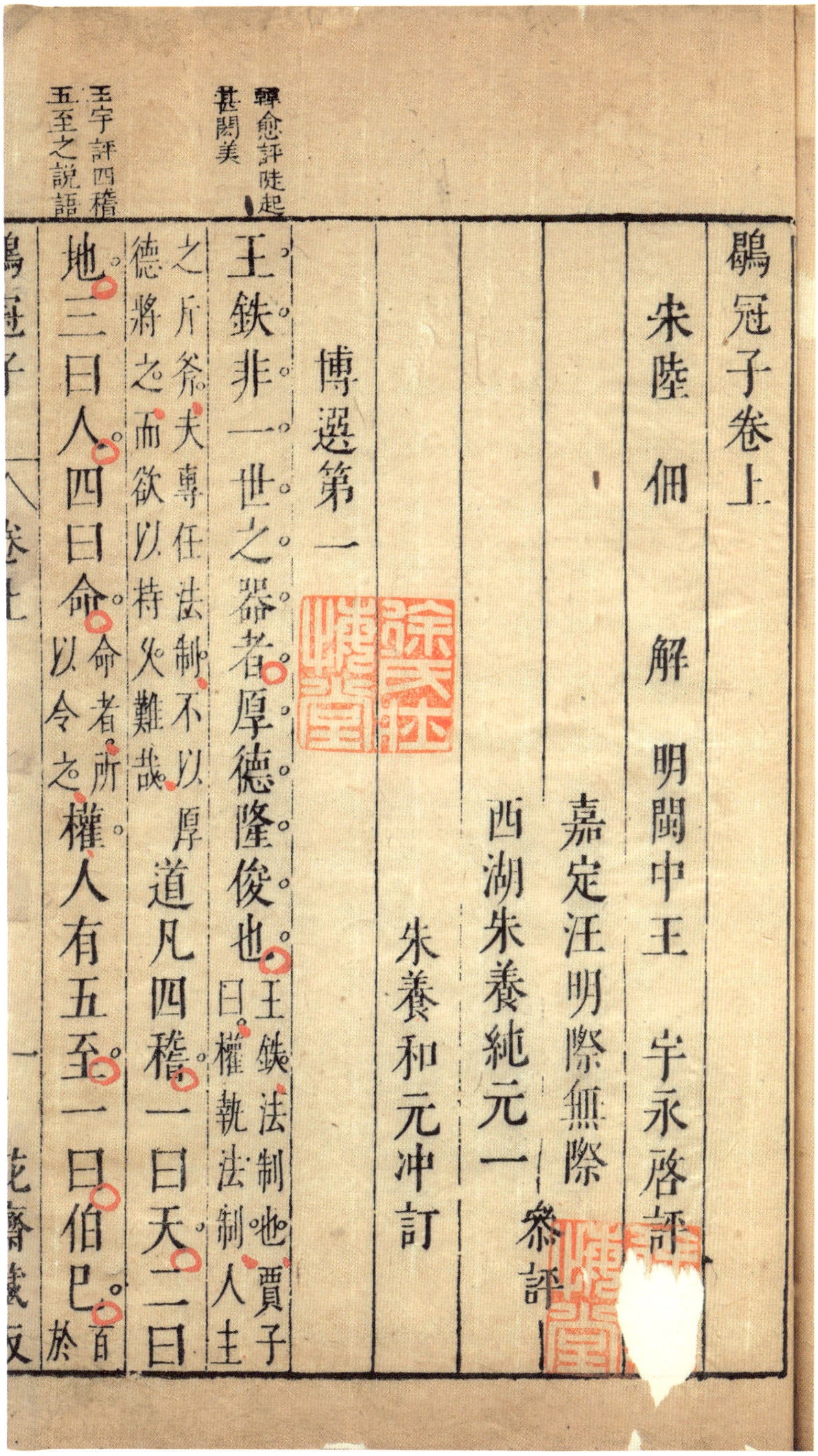
鶡冠子卷上

宋陸佃解　明閩中王宇永啓評

嘉定汪明際無際

西湖朱養純元一　參評

朱養和元冲訂

博選第一

韓愈評陸起甚闊美

王鈇非一世之器者厚德隆俊也王鈇法制也賈子曰權執法制人主之斤斧夫專任法制不以厚德將之而欲以持久難哉道凡四稽一曰天二曰

王宇評四稽五至之說語

地三曰人四曰命命者所以令之權人有五至一曰伯已百於

鶡冠子　卷上　一　花齋藏版

鶡冠子三卷　（宋）陸佃解　（明）王宇評　明天啓五年（1625）朱養純花齋刻本

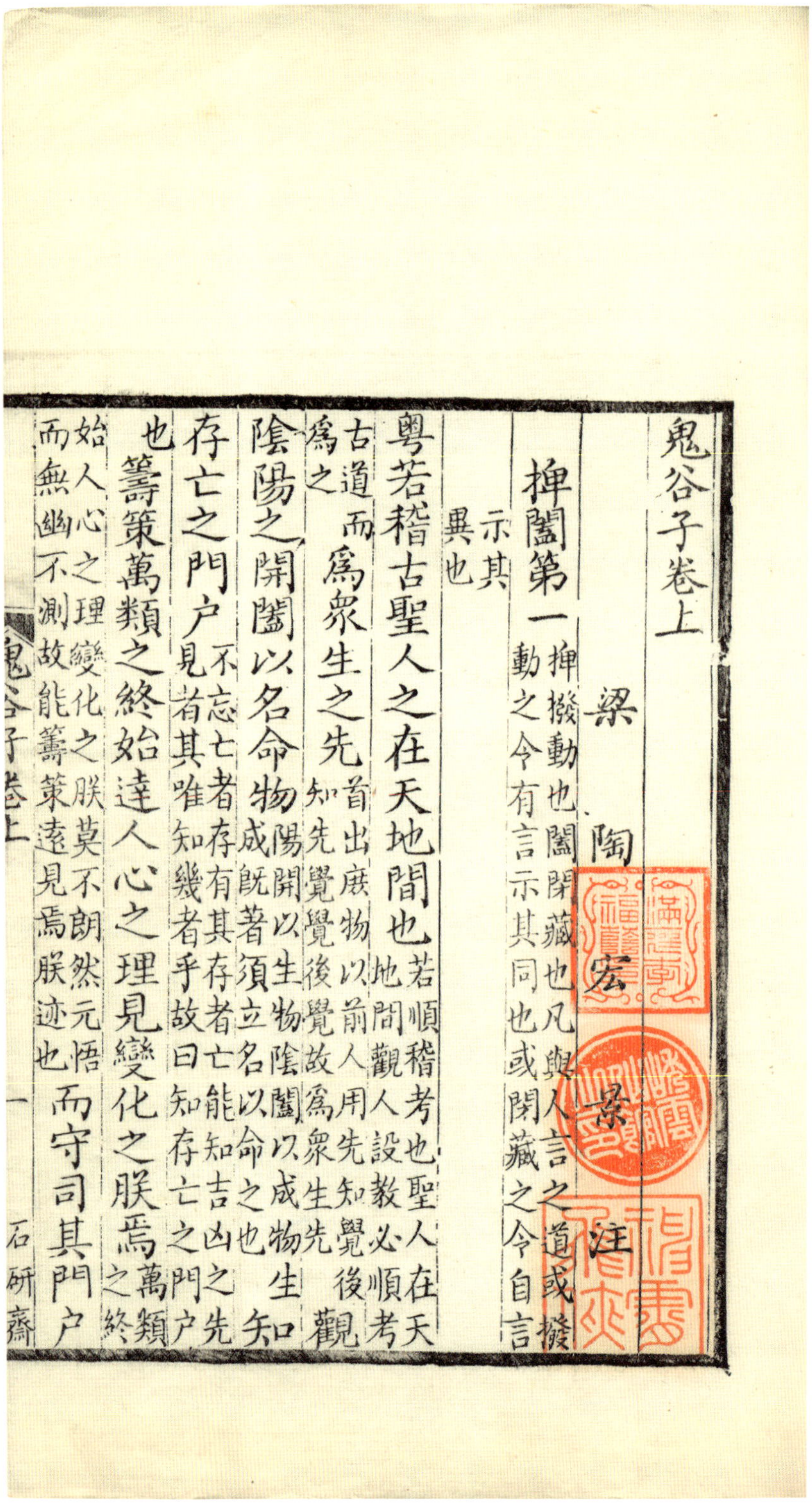

鬼谷子三卷　（南朝梁）陶宏景注　清嘉慶十年（1805）江都秦氏刻本

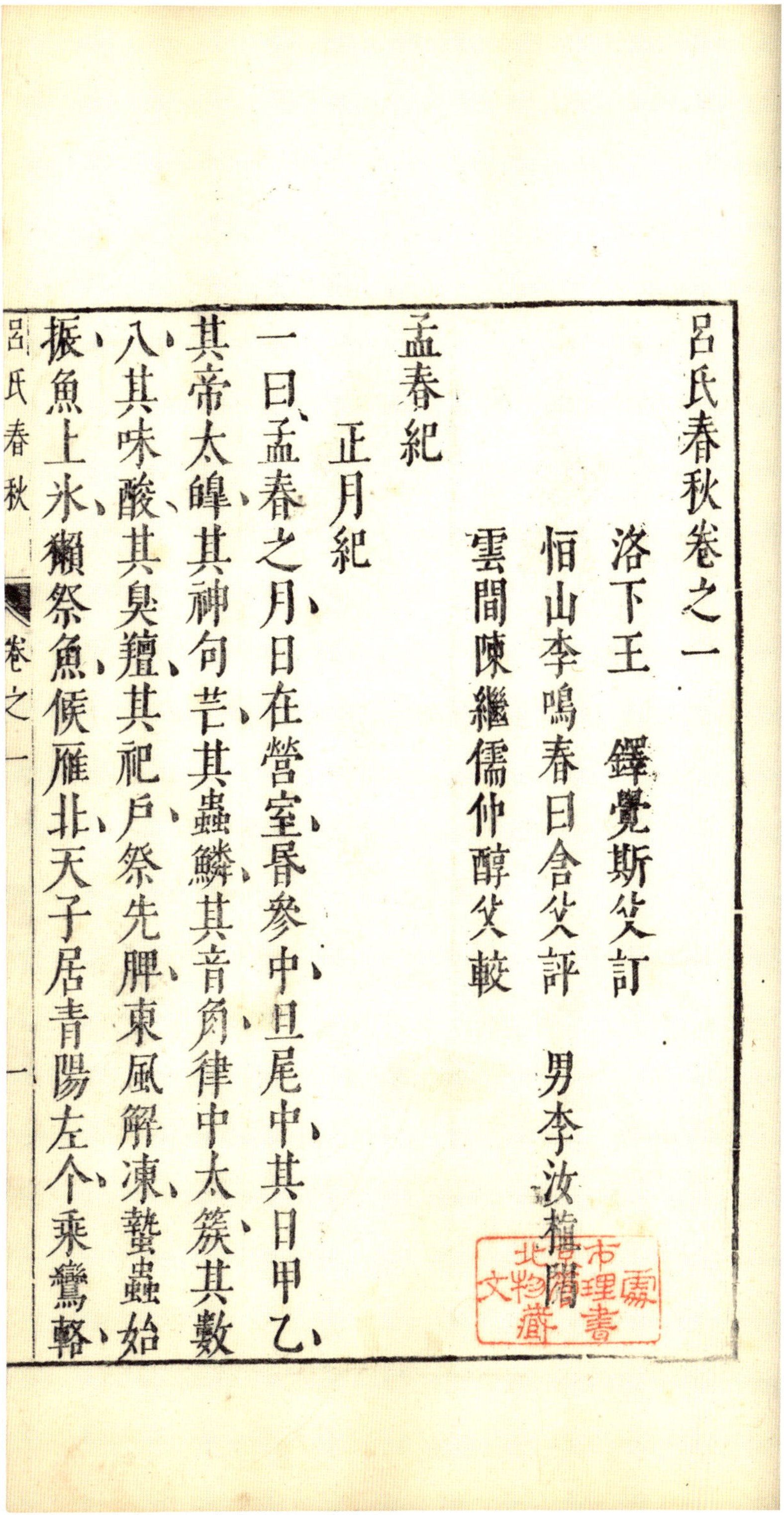
呂氏春秋卷之一
洛下王　鐸覺斯父訂
恒山李鳴春日含父評　男李汝楫
雲間陳繼儒仲醇父較
孟春紀
正月紀
一曰孟春之月日在營室昏參中旦尾中其日甲乙
其帝太皡其神句芒其蟲鱗其音角律中太簇其數
八其味酸其臭羶其祀戶祭先脾東風解凍蟄蟲始
振魚上冰獺祭魚候雁北天子居青陽左个乘鸞輅
呂氏春秋　卷之一　一

呂氏春秋二十六卷　（秦）呂不韋撰　（明）王鐸訂　（明）陳繼儒校　清乾隆南亭畢氏經訓堂刻本

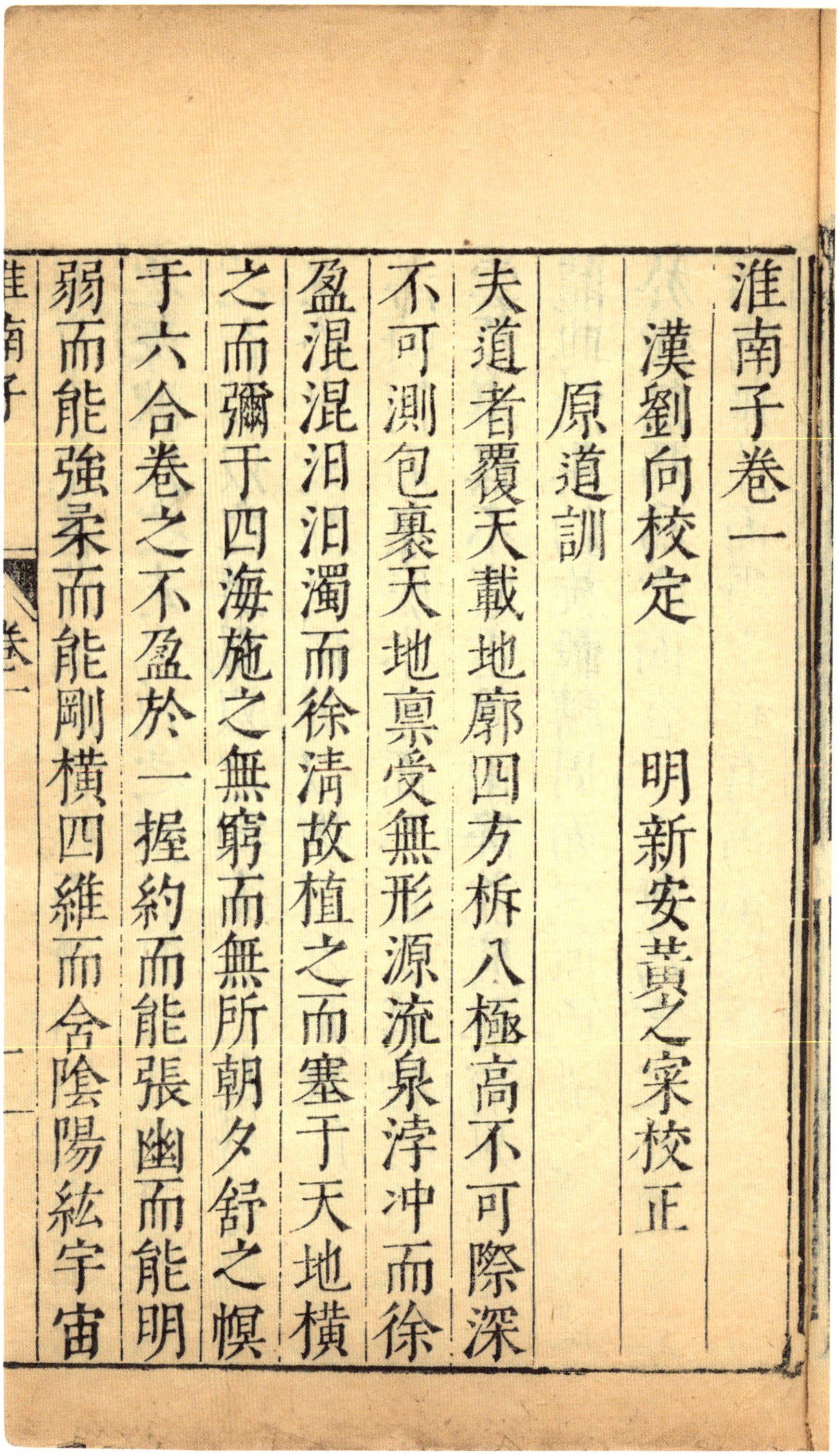

淮南子卷一

漢劉向校定　明新安黃之寀校正

原道訓

夫道者覆天載地廓四方柝八極高不可際深不可測包裹天地禀受無形源流泉浡沖而徐盈混混汩汩濁而徐清故植之而塞于天地橫之而彌于四海施之無窮而無所朝夕舒之幎于六合卷之不盈於一握約而能張幽而能明弱而能強柔而能剛橫四維而含陰陽紘宇宙

淮南子二十一卷　（漢）劉安撰　（漢）劉向校定　（明）黄之寀校正　明刻黄氏重修本

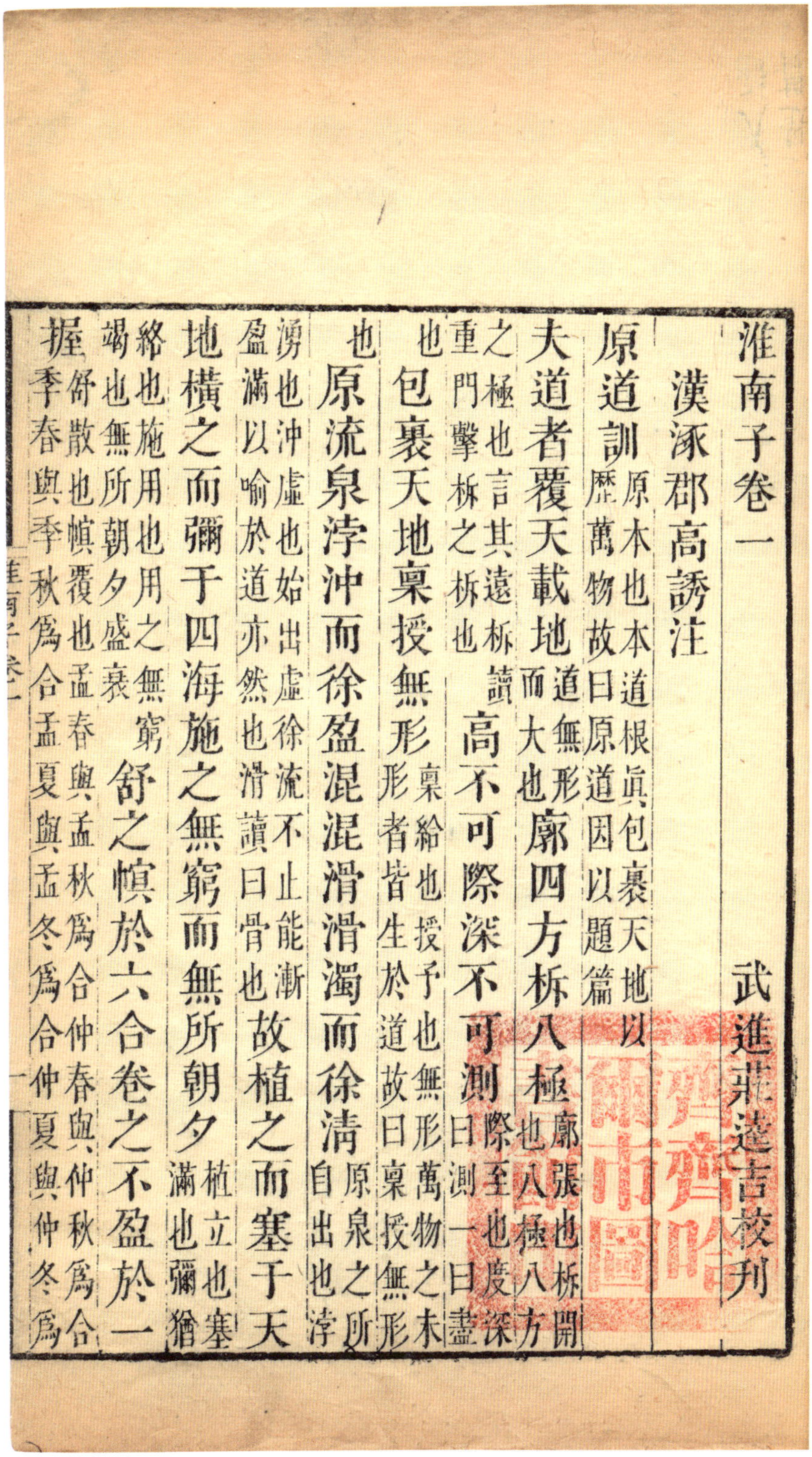
淮南子卷一　　武進莊逵吉校刊
漢涿郡高誘注
原道訓原本也本道根眞包裹天地以歷萬物故曰原道因以題篇
夫道者覆天載地道無形而大也廓四方柝八極廓張也柝開也八極八方之極也言其遠柝讀重門擊柝之柝也高不可際深不可測際至也度深曰測一曰盡也包裹天地稟授無形稟給也授予也無形萬物之未形形者皆生於道故曰稟授無形也原流泉浡沖而徐盈混混滑滑濁而徐清原泉之所自出也浡湧也沖虛也始出虛徐流不止能漸盈滿以喻於道亦然也滑讀曰骨也故植之而塞于天地横之而彌于四海施之無窮而無所朝夕植立也塞滿也彌猶絡也施用也用之無窮竭也無所朝夕盛衰舒之幎於六合卷之不盈於一握舒散也幎覆也孟春與孟秋爲合仲春與仲秋爲合季春與季秋爲合孟夏與孟冬爲合仲夏與仲冬爲

淮南子二十一卷　（漢）高誘注　清乾隆五十三年（1788）武進莊逵吉咸寧官署刻本

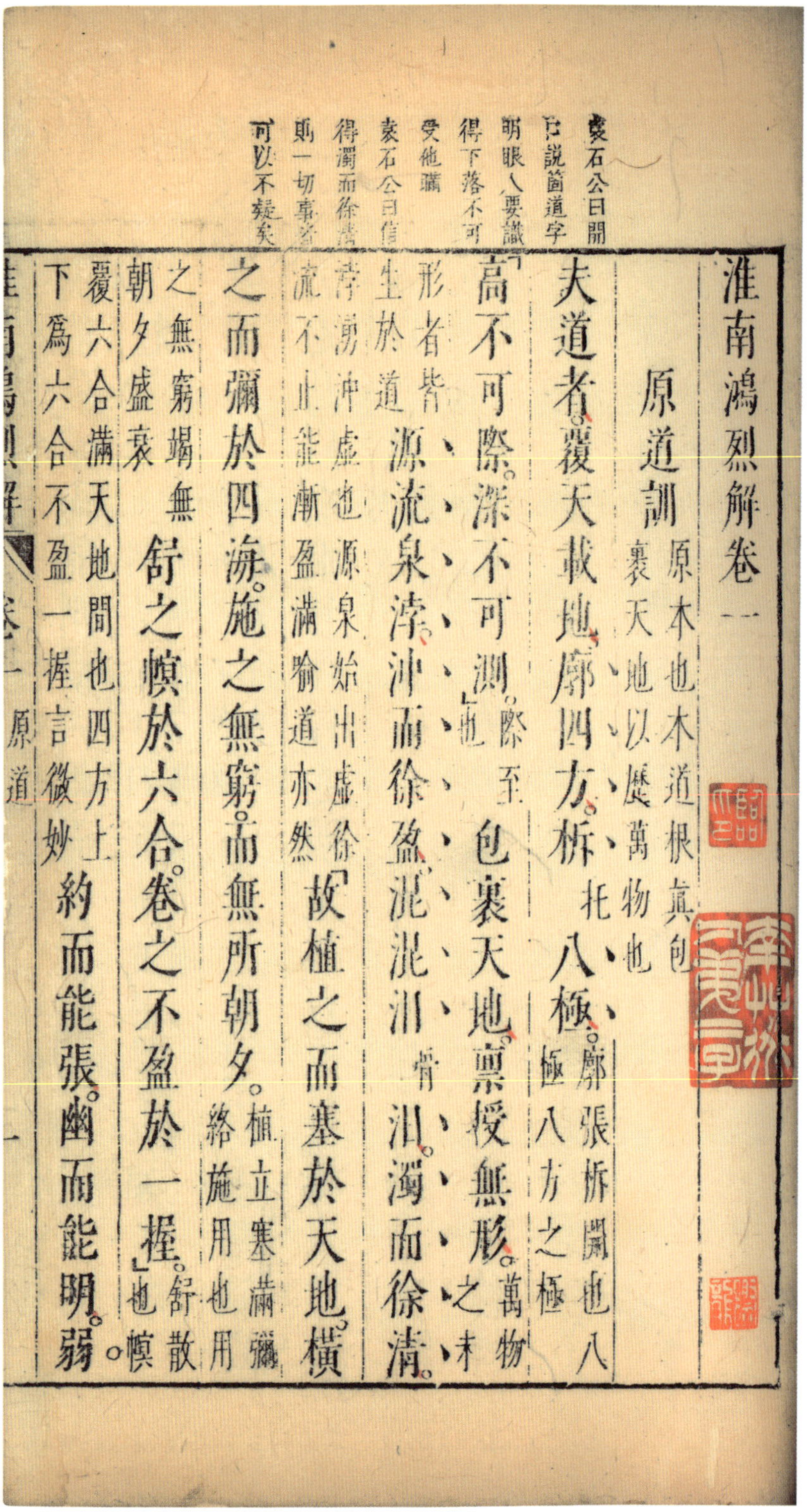

袁石公曰開卷說箇道字明眼人要識得下落不可受他瞞

袁石公曰信得濁而徐清則一切事皆可以不疑矣

淮南鴻烈解卷一

原道訓 原本也本道根真包裹天地以歷萬物也

夫道者覆天載地廓四方柝八極 廓張柝開也八極八方之極 高不可際深不可測 際至也 包裹天地稟授無形 萬物之未形者皆生於道 源流泉浡沖而徐盈混混汩汩 汩音骨 濁而徐清 浡湧沖虛也源泉始出虛徐流不止能漸盈滿喻道亦然 故植之而塞於天地橫之而彌於四海施之無窮而無所朝夕 植立塞滿彌絡施用也用之無窮竭無朝夕盛衰 舒之幎於六合卷之不盈於一握 舒散也幎覆六合滿天地間也四方上下為六合不盈一握言微妙 約而能張幽而能明弱

淮南鴻烈解 卷一 原道 一

淮南鴻烈解二十一卷　（漢）劉安撰　（漢）高誘注　明刻本

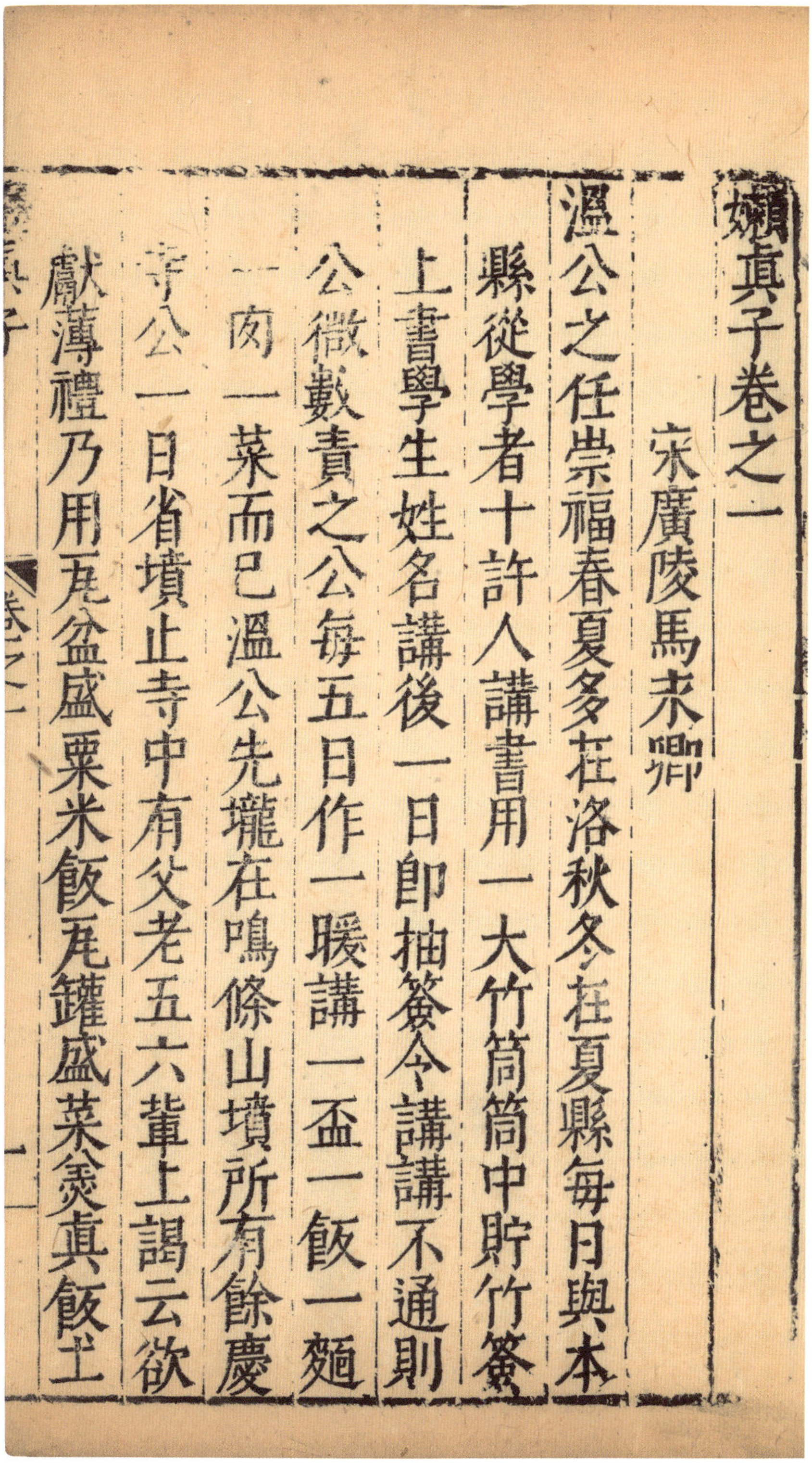

嬾真子卷之一
宋廣陵馬永卿
溫公之任崇福春夏多在洛秋冬在夏縣每日與本
縣從學者十許人講書用一大竹筒筒中貯竹簽
上書學生姓名講後一日即抽簽令講講不通則
公微數責之公每五日作一暖講一盃一飯一麵
一肉一菜而已溫公先壠在鳴條山墳所有餘慶
寺公一日省墳止寺中有父老五六輩上謁云欲
獻薄禮乃用瓦盆盛粟米飯瓦罐盛菜羹真飯土

嬾真子　卷之一　一

嬾真子五卷　（宋）馬永卿撰　（明）商濬校　明商濬刻稗海叢書本

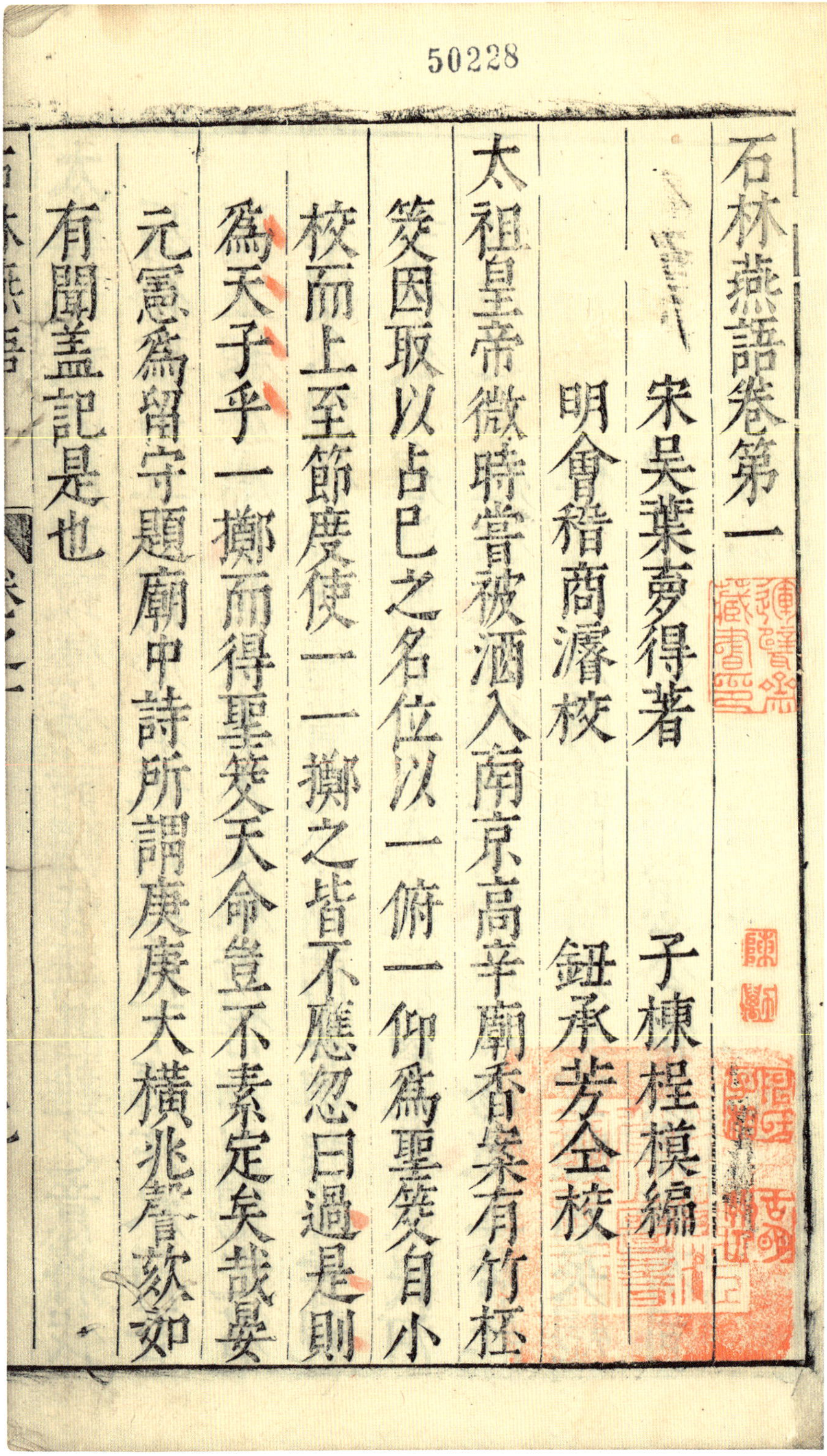

石林燕語十卷　（宋）葉夢得撰　（明）商濬校　明商濬刻稗海叢書本

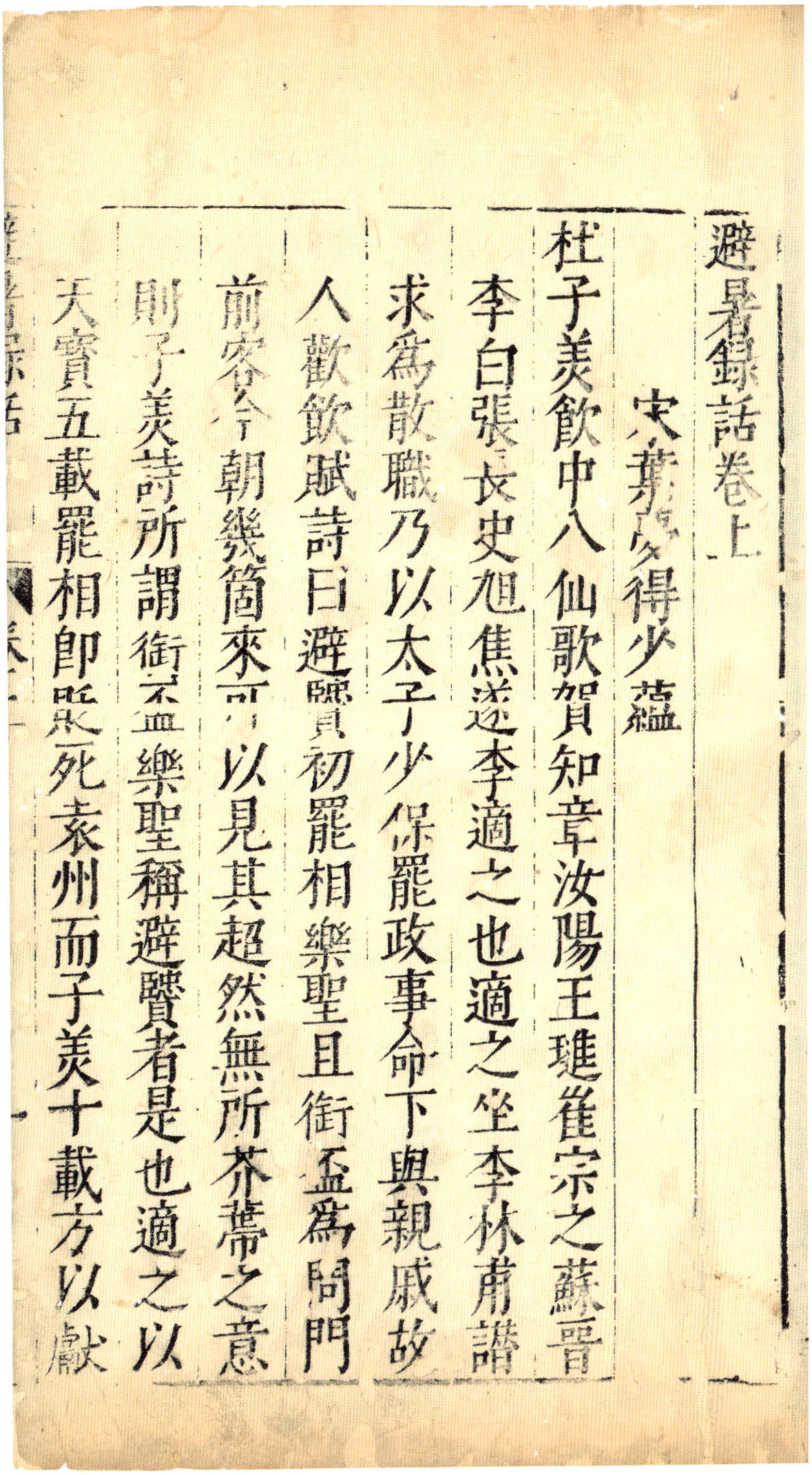

避暑録話卷上

宋葉夢得少藴

杜子美飲中八仙歌賀知章汝陽王璡崔宗之蘇晉
李白張長史旭焦遂李適之也適之坐李林甫譛
求爲散職乃以太子少保罷政事命下與親戚故
人歡飲賦詩曰避賢初罷相樂聖且銜盃爲問門
前客今朝幾箇來可以見其超然無所芥蔕之意
則子美詩所謂銜盃樂聖稱避賢者是也適之以
天寶五載罷相卽貶死袁州而子美十載方以獻

避暑録話　卷上　一

避暑録話二卷　（宋）葉夢得撰　明商濬刻稗海叢書本

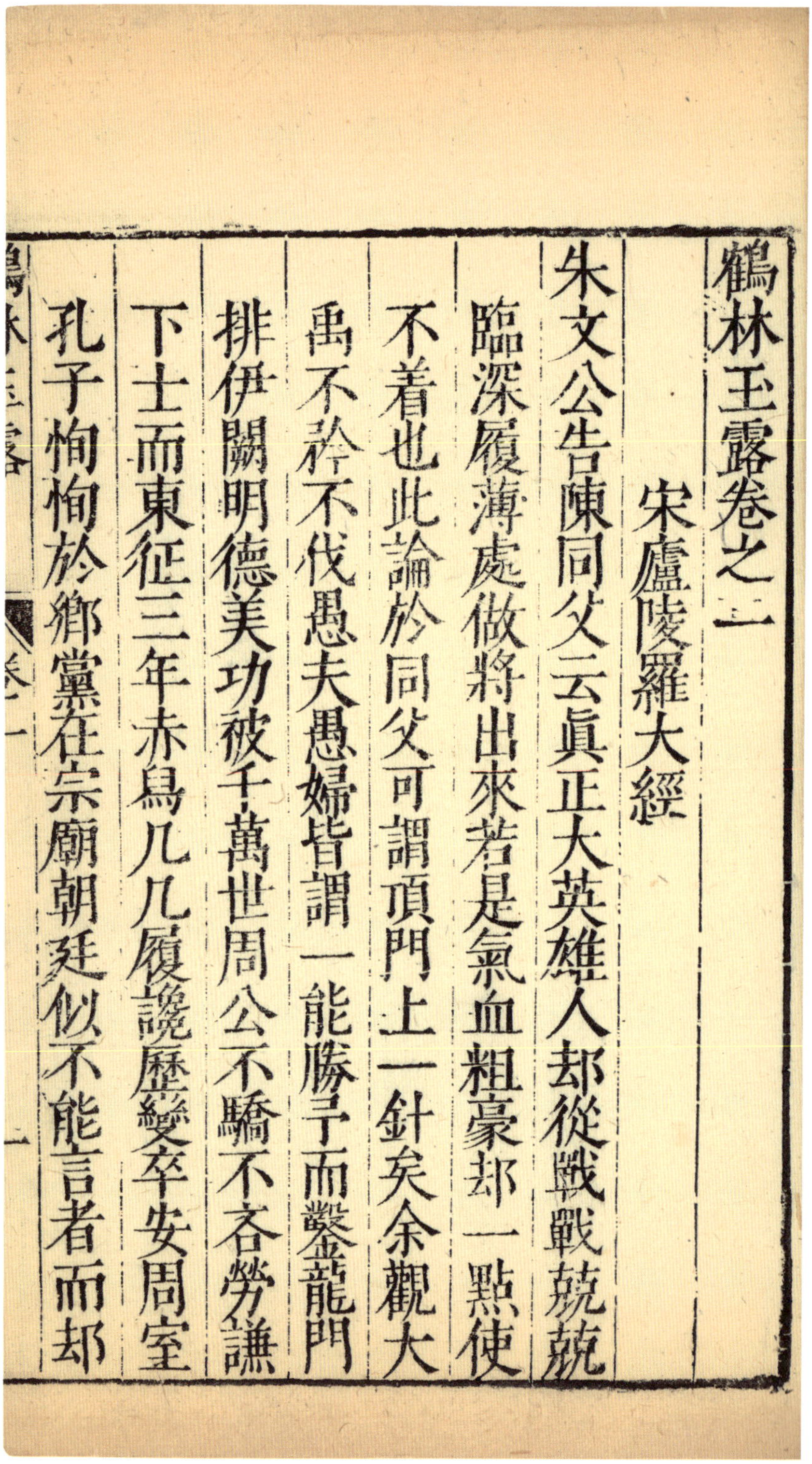

鶴林玉露卷之二

宋盧陵羅大經

朱文公告陳同父云真正大英雄人却從戰戰兢兢臨深履薄處做將出來若是氣血粗豪却一點使不着也此論於同父可謂頂門上一針矣余觀大禹不矜不伐愚夫愚婦皆謂一能勝予而鑿龍門排伊闕明德美功被千萬世周公不驕不吝勞謙下士而東征三年赤舄几几履讒歷變卒安周室孔子恂恂於鄉黨在宗廟朝廷似不能言者而却

鶴林玉露　卷之二　一

鶴林玉露十六卷補遺一卷　（宋）羅大經撰　明商濬刻稗海叢書本

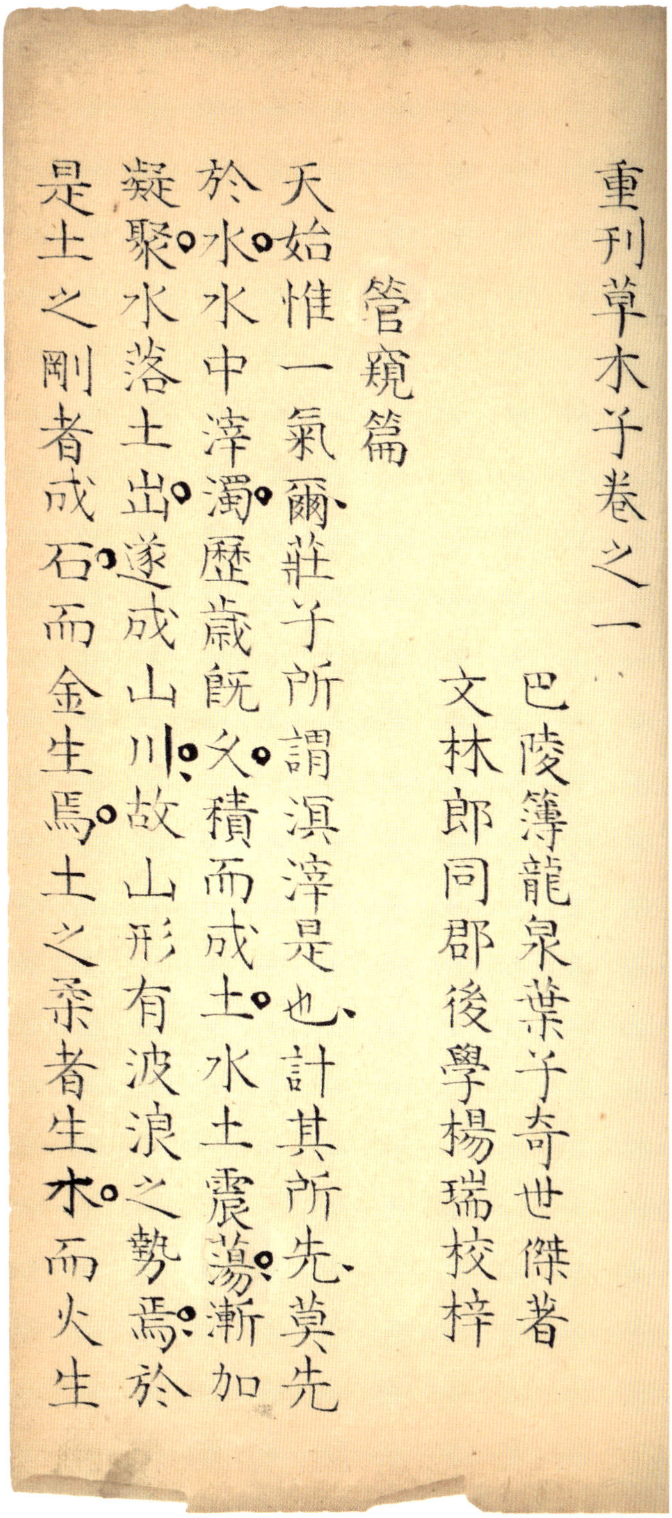
重刊草木子卷之一

巴陵籜龍泉葉子奇世傑著

文林郎同郡後學楊瑞校梓

管窺篇

天始惟一氣爾莊子所謂溟涬是也計其所先莫先於水水中滓濁歷歲既久積而成土水土震蕩漸加凝聚水落土出遂成山川故山形有波浪之勢焉於是土之剛者成石而金生焉土之柔者生木而火生

草木子四卷　（明）葉子奇撰　清康熙四十二年（1703）抄本

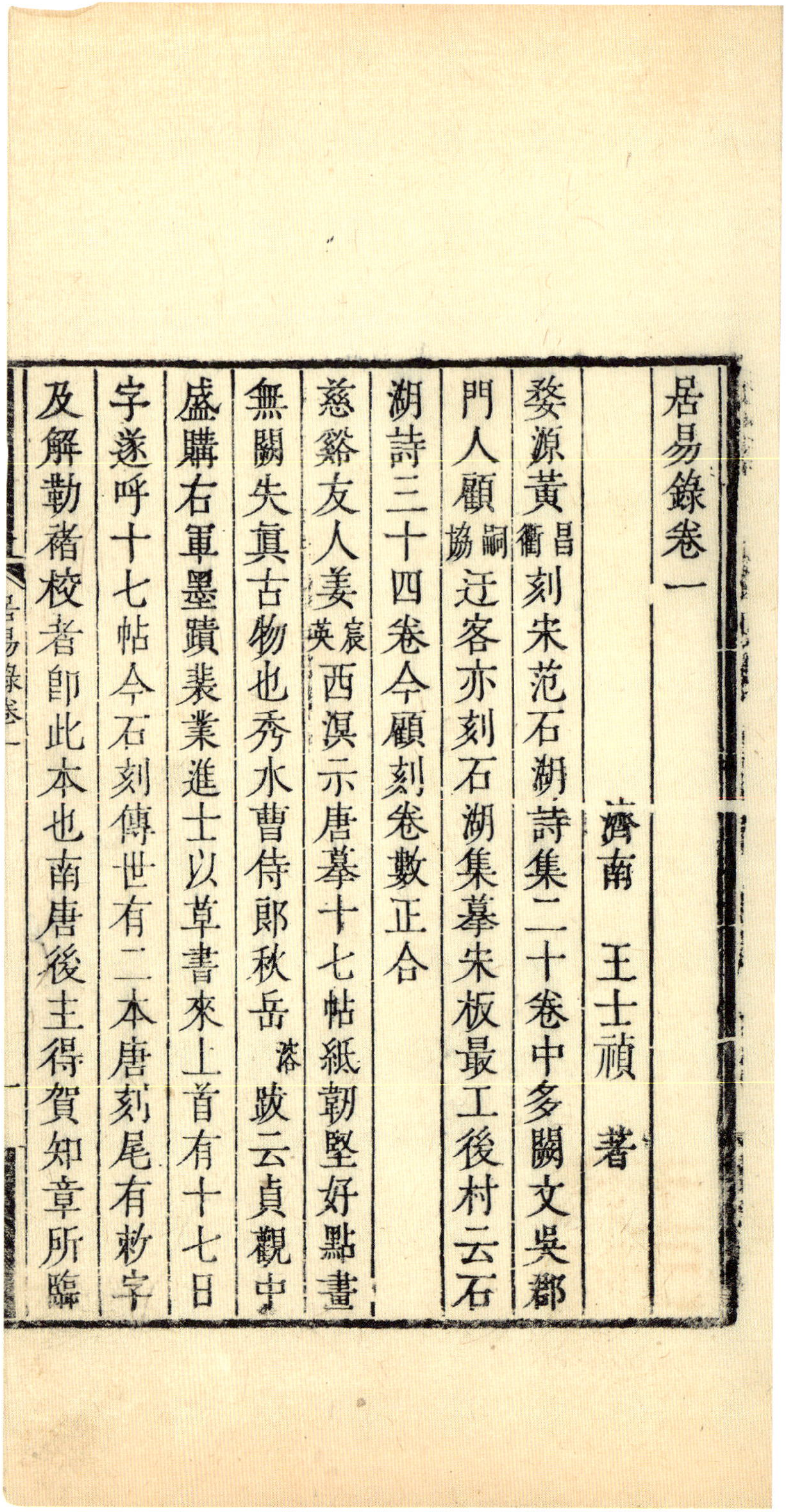
居易錄卷一
濟南　王士禎　著
婺源黃昌衢刻宋范石湖詩集二十卷中多闕文吳郡
門人顧嗣協迂客亦刻石湖集摹宋板最工後村云石
湖詩三十四卷今顧刻卷數正合
慈谿友人姜宸英西溟示唐摹十七帖紙韌堅好點畫
無闕失真古物也秀水曹侍郎秋岳溶跋云貞觀中
盛購右軍墨蹟裴業進士以草書來上首有十七日
字遂呼十七帖今石刻傳世有二本唐刻尾有敕字
及解勤褚校者即此本也南唐後主得賀知章所臨
居易錄卷一　一

居易錄三十四卷　（清）王士禎撰　清康熙四十年（1701）刻本

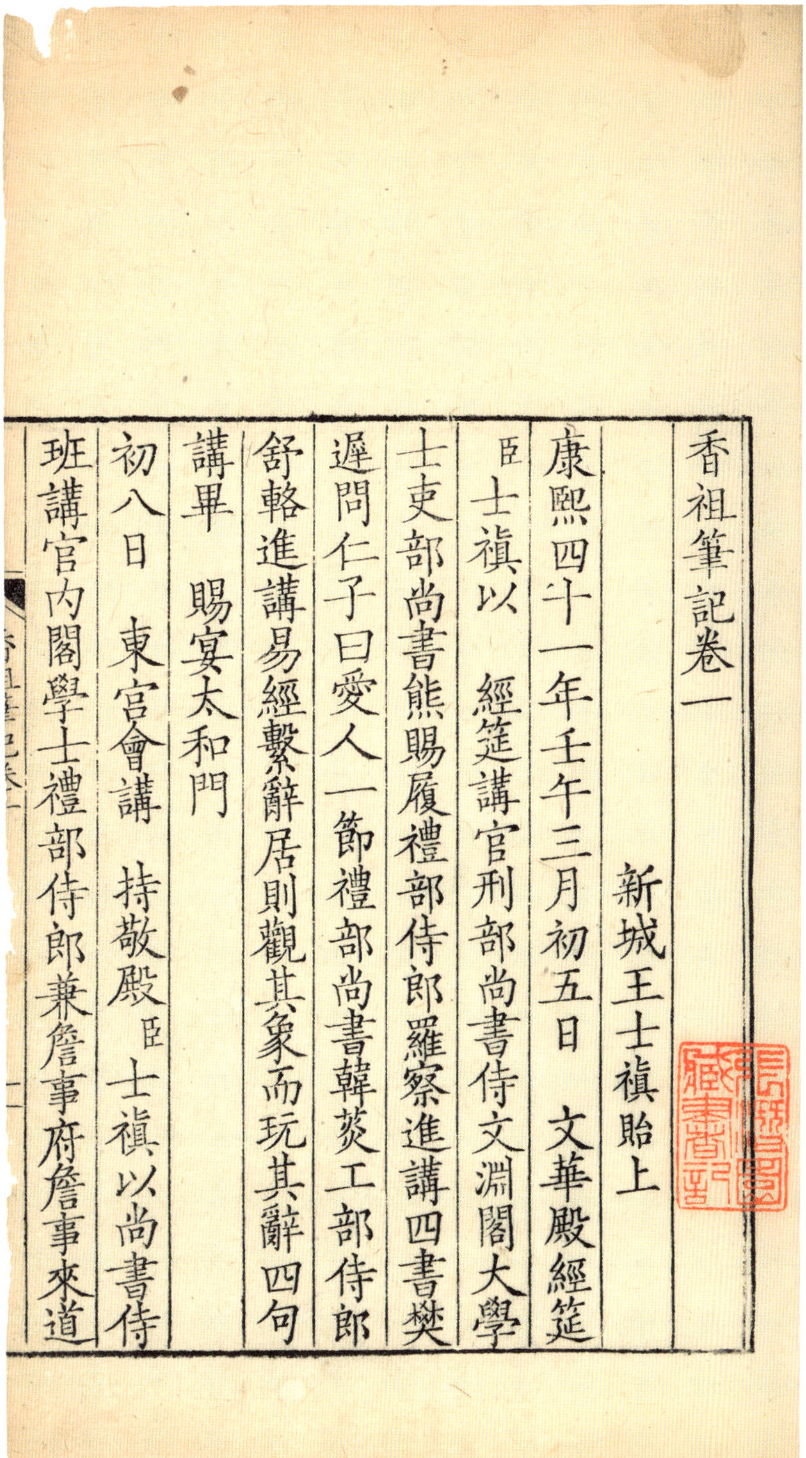

香祖筆記卷一

新城王士禛貽上

康熙四十一年壬午三月初五日　文華殿經筵

臣士禛以　經筵講官刑部尚書侍文淵閣大學

士吏部尚書熊賜履禮部侍郎羅察進講四書樊

遲問仁子曰愛人一節禮部尚書韓菼工部侍郎

舒輅進講易經繫辭居則觀其象而玩其辭四句

講畢　賜宴太和門

初八日　東宮會講　持敬殿臣士禛以尚書侍

班講官內閣學士禮部侍郎兼詹事府詹事來道

香祖筆記十二卷　（清）王士禛撰　清康熙四十四年（1705）宋犖刻本

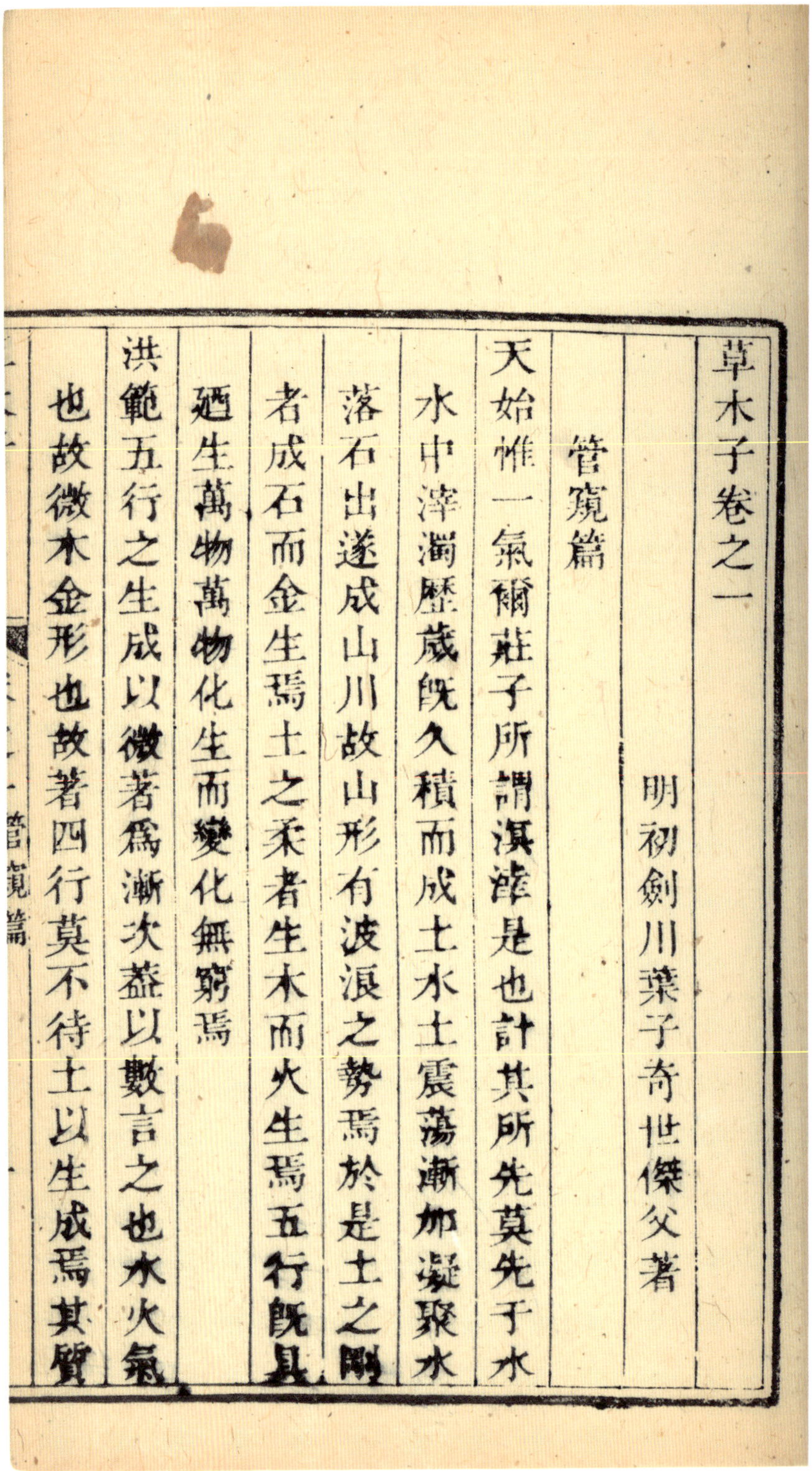

草木子卷之一

明初劍川葉子奇世傑父著

管窺篇

天始惟一氣爾莊子所謂溟涬是也計其所先莫先于水水中滓濁歷歲既久積而成土水土震蕩漸加凝聚水落石出遂成山川故山形有波浪之勢焉於是土之剛者成石而金生焉土之柔者生木而火生焉五行既具迺生萬物萬物化生而變化無窮焉

洪範五行之生成以微著爲漸次葢以數言之也水火氣也故微木金形也故著四行莫不待土以生成焉其質

草木子二卷　（明）葉子奇撰　清乾隆二十七年（1762）刻本

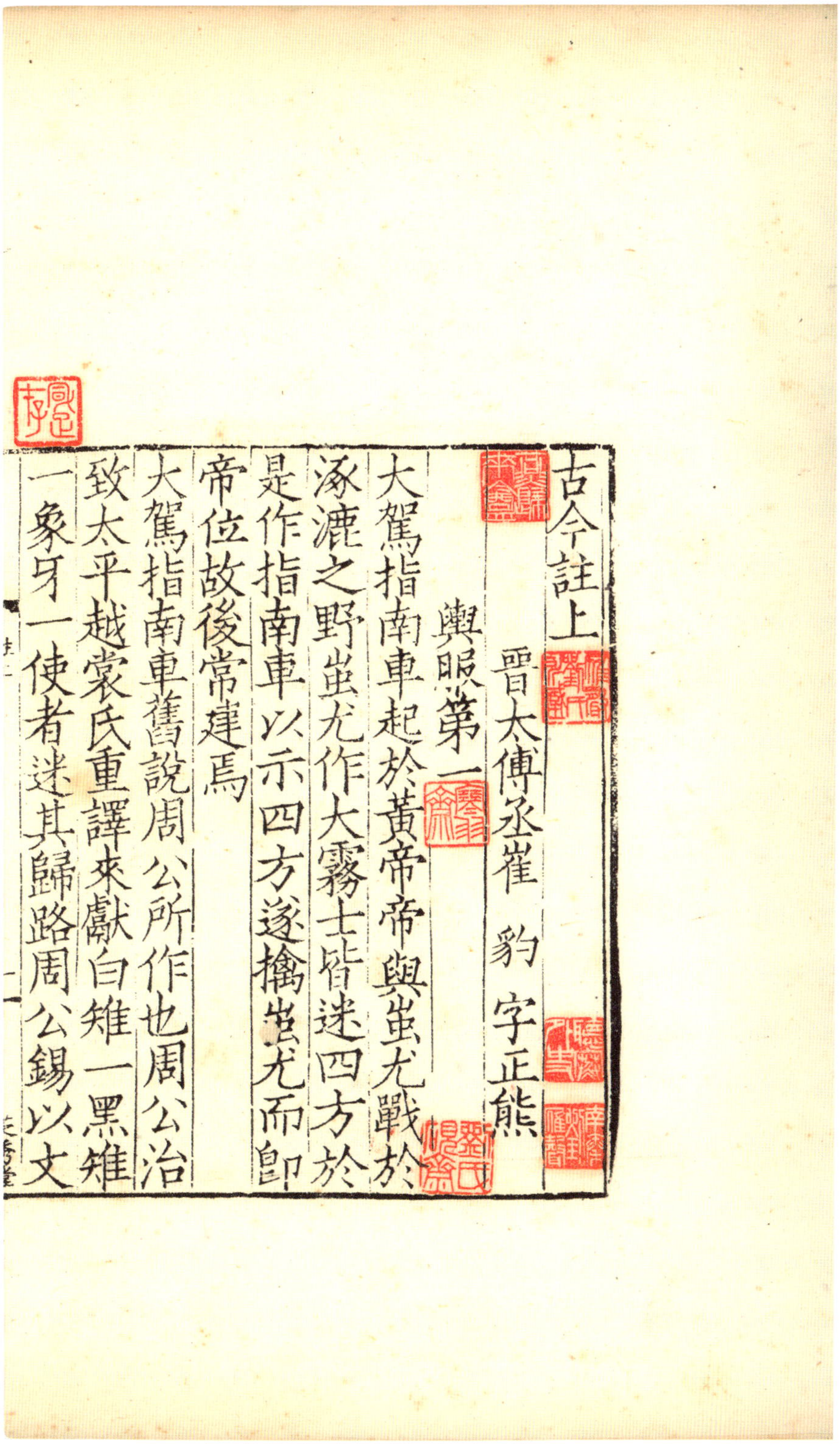
古今註上

晉太傅丞崔　豹　字正熊

輿服第一

大駕指南車起於黃帝帝與蚩尤戰於涿鹿之野蚩尤作大霧士皆迷四方於是作指南車以示四方遂擒蚩尤而即帝位故後常建焉

大駕指南車舊說周公所作也周公治致太平越裳氏重譯來獻白雉一黑雉一象牙一使者迷其歸路周公錫以文

古今註三卷　（晉）崔豹撰　明影宋刻本

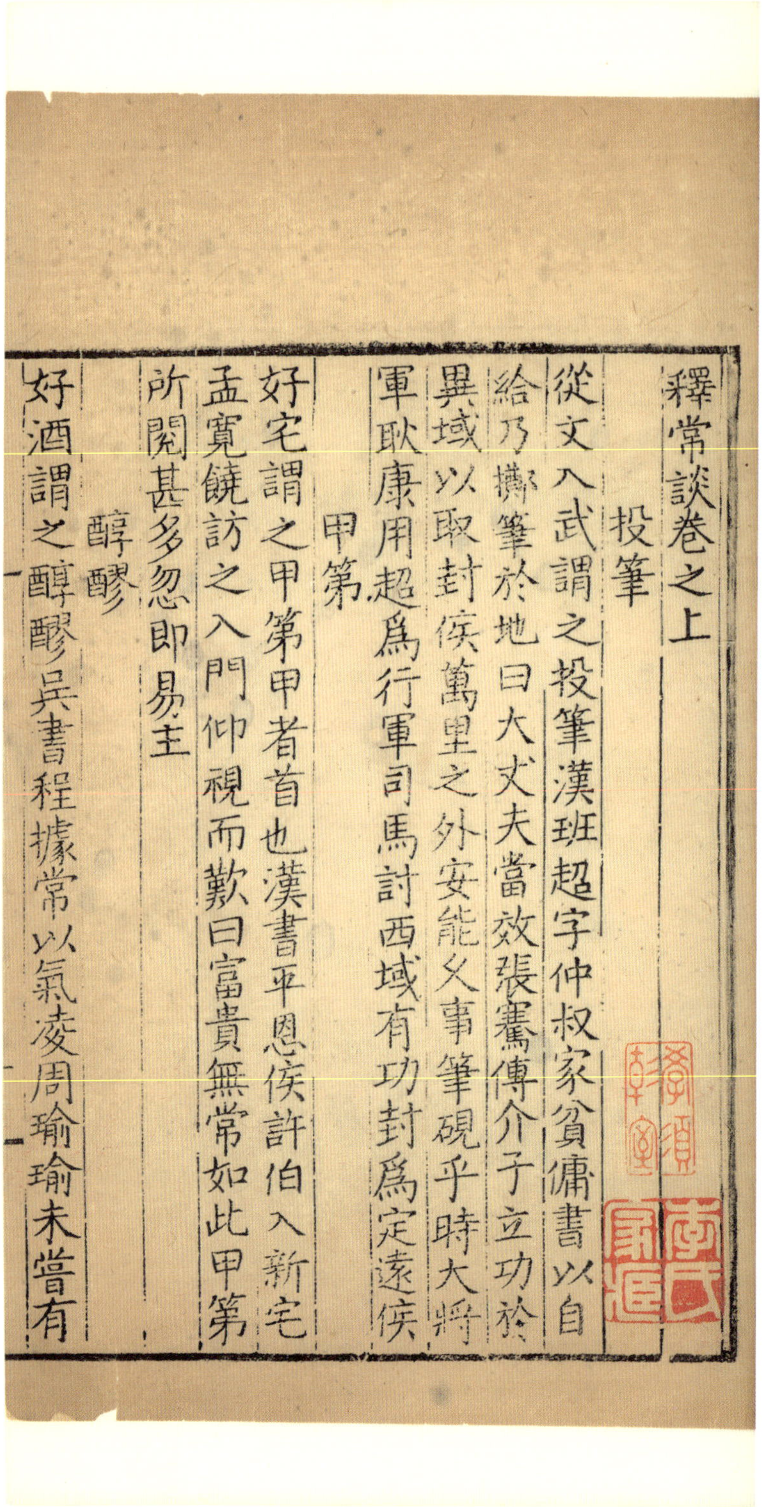
釋常談卷之上
投筆
從文入武謂之投筆漢班超字仲叔家貧傭書以自給乃擲筆於地曰大丈夫當效張騫傅介子立功於異域以取封侯萬里之外安能久事筆硯乎時大將軍耿康用超爲行軍司馬討西域有功封爲定遠侯
甲第
好宅謂之甲第甲者首也漢書平恩侯許伯入新宅孟寬饒訪之入門仰視而歎曰富貴無常如此甲第所閲甚多忽即易主
醇醪
好酒謂之醇醪吳書程據常以氣凌周瑜瑜未嘗有

釋常談三卷　（□）□□撰　明弘治十四年（1501）無錫華氏影宋刻本

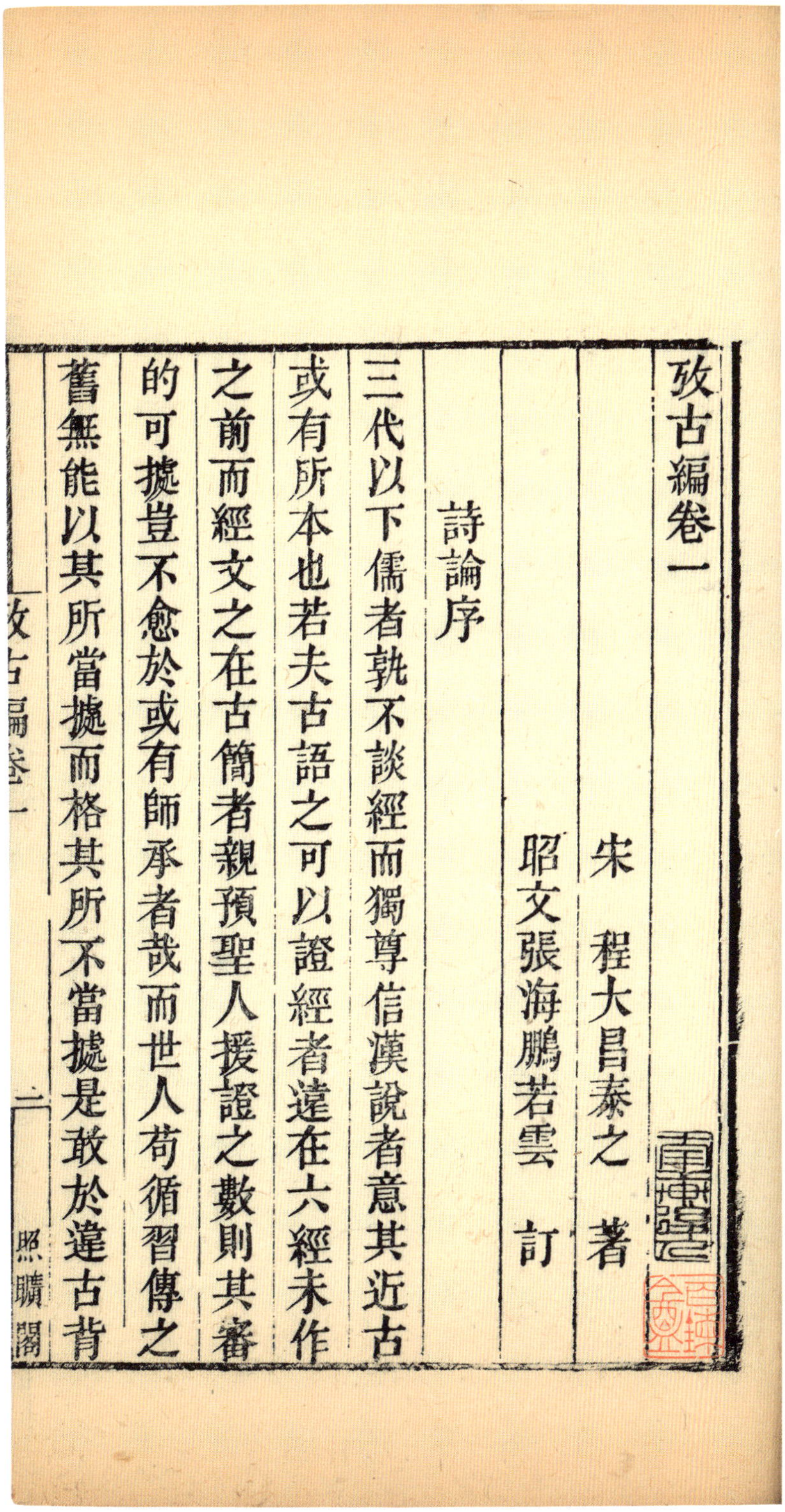

攷古編卷一

宋　程大昌泰之　著

昭文張海鵬若雲　訂

詩論序

三代以下儒者孰不談經而獨尊信漢說者意其近古或有所本也若夫古語之可以證經者遠在六經未作之前而經文之在古簡者親預聖人援證之數則其審的可據豈不愈於或有師承者哉而世人苟循習傳之舊無能以其所當據而格其所不當據是敢於違古背

攷古編卷一　二　照曠閣

攷古編十卷　（宋）程大昌撰　清嘉慶十年（1805）虞山張海鵬照曠閣刻學津討原本

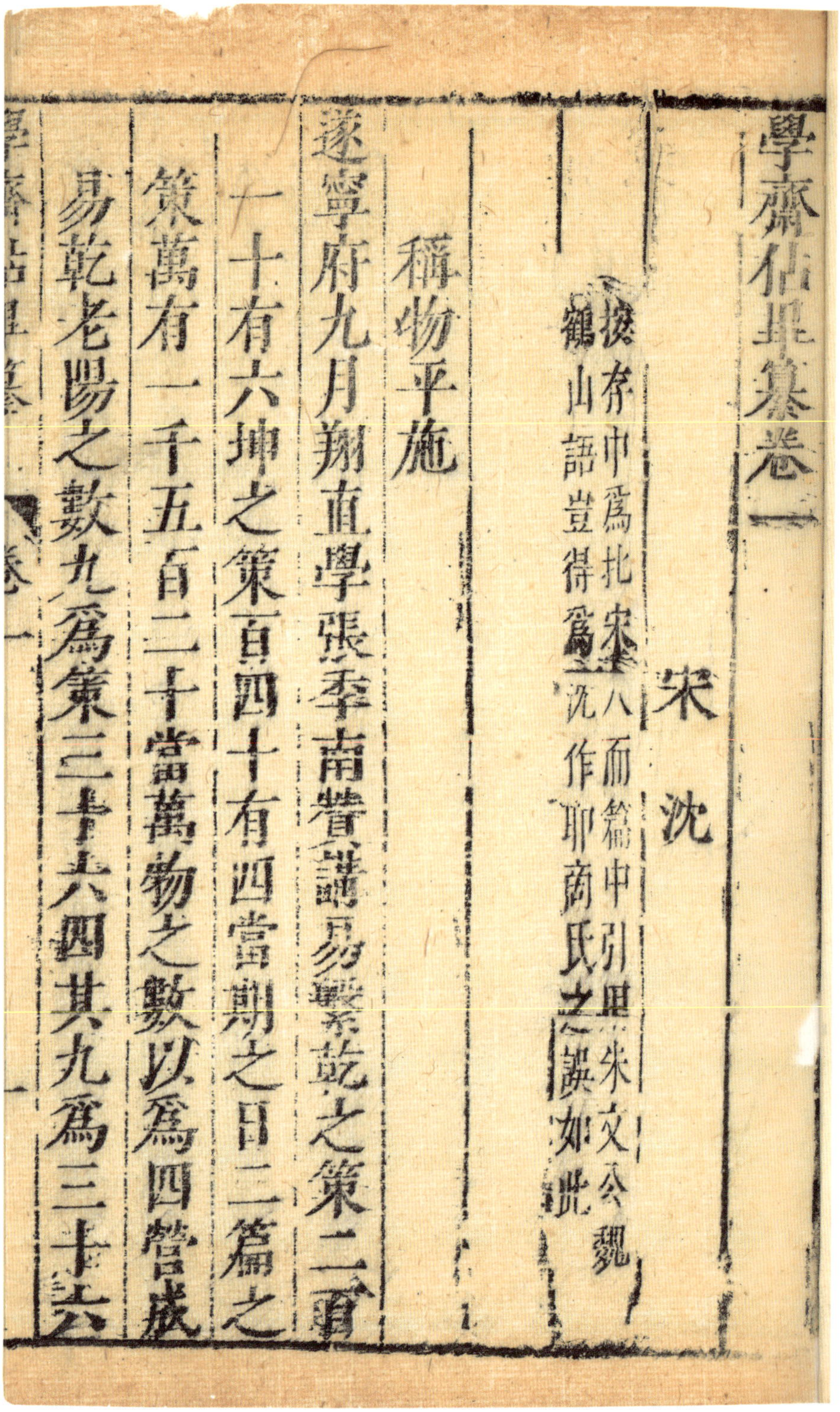

學齋佔畢纂卷一

宋　沈

按齊中爲批宋本八而篇中引畢朱文公魏
鶴山語豈得爲宋沈作耶商氏之誤如此

稱物平施

遂寧府九月朔直學張季南替講易繫乾之策二百
一十有六坤之策百四十有四當期之日二篇之
策萬有一千五百二十當萬物之數以爲四營成
易乾老陽之數九爲策三十六四其九爲三十六

學齋佔畢纂卷一　卷一

學齋佔畢纂一卷　（宋）史繩祖撰　明商濬稗海叢書本

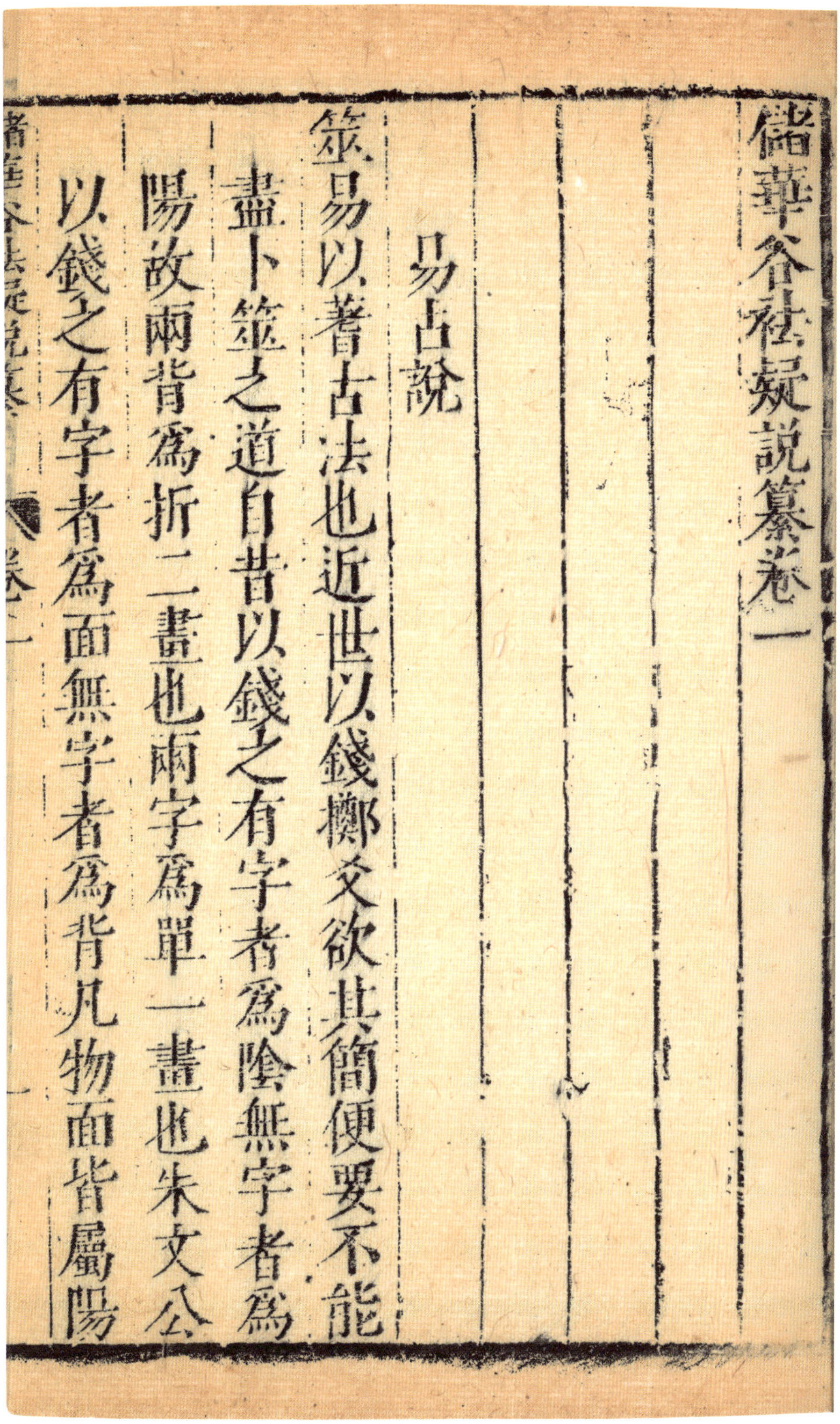

儲華谷祛疑說纂卷一

易占說

筮易以蓍古法也近世以錢擲爻欲其簡便要不能盡卜筮之道自昔以錢之有字者爲陰無字者爲陽故兩背爲拆二畫也兩字爲單一畫也朱文公以錢之有字者爲面無字者爲背凡物面皆屬陽

儲華谷祛疑說纂　卷一　一

儲華谷祛疑說纂一卷　（宋）儲泳撰　明商濬刻稗海叢書本

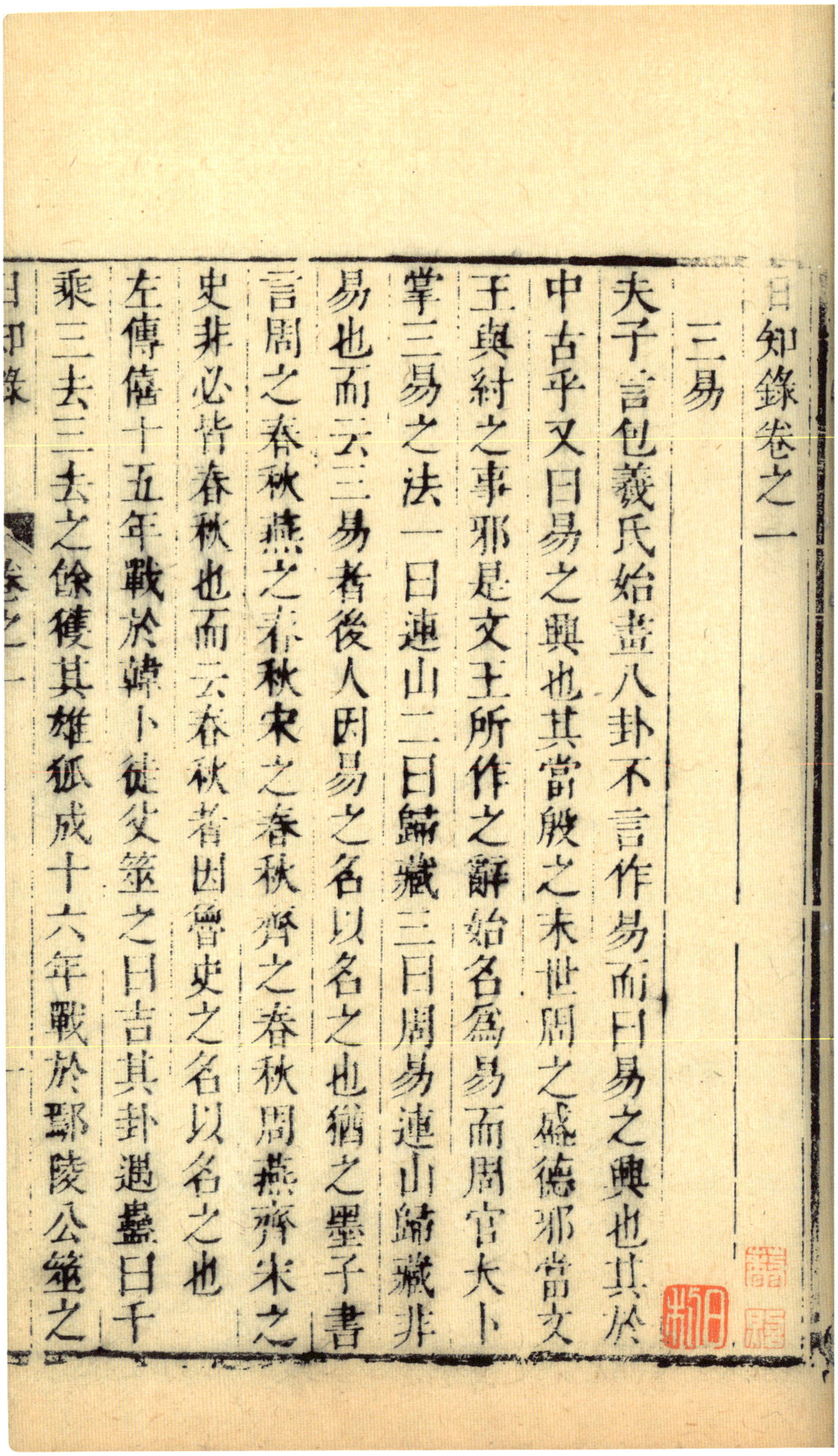

日知錄卷之一

三易

夫子言包羲氏始畫八卦不言作易而曰易之興也其於中古乎又曰易之興也其當殷之末世周之盛德邪當文王與紂之事邪是文王所作之辭始名爲易而周官大卜掌三易之法一曰連山二曰歸藏三曰周易連山歸藏非易也而云三易者後人因易之名以名之也猶之墨子書言周之春秋燕之春秋宋之春秋齊之春秋周燕齊宋之史非必皆春秋也而云春秋者因魯史之名以名之也

左傳僖十五年戰於韓卜徒父筮之曰吉其卦遇蠱曰千乘三去三去之餘獲其雄狐成十六年戰於鄢陵公筮之

日知錄　卷之一　一

日知録三十二卷　（清）顧炎武撰　清康熙三十四年（1695）潘耒刻本

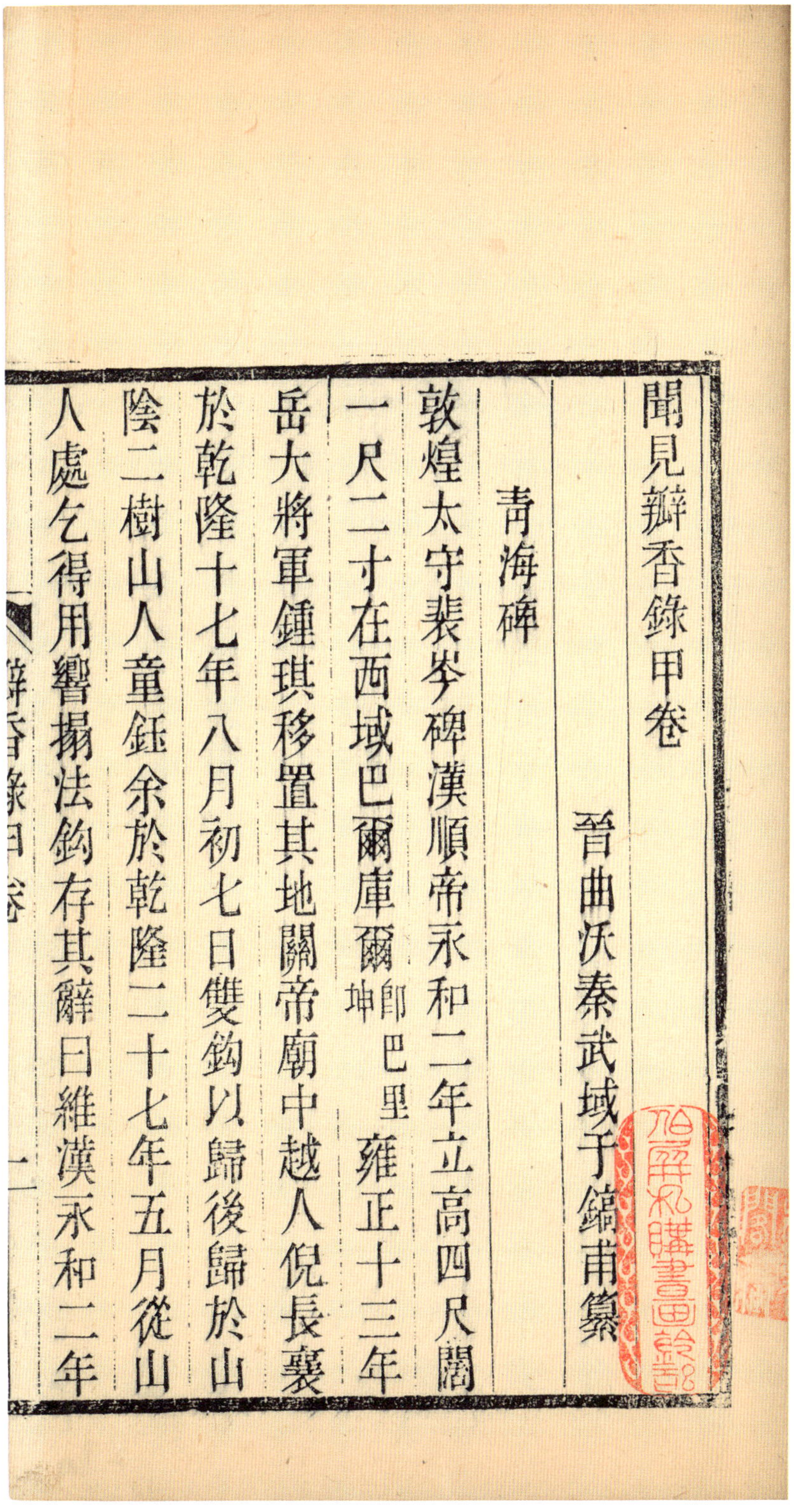
聞見瓣香錄甲卷
晉曲沃秦武域子鎬甫纂
青海碑
敦煌太守裴岑碑漢順帝永和二年立高四尺闊一尺二寸在西域巴爾庫爾即巴里坤雍正十三年岳大將軍鍾琪移置其地關帝廟中越人倪長襄於乾隆十七年八月初七日雙鈎以歸後歸於山陰二樹山人童鈺余於乾隆二十七年五月從山人處乞得用響搨法鈎存其辭曰維漢永和二年
瓣香錄甲卷

聞見瓣香錄十卷　（清）秦武域撰　清乾隆五十八年（1793）笑竹書屋刻本

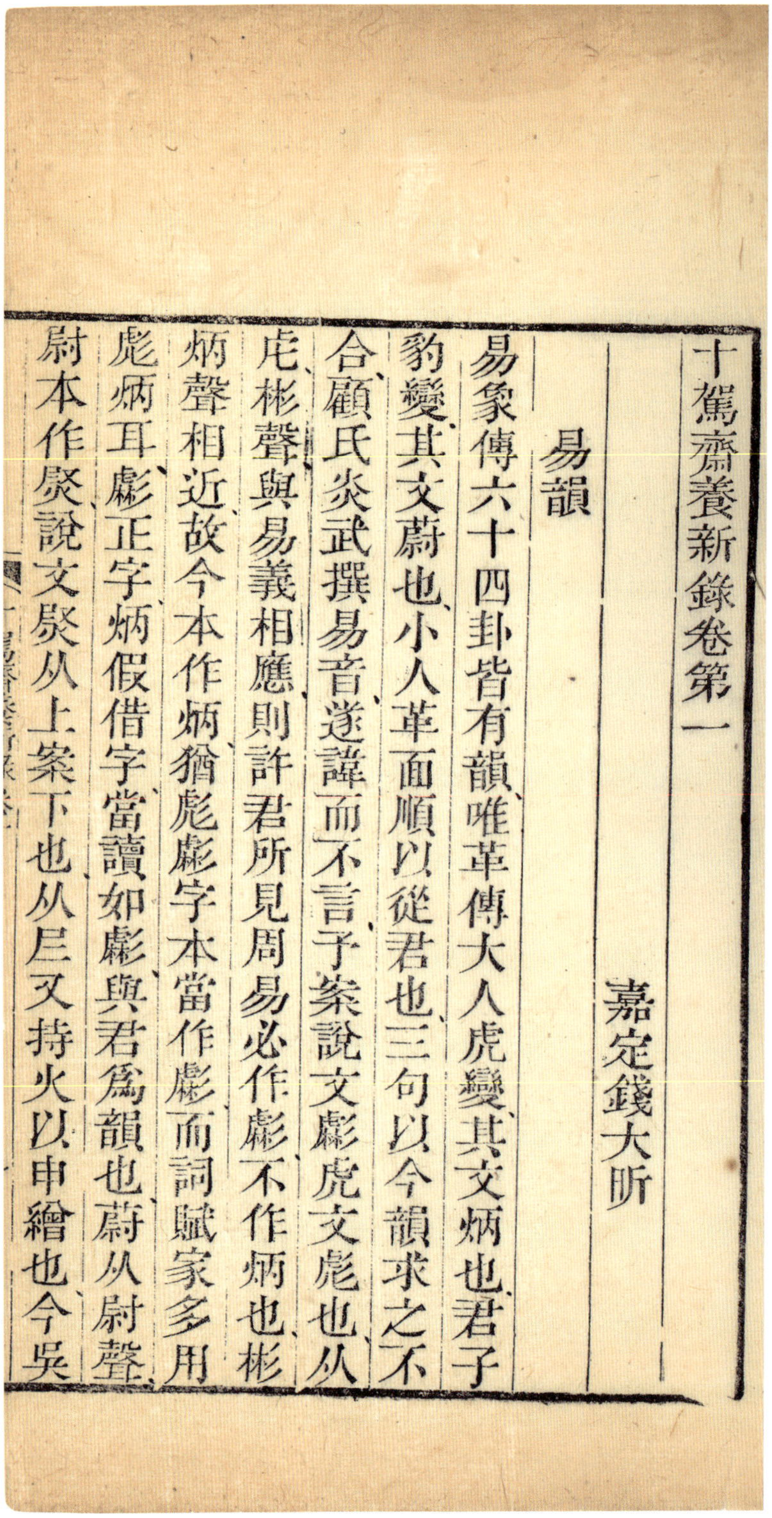
十駕齋養新錄卷第一
嘉定錢大昕
易韻
易象傳六十四卦皆有韻唯革傳大人虎變其文炳也君子豹變其文蔚也小人革面順以從君也三句以今韻求之不合顧氏炎武撰易音遂諱而不言予案說文虨虎文彪也从虍彬聲與易義相應則許君所見周易必作虨不作炳也彬炳聲相近故今本作炳猶彪虨字本當作虨而詞賦家多用彪炳耳虨正字炳假借字當讀如虨與君爲韻也蔚从尉聲尉本作㷉說文㷉从上案下也从𡰥又持火以申繒也今吳

十駕齋養新録二十卷余録三卷　（清）錢大昕撰　清嘉慶九年（1804）刻本

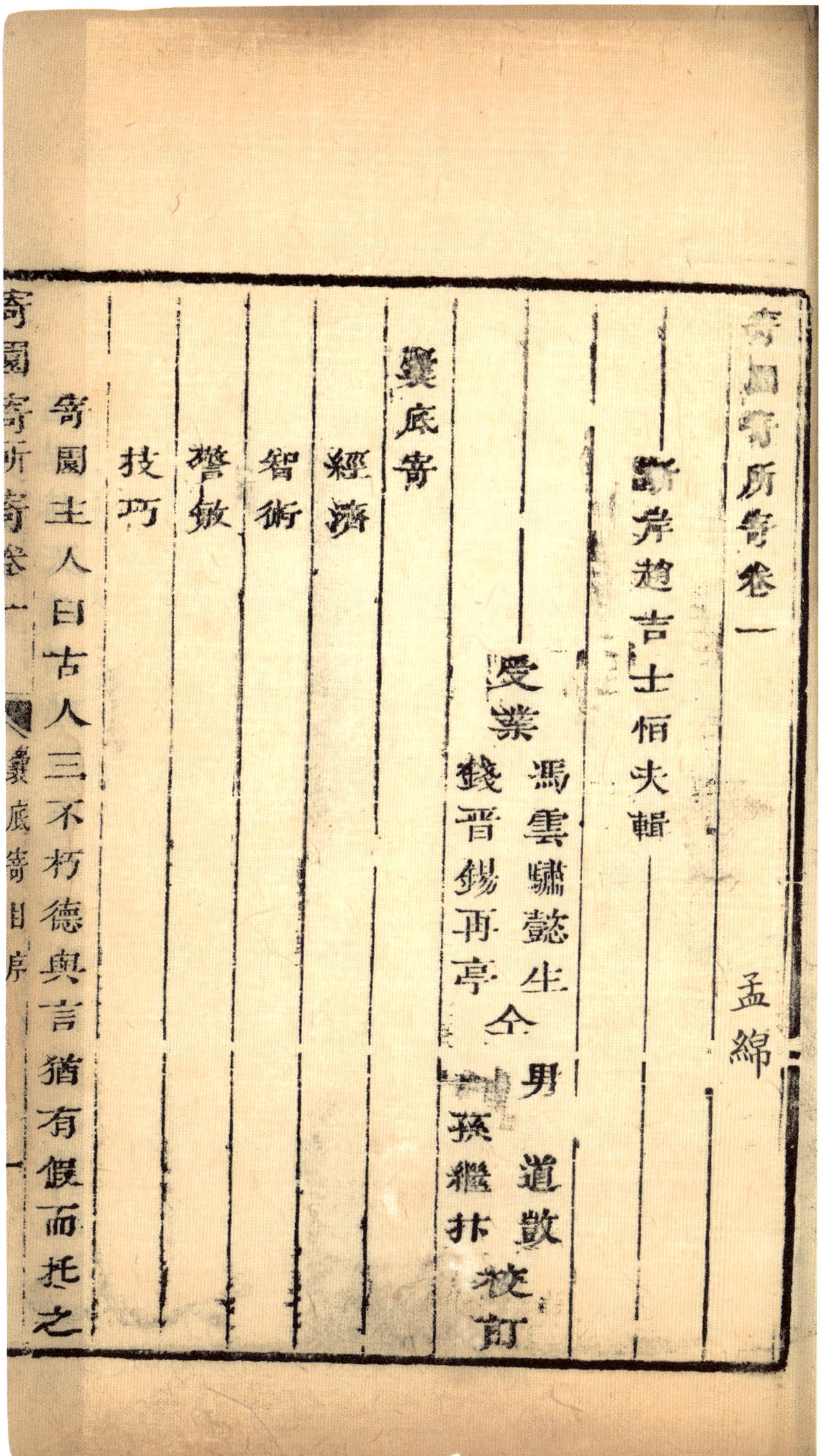

寄園寄所寄十二卷　（清）趙吉士撰　清康熙三十四年（1695）刻本

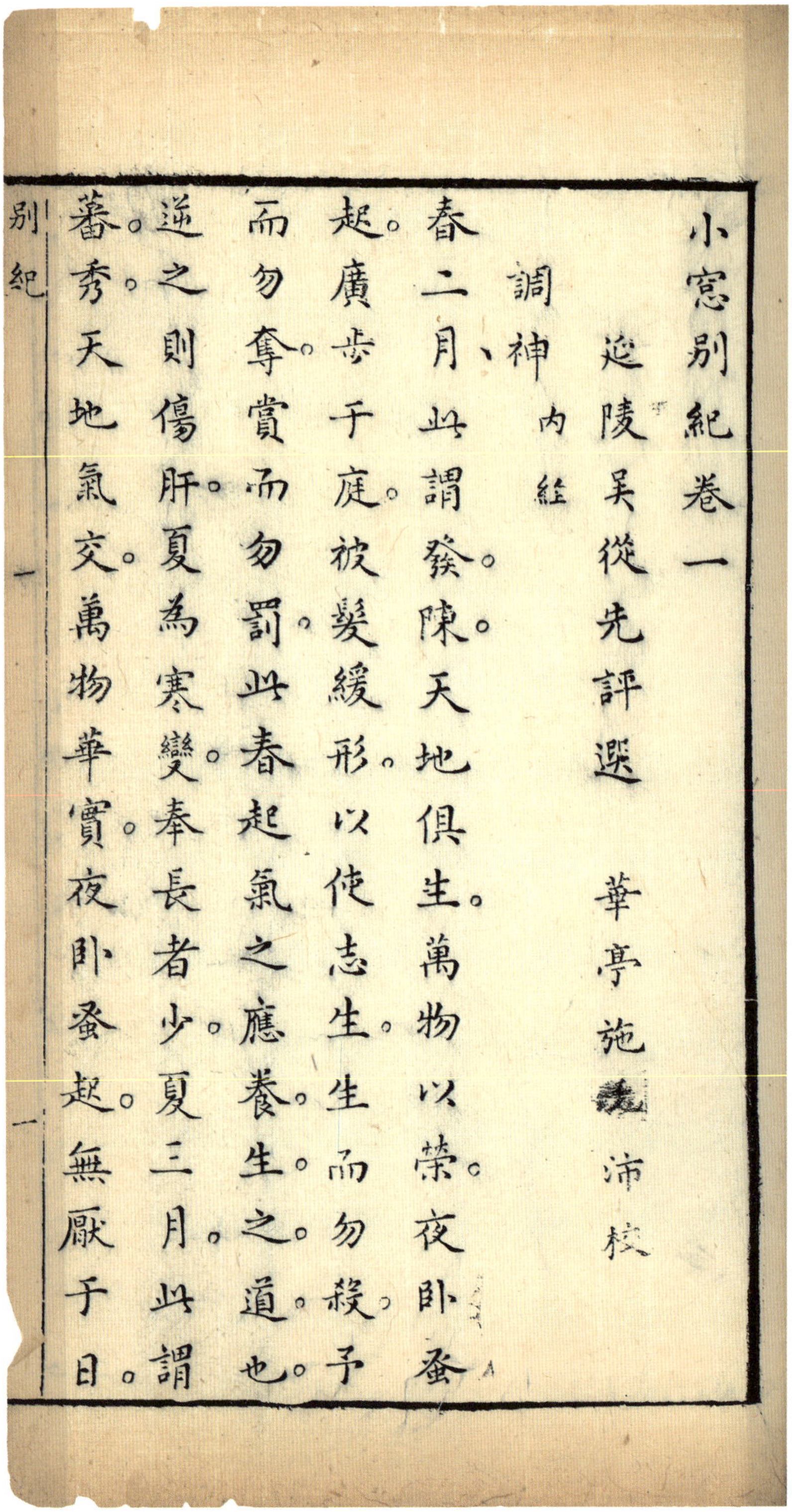
小窻別紀卷一
延陵吳從先評選　華亭施□沛校
調神　内經
春二月、此謂發。陳。天地俱生。萬物以榮。夜臥蚤
起。廣步于庭。被髮緩形。以使志生。生而勿殺。予
而勿奪。賞而勿罰。此春起氣之應養。生。之。道。也。
逆之則傷肝。夏為寒變。奉長者少。夏三月。此謂
蕃。秀。天地氣交。萬物華實。夜臥蚤起。無厭于日。
別紀　一

小窻別紀四卷　（明）吳從先評選　（明）施□沛校　明萬曆四十二年（1614）刻本

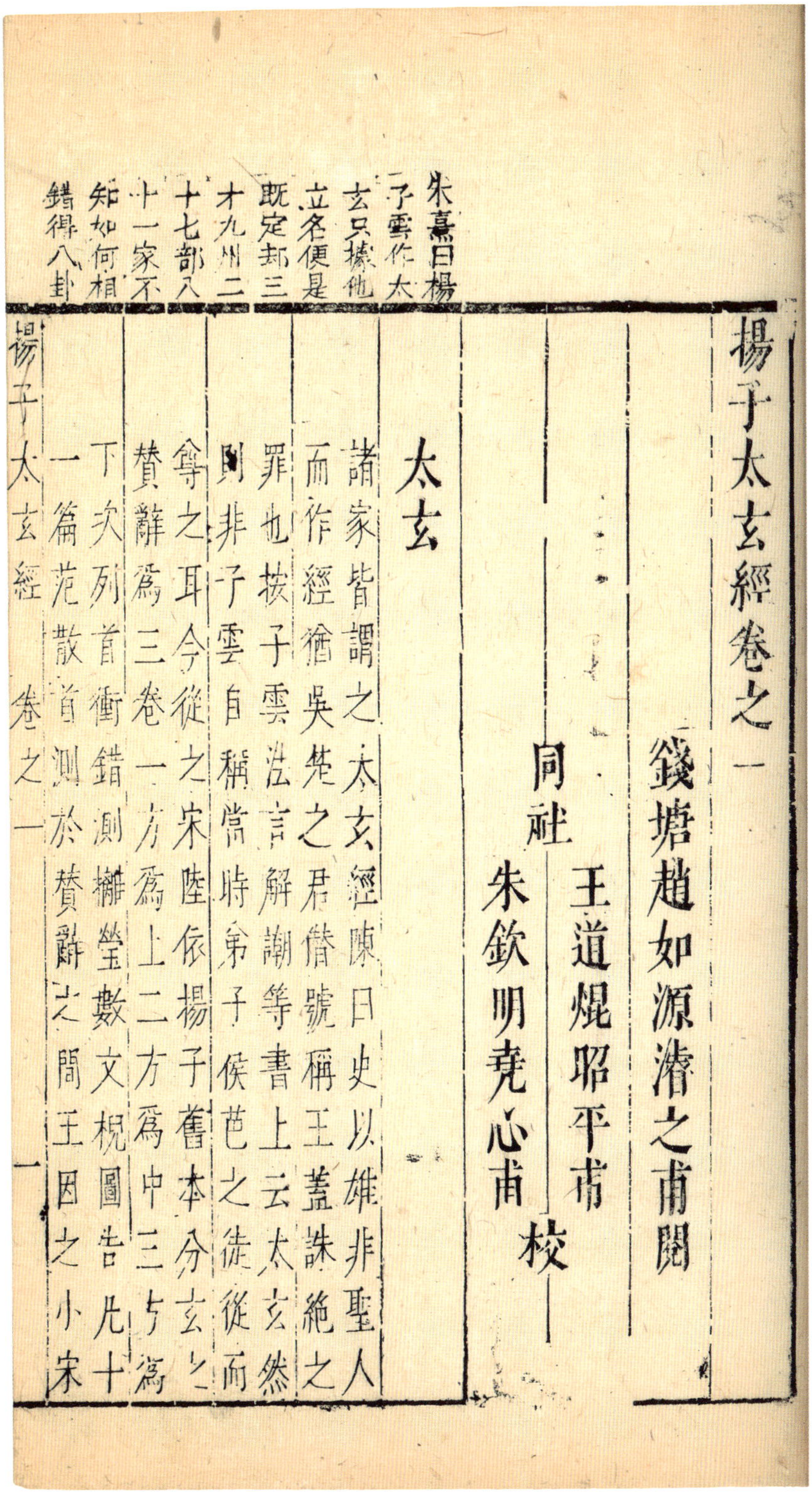
朱熹曰揚子雲作太玄只據他立名便是既定却三才九州二十七部八十一家不知如何相錯得八卦

揚子太玄經卷之一

錢塘趙如源濬之甫閱

同社　王道焜昭平甫
朱欽明堯心甫　校

太玄

諸家皆謂之太玄經陳日史以雄非聖人而作經猶吳楚之君僭號稱王蓋誅絕之罪也按子雲法言解謝等書上云太玄然則非子雲自稱當時弟子侯芭之徒從而尊之耳今從之宋陸依揚子舊本分玄之贊辭爲三卷一方爲上二方爲中三方爲下次列首衝錯測攡瑩數文棿圖告凡十一篇范散首測於贊辭之間王因之小宋

揚子太玄經　卷之一　一

揚子太玄經十卷說玄一卷　（漢）揚雄撰　（晉）范望注
明天啓六年（1626）趙如源刻本

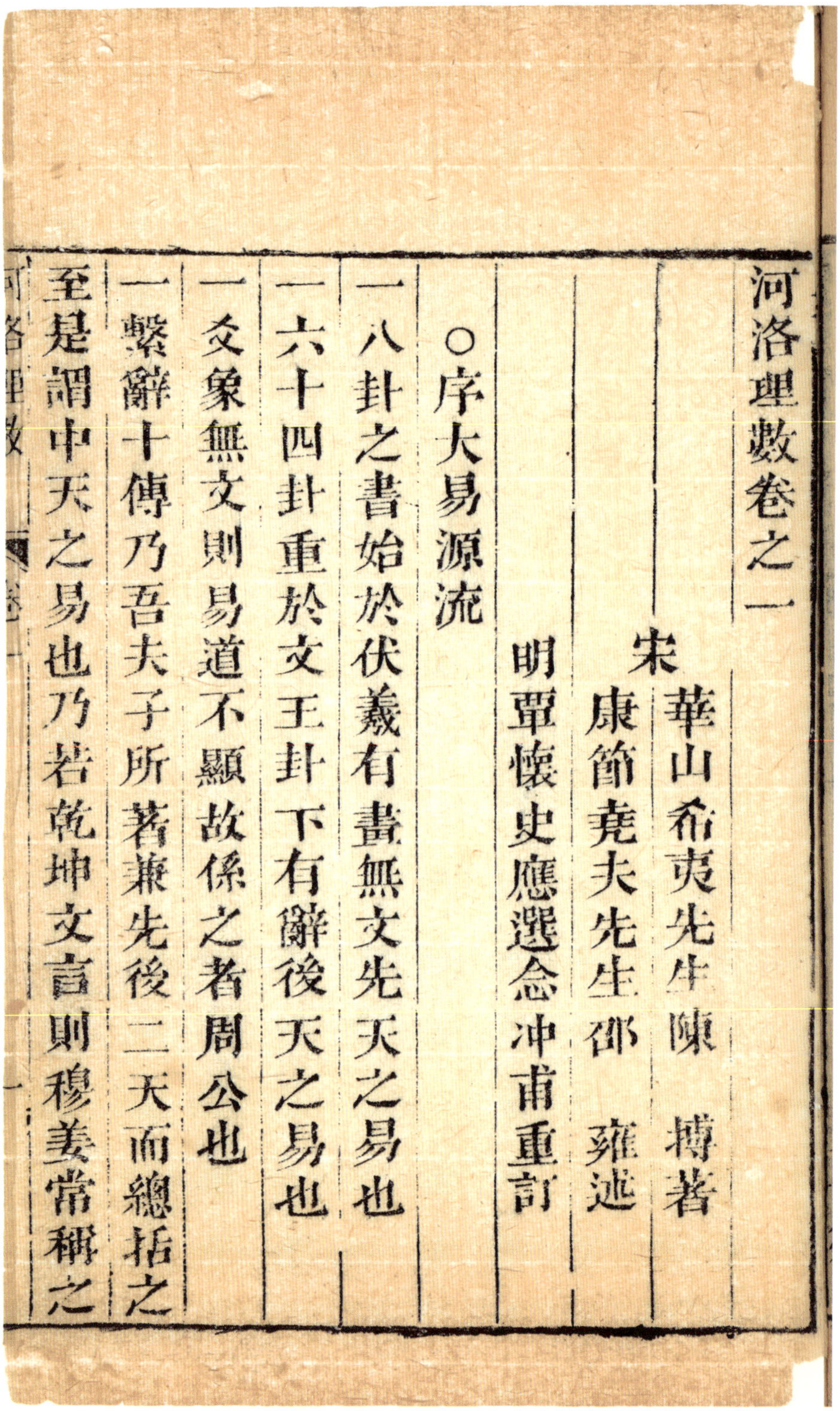

河洛理數卷之一

宋　華山希夷先生陳　摶著

康節堯夫先生邵　雍述

明覃懷史應選念冲甫重訂

○序大易源流

一八卦之書始於伏羲有畫無文先天之易也

一六十四卦重於文王卦下有辭後天之易也

一爻象無文則易道不顯故係之者周公也

一繫辭十傳乃吾夫子所著兼先後二天而總括之

至是謂中天之易也乃若乾坤文言則穆姜常稱之

河洛理數　卷一　一

河洛理數七卷　（宋）陳摶撰　（宋）邵雍述　（明）史應選重訂　明崇禎五年（1632）英德堂刻本

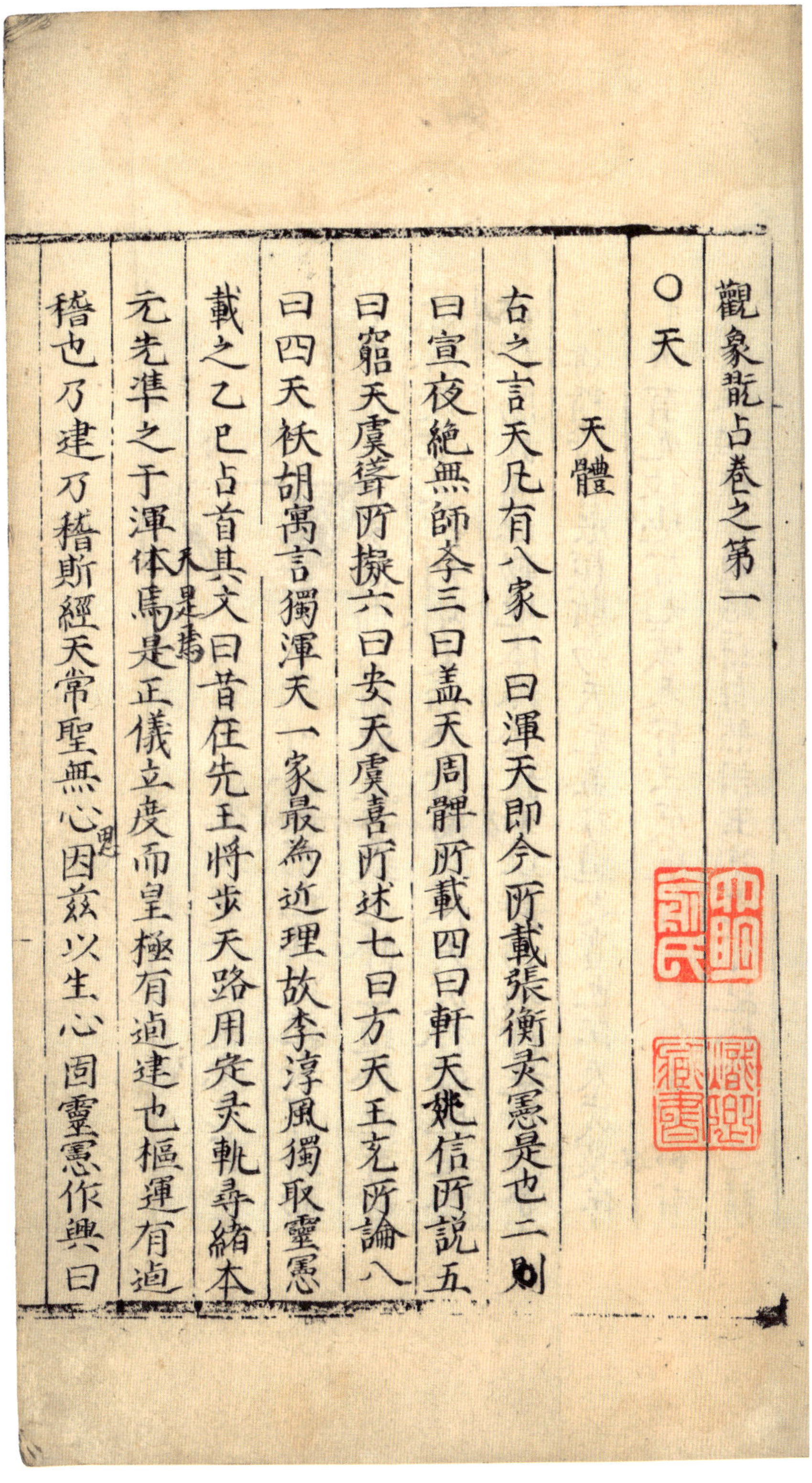
觀象翫占卷之第一
○天
天體
古之言天凡有八家一曰渾天即今所載張衡靈憲是也二則
曰宣夜絕無師李三曰蓋天周髀所載四曰軒天姚信所說五
曰窮天虞聳所擬六曰安天虞喜所述七曰方天王充所論八
曰四天祆胡寓言獨渾天一家最為近理故李淳風獨取靈憲
載之乙巳占首其文曰昔在先王將步天路用定靈軌尋緒本
元先準之于渾体焉是正儀立度而皇極有逌建也樞運有逌
稽也乃建乃稽斯經天常聖無心因茲以生心圖靈憲作興曰

觀象玩占五十卷 （唐）李淳風撰 明萬曆二十四年（1596）黑格抄本

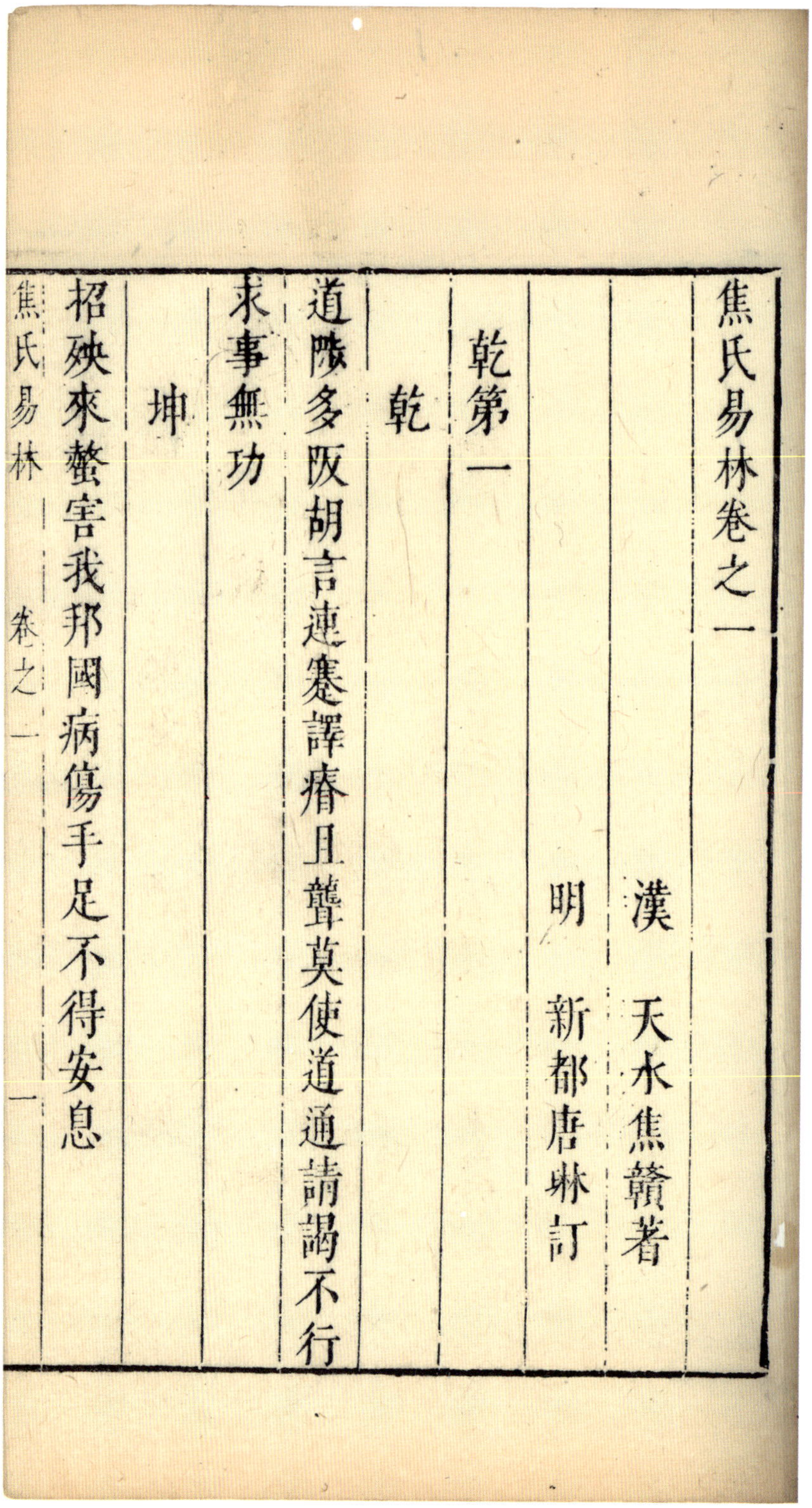
焦氏易林卷之一

漢　天水焦贛著

明　新都唐琳訂

乾第一

乾

道陟多阪胡言連蹇譯瘖且聾莫使道通請謁不行

求事無功

坤

招殃來螫害我邦國病傷手足不得安息

焦氏易林　卷之一　一

焦氏易林十六卷　（漢）焦贛撰　（明）唐琳訂　明天啓六年（1626）新都唐琳刻本

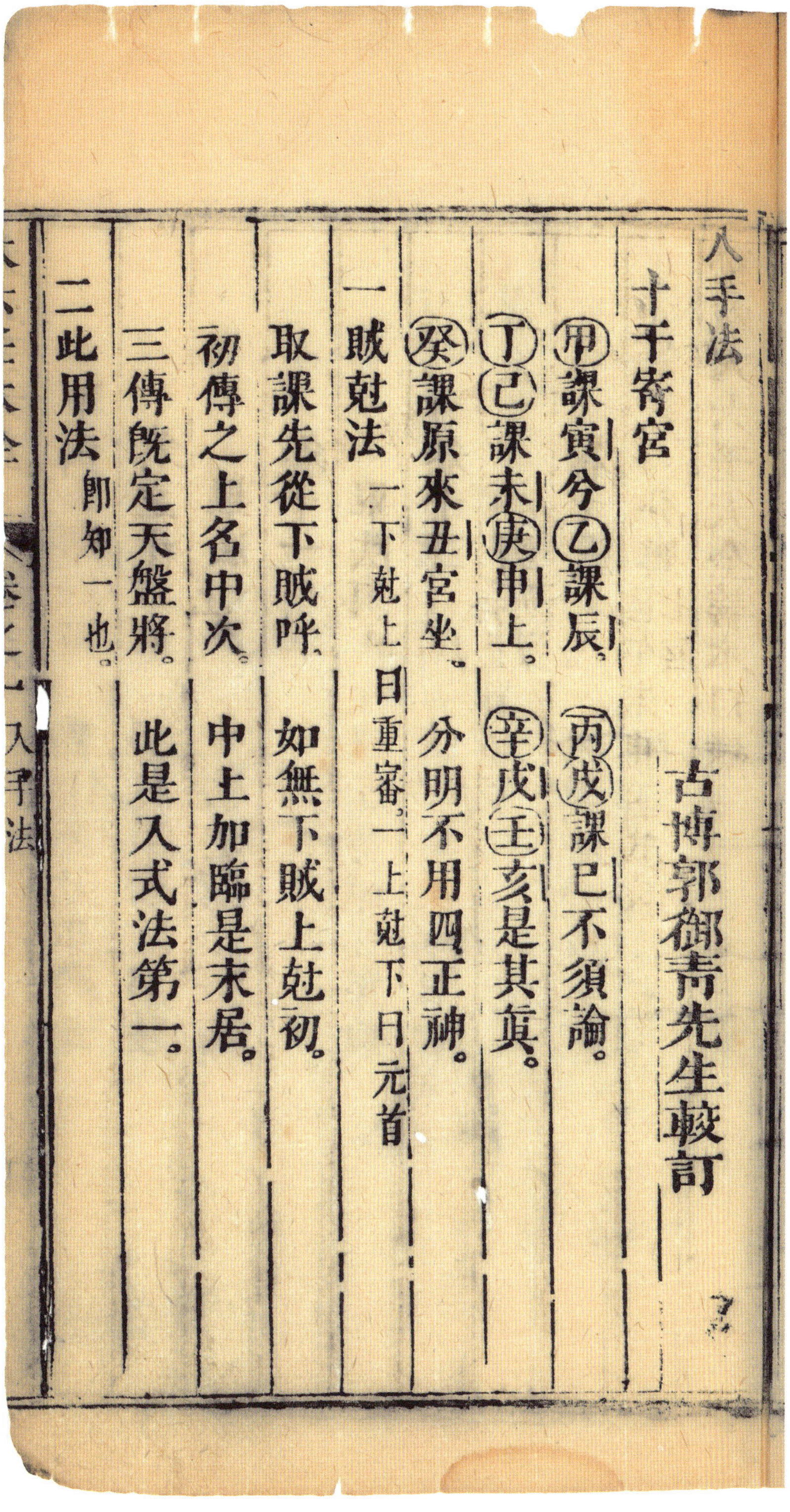
入手法

十干寄宫　　古博郭御青先生較訂

甲課寅兮乙課辰。丙戊課巳不須論。

丁己課未庚申上。辛戌壬亥是其眞。

癸課原來丑宮坐。分明不用四正神。

一賊尅法　一下尅上曰重審。一上尅下曰元首

取課先從下賊呼。如無下賊上尅初。

初傳之上名中次。中上加臨是末居。

三傳既定天盤將。此是入式法第一。

二比用法　卽知一也。

秘藏大六壬大全十三卷　（清）郭御青校訂　清康熙四十三年（1704）刻本

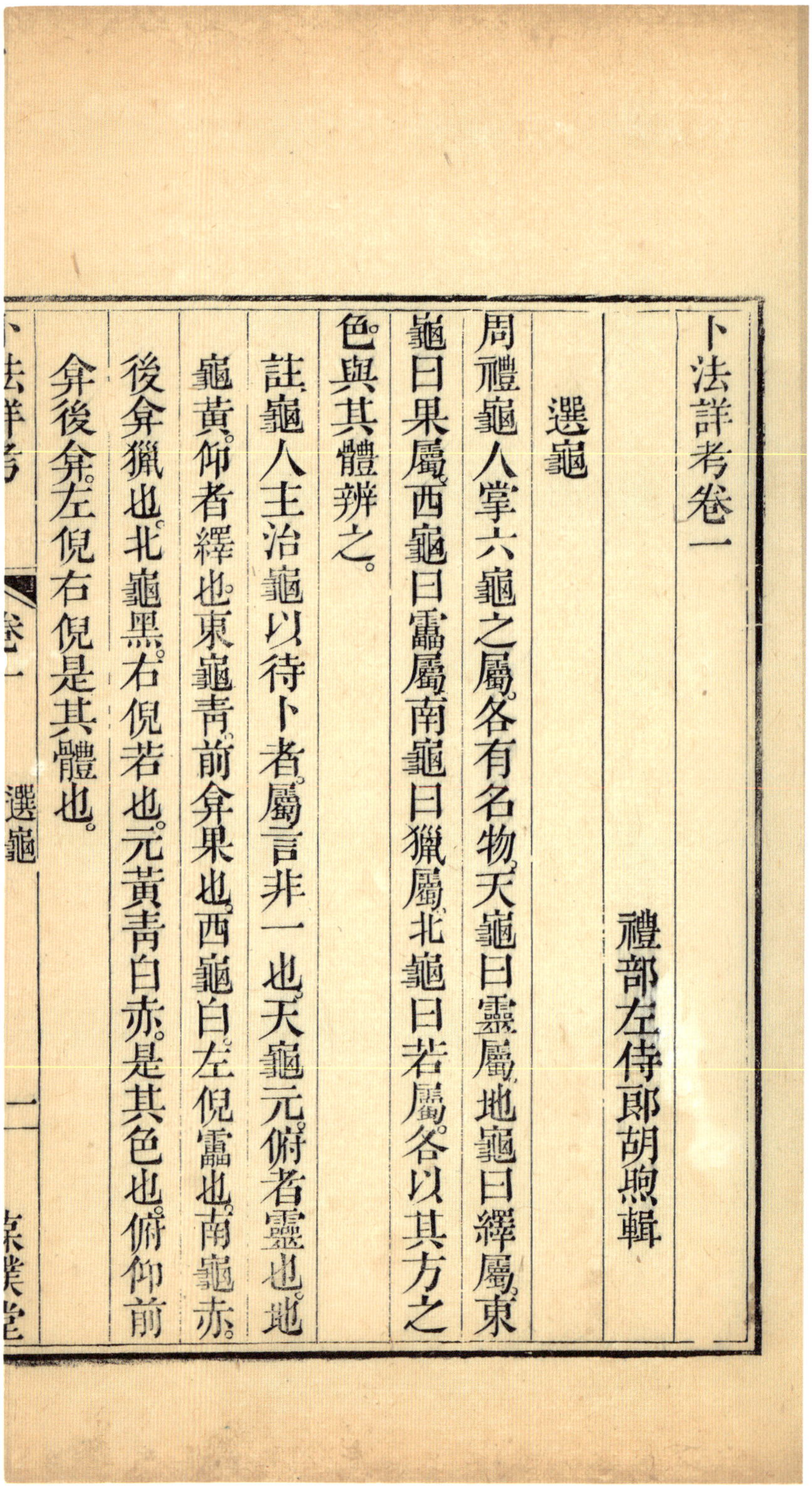
卜法詳考卷一

禮部左侍郎胡煦輯

選龜

周禮龜人掌六龜之屬。各有名物。天龜曰靈屬。地龜曰繹屬。東龜曰果屬。西龜曰靁屬。南龜曰獵屬。北龜曰若屬。各以其方之色與其體辨之。

註龜人主治龜以待卜者。屬言非一也。天龜元。俯者靈也。地龜黃。仰者繹也。東龜青。前弇果也。西龜白。左倪靁也。南龜赤。後弇獵也。北龜黑。右倪若也。元黃青白赤。是其色也。俯仰前弇後弇左倪右倪。是其體也。

卜法詳考　卷一　選龜　一　葆璞堂

卜法詳考四卷　（清）胡煦撰　清乾隆三十八年（1773）胡氏葆璞堂刻本

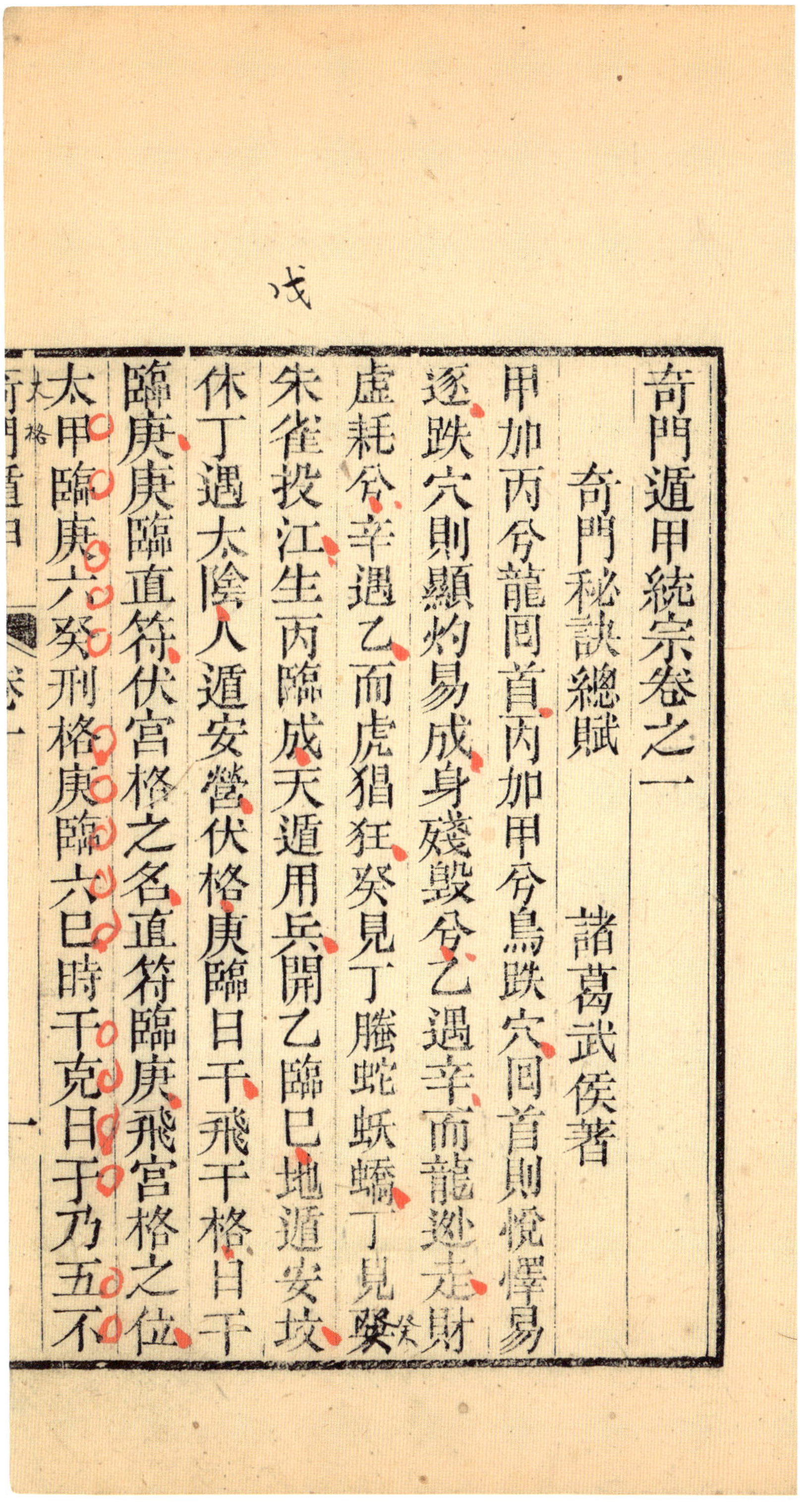
奇門遁甲統宗卷之一
奇門秘訣總賦　諸葛武侯著
甲加丙兮龍回首丙加甲兮鳥跌穴回首則悅懌易
逐跌穴則顯灼易成身殘毀兮乙遇辛而龍逃走財
虛耗兮辛遇乙而虎猖狂癸見丁螣蛇妖嬌丁見癸
朱雀投江生丙臨戊天遁用兵開乙臨巳地遁安坟
休丁遇太陰人遁安營伏格庚臨日干飛干格日干
臨庚庚臨直符伏宮格之名直符臨庚飛宮格之位
太甲臨庚六癸刑格庚臨六巳時干克日干乃五不
奇門遁甲　卷一　一

奇門遁甲統宗十二卷　（三国蜀）諸葛亮撰　清初刻本（佚名朱筆批校）

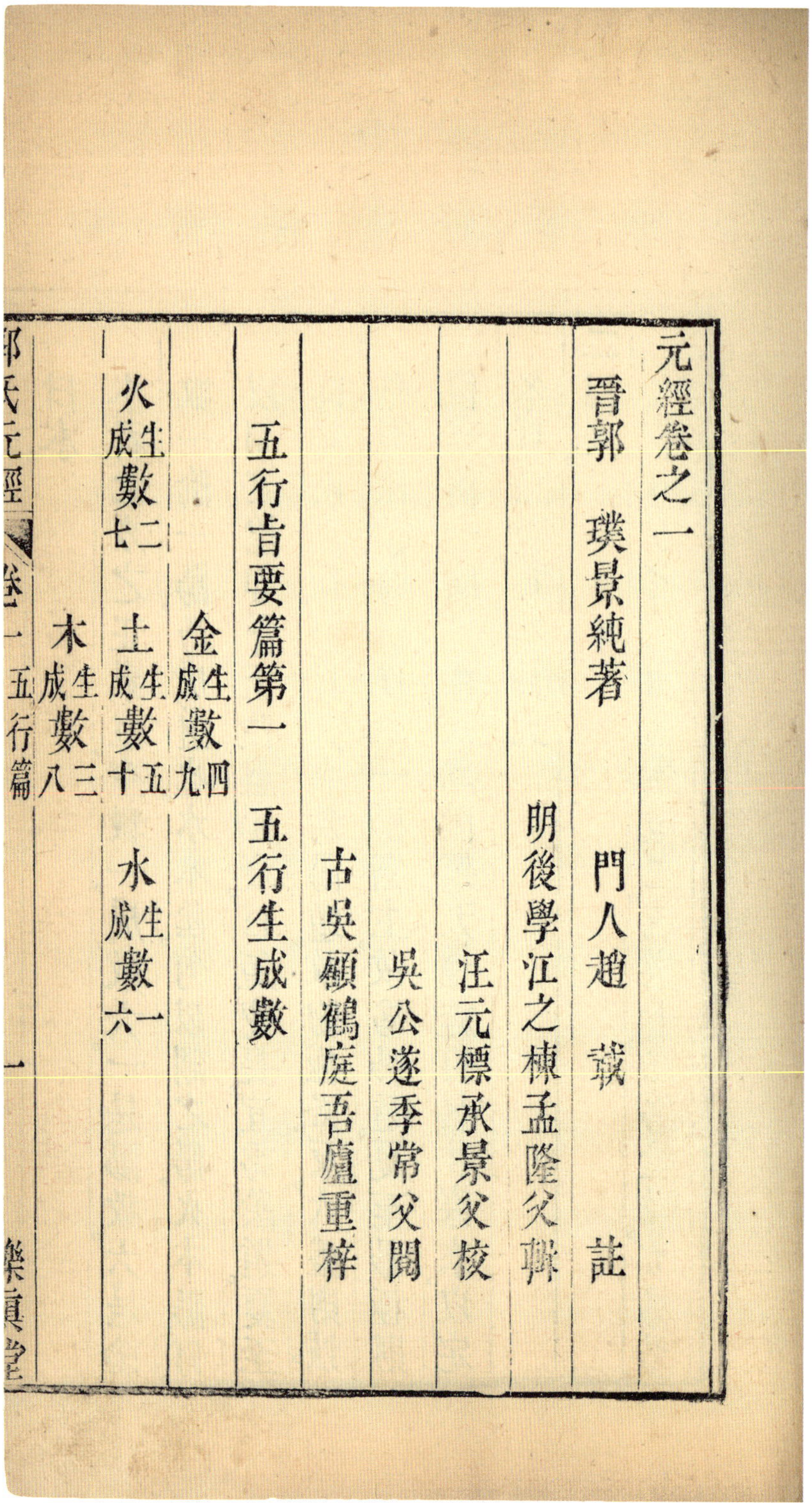

元經卷之一

晉郭　璞景純著　門人趙　載　註

明後學江之棟孟隆父輯

汪元標承景父校

吳公遂季常父閱

古吳顧鶴庭吾廬重梓

五行旨要篇第一　五行生成數

金生四　成數九

火生二　成數七　土生五　成數十　水生一　成數六

木生三　成數八

郭氏元經　卷一　五行篇　一　樂真堂

陰陽五要奇書五集　（明）江之棟輯　（清）顧鶴庭重輯

清乾隆五十五年（1790）樂真堂刻本

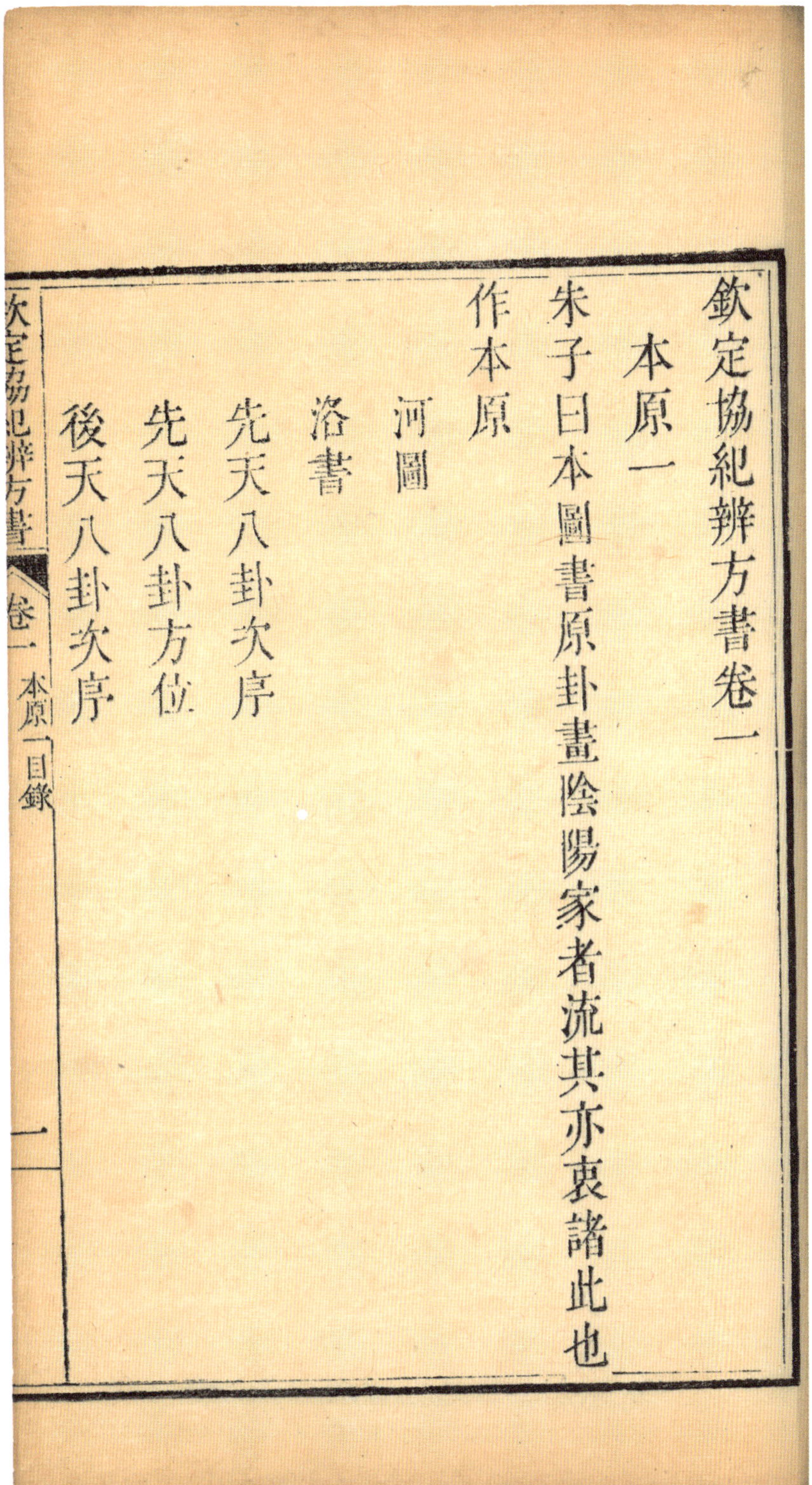

欽定協紀辨方書卷一

本原一

朱子曰本圖書原卦畫陰陽家者流其亦衷諸此也

作本原

河圖

洛書

先天八卦次序

先天八卦方位

後天八卦次序

欽定協紀辨方書　卷一　本原一目錄　一

欽定協紀辨方書三十六卷　（清）允禄等撰　清乾隆六年（1741）内府刻本

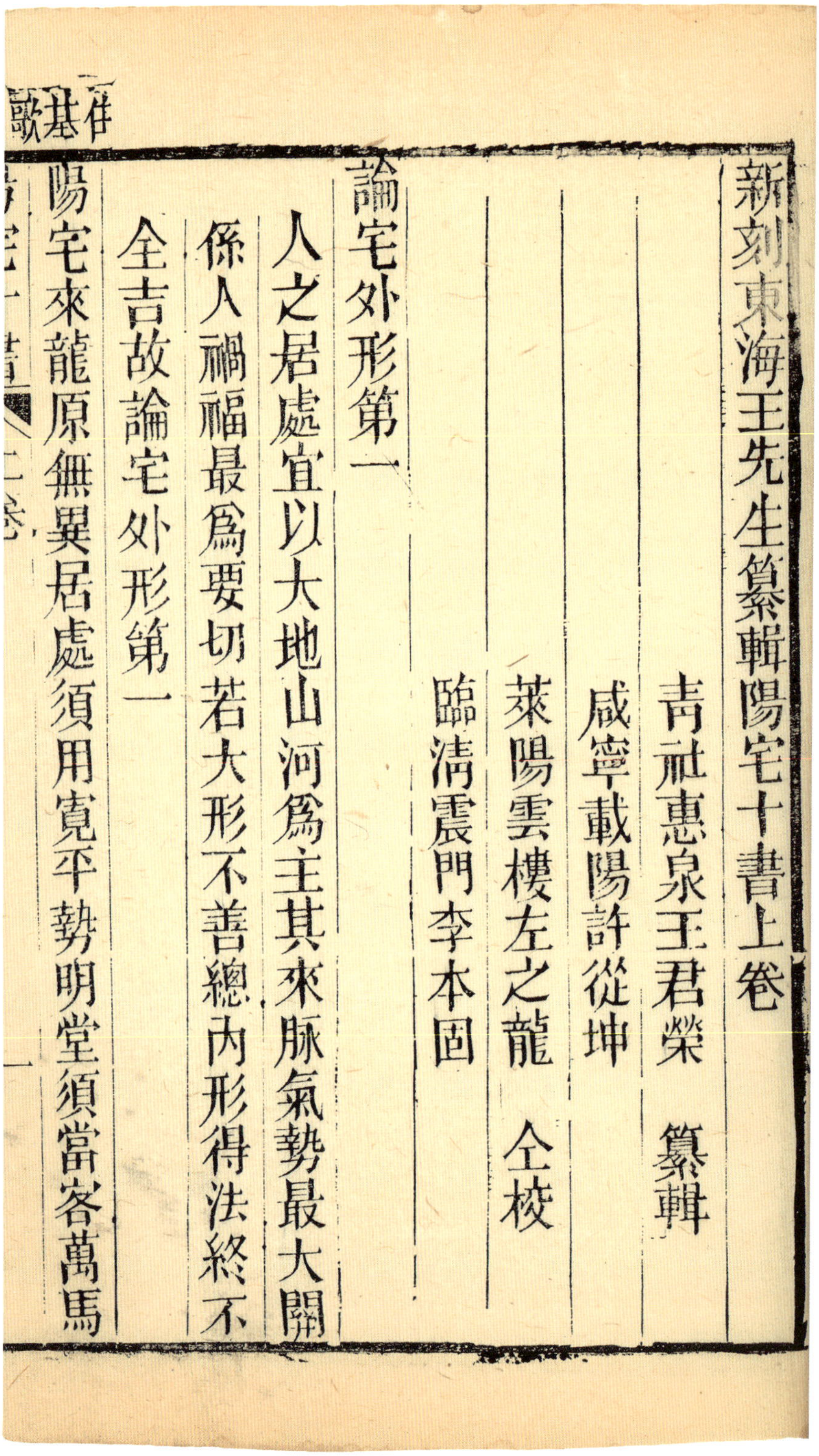

新刻東海王先生纂輯陽宅十書上卷

青社惠泉王君榮　纂輯

咸寧載陽許從坤

萊陽雲樓左之龍　仝校

臨淸震門李本固

論宅外形第一

人之居處宜以大地山河爲主其來脉氣勢最大關係人禍福最爲要切若大形不善總內形得法終不全吉故論宅外形第一

陽宅來龍原無異居處須用寬平勢明堂須當容萬馬

陽宅十書　上卷　一

新刻東海王先生纂輯陽宅十書四卷　（明）王君榮纂輯

（明）左之龍等校　明同文堂刻本

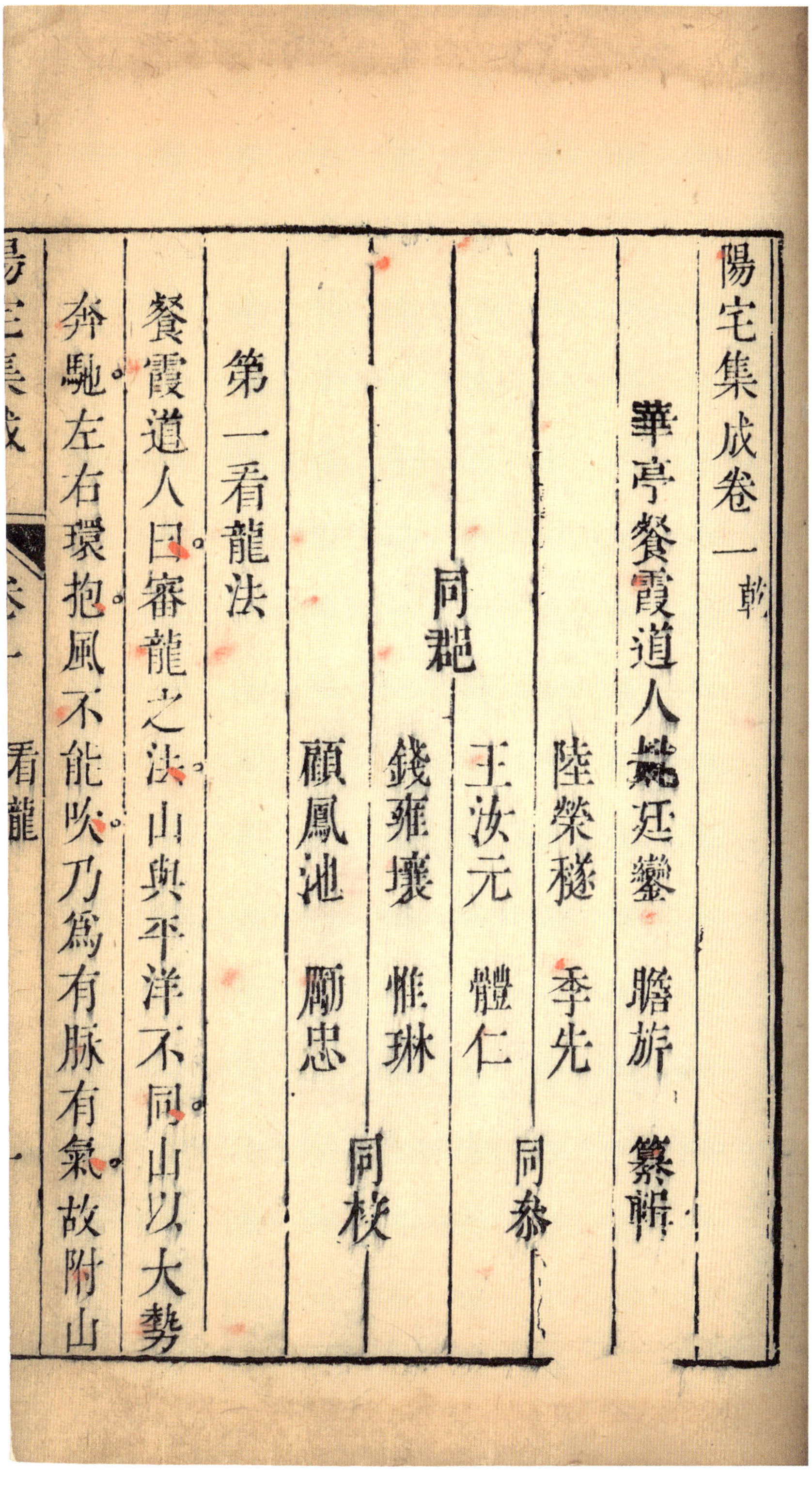
陽宅集成卷一　乾

華亭餐霞道人姚廷鑾　瞻旃　纂輯

陸榮穟　季先

同參

同郡

王汝元　體仁

錢雍壤　惟琳

同校

顧鳳池　勵忠

第一看龍法

餐霞道人曰。審龍之法。山與平洋不同。山以大勢

奔馳。左右環抱。風不能吹。乃爲有脉有氣。故附山

陽宅集成　卷一　看龍　一

陽宅集成八卷　（清）姚廷鑾纂輯　清乾隆十六年（1751）刻本

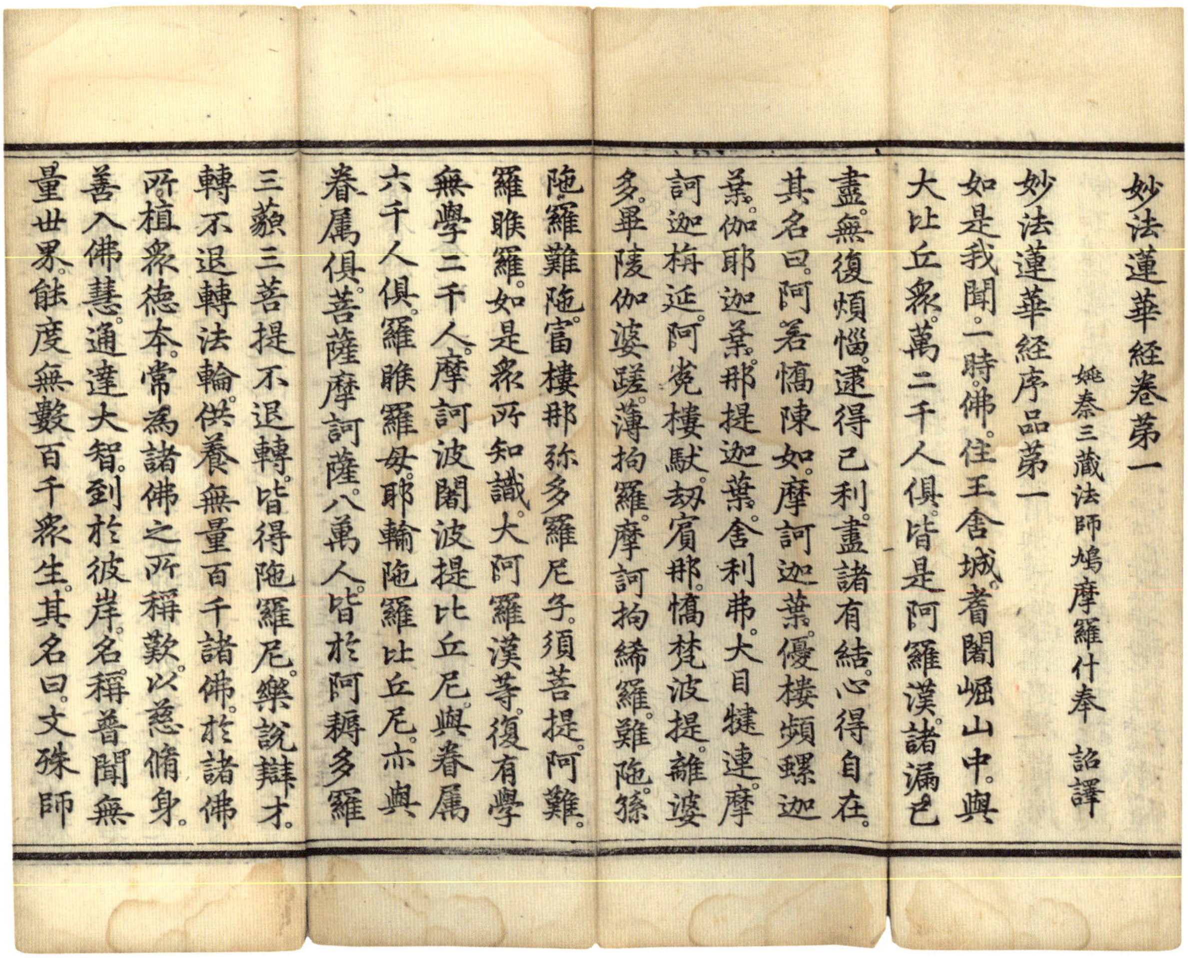
妙法蓮華經卷第一
姚秦三藏法師鳩摩羅什奉　詔譯
妙法蓮華經序品第一
如是我聞。一時佛住王舍城耆闍崛山中。與
大比丘衆萬二千人俱。皆是阿羅漢。諸漏已
盡。無復煩惱。逮得己利。盡諸有結。心得自在。
其名曰阿若憍陳如。摩訶迦葉。優樓頻螺迦
葉。伽耶迦葉。那提迦葉。舍利弗。大目犍連。摩
訶迦旃延。阿㝹樓馱。劫賓那。憍梵波提。離婆
多。畢陵伽婆蹉。薄拘羅。摩訶拘絺羅。難陀。孫
陀羅難陀。富樓那彌多羅尼子。須菩提。阿難。
羅睺羅。如是衆所知識。大阿羅漢等。復有學
無學二千人。摩訶波闍波提比丘尼。與眷屬
六千人俱。羅睺羅母耶輸陀羅比丘尼。亦與
眷屬俱。菩薩摩訶薩八萬人。皆於阿耨多羅
三藐三菩提不退轉。皆得陀羅尼。樂說辯才。
轉不退轉法輪。供養無量百千諸佛。於諸佛
所植衆德本。常為諸佛之所稱歎。以慈脩身。
善入佛慧。通達大智。到於彼岸。名稱普聞無
量世界。能度無數百千衆生。其名曰文殊師

妙法蓮華経七卷　（後秦）釋鳩摩羅什譯　明永樂七年（1409）内府刻本

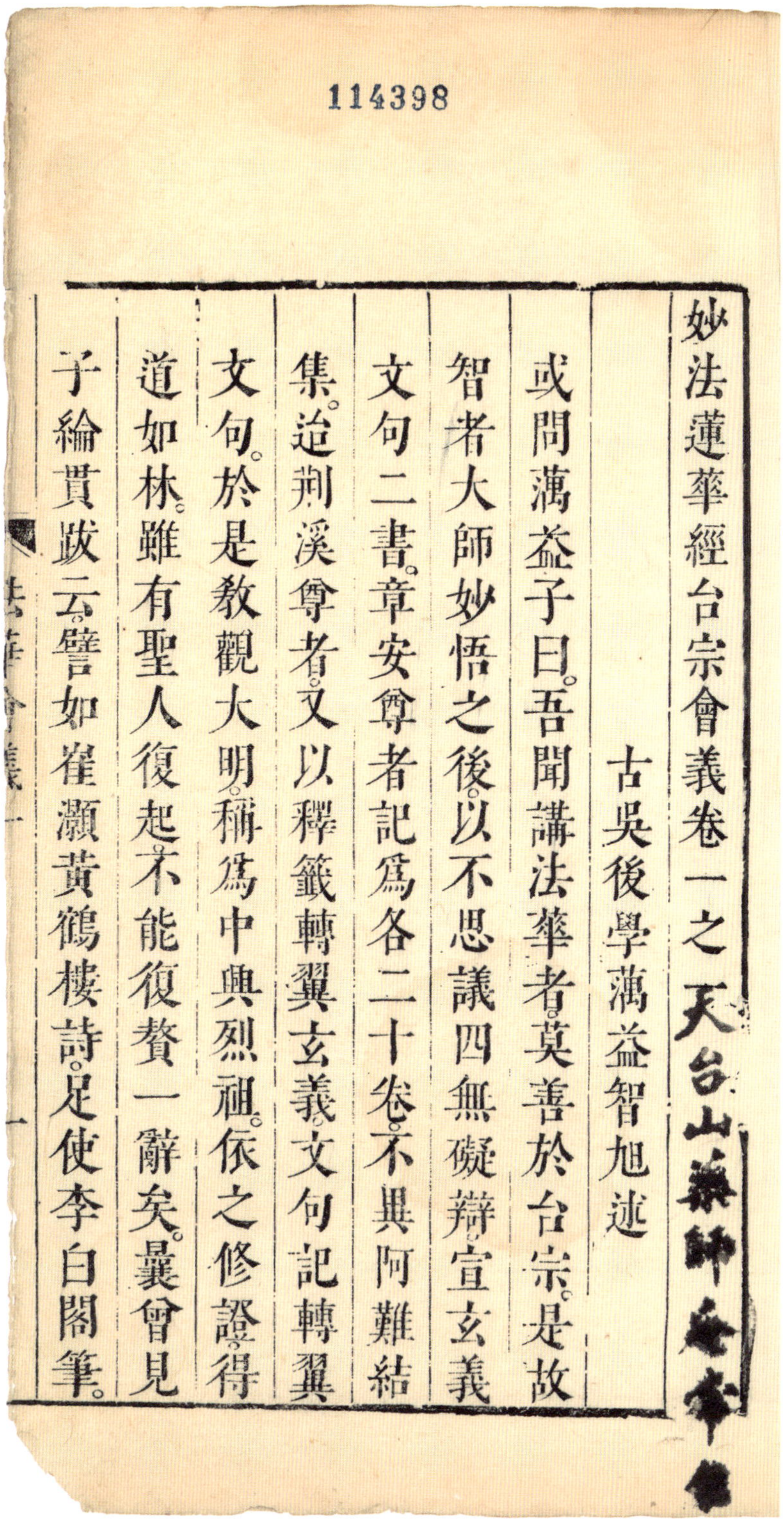

妙法蓮華經台宗會義卷一之

古吳後學蕅益智旭述

或問蕅益子曰。吾聞講法華者莫善於台宗。是故智者大師妙悟之後。以不思議四無礙辯宣玄義文句二書。章安尊者記爲各二十卷。不異阿難結集。迨荆溪尊者。又以釋籤轉翼玄義。文句記轉翼文句。於是教觀大明。稱爲中興烈祖。依之修證得道如林。雖有聖人復起。不能復贅一辭矣。曩曾見子綸貫跋云。譬如崔灝黃鶴樓詩。足使李白閣筆。

法華會義一　　一

妙法蓮華經臺宗會義七卷　（明）釋智旭撰　明萬曆刻本

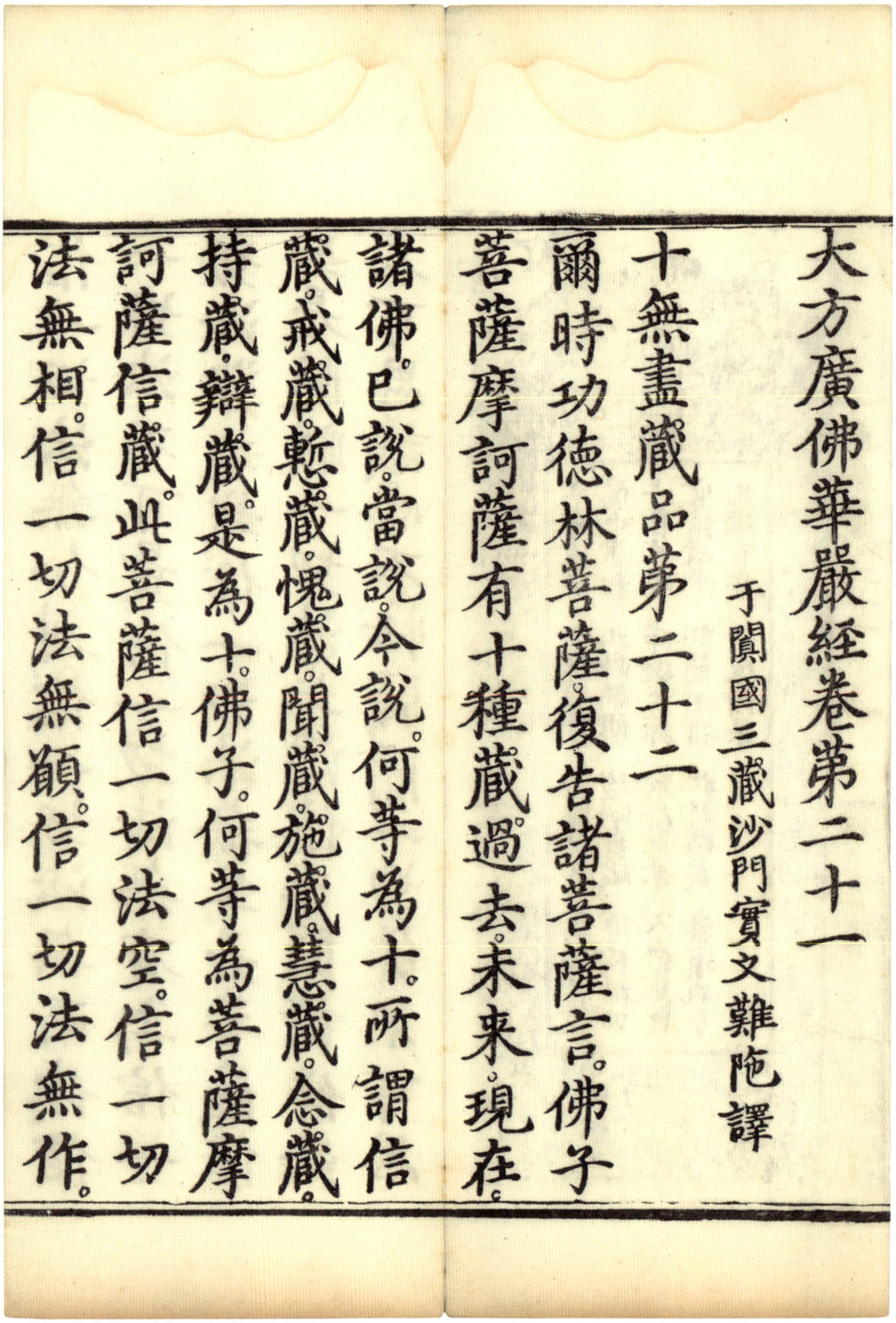
大方廣佛華嚴經卷第二十一
于闐國三藏沙門實叉難陁譯
十無盡藏品第二十二
爾時功德林菩薩復告諸菩薩言。佛子
菩薩摩訶薩有十種藏。過去。未來。現在。
諸佛已說。當說。今說。何等為十。所謂信
藏。戒藏。慙藏。愧藏。聞藏。施藏。慧藏。念藏。
持藏。辯藏。是為十。佛子。何等為菩薩摩
訶薩信藏。此菩薩信一切法空。信一切
法無相。信一切法無願。信一切法無作。

大方廣佛華嚴經八十卷 （唐）釋實叉難陁譯　明嘉靖二十二年（1543）李勝刻本

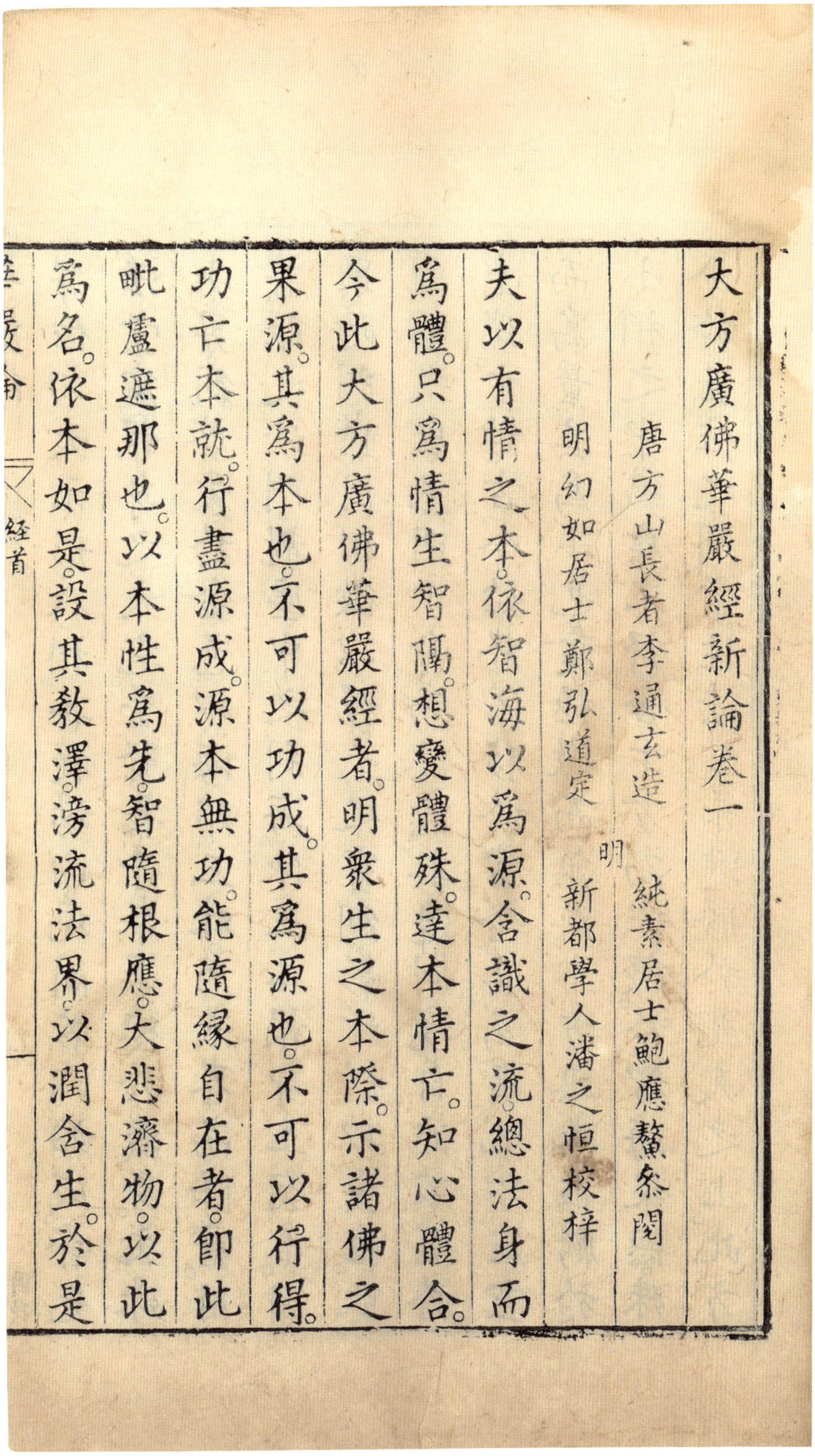
大方廣佛華嚴經新論卷一
唐方山長者李通玄造　純素居士鮑應鰲叅閱
明幻如居士鄭弘道定　明新都學人潘之恒校梓
夫以有情之本。依智海以爲源。含識之流。總法身而
爲體。只爲情生智隔。想變體殊。達本情亡。知心體合。
今此大方廣佛華嚴經者。明衆生之本際。示諸佛之
果源。其爲本也。不可以功成。其爲源也。不可以行得。
功亡本就。行盡源成。源本無功。能隨緣自在者。卽此
毗盧遮那也。以本性爲先。智隨根應。大悲濟物。以此
爲名。依本如是。設其教澤。滂流法界。以潤含生。於是
華嚴論　經首

大方廣佛華嚴經新論四十卷　（唐）李通玄撰　（明）鄭弘道定　明萬曆四十年（1612）新都潘之恒刻本

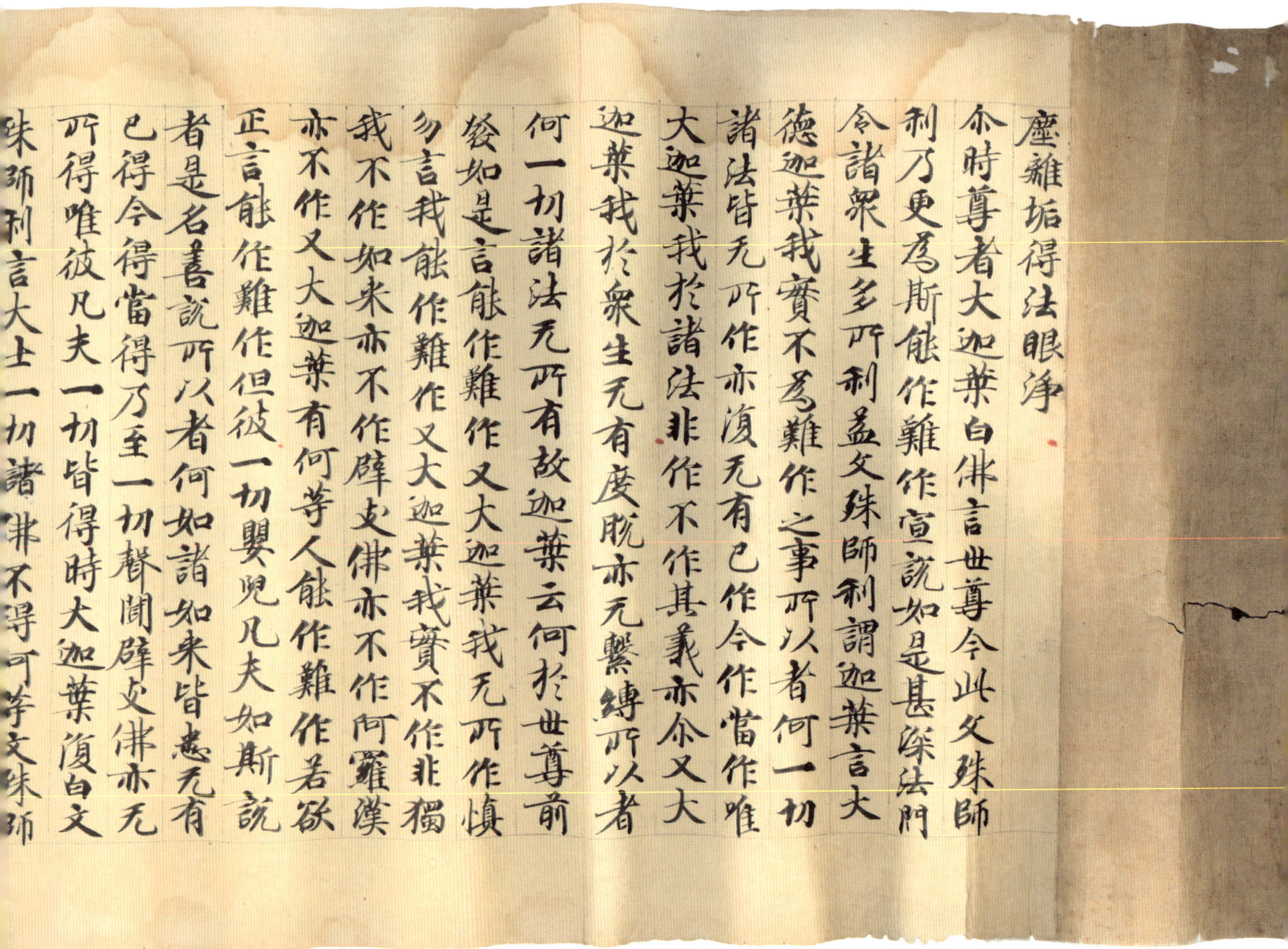
塵離垢得法眼淨
尒時尊者大迦葉白佛言世尊今此文殊師
利乃更爲斯能作難作宣說如是甚深法門
令諸衆生多所利益文殊師利謂迦葉言大
德迦葉我實不爲難作之事所以者何一切
諸法皆无所作亦復无有已作今作當作唯
大迦葉我於諸法非作不作其義亦尒又大
迦葉我於衆生无有度脫亦无繫縛所以者
何一切諸法无所有故迦葉云何於世尊前
發如是言能作難作又大迦葉我无所作慎
多言我能作難作又大迦葉我實不作非獨
我不作如來亦不作辟支佛亦不作阿羅漢
亦不作又大迦葉有何等人能作難作若欲
正言能作難作但彼一切嬰兒凡夫如斯說
者是名善說所以者何如諸如來皆悉无有
已得今得當得乃至一切聲聞辟支佛亦无
所得唯彼凡夫一切皆得時大迦葉復白文
殊師利言大士一切諸佛不得可等文殊師

大寶積經卷一百二十卷　（唐）釋菩提流志譯　唐人寫本
卷軸裝

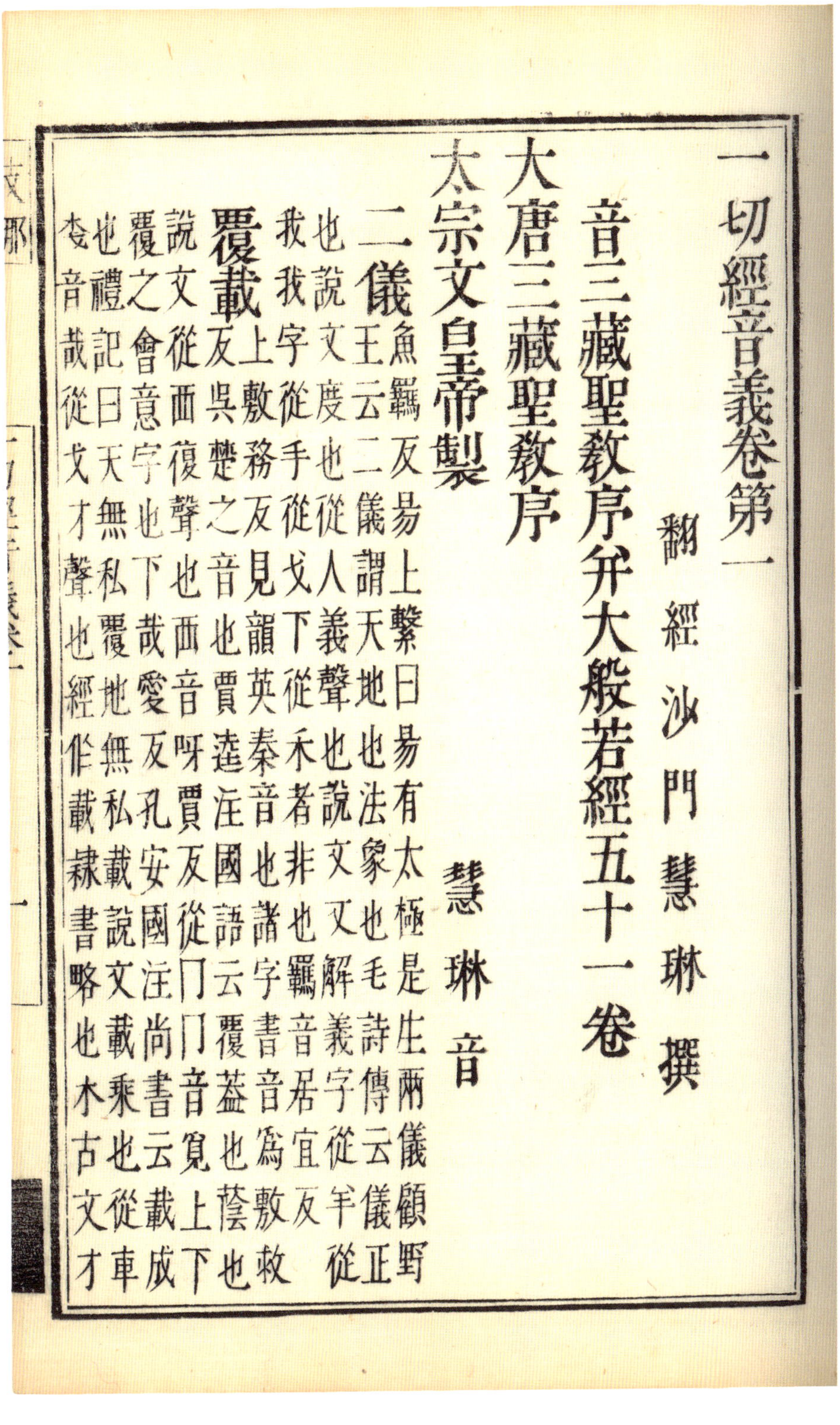

一切經音義卷第一
翻經沙門慧琳撰
音三藏聖教序幷大般若經五十一卷
大唐三藏聖教序
太宗文皇帝製　慧琳音
二儀　魚羈反易上繫曰易有太極是生兩儀顧野
王云二儀謂天地也法象也毛詩傳云儀儀正
也說文度也從人義聲也說文又解義字從羊從
我我字從手從戈下從禾者非也羈音居宜反
覆載　上敷務反見韻英秦音也諸字書音爲敷救
反吳楚之音也賈逵注國語云覆蓋也蔭也
說文從襾復聲也襾音呼訝反從冂冂音覓上下
覆之會意字也下哉愛反孔安國注尚書云載成
也禮記曰天無私覆地無私載說文載乘也從車
𢦔音哉從戈才聲也經作載隸書略也木古文才

一切經音義一百卷　（唐）釋慧琳撰　**續一切經音義十卷**　（唐）釋希麟撰　［日本］元文二年（清乾隆二年）（1737）京都獅谷白蓮社刻本［日本］延享三年（清乾隆十一年）（1746）續刻本

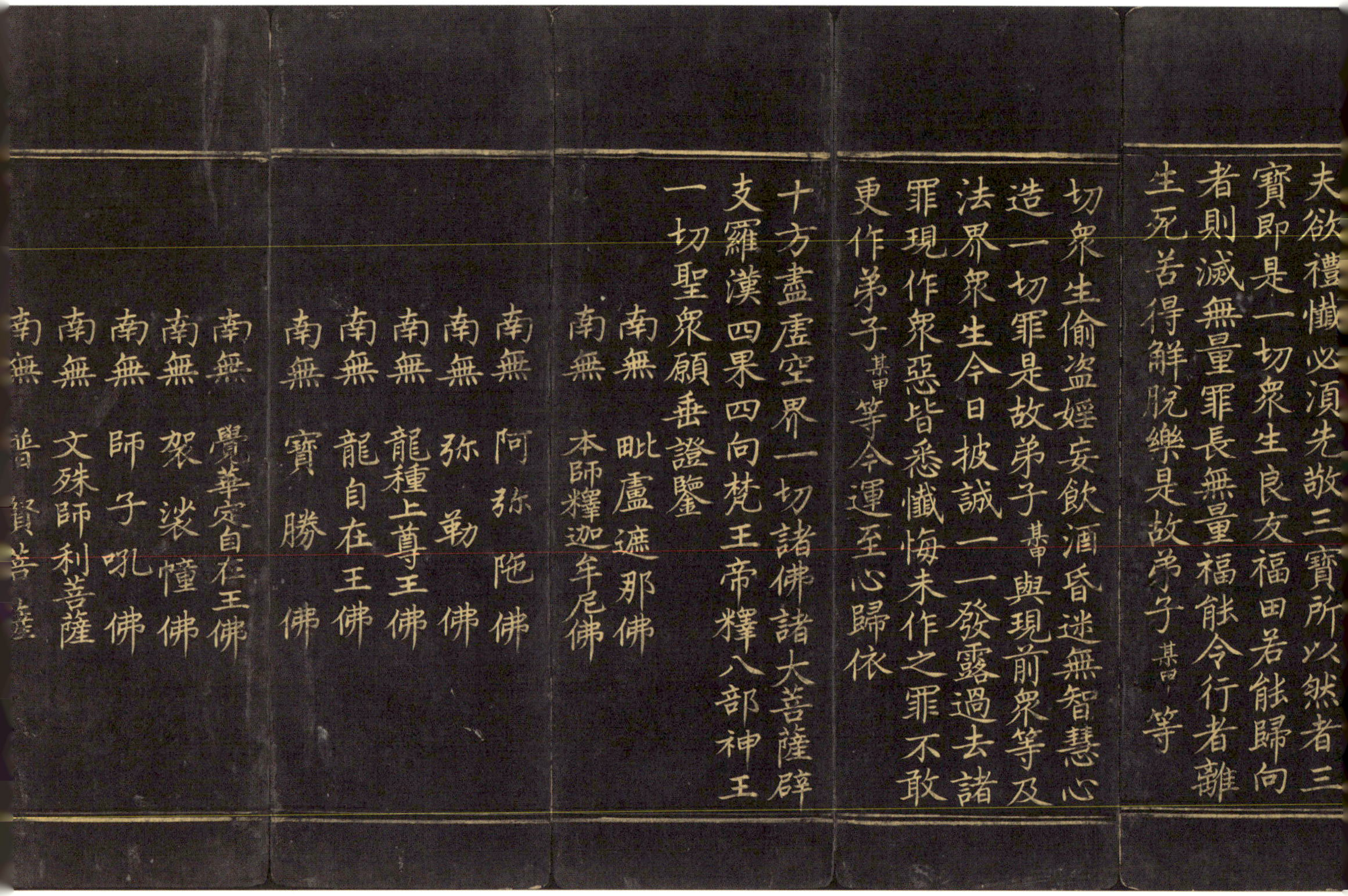
夫欲禮懺必須先敬三寶所以然者三
寶即是一切衆生良友福田若能歸向
者則滅無量罪長無量福能令行者離
生死苦得解脱樂是故弟子某甲等
切衆生偷盜婬妄飲酒昏迷無智慧心
造一切罪是故弟子某甲與現前衆等及
法界衆生今日披誠一一發露過去諸
罪現作衆惡皆悉懺悔未作之罪不敢
更作弟子某甲等今運至心歸依
十方盡虛空界一切諸佛諸大菩薩辟
支羅漢四果四向梵王帝釋八部神王
一切聖衆願垂證鑒
南無毗盧遮那佛
南無本師釋迦牟尼佛
南無阿弥陁佛
南無弥勒佛
南無龍種上尊王佛
南無龍自在王佛
南無寶勝佛
南無覺華定自在王佛
南無袈裟幢佛
南無師子吼佛
南無文殊師利菩薩
南無普賢菩薩

慈悲水懺法三卷　（唐）釋知玄撰　明正統元年（1436）阮普興泥金寫本　經摺裝

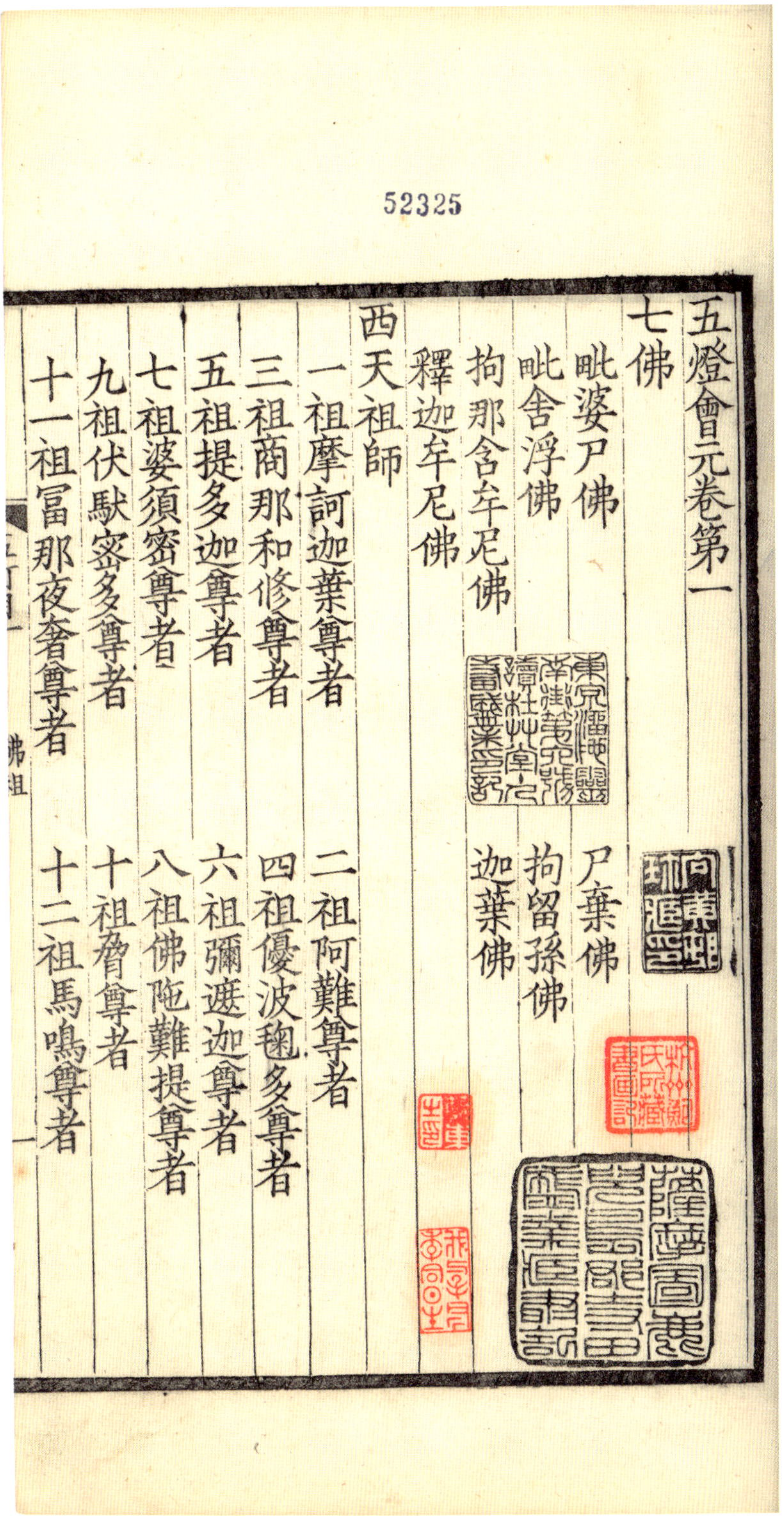
52325

五燈會元卷第一

七佛

毗婆尸佛　尸棄佛

毗舍浮佛　拘留孫佛

拘那含牟尼佛　迦葉佛

釋迦牟尼佛

西天祖師

一祖摩訶迦葉尊者　二祖阿難尊者

三祖商那和修尊者　四祖優波毱多尊者

五祖提多迦尊者　六祖彌遮迦尊者

七祖婆須蜜尊者　八祖佛陁難提尊者

九祖伏馱蜜多尊者　十祖脅尊者

十一祖富那夜奢尊者　十二祖馬鳴尊者

五燈會元二十卷　（宋）釋普濟撰　清光緒二十八年（1902）貴池劉氏玉海堂影刻本

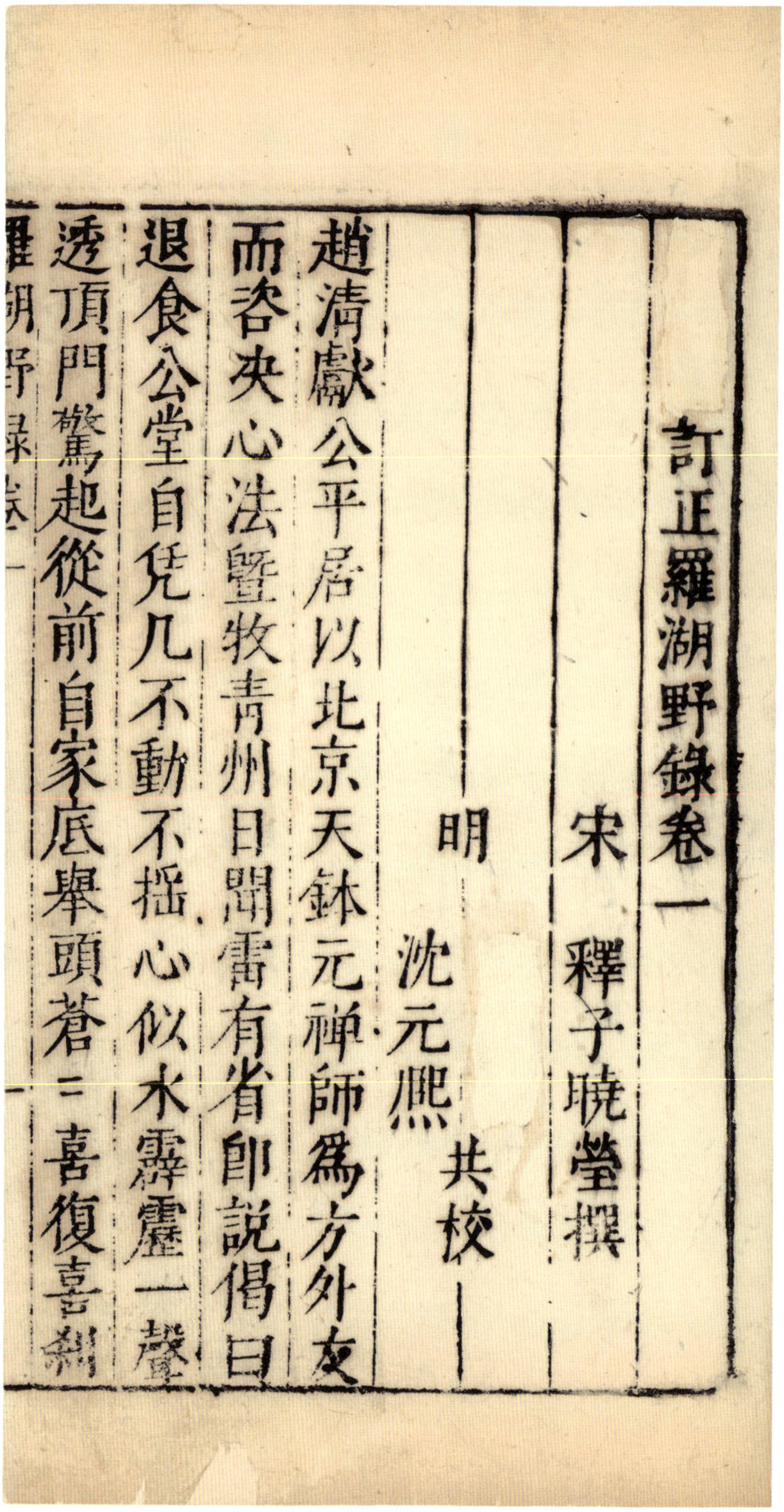

訂正羅湖野録卷一

宋　釋子曉瑩撰

明　沈元熈　共校

趙清獻公平居以北京天鉢元禪師爲方外友而咨决心法暨牧青州日聞雷有省卽說偈曰退食公堂自凭几不動不摇心似水霹靂一聲透頂門驚起從前自家底擧頭蒼蒼喜復喜刹

羅湖野録卷一　一

寶顔堂訂正羅湖野録四卷　（宋）釋曉瑩撰　明刻本

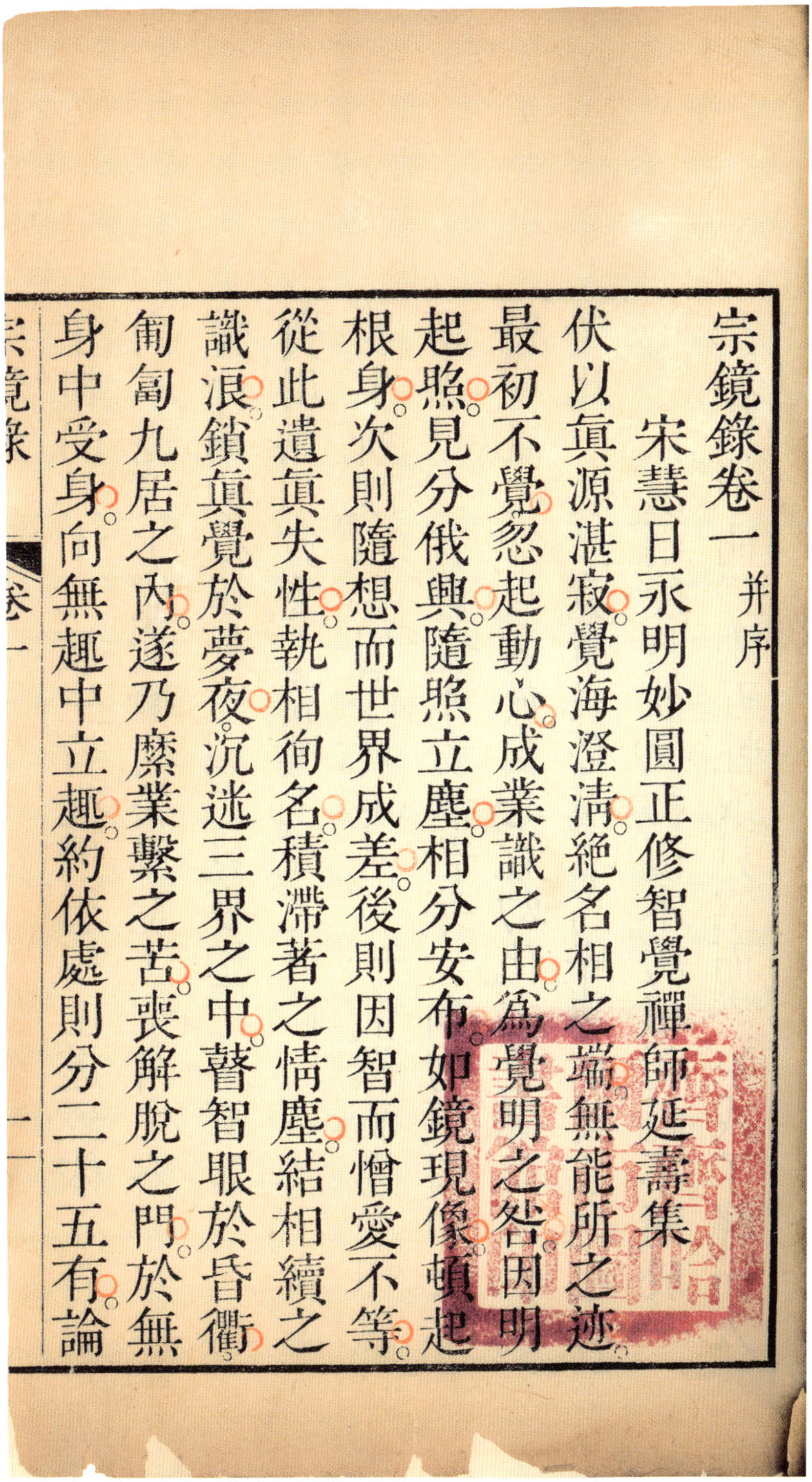
宗鏡錄卷一 并序

宋慧日永明妙圓正修智覺禪師延壽集

伏以眞源湛寂覺海澄清絕名相之端無能所之迹最初不覺忽起動心成業識之由爲覺明之咎因明起照見分俄興隨照立塵相分安布如鏡現像頓起根身次則隨想而世界成差後則因智而憎愛不等從此遺眞失性執相徇名積滯著之情塵結相續之識浪鎖眞覺於夢夜沉迷三界之中瞽智眼於昏衢匍匐九居之內遂乃縻業繫之苦喪解脫之門於無身中受身向無趣中立趣約依處則分二十五有論

宗鏡錄　卷一　一

宗鏡錄一百卷　（宋）釋延壽撰　清雍正十二年（1734）內府刻本

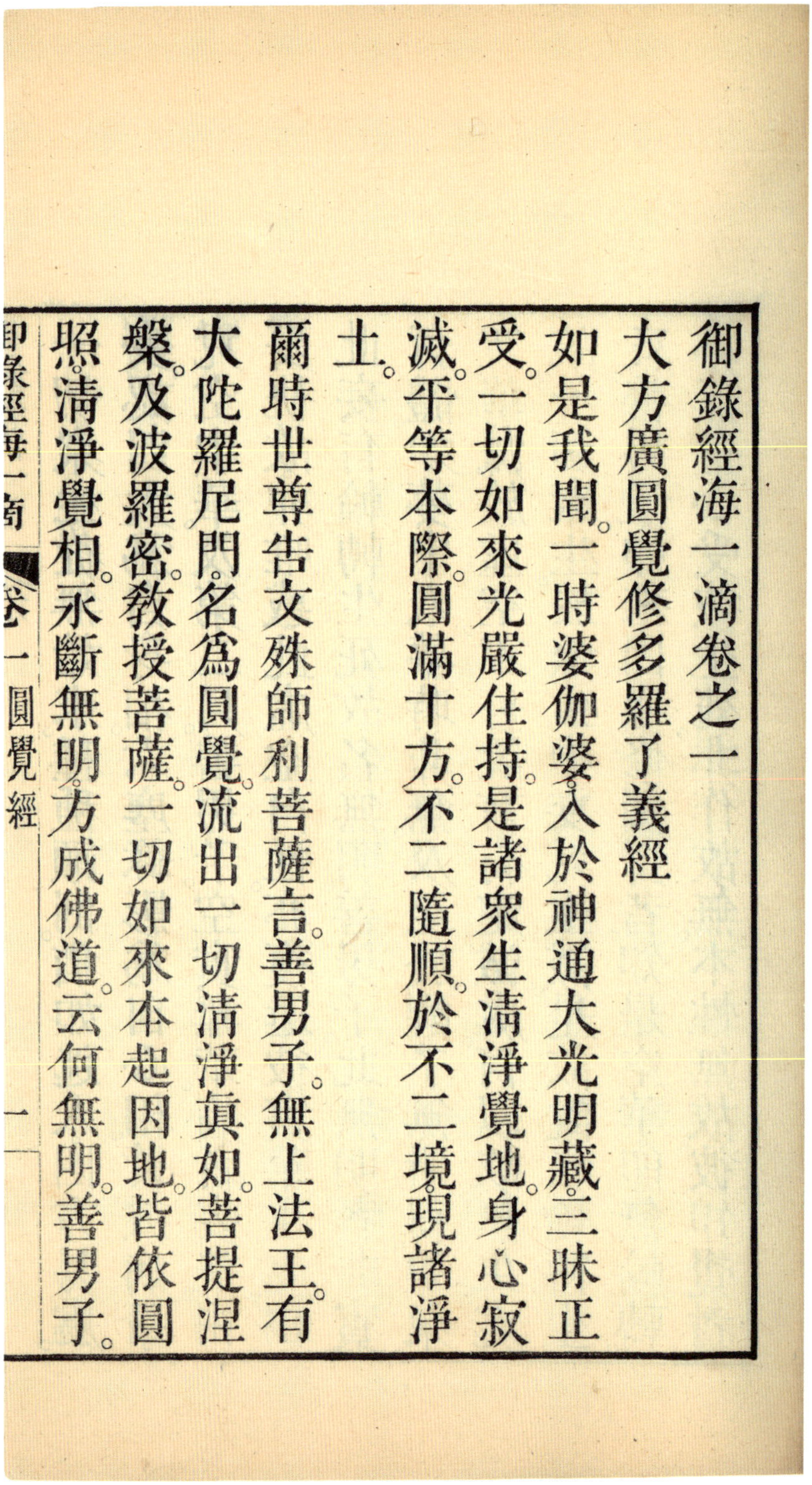
御錄經海一滴卷之一
大方廣圓覺修多羅了義經
如是我聞。一時婆伽婆。入於神通大光明藏。三昧正受。一切如來光嚴住持。是諸衆生淸淨覺地。身心寂滅。平等本際。圓滿十方。不二隨順。於不二境。現諸淨土。
爾時世尊告文殊師利菩薩言。善男子。無上法王。有大陀羅尼門。名爲圓覺。流出一切淸淨眞如。菩提涅槃。及波羅密。教授菩薩。一切如來本起因地。皆依圓照。淸淨覺相。永斷無明。方成佛道。云何無明。善男子。

御錄經海一滴　卷一　圓覺經　一

御錄經海一滴六卷　（清）世宗胤禛録　清雍正十三年（1735）内府刻本

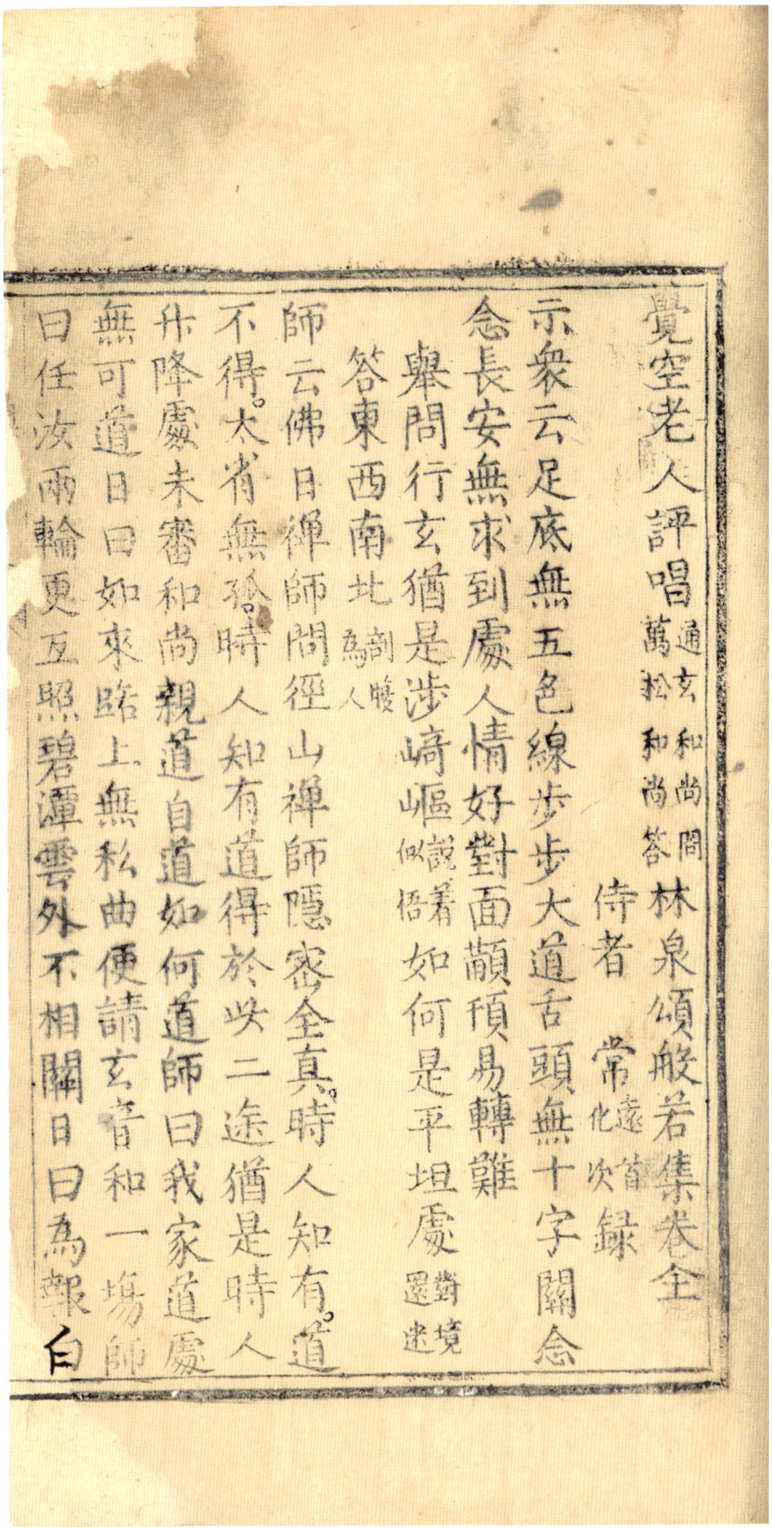

覺空老人評唱通玄和尚問萬松和尚答林泉頌般若集一卷
（明）釋常遠首録　（明）釋常化次録　明萬曆三十一年（1603）刻本

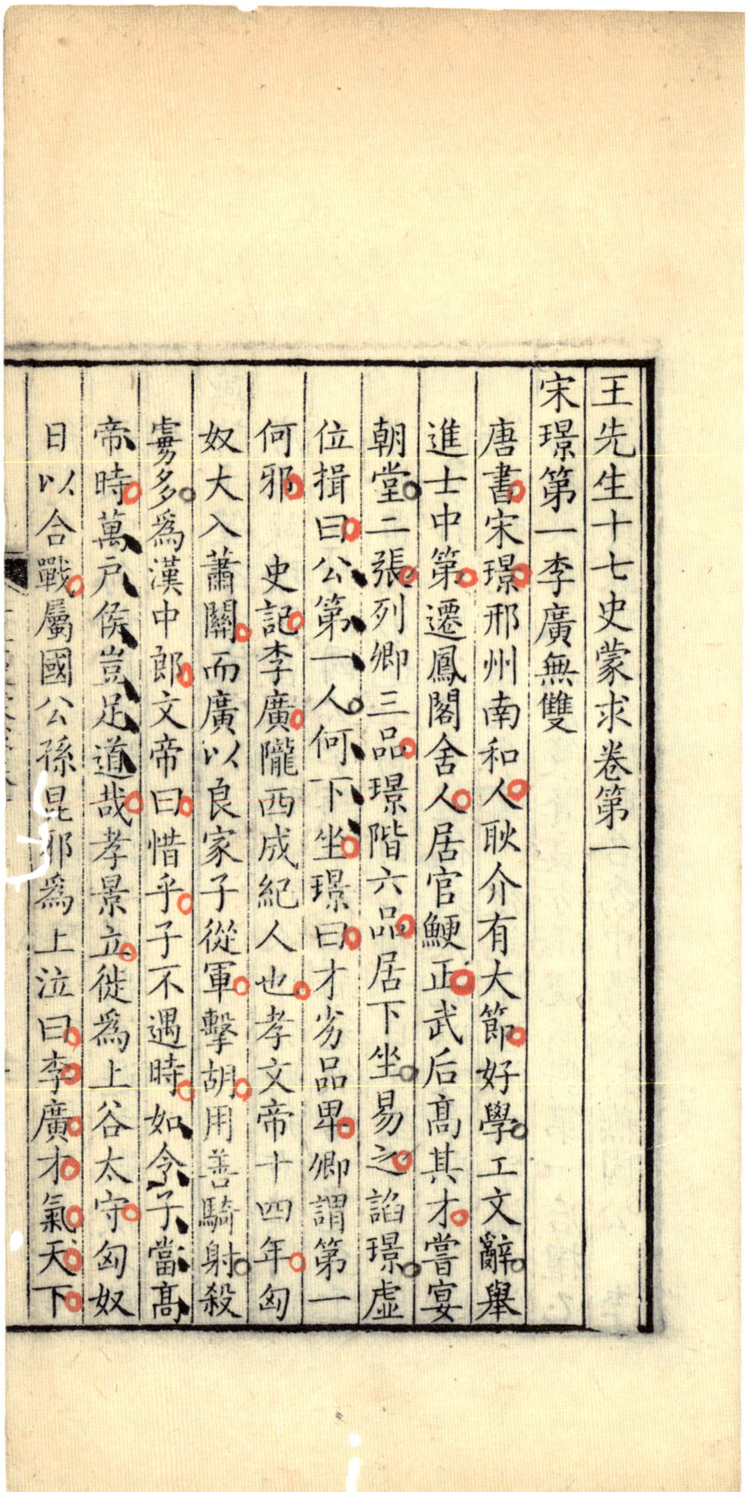

王先生十七史蒙求卷第一

宋璟第一李廣無雙

唐書宋璟邢州南和人耿介有大節好學工文辭舉進士中第遷鳳閣舍人居官鯁正武后高其才嘗宴朝堂二張列卿三品璟階六品居下坐易之諂璟虛位揖曰公第一人何下坐璟曰才劣品卑卿謂第一何邪　史記李廣隴西成紀人也孝文帝十四年匈奴大入蕭關而廣以良家子從軍擊胡用善騎射殺虜多爲漢中郎文帝曰惜乎子不遇時如令子當高帝時萬戶侯豈足道哉孝景立從爲上谷太守匈奴日以合戰屬國公孫昆邪爲上泣曰李廣才氣天下

王先生十七史蒙求十六卷　（宋）王令撰　清康熙養志堂刻本

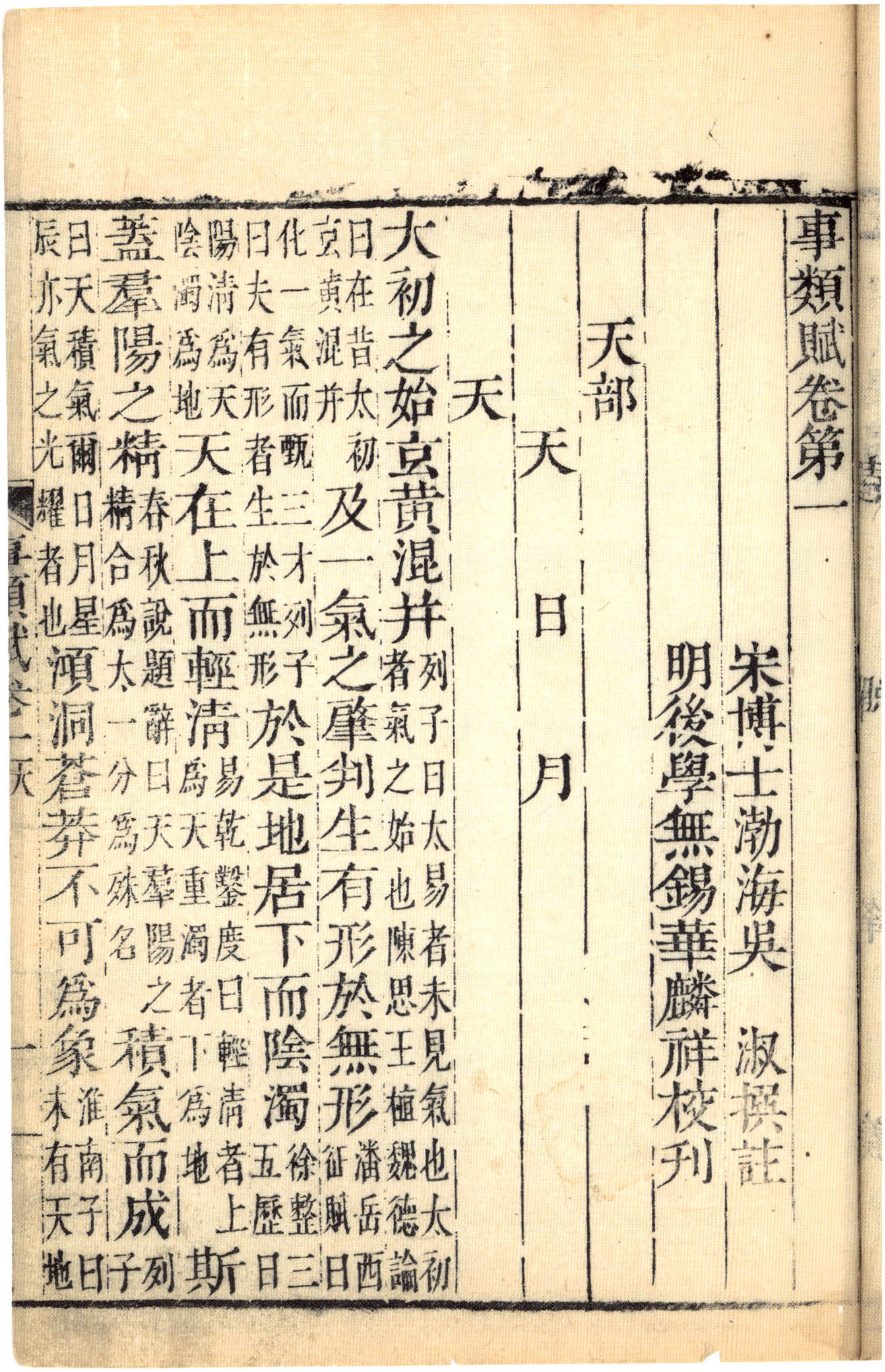
事類賦卷第一
宋博士渤海吳　淑撰註
明後學無錫華麟祥校刊
天部
天　日　月
天
大初之始玄黃混并列子日太易者未見氣也太初者氣之始也陳思王植魏德論日在昔太初玄黃混并及一氣之肇判生有形於無形潘岳西征賦日化一氣而甄三才列子日夫有形者生於無形於是地居下而陰濁徐整三五歷日陽清為天陰濁為地天在上而輕清易乾鑿度日輕清者上為天重濁者下為地斯蓋羣陽之精春秋說題辭日天羣陽之精合為太一分為殊名積氣而成列子日天積氣爾日月星辰亦氣之光耀者也頹洞蒼莽不可為象淮南子日未有天地
事類賦卷一　天　一

事類賦三十卷　（宋）吴淑撰并注　（明）華麟祥校　**廣事類賦四十卷**　（清）華希閔撰　（清）鄒兆升參評　清乾隆二十九年（1764）刻本

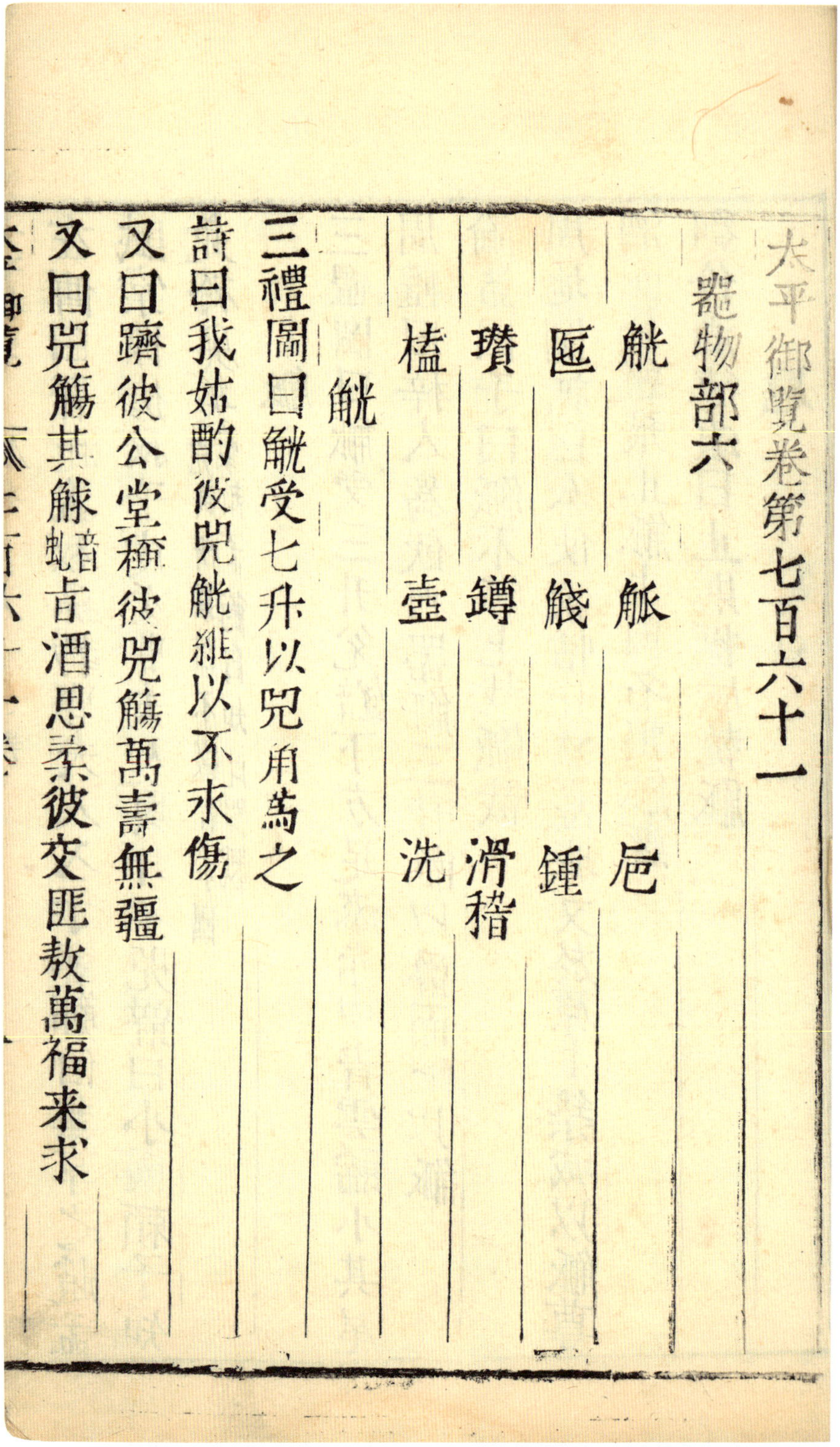

太平御覽卷第七百六十一

器物部六

觥　觚　巵

匜　餞　鍾

瓚　鐏　滑稽

榼　壺　洗

觥

三禮圖曰觥受七升以兕角爲之

詩曰我姑酌彼兕觥維以不永傷

又曰躋彼公堂稱彼兕觥萬壽無疆

又曰兕觵其觩音虯旨酒思柔彼交匪敖萬福来求

太平御覽一千卷　（宋）李昉等撰　明萬曆銅活字印本

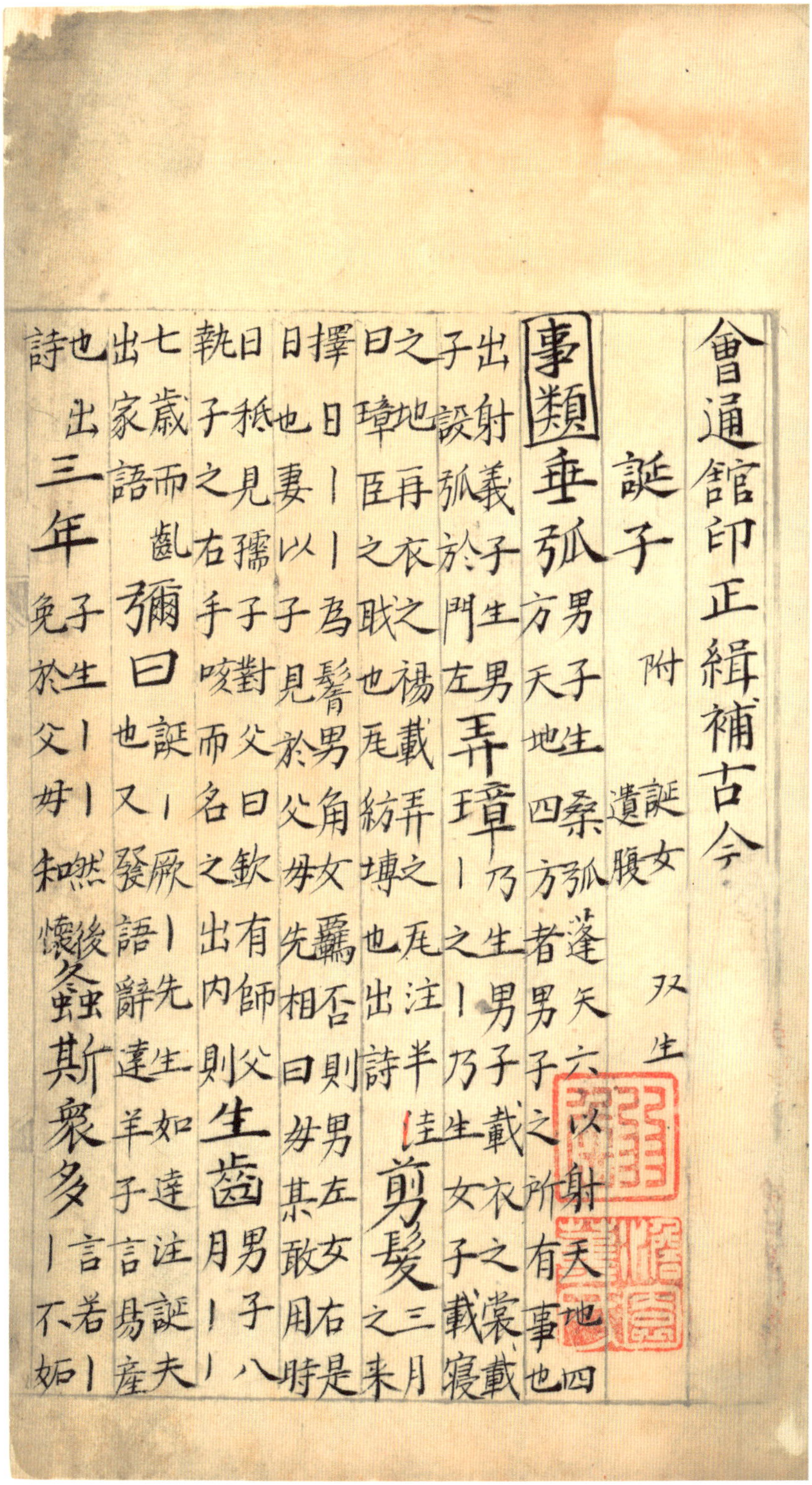
會通館印正緝補古今
誕子　附　誕女　遺腹　双生
事類　垂弧
弄璋
剪髮
彌月
生齒
三年

古今合璧事類備要前集六十九卷後集八十一卷續集五十六卷　（宋）謝維新輯　別集九十四卷外集六十六卷　（宋）虞載輯　明藍格抄本

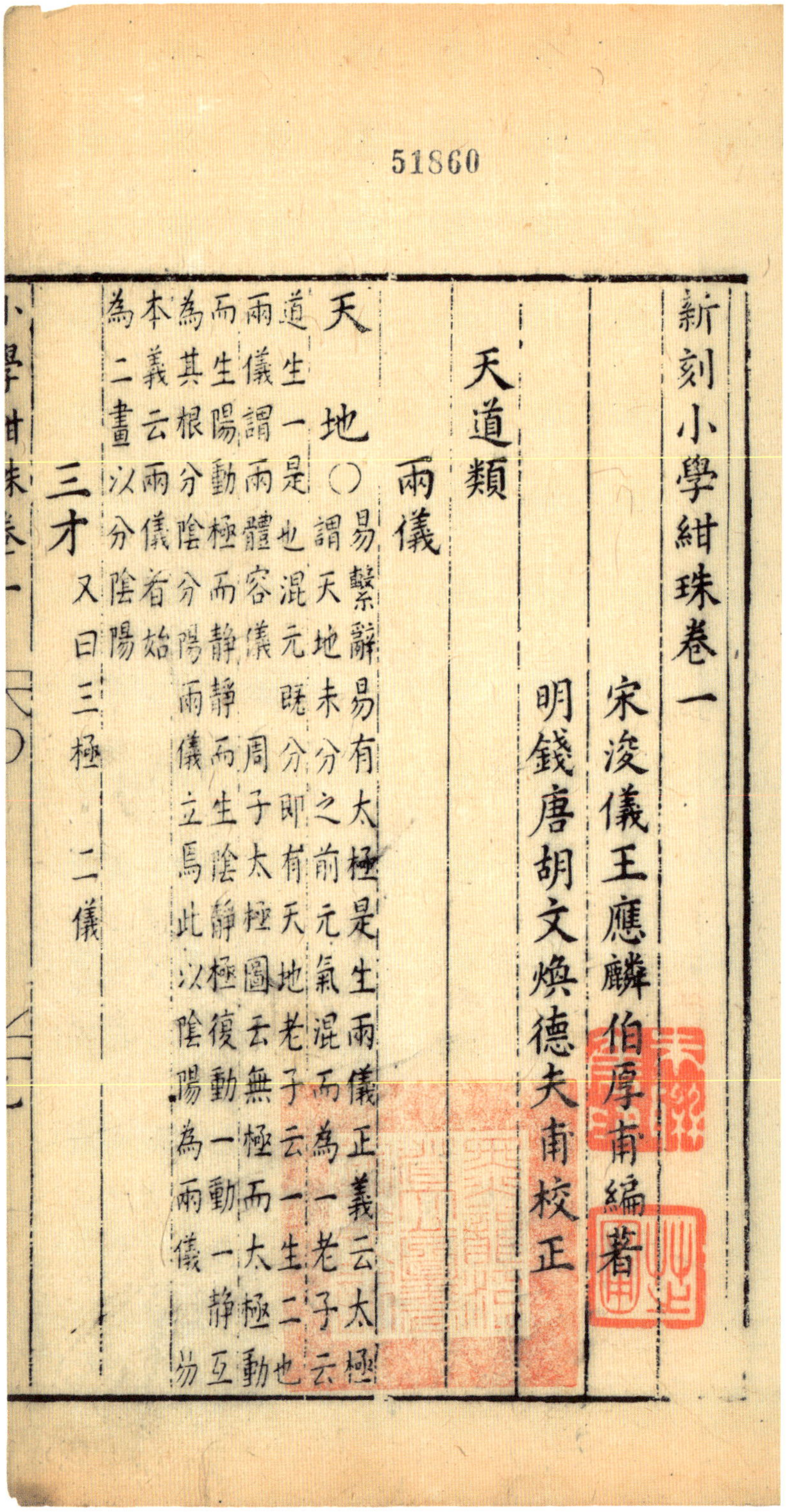
51860

新刻小學紺珠卷一

宋浚儀王應麟伯厚甫編著

明錢唐胡文煥德夫甫校正

天道類

兩儀

天地（○）易繫辭易有太極是生兩儀正義云太極謂天地未分之前元氣混而為一老子云道生一是也混元既分即有天地老子云一生二也兩儀謂兩體容儀周子太極圖云無極而太極動而生陽動極而靜靜而生陰靜極復動一動一靜互為其根分陰分陽兩儀立焉此以陰陽為兩儀易本義云兩儀者始為二畫以分陰陽

三才 又曰三極 二儀

小學紺珠卷一

新刻小學紺珠十卷　（宋）王應麟編著　（明）胡文煥校

明錢唐胡文煥刻本

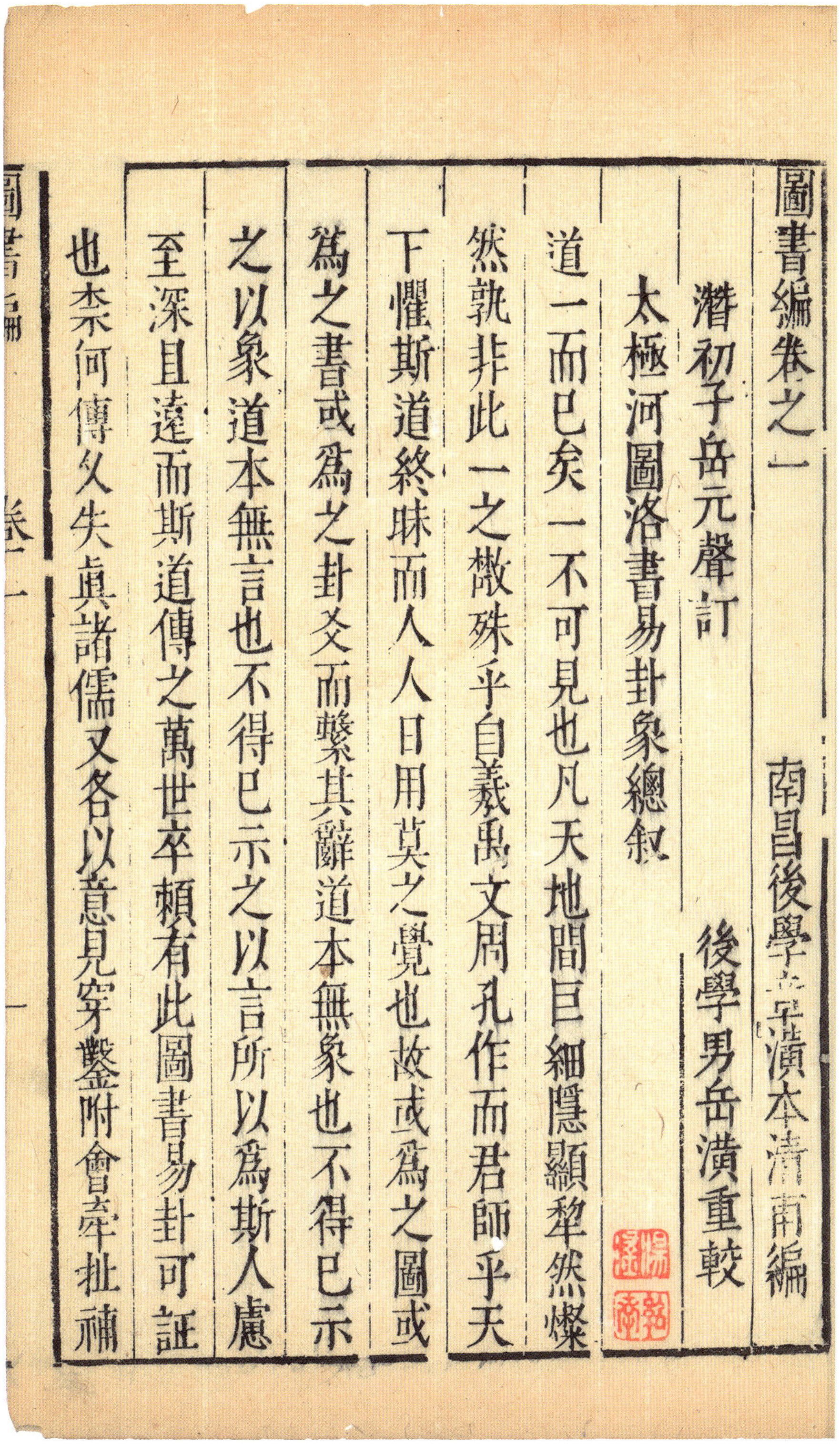
圖書編卷之一
南昌後學章潢本清甫編
潛初子岳元聲訂　後學男岳潢重較
太極河圖洛書易卦象總叙
道一而已矣一不可見也凡天地間巨細隱顯犂然燦
然孰非此一之散殊乎自羲禹文周孔作而君師乎天
下懼斯道終昧而人人日用莫之覺也故或爲之圖或
爲之書或爲之卦爻而繫其辭道本無象也不得已示
之以象道本無言也不得已示之以言所以爲斯人慮
至深且遠而斯道傳之萬世卒賴有此圖書易卦可証
也柰何傳久失眞諸儒又各以意見穿鑿附會牽扯補
圖書編　卷之一　一

圖書編一百二十七卷　（明）章潢編　明天啓三年（1623）刻本

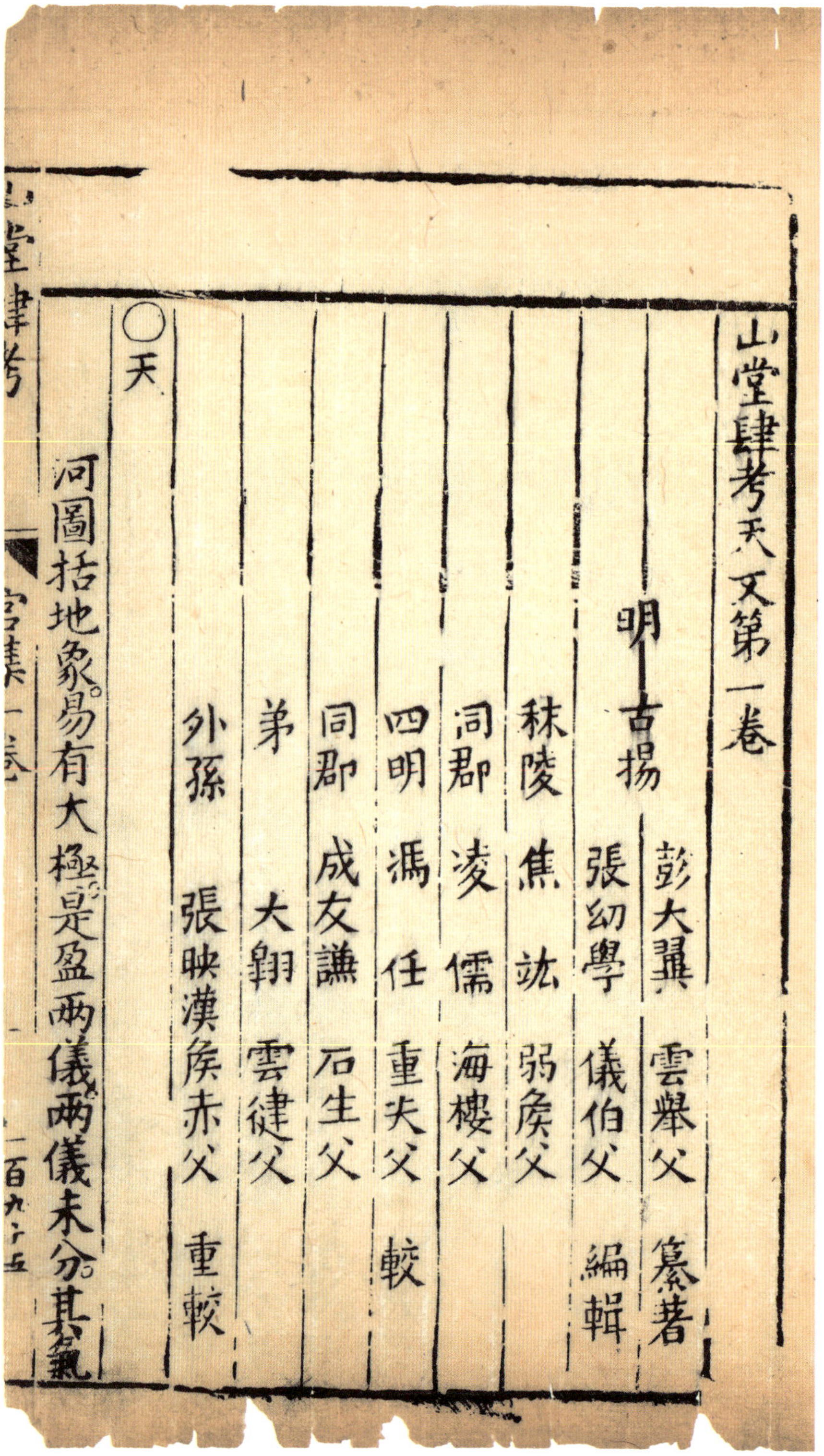
山堂肆考天文第一卷
明古揚 彭大翼 雲舉父 纂著
張幼學 儀伯父 編輯
秣陵 焦竑 弱侯父
同郡 凌儒 海樓父
四明 馮任 重夫父 較
同郡 成友謙 石生父
弟 大翊 雲健父
外孫 張映漢 倬赤父 重較
○天
河圖括地象。易有大極。是盈兩儀。兩儀未分。其氣

山堂肆考五集二百二十八卷補遺十二卷 （明）彭大翼撰
（明）張幼學編 明萬曆四十七年（1619）刻本

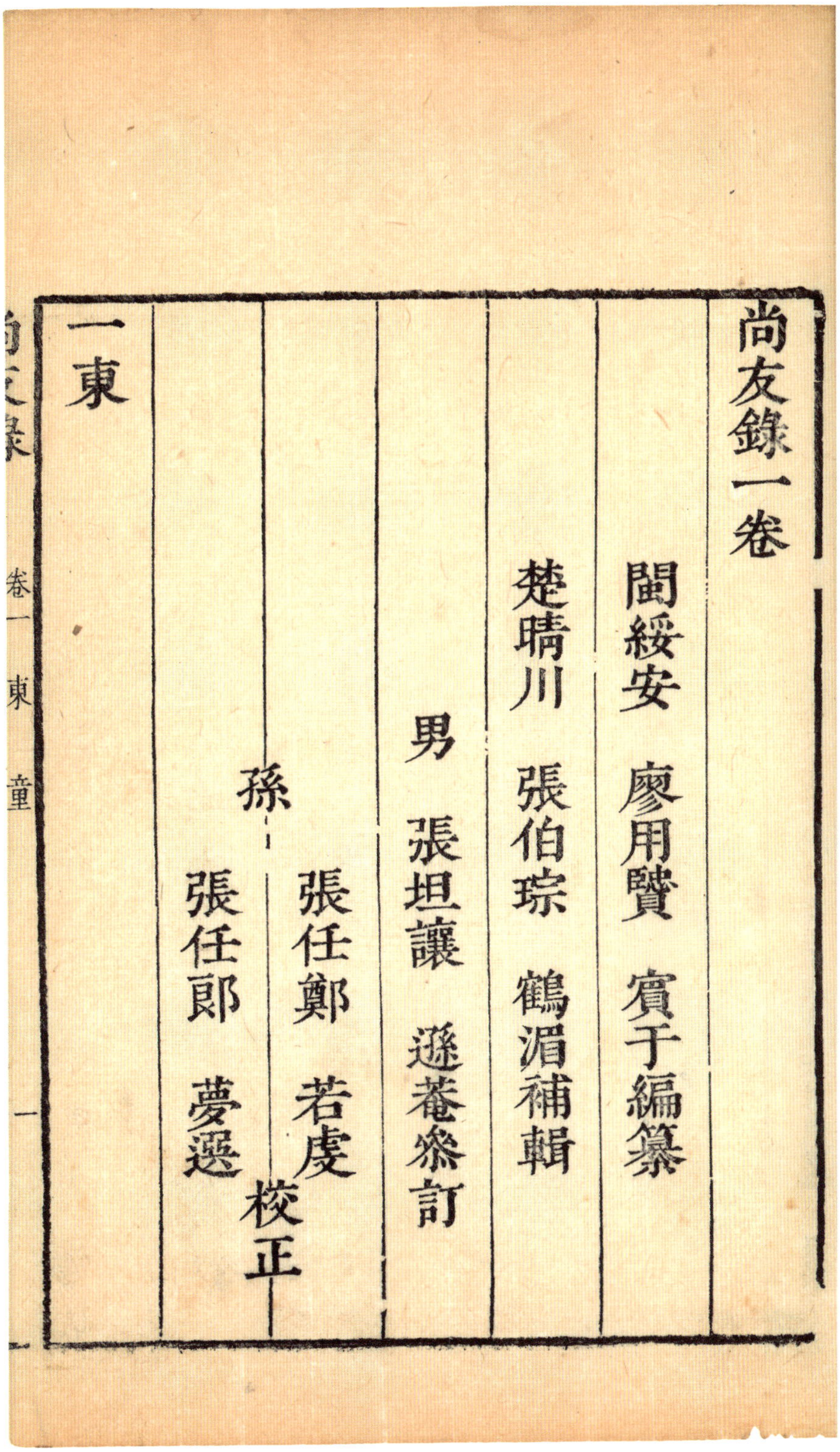
尚友錄一卷
閩綏安　廖用賢　賓于編纂
楚晴川　張伯琮　鶴湄補輯
男　張坦讓　遜菴參訂
孫　張任鄭　若虔
張任郎　夢遷　校正
一東

尚友錄　卷一　東　童　一

尚友錄二十二卷　（明）廖用賢編　（清）張伯琮補輯
清康熙五年（1666）古婺正業堂刻本

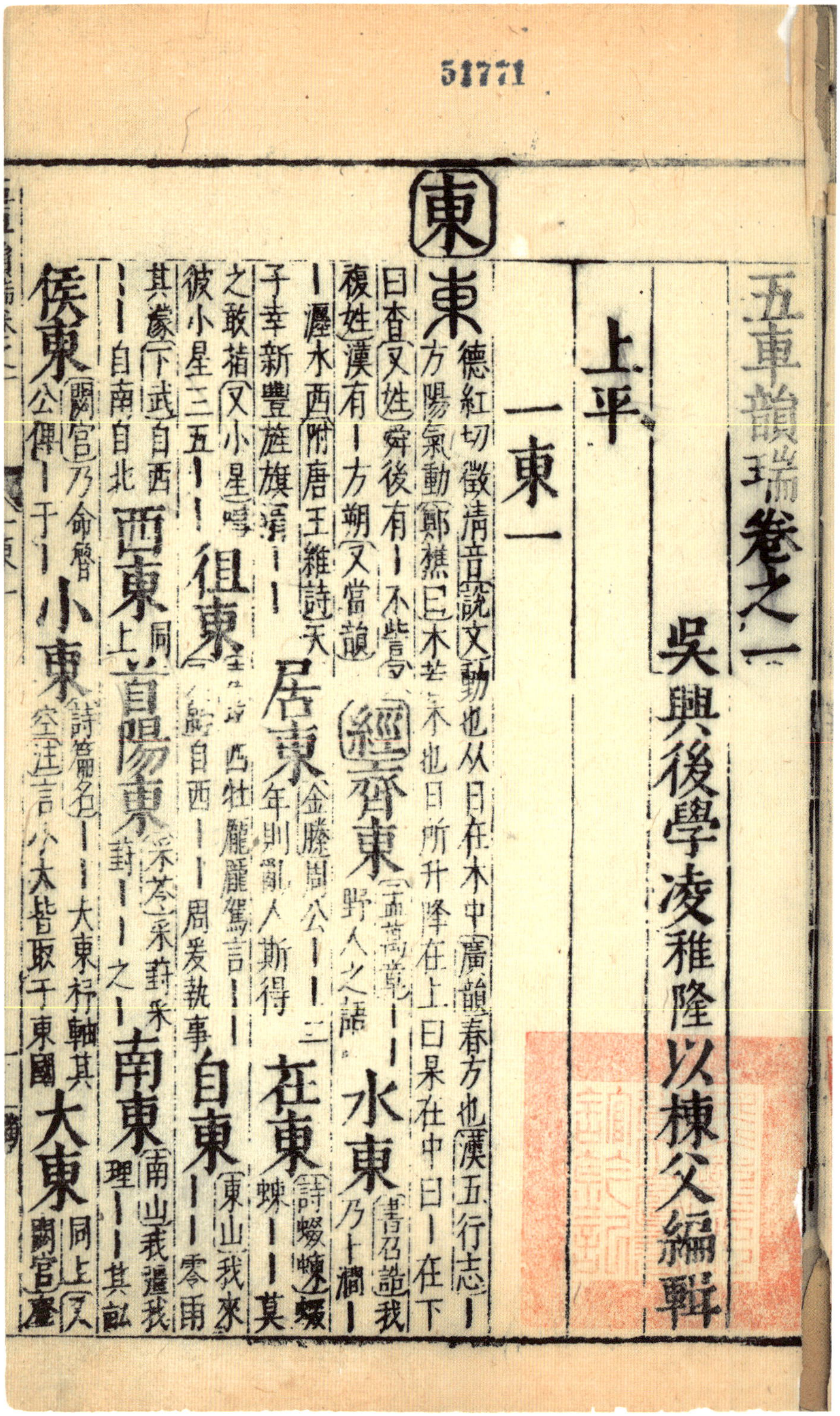
五車韻瑞卷之一
吳興後學凌稚隆以棟父編輯
上平
一東一
東

五車韻瑞一百六十卷附洪武正韻一卷　（明）凌稚隆編輯
明文茂堂刻本

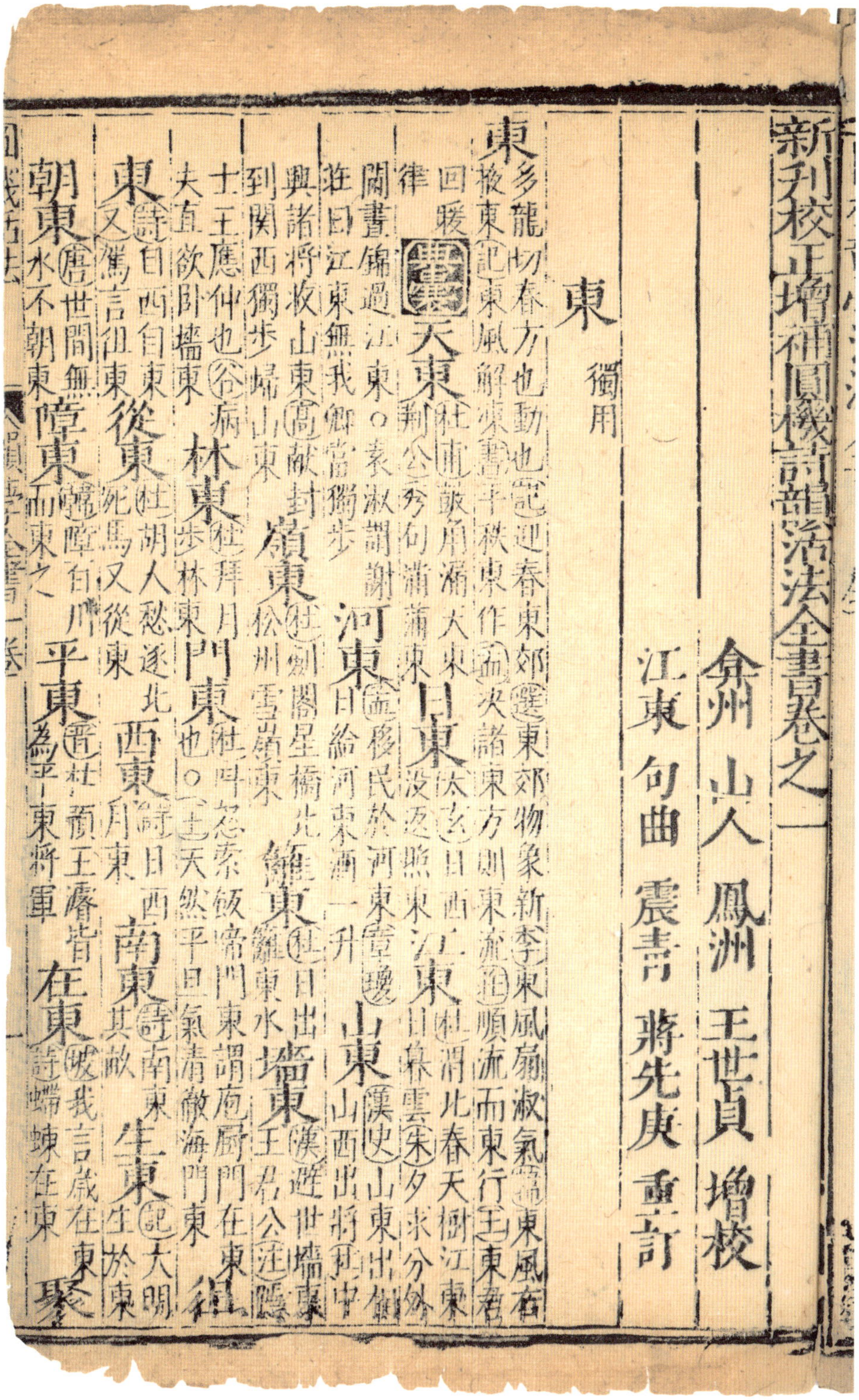

新刊校正增補圓機詩韻活法全書卷之一

弇州山人鳳洲王世貞增校

江東句曲震青蔣先庚重訂

東　獨用

新刊校正增補圓機詩韻活法全書十四卷　（明）王世貞增校　（明）蔣先庚重訂　明刻本

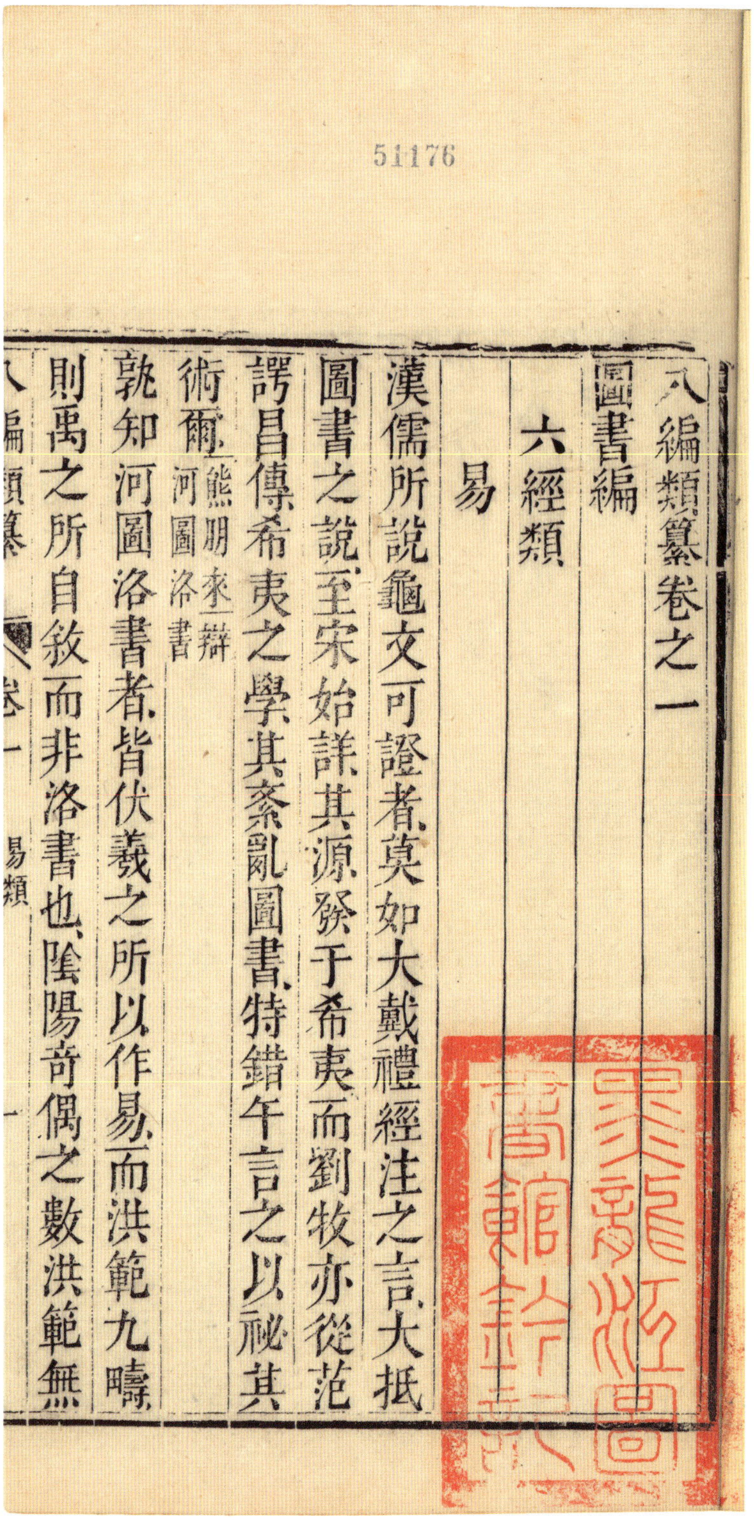

八編類纂卷之一

圖書編

六經類

易

漢儒所說龜文可證者莫如大戴禮經注之言大抵圖書之說至宋始詳其源發于希夷而劉牧亦從范諤昌傳希夷之學其紊亂圖書特錯午言之以祕其術爾 熊朋來辯河圖洛書

孰知河圖洛書者皆伏羲之所以作易而洪範九疇則禹之所自敘而非洛書也陰陽奇偶之數洪範無

八編類纂 卷一 易類 一

八編類纂二百八十五卷目录一卷六经圖六卷地類圖二卷

（明）陳仁錫撰評　明天啓六年（1626）三畏堂刻本

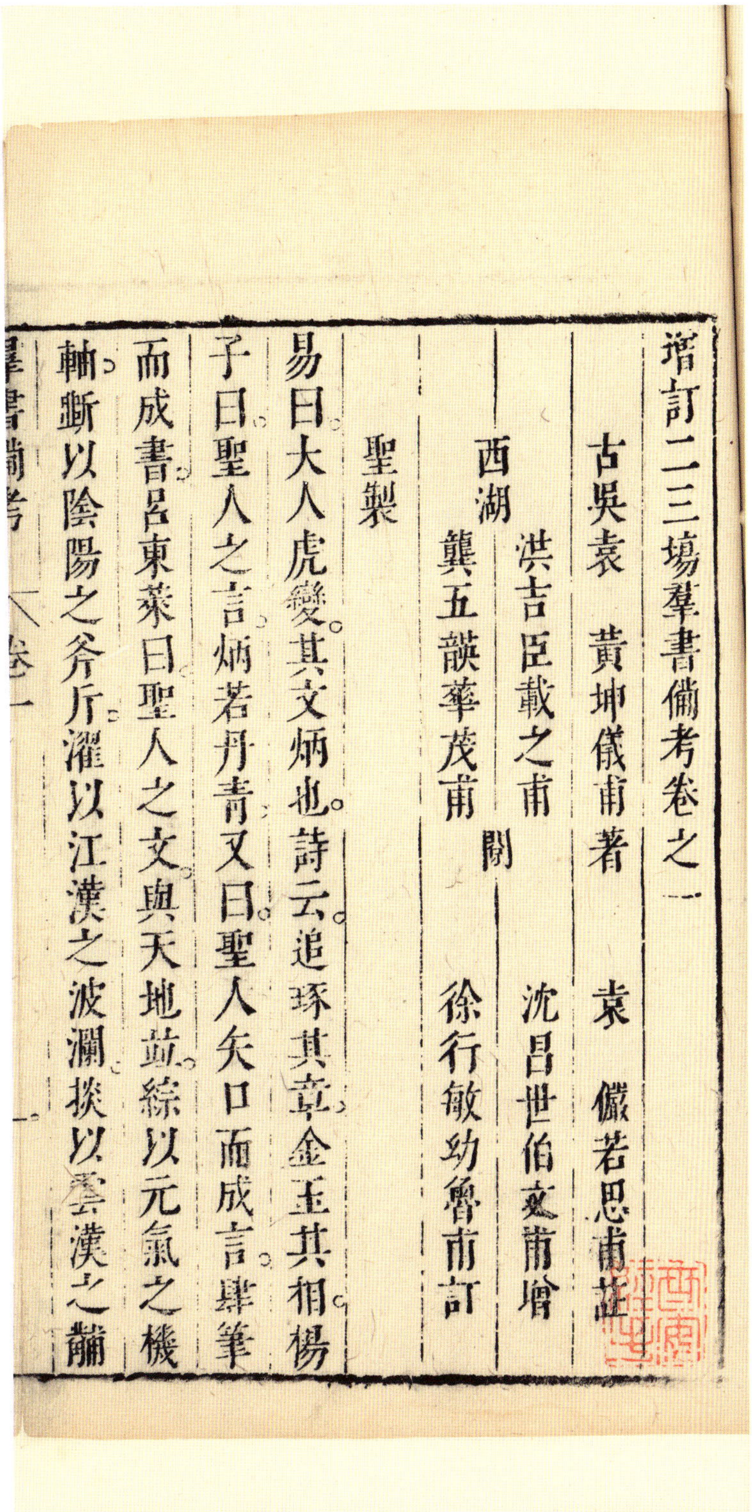

增訂二三場羣書備考四卷　（明）袁黄撰　（明）袁儼註

明崇禎十五年（1642）沈昌世致和堂刻本

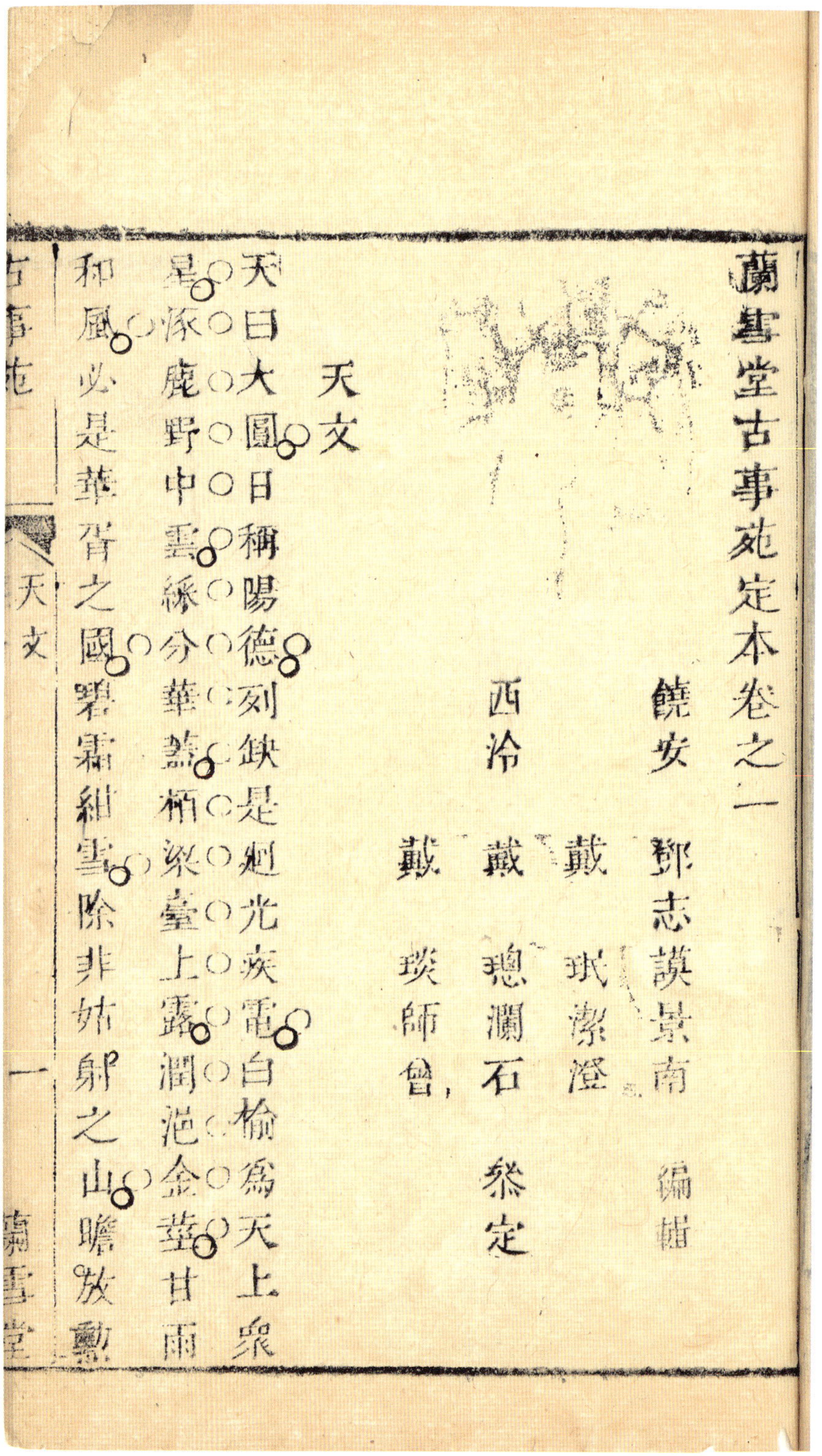
蘭雪堂古事苑定本卷之一
饒安　鄧志謨景南　編輯
戴珉潔澄
西泠　戴璁瀾石　叅定
戴琰師曾
天文
天曰大圜日稱陽德列缺是烜光疾電白榆爲天上衆
星冢鹿野中雲緣分華蓋栢梁臺上露潤浥金莖甘雨
和風必是華胥之國碧霄紺雲除非姑射之山瞻放勳
古事苑　天文　一　蘭雪堂

蘭雪堂古事苑定本十二卷　（清）鄧志謨編　清康熙二十五年（1686）蘭雪堂刻本

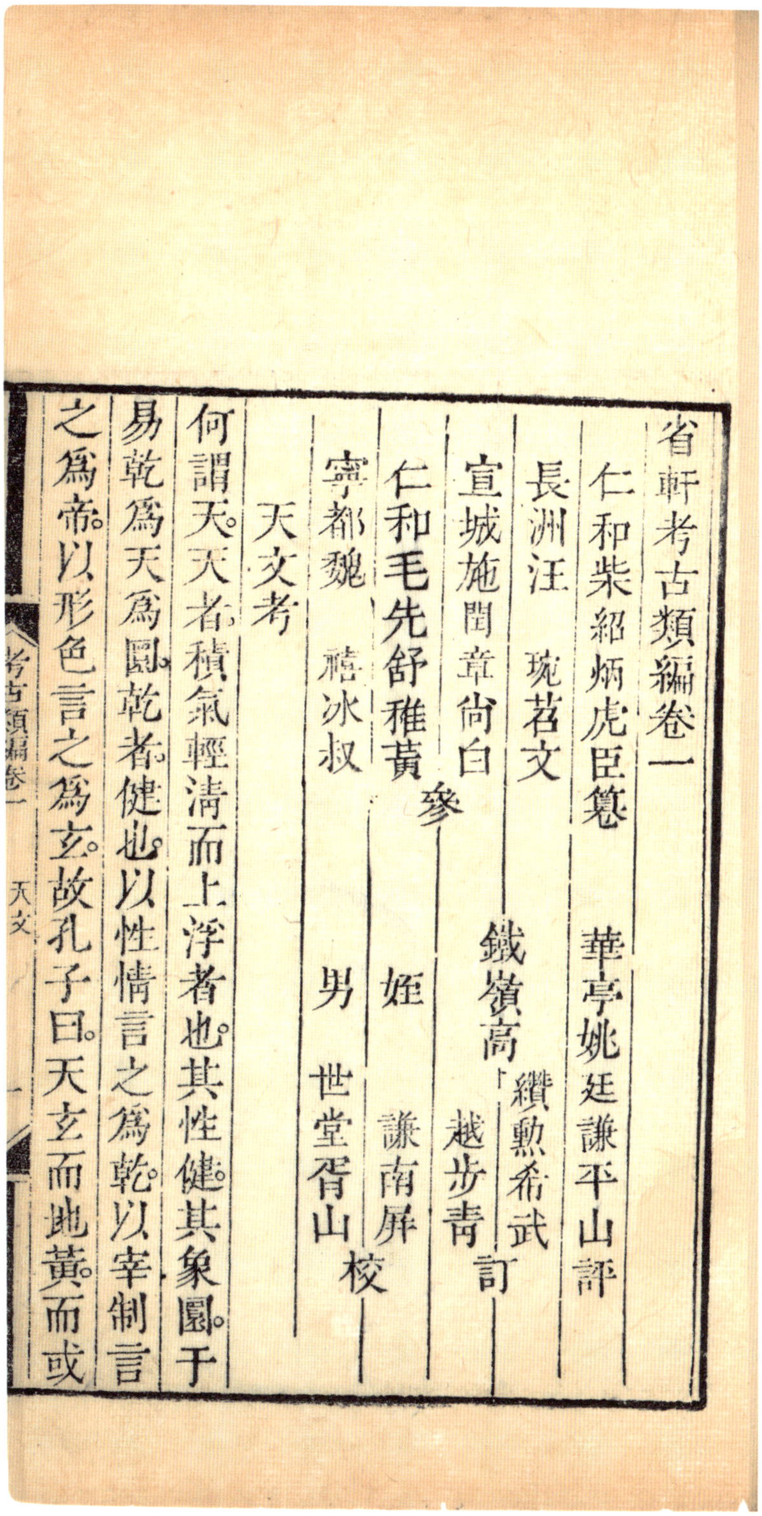
省軒考古類編卷一
仁和柴紹炳虎臣篹　華亭姚廷謙平山評
長洲汪　琬苕文
宣城施閏章尚白　參　鐵嶺高纘勲希武 越步青　訂
仁和毛先舒稚黃　姪　謙南屏
寧都魏　禧冰叔　男　世堂胥山　校
天文考
何謂天。天者積氣輕清而上浮者也。其性健。其象圜。于
易乾爲天爲圜。乾者健也。以性情言之爲乾。以宰制言
之爲帝。以形色言之爲玄。故孔子曰。天玄而地黃。而或
省軒考古類編卷一　天文　一

省軒考古類編十二卷　（清）柴紹炳撰　（清）姚廷謙評
清雍正二年（1724）刻本

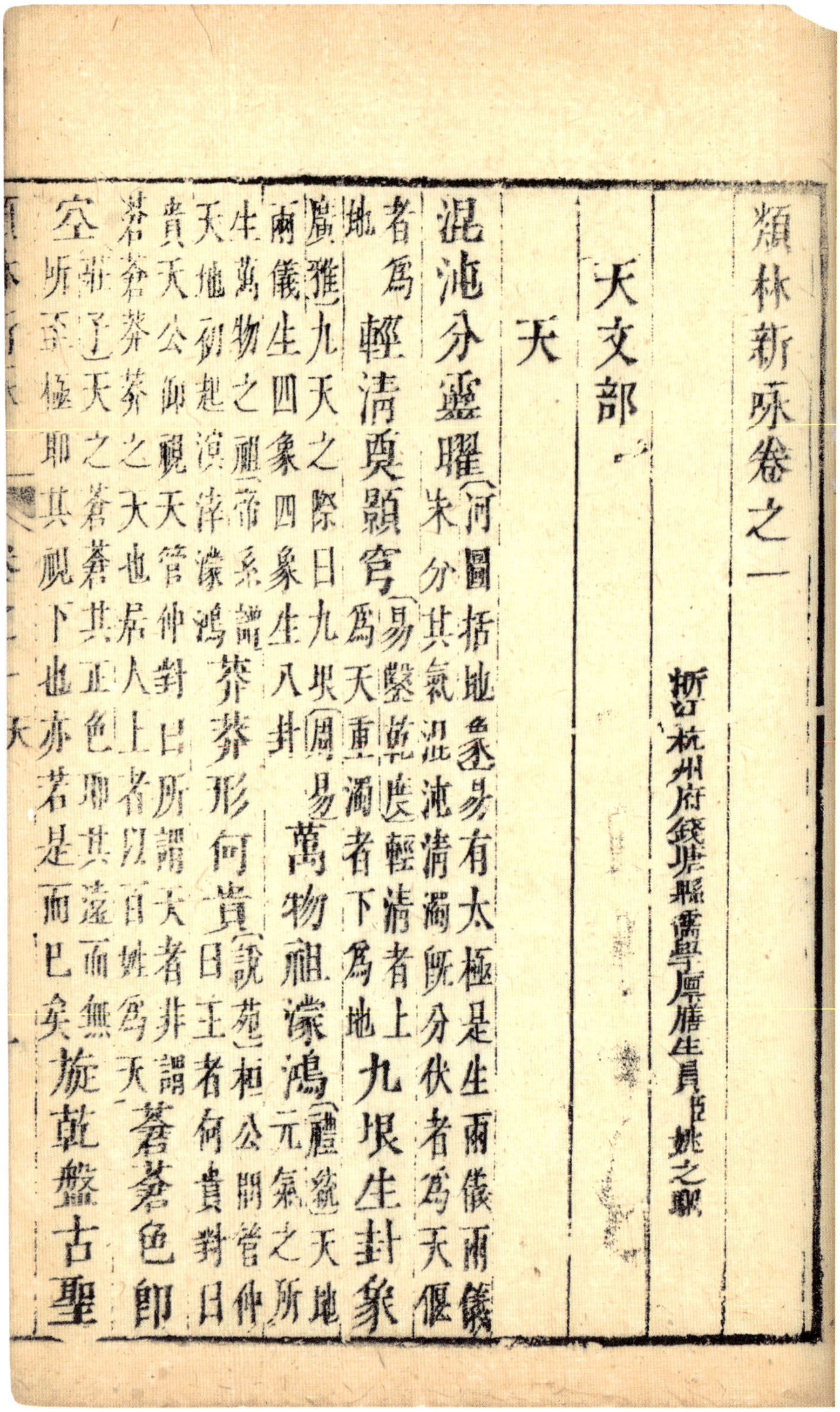
類林新咏卷之一

浙江杭州府錢塘縣儒學廩膳生員臣姚之駰

天文部一

天

混沌分靈曜（河圖括地象易有太極是生兩儀兩儀未分其氣混沌清濁既分伏者爲天偃者爲地）輕清奠顥穹（易乾鑿度輕清者上爲天重濁者下爲地）九垓生卦象（廣雅九天之際日九垓周易兩儀生四象四象生八卦）萬物祖濛鴻（禮統天地元氣之所生萬物之祖帝系譜天地初起溟涬濛鴻）莽莽形何貴（說苑桓公問管仲曰王者何貴對日貴天公仰觀天管仲對曰所謂天者非謂莽莽蒼蒼之天也君人上者以百姓爲天）蒼蒼色即（莊子天之蒼蒼其正色耶其遠而無所至極耶其視下也亦若是而已矣）旋乾盤古聖

類林新咏　卷之一　一　天

類林新咏三十六卷　（清）姚之駰撰　清康熙四十六年（1707）刻本

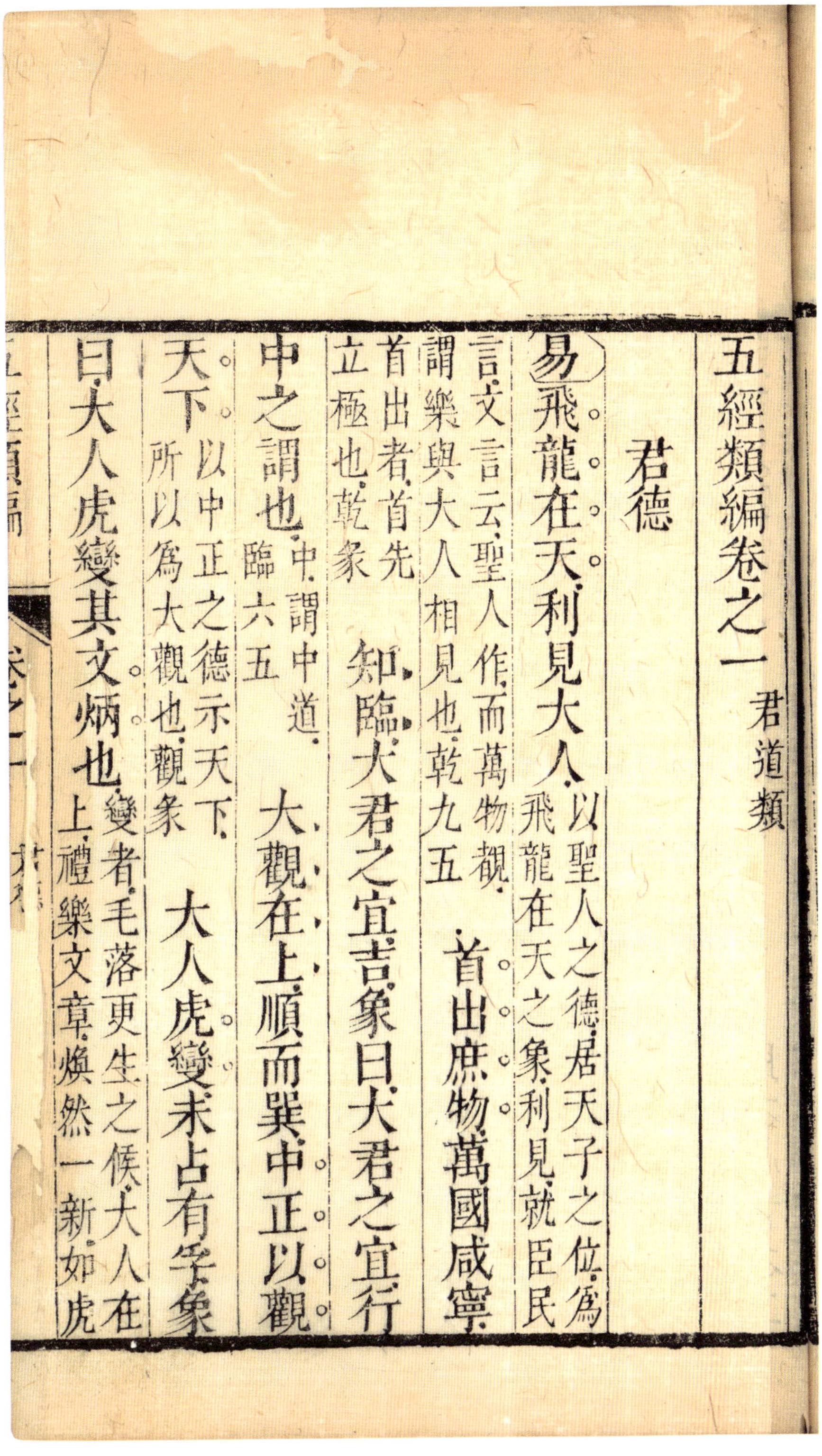

五經類編卷之一　君道類

君德

易飛龍在天利見大人以聖人之德居天子之位爲飛龍在天之象利見就臣民言文言云聖人作而萬物覩謂樂與大人相見也乾九五首出庶物萬國咸寧首出者首先立極也乾象知臨大君之宜吉象曰大君之宜行中之謂也中謂中道臨六五大觀在上順而巽中正以觀天下以中正之德示天下所以爲大觀也觀象大人虎變未占有孚象曰大人虎變其文炳也變者毛落更生之候大人在上禮樂文章煥然一新如虎

五經類編　卷之一

五經類編二十八卷　（清）周世樟編　清雍正刻本

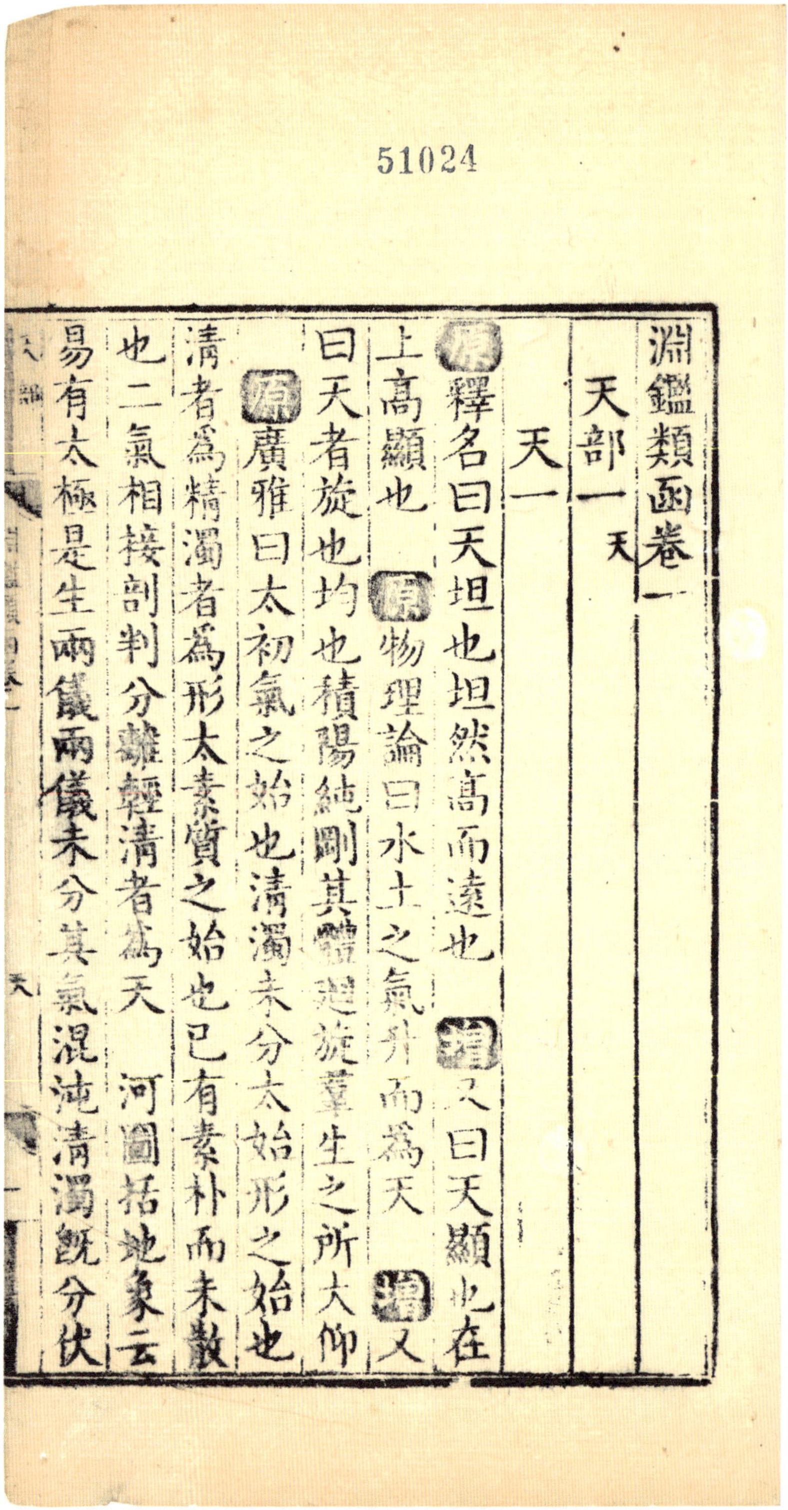

淵鑑類函卷一

天部一 天

天一

原 釋名曰天坦也坦然高而遠也 增 又曰天顯也在上高顯也 原 物理論曰水土之氣升而爲天 增 又曰天者旋也均也積陽純剛其體迴旋羣生之所大仰 原 廣雅曰太初氣之始也清濁未分太始形之始也清者爲精濁者爲形太素質之始也已有素朴而未散也二氣相接剖判分離輕清者爲天 河圖括地象云易有太極是生兩儀兩儀未分其氣混沌清濁既分伏

御定淵鑑類函四百五十卷目録四卷 （清）張英等撰　清康熙四十九年（1710）清吟堂刻本

集部

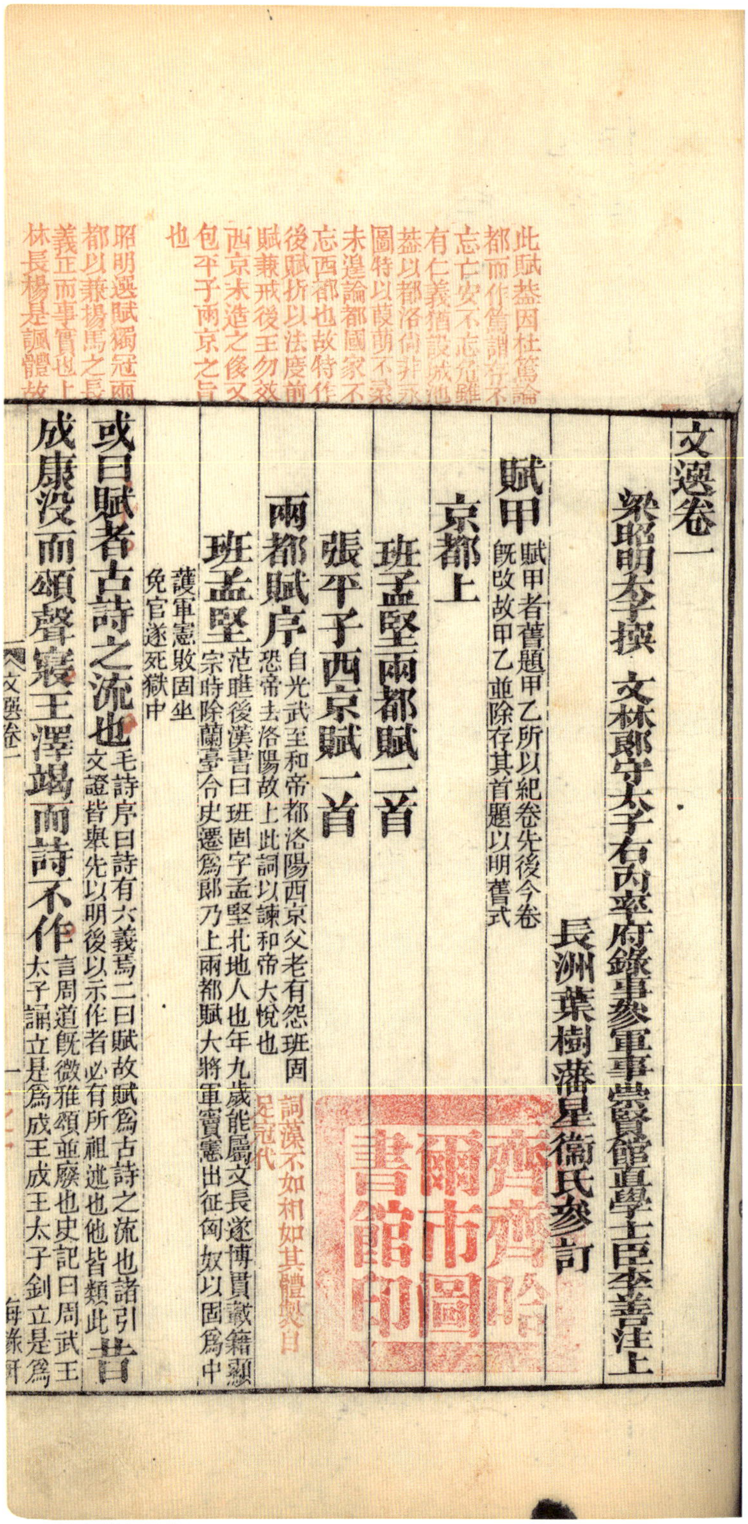
此賦蓋因杜篤論都而作篤謂客不忘亡安不忘危雖有仁義猶設城池蓋以都洛偷非永圖特以葭萌不柔未遑論都國家不忘西都也故特作後賦折以法度前賦兼戒後王勿效西京未造之後又包乎兩京之旨也
昭明選賦獨冠兩都以兼揚馬之長義正而事實也上林長楊是諷體故

文選卷一
梁昭明太子撰　文林郎守太子右內率府錄事參軍事崇賢館直學士臣李善注上
長洲葉樹藩星衞氏參訂
賦甲　賦甲者舊題甲乙所以紀卷先後今卷既改故甲乙並除存其首題以明舊式
京都上
班孟堅兩都賦二首
張平子西京賦一首
兩都賦序　自光武至和帝都洛陽西京父老有怨班固恐帝去洛陽故上此詞以諫和帝大悅也
班孟堅　范曄後漢書曰班固字孟堅北地人也年九歲能屬文長遂博貫載籍顯宗時除蘭臺令史遷爲郎乃上兩都賦大將軍竇憲出征匈奴以固爲中護軍憲敗固坐免官遂死獄中
詞藻不如相如其體與日足冠代
或曰賦者古詩之流也　毛詩序曰詩有六義焉二曰賦故賦爲古詩之流也諸引文證皆舉先以明後以示作者必有所祖述也他皆類此　昔
成康沒而頌聲寢王澤竭而詩不作　言周道既微雅頌並廢也史記曰周武王太子誦立是爲成王成王太子釗立是爲
文選卷一　一　海錄軒

文選六十卷　（南朝梁）蕭統編　（唐）李善注　（清）何義門評點　清乾隆三十七年（1772）海録軒刻朱墨套印本

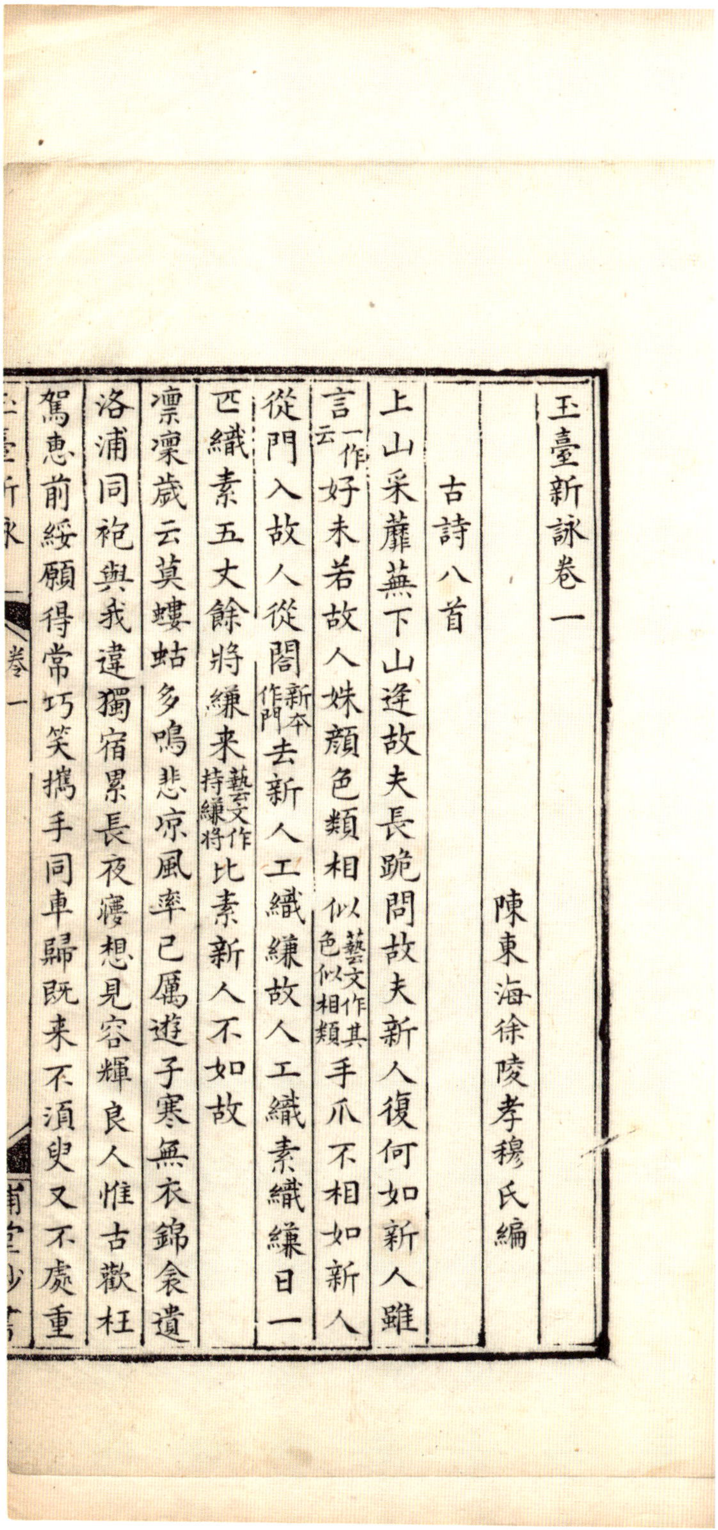
玉臺新詠卷一

陳東海徐陵孝穆氏編

古詩八首

上山采蘼蕪下山逢故夫長跪問故夫新人復何如新人雖言一作云好未若故人姝顏色類相似藝文作其色似相類手爪不相如新人從門入故人從閤新本作門去新人工織縑故人工織素織縑日一匹織素五丈餘將縑來藝文作持縑將比素新人不如故

凜凜歲云莫螻蛄多鳴悲凉風率已厲遊子寒無衣錦衾遺洛浦同袍與我違獨宿累長夜夢想見容輝良人惟古歡枉駕惠前綏願得常巧笑攜手同車歸既來不須臾又不處重

玉臺新詠十卷　（南朝陳）徐陵編　清乾隆抄本

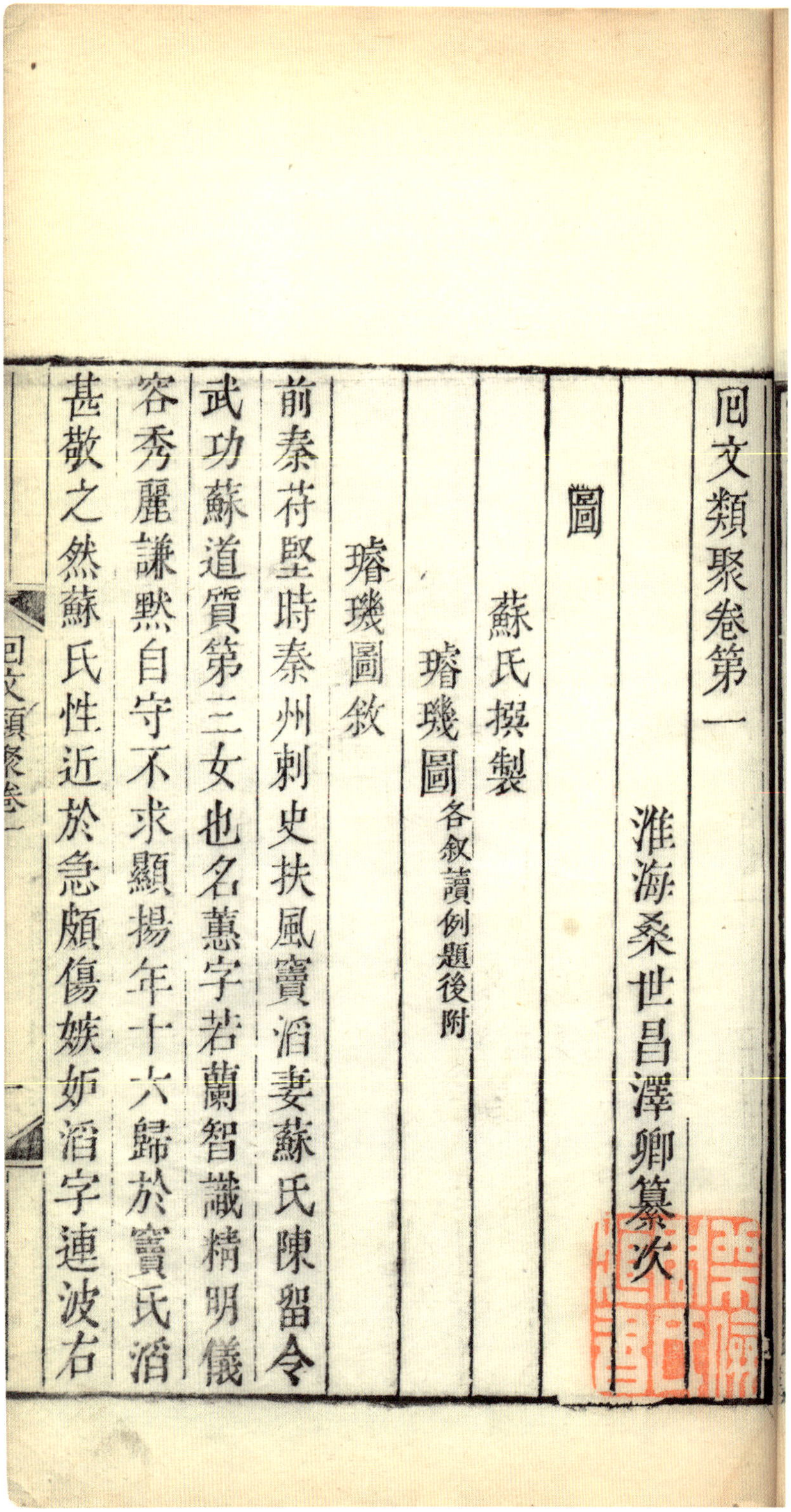
回文類聚卷第一
淮海桑世昌澤卿纂次
圖
蘇氏撰製
璿璣圖各敘讀例題後附
璿璣圖敘
前秦苻堅時秦州刺史扶風竇滔妻蘇氏陳留令
武功蘇道質第三女也名蕙字若蘭智識精明儀
容秀麗謙默自守不求顯揚年十六歸於竇氏滔
甚敬之然蘇氏性近於急頗傷嫉妒滔字連波右
回文類聚卷一　一

回文類聚四卷　（宋）桑世昌編　**續編十卷織錦回文圖一卷**　（清）朱象賢編　清康熙朱氏裕文堂刻本

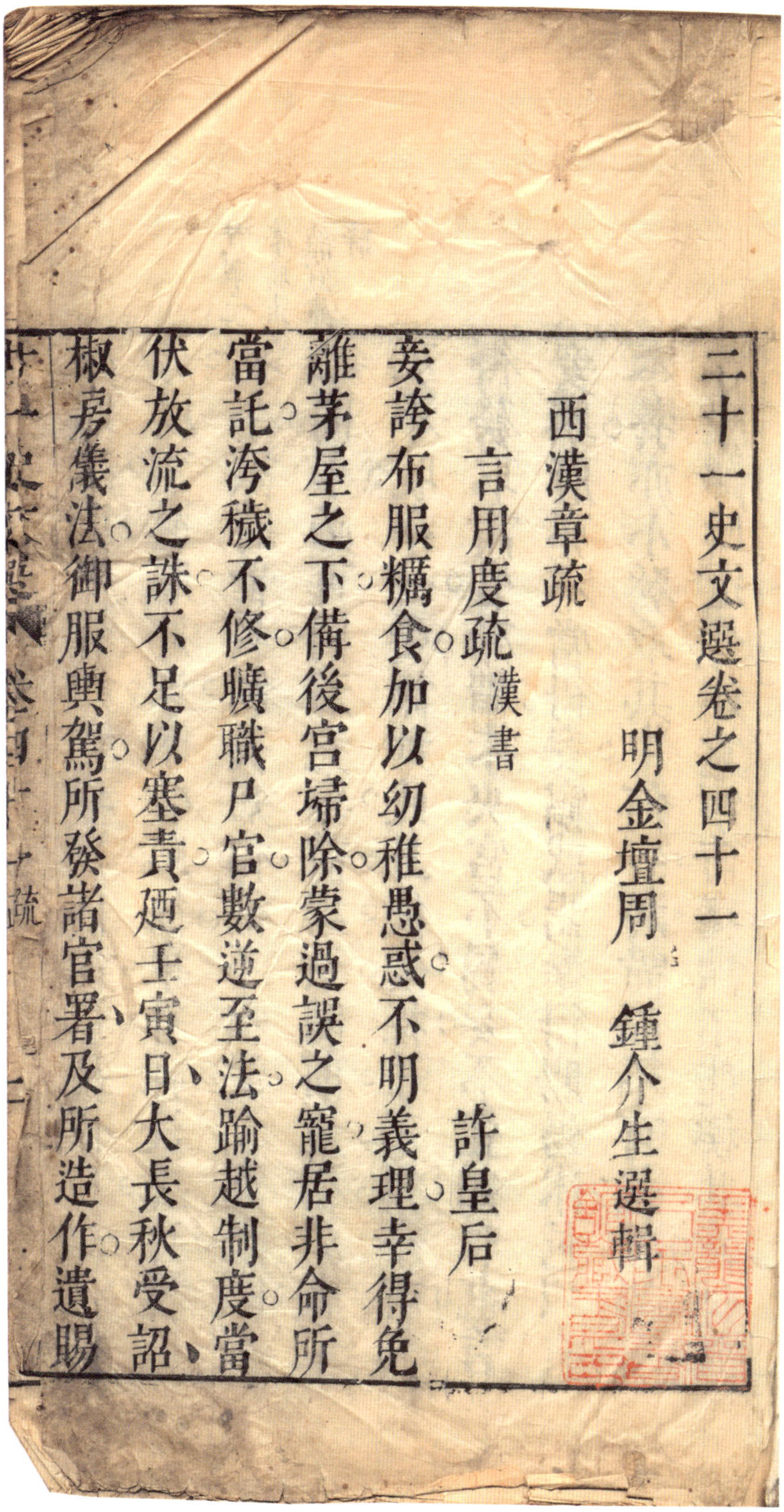

二十一史文選卷之四十一

明金壇周　鍾介生選輯

西漢章疏

言用度疏漢書　　許皇后

妾誇布服糲食加以幼稚愚惑不明義理幸得免離茅屋之下備後宮埽除蒙過誤之寵居非命所當託洿穢不修曠職尸官數逭至法踰越制度當伏放流之誅不足以塞責廼壬寅日大長秋受詔椒房儀法御服輿駕所發諸官署及所造作遺賜

二十一史文選一百卷　（明）周鍾選輯　明天啓刻本

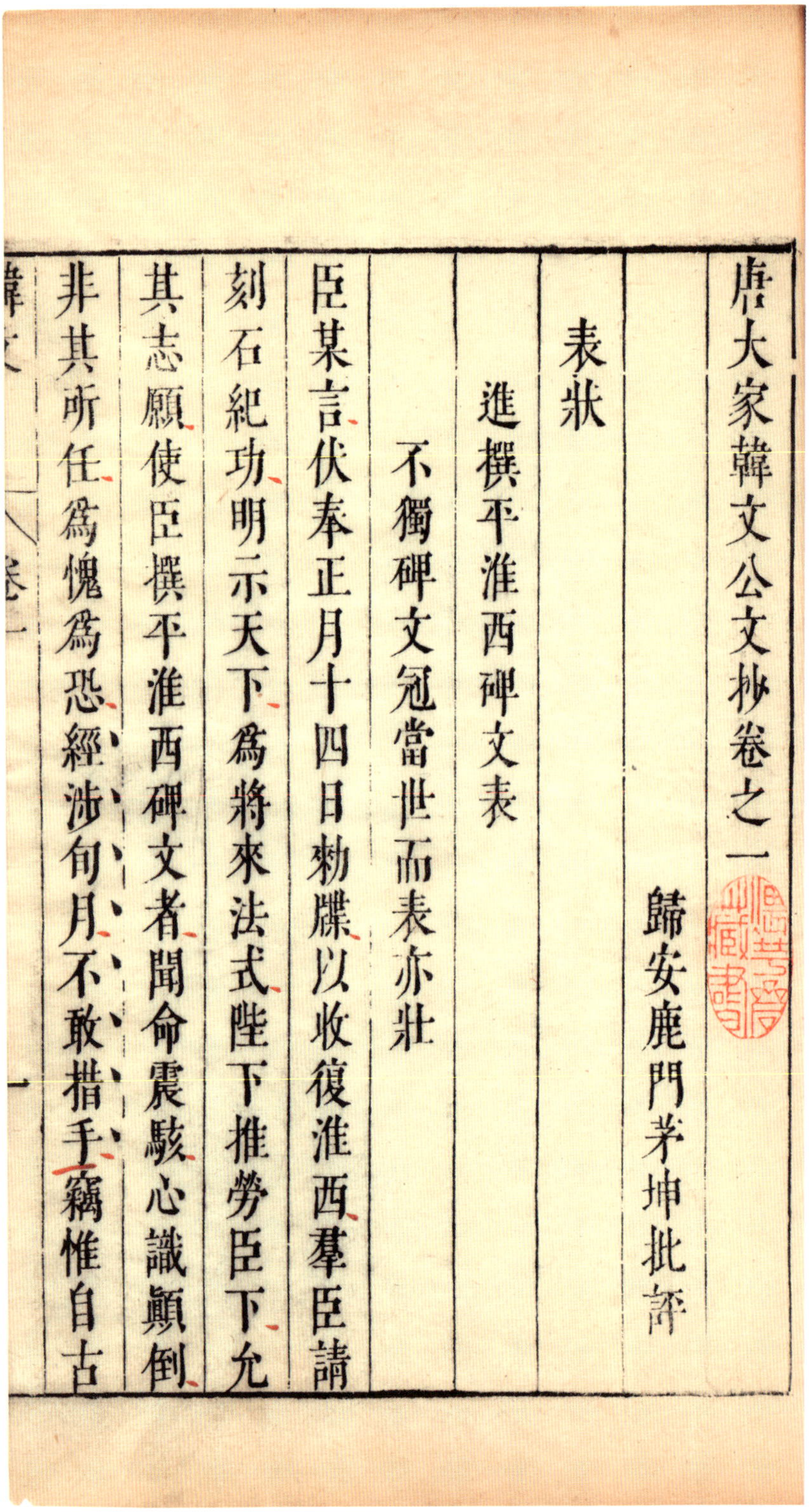

唐大家韓文公文抄卷之一

歸安鹿門茅坤批評

表狀

進撰平淮西碑文表

不獨碑文冠當世而表亦壯

臣某言伏奉正月十四日勑牒以收復淮西羣臣請刻石紀功明示天下爲將來法式陛下推勞臣下允其志願使臣撰平淮西碑文者聞命震駭心識顛倒非其所任爲愧爲恐經涉旬月不敢措手竊惟自古

韓文　卷一　一

唐宋八大家文抄八種　（明）茅坤輯　明崇禎元年（1628）刻本

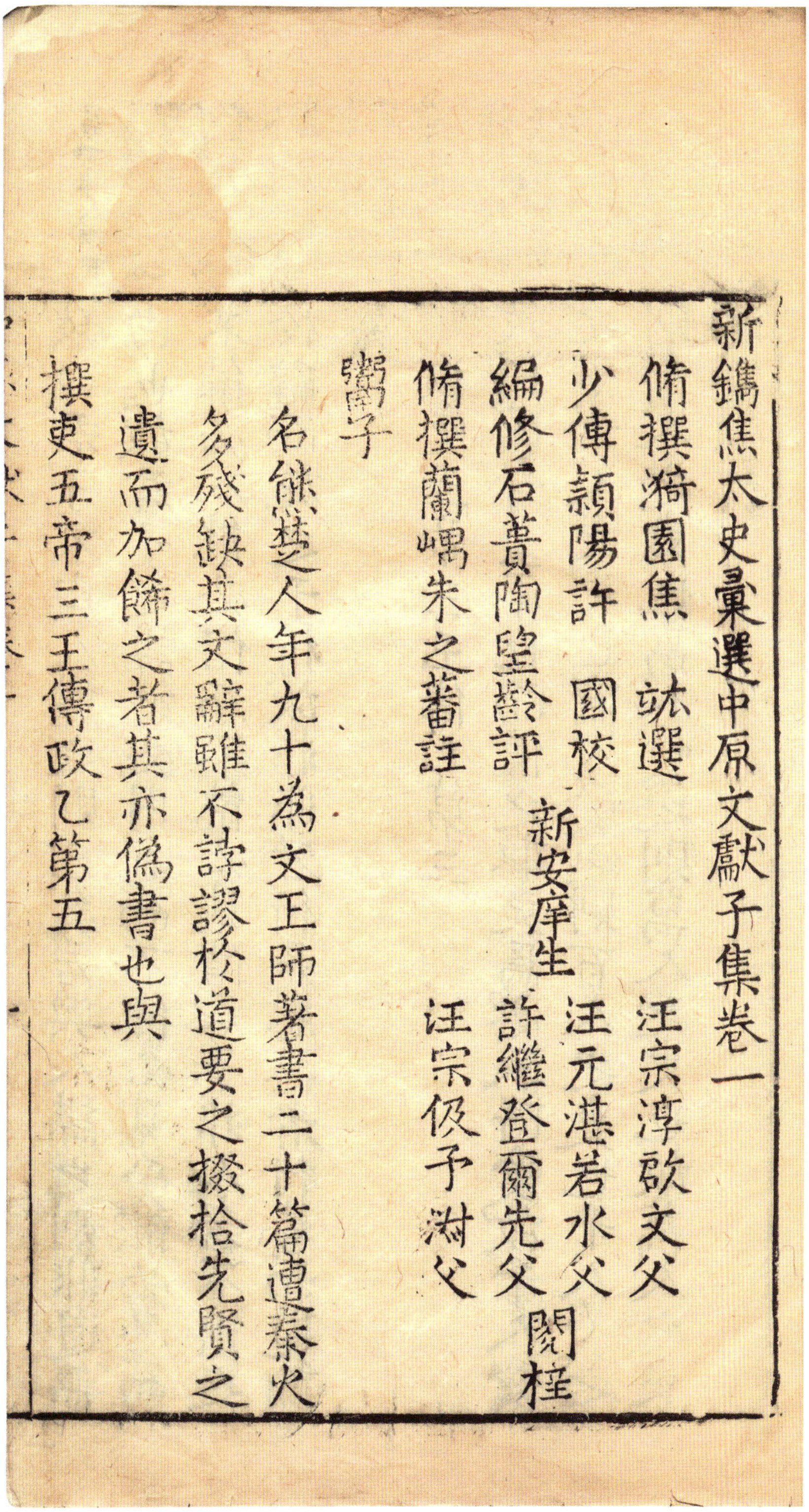

新鐫焦太史彙選中原文獻子集卷一

脩撰漪園焦　竑選　汪宗淳歆文父

少傅頴陽許　國校　汪元湛若水父

編修石簣陶望齡評　新安庠生　許繼登爾先父　閲梓

脩撰蘭嵎朱之蕃註　汪宗伋予淵父

鬻子

名熊楚之人年九十為文王師著書二十篇遭秦火多殘缺其文辭雖不誖謬於道要之掇拾先賢之遺而加飾之者其亦僞書也與

撰吏五帝三王傳政乙第五

新鐫焦太史彙選中原文獻二十四卷　（明）焦竑選　明萬曆新安汪宗淳刻本

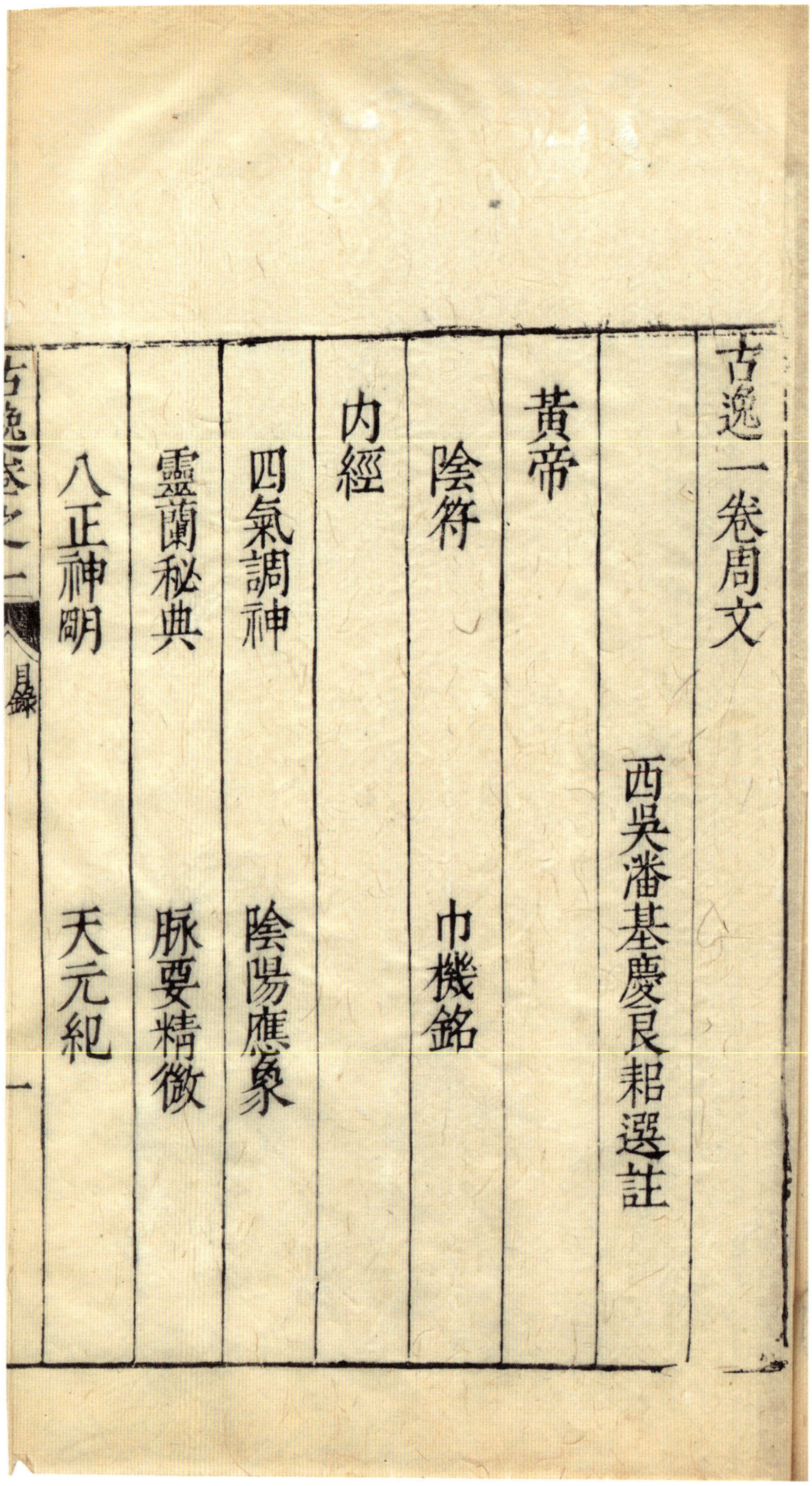
古逸一卷周文　西吳潘基慶艮邦選註
黃帝
陰符　巾機銘
內經
四氣調神　陰陽應象
靈蘭秘典　脉要精微
八正神明　天元紀
古逸卷之一　目錄　一

古逸三十卷首一卷後一卷　（明）潘基慶選註　明萬曆四十年（1612）刻本

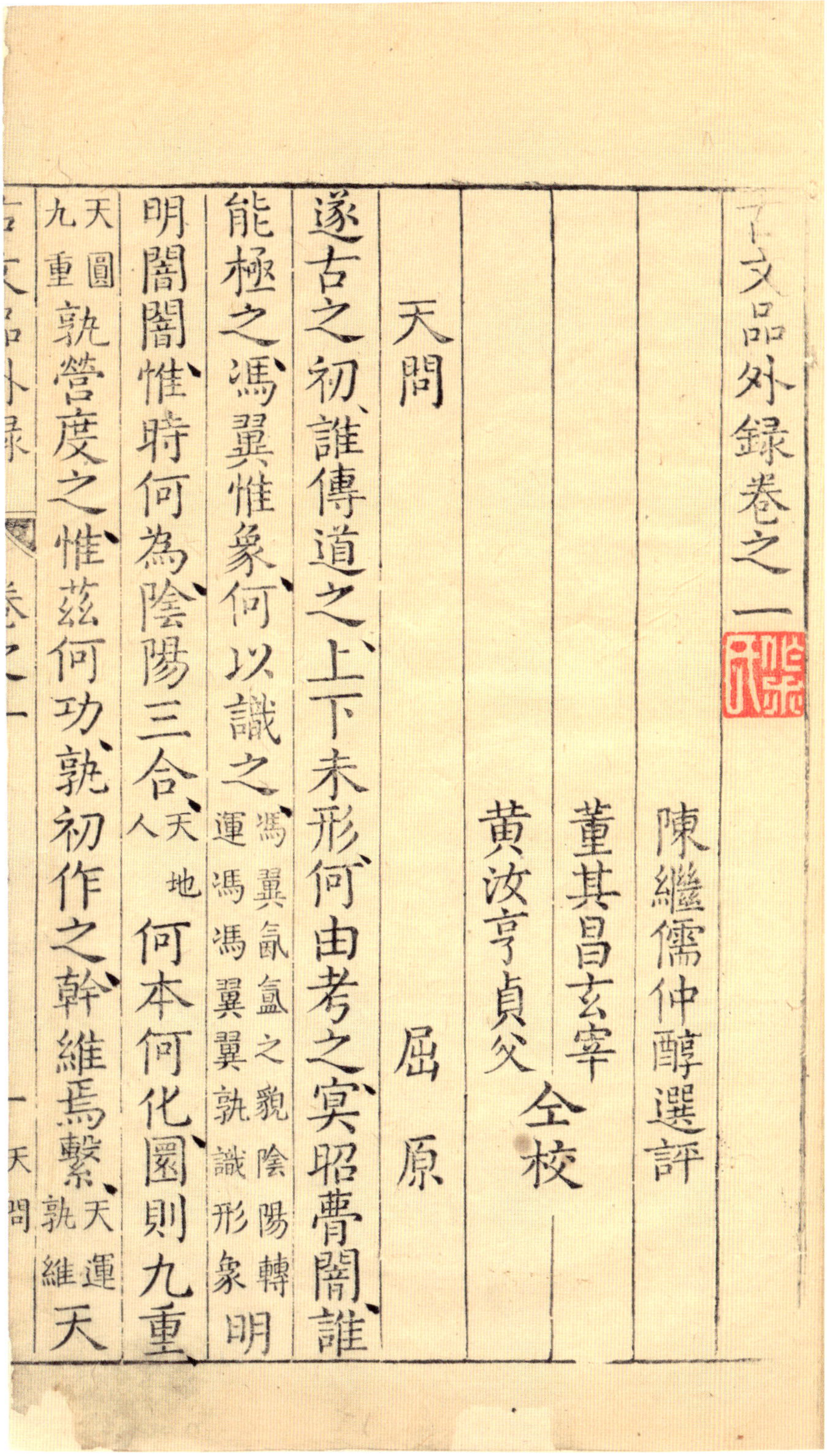

古文品外録二十四卷　（明）陳繼儒選評　明萬曆刻本

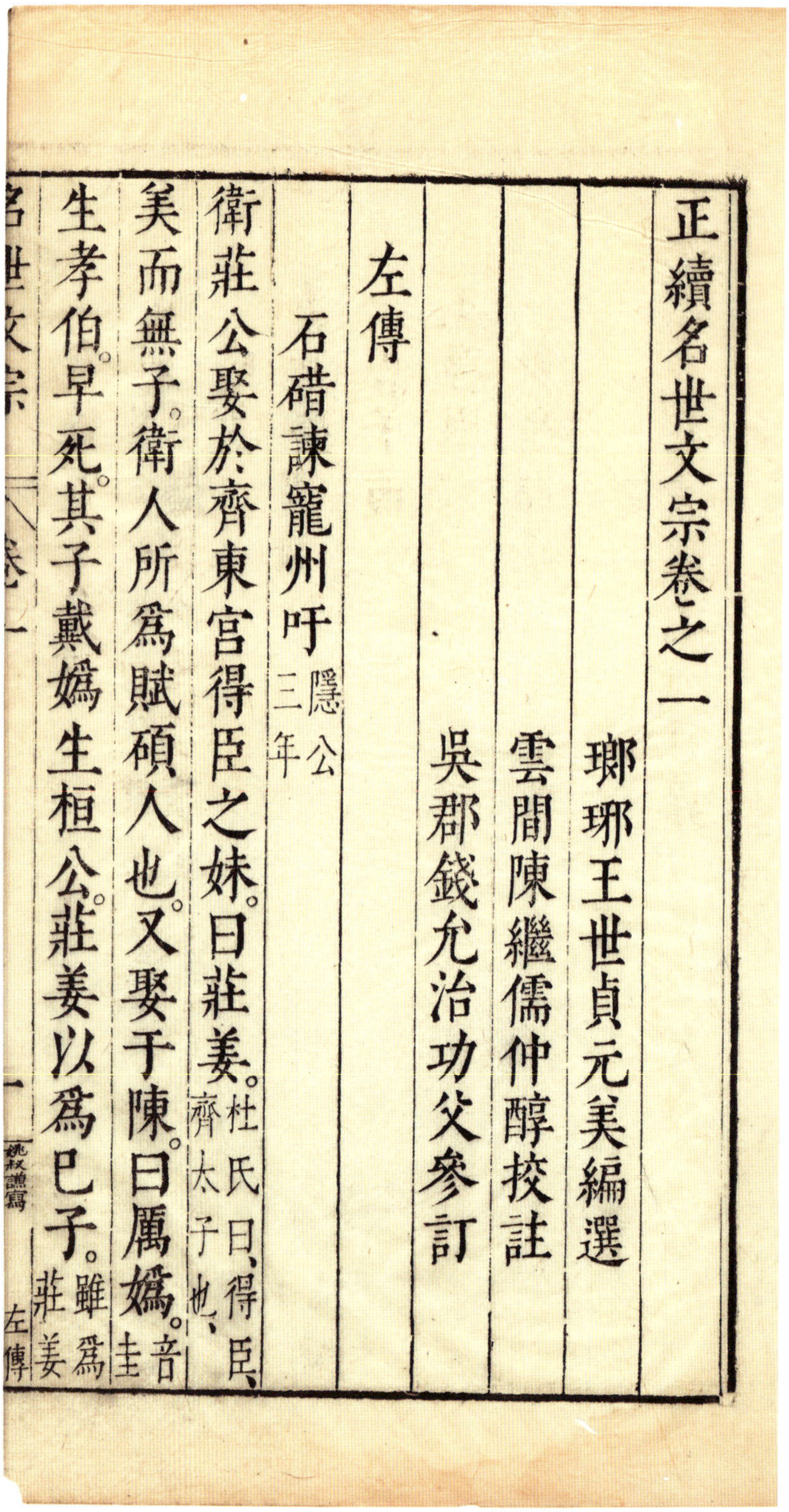

正續名世文宗卷之一

瑯琊王世貞元美編選
雲間陳繼儒仲醇校註
吳郡錢允治功父參訂

左傳

石碏諫寵州吁 隱公三年

衛莊公娶於齊東宮得臣之妹。曰莊姜。杜氏曰，得臣，齊太子也。美而無子。衛人所爲賦碩人也。又娶于陳。曰厲嬀。音圭生孝伯。早死。其子戴嬀生桓公。莊姜以爲巳子。雖爲莊姜

名世文宗　卷之一　一　姚叔謙寫　左傳

正續名世文宗十六卷　（明）王世貞編選　（明）陳繼儒校註　明萬曆四十五年（1617）翁少麓刻本

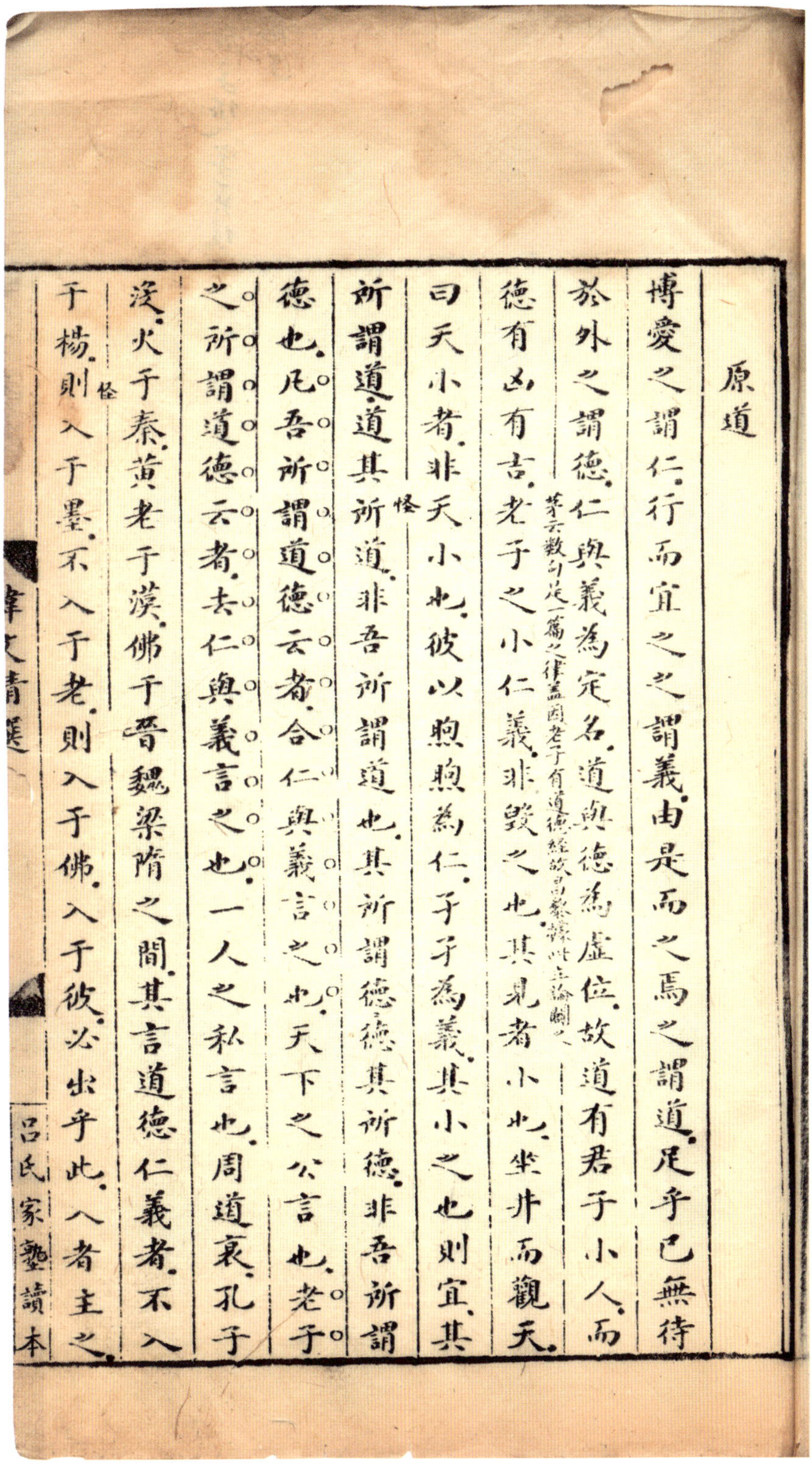

晚邨精選八大家古文八卷　（清）呂留良選　清康熙四十三年（1704）呂葆中刻本

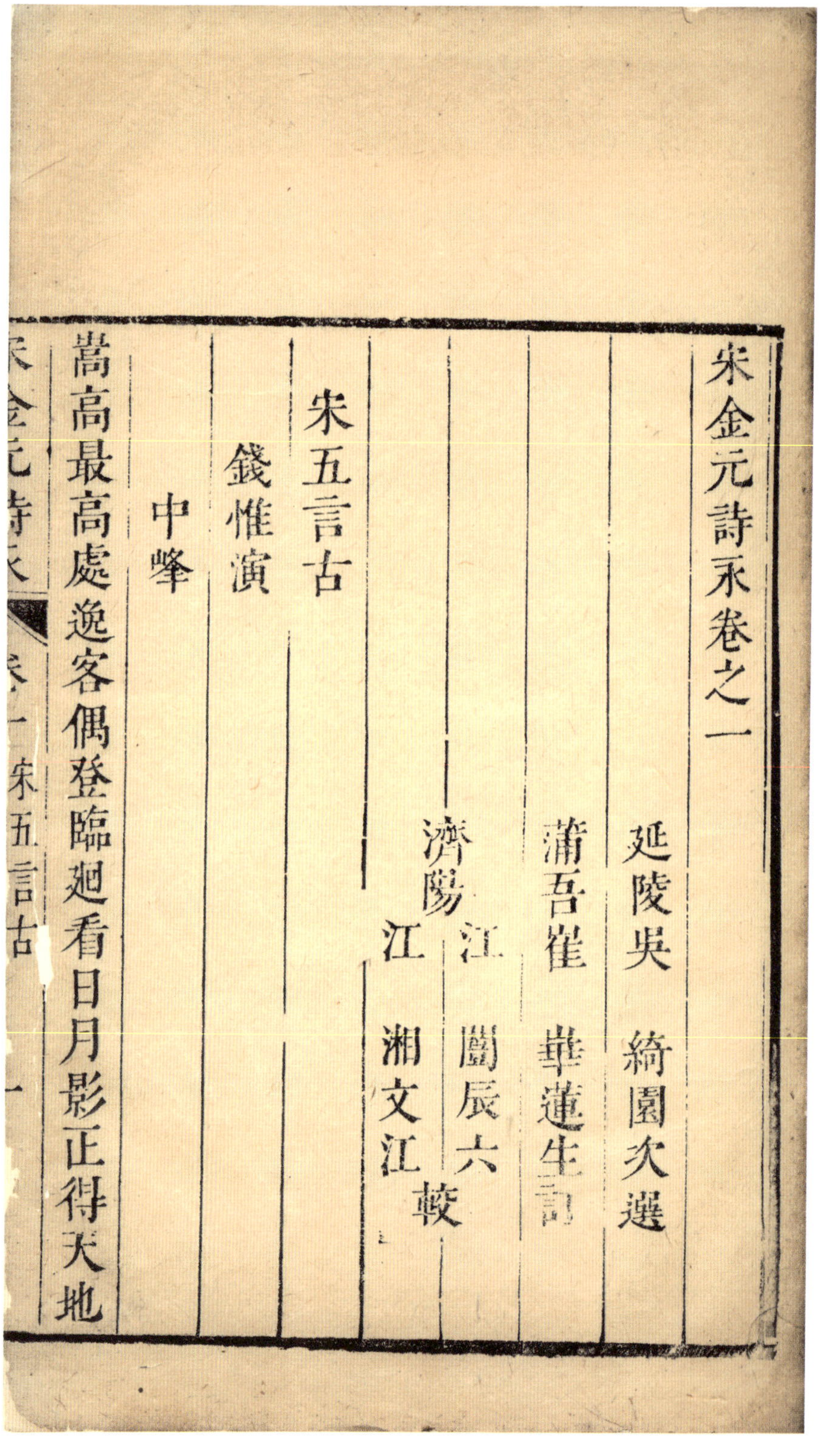
宋金元詩永卷之一

延陵吳　綺園次選

蒲吾崔　華蓮生訂

濟陽江　闓辰六

江　湘文江　較

宋五言古

錢惟演

中峰

嵩高最高處逸客偶登臨廻看日月影正得天地

宋金元詩永　卷一　宋五言古　一

宋金元詩永二十卷　（清）吴綺選　清康熙十七年（1678）思永堂刻本

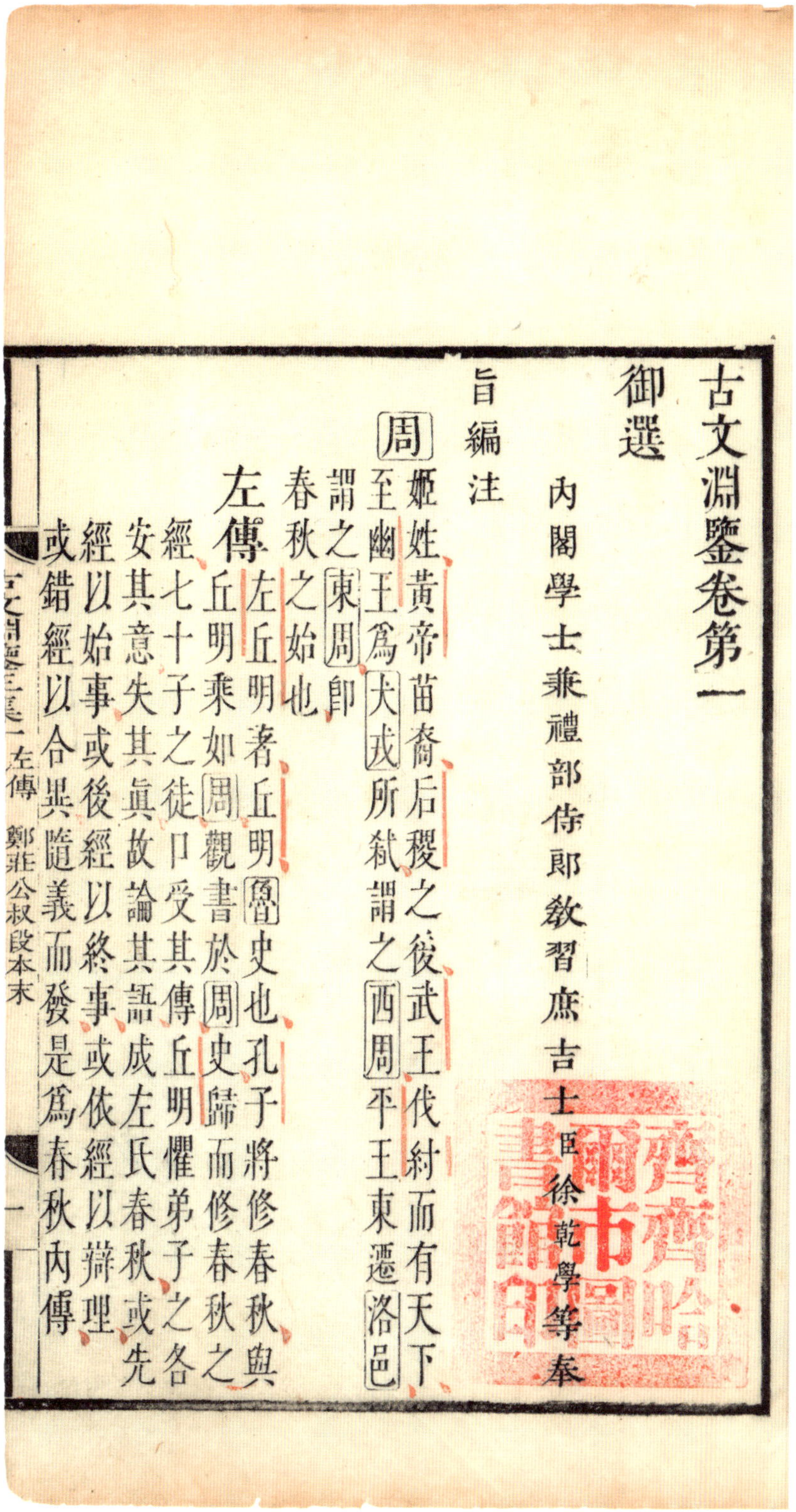
古文淵鑒卷第一
御選
內閣學士兼禮部侍郎教習庶吉士臣徐乾學等奉
旨編注
周姬姓黄帝苗裔后稷之後武王伐紂而有天下
至幽王爲犬戎所弑謂之西周平王東遷洛邑
謂之東周卽
春秋之始也
左傳左丘明著丘明魯史也孔子將修春秋與
丘明乘如周觀書於周史歸而修春秋之
經七十子之徒口受其傳丘明懼弟子之各
安其意失其眞故論其語成左氏春秋或先
經以始事或後經以終事或依經以辯理
或錯經以合異隨義而發是爲春秋內傳
古文淵鑒卷一 左傳 鄭莊公叔段本末 一

古文淵鑒六十四卷 （清）聖祖玄燁選 （清）徐乾學等編注 清康熙二十四年（1685）內府刻五色套印本

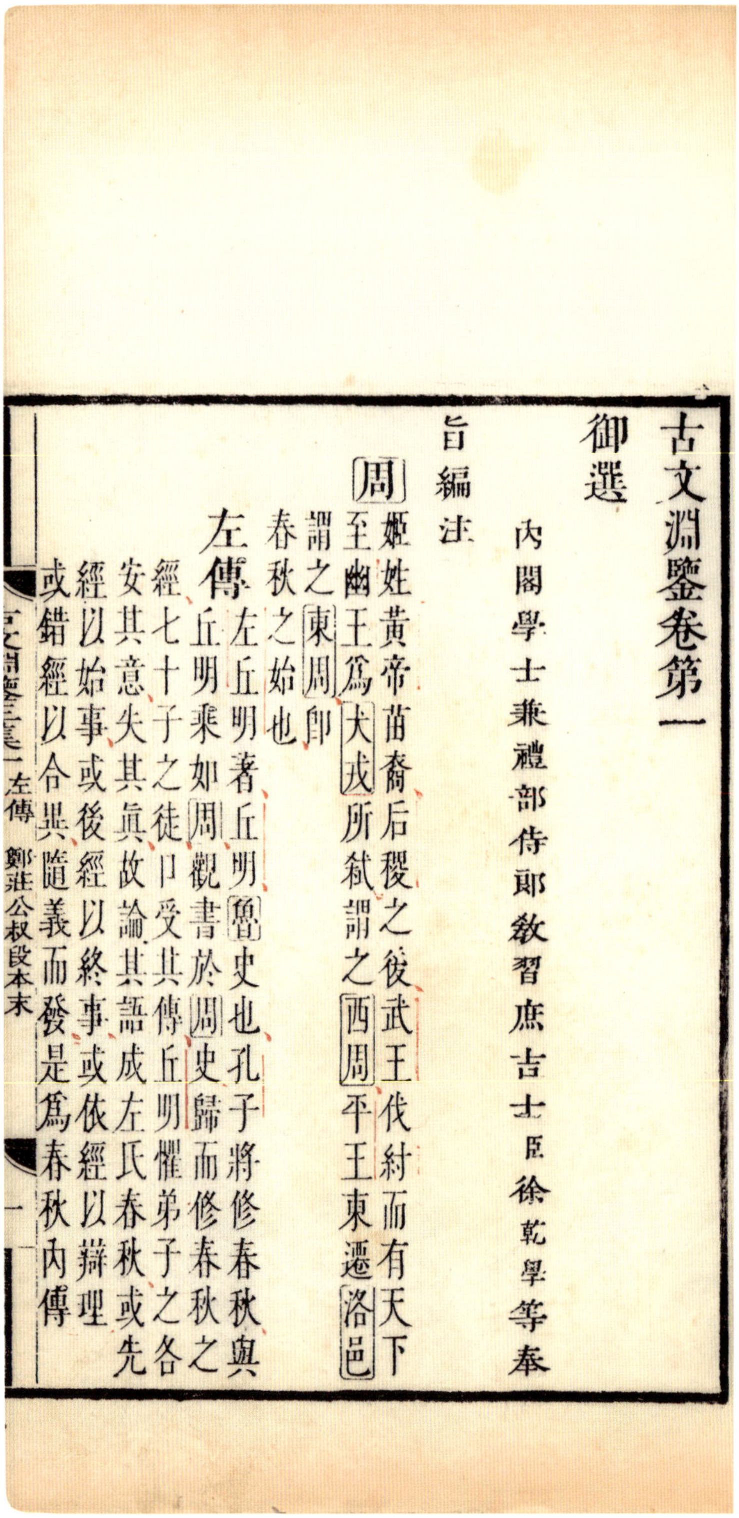

古文淵鑒卷第一

御選

內閣學士兼禮部侍郎教習庶吉士臣徐乾學等奉

旨編注

周姬姓黃帝苗裔后稷之後武王伐紂而有天下至幽王爲犬戎所弒謂之西周平王東遷洛邑謂之東周即春秋之始也

左傳 左丘明著丘明魯史也孔子將修春秋與丘明乘如周觀書於周史歸而修春秋之經七十子之徒口受其傳丘明懼弟子之各安其意失其真故論其語成左氏春秋或先經以始事或後經以終事或依經以辯理或錯經以合異隨義而發是爲春秋內傳

古文淵鑒卷一 左傳 鄭莊公叔段本末 一

古文淵鑒六十四卷 （清）聖祖玄燁選 （清）徐乾學等編注 清康熙二十四年（1685）內府刻五色套印本

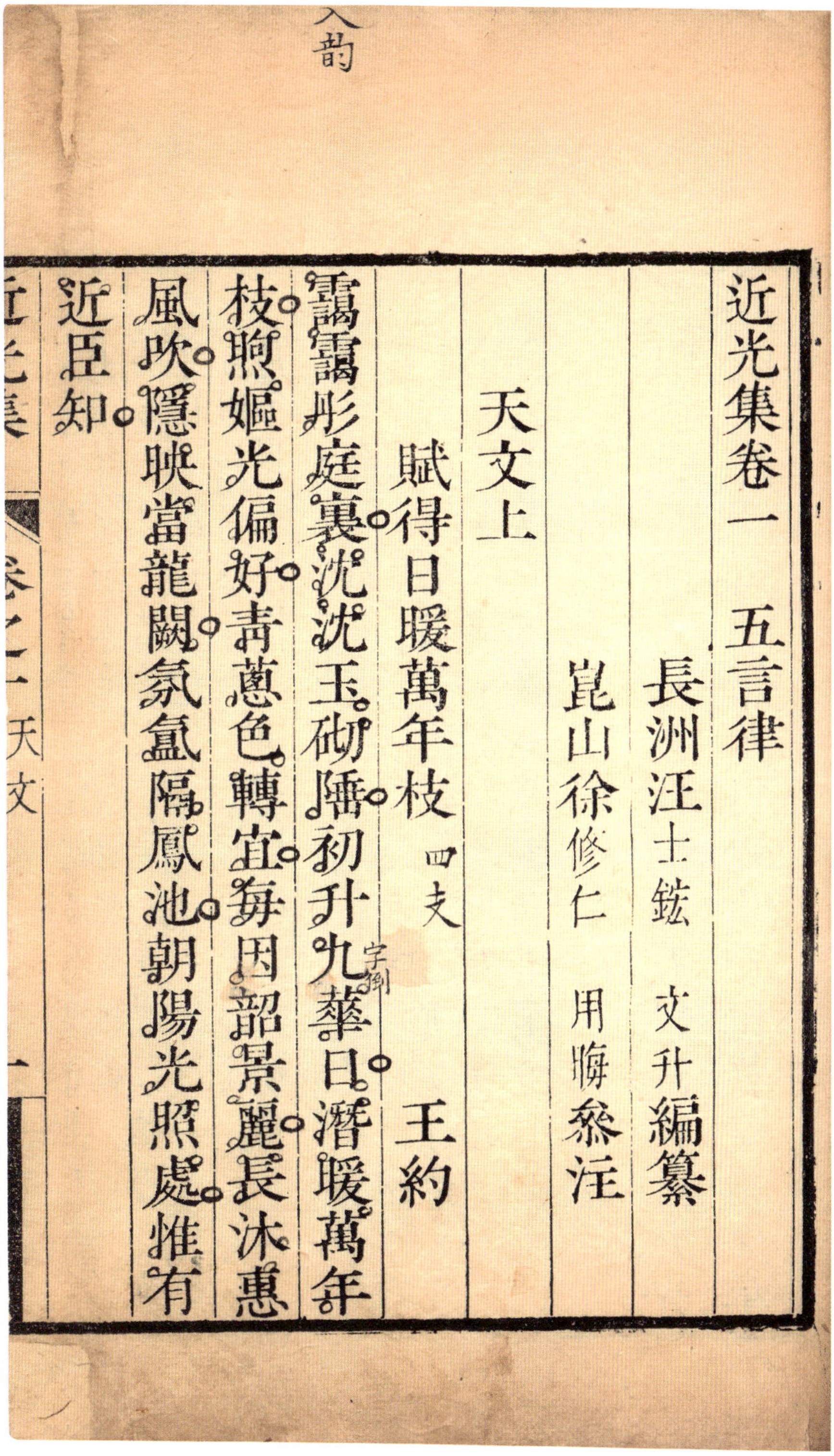
入韵

近光集卷一　五言律

長洲汪士鉉　文升編纂

崑山徐修仁　用晦參注

天文上

賦得日暖萬年枝　四支　王約

靄靄彤庭裏沈沈玉砌陲初升九華日潛暖萬年枝煦嫗光偏好青葱色轉宜每因韶景麗長沐惠風吹隱映當龍闕氛氳隔鳳池朝陽光照處惟有近臣知

近光集　卷之一　天文　一

近光集二十八卷　（清）汪士鉉編纂　（清）徐修仁等參注

清康熙五十八年（1719）刻本

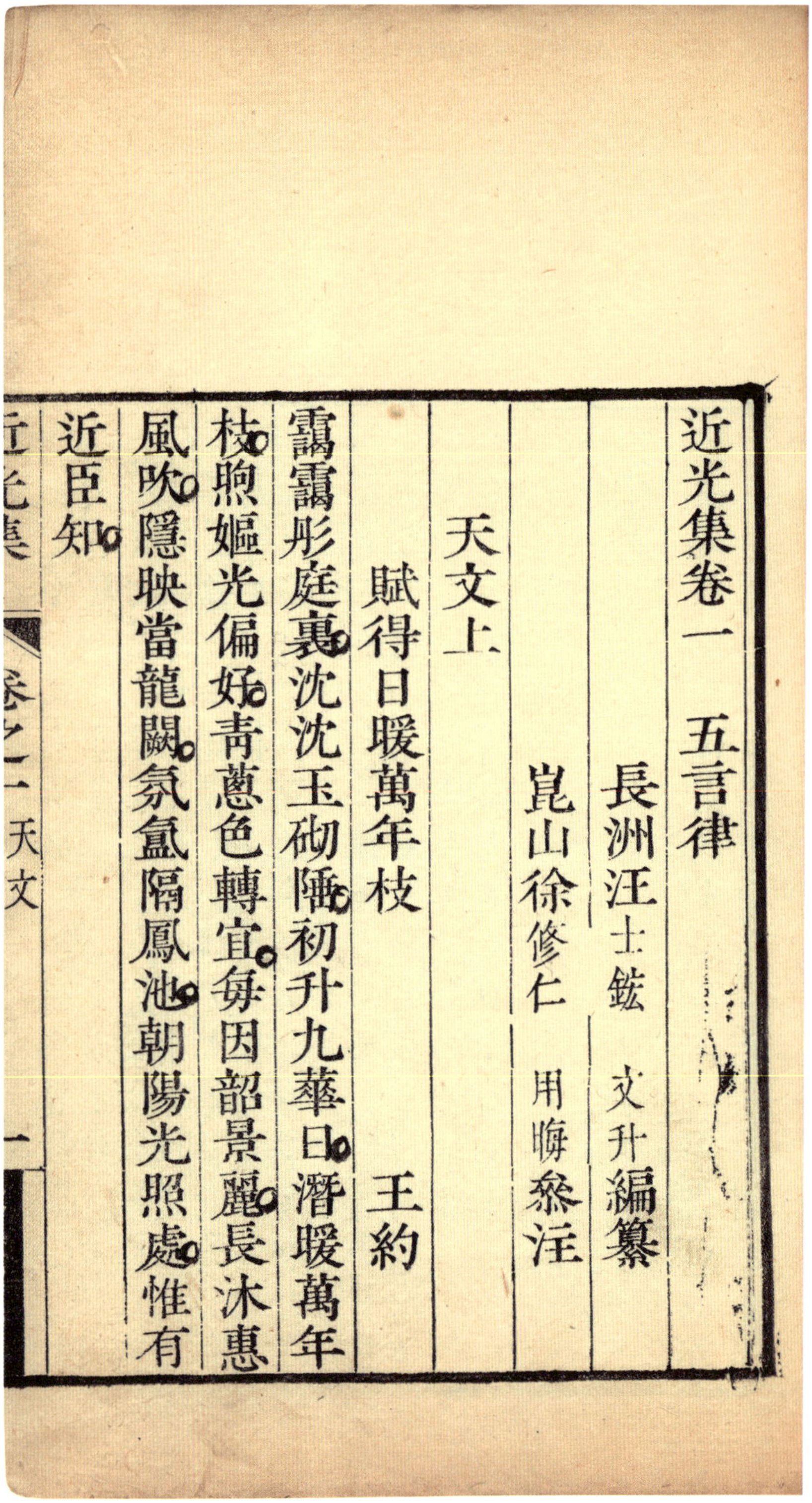
近光集卷一　五言律
長洲汪士鋐　文升編纂
崑山徐修仁　用晦參注
天文上
賦得日暖萬年枝　王約
靄靄彤庭裏沈沈玉砌陲初升九華日潛暖萬年
枝煦嫗光偏好青葱色轉宜每因韶景麗長沐惠
風吹隱映當龍闕氛氳隔鳳池朝陽光照處惟有
近臣知
近光集　卷之一　天文　一

近光集二十八卷　（清）汪士鋐編纂　（清）徐修仁等參注
清康熙五十八年（1719）刻本

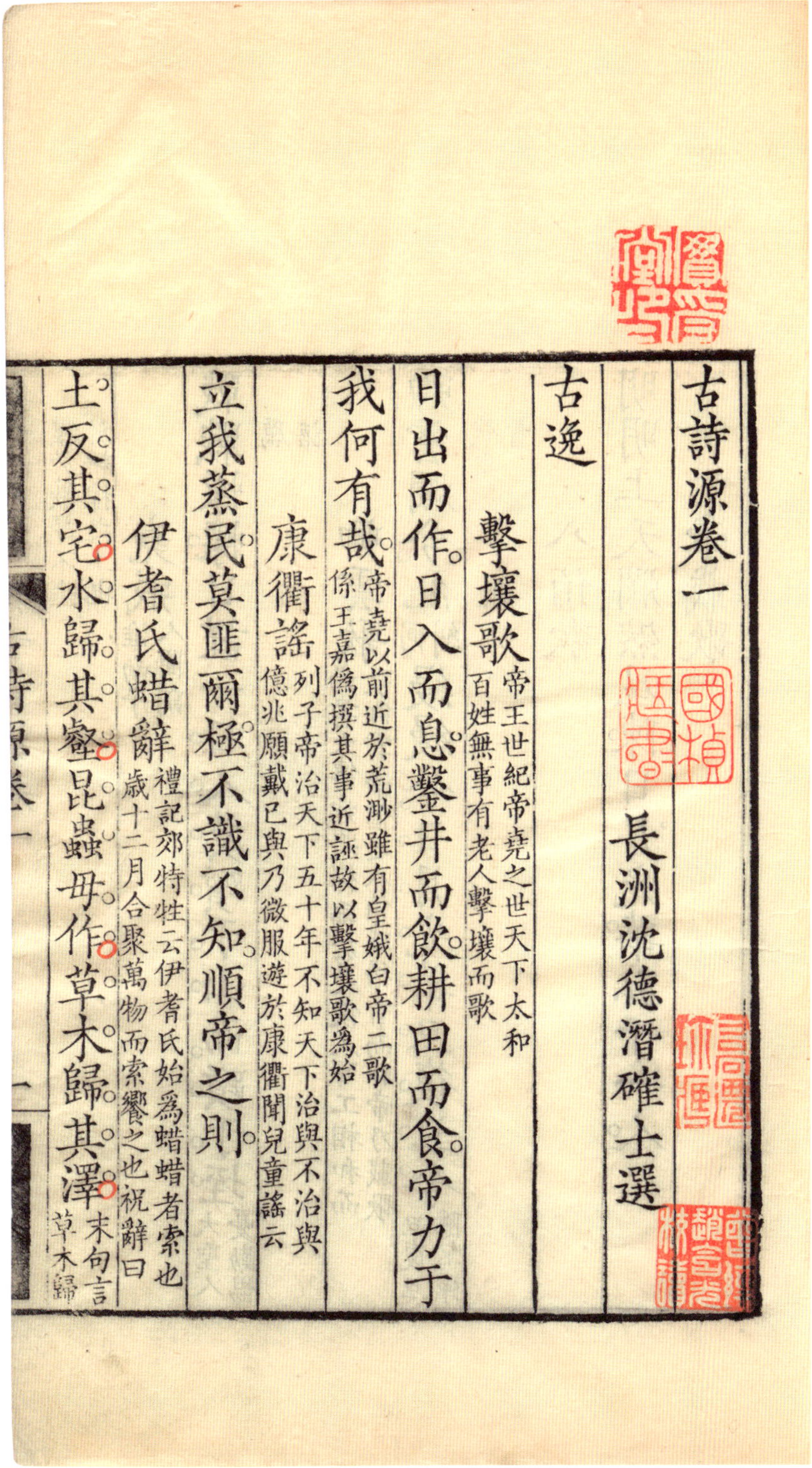
古詩源卷一

長洲沈德潛確士選

古逸

擊壤歌 帝王世紀帝堯之世天下太和百姓無事有老人擊壤而歌

日出而作。日入而息。鑿井而飲。耕田而食。帝力于我何有哉。帝堯以前近於荒渺雖有皇娥白帝二歌係王嘉僞撰其事近誣故以擊壤歌爲始

康衢謠 列子帝治天下五十年不知天下治與不治與億兆願戴己與乃微服遊於康衢聞兒童謠云

立我蒸民。莫匪爾極。不識不知。順帝之則。

伊耆氏蜡辭 禮記郊特牲云伊耆氏始爲蜡蜡者索也歲十二月合聚萬物而索饗之也祝辭曰

土反其宅。水歸其壑。昆蟲毋作。草木歸其澤。末句言草木歸

古詩源十四卷　（清）沈德潛選　清康熙五十八年（1719）竹嘯軒刻本

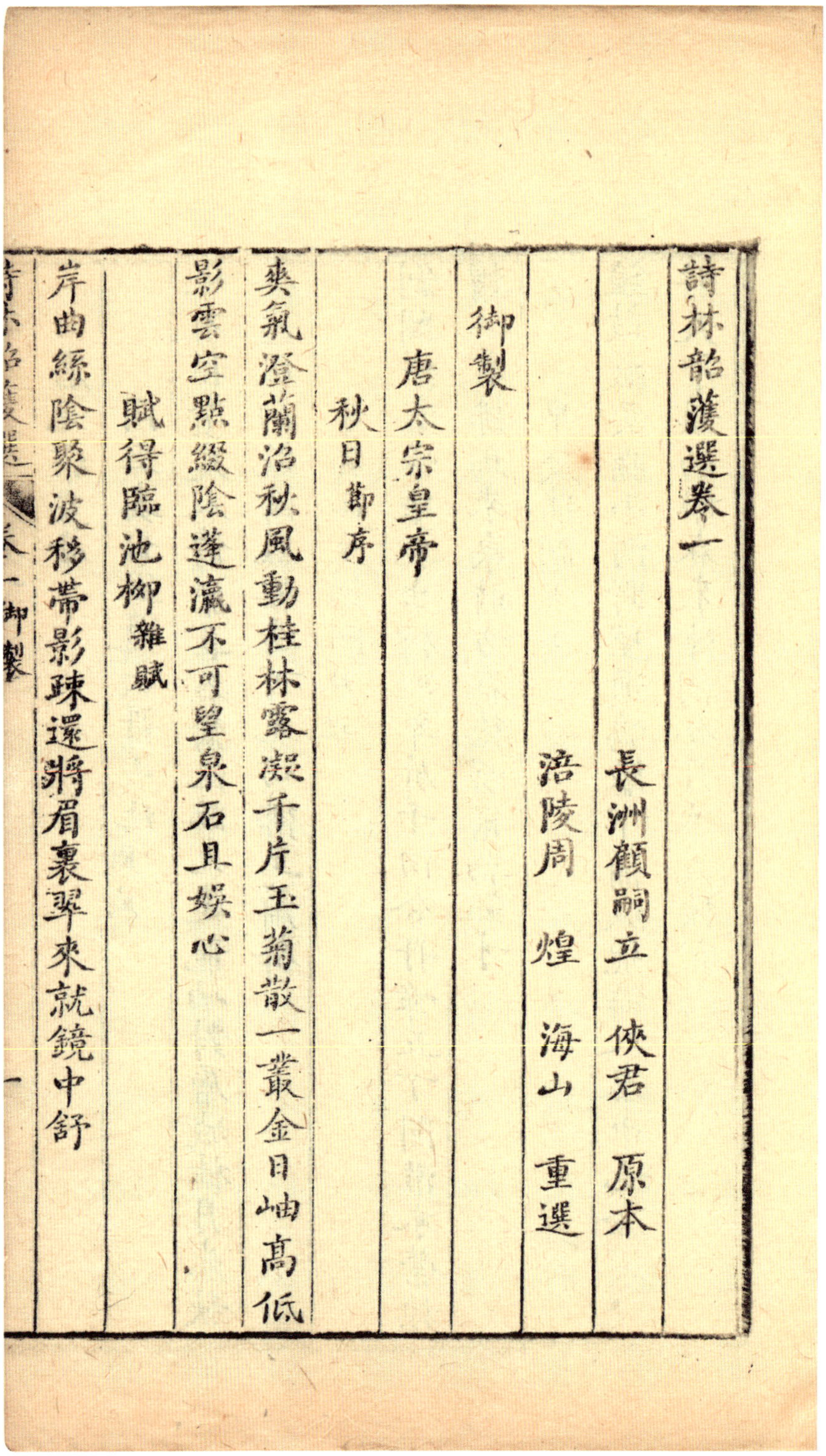

詩林韶濩選卷一

長洲顧嗣立　俠君　原本

涪陵周　煌　海山　重選

御製

唐太宗皇帝

秋日節序

爽氣澄蘭沼秋風動桂林露凝千片玉菊散一叢金日岫高低

影雲空點綴陰蓬瀛不可望泉石且娛心

賦得臨池柳 雜賦

岸曲絲陰聚波移帶影踈還將眉裏翠來就鏡中舒

詩林韶濩選　卷一　御製　一

詩林韶濩選二十卷　（清）顧嗣立選　（清）周煌重選

清乾隆刻本

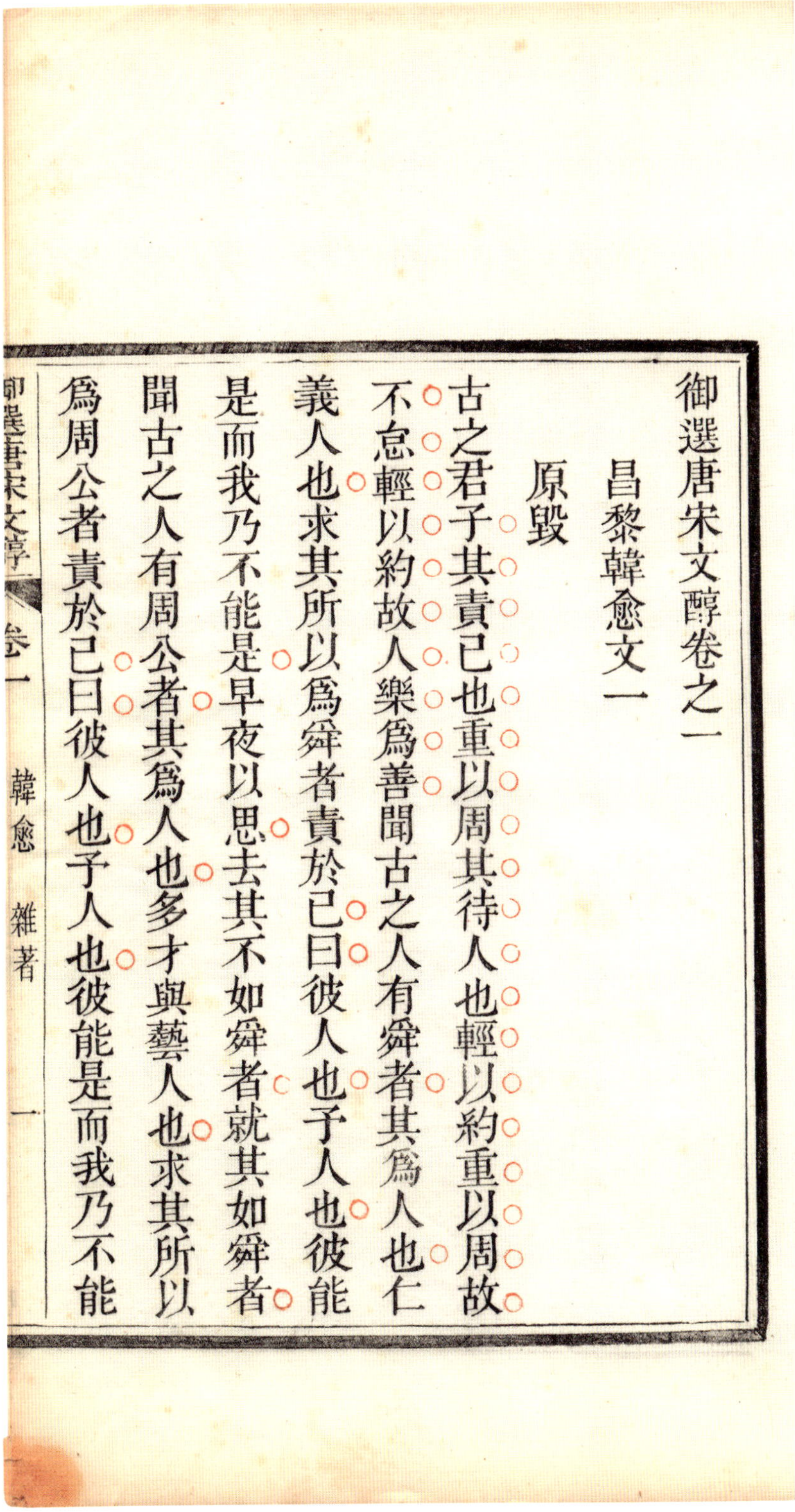

御選唐宋文醇卷之一

昌黎韓愈文一

原毀

古之君子其責己也重以周其待人也輕以約重以周故不怠輕以約故人樂爲善聞古之人有舜者其爲人也仁義人也求其所以爲舜者責於己曰彼人也予人也彼能是而我乃不能是早夜以思去其不如舜者就其如舜者聞古之人有周公者其爲人也多才與藝人也求其所以爲周公者責於己曰彼人也予人也彼能是而我乃不能

御選唐宋文醇　卷一　韓愈　雜著　一

御選唐宋文醇五十八卷　（清）高宗弘曆輯　清乾隆三年（1738）武英殿刻五色套印本

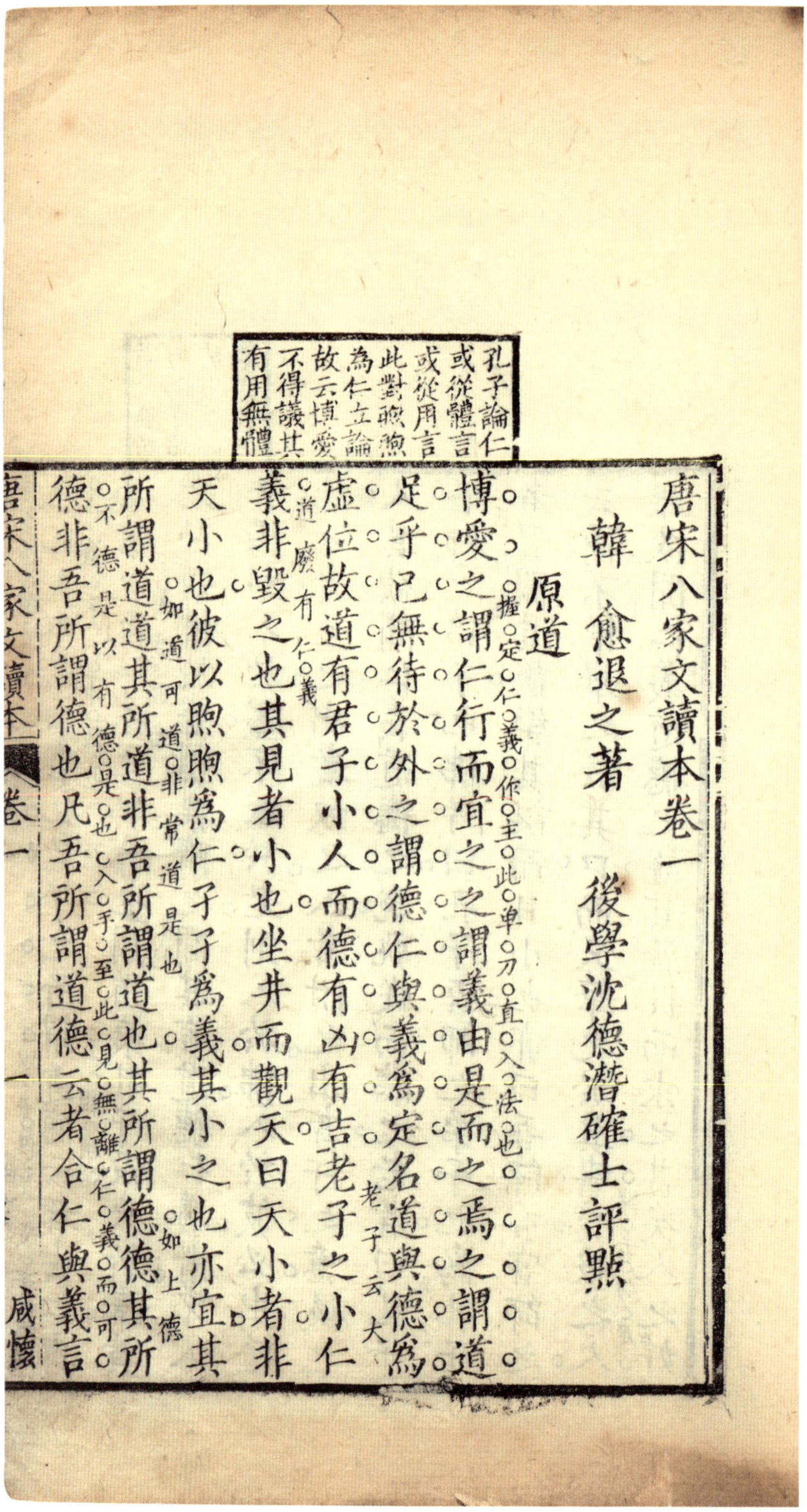
孔子論仁或從體言或從用言此對煦煦爲仁立論故云博愛不得議其有用無體

唐宋八家文讀本卷一

韓　愈退之著　　後學沈德潛確士評點

原道

握定仁義作主此單刀直入法也

博愛之謂仁行而宜之之謂義由是而之焉之謂道足乎己無待於外之謂德仁與義爲定名道與德爲虛位故道有君子小人而德有凶有吉老子之小仁義非毀之也其見者小也坐井而觀天曰天小者非天小也彼以煦煦爲仁孑孑爲義其小之也亦宜其所謂道道其所道非吾所謂道也其所謂德德其所德非吾所謂德也凡吾所謂道德云者合仁與義言

老子云大道廢有仁義　如道可道非常道是也　如上德不德是以有德是也入手至此見無離仁義而可

唐宋八家文讀本　卷一　咸懷

唐宋八家文讀本三十卷　（清）沈德潛評點　清乾隆十五年（1750）沈氏刻本

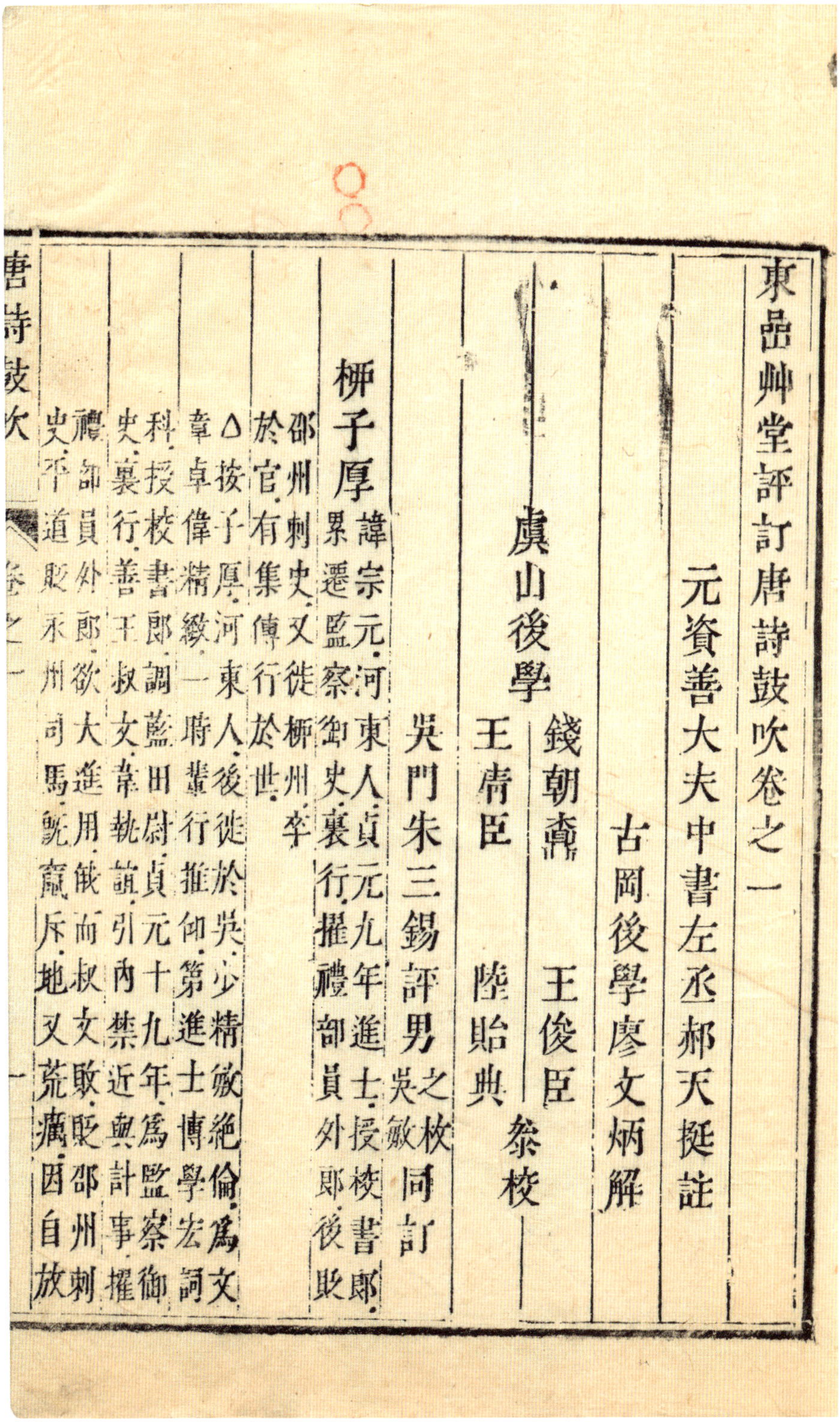

東嵒艸堂評訂唐詩鼓吹十卷　（元）郝天挺註　（明）廖文炳解　清順治十六年（1659）陸貽典等刻本

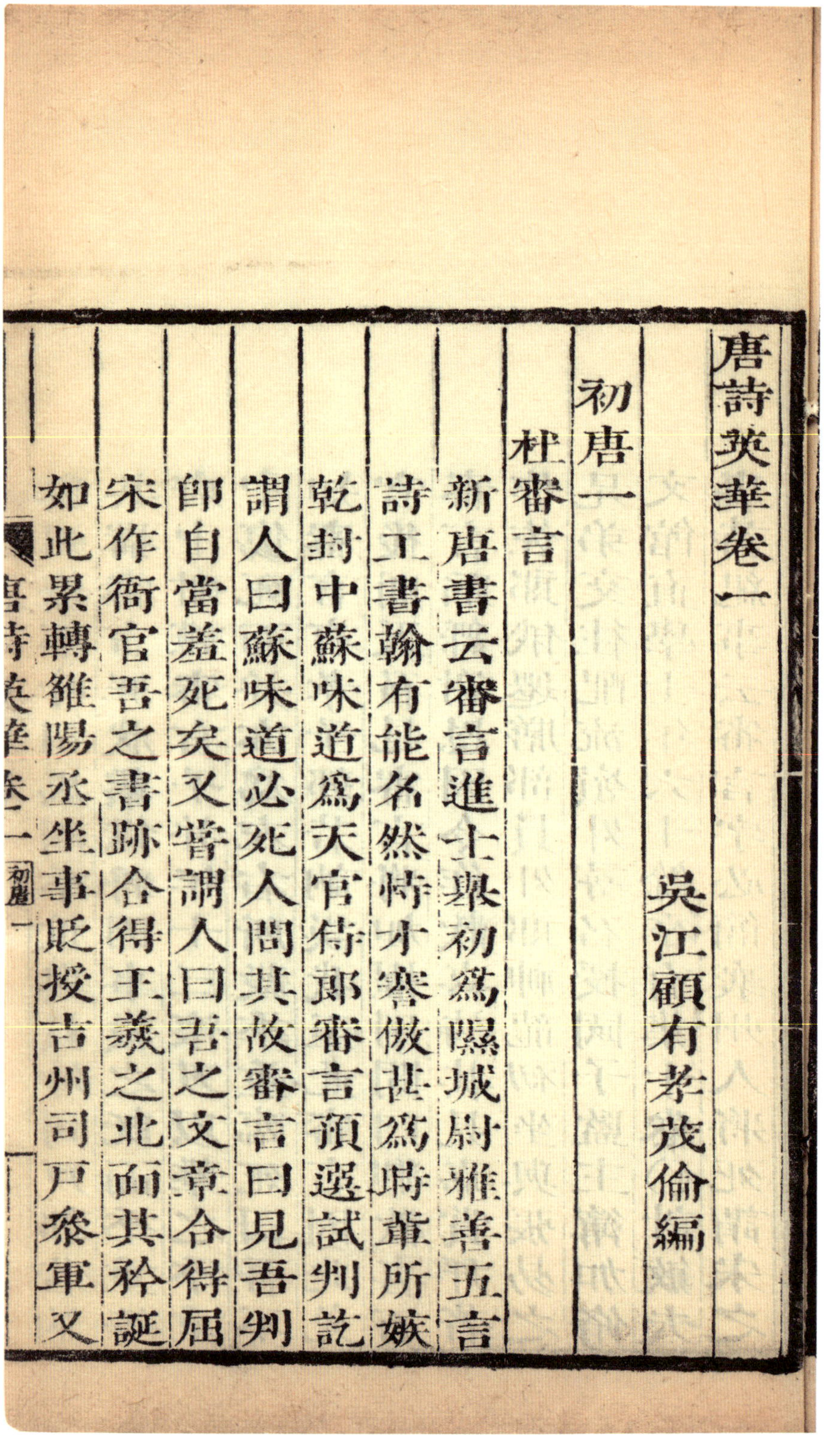
唐詩英華卷一
吳江顧有孝茂倫編
初唐一
杜審言
新唐書云審言進士舉初爲隰城尉雅善五言
詩工書翰有能名然恃才謇傲甚爲時輩所嫉
乾封中蘇味道爲天官侍郎審言預選試判訖
謂人曰蘇味道必死人問其故審言曰見吾判
即自當羞死矣又嘗謂人曰吾之文章合得屈
宋作衙官吾之書跡合得王羲之北面其矜誕
如此累轉雒陽丞坐事貶授吉州司戸參軍又
唐詩英華卷一　初唐　一

唐詩英華二十二卷　（清）顧有孝編　清順治十四年（1657）嘉興九思堂刻本

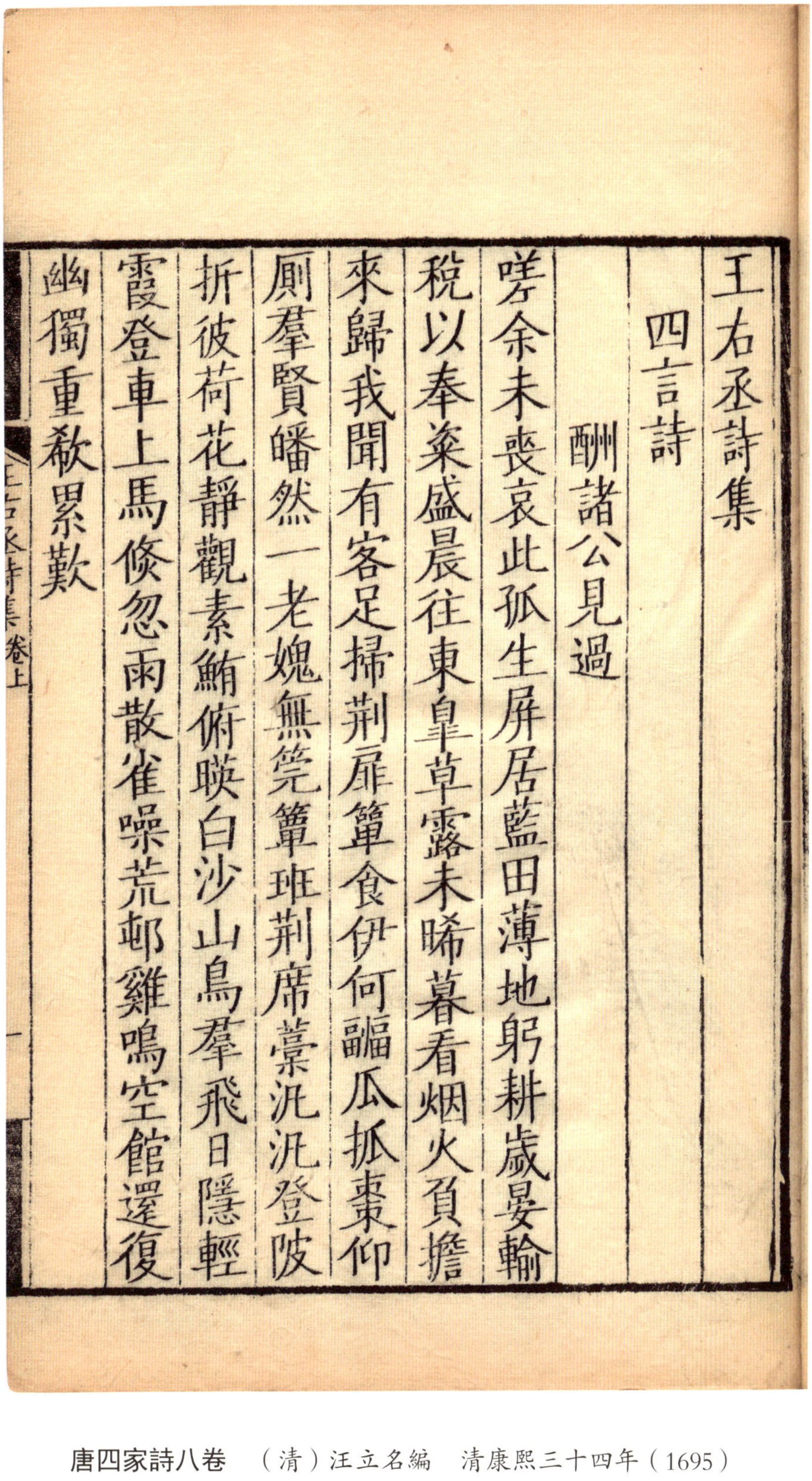
王右丞詩集
四言詩
酬諸公見過
嗟余未喪哀此孤生屏居藍田薄地躬耕歲晏輸
稅以奉粢盛晨往東皐草露未晞暮看烟火負擔
來歸我聞有客足掃荊扉簞食伊何副瓜抓棗仰
厠羣賢皤然一老媿無莞簟班荊席藁汎汎登陂
折彼荷花靜觀素鮪俯映白沙山鳥羣飛日隱輕
霞登車上馬倏忽雨散雀噪荒邨雞鳴空館還復
幽獨重欷累歎

王右丞詩集 卷上 一

唐四家詩八卷 （清）汪立名編 清康熙三十四年（1695）汪立名刻本

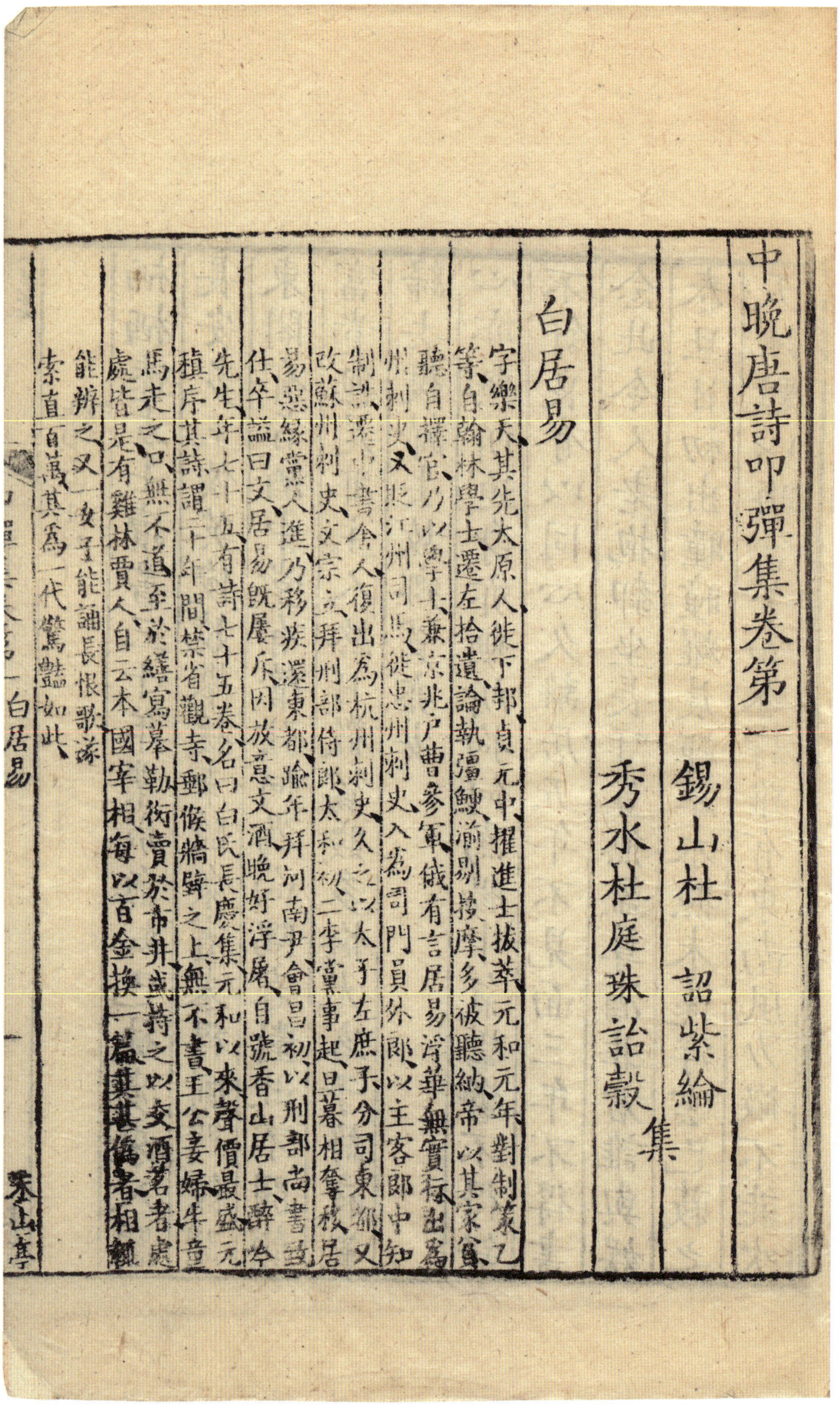

中晚唐詩叩彈集卷第一

錫山杜　詔紫綸
秀水杜庭珠詒穀　集

白居易

字樂天其先太原人徙下邽貞元中擢進士拔萃元和元年對制策乙等自翰林學士遷左拾遺論執彊鯁瀏別𢢽摩多被聽納帝以其家貧聽自擇官乃以學士兼京兆戶曹參軍俄有言居易浮華無實行出爲州刺史又貶江州司馬徙忠州刺史入爲司門員外郎以主客郎中知制誥遷中書舍人復出爲杭州刺史久之以太子左庶子分司東都又改蘇州刺史文宗立拜刑部侍郎太和初二李黨事起旦暮相奪移居易惡緣黨人進乃移疾還東都踰年拜河南尹會昌初以刑部尚書致仕卒謚曰文居易既屢斥因放意文酒晚好浮屠自號香山居士辭吟先生年七十五有詩七十五卷名曰白氏長慶集元和以來聲價最盛元稹序其詩謂二十年間禁省觀寺郵候牆壁之上無不書王公妾婦牛童馬走之口無不道至於繕寫摹勒衒賣於市井或持之以交酒茗者處處皆是有雞林賈人自云本國宰相每以百金換一篇其甚偽者相輒能辨之又女子能誦長恨歌遂索直自萬其爲一代驚豔如此

叩彈集卷一　白居易
采山亭

中晚唐詩叩彈集十二卷續三卷　（清）杜詔集　（清）杜庭珠集　清康熙四十三年（1704）采山亭刻本

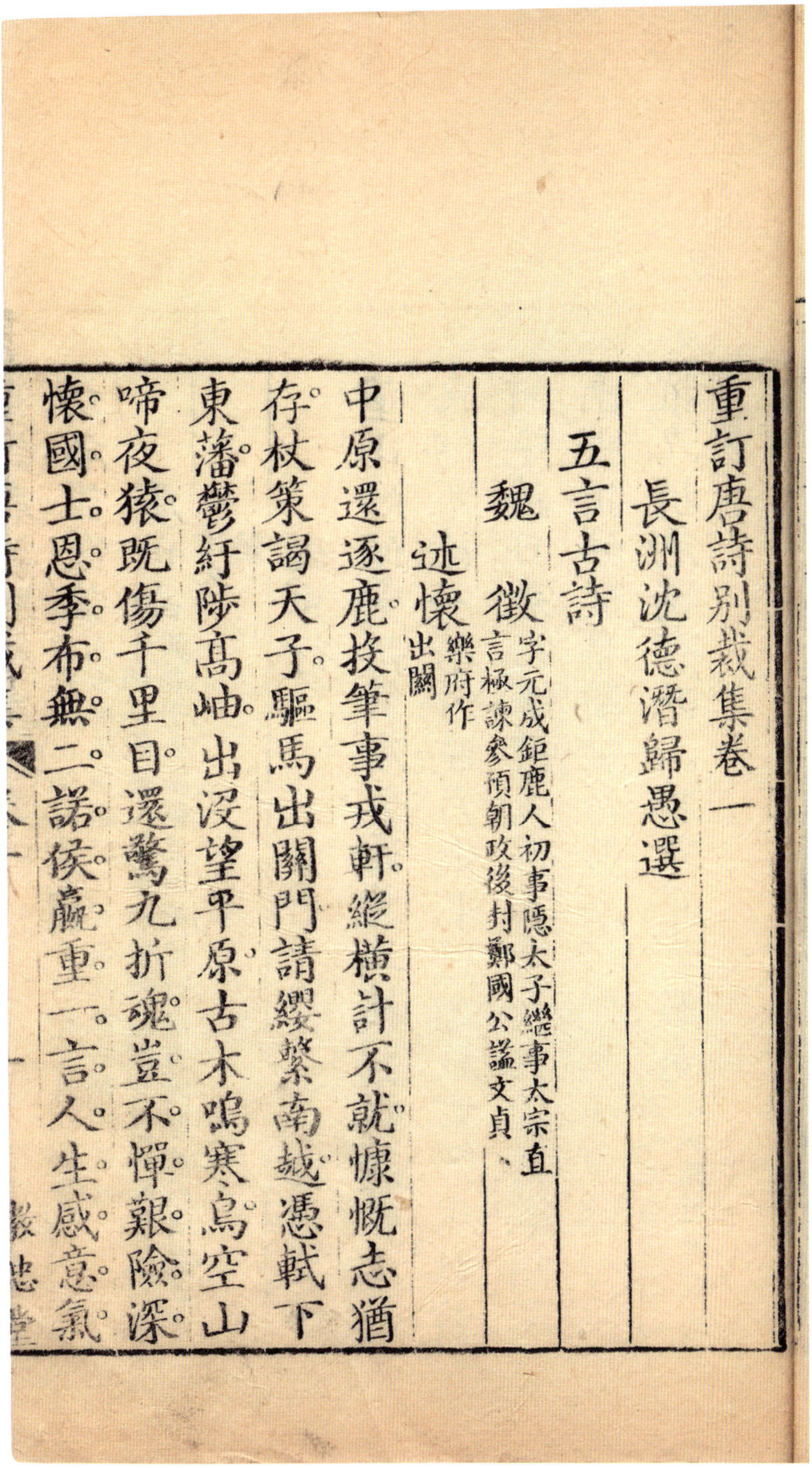

重訂唐詩別裁集卷一

長洲沈德潛歸愚選

五言古詩

魏　徵 字元成鉅鹿人初事隱太子繼事太宗直言極諫參預朝政後封鄭國公謚文貞

述懷 樂府作出關

中原還逐鹿投筆事戎軒縱橫計不就慷慨志猶存杖策謁天子驅馬出關門請纓繫南越憑軾下東藩鬱紆陟高岫出沒望平原古木鳴寒鳥空山啼夜猿既傷千里目還驚九折魂豈不憚艱險深懷國士恩季布無二諾侯嬴重一言人生感意氣

重訂唐詩別裁集二十卷　（清）沈德潛選　清乾隆二十八年（1763）教忠堂刻本

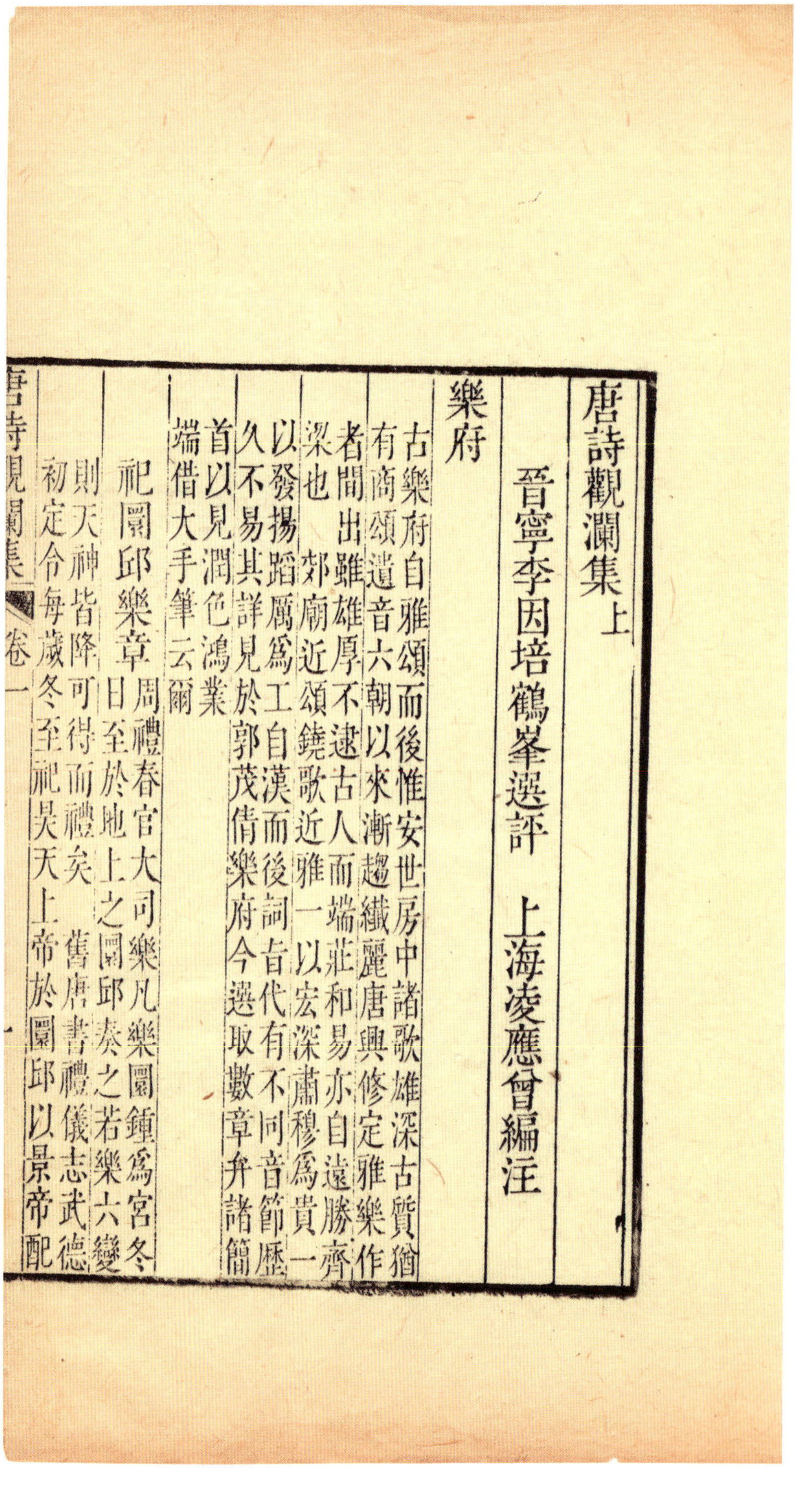

唐詩觀瀾集上

晉寧李因培鶴峯選評　上海凌應曾編注

樂府

古樂府自雅頌而後惟安世房中諸歌雄深古質猶
有商頌遺音六朝以來漸趨纖麗唐興修定雅樂作
者間出雖雄厚不逮古人而端莊和易亦自遠勝齊
梁也　郊廟近頌鐃歌近雅一以宏深肅穆爲貴一
以發揚蹈厲爲工自漢而後詞旨代有不同音節歷
久不易其詳見於郭茂倩樂府今選取數章弁諸簡
首以見潤色鴻業
端借大手筆云爾

祀圜邱樂章　周禮春官大司樂凡樂圜鍾爲宮冬
日至於地上之圜邱奏之若樂六變
則天神皆降可得而禮矣　舊唐書禮儀志武德
初定令每歲冬至祀昊天上帝於圜邱以景帝配

唐詩觀瀾集　卷一

唐詩觀瀾集二十四卷　（清）李因培選評　（清）凌應曾編注　清乾隆二十四年（1759）李氏刻本

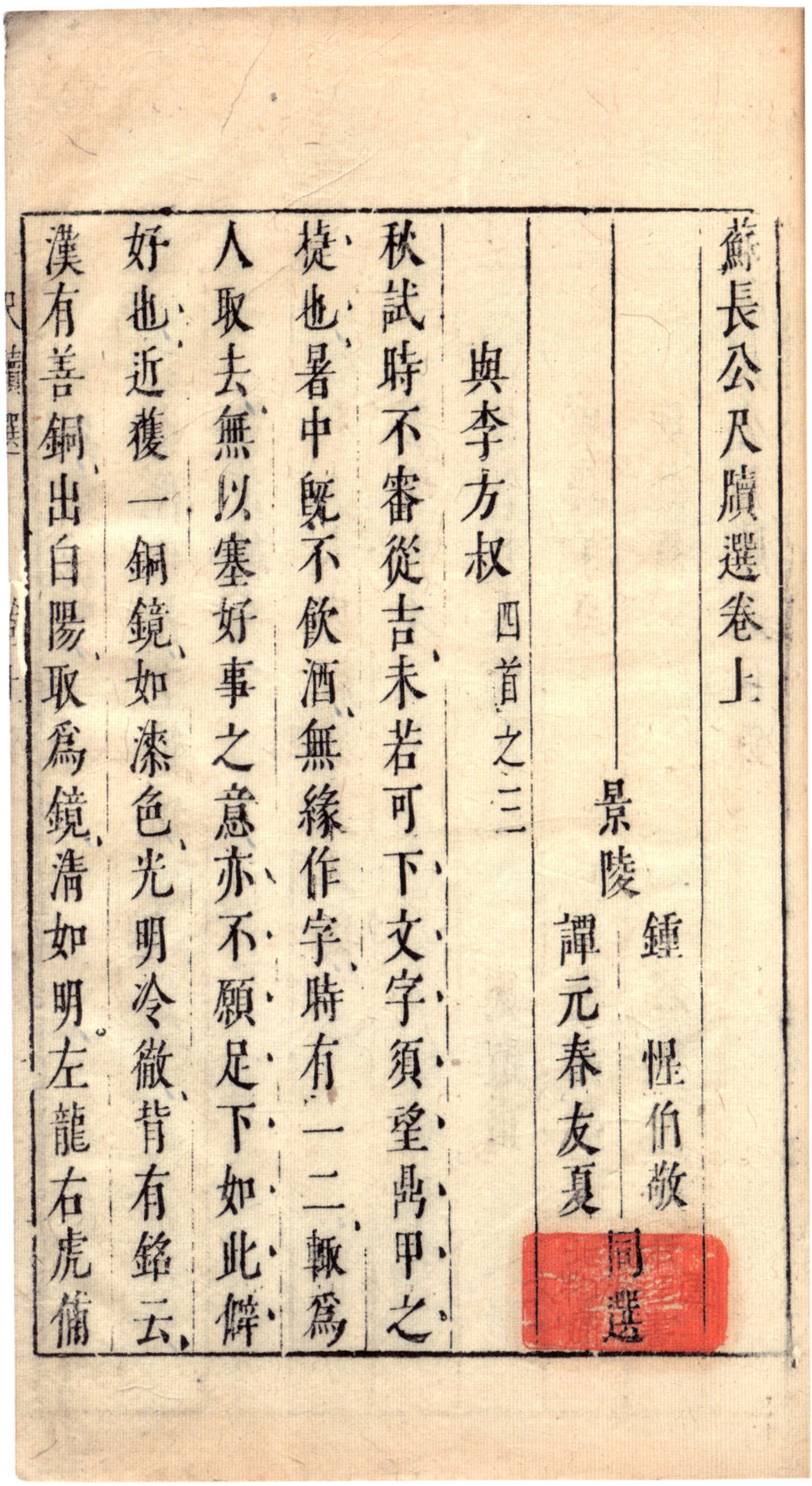

蘇長公尺牘選卷上

景陵　鍾惺伯敬

譚元春友夏　同選

與李方叔　四首之二

秋試時不審從吉未若可下文字須望禹甲之捷也暑中既不飲酒無緣作字時有一二輒爲人取去無以塞好事之意亦不願足下如此儕好也近獲一銅鏡如漆色光明冷徹背有銘云漢有善銅出白陽取爲鏡清如明左龍右虎脩

蘇黃尺牘選六卷　（明）鍾惺　（明）譚元春選　明刻本

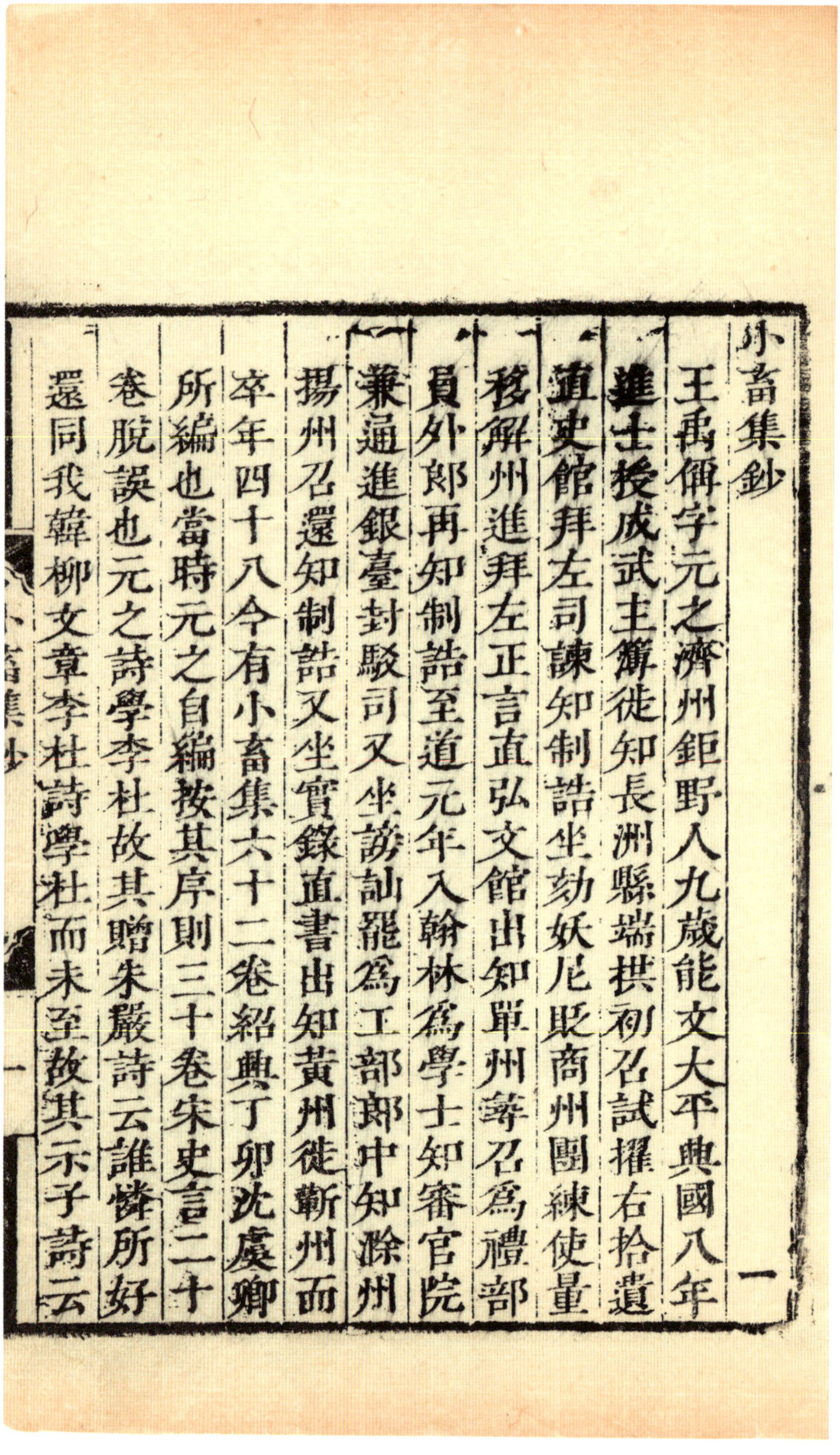

小畜集鈔　一

王禹偁字元之濟州鉅野人九歲能文大平興國八年進士授成武主簿徙知長洲縣端拱初召試擢右拾遺直史館拜左司諫知制誥坐劾妖尼貶商州團練使量移解州進拜左正言直弘文館出知單州辭召爲禮部員外郎再知制誥至道元年入翰林爲學士知審官院兼通進銀臺封駁司又坐謗訕罷爲工部郎中知滁州揚州召還知制誥又坐實録直書出知黄州徙蘄州而卒年四十八今有小畜集六十二卷紹興丁卯沈虞卿所編也當時元之自編按其序則三十卷宋史言二十卷脱誤也元之詩學李杜故其贈朱嚴詩云誰憐所好還同我韓柳文章李杜詩學杜而未至故其示子詩云

小畜集鈔　一

宋詩鈔八十五種　（清）吴之振編　清康熙十年（1671）吴氏鑑古堂刻本

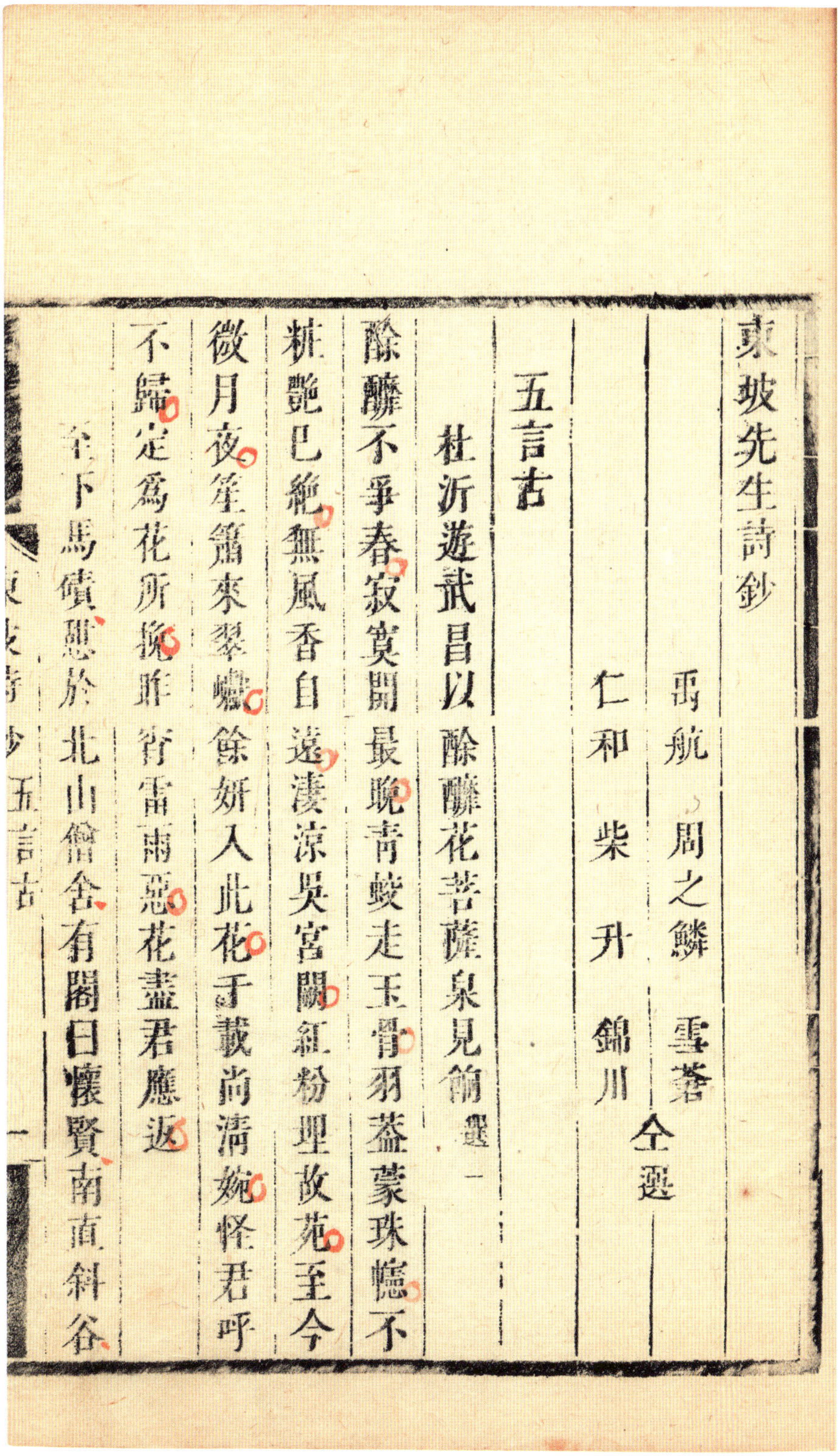
東坡先生詩鈔

禹航　周之鱗　雪蒼
仁和　柴升　錦川　仝選

五言古

杜沂遊武昌以酴醾花菩薩泉見餉選一

酴醾不爭春寂寞開最晚青蛟走玉骨羽蓋蒙珠幰不
粧艷已絕無風香自遠淒涼吳宮闕紅粉埋故苑至今
微月夜笙簫來翠巘餘妍入此花千載尚清婉怪君呼
不歸定為花所挽昨宵雷雨惡花盡君應返

至下馬磧憩於北山僧舍有閣曰懷賢南直斜谷

東坡詩鈔　五言古　一

宋四名家詩四種　（清）周之鱗　（清）柴升編　清康熙有文堂刻本

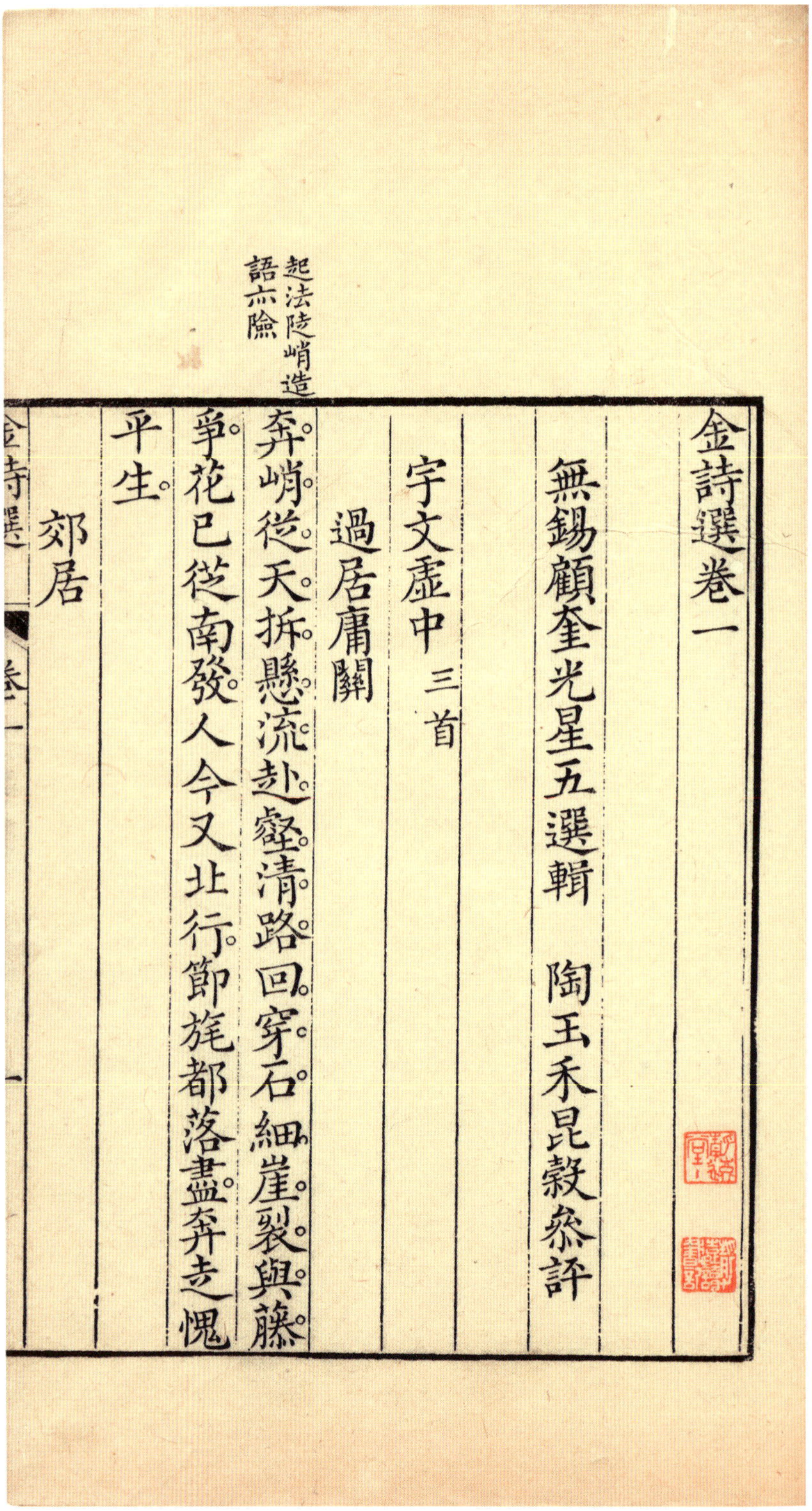
起法陡峭造語亦險

金詩選卷一

無錫顧奎光星五選輯　陶玉禾昆穀參評

宇文虛中　三首

過居庸關

奔峭從天拆懸流赴壑清路回穿石細崖裂與藤爭花已從南發人今又北行節旄都落盡奔走愧平生

郊居

金詩選　卷一　一

金詩選四卷　（清）顧奎光選輯　（清）陶玉禾參評　清乾隆十六年（1751）刻本

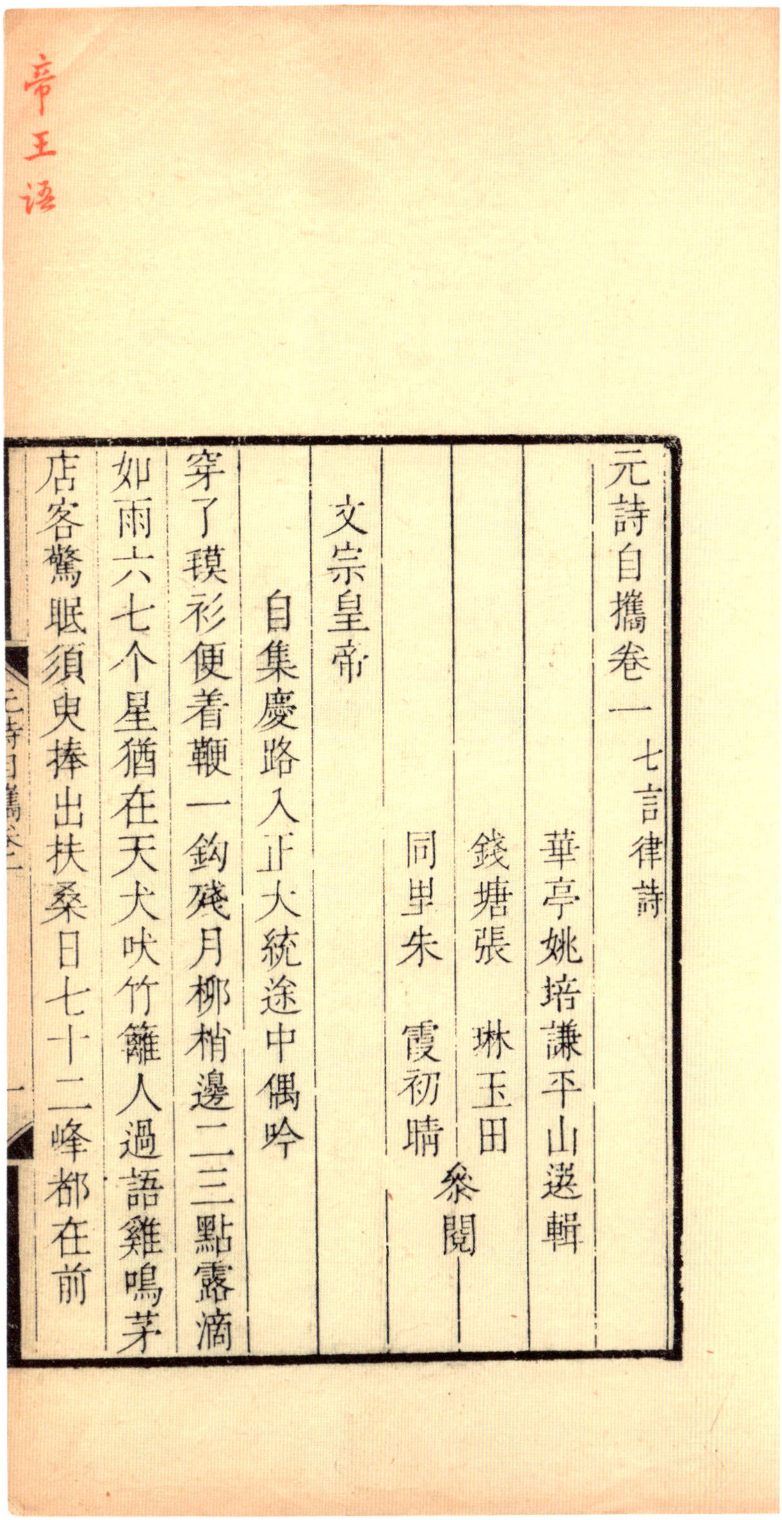

元詩自攜卷一　七言律詩

華亭姚培謙平山選輯

錢塘張　琳玉田

同里朱　霞初晴　參閱

文宗皇帝

自集慶路入正大統途中偶吟

穿了氁衫便着鞭一鈎殘月柳梢邊二三點露滴如雨六七个星猶在天犬吠竹籬人過語雞鳴茅店客驚眠須臾捧出扶桑日七十二峰都在前

元詩自攜二十一卷　（清）姚培謙選輯　清康熙六十一年（1722）遂安堂刻本

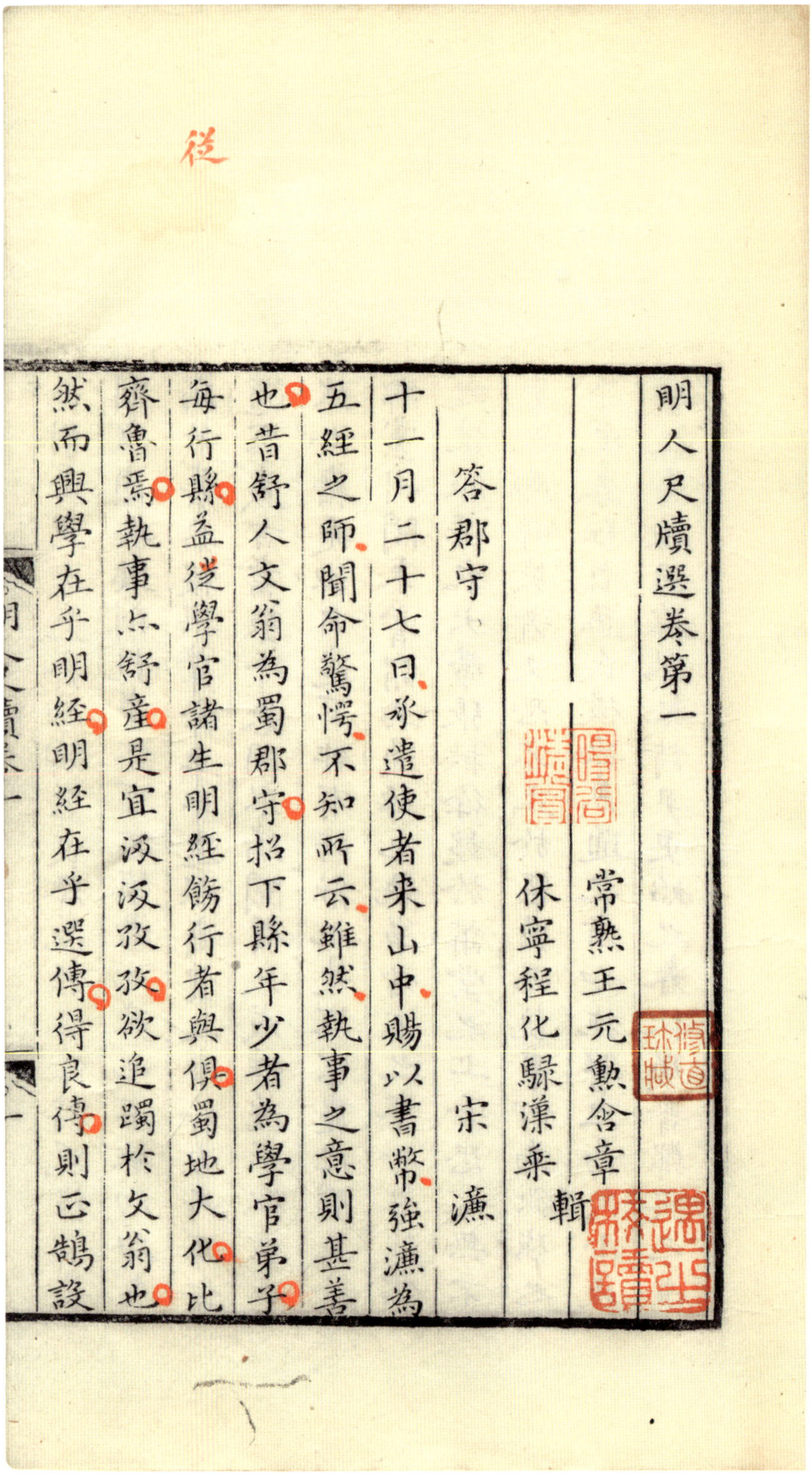

從

明人尺牘選卷第一
常熟王元勳含章
休寧程化騄漢乘 輯

答郡守 宋濂

十一月二十七日承遣使者來山中賜以書幣強濂為五經之師聞命驚愕不知所云雖然執事之意則甚善也昔舒人文翁為蜀郡守招下縣年少者為學官弟子每行縣益從學官諸生明經飭行者與俱蜀地大化比齊魯焉執事亦舒產是宜汲汲孜孜欲追躅於文翁也然而興學在乎明經明經在乎選傳得良傳則正鵠設

明人尺牘選四卷 （清）王元勳 （清）程化騄輯 清康熙四十四年（1705）刻本

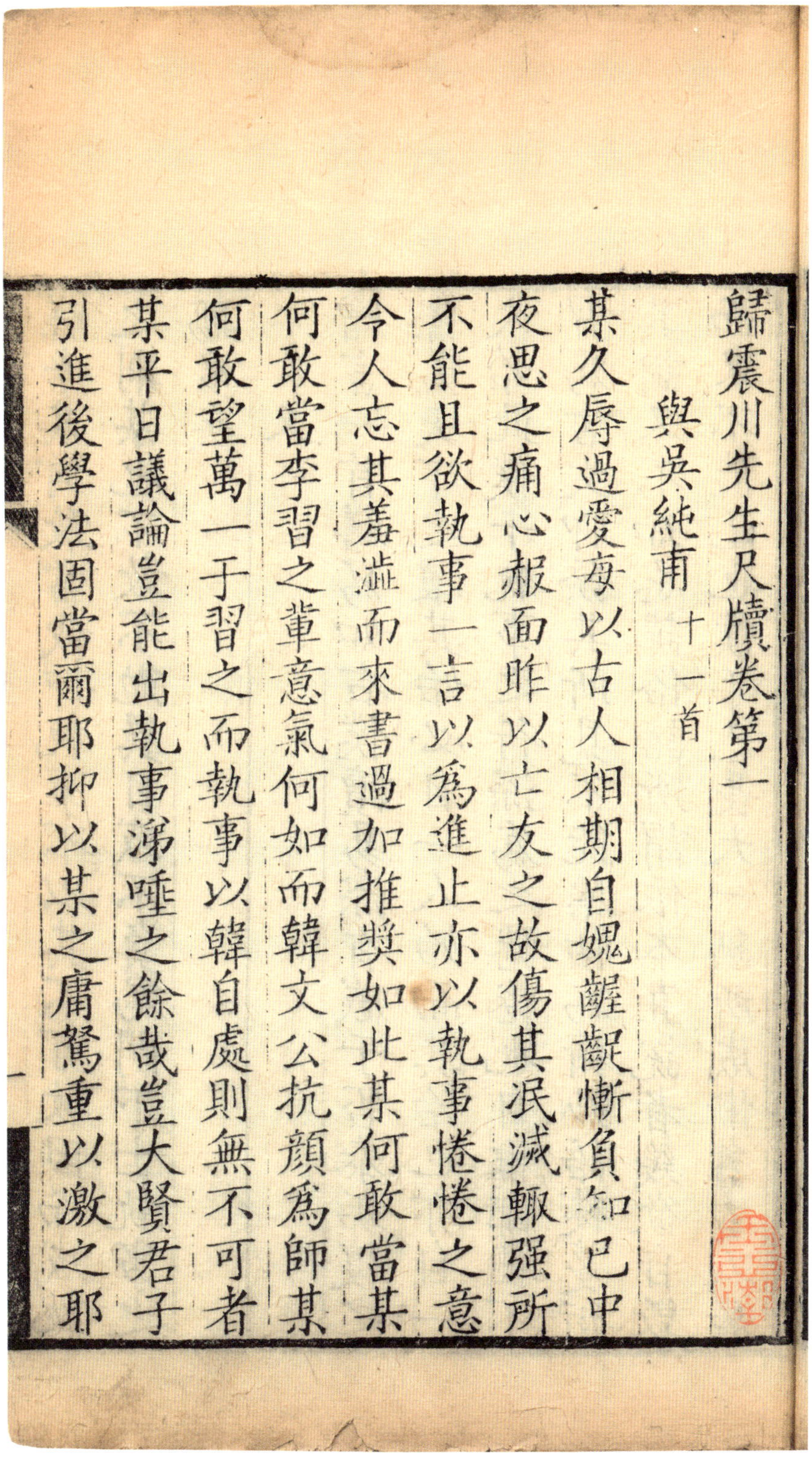
歸震川先生尺牘卷第一
與吳純甫　十一首
某久辱過愛每以古人相期自媿齷齪慚負知己中
夜思之痛心赧面昨以亡友之故傷其泯滅輒强所
不能且欲執事一言以爲進止亦以執事惓惓之意
令人忘其羞澁而來書過加推奬如此某何敢當某
何敢當李習之輩意氣何如而韓文公抗顏爲師某
何敢望萬一于習之而執事以韓自處則無不可者
某平日議論豈能出執事涕唾之餘哉豈大賢君子
引進後學法固當爾耶抑以某之庸駑重以激之耶

歸錢尺牘五卷　（清）顧棫輯　清康熙三十八年（1699）宛委堂刻本

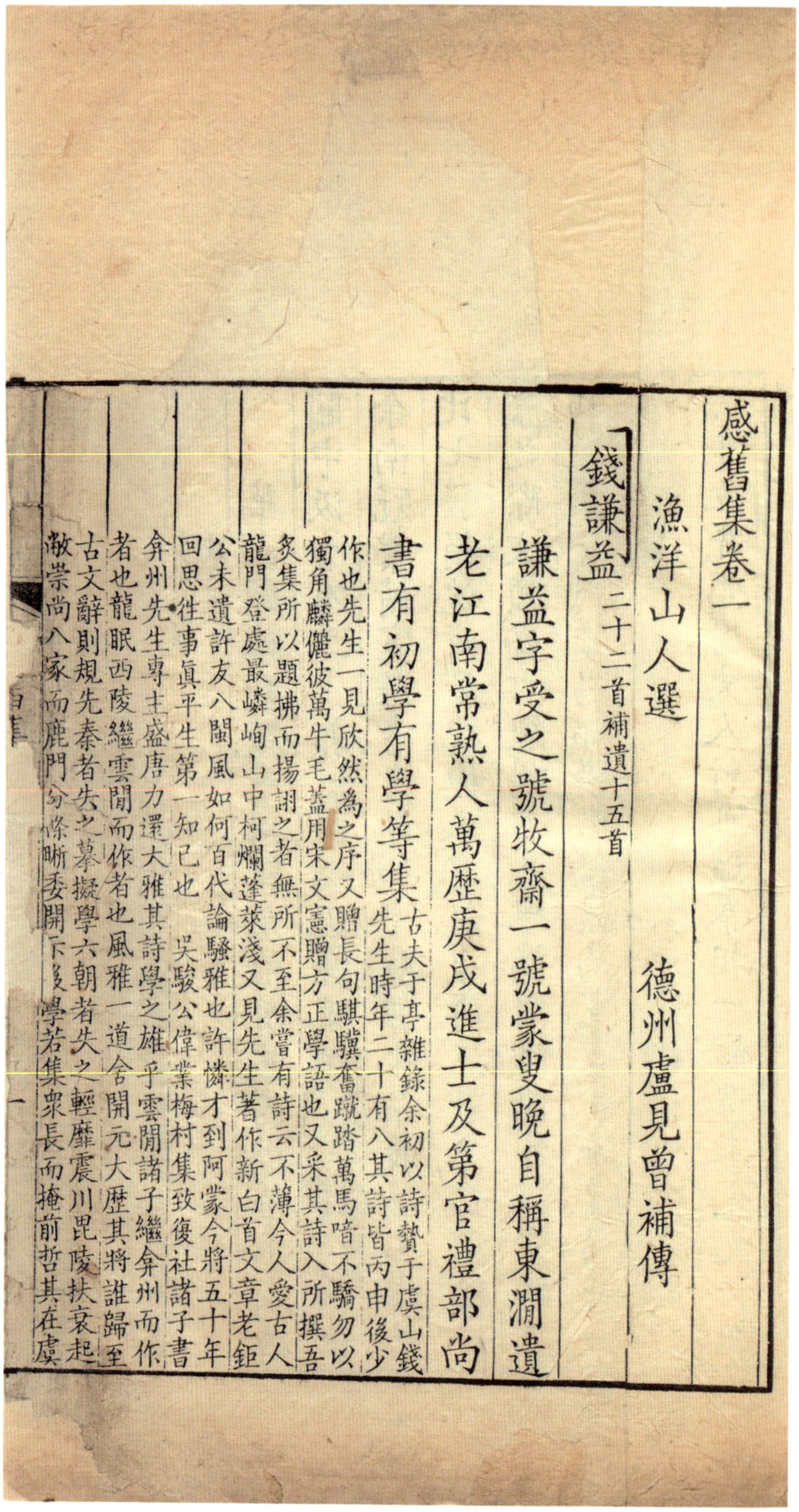
感舊集卷一
漁洋山人選　德州盧見曾補傳
錢謙益 二十二首補遺十五首
謙益字受之號牧齋一號蒙叟晚自稱東澗遺
老江南常熟人萬歷庚戌進士及第官禮部尚
書有初學有學等集古夫于亭雜錄余初以詩贄于虞山錢先生時年二十有八其詩皆丙申後少
作也先生一見欣然為之序又贈長句騏驥奮蹴踏萬馬喑不驕勿以
獨角麟儷彼萬牛毛蓋用宋文憲贈方正學語也又采其詩入所撰吾
炙集所以題拂而揚詡之者無所不至余嘗有詩云不薄今人愛古人
龍門登處最嶙峋山中柯爛蓬萊淺又見先生著作新白首文章老鉅
公未遺許友入閩風如何百代論騷雅也許憐才到阿蒙今將五十年
回思往事眞平生第一知己也　吳駿公偉業梅村集致復社諸子書
弇州先生專主盛唐力還大雅其詩學之雄乎雲間諸子繼弇州而作
者也龍眠西陵繼雲間而作者也風雅一道舍開元大歷其將誰歸至
古文辭則規先秦者失之摹擬學六朝者失之輕靡震川毘陵扶衰起
敝崇尚八家而鹿門分條晰委開示後學若集衆長而掩前哲其在虞

感舊集十六卷　（清）王士禎編選　（清）盧見曾補傳
清乾隆十七年（1752）盧氏雅雨堂刻本

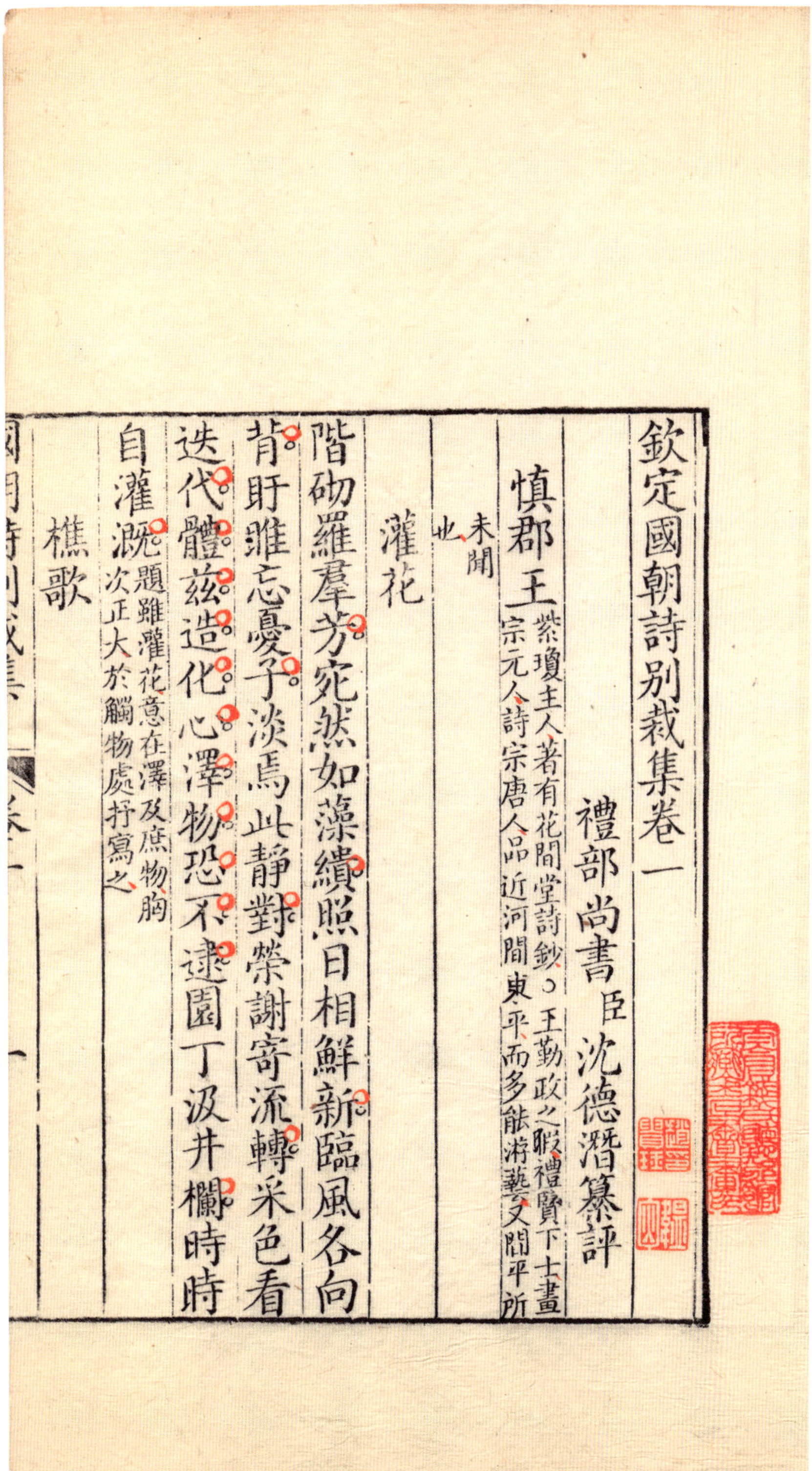
欽定國朝詩別裁集卷一

禮部尚書臣沈德潛纂評

慎郡王 紫瓊主人著有花間堂詩鈔。王勤政之暇禮賢下士畫宗元人詩宗唐人品近河間東平而多能游藝又閒平所未聞也

灌花

階砌羅羣芳宛然如藻繢照日相鮮新臨風各向背盱雖忘憂子淡焉此靜對榮謝寄流轉采色看迭代體茲造化心澤物恐不逮園丁汲井欄時時自灌溉 題雖灌花意在澤及庶物胸次正大於觸物處抒寫之

樵歌

國朝詩別裁集　卷一　一

欽定國朝詩別裁集三十二卷　（清）沈德潛纂評　清乾隆二十五年（1760）教忠堂刻本

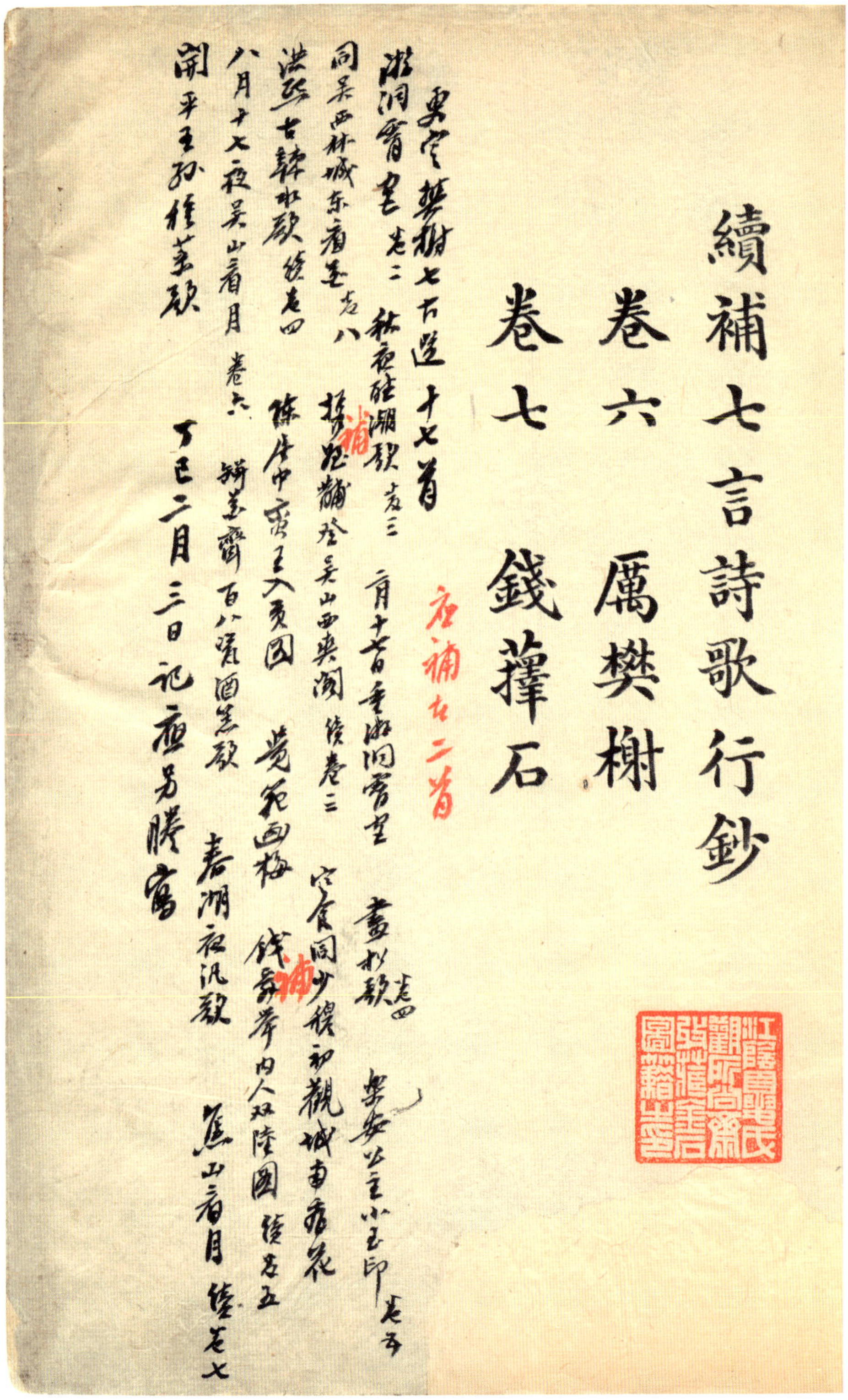
續補七言詩歌行鈔
卷六　厲樊榭
卷七　錢蘀石
應補十二首

續補七言詩歌行鈔□□卷　（清）翁方綱選　清抄本

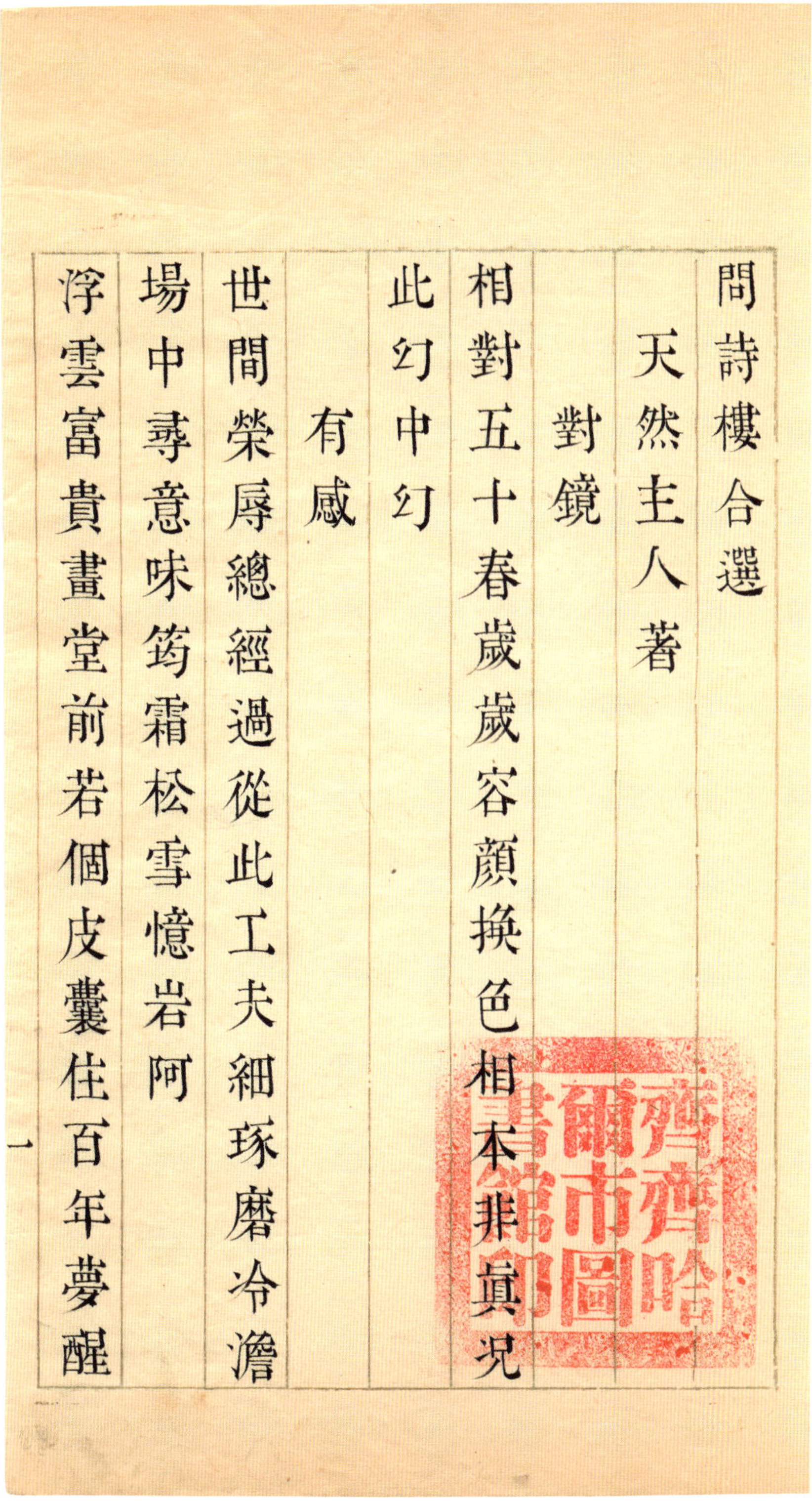
問詩樓合選
天然主人著
對鏡
相對五十春歲歲容顏換色相本非眞兒
此幻中幻
有感
世間榮辱總經過從此工夫細琢磨冷澹
場中尋意味筠霜松雪憶岩阿
浮雲富貴畫堂前若個皮囊住百年夢醒
一

問詩樓合選一卷　（清）楊習幽等撰　清乾隆五十七年（1792）黄格抄本

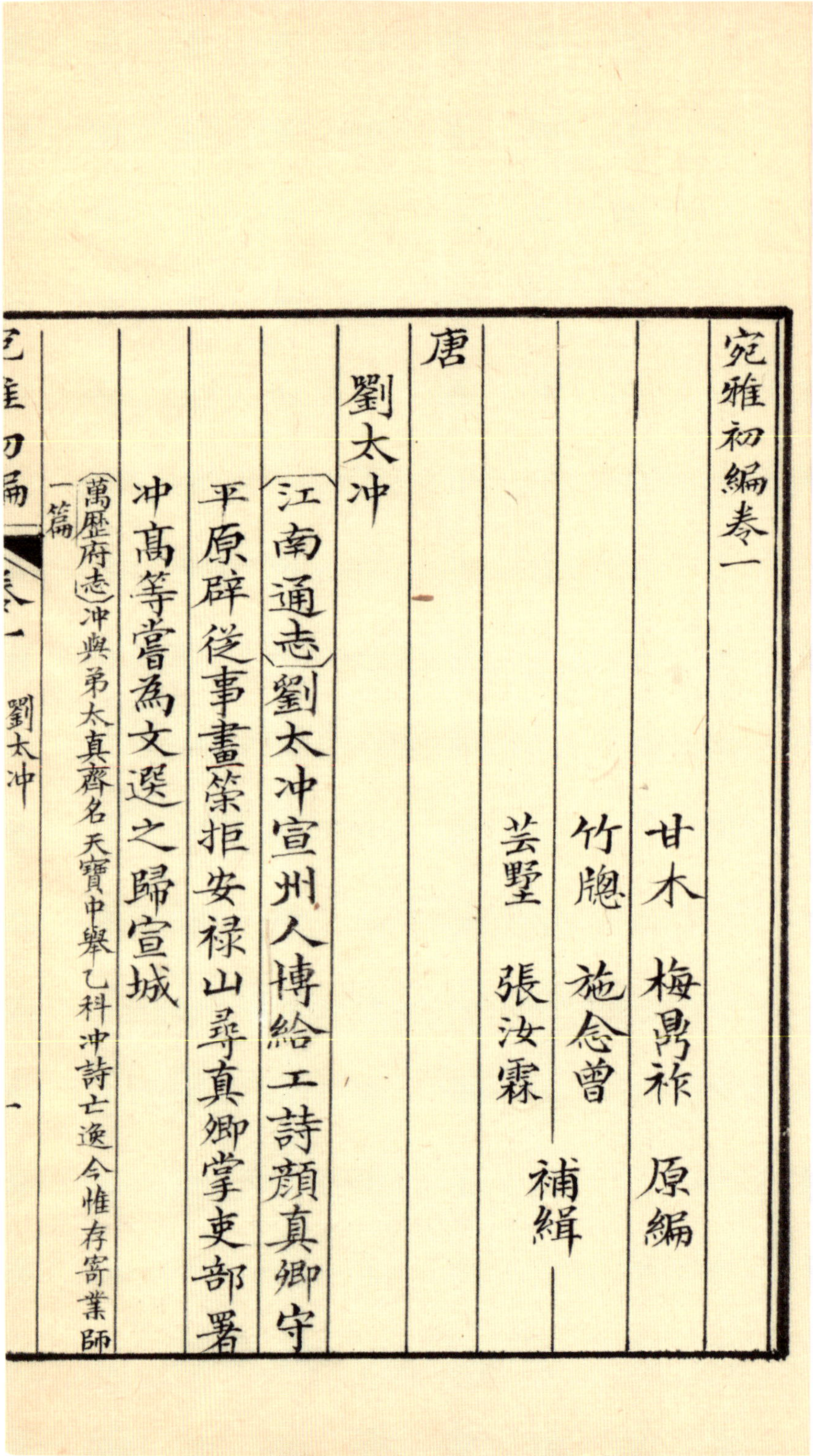
宛雅初編卷一

甘木　梅鼎祚　原編

竹牕　施念曾

芸墅　張汝霖　補緝

唐

劉太冲

〔江南通志〕劉太冲宣州人博給工詩顔真卿守平原辟從事畫策拒安禄山尋真卿掌吏部署冲高等嘗為文選之歸宣城

〔萬歷府志〕冲與弟太真齊名天寶中舉乙科冲詩亡逸今惟存寄業師一篇

宛雅初編　卷一　劉太冲　一

宛雅三編四十卷　（清）梅鼎祚編　（清）張汝霖輯　清乾隆十四年（1749）西阪草堂刻本

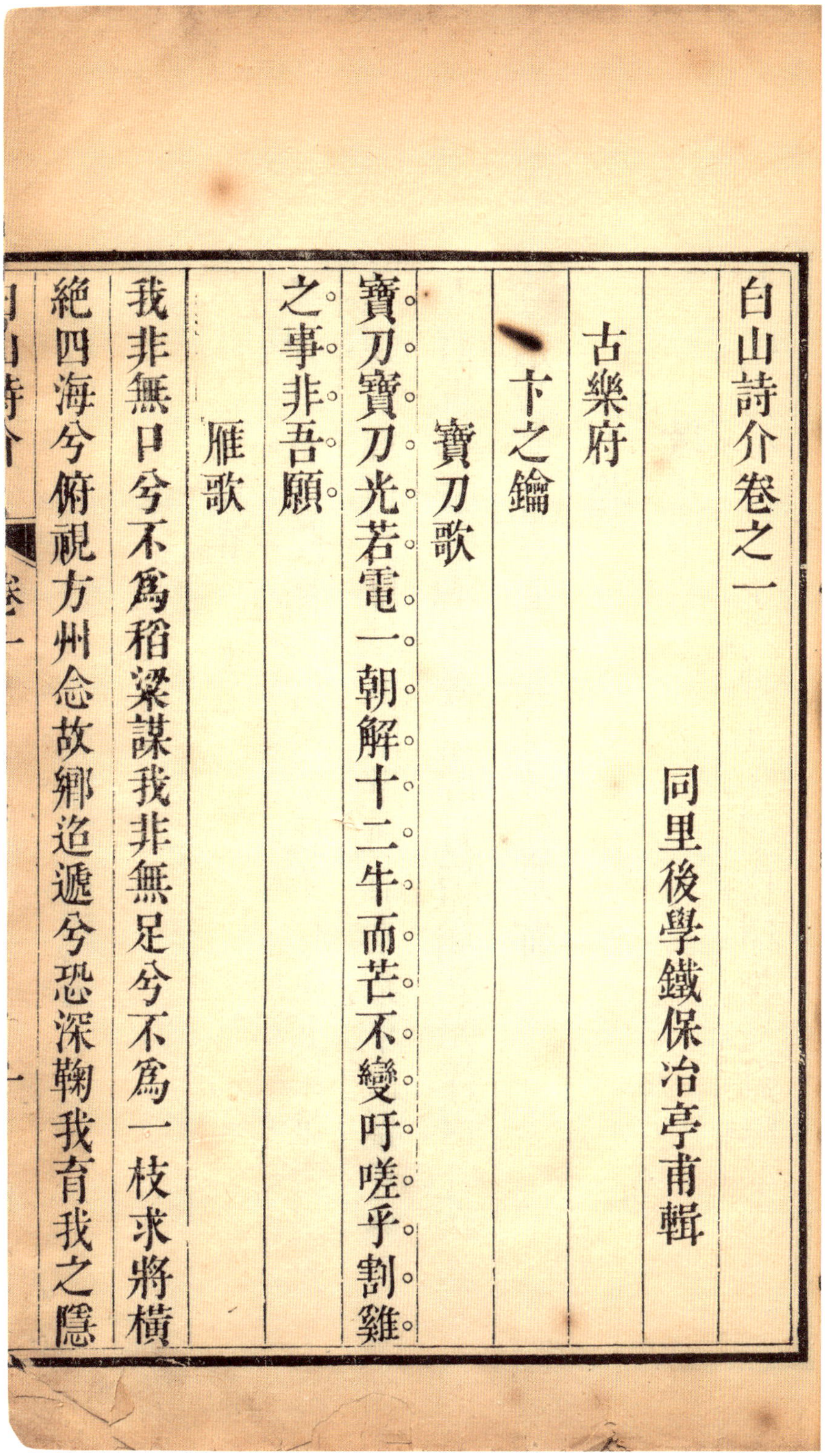

白山詩介卷之一

同里後學鐵保冶亭甫輯

古樂府

卞之鑰

寶刀歌

寶刀寶刀光若電一朝解十二牛而芒不變吁嗟乎割雞之事非吾願

雁歌

我非無尸兮不爲稻粱謀我非無足兮不爲一枝求將橫絕四海兮俯視方州念故鄉迢遞兮恐深鞠我育我之隱

白山詩介十卷　（清）鐵保輯　清嘉慶六年（1801）鐵保刻本

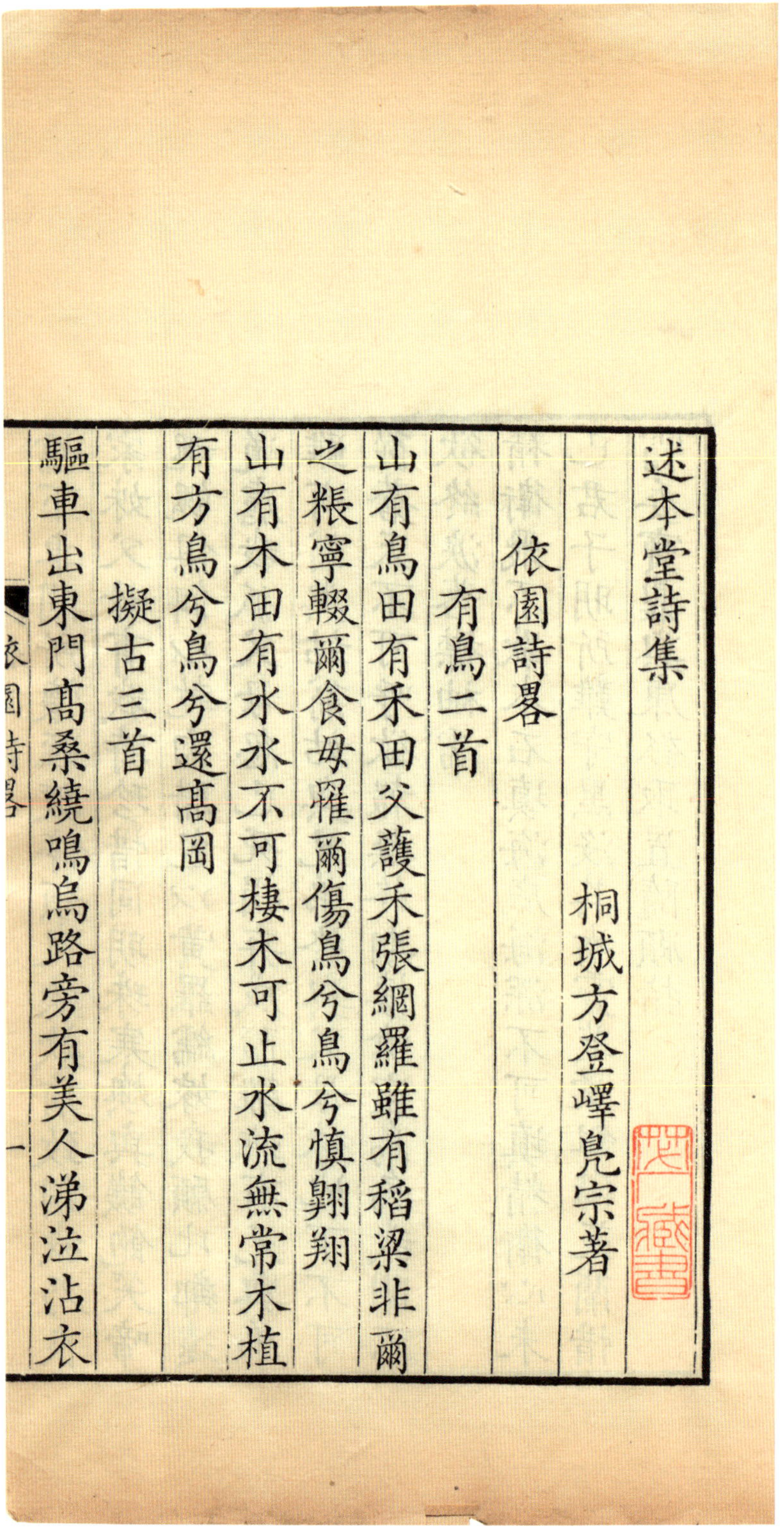
述本堂詩集

桐城方登嶧鳧宗著

依園詩畧

有鳥二首

山有鳥田有禾田父護禾張網羅雖有稻粱非爾
之粻寧輟爾食毋罹爾傷鳥兮鳥兮愼翱翔
山有木田有水水不可棲木可止水流無常木植
有方鳥兮鳥兮還高岡

擬古三首

驅車出東門高桑繞鳴烏路旁有美人涕泣沾衣

依園詩畧　一

述本堂詩集十八種　（清）方觀承等輯　清乾隆二十年（1755）方氏自刻本

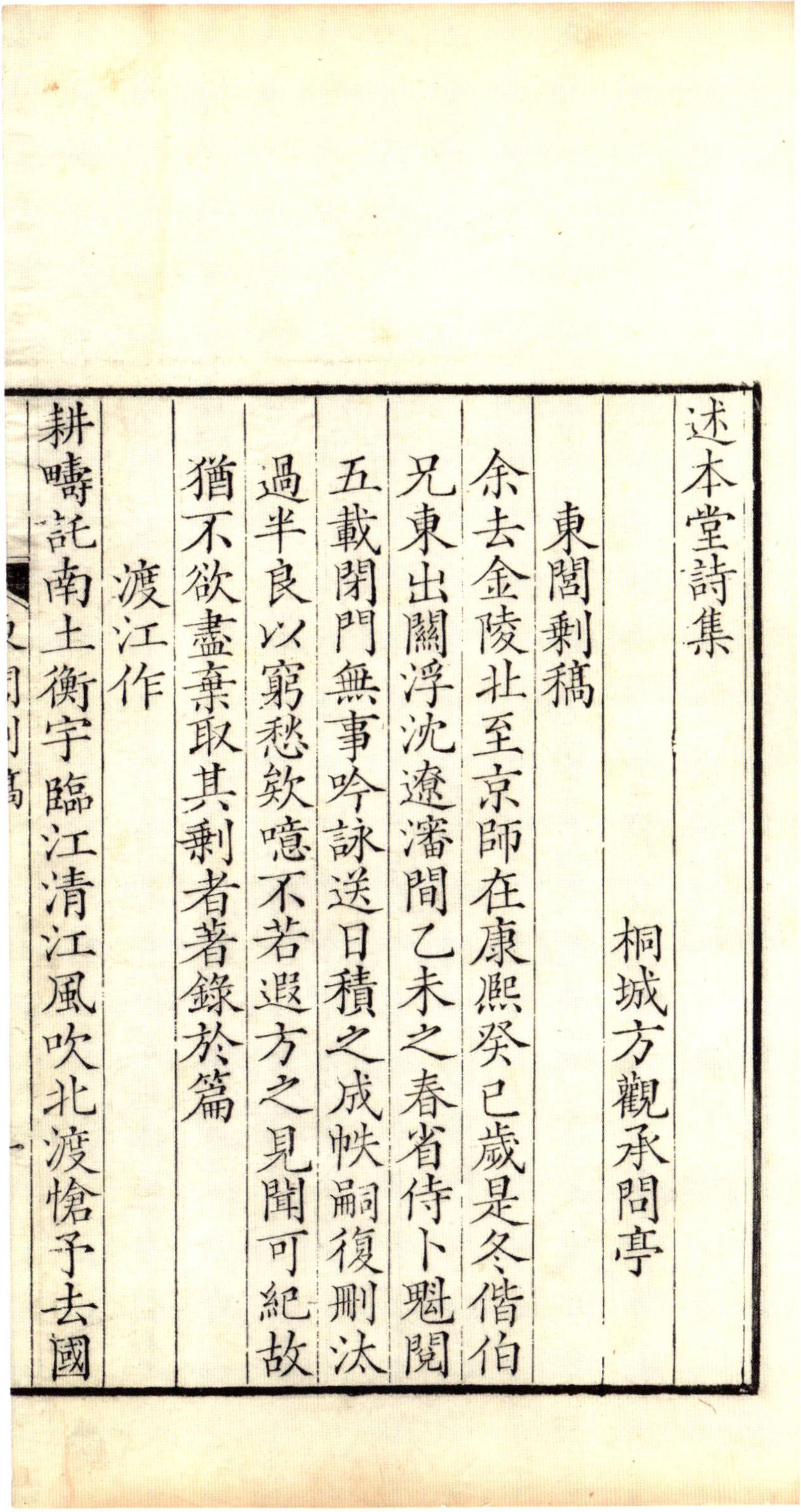

述本堂詩集

桐城方觀承問亭

東閣剩稿

余去金陵壯至京師在康熙癸巳歲是冬偕伯兄東出關浮沈遼瀋間乙未之春省侍卜魁閱五載閉門無事吟詠送日積之成帙嗣復删汰過半良以窮愁欸噫不若遐方之見聞可紀故猶不欲盡棄取其剩者著錄於篇

渡江作

耕疇託南土衡宇臨江清江風吹北渡愴予去國

述本堂詩集十八卷　（清）方觀承等撰　清乾隆十九年（1754）刻本

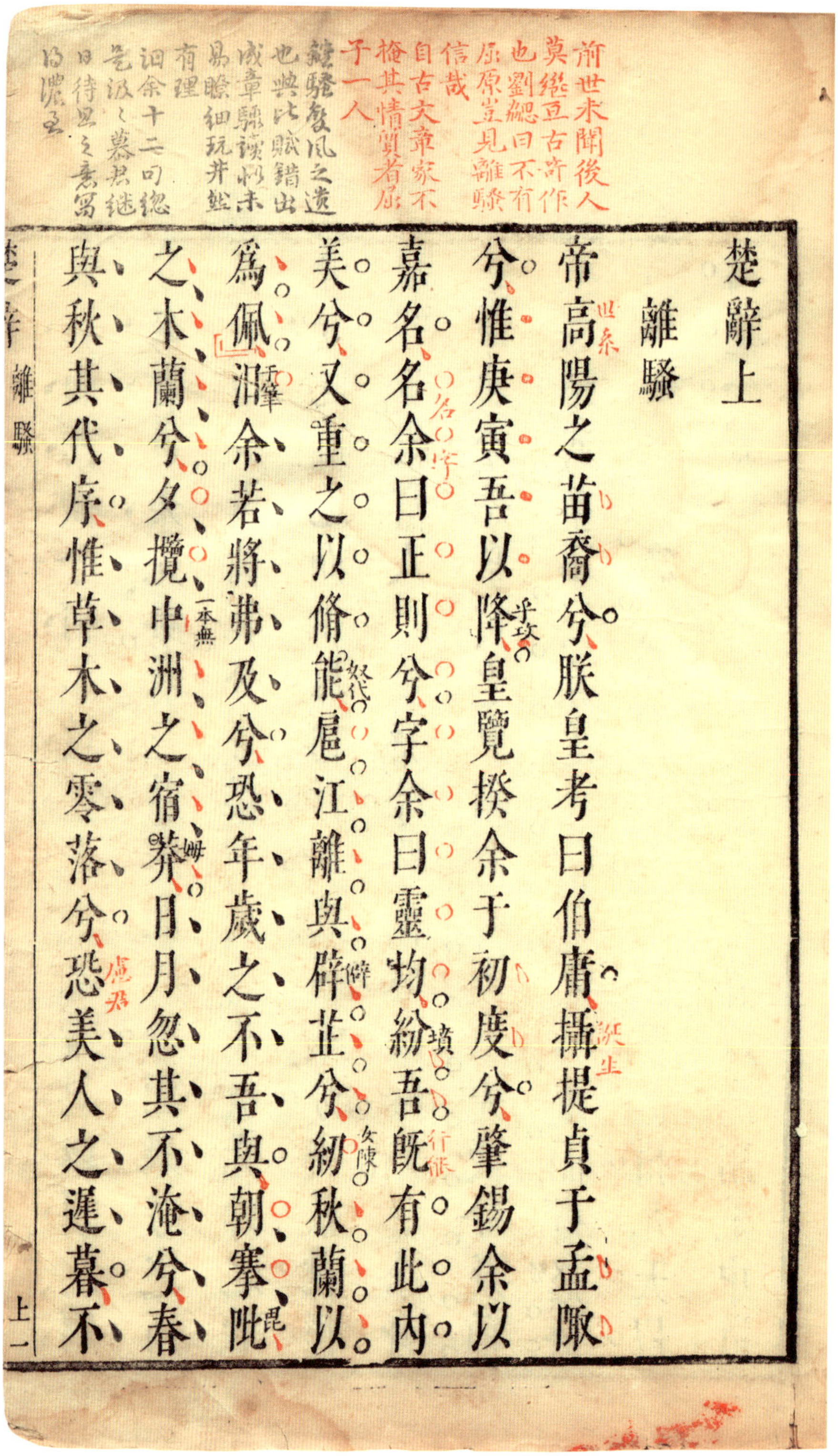
楚辭上
離騷
帝高陽之苗裔兮朕皇考曰伯庸攝提貞于孟陬
兮惟庚寅吾以降皇覽揆余于初度兮肇錫余以
嘉名名余曰正則兮字余曰靈均紛吾既有此內
美兮又重之以脩能扈江離與辟芷兮紉秋蘭以
爲佩汩余若將弗及兮恐年歲之不吾與朝搴阰
之木蘭兮夕攬中洲之宿莽日月忽其不淹兮春
與秋其代序惟草木之零落兮恐美人之遲暮不
楚辭　離騷　上一

楚辭二卷　（戰國楚）屈原等撰　明萬曆四十八年（1620）烏程閔齊伋校刻三色套印本

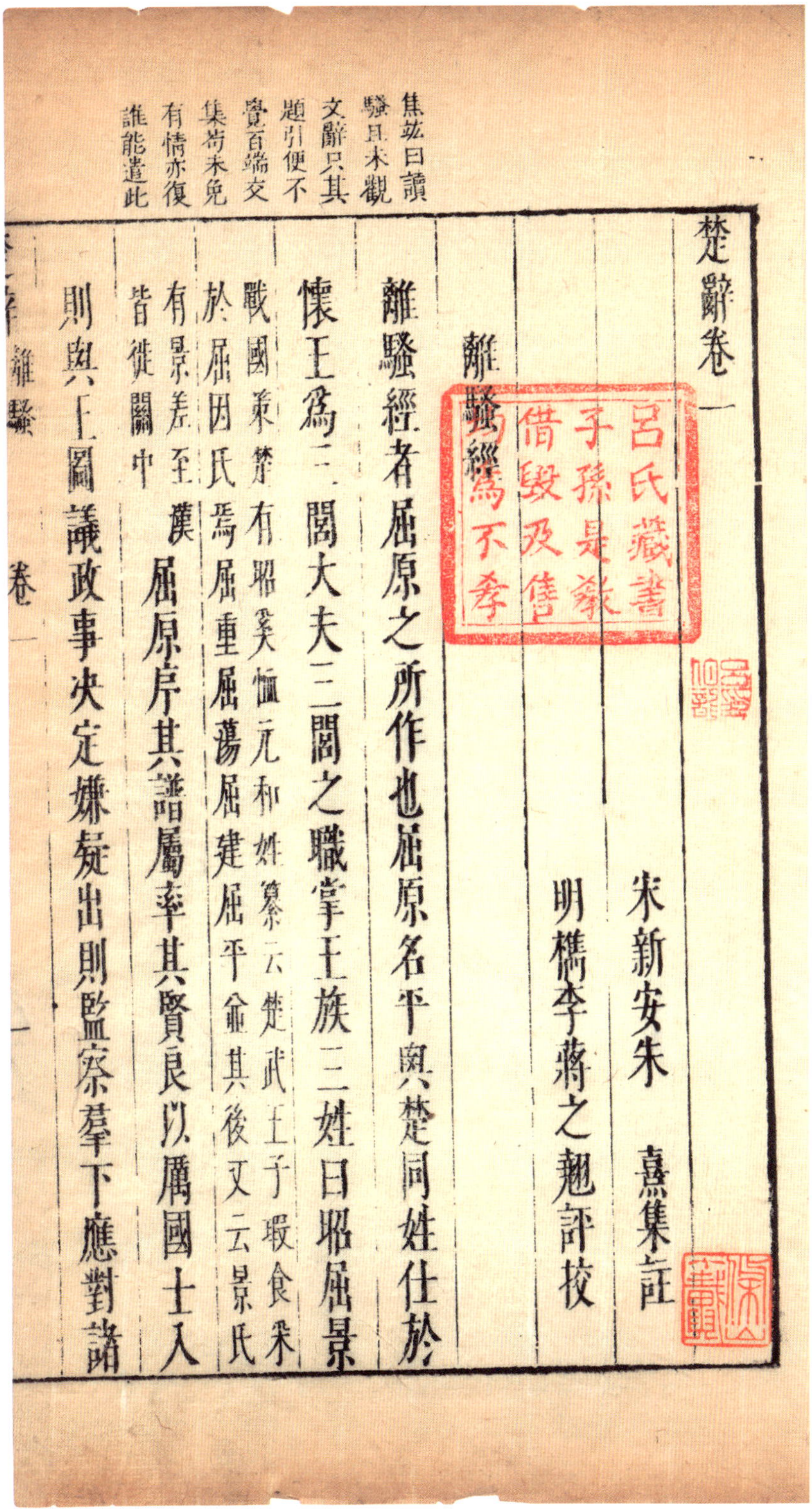
焦竑曰讀騷且未觀文辭只其題引便不覺百端交集苟未免有情亦復誰能遣此

楚辭卷一

宋新安朱　熹集註

明檇李蔣之翹評校

離騷經

呂氏藏書子孫是教借毀及售為不孝

離騷經者屈原之所作也屈原名平與楚同姓仕於懷王為三閭大夫三閭之職掌王族三姓曰昭屈景戰國策楚有昭奚恤元和姓纂云楚武王子瑕食采於屈因氏焉屈重屈蕩屈建屈平並其後又云景氏有景差至漢皆徙關中屈原序其譜屬率其賢良以厲國士入則與王圖議政事決定嫌疑出則監察群下應對諸

楚辭　離騷　卷一

楚辭八卷辯證二卷後語八卷　（宋）朱熹集註　（明）蔣之翹評校　明天啓六年（1626）忠雅堂刻本

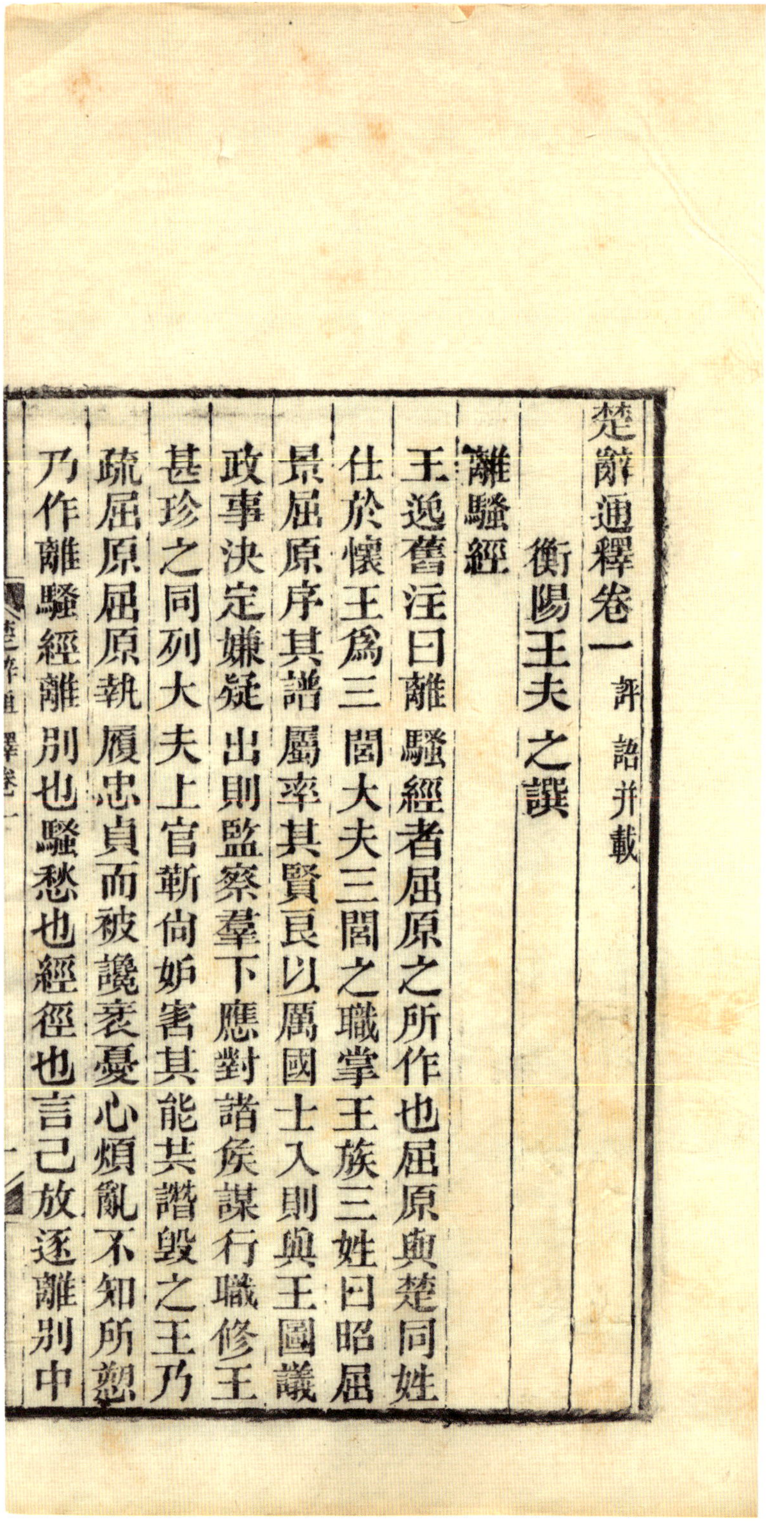

楚辭通釋卷一 評語并載

衡陽王夫之譔

離騷經

王逸舊注曰離騷經者屈原之所作也屈原與楚同姓仕於懷王爲三閭大夫三閭之職掌王族三姓曰昭屈景屈原序其譜屬率其賢良以厲國士入則與王圖議政事決定嫌疑出則監察羣下應對諸侯謀行職修王甚珍之同列大夫上官靳尚妒害其能共譖毁之王乃疏屈原屈原執履忠貞而被讒衺憂心煩亂不知所愬乃作離騷經離別也騷愁也經徑也言已放逐離別中

楚辭通釋十四卷末一卷 （清）王夫之撰 清同治四年（1865）湘鄉曾氏金陵節使刻本

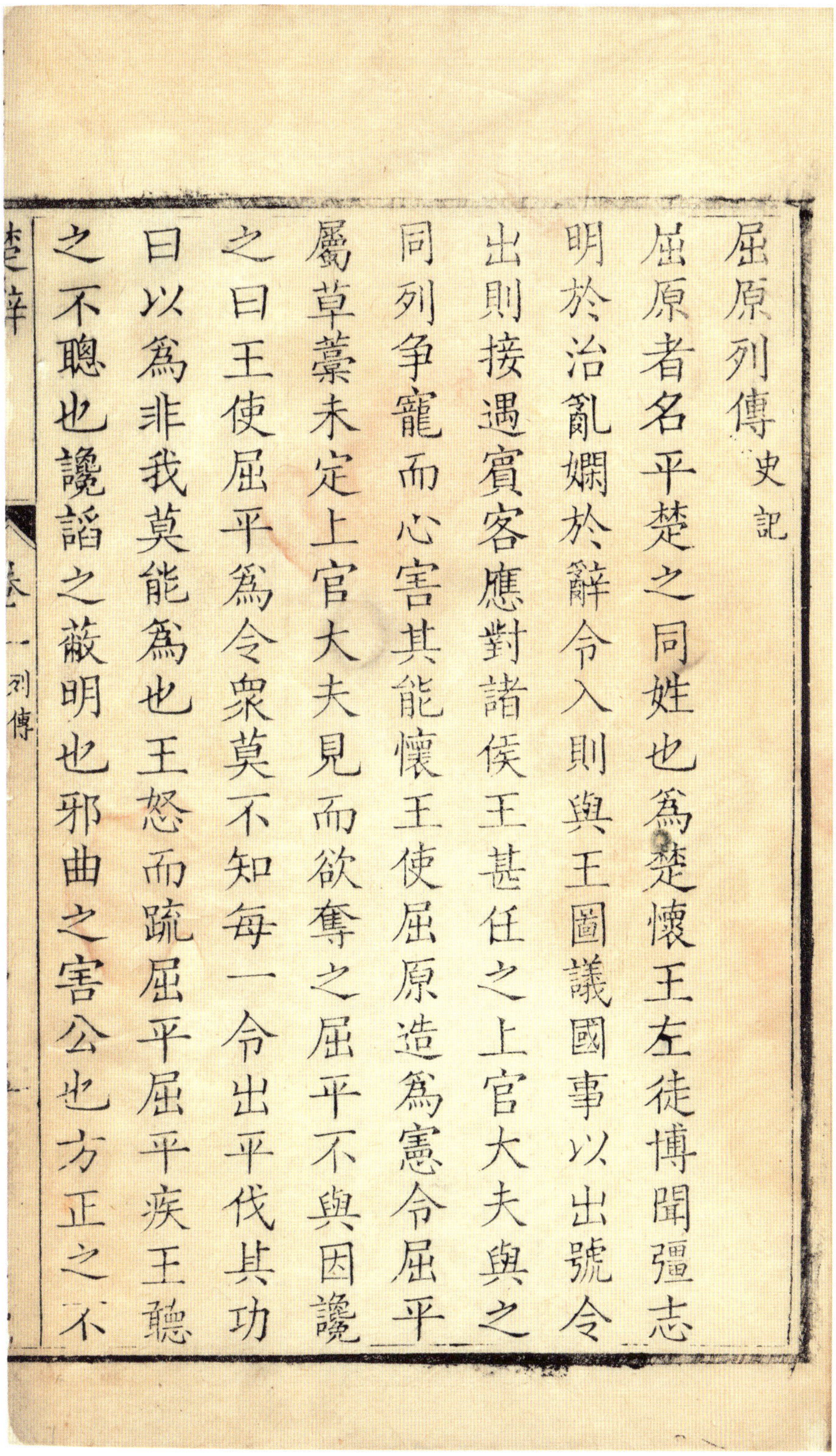

楚辭　卷一　列傳

屈原列傳　史記

屈原者名平楚之同姓也爲楚懷王左徒博聞彊志明於治亂嫻於辭令入則與王圖議國事以出號令出則接遇賓客應對諸侯王甚任之上官大夫與之同列爭寵而心害其能懷王使屈原造爲憲令屈平屬草藁未定上官大夫見而欲奪之屈平不與因讒之曰王使屈平爲令衆莫不知每一令出平伐其功曰以爲非我莫能爲也王怒而疏屈平屈平疾王聽之不聰也讒諂之蔽明也邪曲之害公也方正之不

楚辭新注八卷　（清）屈復撰　清乾隆三年（1738）屈氏刻本

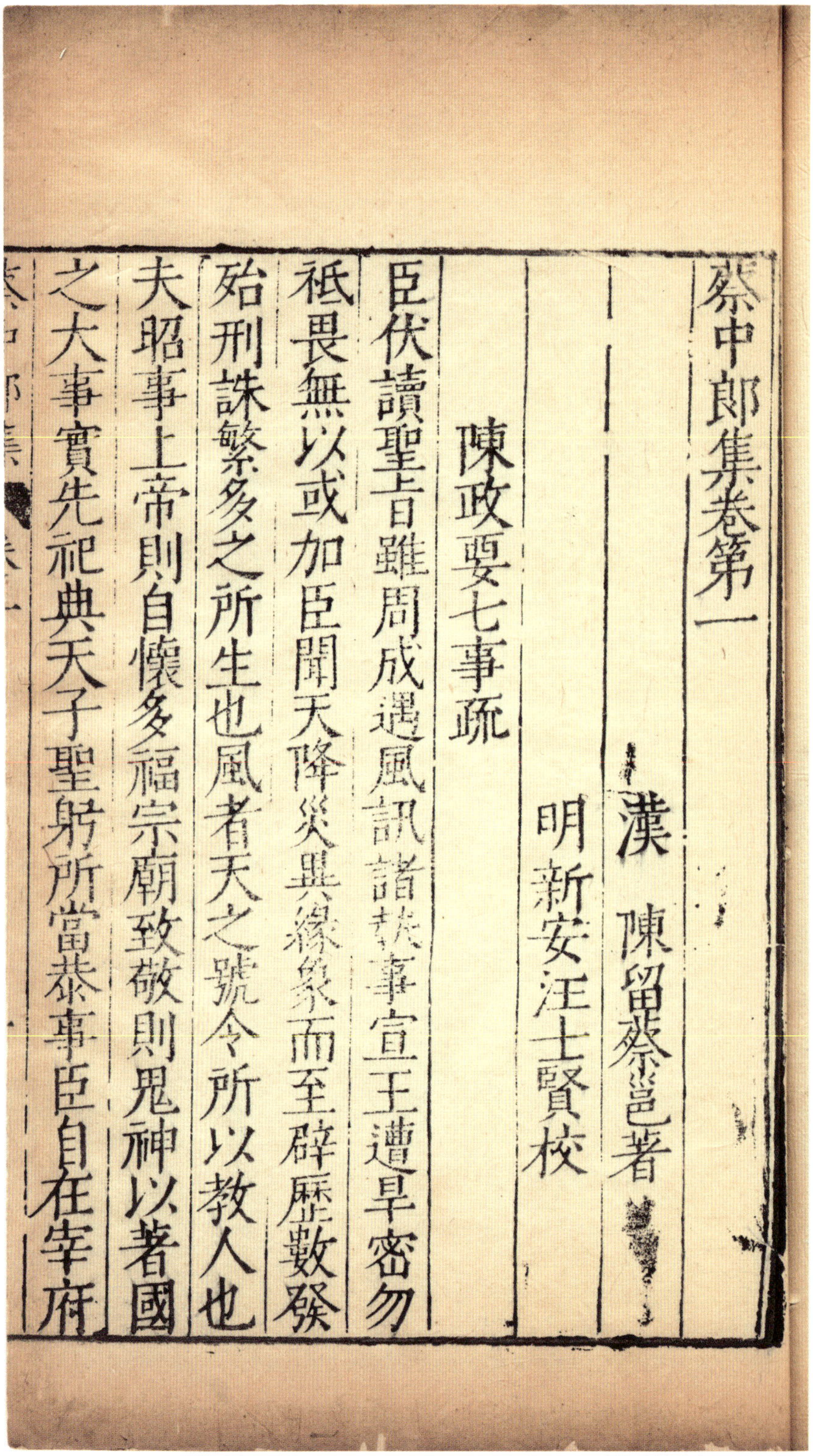
蔡中郎集卷第一
漢　陳留蔡邕著
明　新安汪士賢校
陳政要七事疏
臣伏讀聖旨雖周成遇風訊諸執事宣王遭旱密勿
祗畏無以或加臣聞天降災異緣象而至辟歷數發
殆刑誅繁多之所生也風者天之號令所以教人也
夫昭事上帝則自懷多福宗廟致敬則鬼神以著國
之大事實先祀典天子聖躬所當恭事臣自在宰府

蔡中郎集八卷　（漢）蔡邕撰　（明）汪士賢校　明汪士賢刻漢魏諸名家集本

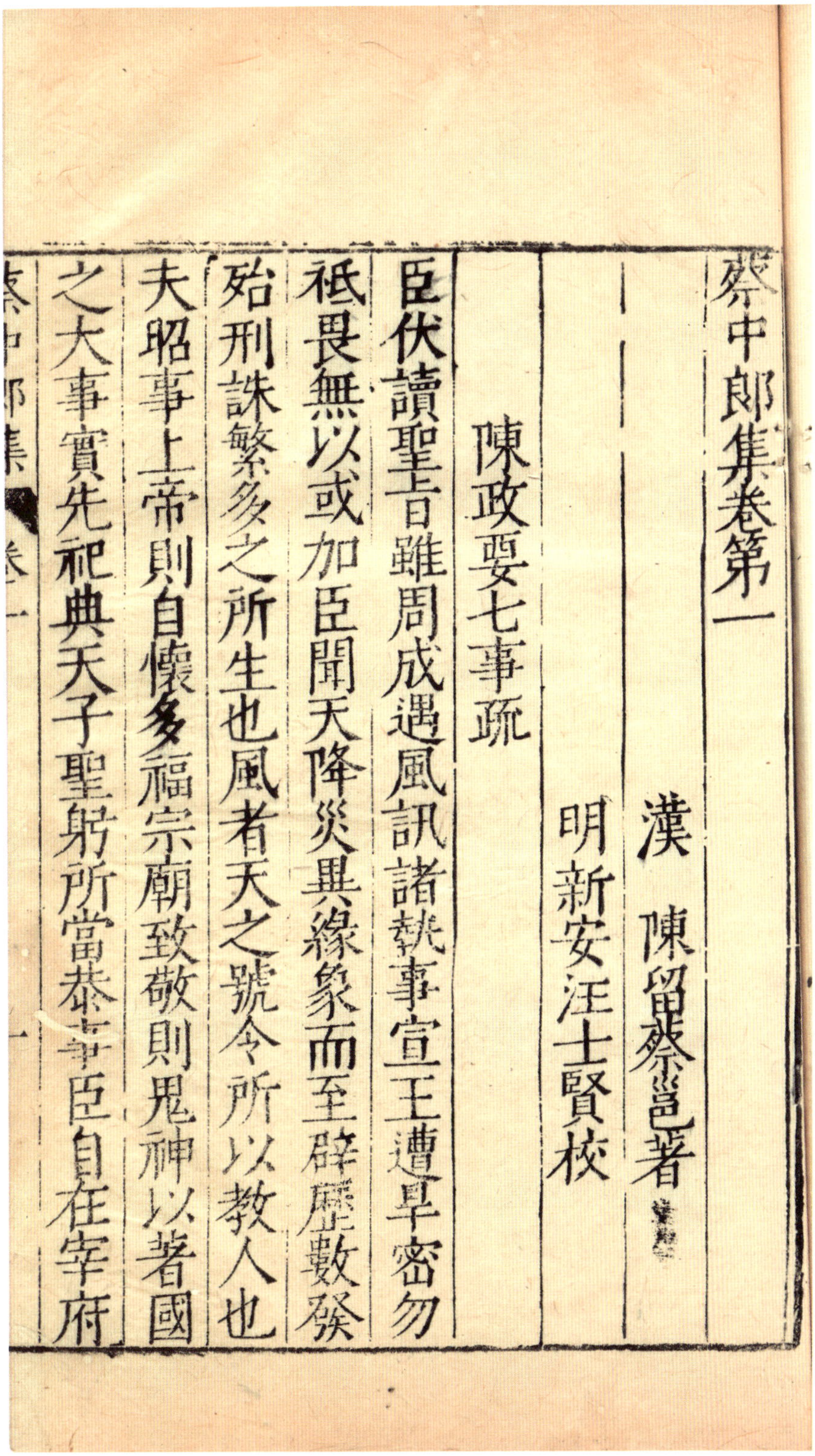
蔡中郎集卷第一

漢　陳留蔡邕著

明新安汪士賢校

陳政要七事疏

臣伏讀聖旨雖周成遇風訊諸執事宣王遭旱密勿祗畏無以或加臣聞天降災異緣象而至辟歷數發殆刑誅繁多之所生也風者天之號令所以教人也夫昭事上帝則自懷多福宗廟致敬則鬼神以著國之大事實先祀典天子聖躬所當恭事臣自在宰府

蔡中郎集　卷一　一

蔡中郎集八卷　（漢）蔡邕撰　（明）汪士賢校　明汪士賢刻漢魏諸名家集本

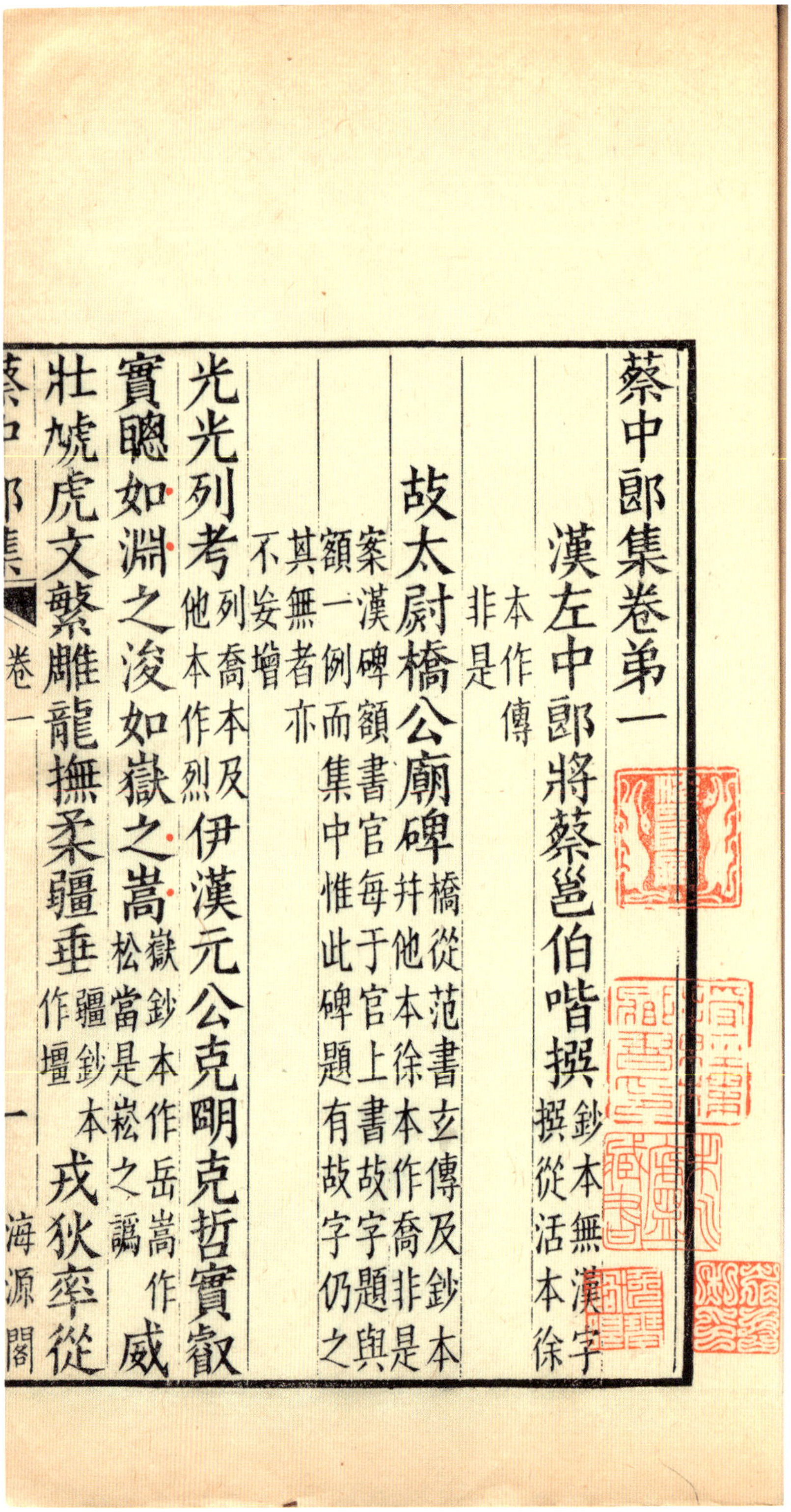

蔡中郎集十卷外紀一卷外集四卷列傳一卷年表一卷　（漢）蔡邕撰　清咸豐二年（1852）東郡楊氏海源閣刻本

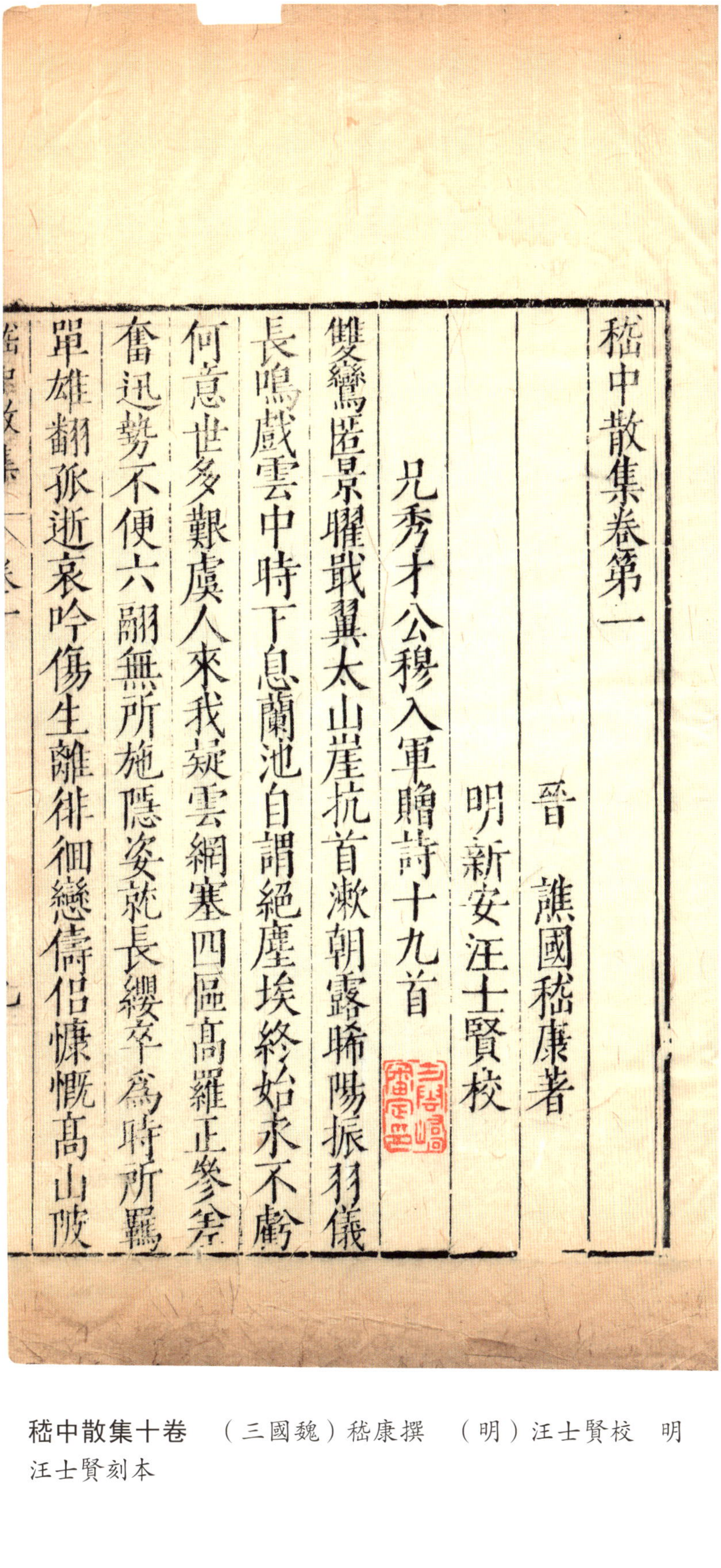

嵇中散集十卷　（三國魏）嵇康撰　（明）汪士賢校　明汪士賢刻本

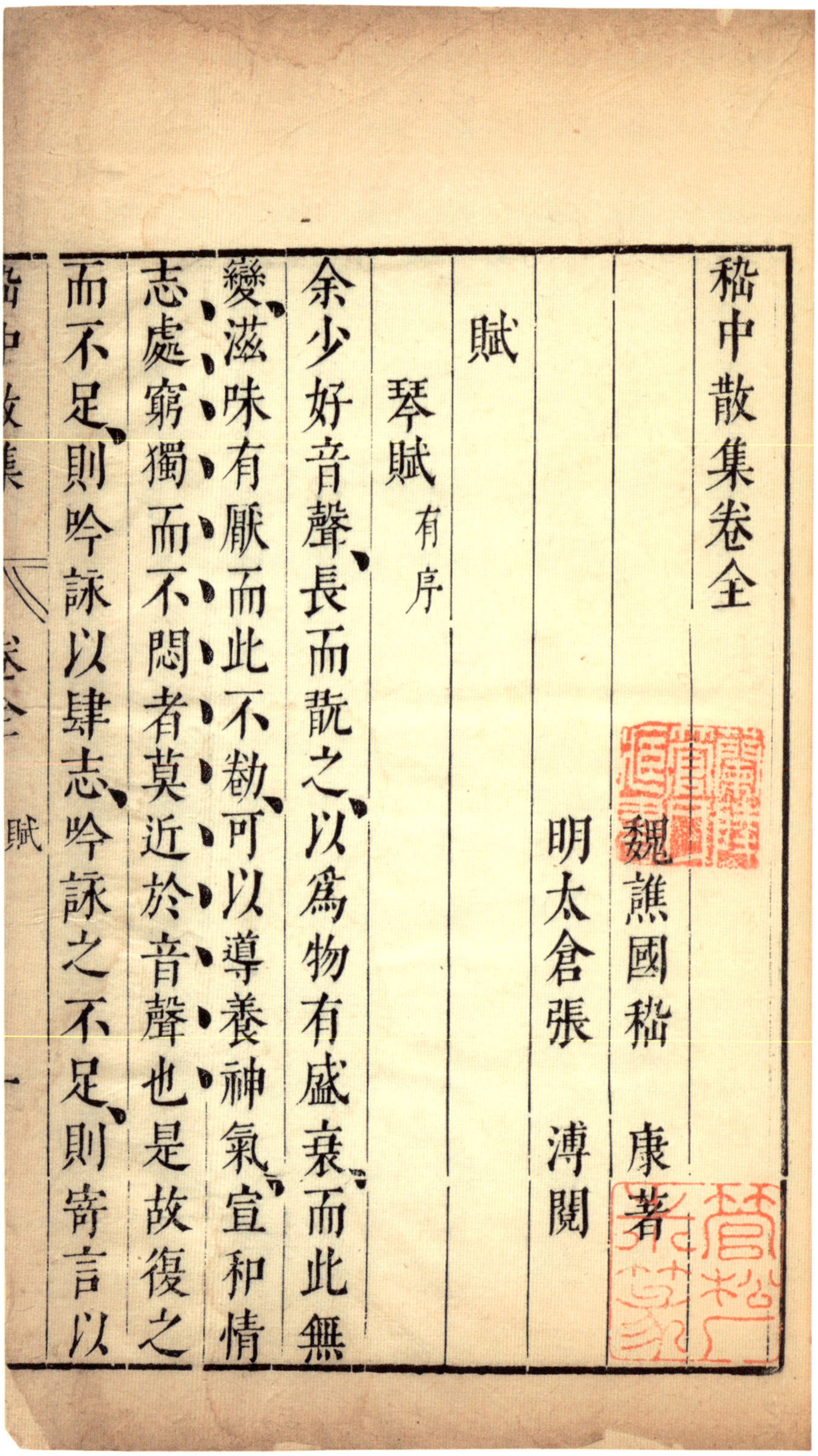

嵇中散集卷全

魏譙國嵇　康著

明太倉張　溥閲

賦

琴賦有序

余少好音聲長而翫之以爲物有盛衰而此無變滋味有厭而此不勌可以導養神氣宣和情志處窮獨而不悶者莫近於音聲也是故復之而不足則吟詠以肆志吟詠之不足則寄言以

嵇中散集　卷全　賦　一

嵇中散集一卷　（三國魏）嵇康撰　明崇禎張溥刻漢魏六朝百三家集本

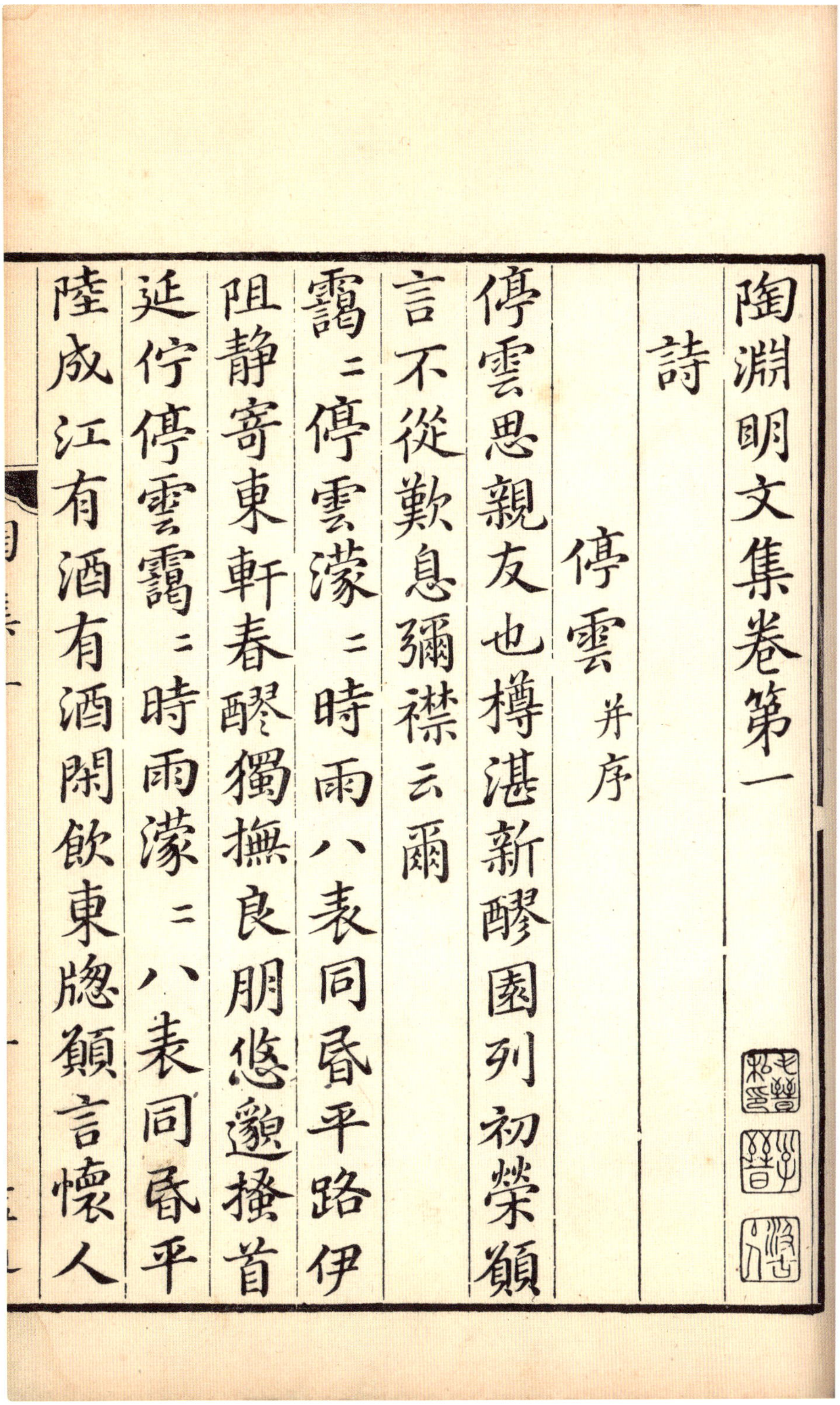
陶淵明文集卷第一

詩

停雲 并序

停雲思親友也罇湛新醪園列初榮願

言不從歎息彌襟云爾

靄靄停雲濛濛時雨八表同昏平路伊

阻靜寄東軒春醪獨撫良朋悠邈搔首

延佇停雲靄靄時雨濛濛八表同昏平

陸成江有酒有酒閑飲東牕願言懷人

陶淵明文集十卷　（晋）陶潛撰　清嘉慶十二年（1807）魯銓影宋刻本

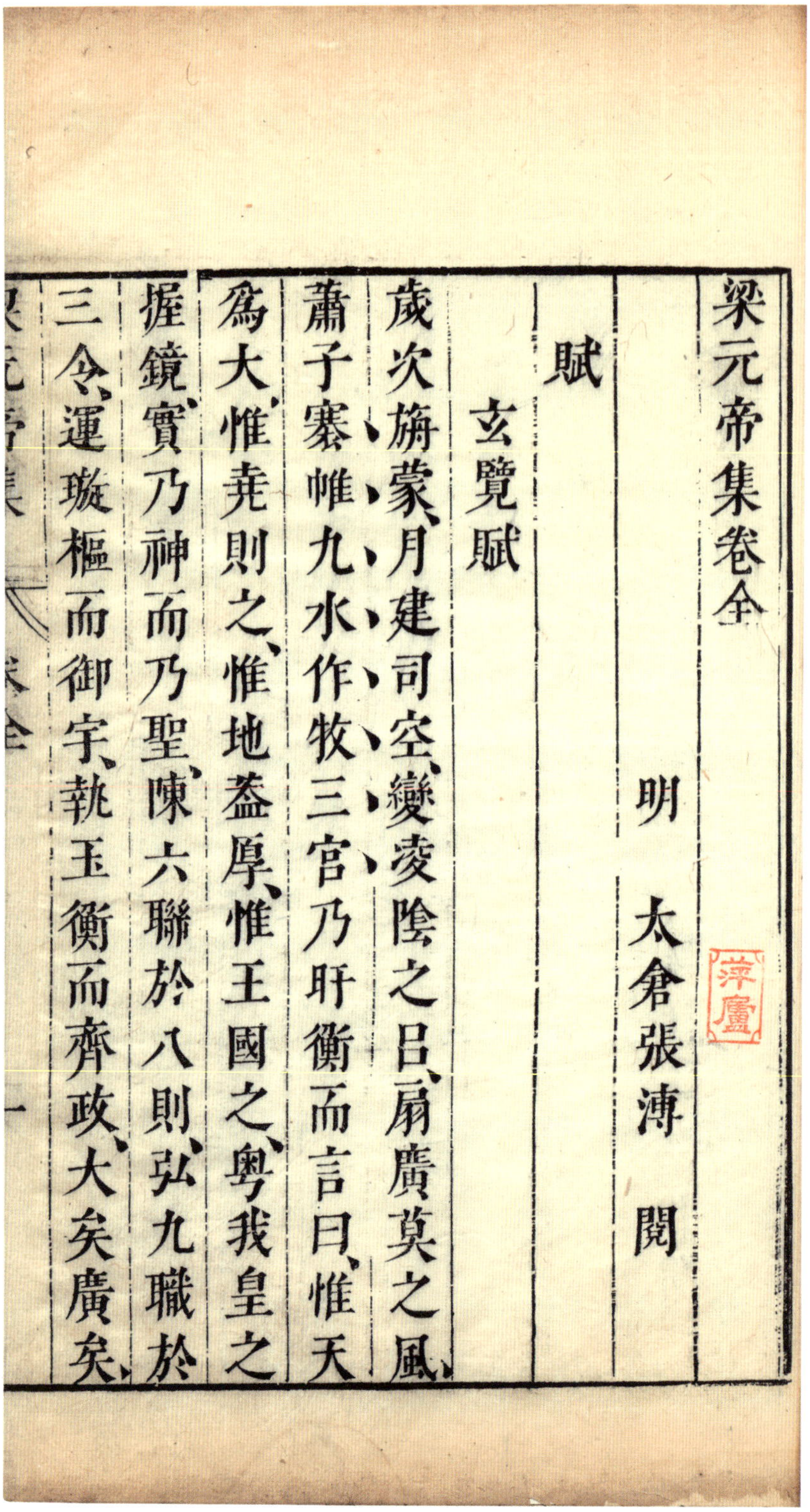

梁元帝集卷全

明　太倉張溥閱

賦

玄覽賦

歲次旃蒙、月建司空、變麥陰之呂、扇廣莫之風、蕭子褰帷、九水作牧、三宮乃盱衡而言曰、惟天爲大、惟堯則之、惟地蓋厚、惟王國之、粤我皇之握鏡、實乃神而乃聖、陳六聯於八則、弘九職於三令、運璇樞而御宇、執玉衡而齊政、大矣廣矣、

梁元帝集　卷全　一

梁元帝集一卷　（南朝梁）元帝蕭繹撰　（明）張溥輯

明崇禎張溥刻漢魏六朝百三家集本

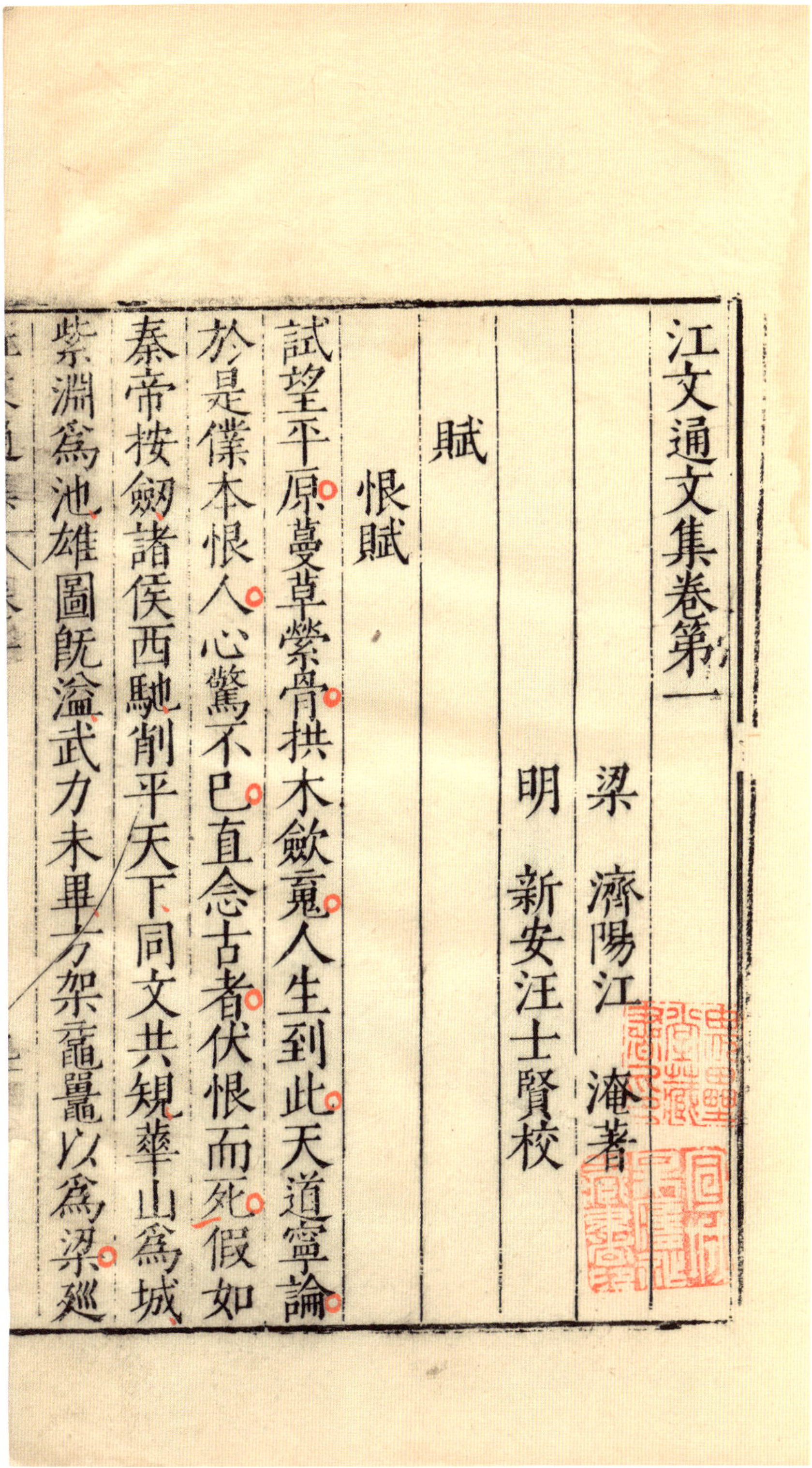
江文通文集卷第一
梁 濟陽江 淹著
明 新安汪士賢校
賦
恨賦
試望平原蔓草縈骨拱木斂魂人生到此天道寧論
於是僕本恨人心驚不已直念古者伏恨而死假如
秦帝按劒諸侯西馳削平天下同文共規華山爲城
紫淵爲池雄圖旣溢武力未畢方架黿鼉以爲梁巡

江文通文集十卷 （南朝梁）江淹撰 （明）汪士賢校

明萬曆天啓新安汪士賢刻漢魏六朝集本

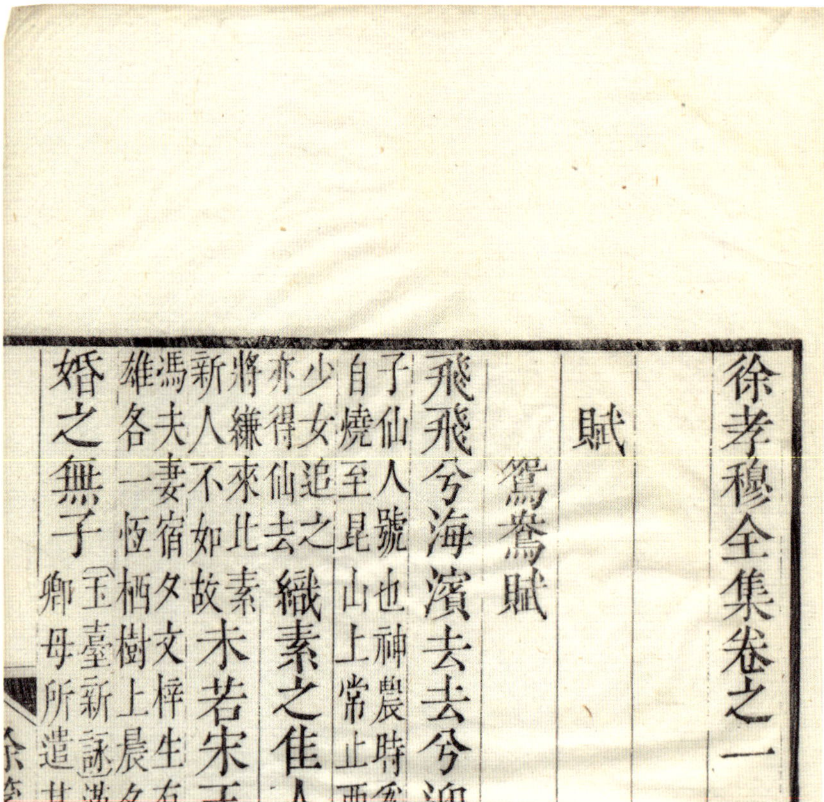
徐孝穆全集卷之一
吳江吳兆宜顯令箋注
賦
鴛鴦賦
飛飛兮海濱去去兮迎春炎皇之季女漢張良傳注師古曰赤松子仙人號也神農時爲雨師服水土教神農能入火自燒至昆山上常止西王母石室隨風雨上下炎帝少女追之亦得仙去織素之佳人古詩新人工織縑故人工織素織縑日一匹織素五丈餘將縑來比素新人不如故未若宋王之小史含情而死列異傳宋康王埋韓馮夫妻宿夕文梓生有鴛鴦雌雄各一恆栖樹上晨夕交頸憶少婦之生離恨新婚之無子玉臺新詠漢建安中焦仲卿妻劉氏爲仲卿母所遣其家逼嫁沒水仲卿亦縊人哀

徐孝穆全集六卷　（南朝陳）徐陵撰　（清）吴兆宜箋注
徐孝穆備考　（清）徐文炳補輯　清乾隆揚州吴氏藝古堂刻本

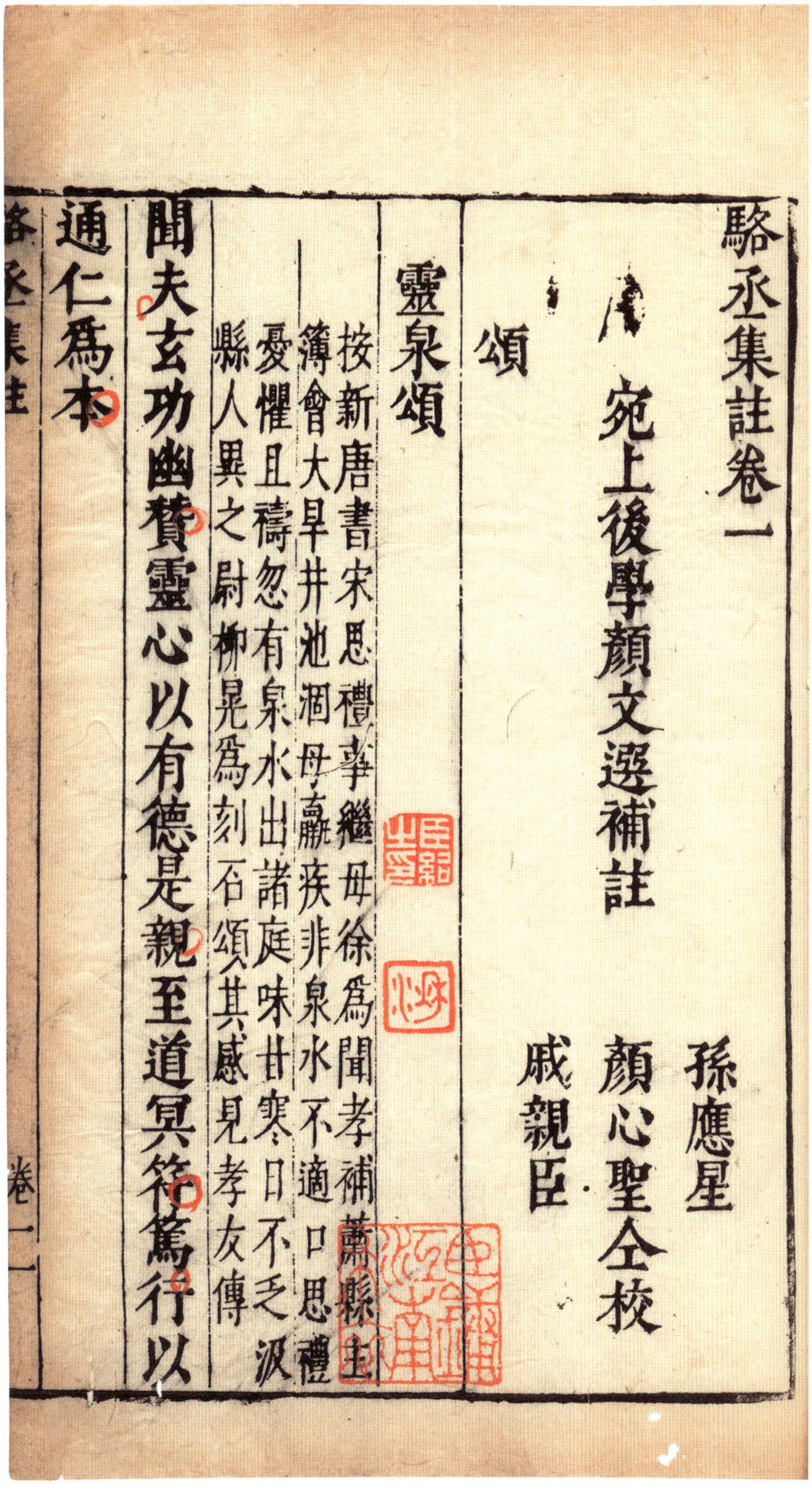
駱丞集註卷一

唐　宛上後學顏文選補註　孫應星

顏心聖仝校

戚親臣

頌

靈泉頌

按新唐書宋思禮事繼母徐爲聞孝補蕭縣主
簿會大旱井池涸母羸疾非泉水不適口思禮
憂懼且禱忽有泉水出諸庭味甘寒日不乏汲
縣人異之尉柳晃爲刻石頌其感見孝友傳

聞夫玄功幽贊靈心以有德是親至道冥符篤行以
通仁爲本

駱丞集註　卷一　一

駱丞集註四卷　（唐）駱賓王撰　（明）顏文選註　明萬曆四十三年（1615）顏文選刻本

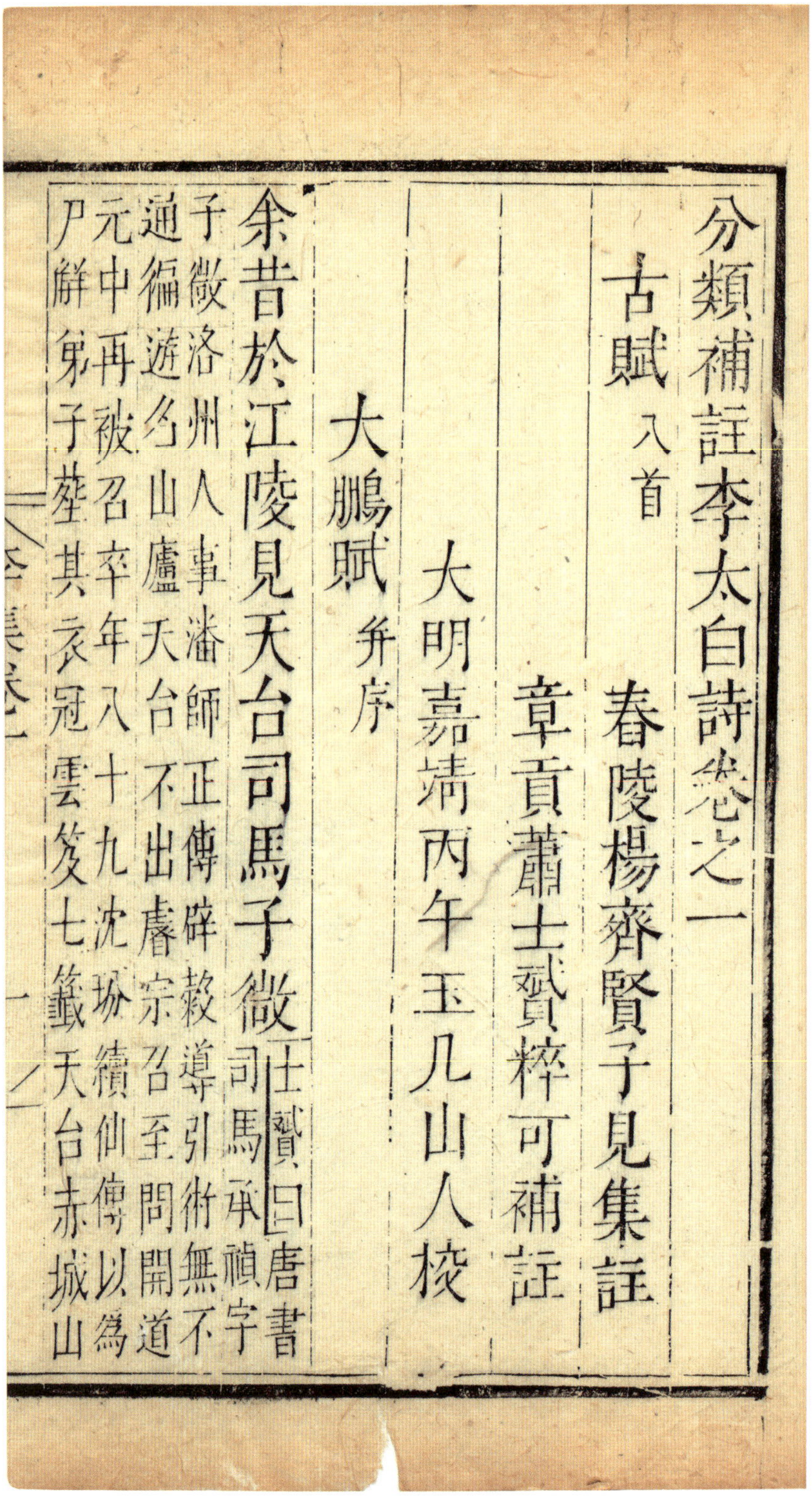
分類補註李太白詩卷之一

古賦八首　春陵楊齊賢子見集註

章貢蕭士贇粹可補註

大明嘉靖丙午玉几山人校

大鵬賦并序

余昔於江陵見天台司馬子微士贇曰唐書司馬承禎字子微洛州人事潘師正傳辟穀導引術無不通徧遊名山廬天台不出睿宗召至問開道元中再被召卒年八十九沈汾續仙傳以爲尸解弟子葬其衣冠雲笈七籤天台赤城山

分類補註李太白詩二十五卷　（唐）李白撰　（宋）楊齊賢集註　（元）蕭士贇補註　明六經堂刻本

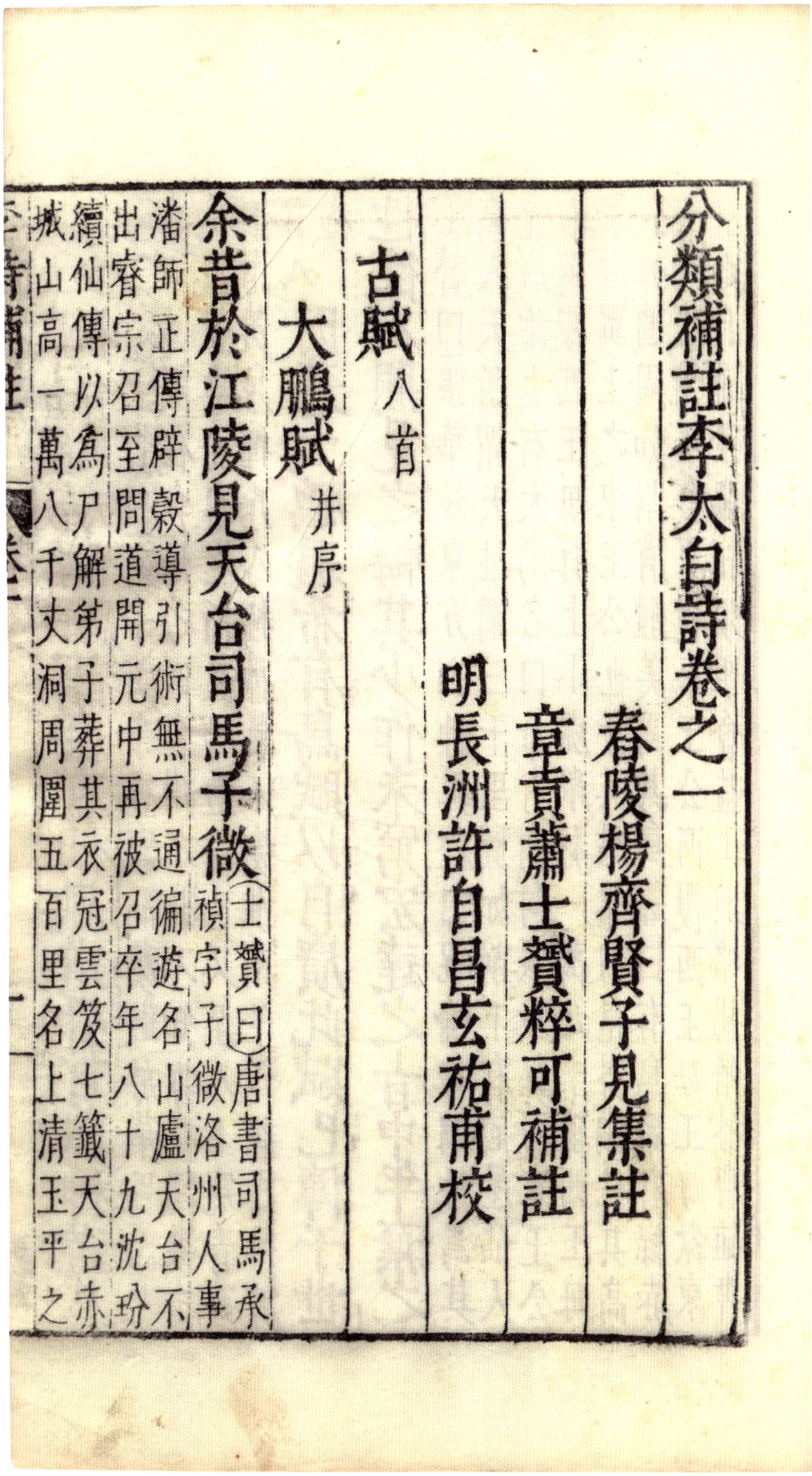
分類補註李太白詩卷之一
春陵楊齊賢子見集註
章貢蕭士贇粹可補註
明長洲許自昌玄祐甫校
古賦八首
大鵬賦并序
余昔於江陵見天台司馬子微（士贇曰）唐書司馬承禎字子微洛州人事
潘師正傳辟穀導引術無不通徧遊名山廬天台不
出睿宗召至問道開元中再被召卒年八十九沈玢
續仙傳以爲尸解弟子葬其衣冠雲笈七籤天台赤
城山高一萬八千丈洞周圍五百里名上清玉平之
李詩補註　卷一　一

分類補註李太白詩二十五卷　（唐）李白撰　（宋）楊齊賢集註　（元）蕭士贇補註　明萬曆長洲許自昌刻本

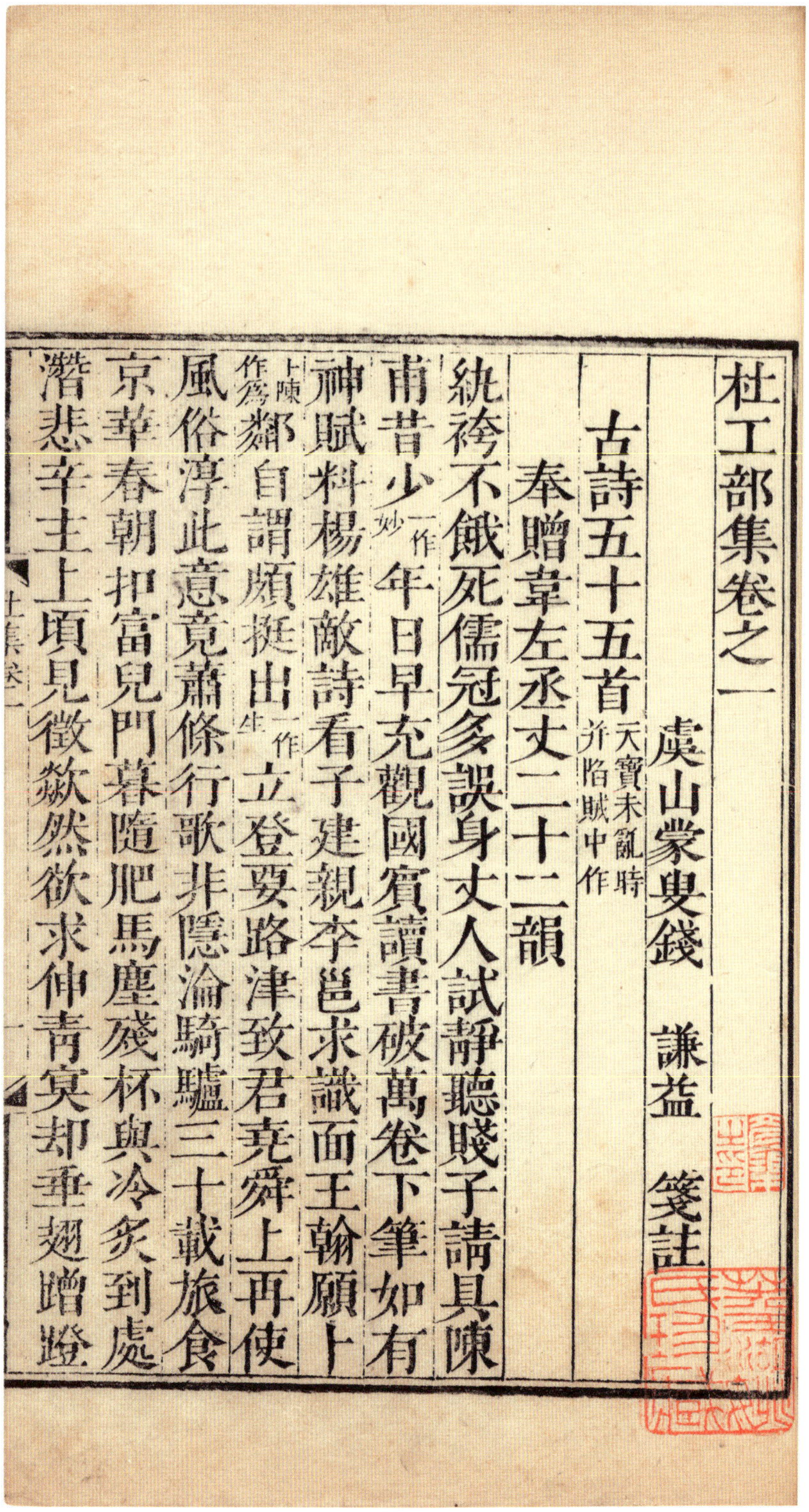
杜工部集卷之一
虞山蒙叟錢　謙益　箋註
古詩五十五首天寶未亂時并陷賊中作
奉贈韋左丞丈二十二韻
紈袴不餓死儒冠多誤身丈人試靜聽賤子請具陳甫昔少一作妙年日早充觀國賓讀書破萬卷下筆如有神賦料楊雄敵詩看子建親李邕求識面王翰願卜上隣作爲鄰自謂頗挺出一作生立登要路津致君堯舜上再使風俗淳此意竟蕭條行歌非隱淪騎驢三十載旅食京華春朝扣富兒門暮隨肥馬塵殘杯與冷炙到處潛悲辛主上頃見徵欻然欲求伸青冥却垂翅蹭蹬

杜工部集二十卷　（唐）杜甫撰　（清）錢謙益箋註　清康熙六年（1667）刻本

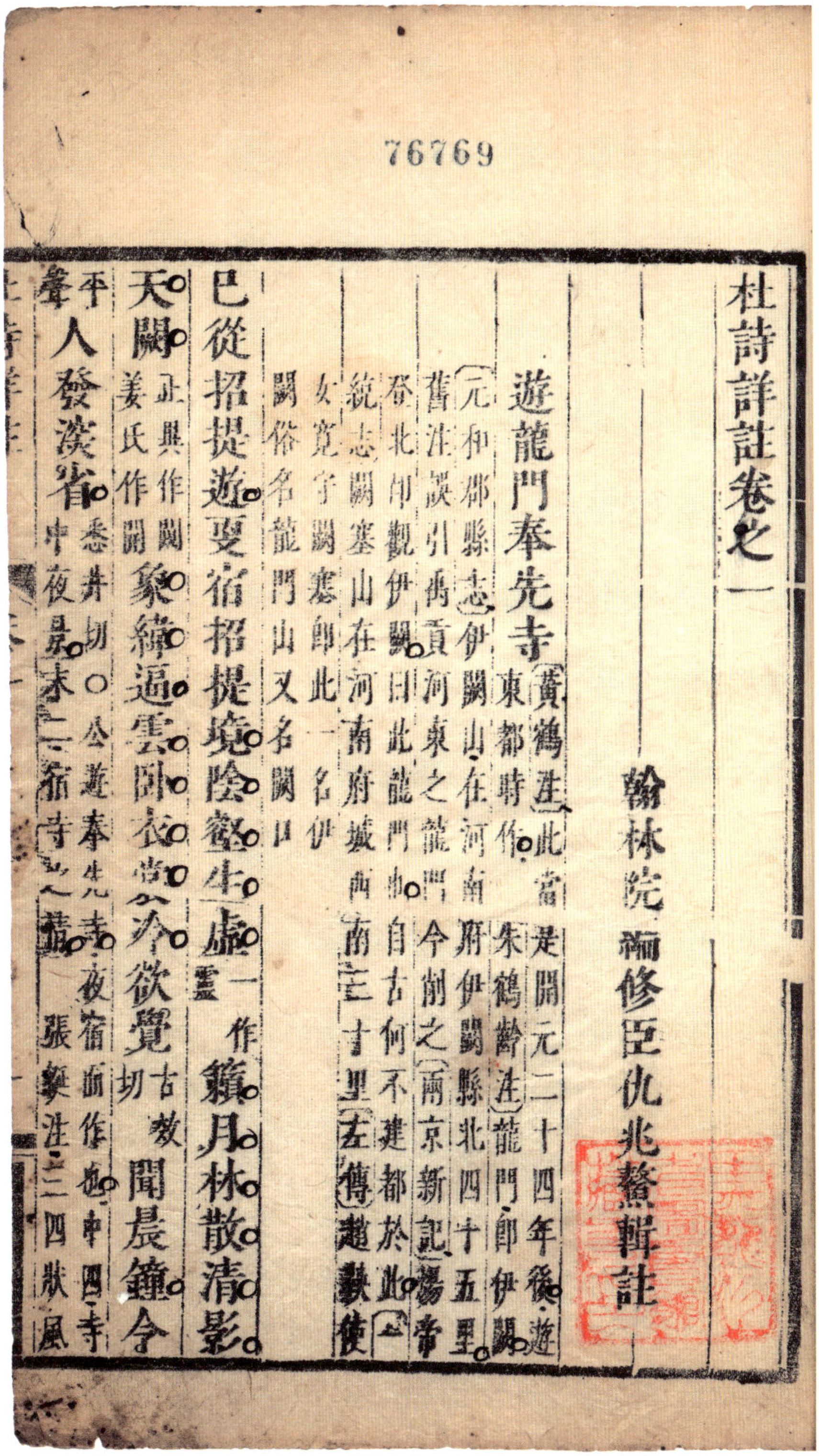

杜詩詳註卷之一

翰林院編修臣仇兆鰲輯註

遊龍門奉先寺【黃鶴注】此當是開元二十四年後遊東都時作。【朱鶴齡注】龍門即伊闕。【元和郡縣志】伊闕山在河南府伊闕縣北四十五里。舊注誤引禹貢河東之龍門，今削之。【兩京新記】煬帝登北邙，觀伊闕，曰：此龍門也，自古何不建都於此。【一統志】闕塞山在河南府城西南三十里。【左傳】趙鞅使女寬守闕塞，即此。一名伊闕，俗名龍門山，又名闕口。

已從招提遊，更宿招提境。陰壑生虛（一作靈）籟，月林散清影。天闕（正與作闕，姜氏作闚）象緯逼，雲臥衣裳冷。欲覺（古教切）聞晨鐘，令人發深省（悉井切）。○公遊奉先寺，夜宿而作也。中四寫寺中夜景，末二宿寺之情。張綖注：二四狀風

杜詩詳註二十五卷附編二卷首一卷　（清）仇兆鰲輯註

清康熙三十二年（1693）刻本

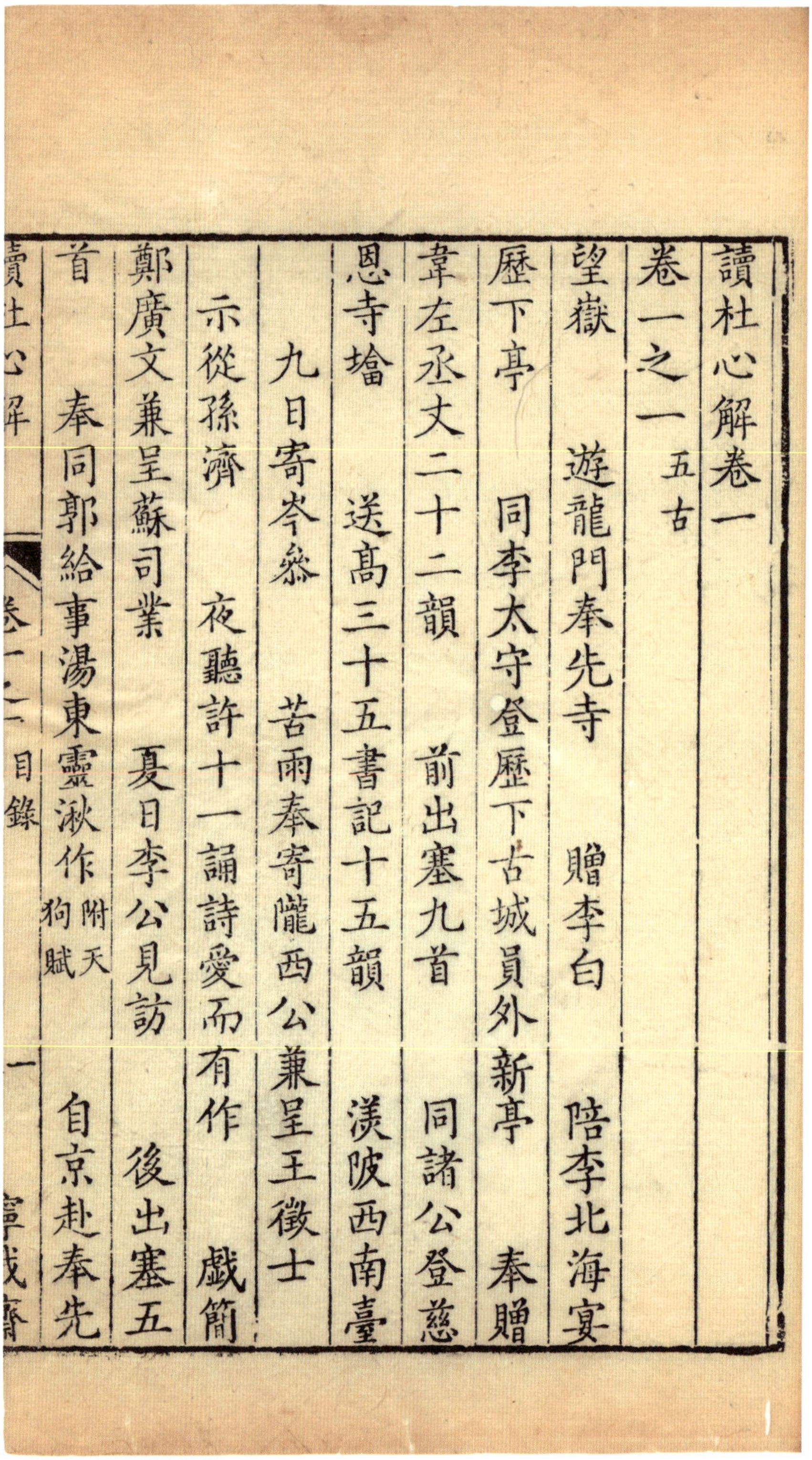

讀杜心解卷一

卷一之一 五古

望嶽 遊龍門奉先寺 贈李白 陪李北海宴

歷下亭 同李太守登歷下古城員外新亭 奉贈

韋左丞丈二十二韻 前出塞九首 同諸公登慈

恩寺墖 送高三十五書記十五韻 渼陂西南臺

九日寄岑參 苦雨奉寄隴西公兼呈王徵士

示從孫濟 夜聽許十一誦詩愛而有作 戲簡

鄭廣文兼呈蘇司業 夏日李公見訪 後出塞五

首 奉同郭給事湯東靈湫作 附天狗賦 自京赴奉先

讀杜心解 卷一之一 目錄 一 寧我齋

讀杜心解六卷首二卷 （清）浦起龍撰 清雍正二年（1724）浦氏寧我齋刻本

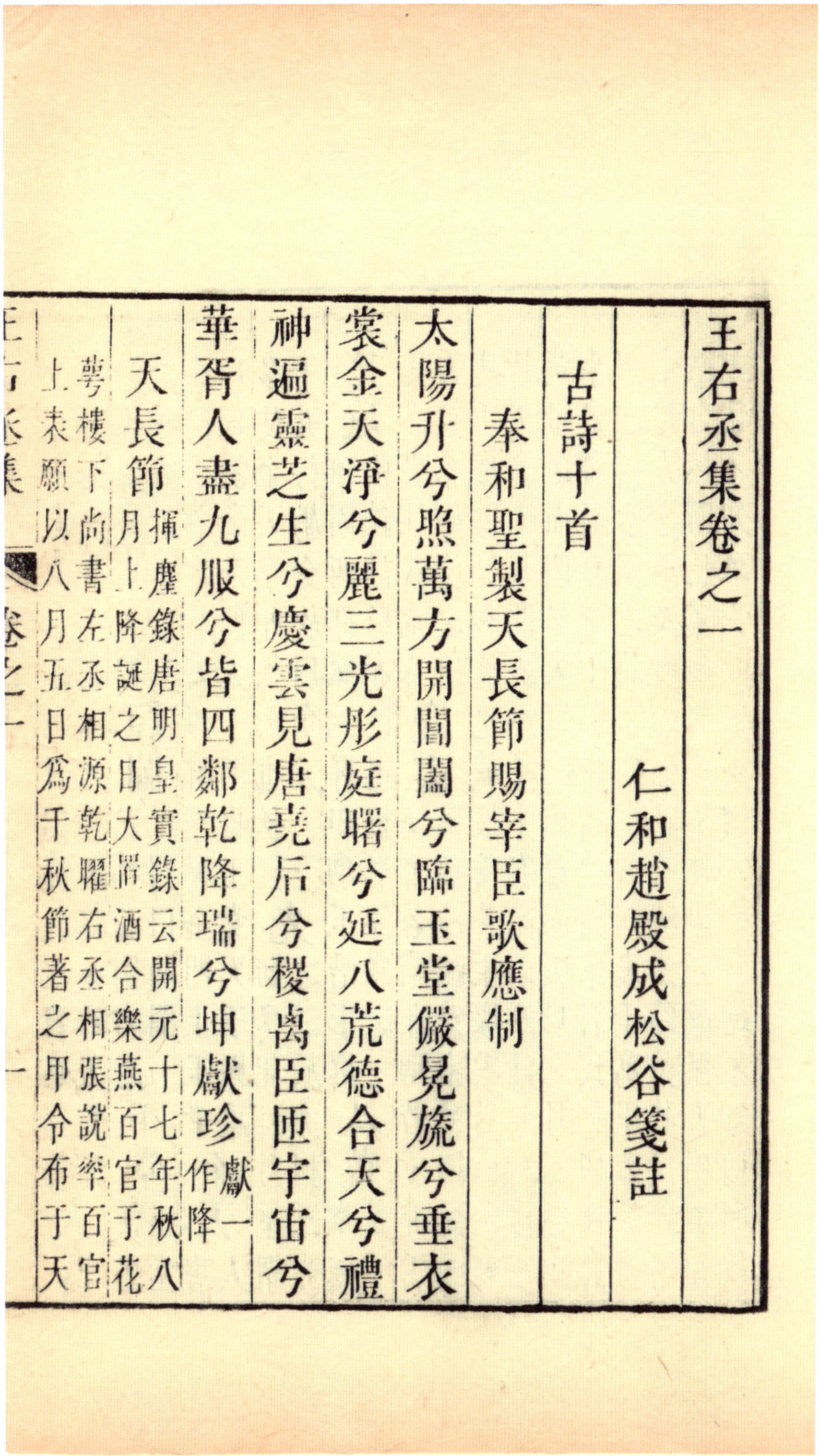
王右丞集卷之一

仁和趙殿成松谷箋註

古詩十首

奉和聖製天長節賜宰臣歌應制

太陽升兮照萬方開閶闔兮臨玉堂儼冕旒兮垂衣裳金天淨兮麗三光彤庭曙兮延八荒德合天兮禮神遍靈芝生兮慶雲見唐堯后兮稷禼臣匝宇宙兮華胥人盡九服兮皆四鄰乾降瑞兮坤獻珍獻一作降

天長節 揮麈錄唐明皇實錄云開元十七年秋八月上降誕之日大置酒合樂燕百官于花萼樓下尚書左丞相源乾曜右丞相張說率百官上表願以八月五日爲千秋節著之甲令布于天

王右丞集 卷之一 一

王右丞集二十八卷首一卷末一卷　（唐）王維撰　（清）趙殿成箋註　清乾隆元年（1736）趙氏刻本

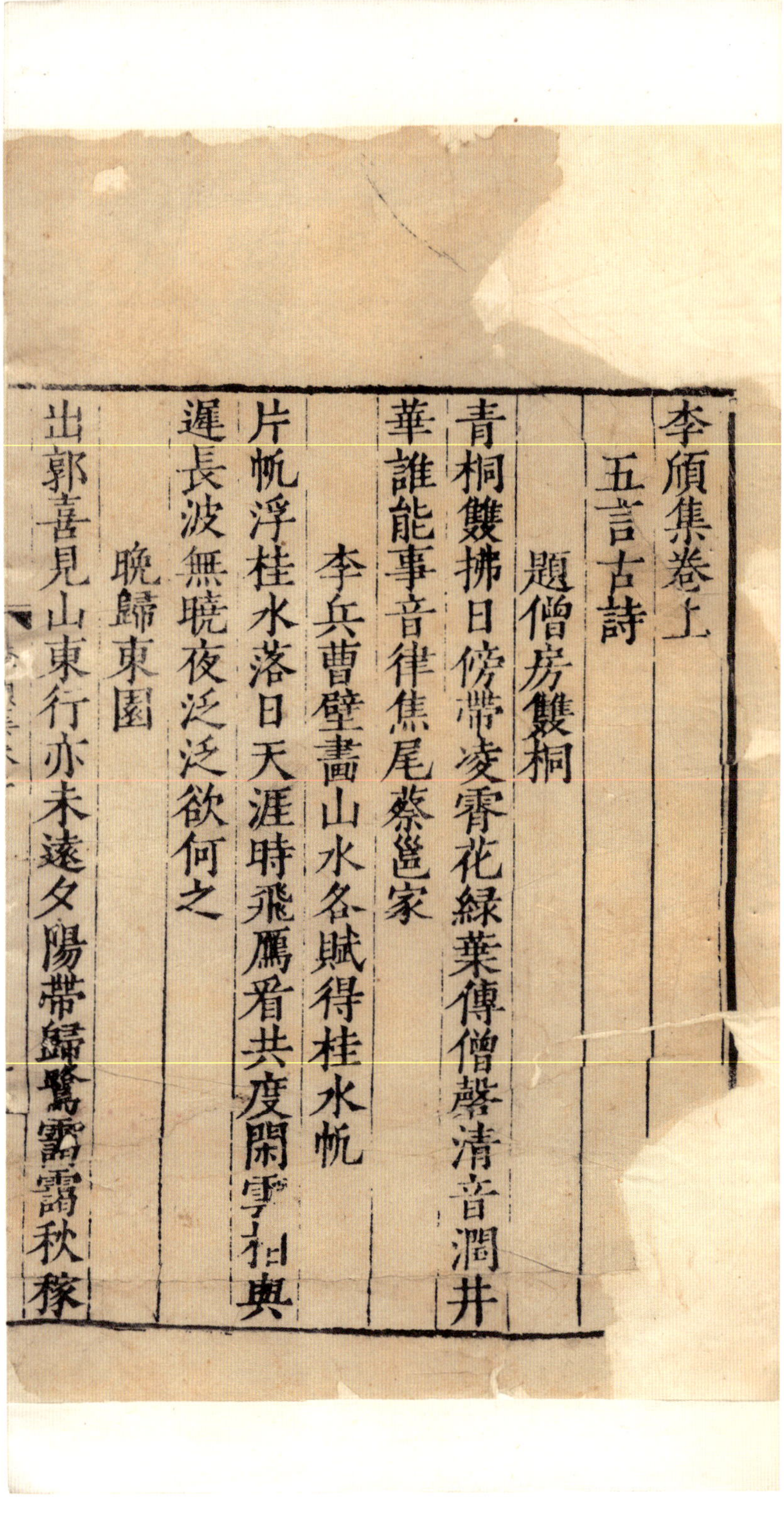
李頎集卷上
五言古詩
題僧房雙桐
青桐雙拂日傍帶凌霄花緑葉傳僧磬清音潤井
華誰能事音律焦尾蔡邕家
李兵曹壁畫山水各賦得桂水帆
片帆浮桂水落日天涯時飛鴈看共度閑雲相與
遲長波無曉夜泛泛欲何之
晚歸東園
出郭喜見山東行亦未遠夕陽帶歸鷺雲霧秋稼

李頎集三卷　（唐）李頎撰　明嘉靖刻本

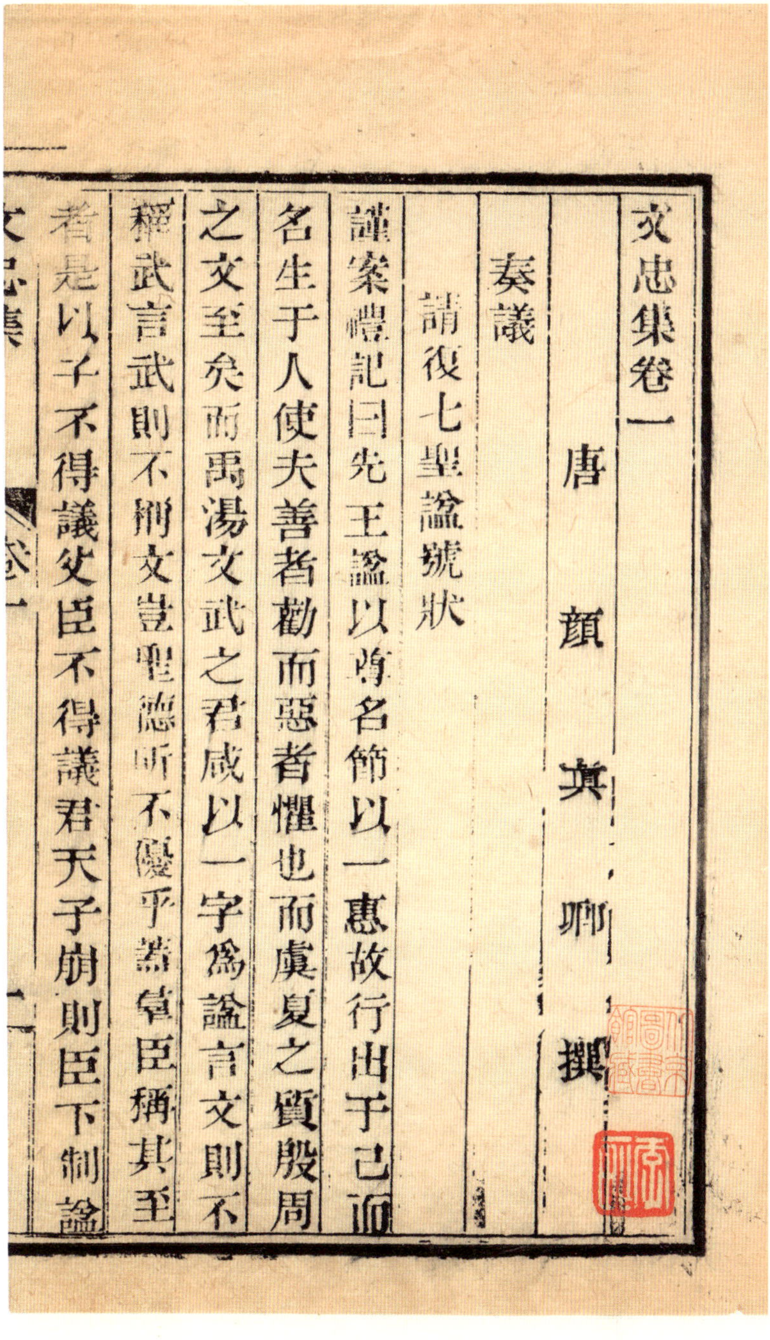
文忠集卷一
唐　顏真卿　撰
奏議
請復七聖謚號狀
謹案禮記曰先王謚以尊名節以一惠故行出于己而名生于人使夫善者勸而惡者懼也而虞夏之質殷周之文至矣而禹湯文武之君咸以一字爲謚言文則不稱武言武則不稱文豈聖德所不優乎蓋羣臣稱其至者是以子不得議父臣不得議君天子崩則臣下制謚
文忠集　卷一

文忠集十六卷　（唐）顏真卿撰　清乾隆武英殿聚珍版刻本

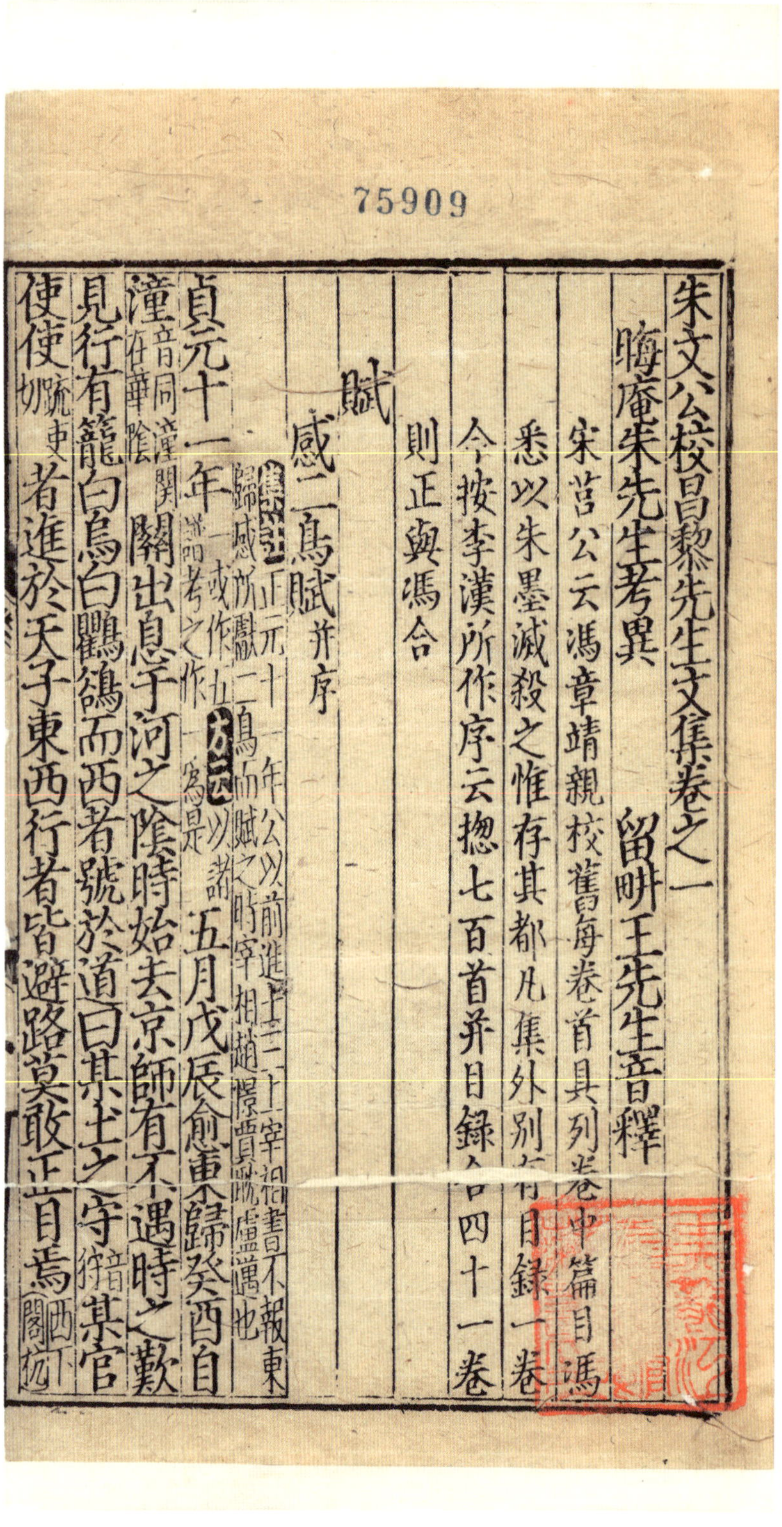

朱文公校昌黎先生文集卷之一

晦菴朱先生考異　留畊王先生音釋

宋莒公云馮章靖親校舊每卷首具列卷中篇目馮悉以朱墨滅殺之惟存其都凡集外別有目錄一卷今按李漢所作序云揔七百首并目錄合四十一卷則正與馮合

賦

感二鳥賦并序

集註貞元十一年公以前進士三上宰相書不報東歸感所獻二鳥而賦之時宰相趙憬賈耽盧邁也

貞元十一年一或作五方云以諸本考之作一為是五月戊辰愈東歸癸酉自潼音同潼關在華陰關出息于河之陰時始去京師有不遇時之歎見行有籠白烏白鸜鵒而西者號於道曰某土之守音狩某官使使疏吏切者進於天子東西行者皆避路莫敢正目焉西下閤抗

朱文公校昌黎先生文集四十卷外集十卷集傳一卷遺文一卷遺詩一卷　（唐）韓愈撰　明正統十三年（1448）書林王宗玉刻本

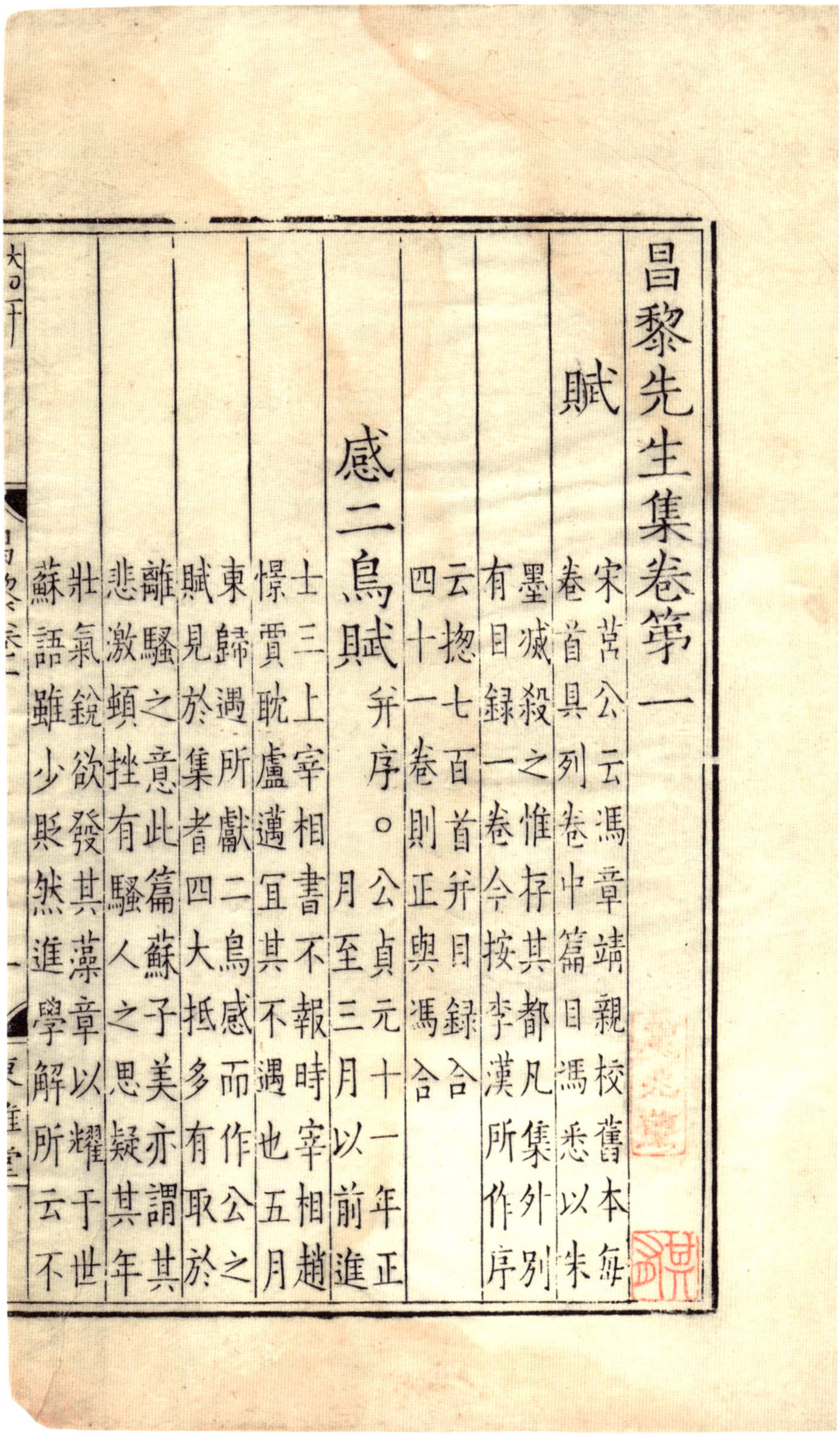
昌黎先生集卷第一

賦

宋莒公云馮章靖親校舊本每卷首具列卷中篇目馮悉以朱墨滅殺之惟存其都凡集外別有目録一卷今按李漢所作序云摠七百首并目録合四十一卷則正與馮合

感二鳥賦

并序。公貞元十一年正月至三月以前進士三上宰相書不報時宰相趙憬賈耽盧邁宜其不遇也五月東歸遇所獻二鳥感而作公之賦見於集者四大抵多有取於離騷之意此篇蘇子美亦謂其悲激頓挫有騷人之思疑其年壯氣鋭欲發其藻章以耀于世蘇語雖少貶然進學解所云不

昌黎先生集四十卷外集十卷　（唐）韓愈撰　（宋）廖瑩中注　明萬曆長洲徐時泰東雅堂刻本

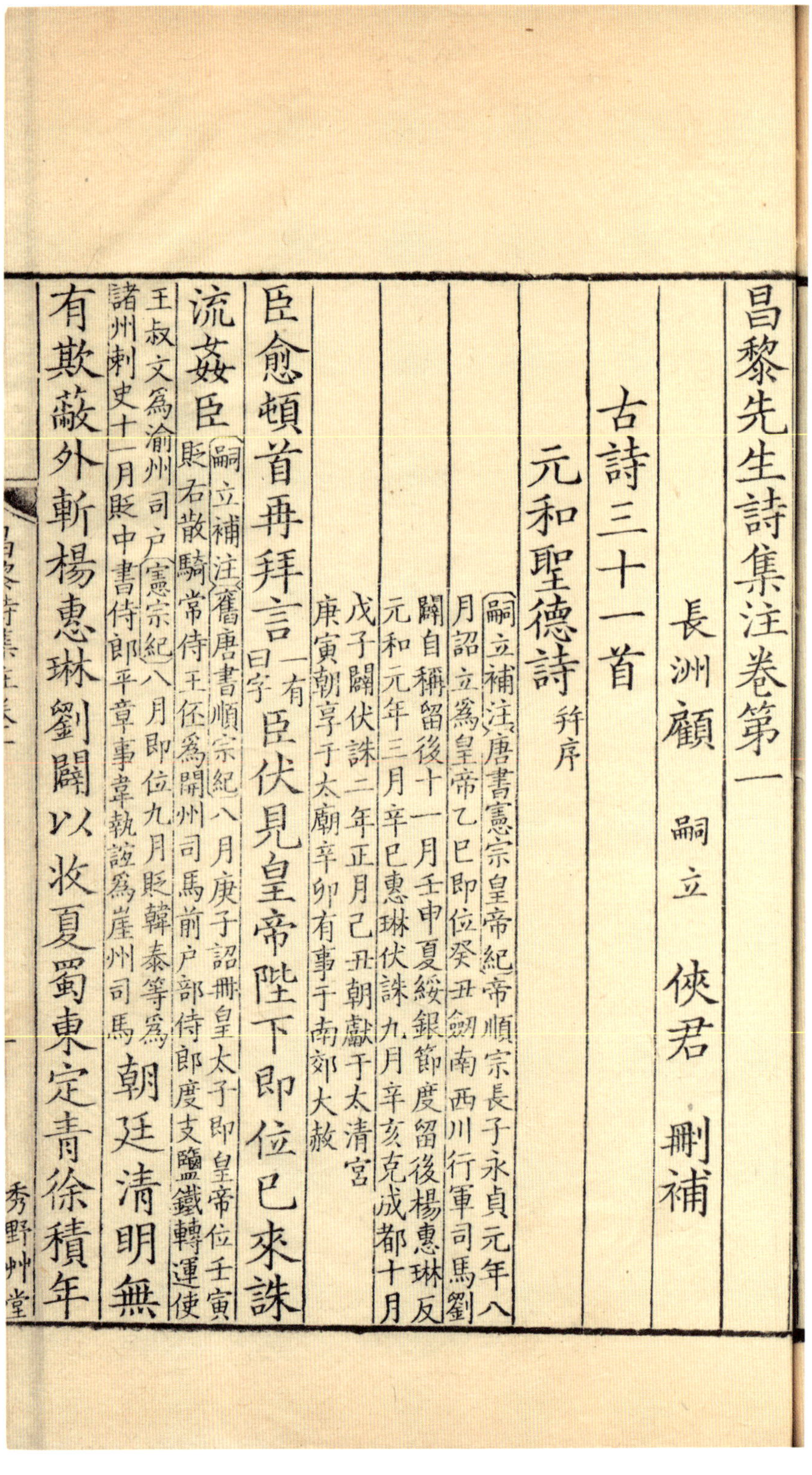
昌黎先生詩集注卷第一

長洲顧　嗣立　俠君　刪補

古詩三十一首

元和聖德詩　幷序

嗣立補注唐書憲宗皇帝紀帝順宗長子永貞元年八月詔立爲皇帝乙巳即位癸丑劍南西川行軍司馬劉闢自稱留後十一月壬申夏綏銀節度留後楊惠琳反元和元年三月辛巳惠琳伏誅九月辛亥克成都十月戊子闢伏誅二年正月己丑朝獻于太清宮庚寅朝享于太廟辛卯有事于南郊大赦

臣愈頓首再拜言一有曰字臣伏見皇帝陛下即位已來誅流姦臣嗣立補注舊唐書順宗紀八月庚子詔冊皇太子即皇帝位壬寅貶右散騎常侍王伾爲開州司馬前户部侍郎度支鹽鐵轉運使王叔文爲渝州司户憲宗紀八月即位九月貶韓泰等爲諸州刺史十一月貶中書侍郎平章事韋執誼爲崖州司馬朝廷清明無有欺蔽外斬楊惠琳劉闢以收夏蜀東定青徐積年

秀野艸堂

昌黎先生詩集注十一卷附年譜一卷　（唐）韓愈撰　（清）顧嗣立刪補　清康熙三十八年（1699）長洲顧氏秀野草堂刻本

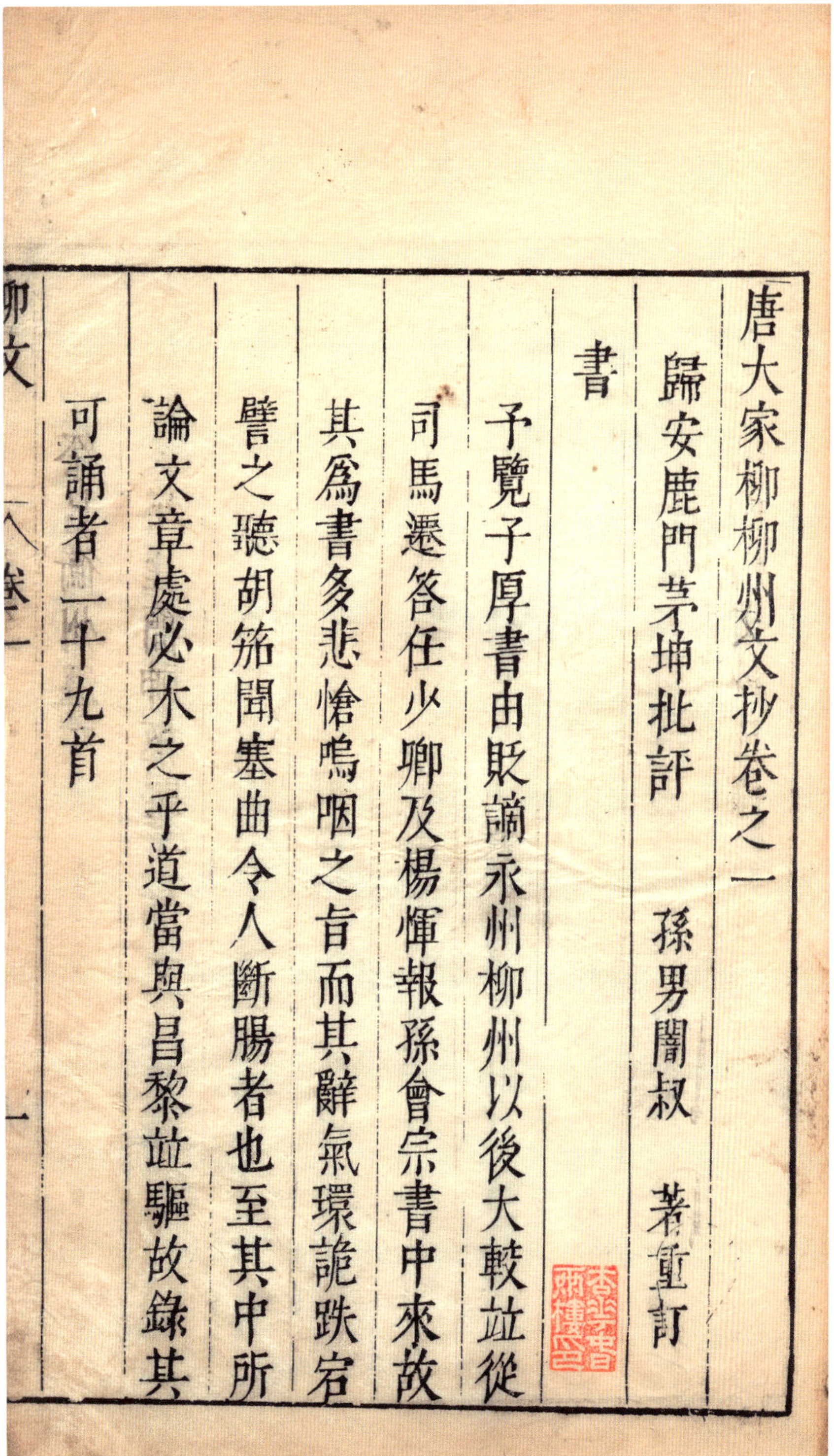
唐大家柳柳州文抄卷之一
歸安鹿門茅坤批評　孫男闇叔　著重訂
書
予覽子厚書由貶謫永州柳州以後大較並從
司馬遷答任少卿及楊惲報孫會宗書中來故
其爲書多悲愴嗚咽之旨而其辭氣環詭跌宕
譬之聽胡笳聞塞曲令人斷腸者也至其中所
論文章處必本之乎道當與昌黎並驅故錄其
可誦者一十九首
柳文　卷一　一

唐大家柳柳州文抄十二卷　（唐）柳宗元撰　（明）茅坤批評　明萬曆刻唐宋八家文抄本

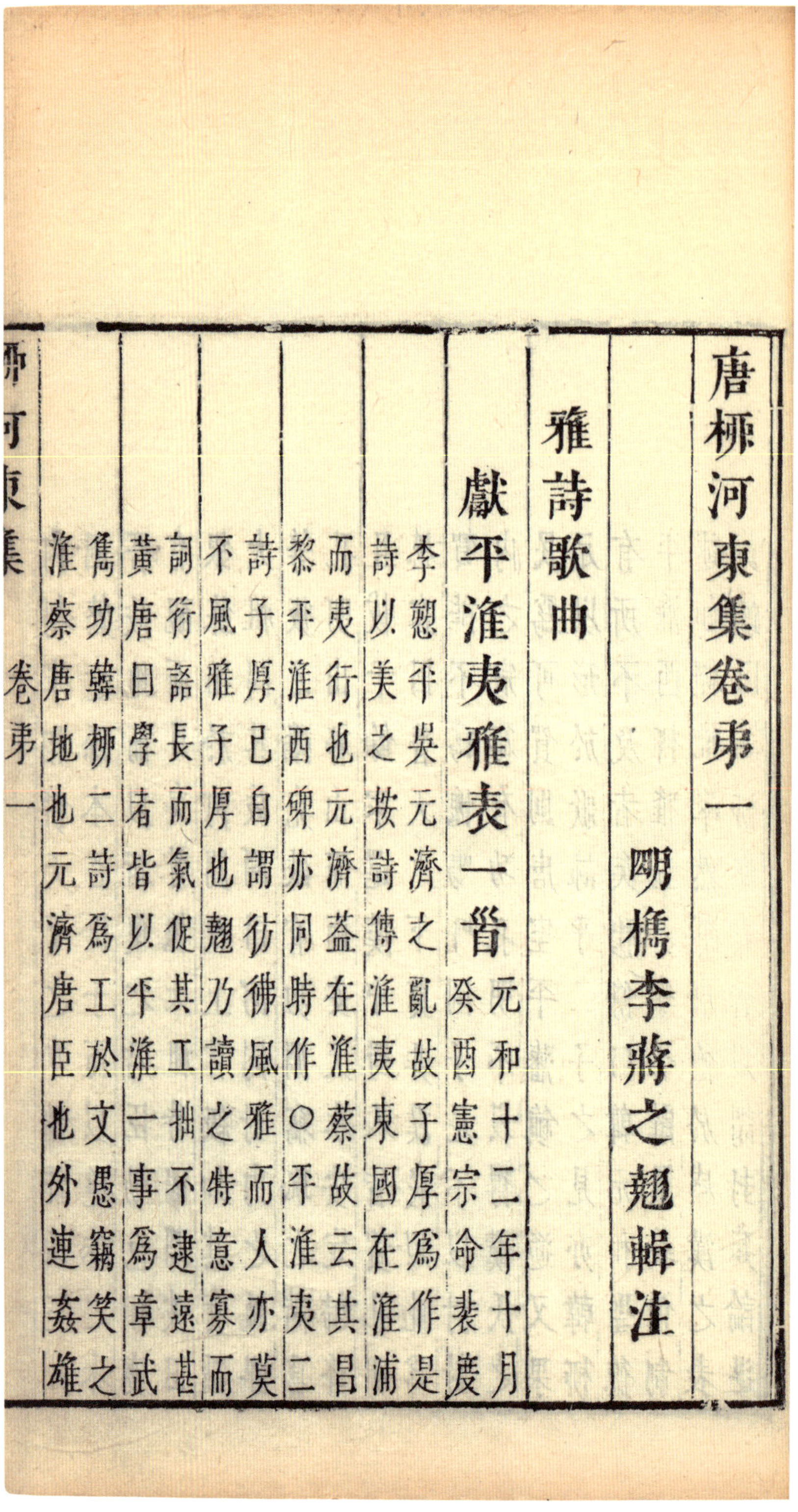
唐柳河東集卷弟一

明　檇李蔣之翹輯注

雅詩歌曲

獻平淮夷雅表一首　元和十二年十月癸酉憲宗命裴度

李愬平吳元濟之亂故子厚爲作是詩以美之按詩傳淮夷東國在淮浦而夷行也元濟蓋在淮蔡故云其昌黎平淮西碑亦同時作○平淮夷二詩子厚己自謂彷彿風雅而人亦莫不風雅子厚也翹乃讀之特意寡而詞衍語長而氣促其工拙不逮遠甚黄唐曰學者皆以平淮一事爲章武雋功韓柳二詩爲工於文愚竊笑之淮蔡唐地也元濟唐臣也外連姦雄

柳河東集　卷弟一

唐柳河東集四十五卷外集五卷遺文一卷附録一卷　（唐）柳宗元撰　（明）蔣之翹輯注　明崇禎六年（1633）豹變齋刻本

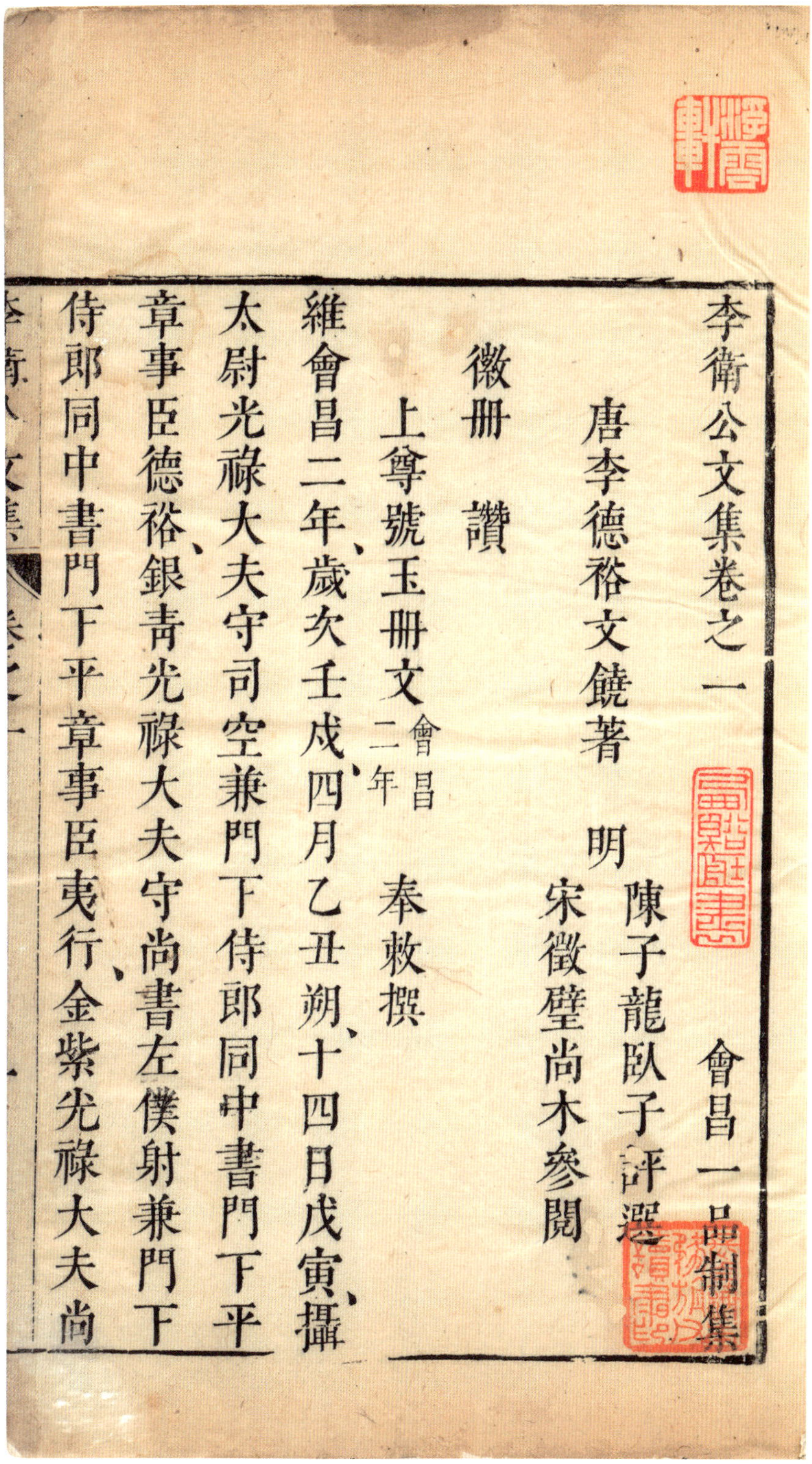

李衛公文集二十卷外集四卷别集十卷 （唐）李德裕撰
（明）陳子龍評選 明萬曆刻本

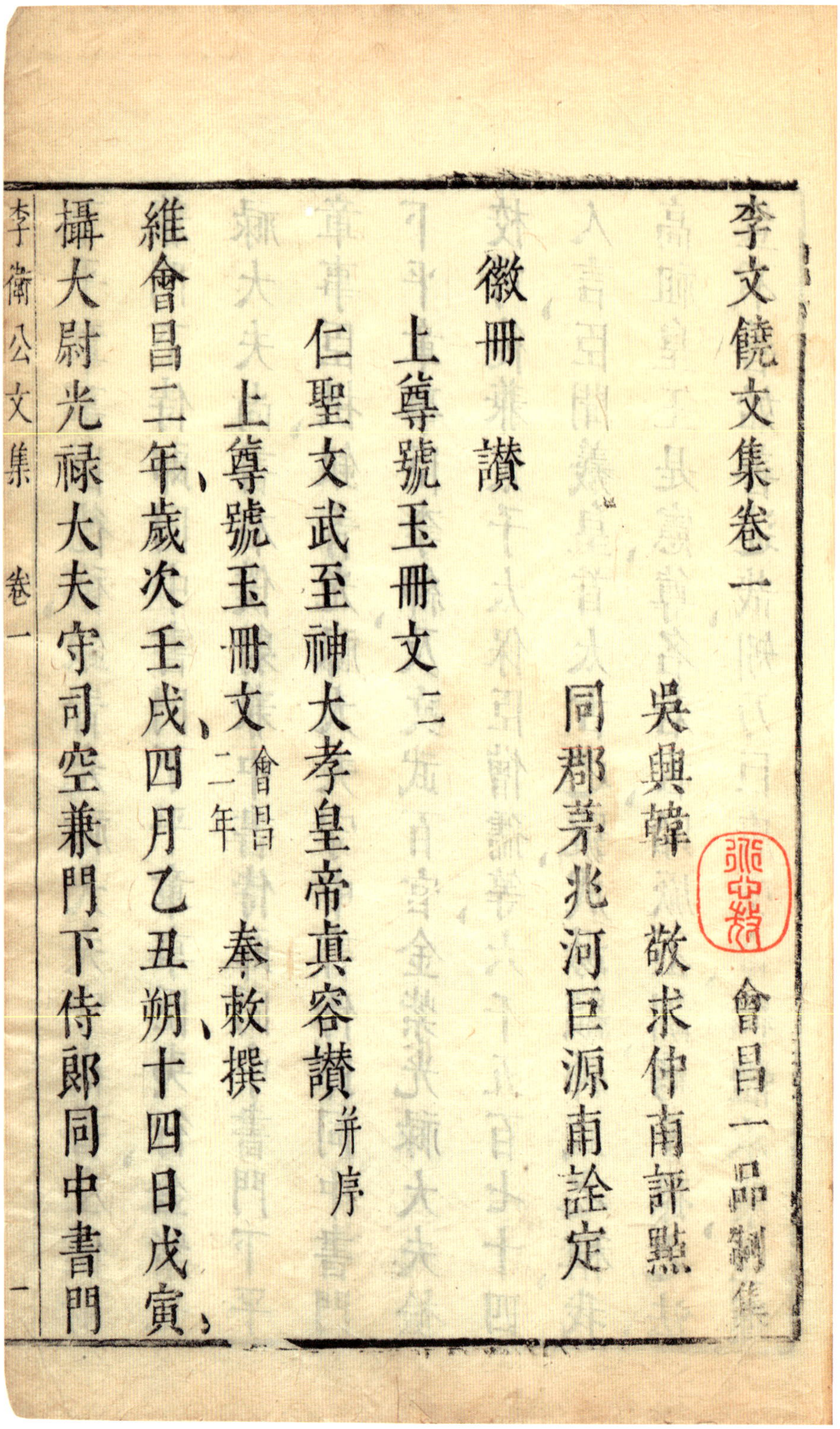
李文饒文集卷一　會昌一品制集
吳興韓　敬求仲南評點
同郡茅兆河巨源甫詮定
徵冊讚
上尊號玉冊文二
仁聖文武至神大孝皇帝真容讚并序
上尊號玉冊文會昌二年奉敕撰
維會昌二年歲次壬戌四月乙丑朔十四日戊寅
攝太尉光禄大夫守司空兼門下侍郎同中書門
李衛公文集　卷一　一

李文饒文集二十卷别集十卷外集四卷　（唐）李德裕撰
（明）韓敬評點　明天啓四年（1624）吴興茅兆河刻本

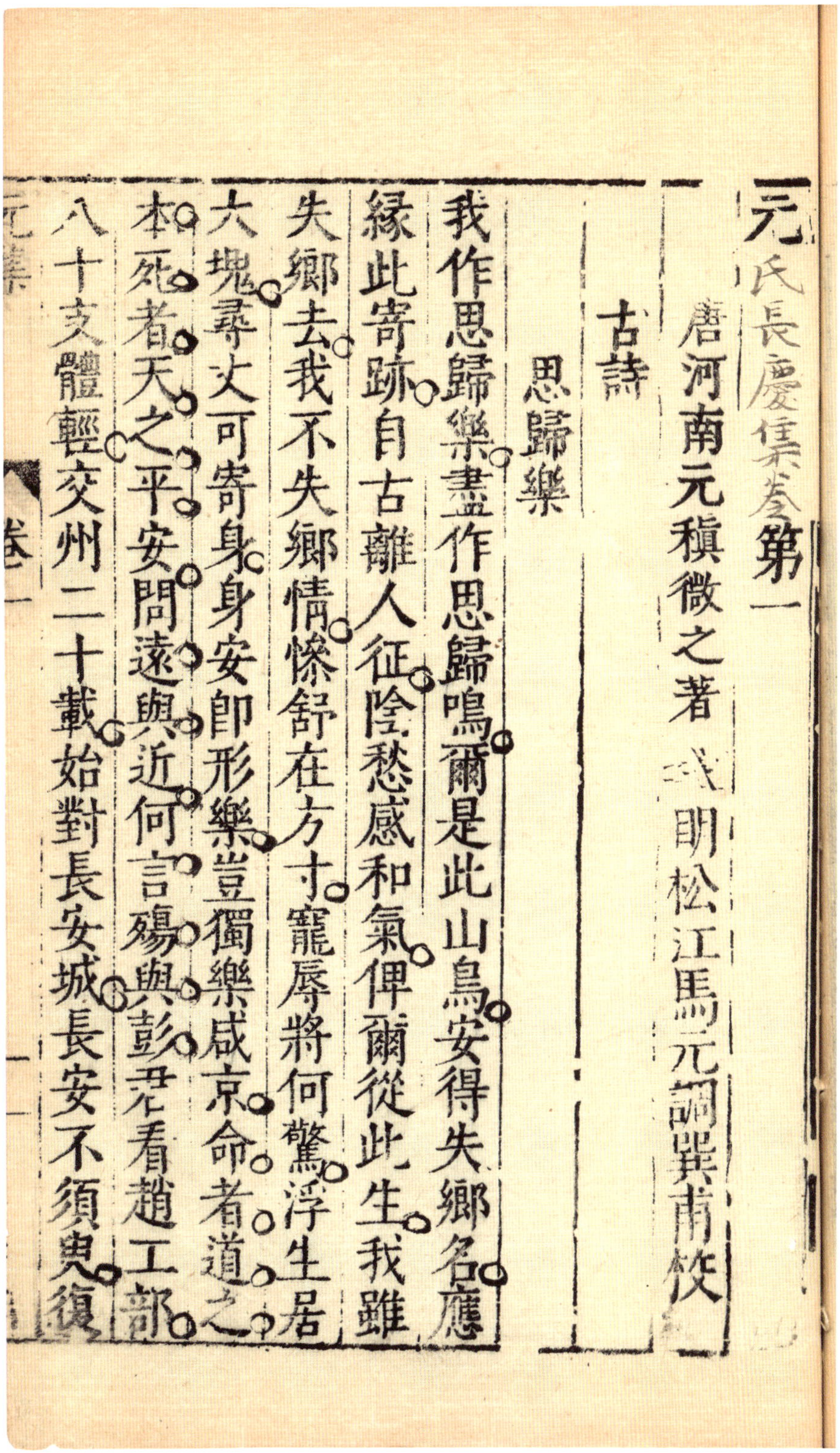
元氏長慶集卷第一
唐河南元稹微之著　明松江馬元調巽甫校
古詩
思歸樂
我作思歸樂盡作思歸鳴爾是此山鳥安得失鄉名應
緣此寄跡自古離人征陰愁感和氣俾爾從此生我雖
失鄉去我不失鄉情慘舒在方寸寵辱將何驚浮生居
大塊尋丈可寄身身安卽形樂豈獨樂咸京命者道之
本死者天之平安問遠與近何言殤與彭君看趙工部
八十支體輕交州二十載始對長安城長安不須臾復
元集　卷一　一

元氏長慶集六十卷補遺六卷附録一卷　（唐）元稹撰　明萬曆松江馬氏刻元白長慶集本

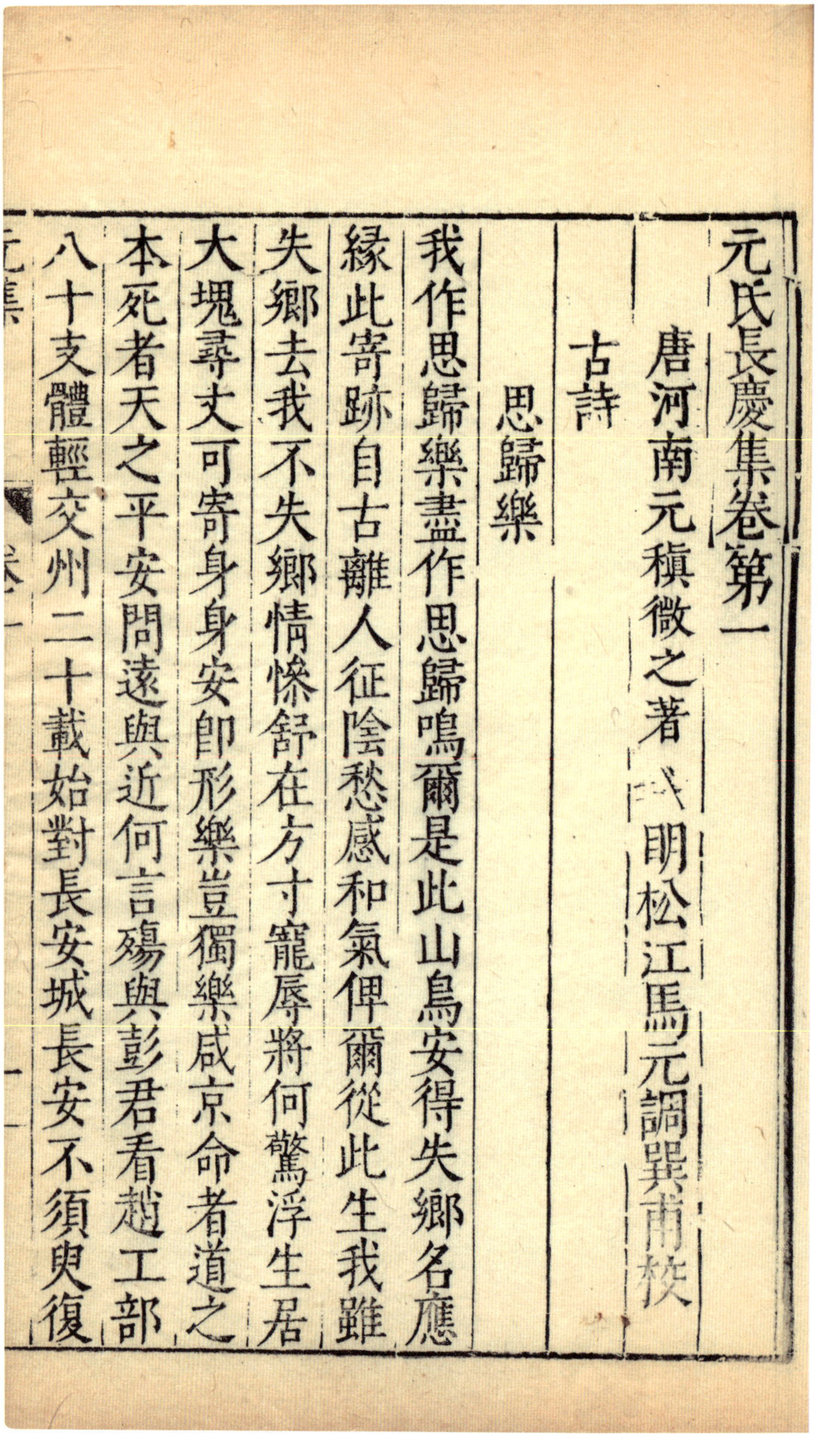
元氏長慶集卷第一
唐河南元稹微之著　明松江馬元調巽甫校
古詩
思歸樂
我作思歸樂晝作思歸鳴爾是此山鳥安得失鄉名應
緣此寄跡自古離人征陰愁感和氣俾爾從此生我雖
失鄉去我不失鄉情慘舒在方寸寵辱將何驚浮生居
大塊尋丈可寄身身安卽形樂豈獨樂咸京命者道之
本死者天之平安問遠與近何言殤與彭君看趙工部
八十支體輕交州二十載始對長安城長安不須臾復
元集　卷一　一

元氏長慶集六十卷補遺六卷附録一卷　（唐）元稹撰　明萬曆松江馬氏刊元白長慶集本

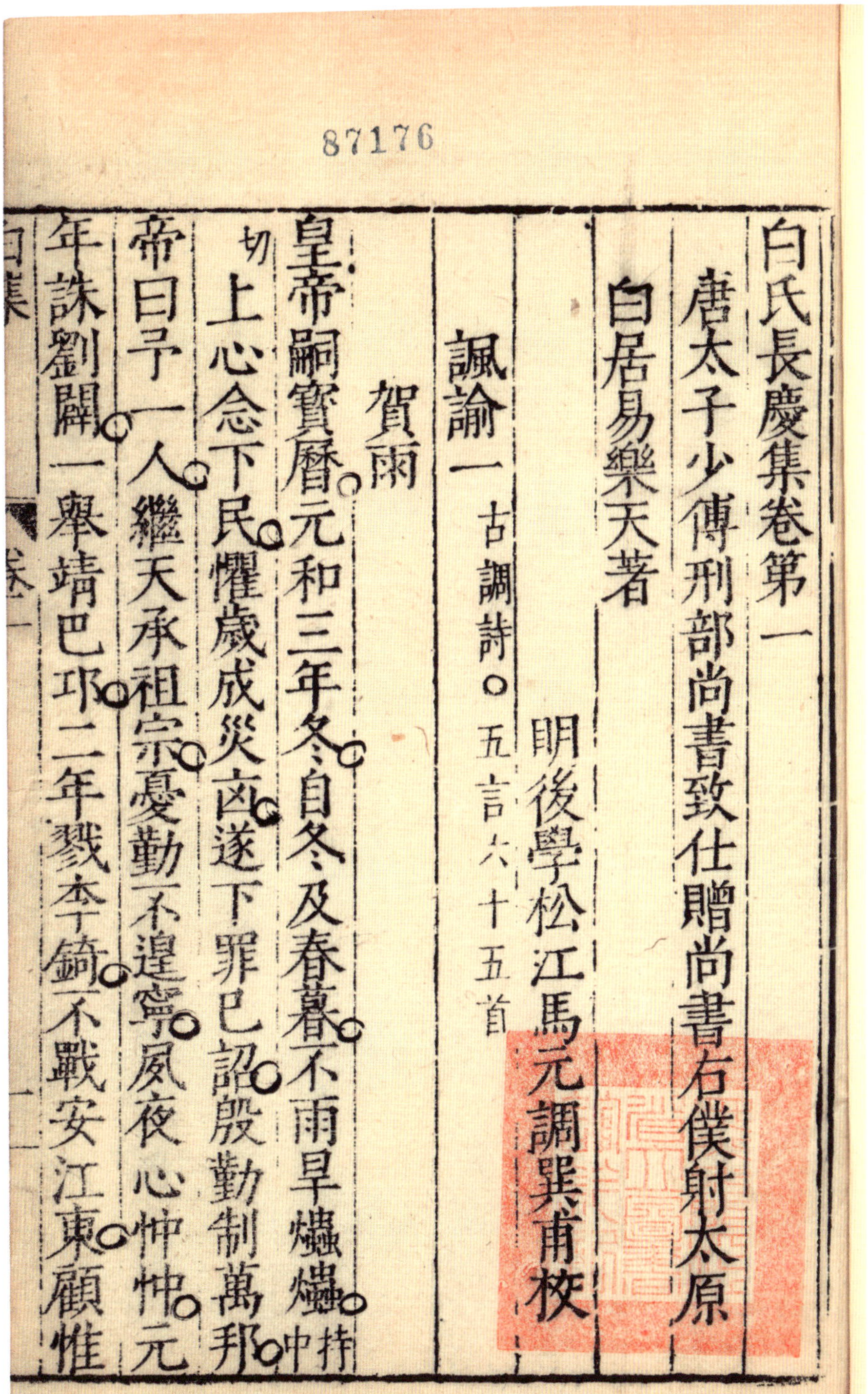

白氏長慶集卷第一

唐太子少傅刑部尚書致仕贈尚書右僕射太原

白居易樂天著

明後學松江馬元調巽甫校

諷諭一　古調詩　五言六十五首

賀雨

皇帝嗣寶曆元和三年冬自冬及春暮不雨旱爞爞持中切上心念下民懼歲成災凶遂下罪己詔殷勤制萬邦帝曰予一人繼天承祖宗憂勤不遑寧夙夜心忡忡元年誅劉闢一舉靖巴邛二年戮李錡不戰安江東顧惟

白集　卷一　一

白氏長慶集七十一卷附録一卷　（唐）白居易撰　明萬曆松江馬氏刊元白長慶集本

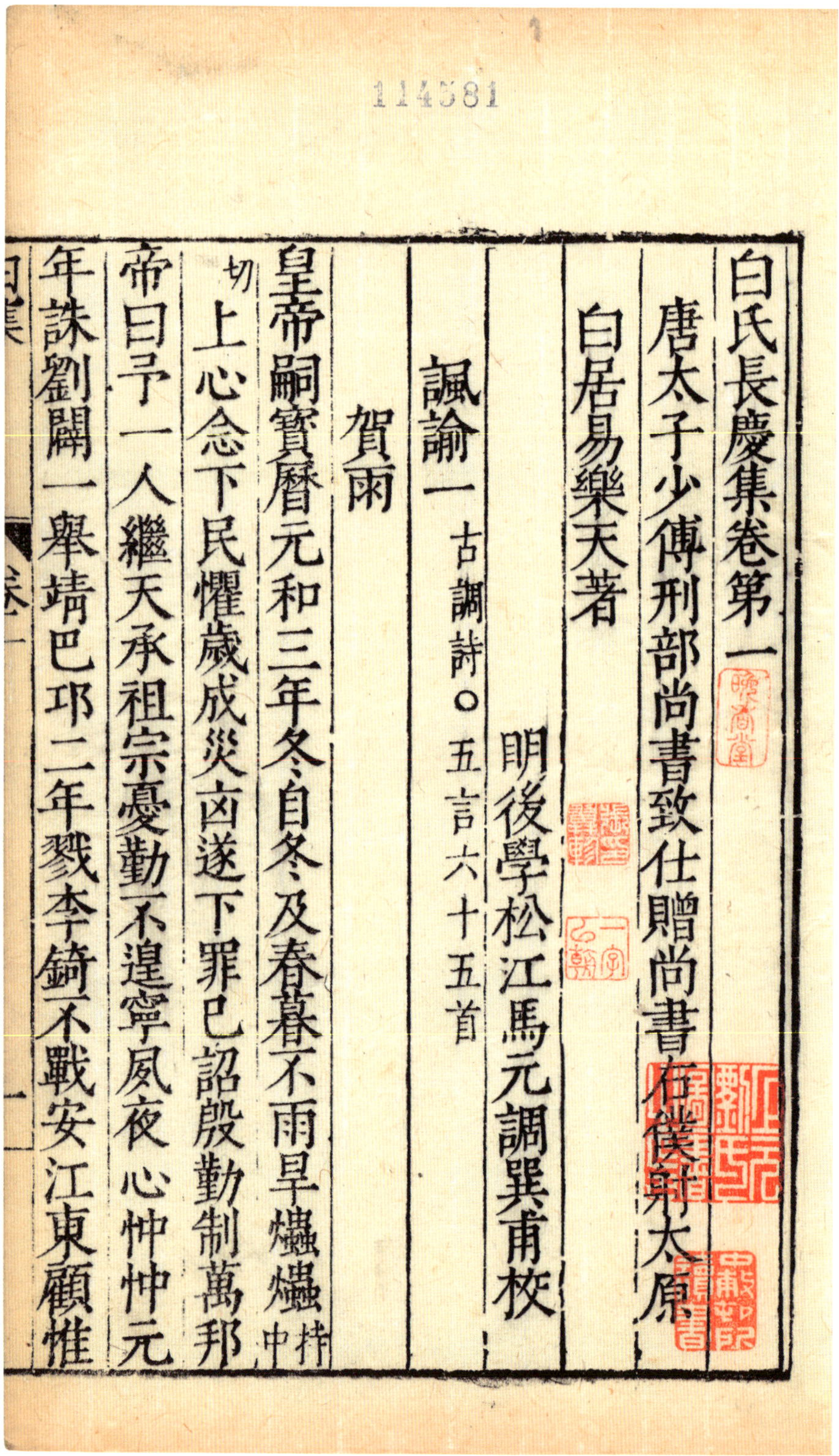

白氏長慶集卷第一

唐太子少傅刑部尚書致仕贈尚書右僕射太原

白居易樂天著

明後學松江馬元調巽甫校

諷諭一 古調詩○五言六十五首

賀雨

皇帝嗣寳曆元和三年冬自冬及春暮不雨旱爞爞持中切上心念下民懼歲成災凶遂下罪己詔殷勤制萬邦帝曰予一人繼天承祖宗憂勤不遑寧夙夜心忡忡元年誅劉闢一舉靖巴邛二年戮李錡不戰安江東顧惟

白氏長慶集七十一卷附録一卷　（唐）白居易撰　明萬曆松江馬氏刊元白長慶集本

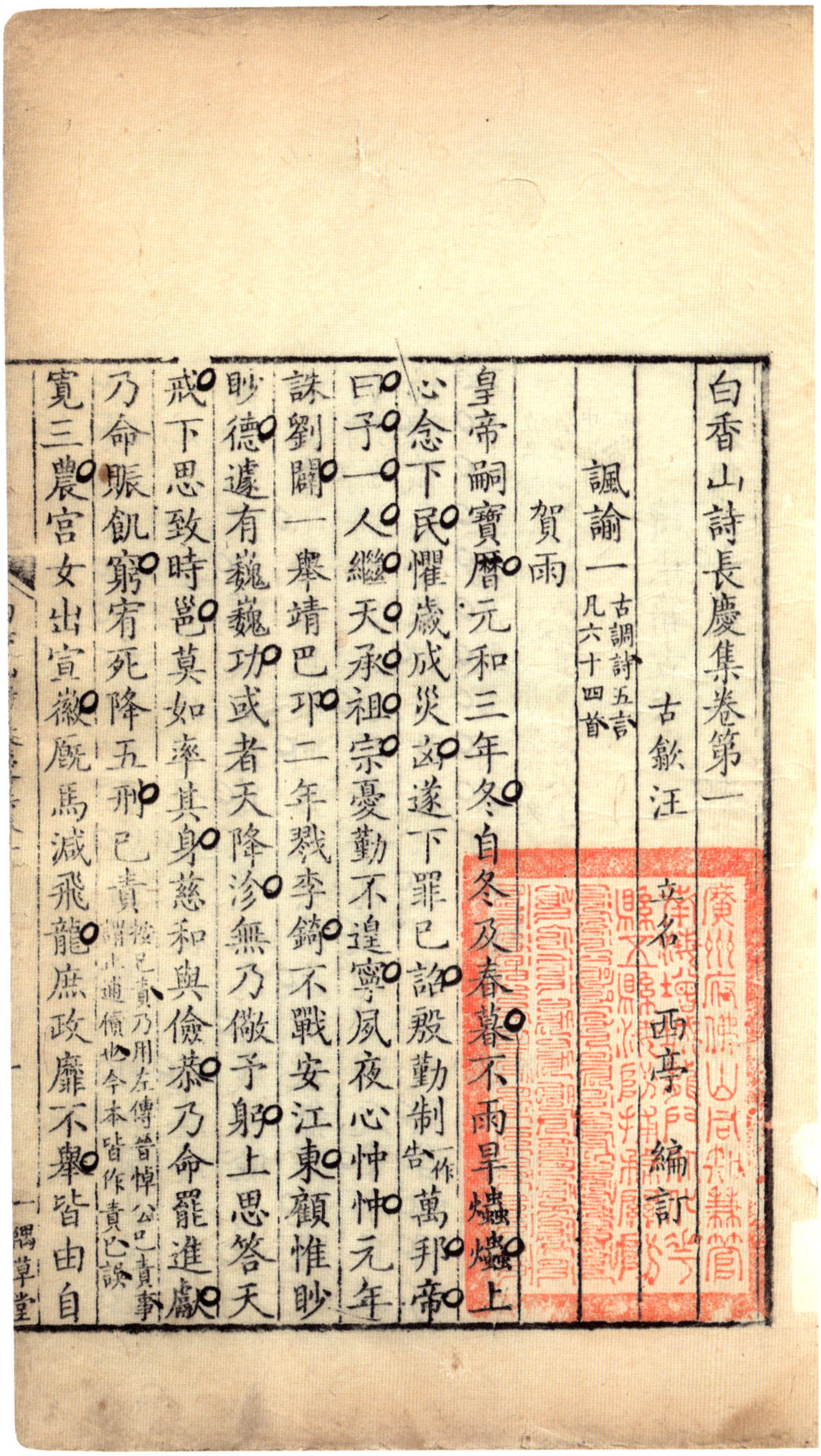
白香山詩長慶集卷第一
古歙汪立名西亭編訂
諷諭一 古調詩五言 凡六十四首
賀雨
皇帝嗣寶曆元和三年冬自冬及春暮不雨旱爞爞上心念下民懼歲成災凶遂下罪己詔殷勤制一作告萬邦帝曰予一人繼天承祖宗憂勤不遑寧夙夜心忡忡元年誅劉闢一舉靖巴邛二年戮李錡不戰安江東顧惟眇眇德遽有巍巍功或者天降沴無乃儆予躬上思荅天戒下思致時邕莫如率其身慈和與儉恭乃命罷進獻乃命賑飢窮宥死降五刑已責按已責乃用左傳晉悼公已責事謂止逋債也今本皆作責已誤寬三農宮女出宣徽廄馬減飛龍庶政靡不舉皆由自
一隅草堂

白香山詩長慶集四十卷附録年譜二卷　（唐）白居易撰　（清）汪立名編訂　清康熙四十三年（1704）汪氏一隅草堂刻本

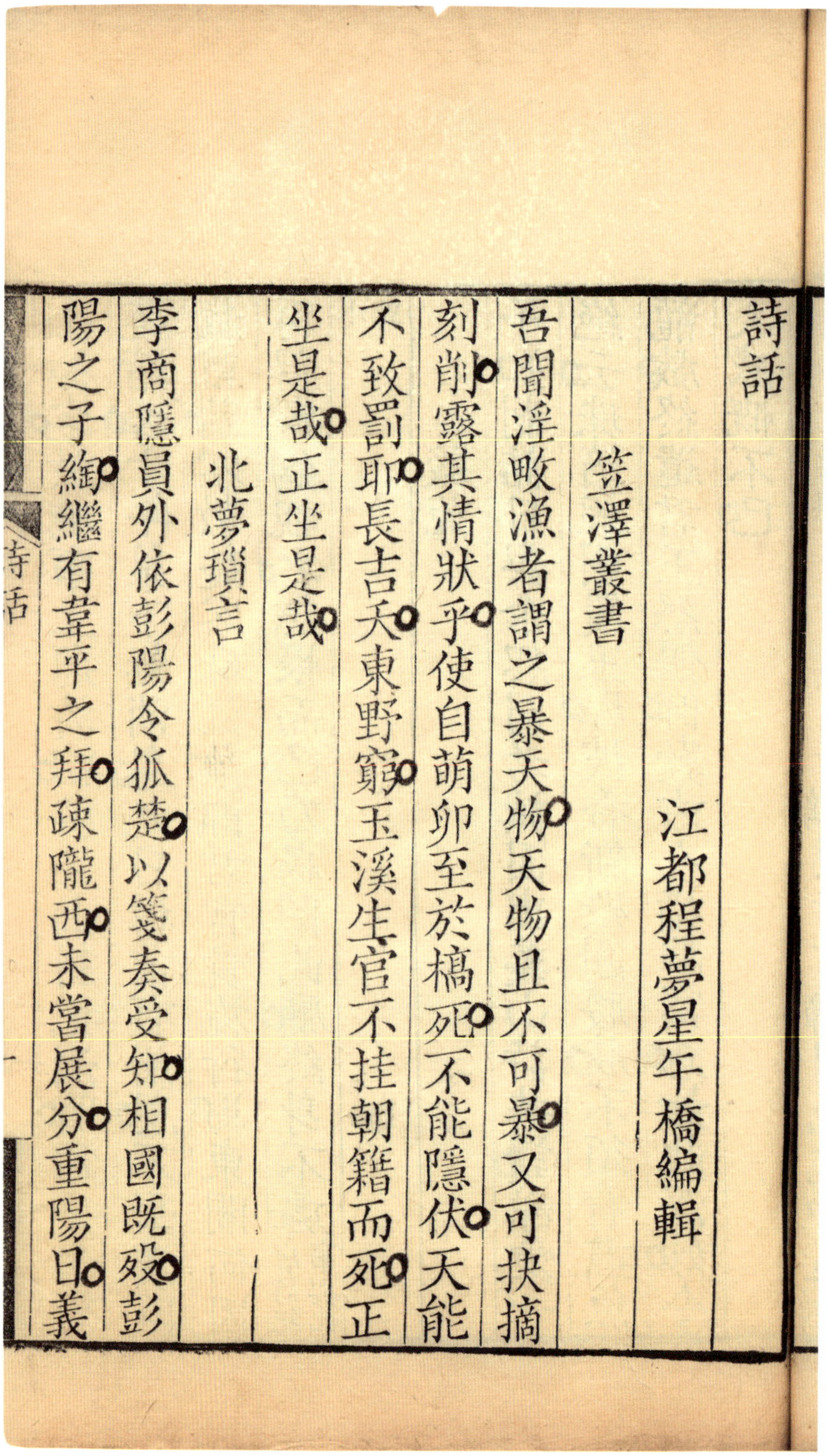

詩話

江都程夢星午橋編輯

笠澤叢書

吾聞淫畋漁者謂之暴天物天物且不可暴又可抉摘刻削露其情狀乎使自萌卵至於槁死不能隱伏天能不致罰耶長吉夭東野窮玉溪生官不挂朝籍而死正坐是哉正坐是哉

北夢瑣言

李商隱員外依彭陽令狐楚以箋奏受知相國既歿彭陽之子綯繼有韋平之拜疎隴西未嘗展分重陽日義

重訂李義山詩集箋註三卷集外詩箋註一卷　（唐）李商隱撰　（清）朱鶴齡箋註　（清）程夢星刪補　**年譜一卷詩話一卷**　（清）程夢星輯　清乾隆九年（1744）東柯草堂刻本

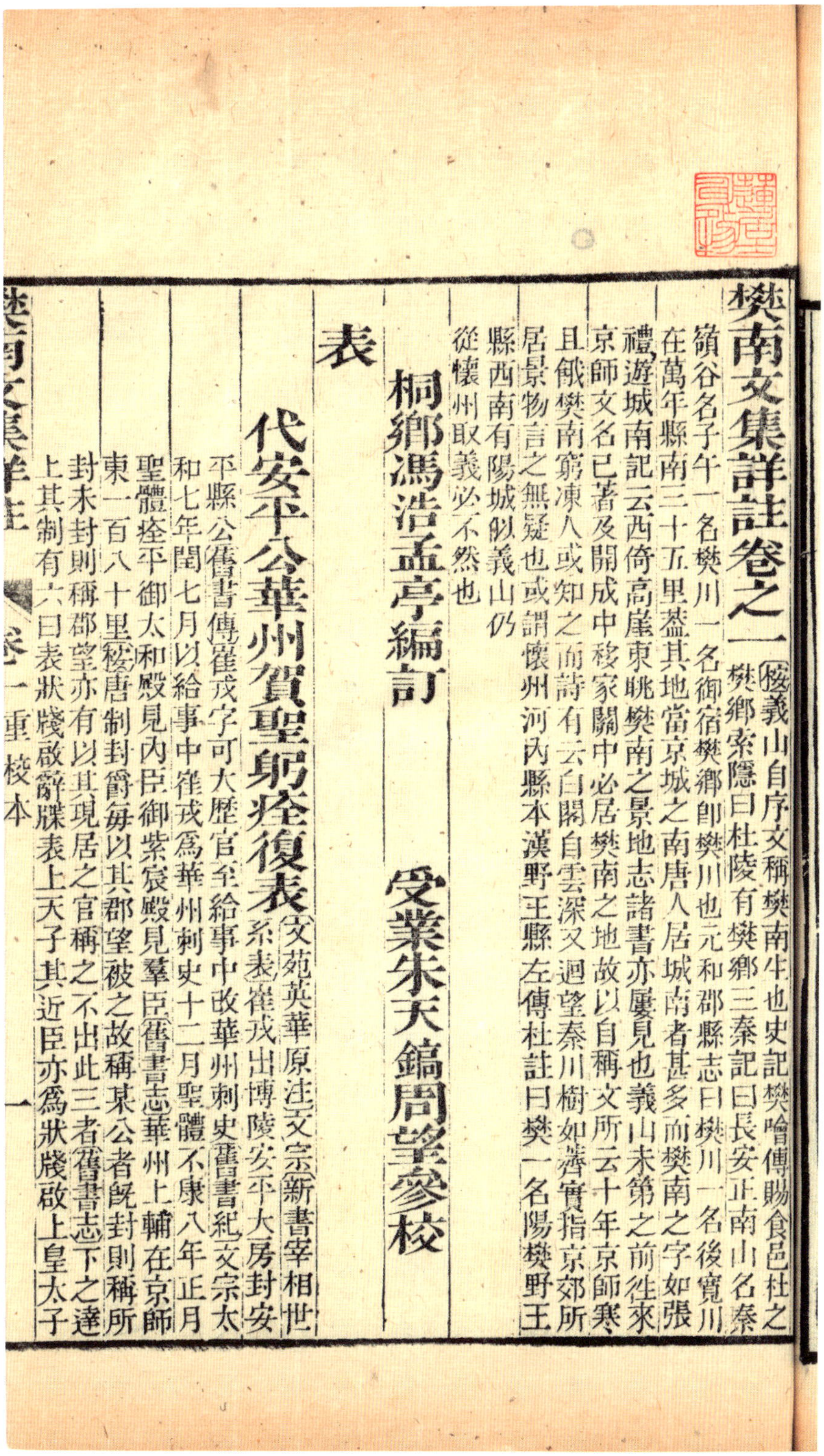
樊南文集詳註卷之一（校）義山自序文稱樊南生也史記樊噲傳賜食邑杜之樊鄉索隱曰杜陵有樊鄉三秦記曰長安正南山名秦嶺谷名子午一名樊川一名御宿樊鄉即樊川也元和郡縣志曰樊川一名後寬川在萬年縣南三十五里葢其地當京城之南唐人居城南者甚多而樊南之字如張禮遊城南記云西倚高崖東眺樊南之景地志諸書亦屢見也義山未第之前往來京師文名已著及開成中移家關中必居樊南之地故以自稱文所云十年京師寒且餓樊南窮凍人或知之而詩有云白閣自雲深又迴望秦川樹如薺實指京郊所居景物言之無疑也或謂懷州河內縣本漢野王縣左傳杜註曰樊一名陽樊野王縣西南有陽城似義山仍從懷州取義必不然也

桐鄉馮浩孟亭編訂　受業朱天鎬周望參校

表

代安平公華州賀聖躬痊復表（文苑英華原注文宗）（新書宰相世系表）崔戎出博陵安平大房封安平縣公（舊書傳）崔戎字可大歷官至給事中改華州刺史（舊書紀）文宗太和七年閏七月以給事中崔戎爲華州刺史十二月聖體不康八年正月聖體痊平御太和殿見內臣御紫宸殿見羣臣（舊書志）華州上輔在京師東一百八十里（校）唐制封爵每以其郡望被之故稱某公者旣封則稱所封未封則稱郡望亦有以其現居之官稱之不出此三者（舊書志）下之達上其制有六曰表狀牋啟辭牒表上天子其近臣亦爲狀牋啟上皇太子

樊南文集詳註　卷一　重校本　一

李義山詩文集詳註十二卷　（唐）李商隱撰　（清）馮浩編訂　清乾隆四十五年（1780）馮氏德聚堂刻本

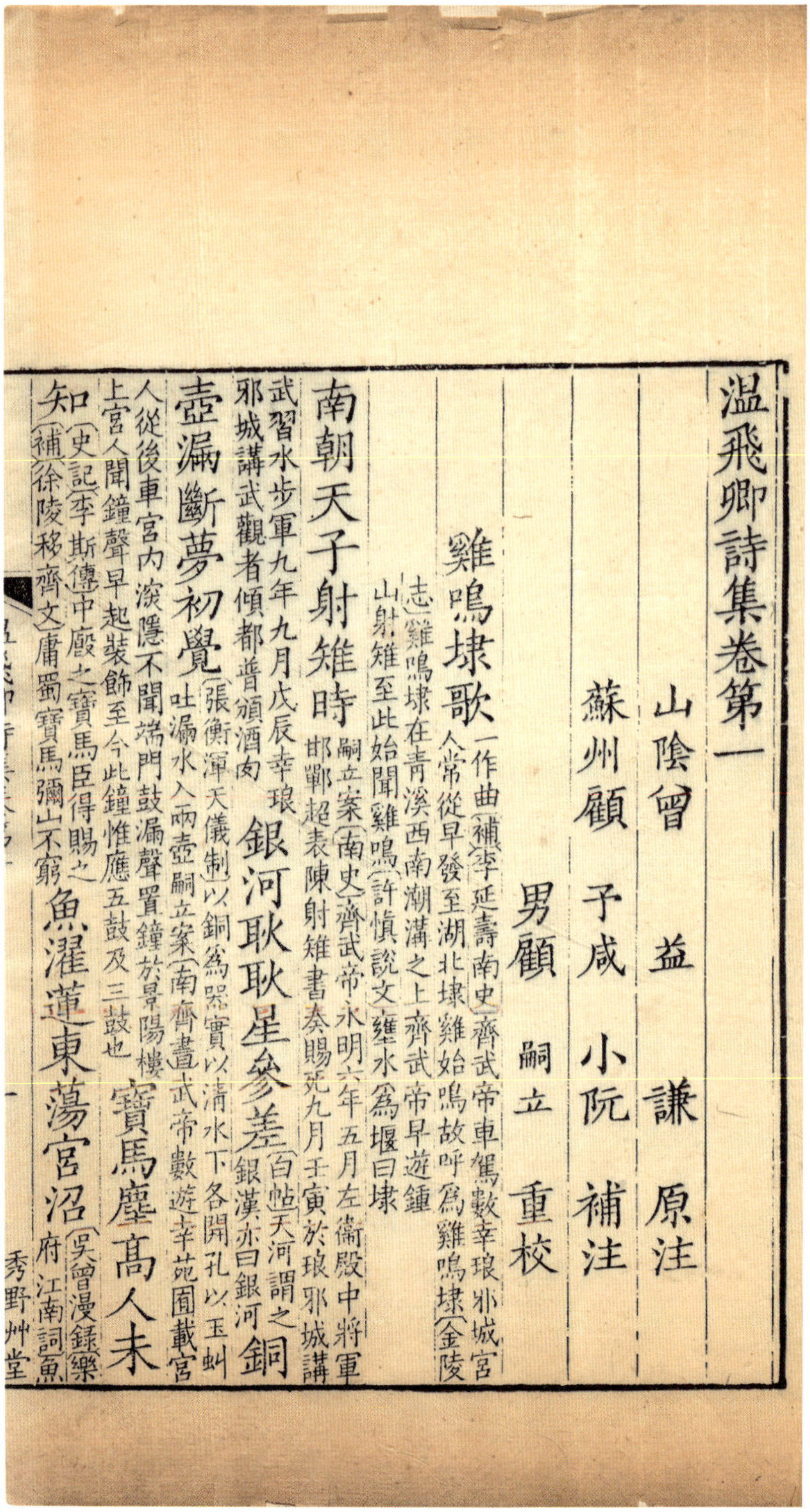

温飛卿詩集卷第一

山陰曾　益　謙　原注

蘇州顧　予咸　小阮　補注

男顧　嗣立　重校

雞鳴埭歌一作曲（補）李延壽南史齊武帝車駕數幸琅邪城宮人常從早發至湖北埭雞始鳴故呼爲雞鳴埭（金陵志）雞鳴埭在青溪西南潮溝之上齊武帝早遊鍾山射雉至此始聞雞鳴（許慎說文）壅水爲堰曰埭

南朝天子射雉時嗣立案（南史）齊武帝永明六年五月左衞殿中將軍邯鄲超表陳射雉書奏賜死九月壬寅於琅邪城講武習水步軍九年九月戊辰幸琅邪城講武觀者傾都普頒酒肉　銀河耿耿星參差（白帖）天河謂之銀漢亦曰銀河　銅壺漏斷夢初覺（張衡渾天儀制）以銅爲器實以清水下各開孔以玉虯吐漏水入兩壺嗣立案（南齊書）武帝數遊幸苑囿載宮人從後車宮內深隱不聞端門鼓漏聲置鐘於景陽樓上宮人聞鐘聲早起裝飾至今此鐘惟應五鼓及三鼓也　寶馬塵高人未知（史記李斯傳）中廄之寶馬臣得賜之（補）徐陵移齊文庸蜀寶馬彌山不窮　魚躍蓮東蕩宮沼（吳曾漫錄）樂府江南詞魚

秀野艸堂

温飛卿詩集九卷　（唐）温庭筠撰　（明）曾益謙原注　（清）顧予咸補注　清康熙三十六年（1697）顧嗣立秀野草堂刻本

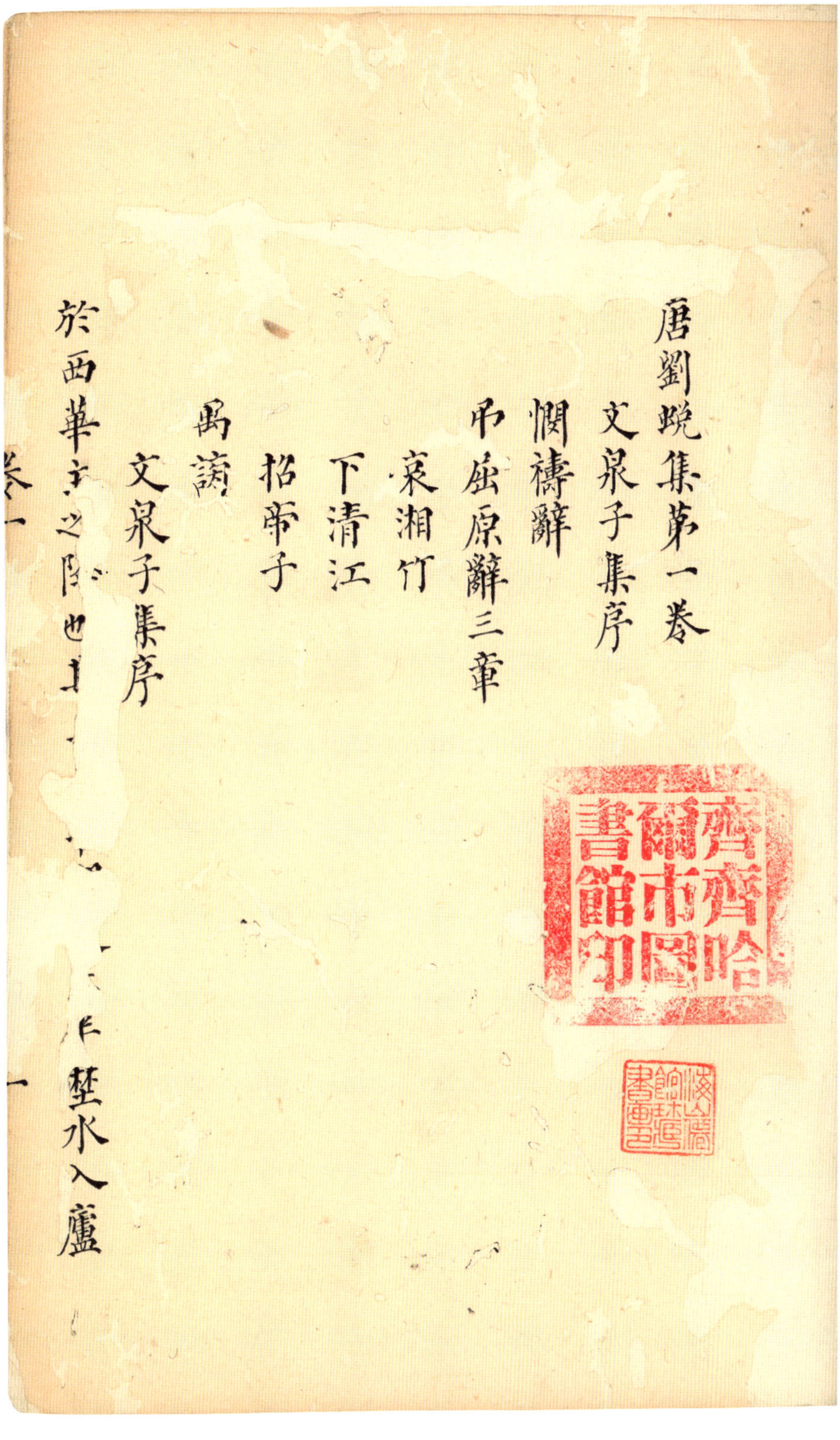
唐劉蛻集第一卷
文泉子集序
憫禱辭
弔屈原辭三章
哀湘竹
下清江
招帝子
禹謫
文泉子集序
於西華主之陽也
楚水入盧
卷一

唐劉蛻集四卷　（唐）劉蛻撰　（明）吴䛊輯　明抄本

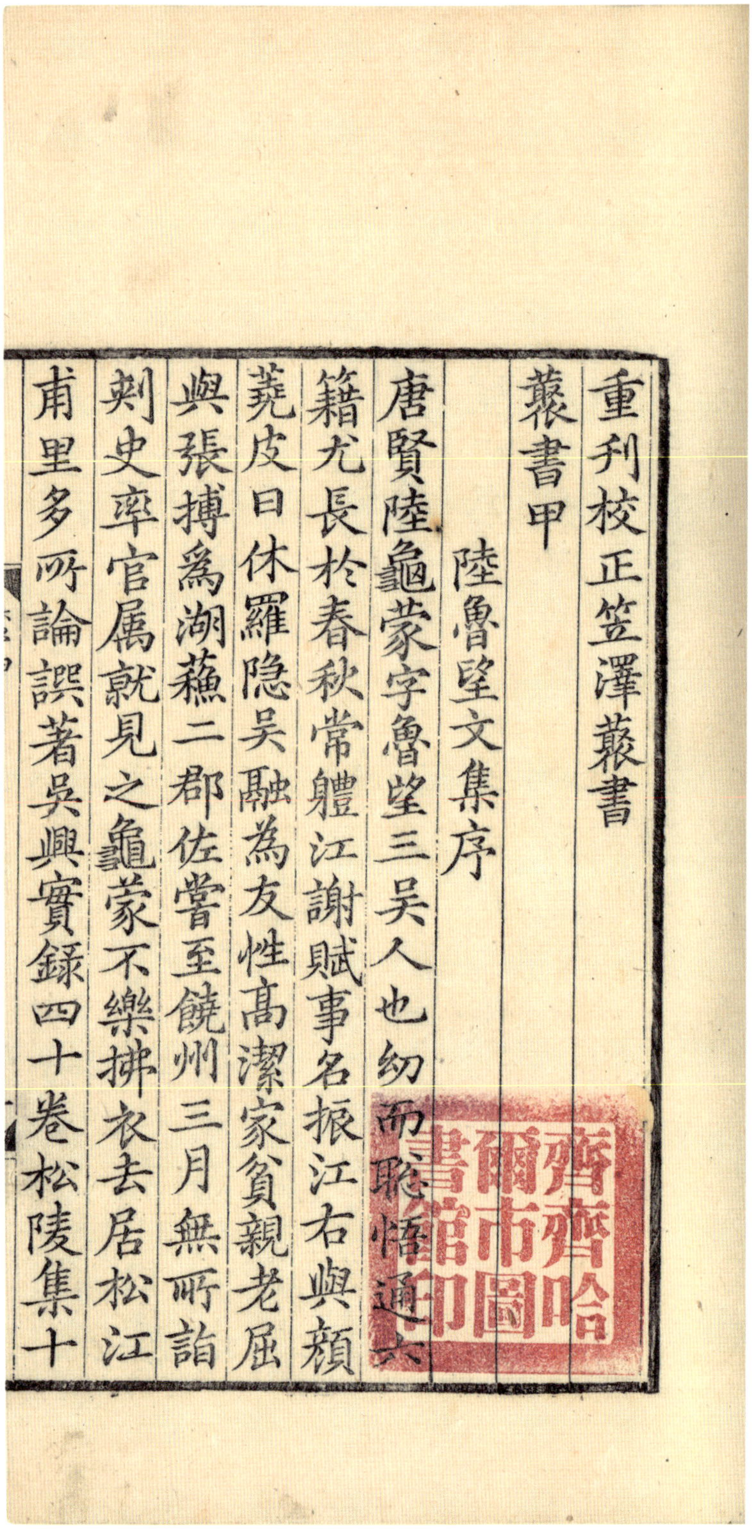
重刊校正笠澤藂書
藂書甲
陸魯望文集序
唐賢陸龜蒙字魯望三吴人也幼而聦悟通六
籍尤長於春秋常體江謝賦事名振江右與顔
蕘皮日休羅隐吴融為友性高潔家貧親老屈
與張摶爲湖蘇二郡佐嘗至饒州三月無所詣
剌史率官屬就見之龜蒙不樂拂衣去居松江
甫里多所論譔著吴興實録四十卷松陵集十

重刊校正笠澤叢書四卷補遺詩一卷續補遺一卷　（唐）陸龜蒙撰　清雍正九年（1731）江都陸鐘輝水雲漁屋刻本

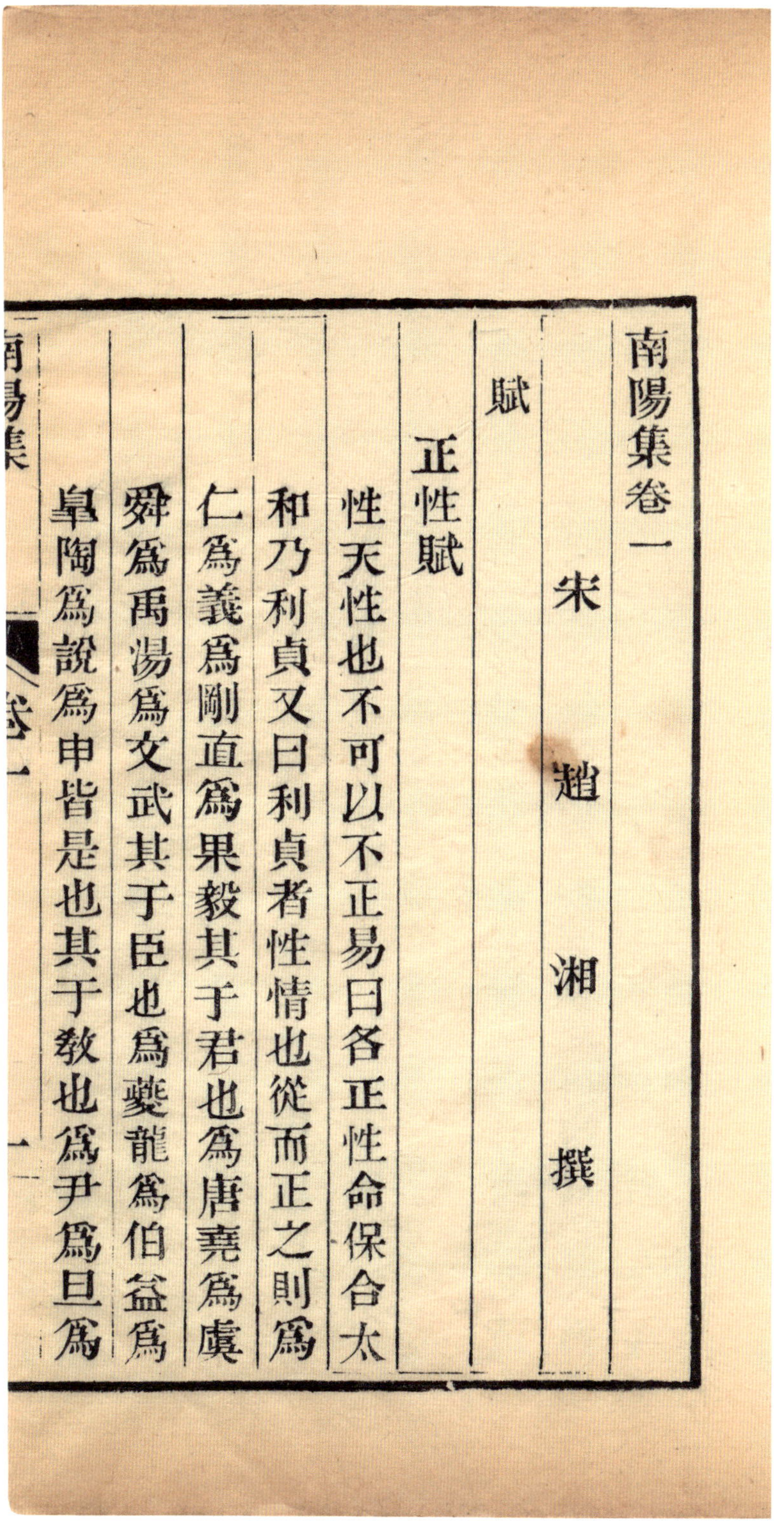

南陽集卷一

宋　趙湘　撰

賦

正性賦

性天性也不可以不正易曰各正性命保合太和乃利貞又曰利貞者性情也從而正之則爲仁爲義爲剛直爲果毅其于君也爲唐堯爲虞舜爲禹湯爲文武其于臣也爲夔龍爲伯益爲臯陶爲說爲申皆是也其于教也爲尹爲旦爲

南陽集　卷一　一

南陽集六卷　（宋）趙湘撰　（宋）趙抃編　清乾隆武英殿聚珍版刻本

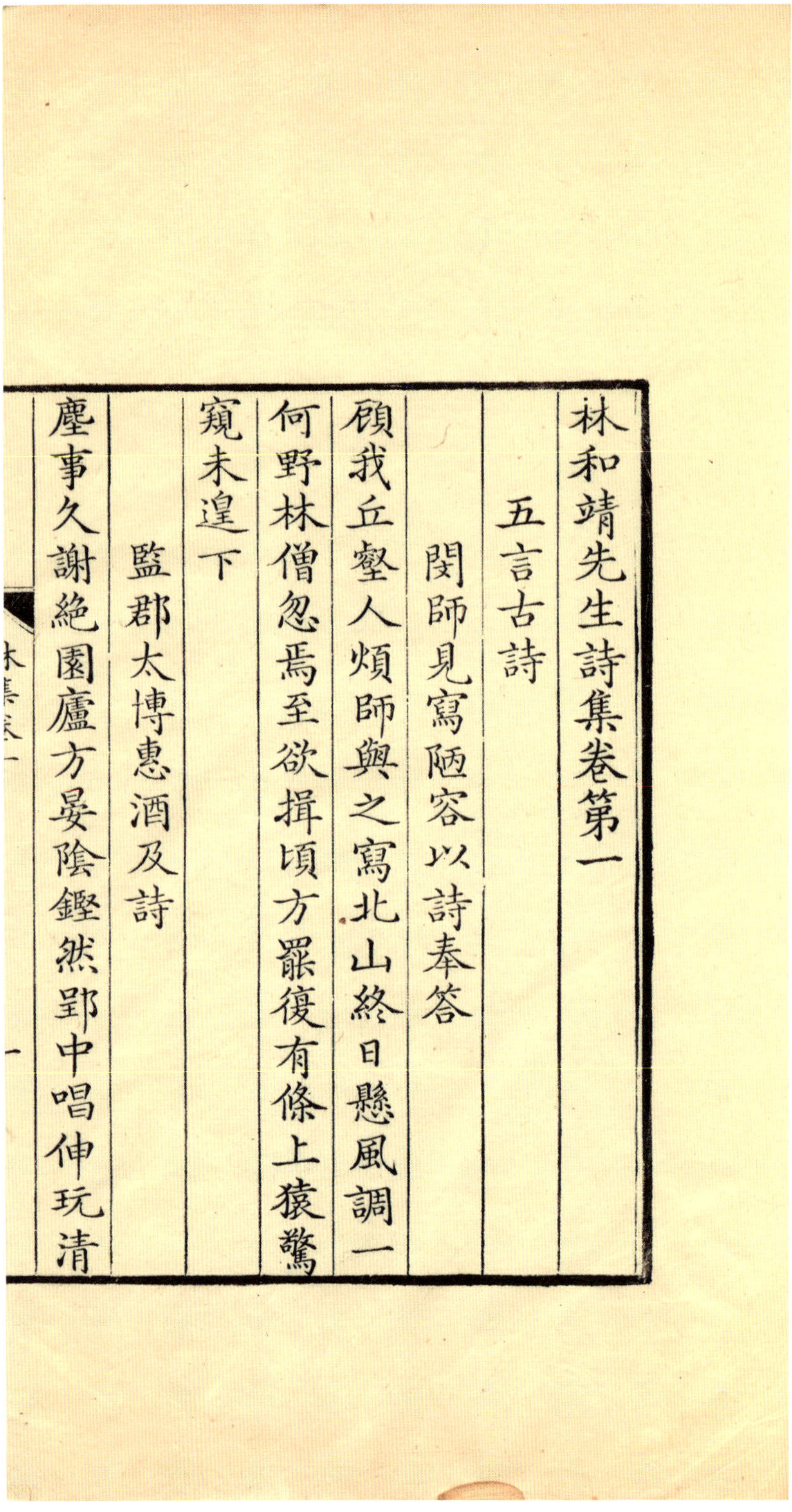
林和靖先生詩集卷第一
五言古詩
閔師見寫陋容以詩奉答
碩我丘壑人煩師與之寫北山終日懸風調一
何野林僧忽焉至欲揖頃方罷復有條上猿驚
窺未遑下
監郡太博惠酒及詩
塵事久謝絶園廬方晏陰鏗然郢中唱伸玩清

林和靖先生詩集四卷附省心録一卷　（宋）林逋撰　清康熙四十七年（1708）長洲吴調元刻本

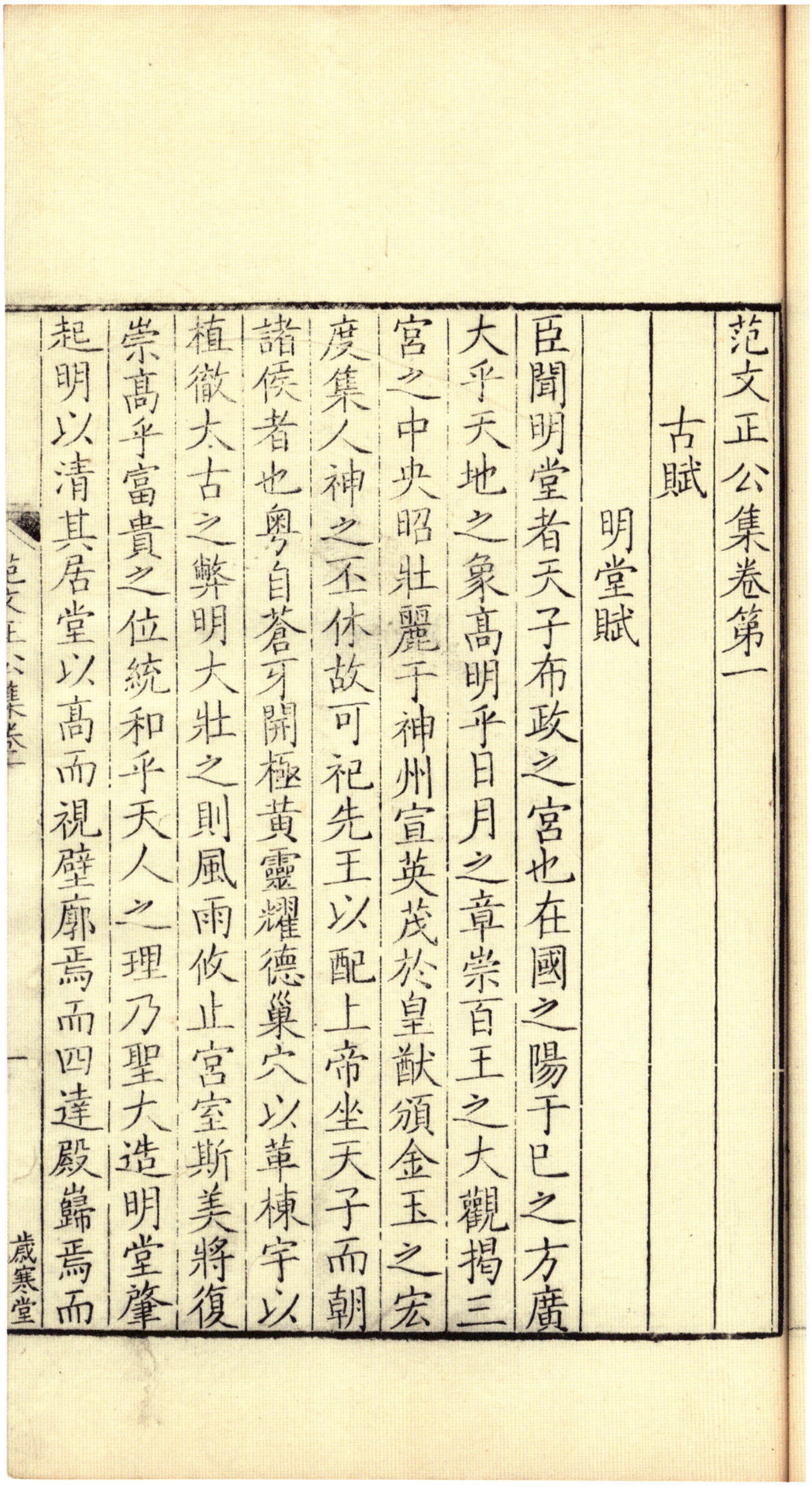

范文正公集卷第一

古賦

明堂賦

臣聞明堂者天子布政之宮也在國之陽于巳之方廣大乎天地之象高明乎日月之章崇百王之大觀揭三宮之中央昭壯麗于神州宣英茂於皇猷須金玉之宏度集人神之丕休故可祀先王以配上帝坐天子而朝諸侯者也粤自蒼牙開極黃靈耀德巢穴以革棟宇以植徹太古之弊明大壯之則風雨攸止宮室斯美將復崇高乎富貴之位統和乎天人之理乃聖大造明堂肇起明以清其居堂以高而視壁廓焉而四達殿巋焉而

范文正公集卷一　一　歲寒堂

范文正公忠宣公全集七十三卷　（宋）范仲淹　（宋）范純仁撰　清康熙四十六年（1707）范氏歲寒堂刻本

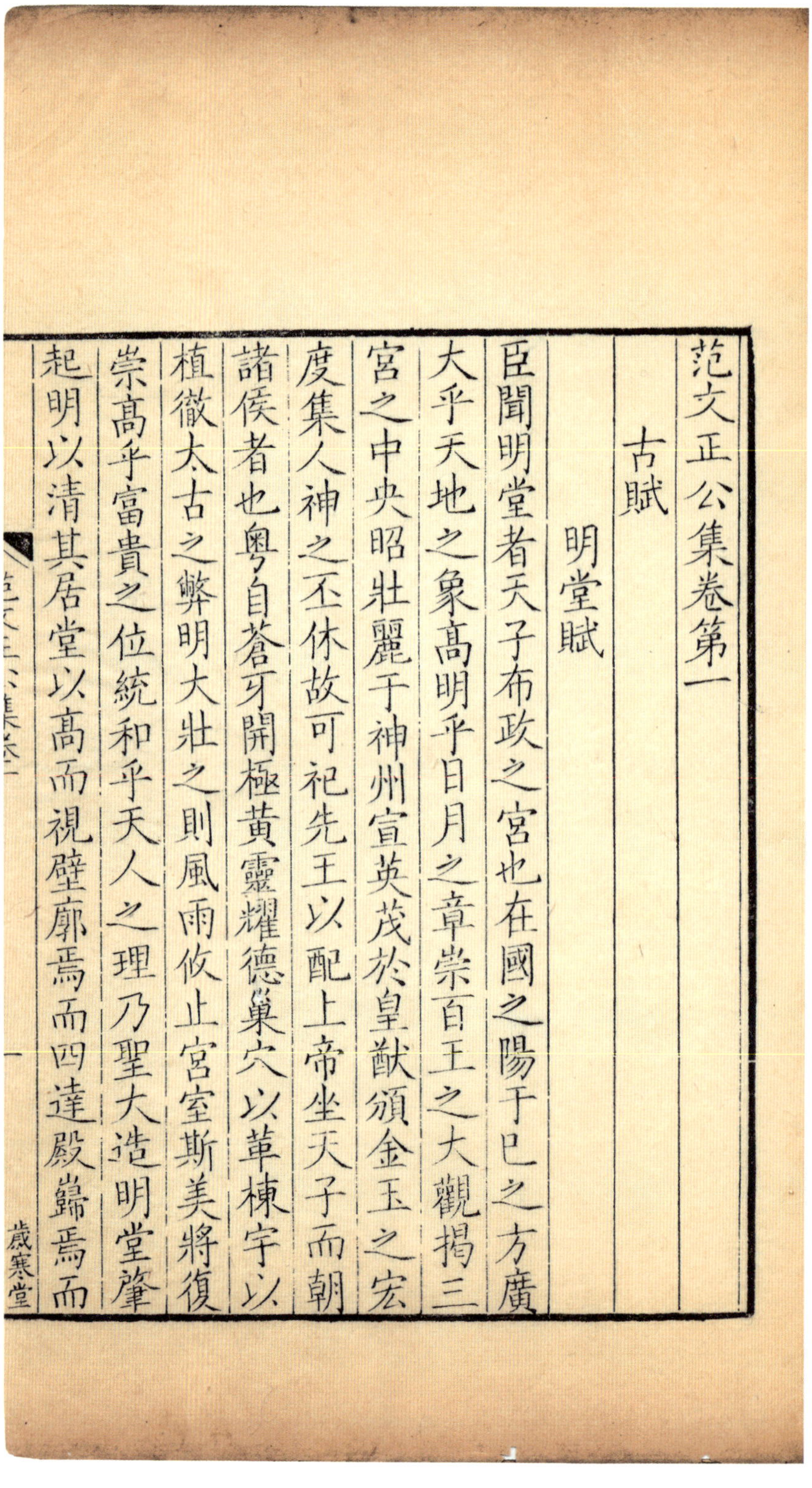

范文正公集卷第一

古賦

明堂賦

臣聞明堂者天子布政之宫也在國之陽于巳之方廣大乎天地之象高明乎日月之章崇百王之大觀揭三宫之中央昭壯麗于神州宣英茂於皇猷須金玉之宏度集人神之丕休故可祀先王以配上帝坐天子而朝諸侯者也粤自蒼牙開極黄靈耀德巢穴以革棟宇以植徹太古之弊明大壯之則風雨攸止宫室斯美將復崇高乎富貴之位統和乎天人之理乃聖大造明堂肇起明以清其居堂以高而視壁廓焉而四達殿嶤焉而

范文正公集卷一　一　歲寒堂

范文正公全集四十八卷　（宋）范仲淹撰　清康熙四十六年（1707）范氏歲寒堂刻本

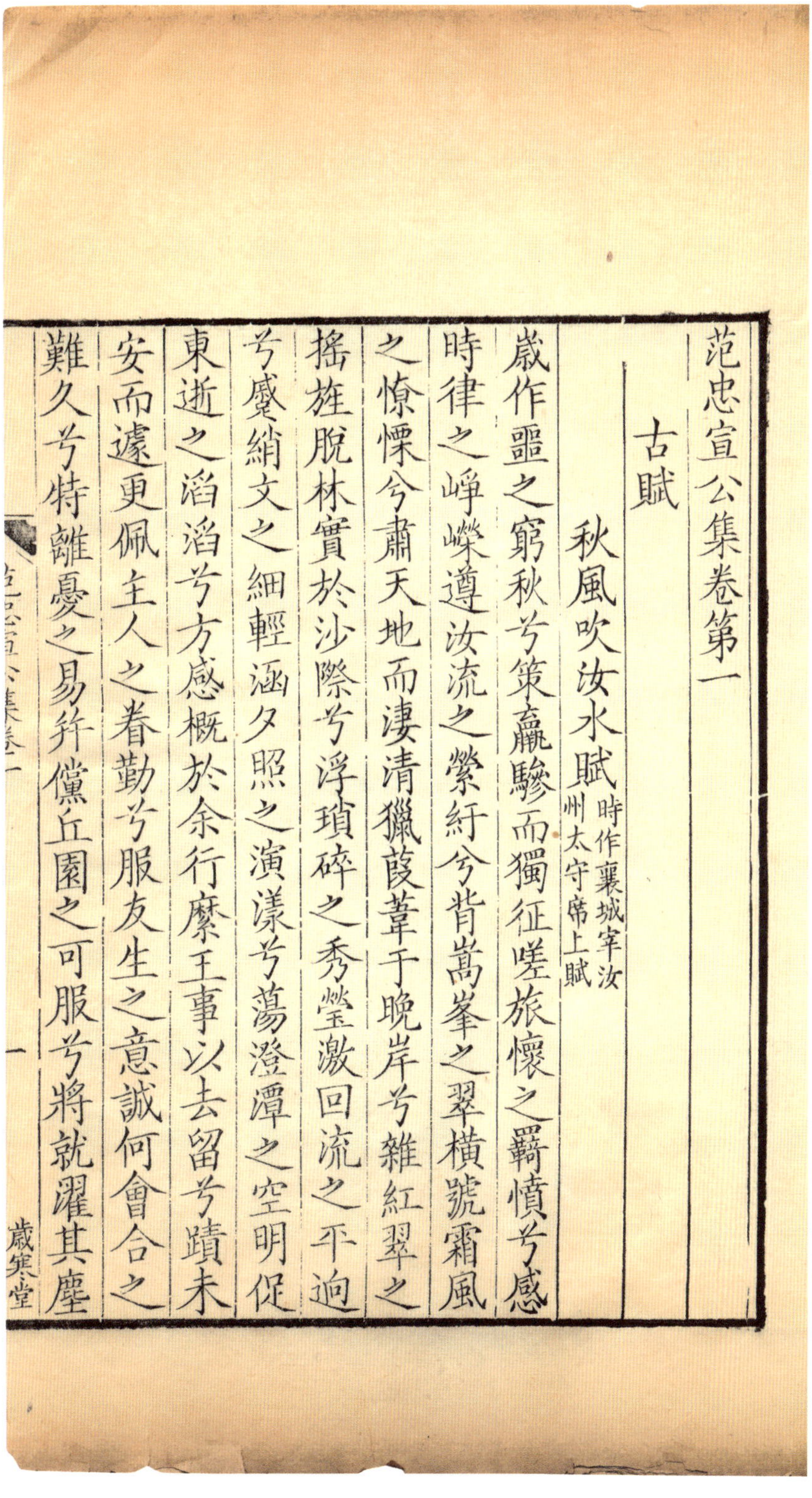

范忠宣公集卷第一

古賦

秋風吹汝水賦 時作襄城宰汝州太守席上賦

歲作噩之窮秋兮策羸驂而獨征嗟旅懷之羇憤兮感時律之崢嶸遵汝流之縈紆兮背嵩峯之翠横號霜風之憭慄兮肅天地而淒清獵葭葦于晚岸兮雜紅翠之搖旌脫林實於沙際兮浮瑣碎之秀瑩激回流之平迴兮爕綃文之細輕涵夕照之演漾兮蕩澄潭之空明促東逝之滔滔兮方感概於余行縻王事以去留兮蹟未安而遽更佩主人之眷勤兮服友生之意誠何會合之難久兮特離憂之易并儻丘園之可服兮將就耀其塵

范忠宣公集卷一　一　歲寒堂

范忠宣公全集二十五卷　（宋）范純仁撰　清康熙四十六年（1707）范氏歲寒堂刻本

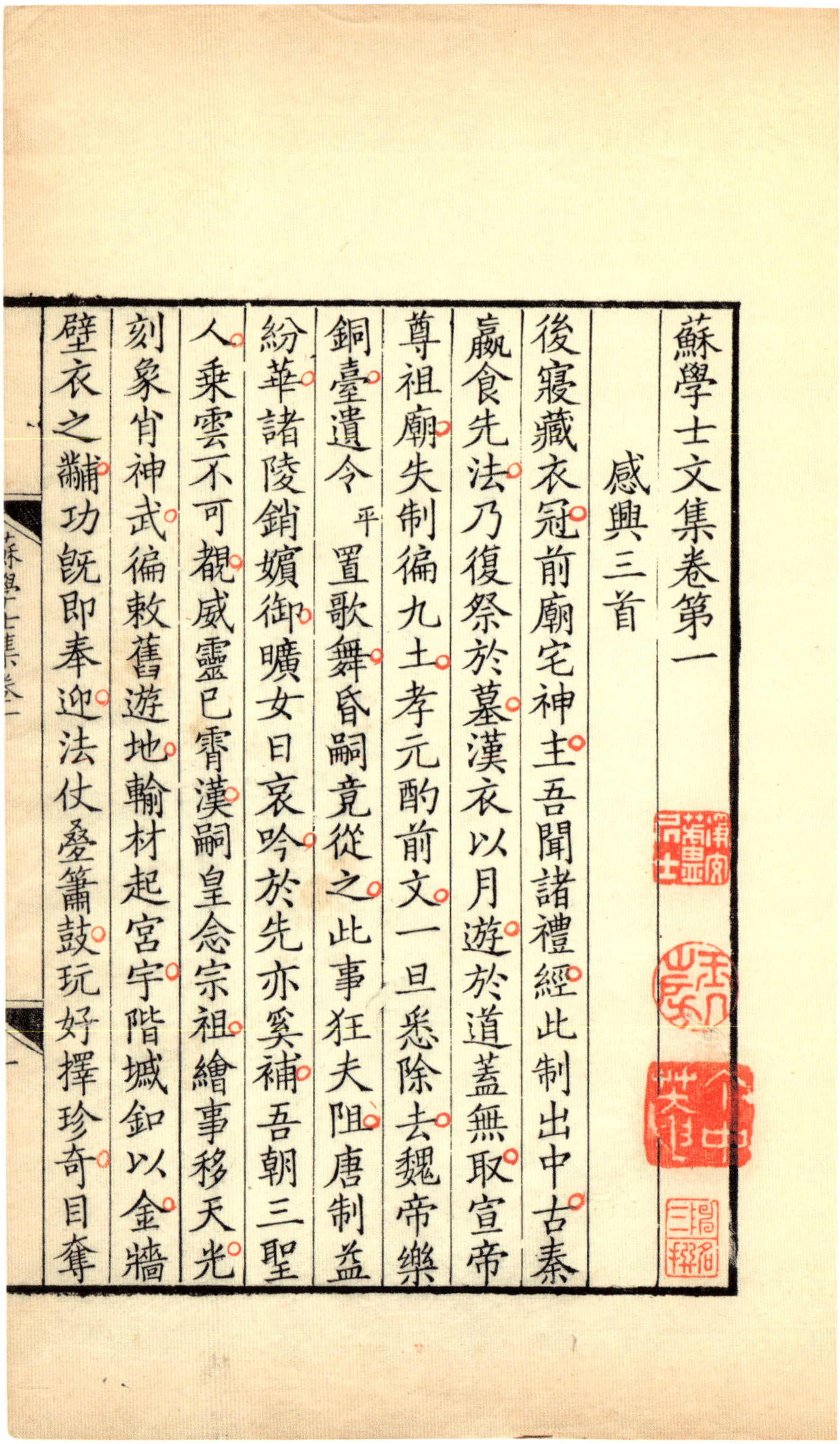
蘇學士文集卷第一

感興三首

後寢藏衣冠前廟宅神主吾聞諸禮經此制出中古秦嬴食先法乃復祭於墓漢衣以月遊於道蓋無取宣帝尊祖廟失制徧九土孝元酌前文一旦悉除去魏帝樂銅臺遺令平置歌舞昏嗣竟從之此事狂夫阻唐制益紛華諸陵鎖嬪御曠女日哀吟於先亦奚補吾朝三聖人乘雲不可覩威靈已霄漢嗣皇念宗祖繪事移天光刻象肖神武徧敕舊遊地輸材起宮宇階墄釦以金牆壁衣之黼功既即奉迎法仗疊簫鼓玩好擇珍奇目奪

蘇學士文集十六卷　（宋）蘇舜欽撰　清康熙三十七年（1698）震澤徐惇孝徐惇復白華書屋刻本

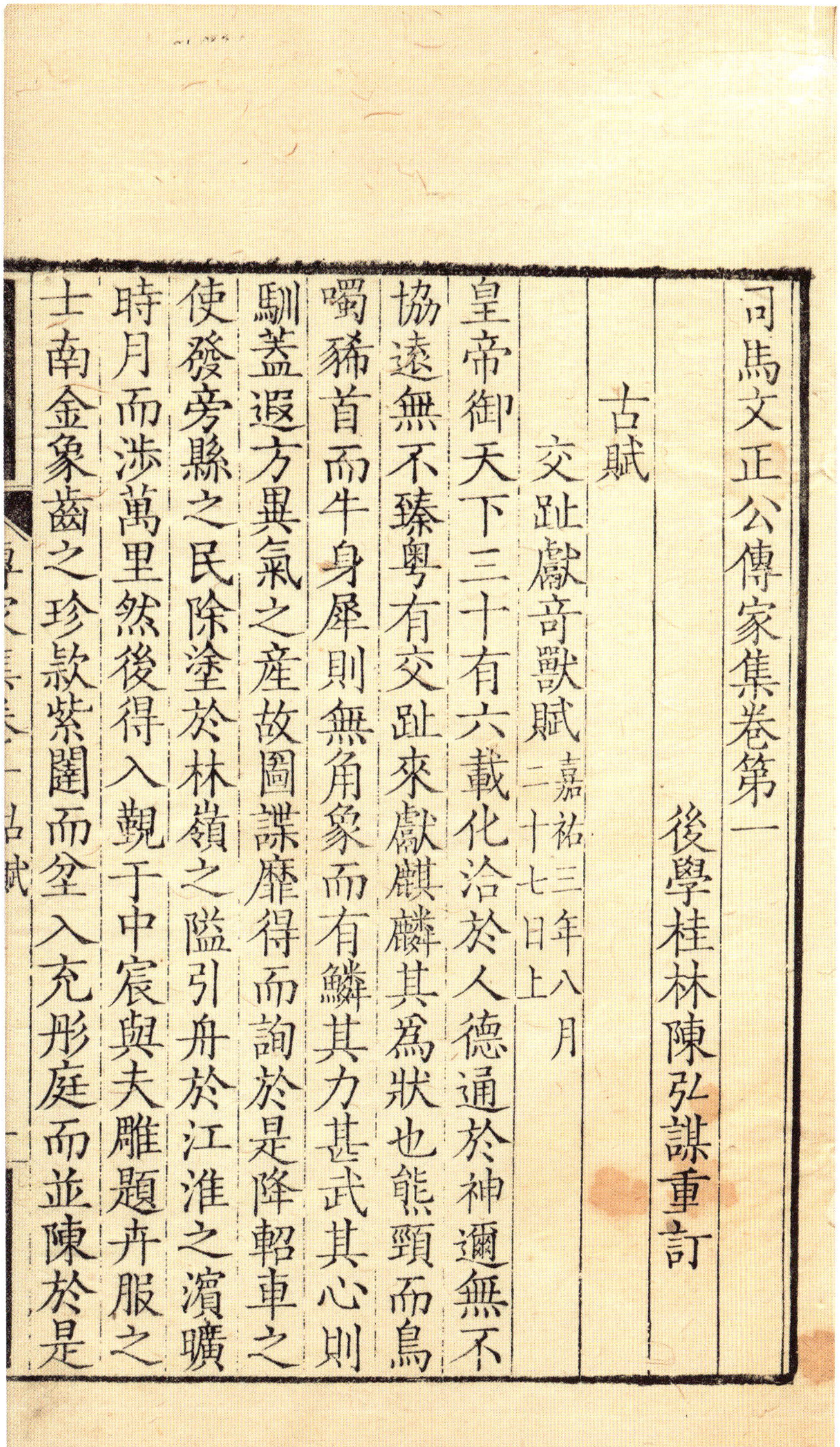

司馬文正公傳家集卷第一

後學桂林陳弘謀重訂

古賦

交趾獻奇獸賦 嘉祐三年八月二十七日上

皇帝御天下三十有六載化洽於人德通於神邇無不協遠無不臻粵有交趾來獻麒麟其爲狀也熊頸而鳥噣豨首而牛身犀則無角象而有鱗其力甚武其心則馴蓋遐方異氣之産故圖諜靡得而詢於是降軺車之使發旁縣之民除塗於林嶺之隘引舟於江淮之濵曠時月而涉萬里然後得入覲于中宸與夫雕題卉服之士南金象齒之珍款紫闥而坌入充彤庭而並陳於是

司馬文正公傳家集八十卷目録二卷附録一卷年譜一卷

（宋）司馬光撰　（清）陳弘謀重訂　清乾隆六年（1741）培遠堂刻本

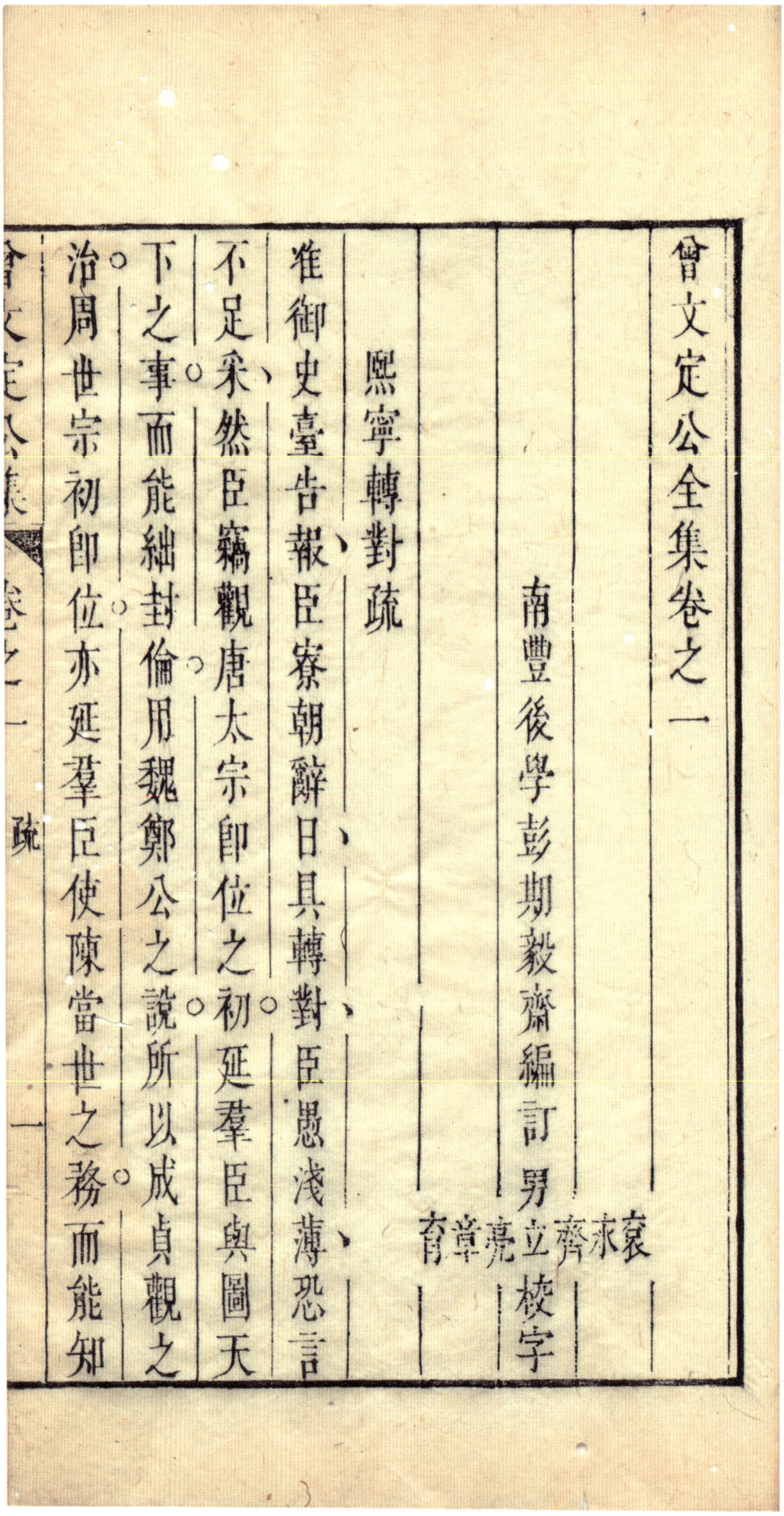

曾文定公全集二十卷末一卷　（宋）曾鞏撰　（清）彭期重編　清康熙二十一年（1682）彭期刻本

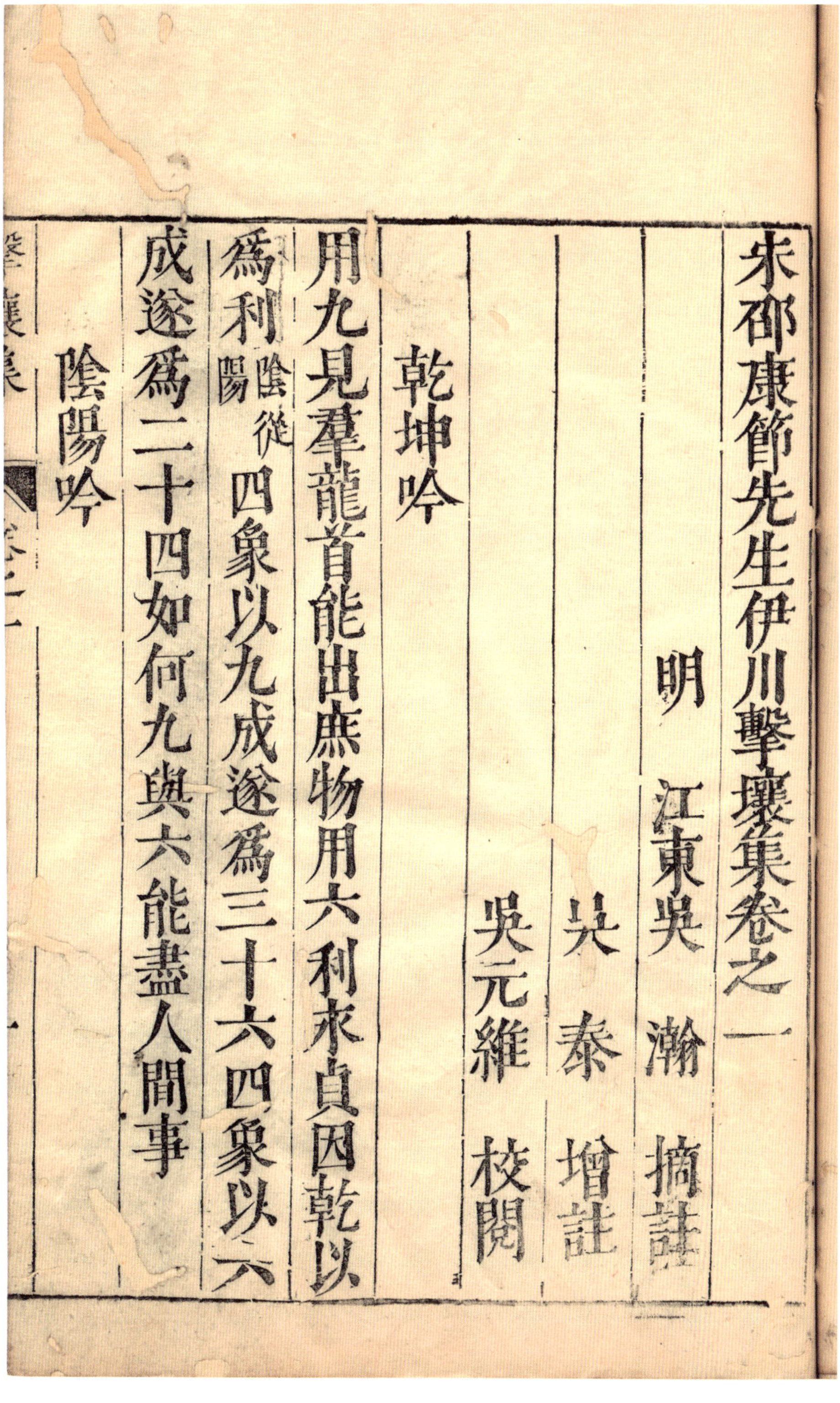
宋邵康節先生伊川擊壤集卷之一
明　江東吳　瀚　摘註
吳　泰　增註
吳元維　校閱
乾坤吟
用九見羣龍首能出庶物用六利永貞因乾以爲利陰從陽四象以九成遂爲三十六四象以六成遂爲二十四如何九與六能盡人間事
陰陽吟

宋邵康節先生伊川擊壤集十卷　（宋）邵雍撰　（明）吳瀚摘註　清康熙八年（1669）邵養貞刻本

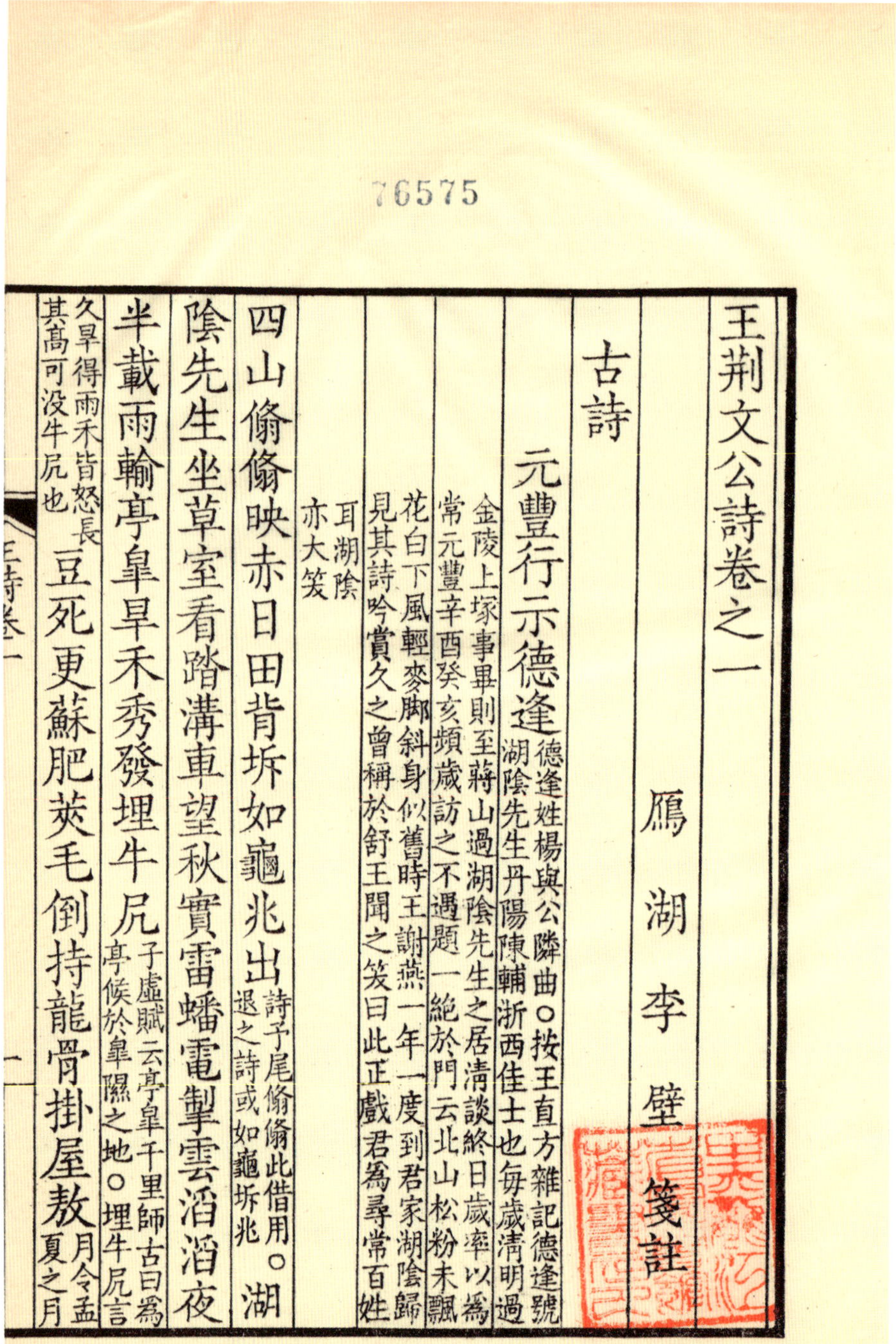

王荊文公詩卷之一

鴈湖李壁箋註

古詩

元豐行示德逢 德逢姓楊與公隣曲○按王直方雜記德逢號湖陰先生丹陽陳輔浙西佳士也每歲清明過金陵上冢事畢則至蔣山過湖陰先生之居清談終日歲率以爲常元豐辛酉癸亥頻歲訪之不遇題一絕於門云北山松粉未飄花白下風輕麥腳斜身似舊時王謝燕一年一度到君家湖陰歸見其詩吟賞久之曾稱於舒王聞之笑曰此正戲君爲尋常百姓耳湖陰亦大笑

四山翛翛映赤日田背坼如龜兆出 詩予尾翛翛此借用○退之詩或如龜坼兆 湖陰先生坐草室看踏溝車望秋實雷蟠電掣雲滔滔夜半載雨輸亭皐旱禾秀發埋牛尻 子虛賦云亭皐千里師古曰爲亭候於皐隰之地○埋牛尻言久旱得雨禾皆怒長其高可沒牛尻也 豆死更蘇肥莢毛倒持龍骨掛屋敖 月令孟夏之月

王詩卷一　一

王荊文公詩五十卷　（宋）王安石撰　（宋）李壁箋註

清乾隆六年（1741）武原張宗松清綺齋刻本

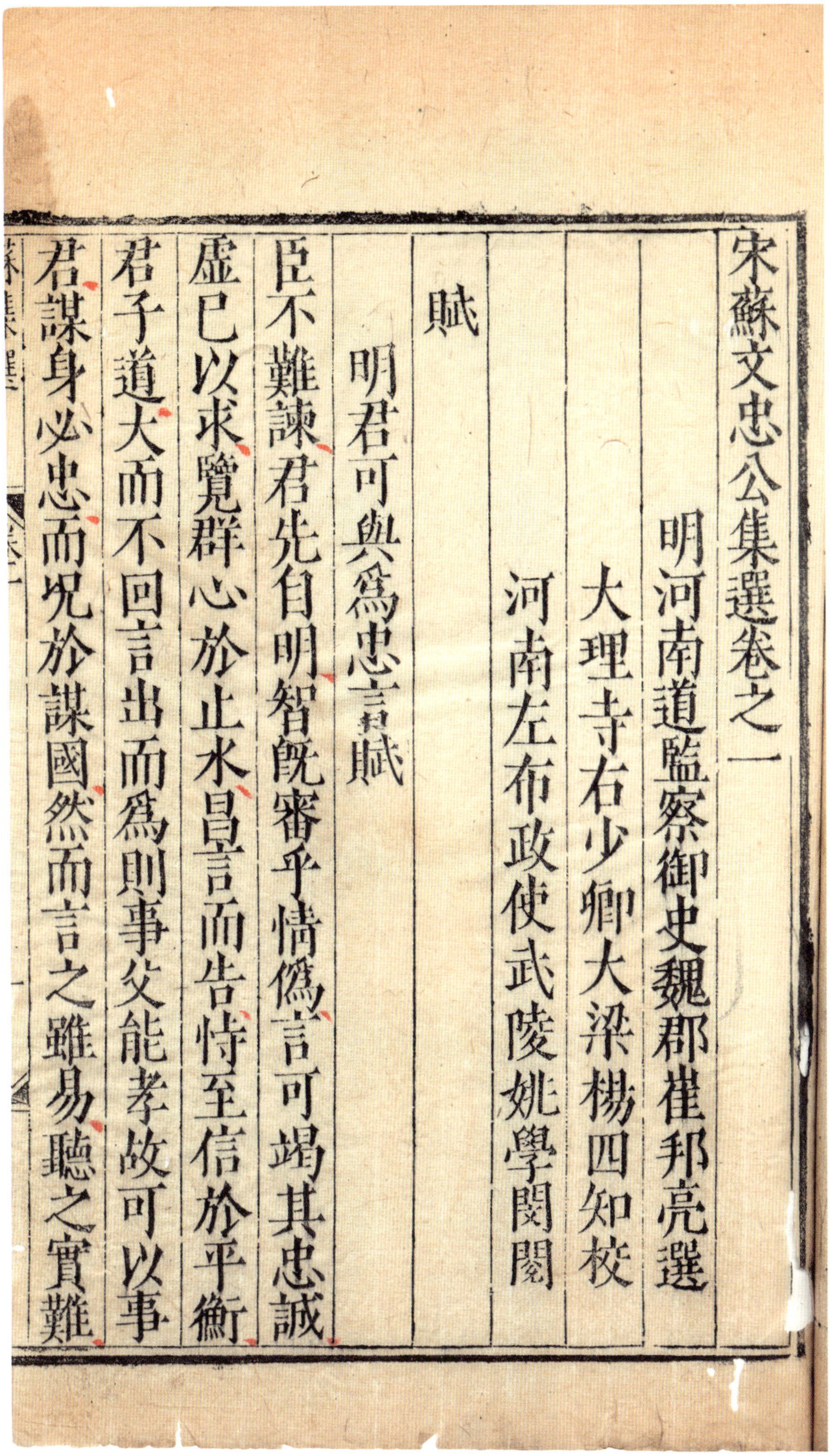

宋蘇文忠公集選卷之一

明河南道監察御史魏郡崔邦亮選

大理寺右少卿大梁楊四知校

河南左布政使武陵姚學閔閱

賦

明君可與爲忠言賦

臣不難諫君先自明智旣審乎情僞言可竭其忠誠

虛已以求覽群心於止水昌言而告恃至信於平衡

君子道大而不回言出而爲則事父能孝故可以事

君謀身必忠而况於謀國然而言之雖易聽之實難

蘇集選　卷一

宋蘇文忠公集選三十卷　（宋）蘇軾撰　（明）崔邦亮選
明萬曆二十七年（1599）楊四知刻本

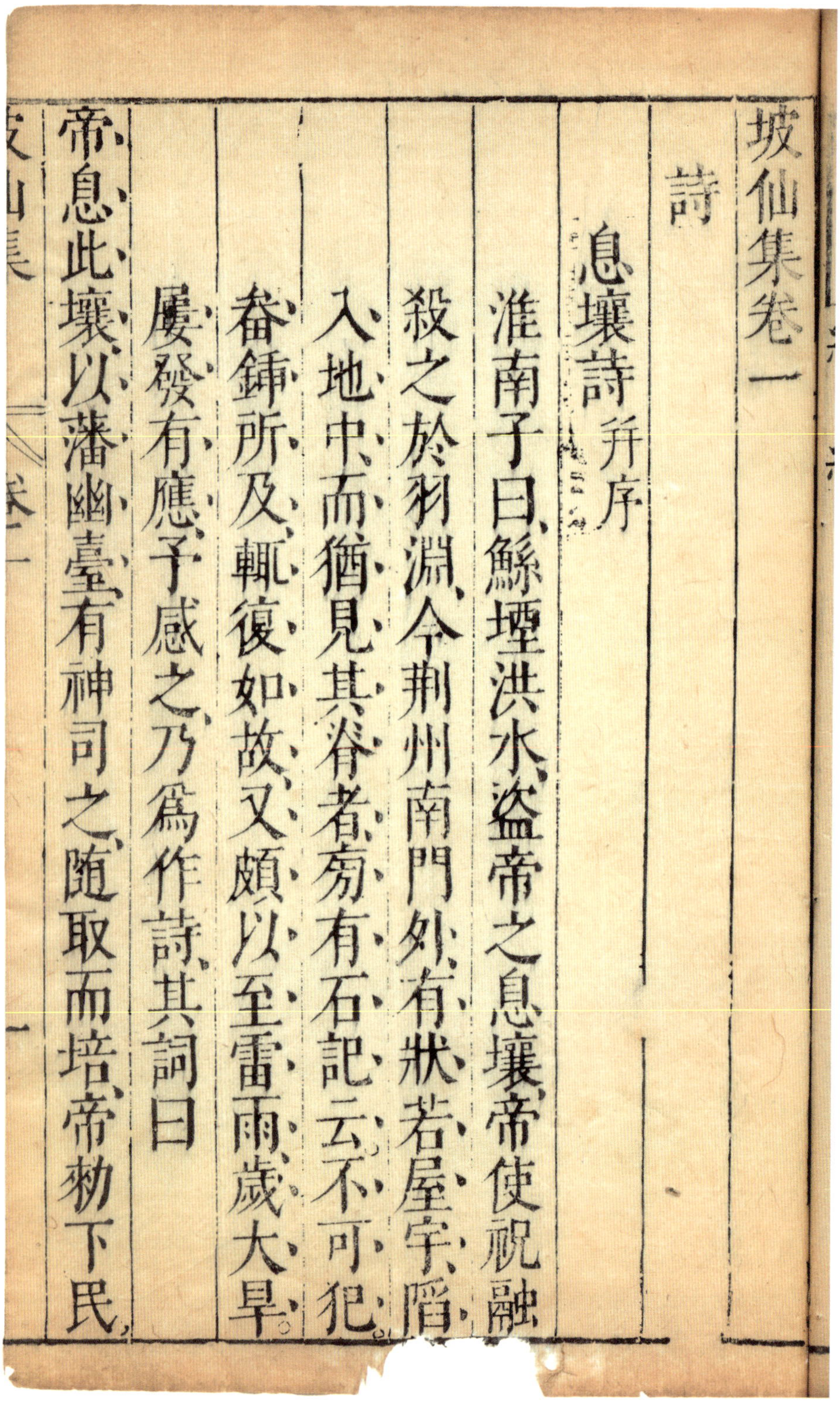

坡仙集卷一

詩

息壤詩并序

淮南子曰鯀堙洪水盜帝之息壤帝使祝融殺之於羽淵今荆州南門外有狀若屋宇陷入地中而猶見其脊者旁有石記云不可犯畚鍤所及輒復如故又頗以至雷雨歲大旱屢發有應予感之乃爲作詩其詞曰

帝息此壤以藩幽臺有神司之隨取而培帝勑下民

坡仙集　卷一　一

坡仙集十六卷　（宋）蘇軾撰　（明）李贄輯　明萬曆二十八年（1600）瑯琊焦竑刻本

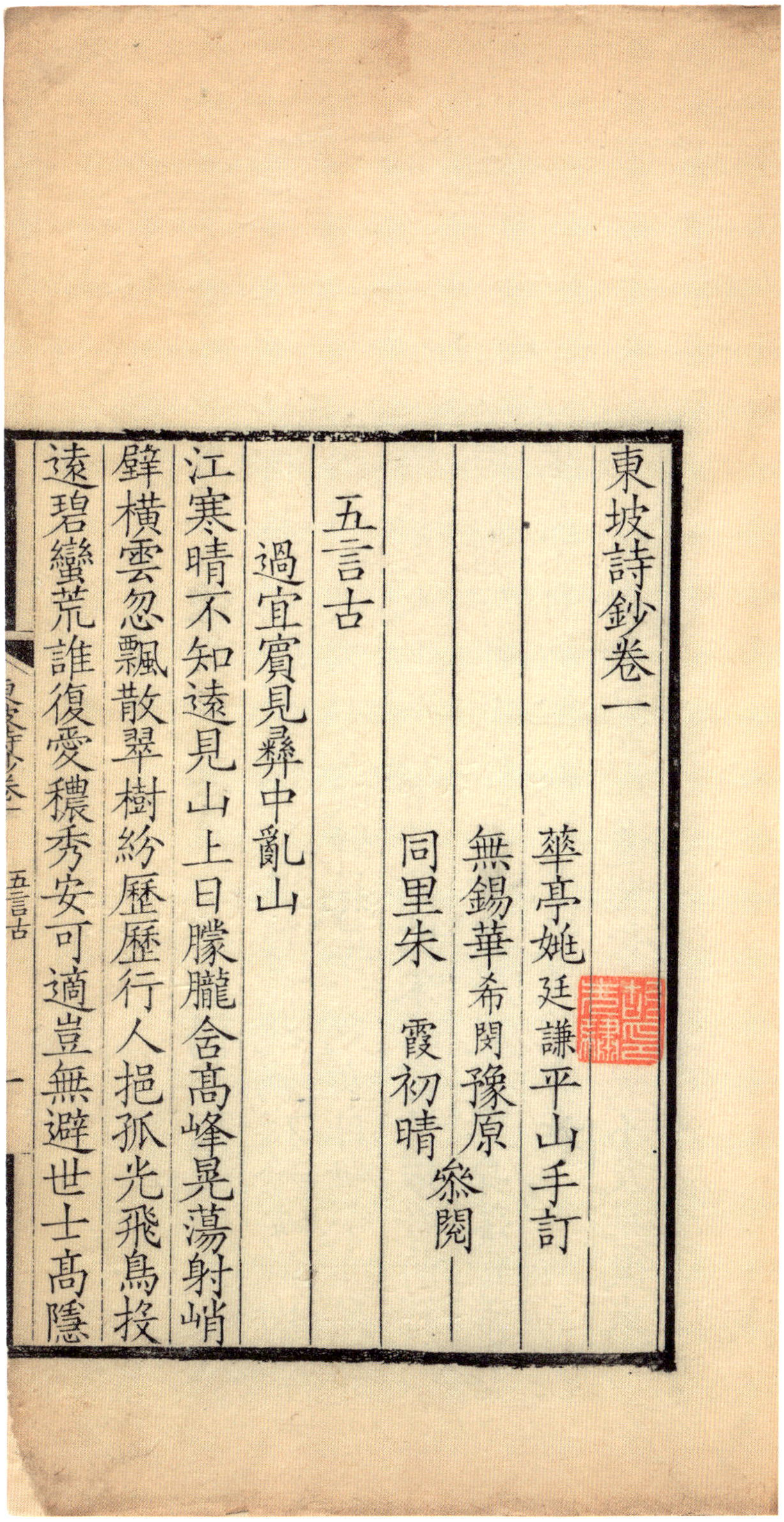
東坡詩鈔卷一
華亭姚廷謙平山手訂
無錫華希閔豫原　參閱
同里朱　霞初晴
五言古
過宜賓見彝中亂山
江寒晴不知遠見山上日朦朧含高峰晃蕩射峭
壁橫雲忽飄散翠樹紛歷歷行人挹孤光飛鳥投
遠碧巒荒誰復愛穠秀安可適豈無避世士高隱
東坡詩鈔卷一　五言古　一

東坡詩鈔十八卷　（宋）蘇軾撰　（清）姚廷謙訂　清康熙六十年（1721）刻本

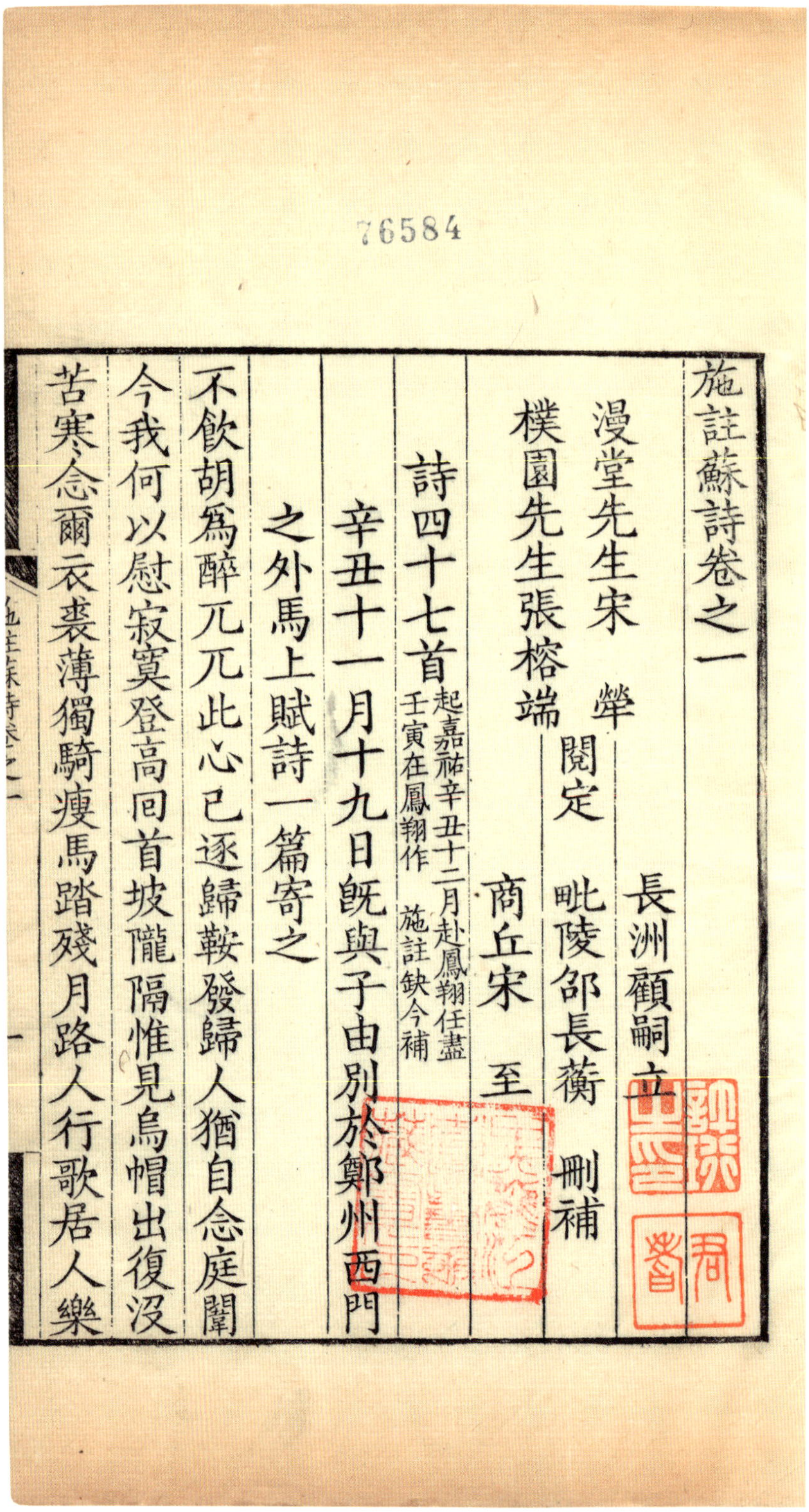

施註蘇詩四十二卷總目二卷　（宋）施元之　（宋）顧禧撰　（清）邵長蘅刪補　**續補遺二卷**　（清）馮景撰　**王註正僞一卷**　（清）邵長蘅撰　**東坡先生年譜一卷**　（宋）王宗稷撰　清康熙三十八年（1699）宋犖刻本

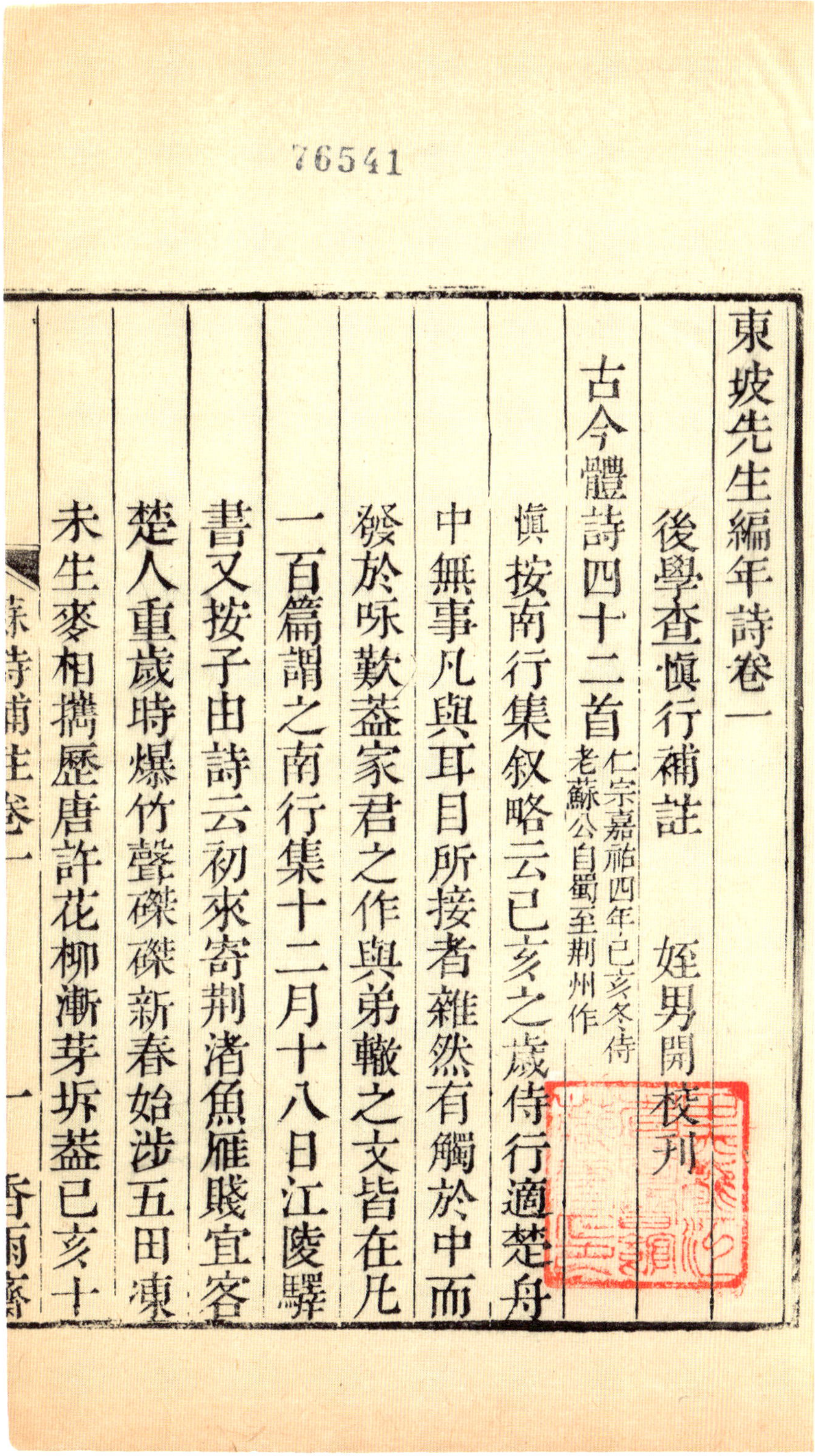

東坡先生編年詩卷一

後學查愼行補註　姪男開校刊

古今體詩四十二首 仁宗嘉祐四年己亥冬侍老蘇公自蜀至荊州作

愼按南行集叙略云已亥之歲侍行適楚舟中無事凡與耳目所接者雜然有觸於中而發於咏歎蓋家君之作與弟轍之文皆在凡一百篇謂之南行集十二月十八日江陵驛書又按子由詩云初來寄荊渚魚雁賤宜客楚人重歲時爆竹聲磔磔新春始涉五田凍未生麥相攜歷唐許花柳漸芽坼蓋已亥十

蘇詩補註卷一　一　香雨齋

東坡先生編年詩五十卷　（宋）蘇軾撰　（清）查愼行補註　清乾隆二十六年（1761）香雨齋刻本

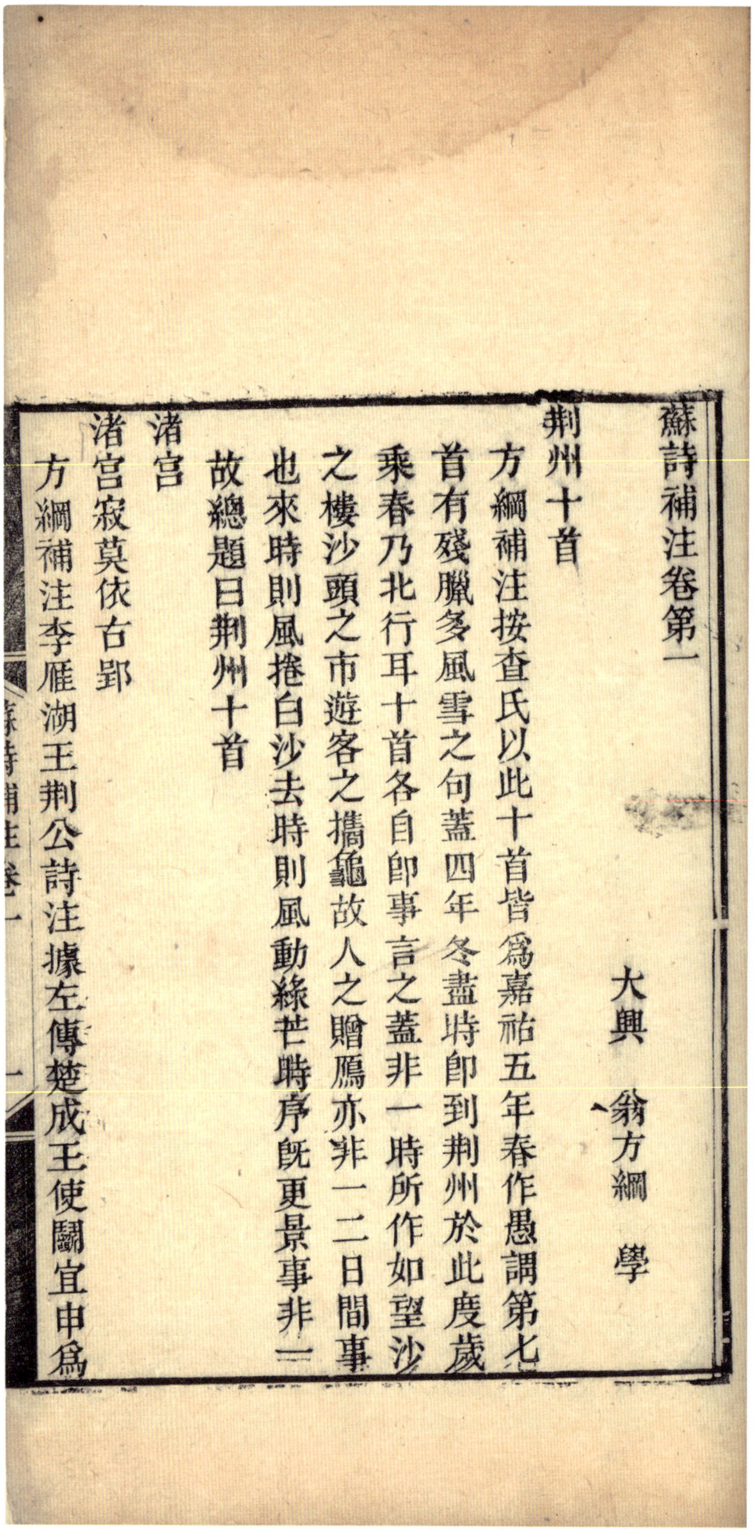
蘇詩補注卷第一

大興　翁方綱　學

荆州十首

方綱補注按查氏以此十首皆爲嘉祐五年春作愚謂第七首有殘臘多風雪之句蓋四年冬盡時即到荆州於此度歲乘春乃北行耳十首各自即事言之蓋非一時所作如望沙之樓沙頭之市遊客之攜龜故人之贈鴈亦非一二日間事也來時則風捲白沙去時則風動緣芒時序既更景事非一故總題曰荆州十首

渚宮

渚宮寂莫依古郢

方綱補注李雁湖王荆公詩注據左傳楚成王使鬭宜申爲

蘇詩補注　卷一　一

蘇詩補注八卷　（宋）蘇軾撰　（清）翁方綱補註　清乾隆四十七年（1782）蘇齋刻本

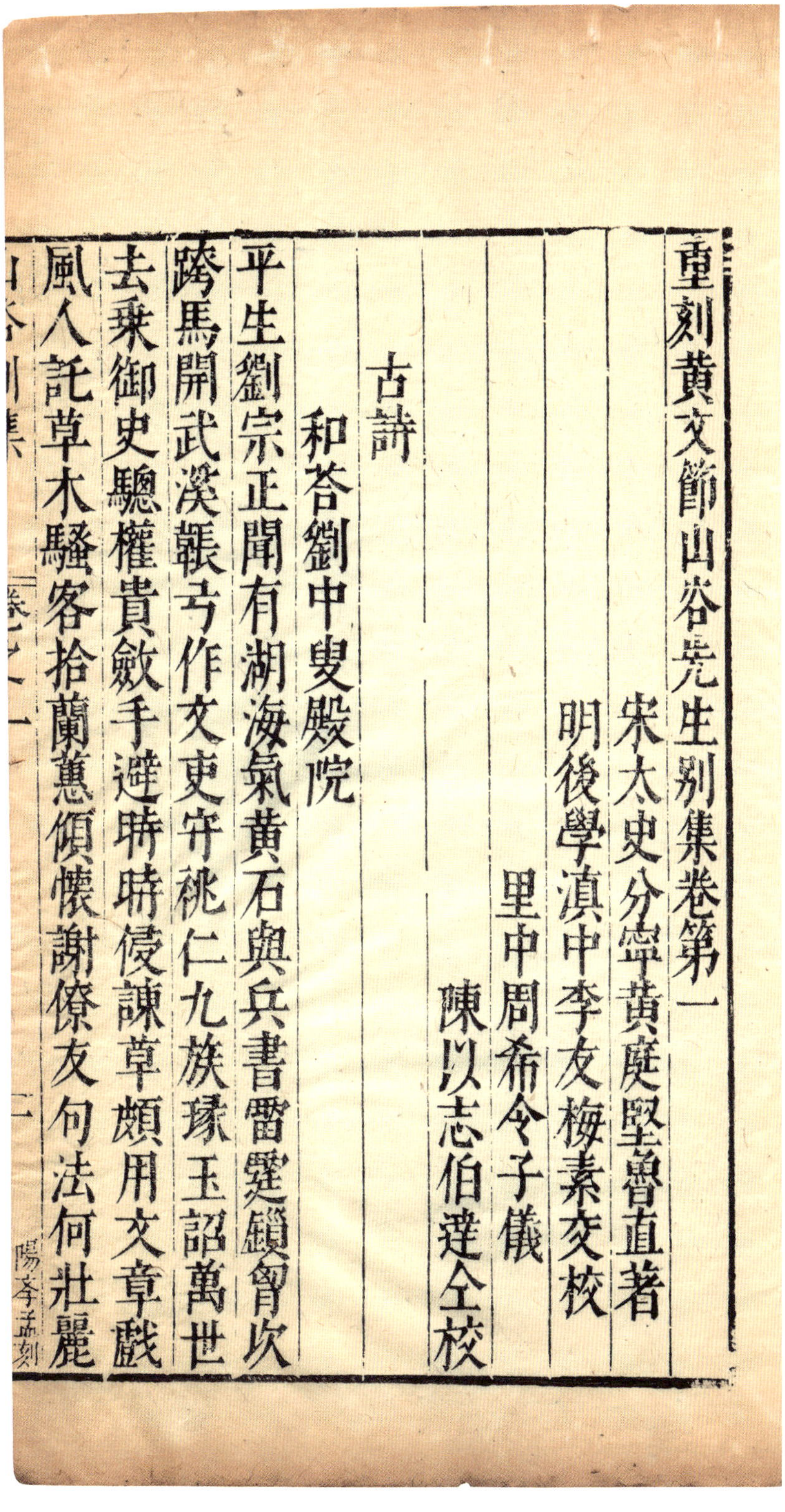
重刻黃文節山谷先生別集卷第一

宋太史分寧黃庭堅魯直著

明後學滇中李友梅素交校

里中周希令子儀

陳以志伯達仝校

古詩

和荅劉中叟殿院

平生劉宗正聞有湖海氣黃石與兵書雷霆鎖胷次跨馬開武溪韔弓作文吏守祧仁九族瑑玉詔萬世去乘御史驄權貴斂手避睥睨侵諫草頗用文章戲風人託草木騷客拾蘭蕙傾懷謝僚友句法何壯麗

重刻黃文節山谷先生文集三十卷別集二十卷外集十四卷

（宋）黃庭堅撰　（明）周希令編　伐檀二卷年譜十五卷

（宋）黃庶撰　明萬曆四十二年（1614）滇中李友梅刻本

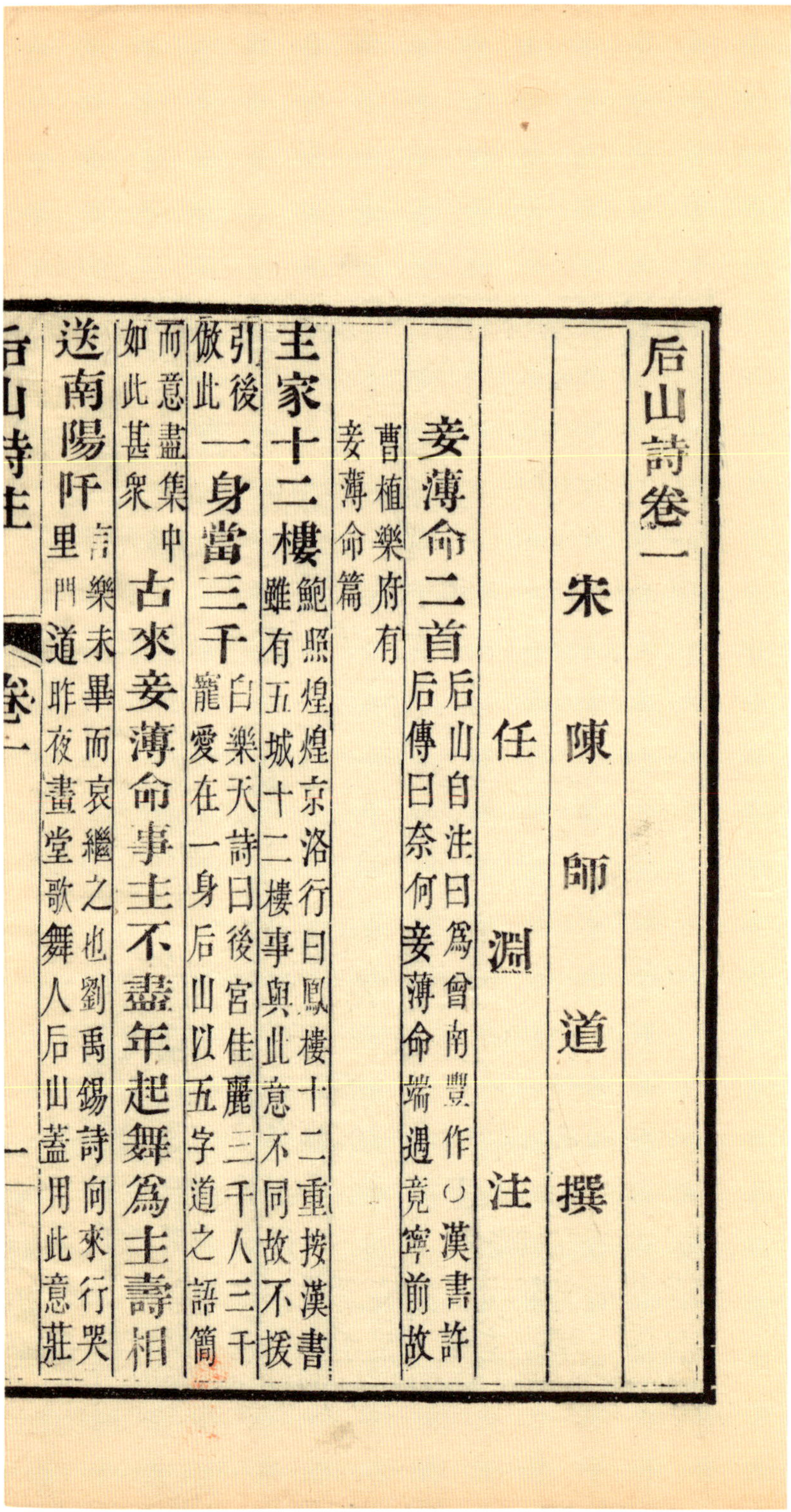
后山詩卷一

宋 陳師道 撰

任淵 注

妾薄命二首 后山自注曰爲曾南豐作○漢書許后傳曰奈何妾薄命端遇竟寧前故曹植樂府有妾薄命篇

主家十二樓 鮑照煌煌京洛行曰鳳樓十二重按漢書雖有五城十二樓事與此意不同故不援引後做此

一身當三千 白樂天詩曰後宮佳麗三千人三千寵愛在一身后山以五字道之語簡而意盡集中如此甚衆

古來妾薄命事主不盡年起舞爲主壽相

送南陽阡 言樂未畢而哀繼之也劉禹錫詩向來行哭里門道昨夜畫堂歌舞人后山蓋用此意莊

后山詩注 卷一 一

后山詩十二卷 （宋）陳師道撰 （宋）任淵注 清乾隆武英殿聚珍版刻本

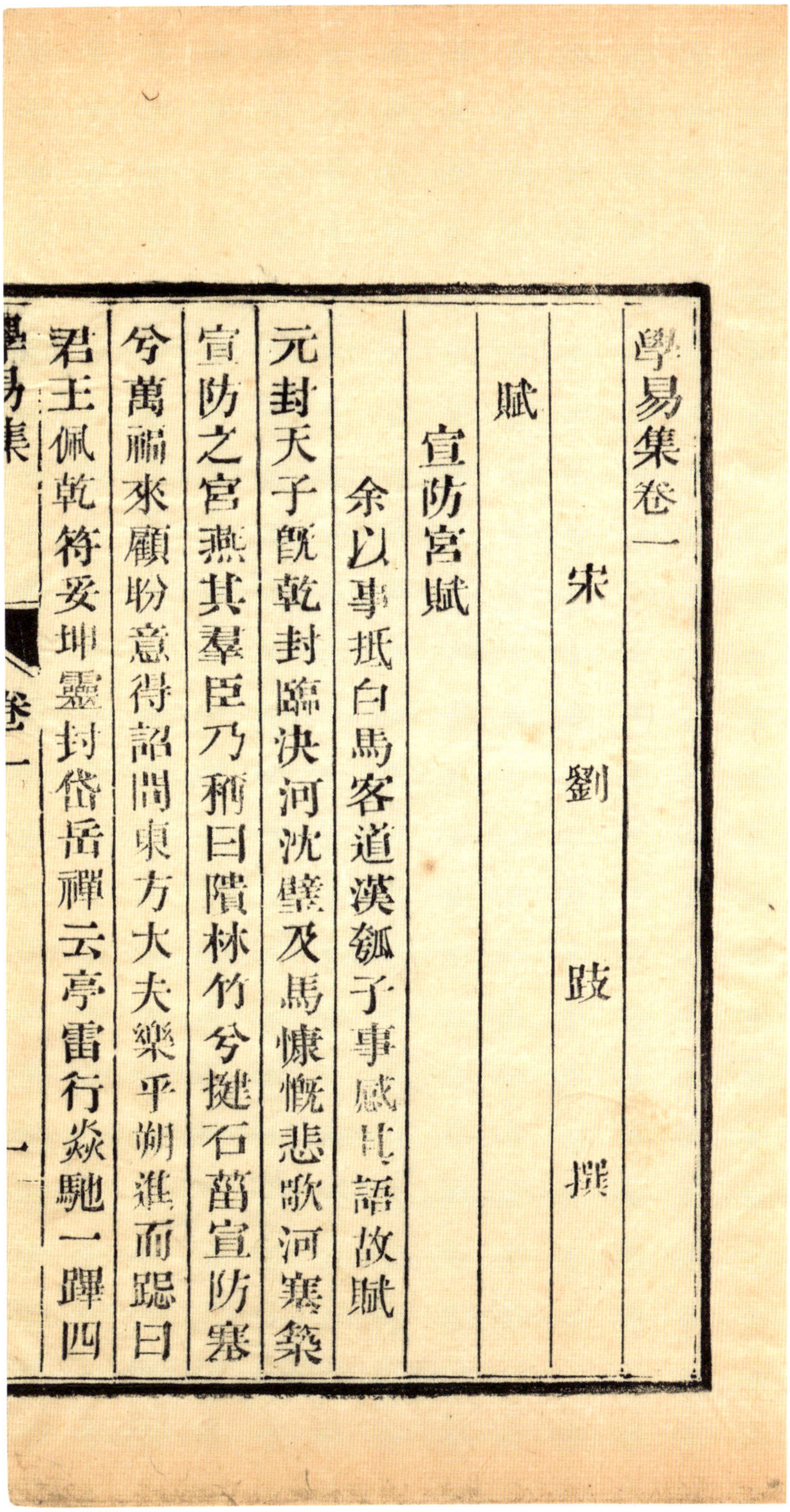

學易集卷一

宋　劉跂　撰

賦

宣防宮賦

余以事抵白馬客道漢瓠子事感其語故賦

元封天子旣乾封臨決河沈璧及馬慷慨悲歌河塞築宣防之宮燕其羣臣乃稱曰隤林竹兮揵石菑宣防塞兮萬福來顧盼意得詔問東方大夫樂乎姗進而跽曰君王佩乾符受坤靈封岱岳禪云亭雷行焱馳一蹕四

學易集　卷一　一

學易集八卷　（宋）劉跂撰　清乾隆武英殿聚珍版活字本

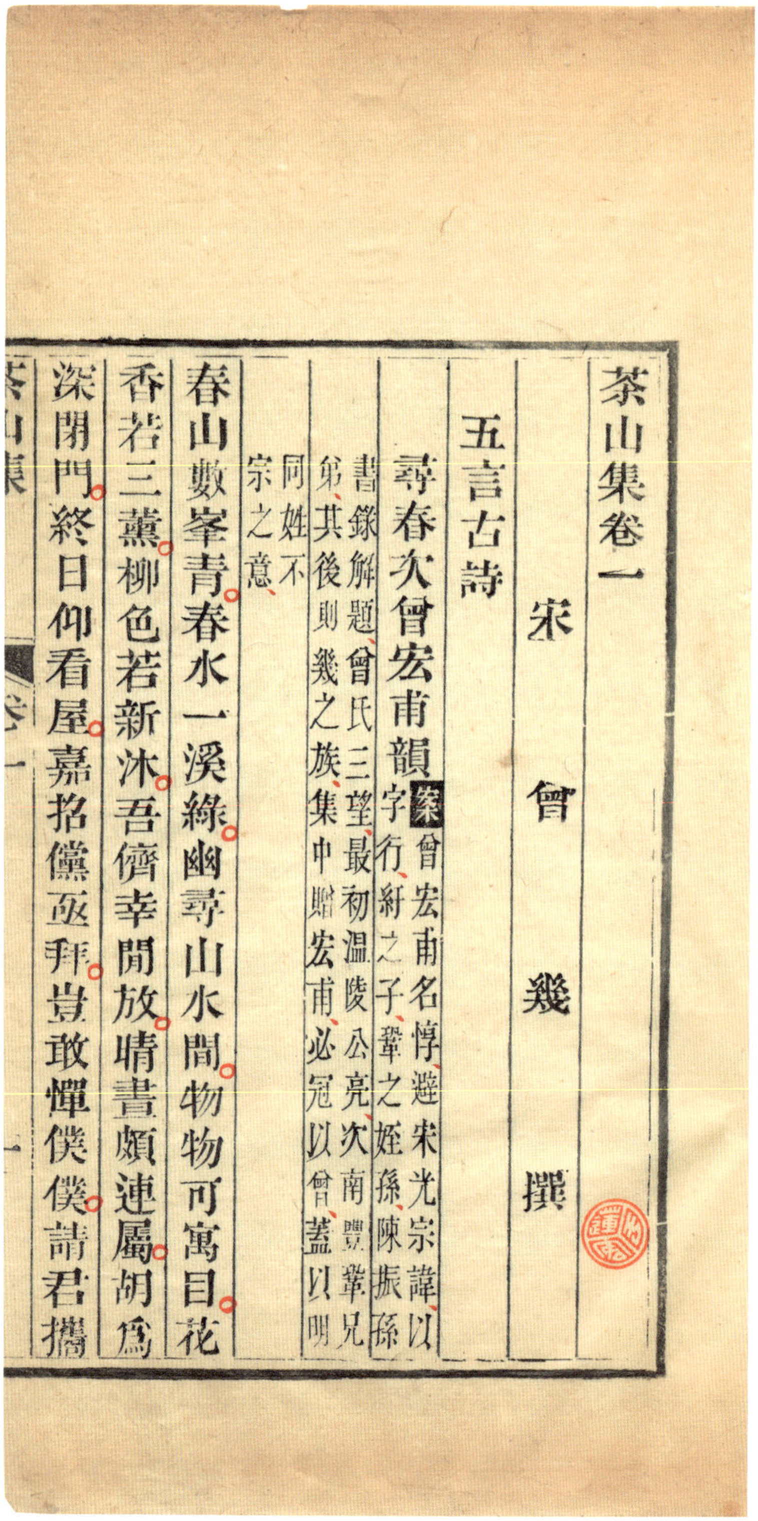

茶山集卷一

宋　曾幾　撰

五言古詩

尋春次曾宏甫韻 案曾宏甫名惇避宋光宗諱以字行紆之子鞏之姪孫陳振孫書錄解題曾氏三望最初溫陵公亮次南豐鞏兄弟其後則幾之族集中贈宏甫必冠以曾蓋以明同姓不宗之意

春山數峯青春水一溪綠幽尋山水間物物可寓目花香若三薰柳色若新沐吾儕幸閒放晴晝頗連屬胡爲深閉門終日仰看屋嘉招儻亟拜豈敢憚僕僕請君攜

茶山集　卷一　一

茶山集八卷　（宋）曾幾撰　清乾隆武英殿聚珍版活字本

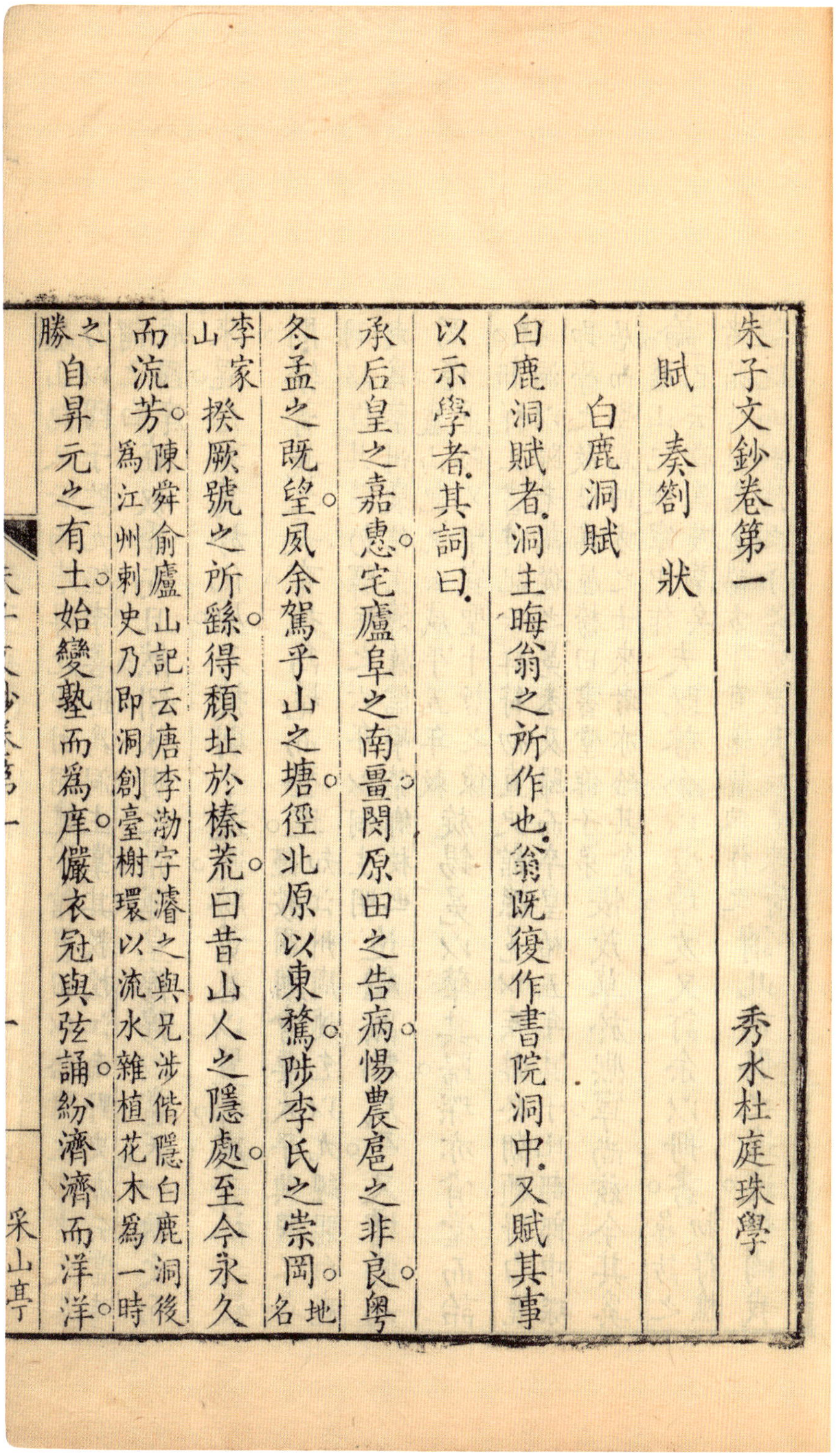
朱子文鈔卷第一　　秀水杜庭珠學
賦　奏劄　狀
白鹿洞賦
白鹿洞賦者。洞主晦翁之所作也。翁既復作書院洞中。又賦其事以示學者。其詞曰。
承后皇之嘉惠。宅廬阜之南畺。閔原田之告病。惕農扈之非良。粤冬孟之既望。夙余駕乎山之塘。徑北原以東騖。陟李氏之崇岡。地名李家山揆厥號之所繇。得頹址於榛荒。曰昔山人之隱處。至今永久而流芳。陳舜俞廬山記云唐李渤字濬之與兄涉偕隱白鹿洞後爲江州刺史乃卽洞創臺榭環以流水雜植花木爲一時之勝自昇元之有土。始變塾而爲庠。儼衣冠與弦誦。紛濟濟而洋洋。
采山亭

朱子文鈔二十卷　（宋）朱熹撰　（清）杜庭珠選抄　清康熙五十一年（1712）采山亭刻本

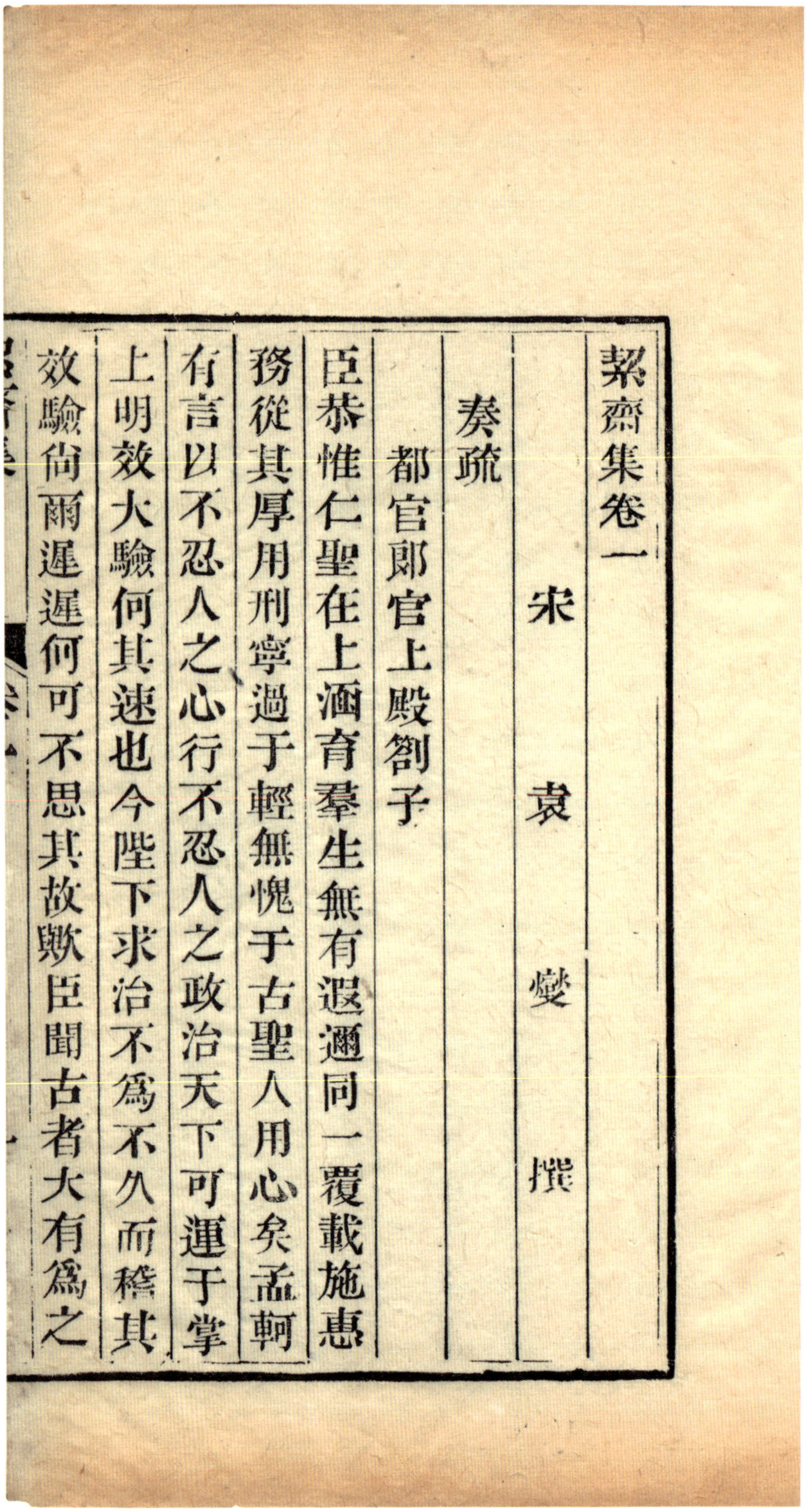

絜齋集卷一

宋　袁　燮　撰

奏疏

都官郎官上殿劄子

臣恭惟仁聖在上涵育羣生無有遐邇同一覆載施惠
務從其厚用刑寧過于輕無愧于古聖人用心矣孟軻
有言以不忍人之心行不忍人之政治天下可運于掌
上明效大驗何其速也今陛下求治不爲不久而稽其
效驗尙爾遲遲何可不思其故歟臣聞古者大有爲之

絜齋集二十四卷　（宋）袁燮撰　清乾隆武英殿聚珍版活字本

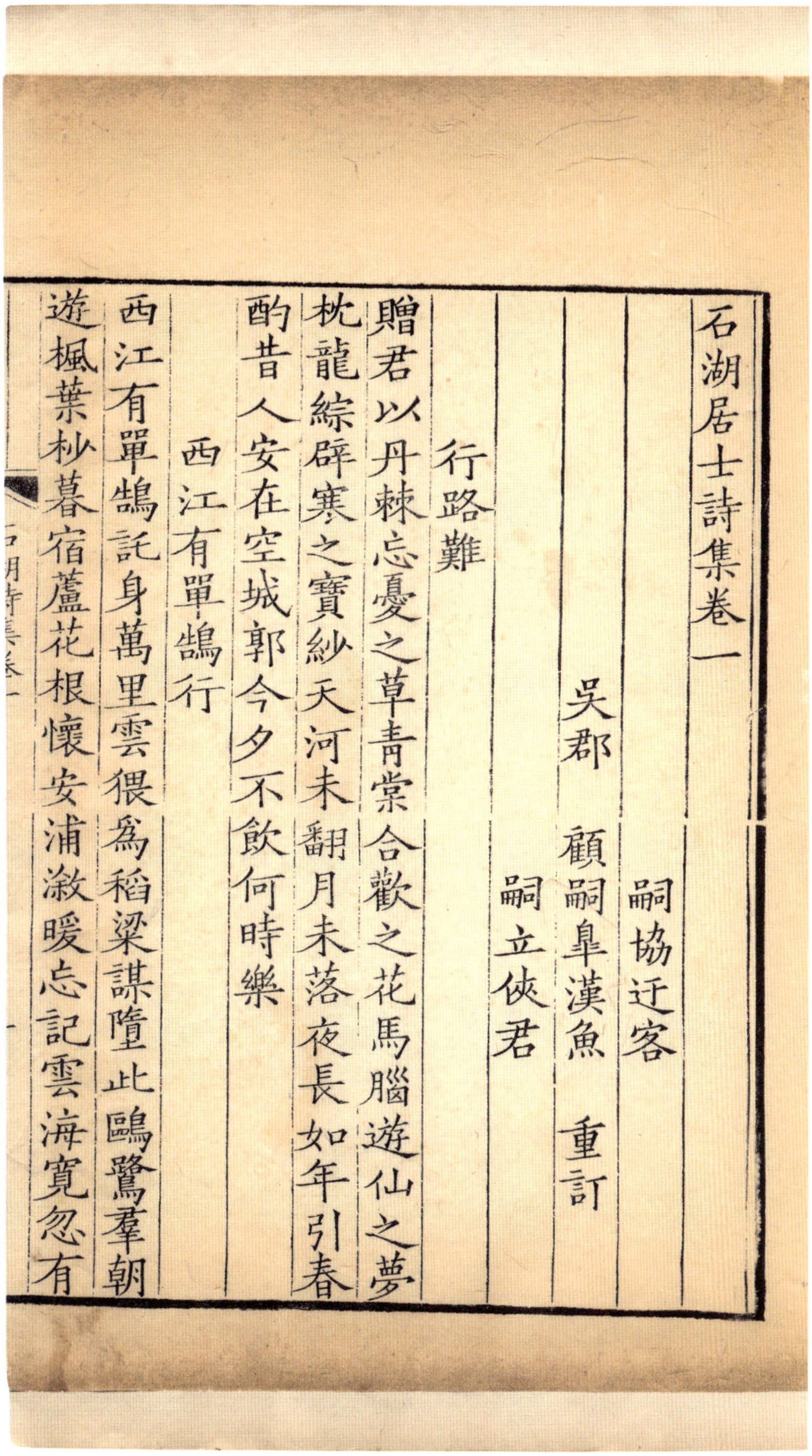
石湖居士詩集卷一

嗣協迂客

吳郡　顧嗣臯漢魚　重訂

嗣立俠君

行路難

贈君以丹棘忘憂之草青棠合歡之花馬腦遊仙之夢

枕龍綜辟寒之寶紗天河未翻月未落夜長如年引春

酌昔人安在空城郭今夕不飲何時樂

西江有單鵠行

西江有單鵠託身萬里雲猥爲稻粱謀墮此鷗鷺羣朝

遊楓葉杪暮宿蘆花根懷安浦漵暖忘記雲海寬忽有

石湖詩集卷一　一

石湖居士詩集三十四卷　（宋）范成大撰　（清）顧嗣立重訂　清康熙二十七年（1688）顧氏秀野草堂刻本

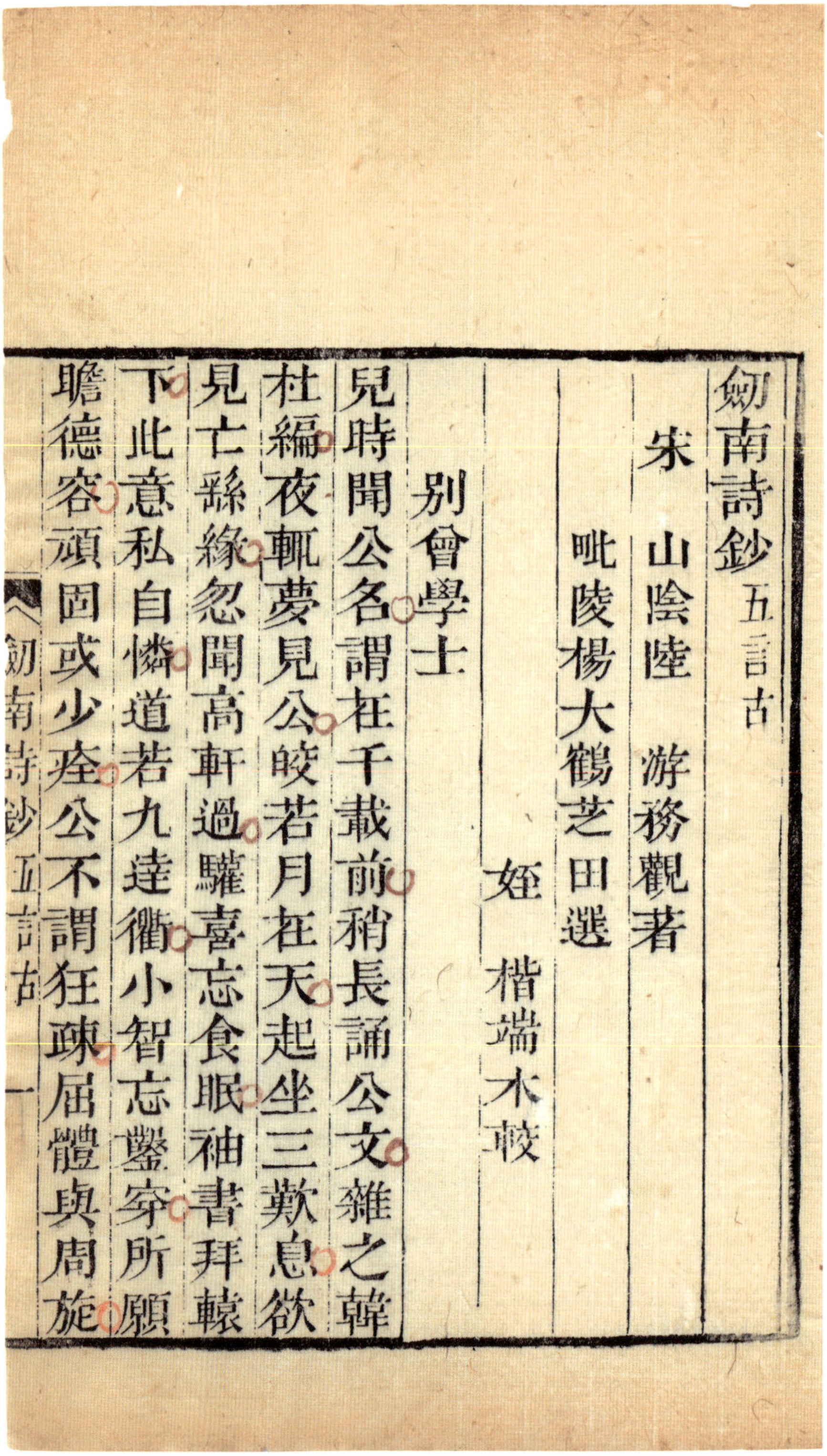
劒南詩鈔五言古
宋　山陰陸　游務觀著
毗陵楊大鶴芝田選
姪　楷端木較
別曾學士
兒時聞公名謂在千載前稍長誦公文雜之韓
杜編夜輒夢見公皎若月在天起坐三歎息欲
見亡繇緣忽聞高軒過驩喜忘食眠袖書拜轅
下此意私自憐道若九逵衢小智忘鑿穿所願
瞻德容頑固或少痊公不謂狂疎屈體與周旋
劒南詩鈔五言古　一

劒南詩鈔不分卷　（宋）陸游撰　（清）楊大鶴選編　清康熙二十四年（1685）楊氏野雪軒刻本

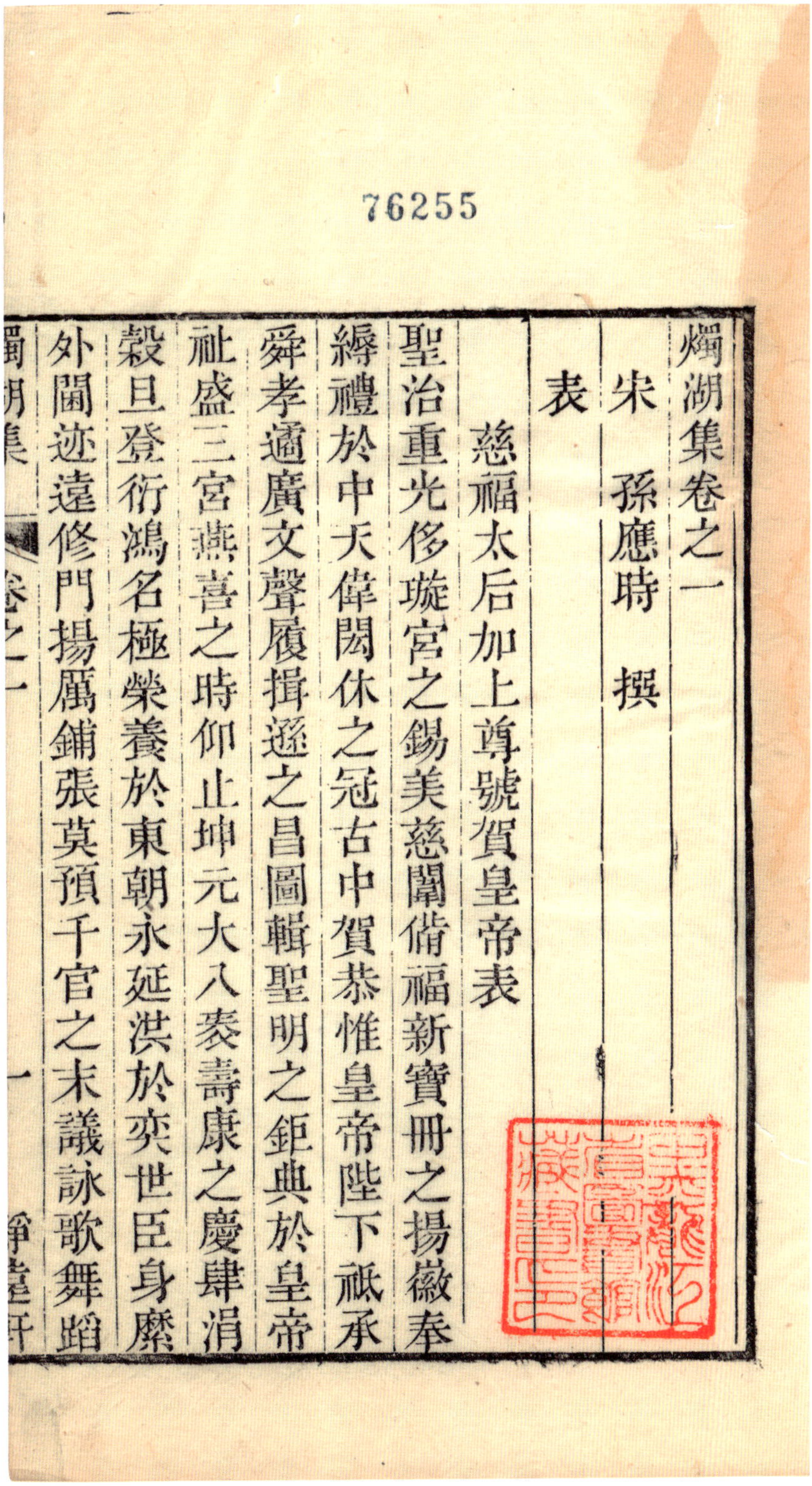

燭湖集卷之一
宋　孫應時　撰
表
慈福太后加上尊號賀皇帝表
聖治重光侈璇宮之錫美慈闈備福新寶冊之揚徽奉
縟禮於中天偉閎休之冠古中賀恭惟皇帝陛下祗承
舜孝遹廣文聲履揖遜之昌圖輯聖明之鉅典於皇帝
祉盛三宮燕喜之時仰止坤元大入袤壽康之慶肆涓
穀旦登衍鴻名極榮養於東朝永延洪於奕世臣身縻
外閫迹遠修門揚厲鋪張莫預千官之末議詠歌舞蹈
燭湖集　卷之一　一　靜遠軒

燭湖集二十卷附編二卷　（宋）孫應時撰　清嘉慶八年（1803）靜遠軒刻本

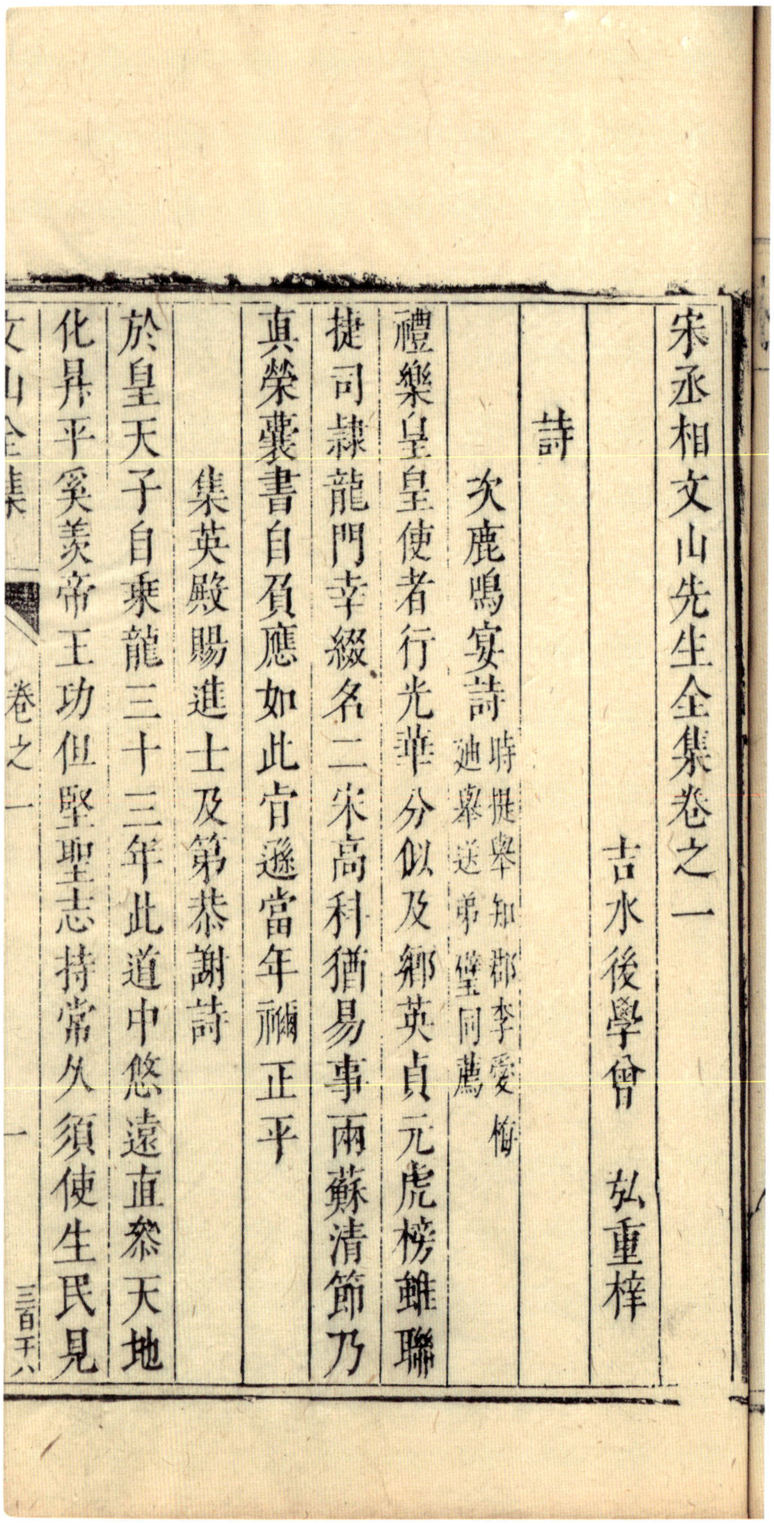

宋丞相文山先生全集卷之一

吉水後學曾　弘重梓

詩

次鹿鳴宴詩 時提舉知郡李愛梅迪舉送弟璧同薦

禮樂皇皇使者行光華分似及鄉英貞元虎榜雖聯捷司隸龍門幸綴名二宋高科猶易事兩蘇清節乃真榮囊書自負應如此肯遜當年禰正平

集英殿賜進士及第恭謝詩

於皇天子自乘龍三十三年此道中悠遠直參天地化昇平奚羨帝王功但堅聖志持常久須使生民見

文山全集　卷之一　一　三百十八

宋丞相文山先生全集二十卷　（宋）文天祥撰　（清）曾弘重梓　清康熙十二年（1673）曾弘焉文堂刻本

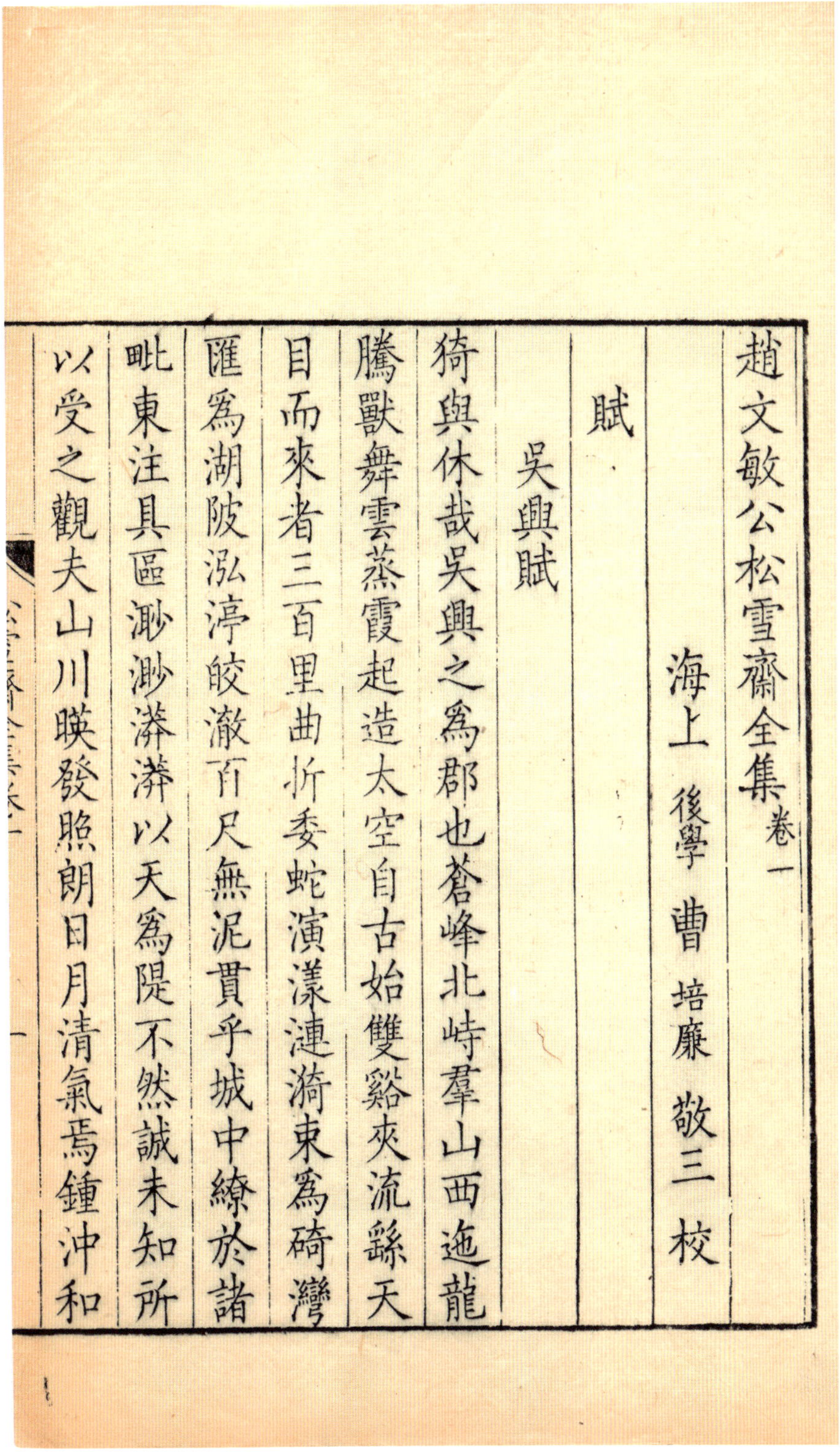
趙文敏公松雪齋全集卷一
海上　後學曹培廉敬三校
賦
吴興賦
猗與休哉吴興之爲郡也蒼峰北峙羣山西迤龍
騰獸舞雲蒸霞起造太空自古始雙谿夾流縣天
目而來者三百里曲折委蛇演漾漣漪東爲碕灣
匯爲湖陂泓渟皎澈百尺無泥貫乎城中繚於諸
眦東注具區渺渺漭漭以天爲隄不然誠未知所
以受之觀夫山川暎發照朗日月清氣焉鍾沖和

趙文敏公松雪齋全集十卷外集一卷續集一卷附録一卷

（元）趙孟頫撰　（清）曹培廉校　清康熙五十二年（1713）曹氏城書室刻本

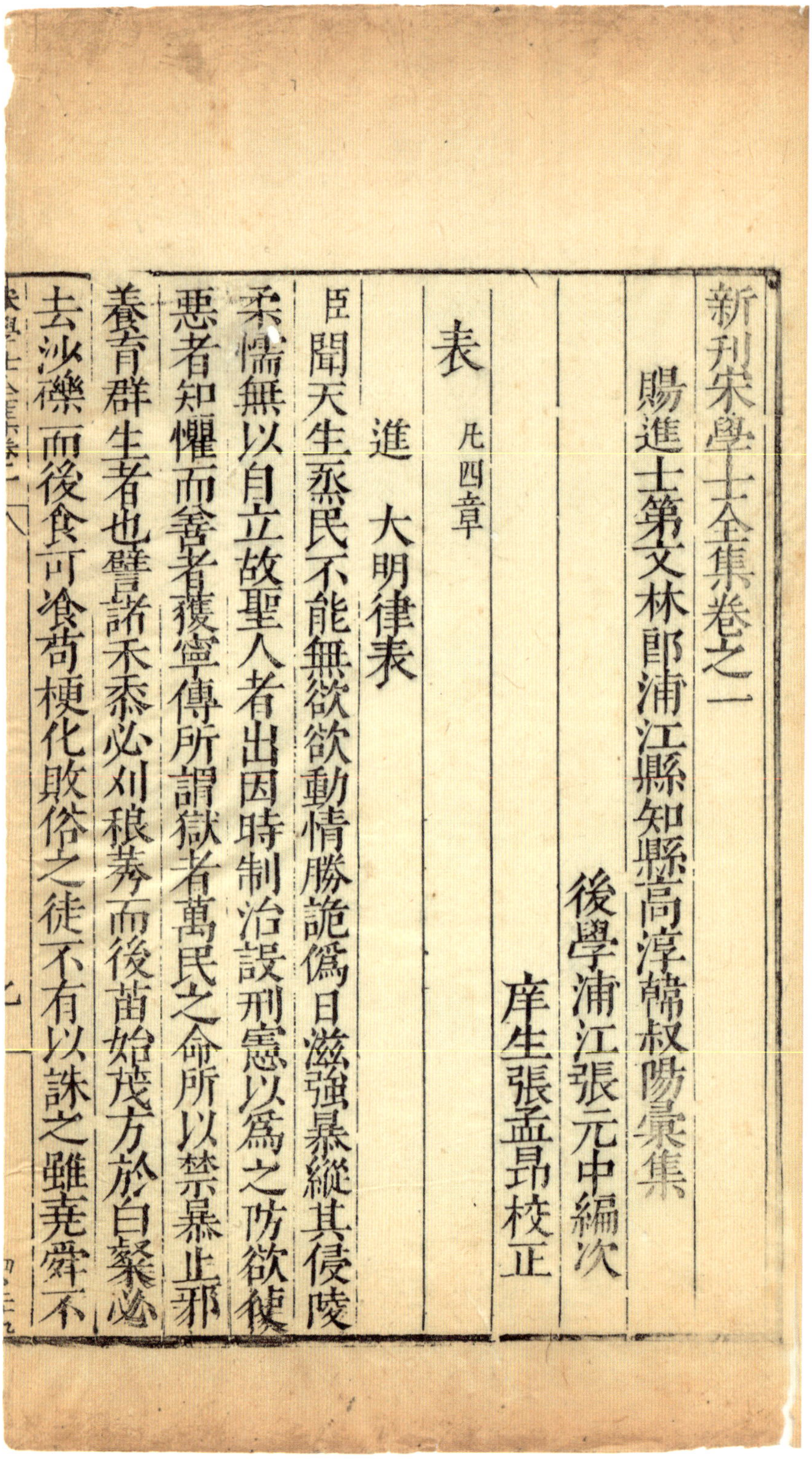

新刊宋學士全集三十三卷　（明）宋濂撰　明嘉靖韓叔陽刻本

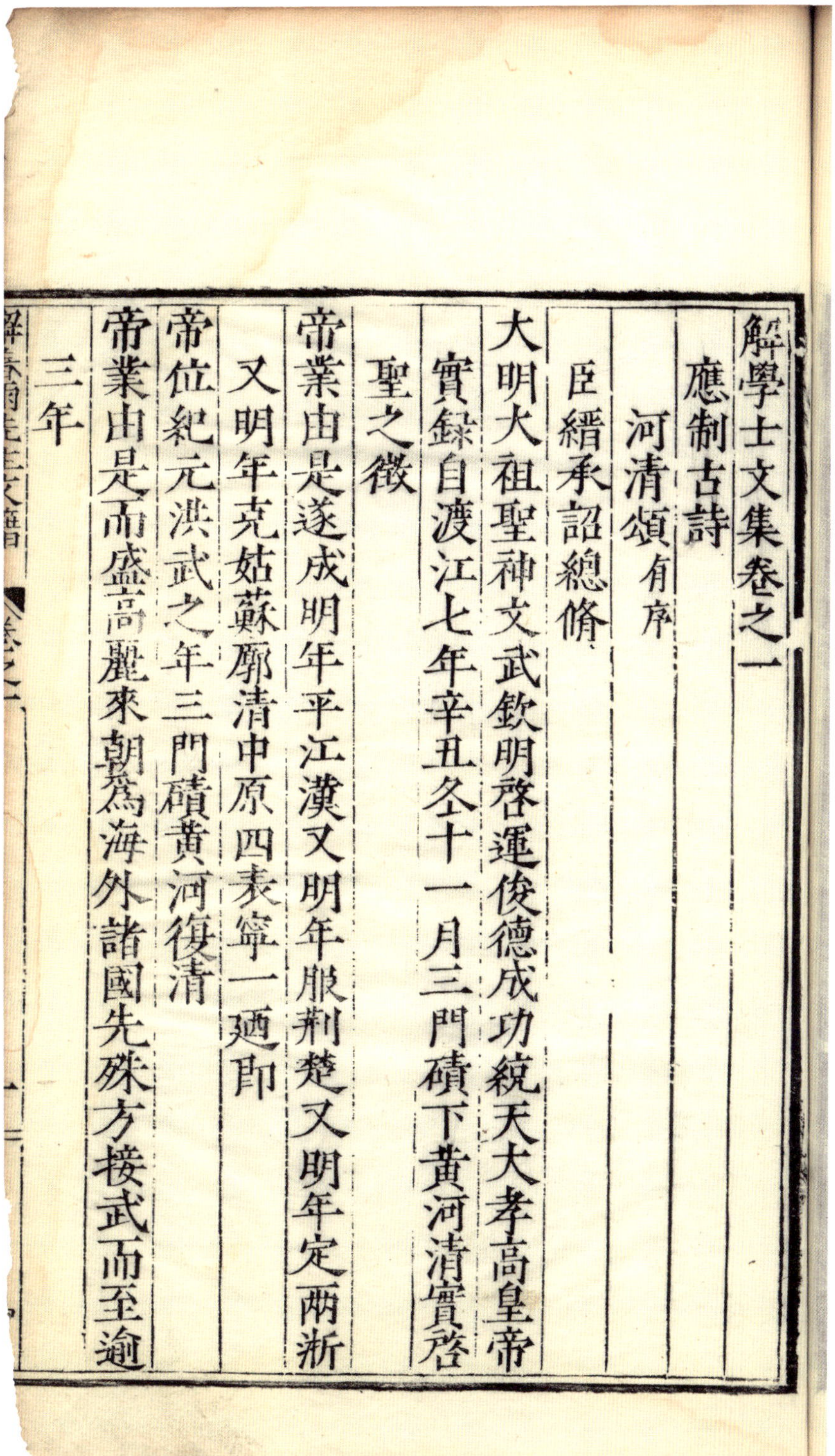
解學士文集卷之一
應制古詩
河清頌有序
臣縉承詔總脩
大明大祖聖神文武欽明啓運俊德成功統天大孝高皇帝
實錄自渡江七年辛丑冬十一月三門磧下黄河清實啓
聖之徵
帝業由是遂成明年平江漢又明年服荊楚又明年定兩浙
又明年克姑蘇廓清中原四表寧一迺卽
帝位紀元洪武之年三門磧黄河復清
帝業由是而盛高麗來朝爲海外諸國先殊方接武而至適
三年

解學士文集十卷　（明）解縉撰　明嘉靖四十一年（1562）刻本

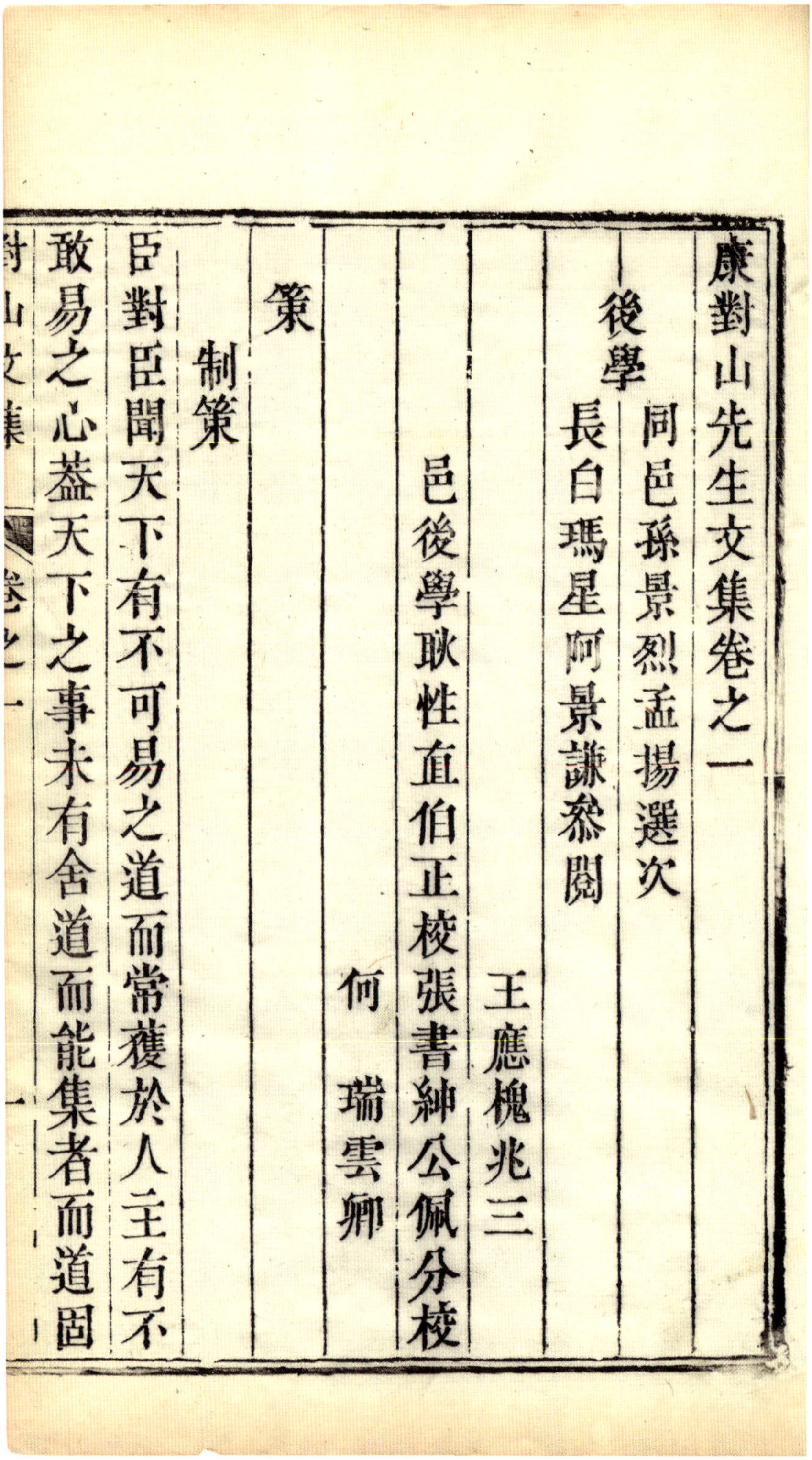
康對山先生文集卷之一
後學
同邑孫景烈孟揚選次
長白瑪星阿景謙參閱
王應槐兆三
邑後學耿性直伯正校　張書紳公佩分校
何瑞雲卿
策
制策
臣對臣聞天下有不可易之道而常獲於人主有不
敢易之心蓋天下之事未有舍道而能集者而道固
對山文集　卷之一　一

康對山先生文集十卷　（明）康海撰　（清）孫景烈選編
清乾隆二十六年（1761）刻本

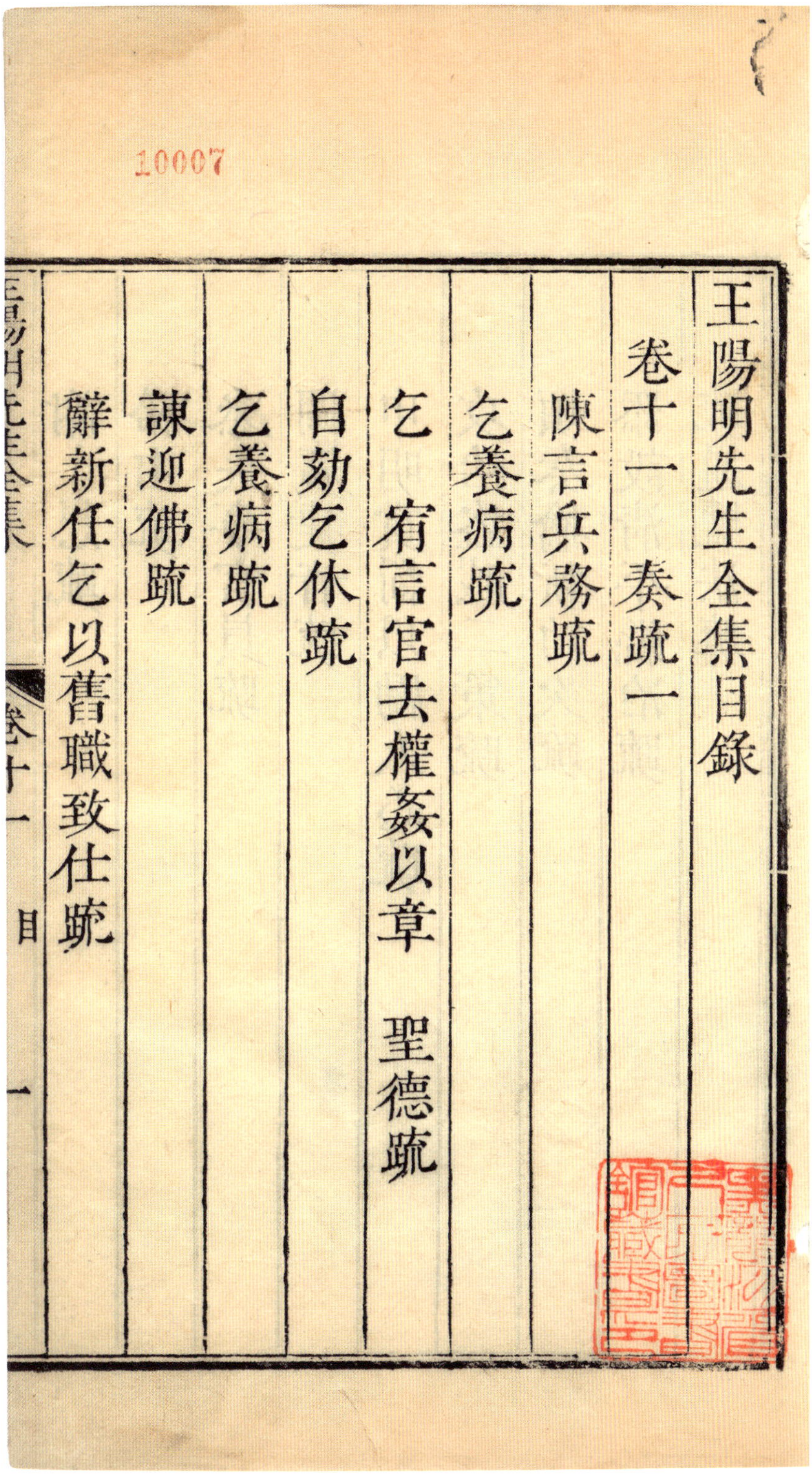
10007

王陽明先生全集目錄

卷十一　奏疏一

王陽明先生全集　卷十一　目　一

王陽明先生全集□□卷　（明）王守仁撰　明刻本

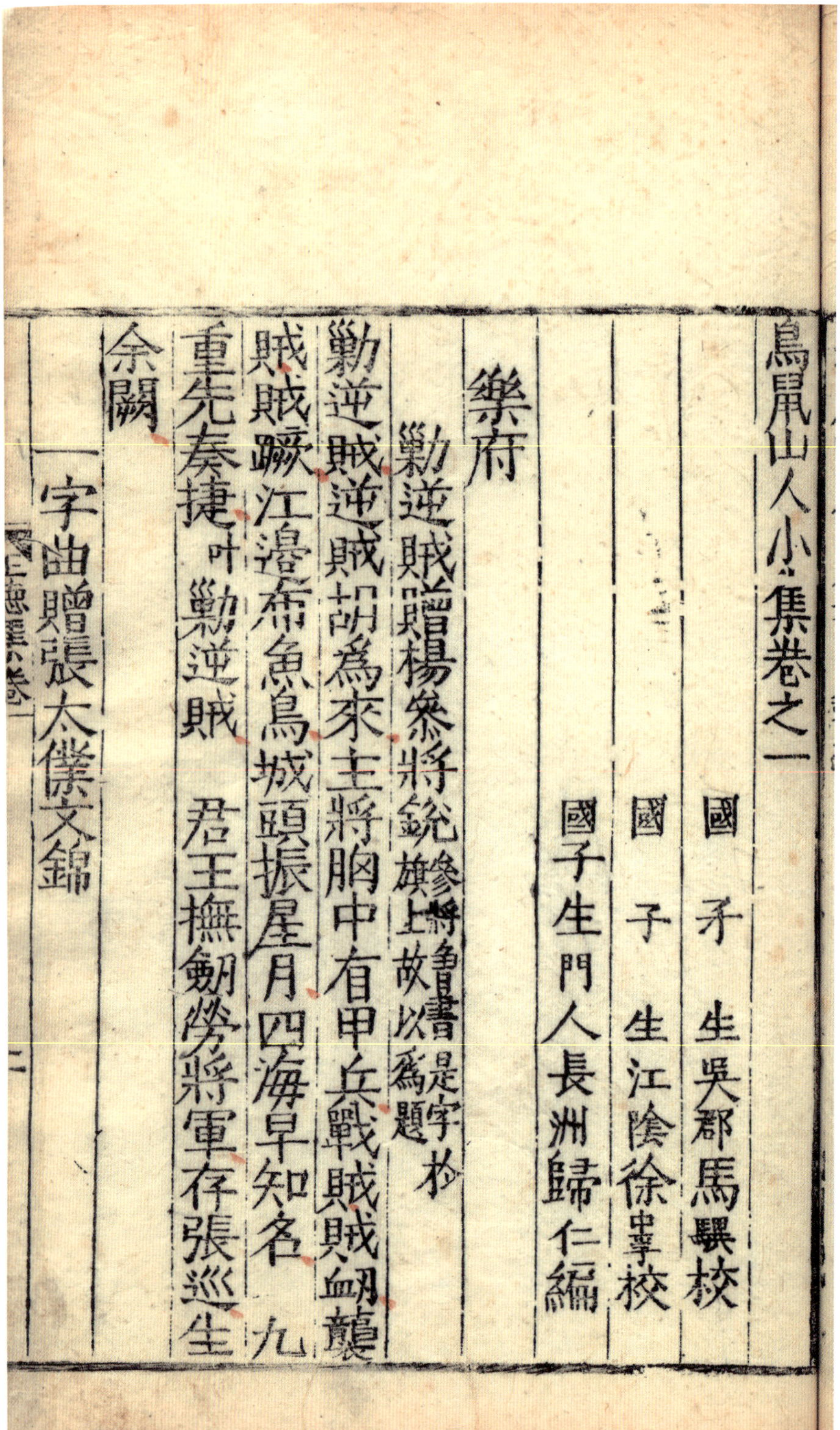
烏鼠山人小集卷之一
國子生吳郡馬驥校
國子生江陰徐中孚校
國子生門人長洲歸仁編
樂府
勦逆賊贈楊參將鋭參將曾書是字於旗上故以為題
勦逆賊逆賊胡為來主將胸中有甲兵戰賊賊衄襲
賊賊蹶江邊希魚鳥城頭振星月四海早知名九
重先奏捷叶勦逆賊　君王撫劍勞將軍存張巡生
余闕
一字曲贈張太僕文錦

烏鼠山人小集十卷後集一卷　（明）胡世甫撰　（明）馬驥等校　明嘉靖十八年（1539）李濂刻本

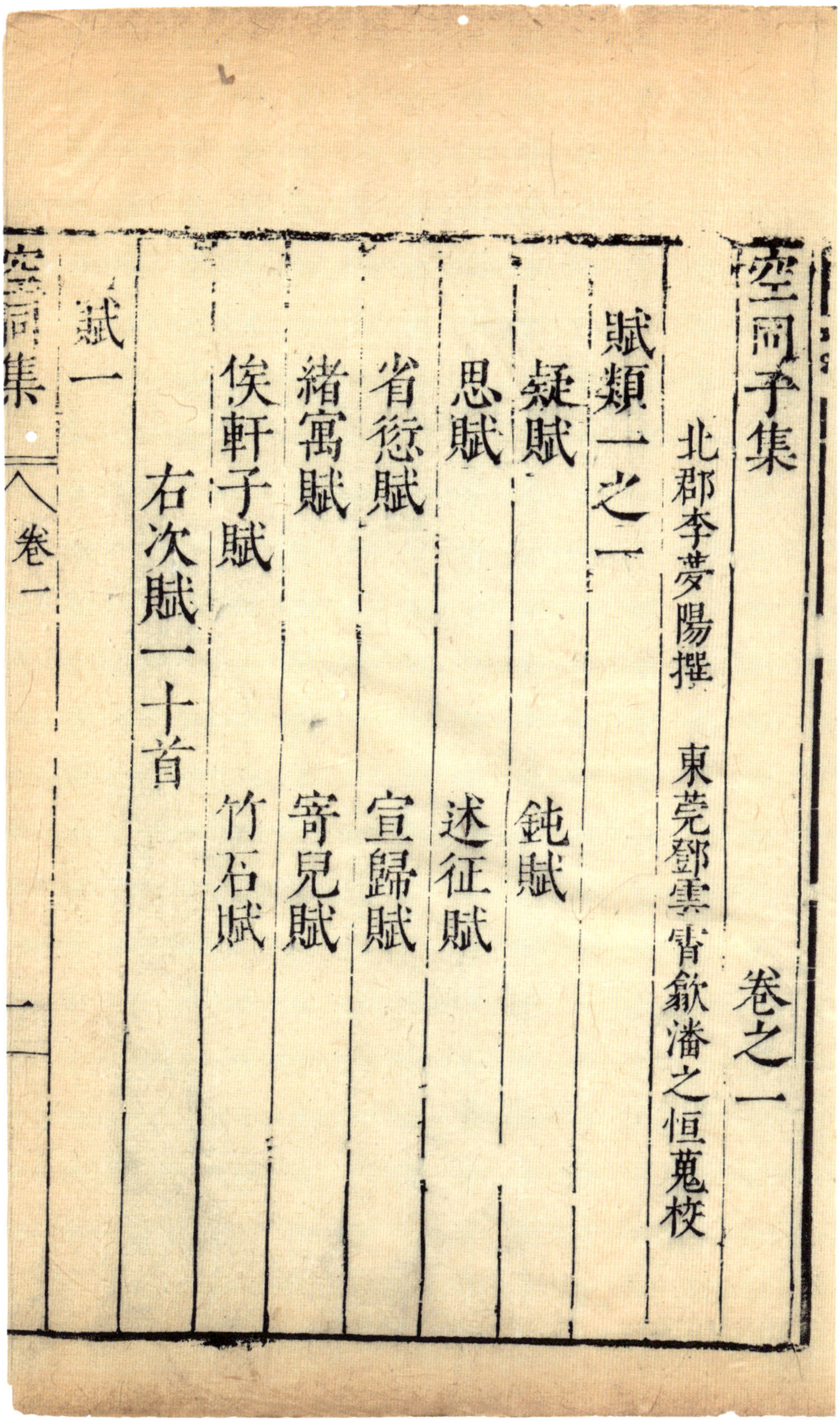
空同子集　卷之一
北郡李夢陽撰　東莞鄧雲霄歙潘之恒蒐校
賦類一之一
疑賦　鈍賦
思賦　述征賦
省愆賦　宣歸賦
緒寓賦　寄兒賦
俟軒子賦　竹石賦
右次賦一十首
賦一
空同集　卷一　一

空同子集六十六卷目録三卷附録二卷　（明）李夢陽撰
明萬曆三十年（1602）玉堂刻本

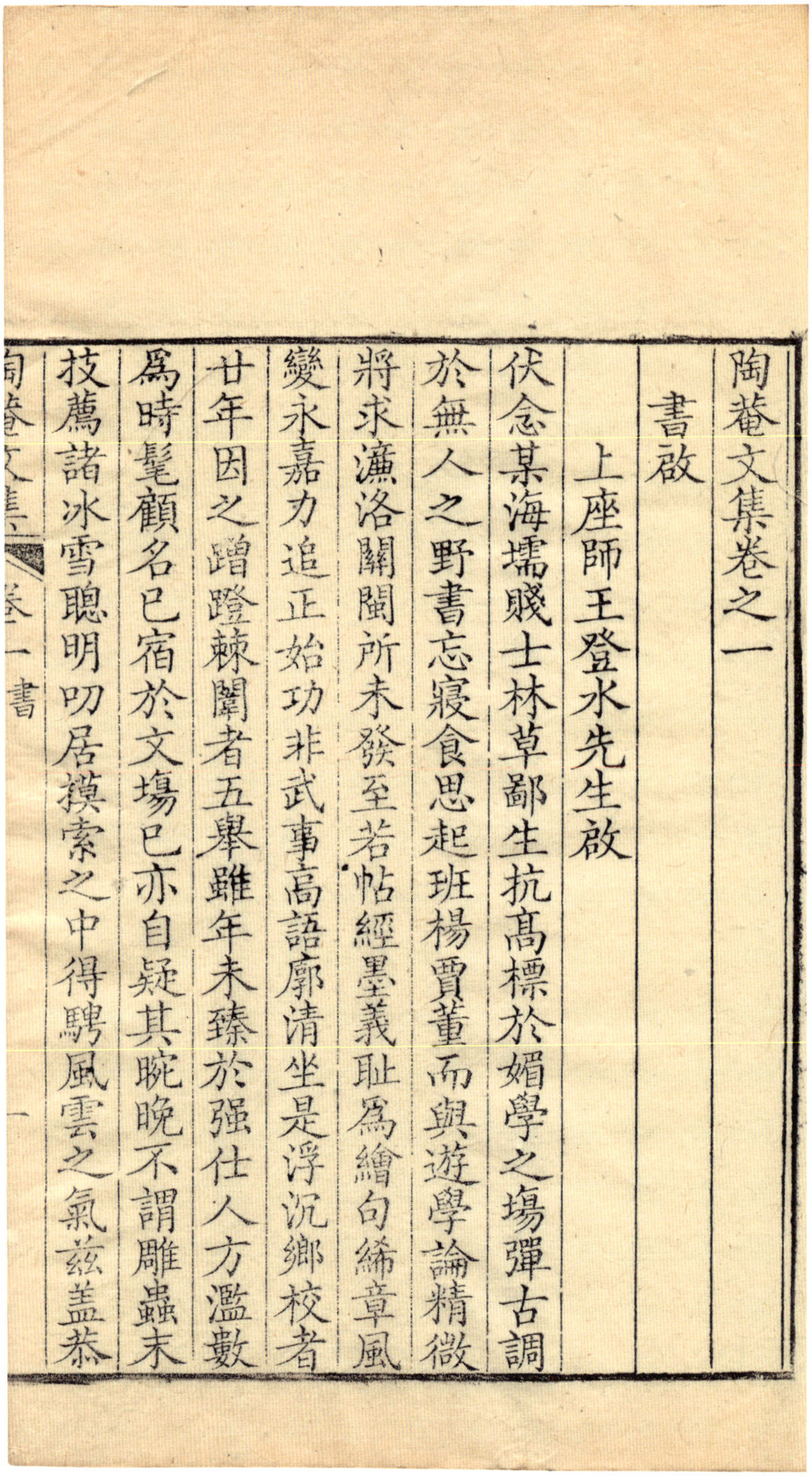

陶菴文集卷之一

書啟

上座師王登水先生啟

伏念某海壖賤士林草鄙生抗高標於媚學之場彈古調於無人之野書忘寢食思起班楊賈董而與遊學論精微將求濂洛關閩所未發至若帖經墨義恥爲繪句絺章風變永嘉力追正始功非武事高語廓清坐是浮沉鄉校者廿年因之蹭蹬棘闈者五舉雖年未臻於强仕人方濫數爲時髦顧名已宿於文場已亦自疑其晼晚不謂雕蟲末技薦諸冰雪聰明叨居摸索之中得騁風雲之氣茲盖恭

陶菴文集　卷一　書　一

陶菴先生全集二十二卷首一卷末一卷　（明）黄淳耀撰

（清）李長青等編　清乾隆二十六年（1761）寶山學刻本

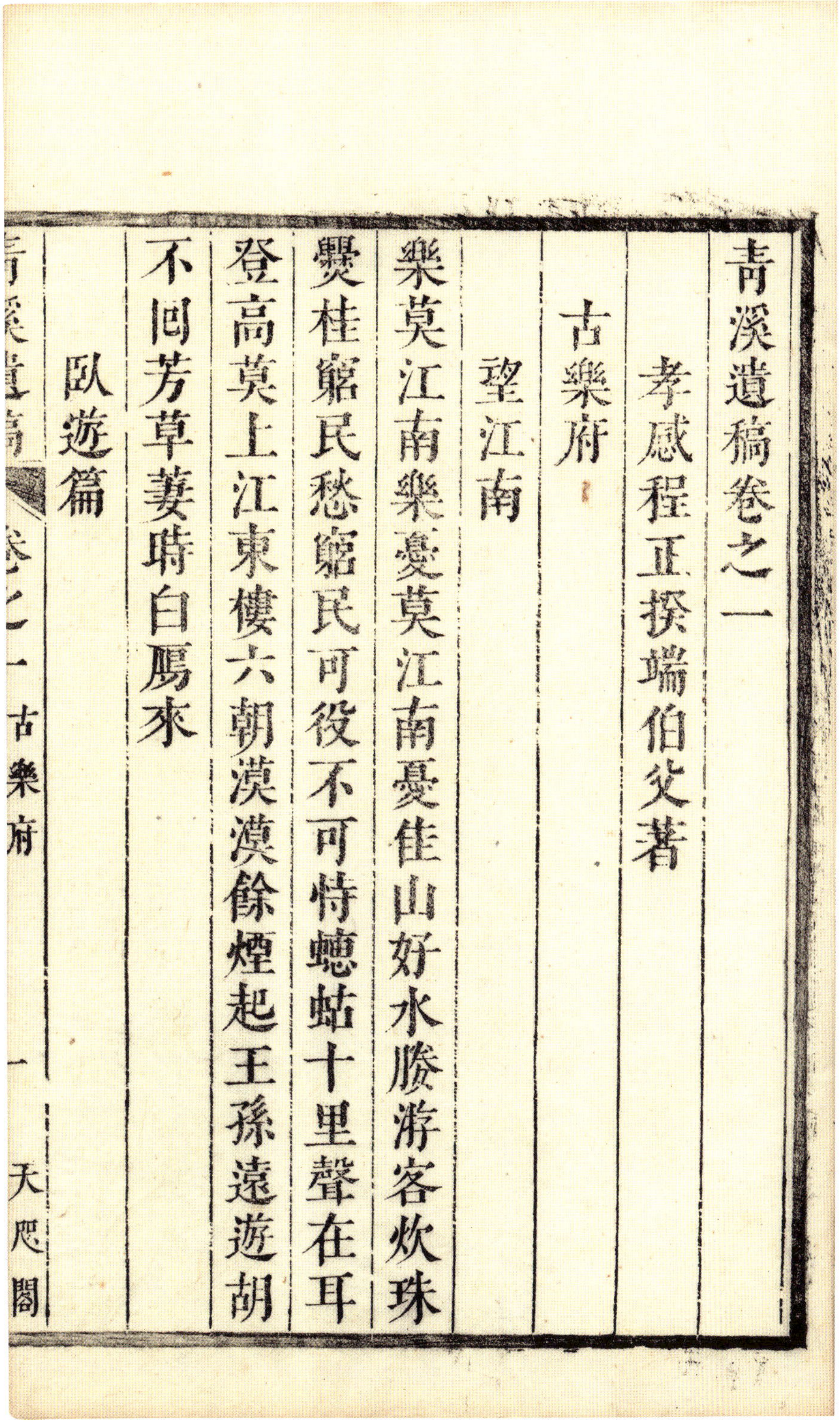

青溪遺稿卷之一

孝感程正揆端伯父著

古樂府

望江南

樂莫江南樂憂莫江南憂佳山好水媵游客炊珠爨桂窮民愁窮民可役不可恃蟪蛄十里聲在耳登高莫上江東樓六朝漠漠餘煙起王孫遠遊胡不回芳草萋時白鴈來

臥遊篇

青溪遺稿 卷之一 古樂府 一 天咫閣

青溪遺稿二十八卷 （清）程正揆撰 清康熙天咫閣刻本

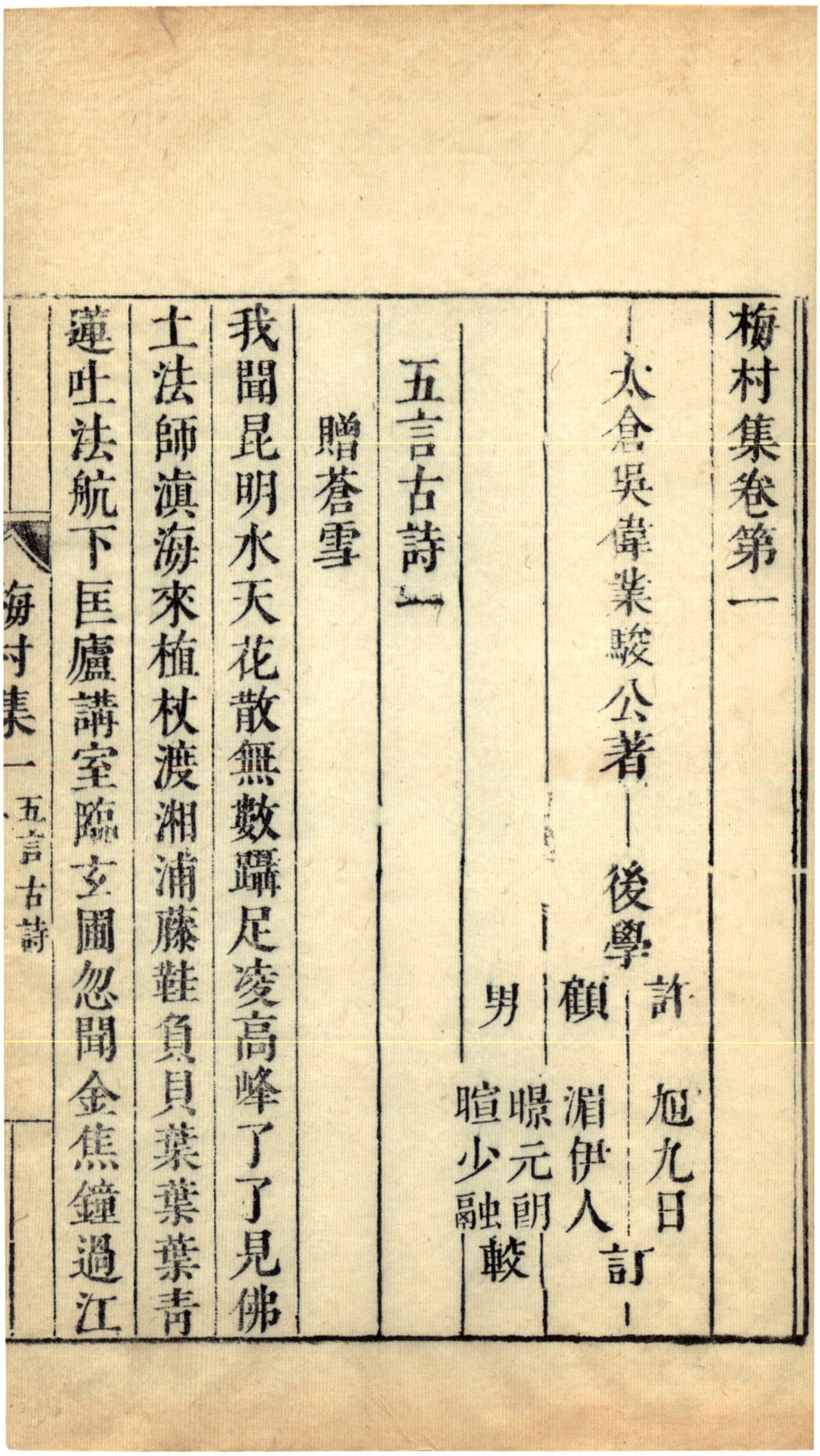
梅村集卷第一
太倉吳偉業駿公著　後學許　旭九日訂
顧　湄伊人
男　暻元朗
暄少融較
五言古詩一
贈蒼雪
我聞昆明水天花散無數躡足凌高峰了了見佛
土法師滇海來楖杖渡湘浦藤鞋負貝葉葉葉青
蓮吐法航下匡廬講室臨玄圃忽聞金焦鐘過江
梅村集一　五言古詩

梅村集四十卷目録二卷　（清）吳偉業撰　清康熙刻本

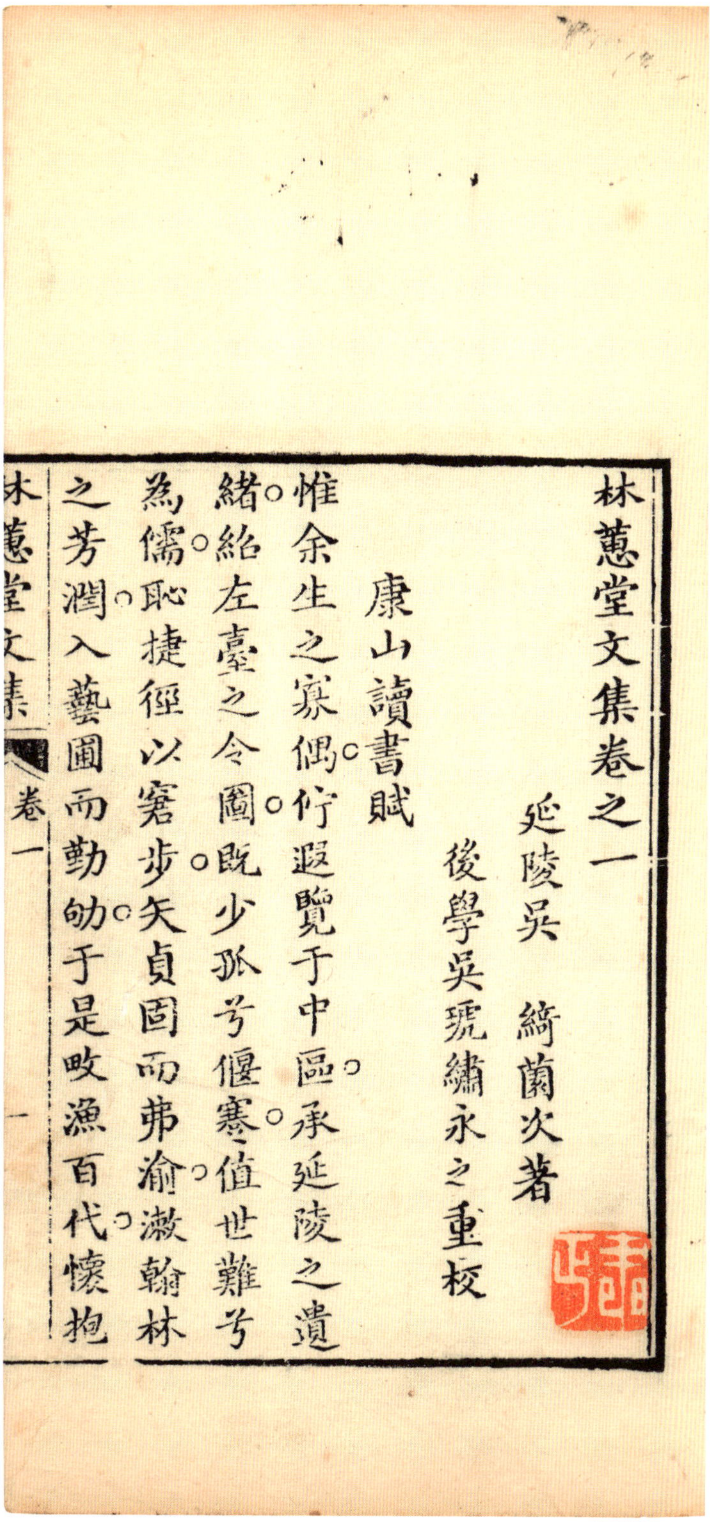

林蕙堂文集卷之一

延陵吴　綺薗次著

後學吴琥繡永之重校

康山讀書賦

惟余生之寡偶。佇遐覽于中區。承延陵之遺緒。紹左臺之令圖。既少孤兮偃蹇。值世難兮為儒。恥捷徑以窘步。矢貞固而弗渝。潄翰林之芳潤。入藝圃而勤劬。于是畋漁百代懷抱

林蕙堂文集　卷一　一

林蕙堂文集十二卷　（清）吴綺撰　（清）吴琥繡重校

清康熙博古堂刻本

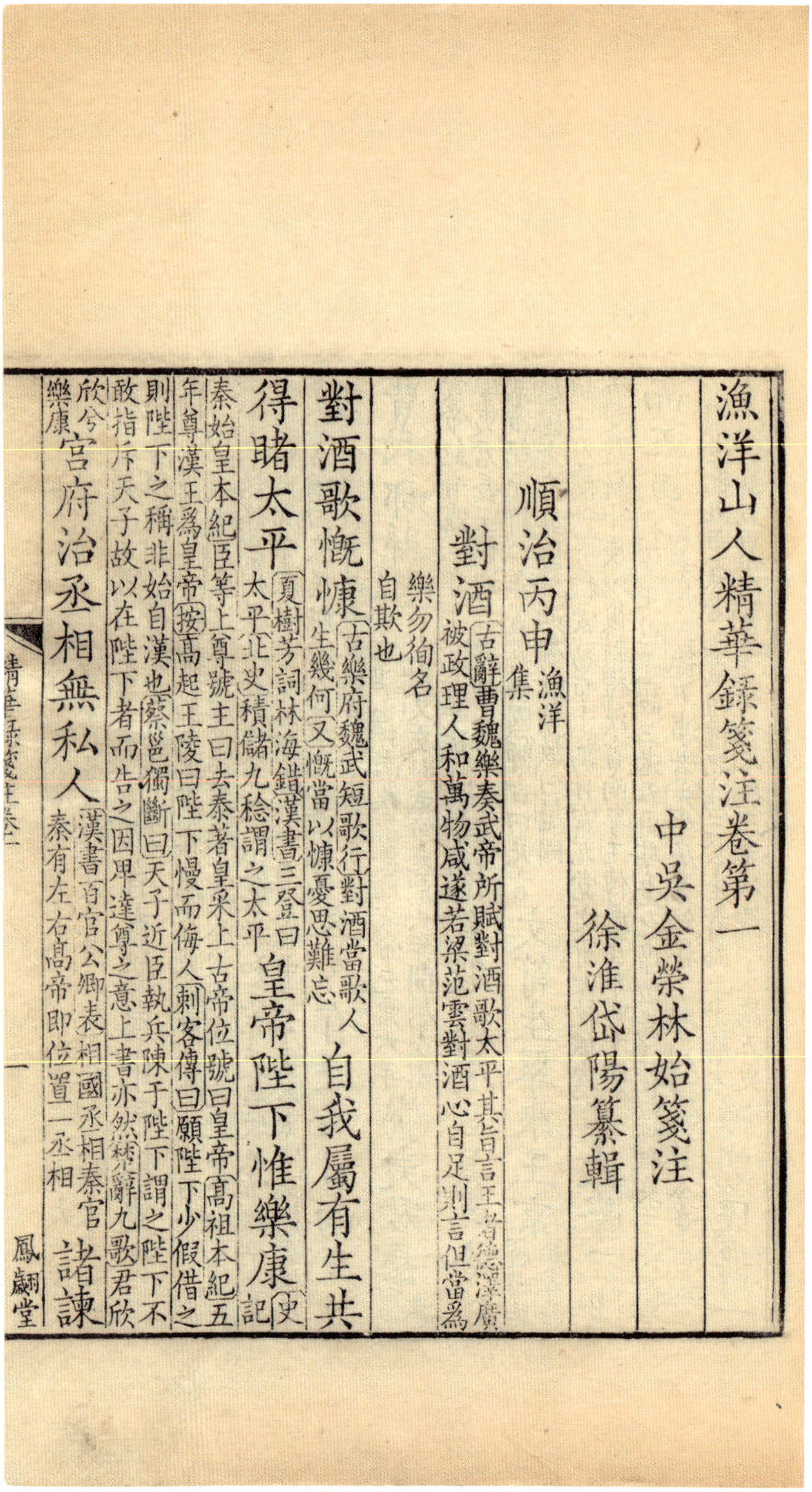
漁洋山人精華錄箋注卷第一
中吳金榮林始箋注
徐淮岱陽纂輯
順治丙申漁洋集
對酒古辭曹魏樂奏武帝所賦對酒歌太平其旨言王者德澤廣被政理人和萬物咸遂若梁范雲對酒心自足則言但當爲樂勿徇名自欺也
對酒歌慨慷古樂府魏武短歌行對酒當歌人生幾何又慨當以慷憂思難忘自我屬有生共得睹太平夏樹芳詞林海錯漢書三登曰太平北史積儲九稔謂之太平皇帝陛下惟樂康史記秦始皇本紀臣等上尊號王曰去泰著皇采上古帝位號曰皇帝高祖本紀五年尊漢王爲皇帝按高起王陵曰陛下慢而侮人刺客傳曰願陛下少假借之則陛下之稱非始自漢也蔡邕獨斷曰天子近臣執兵陳于陛下謂之陛下不敢指斥天子故以在陛下者而告之因卑達尊之意上書亦然楚辭九歌君欣欣兮樂康宮府治丞相無私人漢書百官公卿表相國丞相秦官秦有左右高帝即位置一丞相諸諫
精華錄箋注卷一 一 鳳翽堂

漁洋山人精華録箋注十二卷補注一卷年譜一卷　（清）金榮箋注　（清）徐淮纂輯　清康熙鳳翽堂刻本

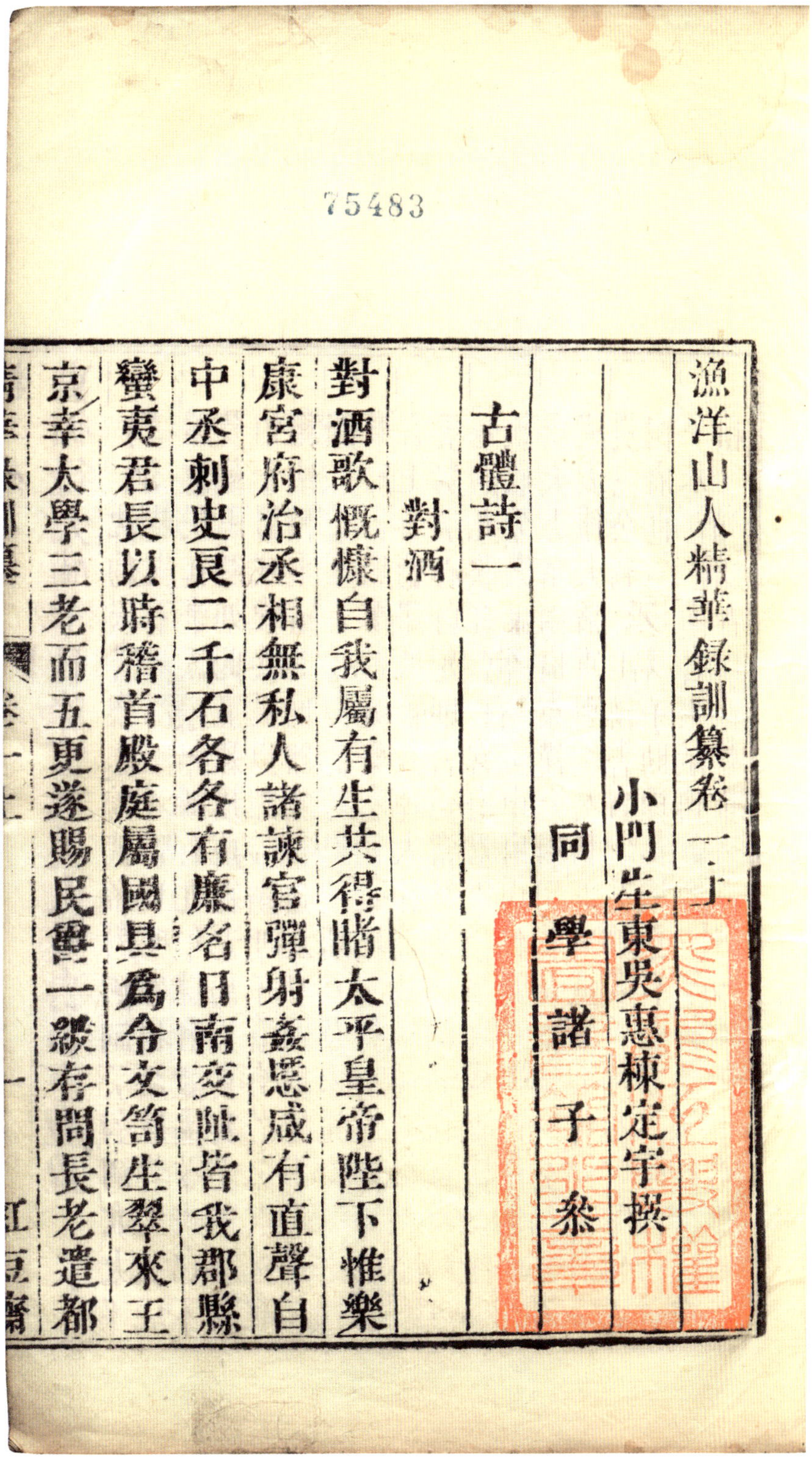

漁洋山人精華録訓纂卷一上

小門生東吳惠棟定宇撰

同學諸子叅

古體詩一

對酒

對酒歌慨慷自我屬有生共得睹太平皇帝陛下惟樂康宮府治丞相無私人諸諫官彈射姦慝咸有直聲自中丞刺史良二千石各各有廉名日南交阯皆我郡縣蠻夷君長以時稽首殿庭屬國具爲令文筲生翠來王京華太學三老而五更遂賜民爵一級存問長老遣都

精華録訓纂　卷一上　一　紅豆齋

漁洋山人精華録訓纂十卷年譜一卷附録一卷總目一卷

（清）惠棟撰　清乾隆紅豆齋刻本

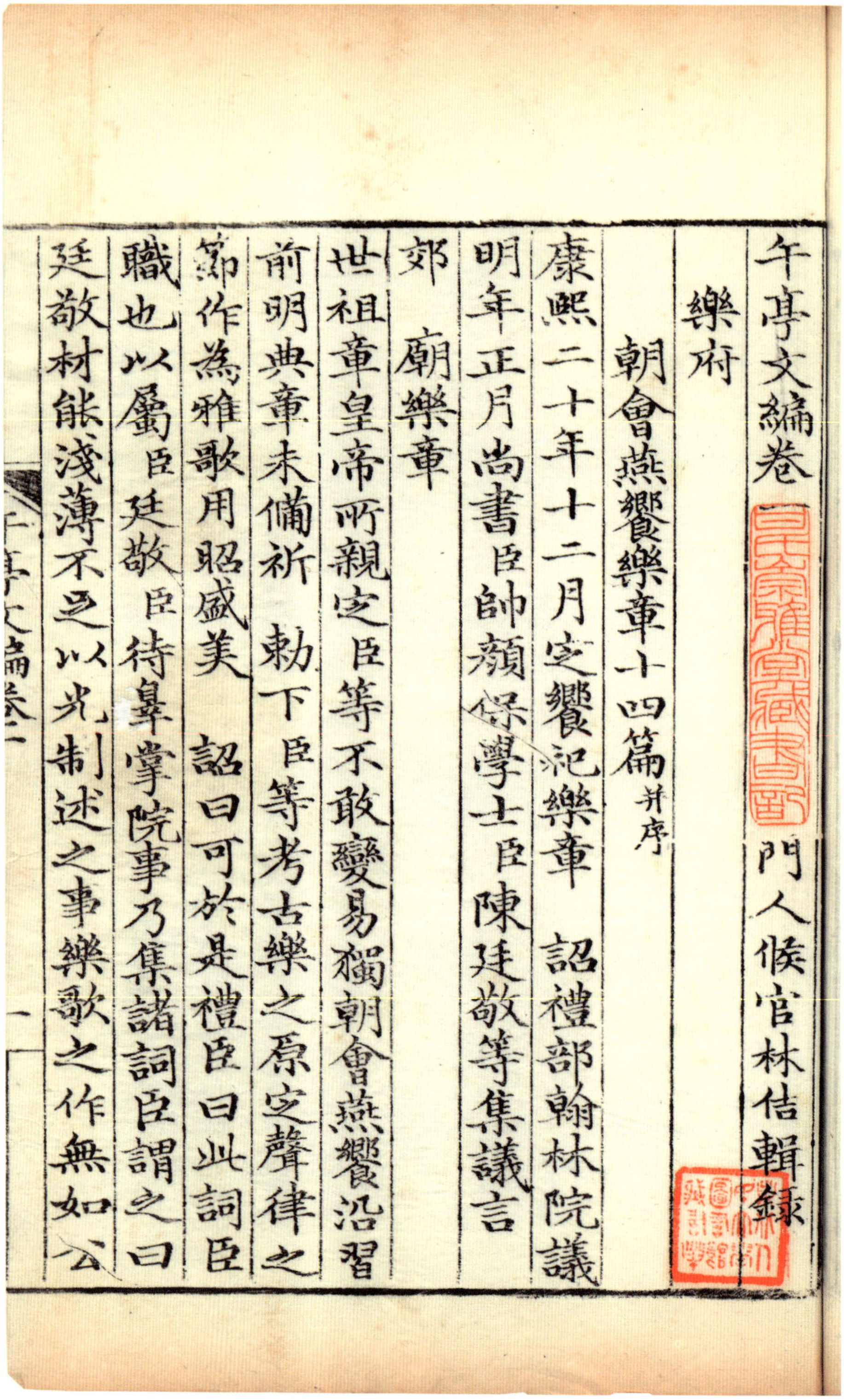
午亭文編卷一　門人候官林佶輯録

樂府

朝會燕饗樂章十四篇并序

康熙二十年十二月定饗祀樂章　詔禮部翰林院議明年正月尚書臣帥顏保學士臣陳廷敬等集議言郊廟樂章世祖章皇帝所親定臣等不敢變易獨朝會燕饗沿習前明典章未備祈　勅下臣等考古樂之原定聲律之節作為雅歌用昭盛美　詔曰可於是禮臣曰此詞臣職也以屬臣廷敬臣待皐掌院事乃集諸詞臣謂之曰廷敬材能淺薄不足以光制述之事樂歌之作無如公

午亭文編卷一　一

午亭文編五十卷　（清）陳廷敬撰　（清）林佶輯録　清康熙四十七年（1708）林佶刻本

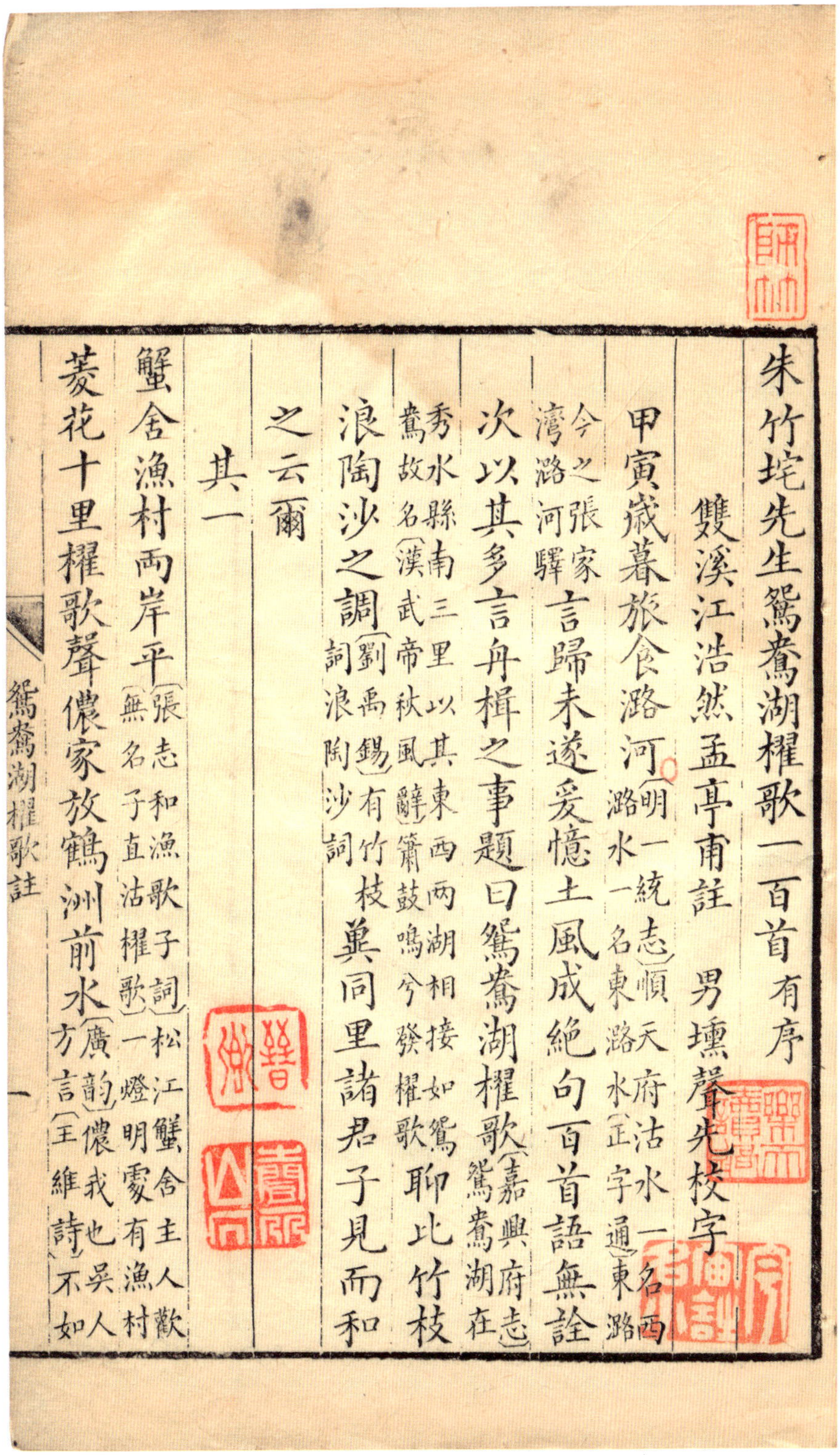

朱竹垞先生鴛鴦湖櫂歌一百首有序

雙溪江浩然孟亭甫註　男壎聲先校字

甲寅歲暮旅食潞河（明一統志順天府沽水一名西潞水一名東潞水正字通東潞今之張家灣潞河驛）言歸未遂爰憶土風成絕句百首語無詮次以其多言舟楫之事題曰鴛鴦湖櫂歌（嘉興府志鴛鴦湖在秀水縣南三里以其東西兩湖相接如鴛鴦故名漢武帝秋風辭簫鼓鳴兮發櫂歌）聊比竹枝浪陶沙之調（劉禹錫有竹枝詞浪陶沙詞）冀同里諸君子見而和之云爾

其一

蟹舍漁村兩岸平（張志和漁歌子詞松江蟹舍主人歡無名子直沽櫂歌一燈明霧有漁村）

菱花十里櫂歌聲儂家放鶴洲前水（廣韻儂我也吳人方言王維詩不如）

鴛鴦湖櫂歌註　一

朱竹垞先生鴛鴦湖櫂歌一卷　（清）朱彝尊撰　清乾隆十五年（1750）刻本

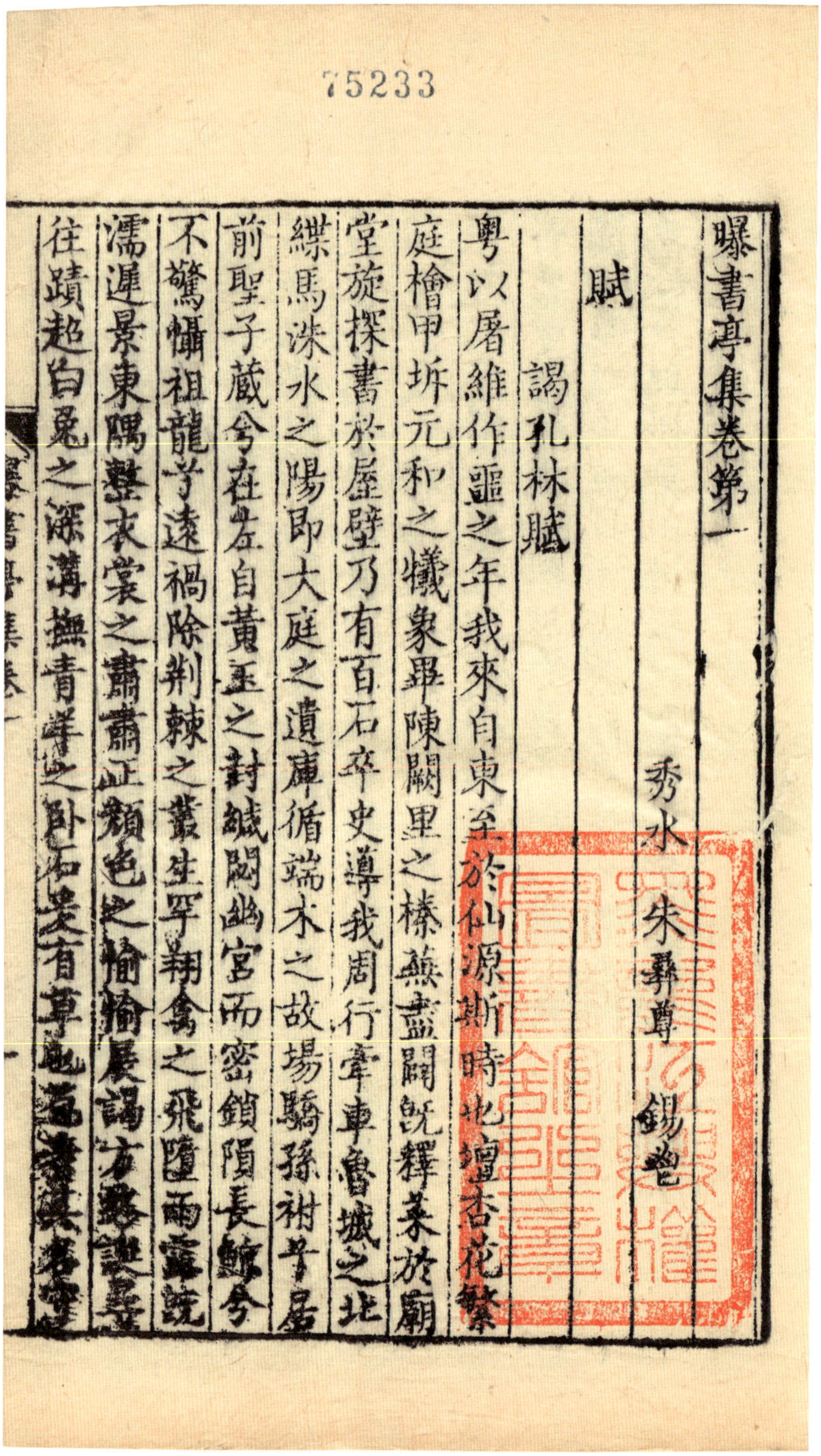

曝書亭集八十卷附録一卷　（清）朱彝尊撰　清乾隆張星寫刻本

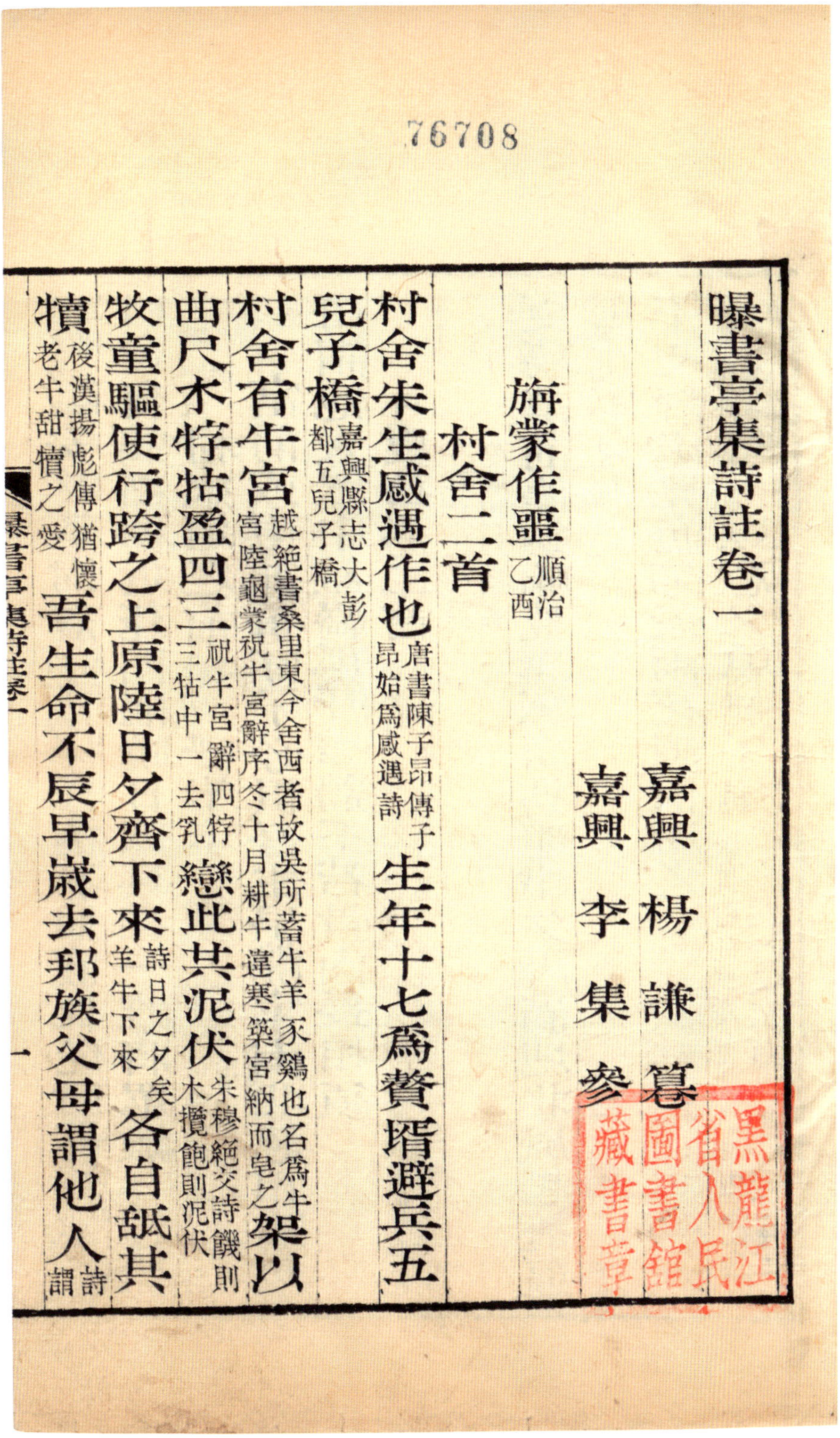

曝書亭集詩註卷一

嘉興　楊　謙　篡

嘉興　李　集　參

旃蒙作噩 順治乙酉

村舍二首

村舍朱生感遇作也 唐書陳子昂傳子昂始爲感遇詩 生年十七爲贅壻避兵五兒子橋 嘉興縣志大彭都五兒子橋 村舍有牛宮 越絕書桑里東今舍西者故吳所畜牛羊豕雞也名爲牛宮陸龜蒙祝牛宮辭序冬十月耕牛違寒築宮納而皂之 架以曲尺木牸牯盈四三 祝牛宮辭四牸三牯中一去乳 戀此共泥伏 朱穆絕交詩饑則木攬飽則泥伏 牧童驅使行跨之上原陸日夕齊下來 詩日之夕矣羊牛下來 各自舐其犢 後漢楊彪傳猶懷老牛舐犢之愛 吾生命不辰早歲去邦族父母謂他人 詩謂

曝書亭集詩註卷一　一

曝書亭集詩註二十二卷　（清）楊謙纂　清木山閣刻本

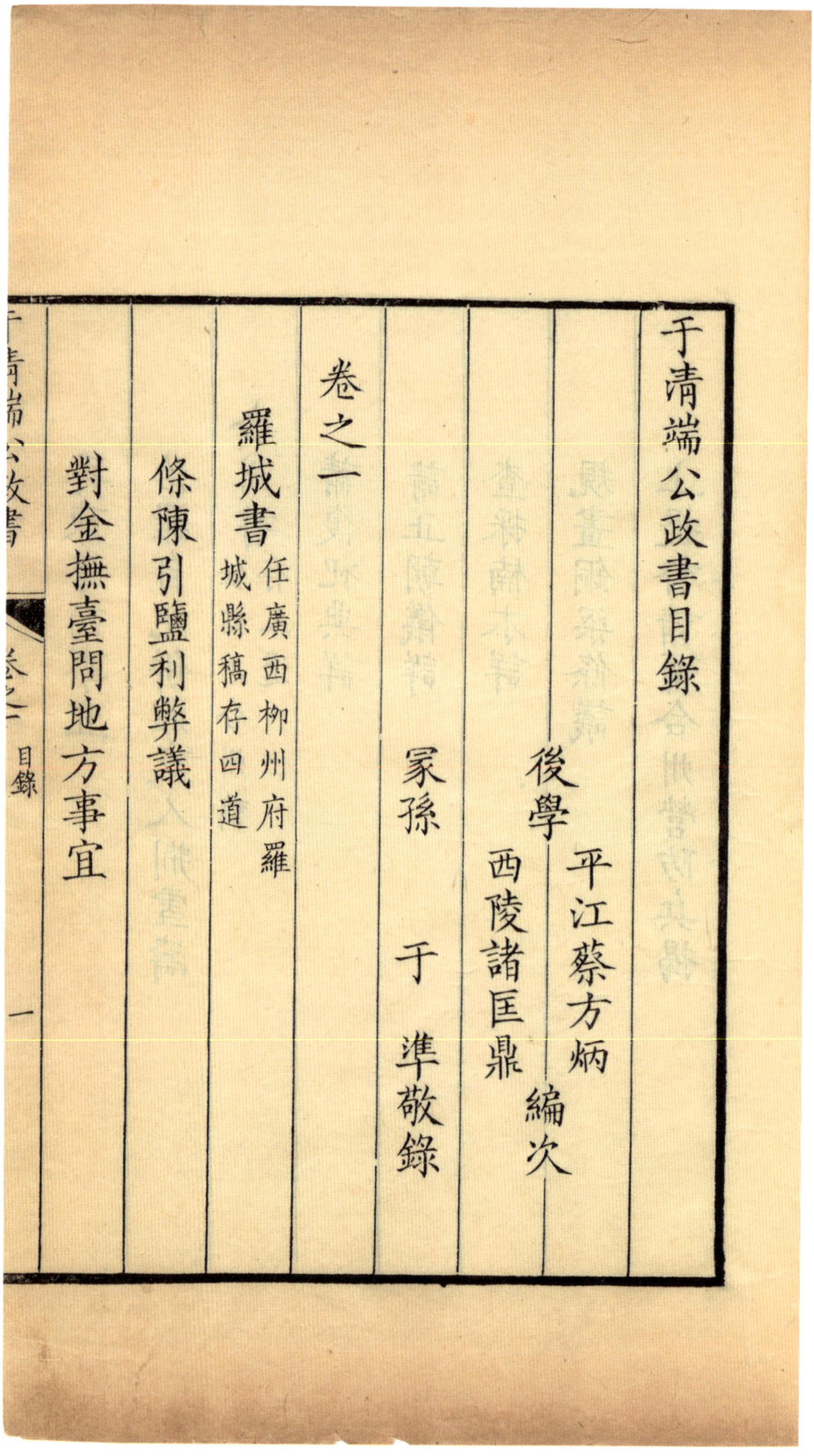

于清端公政書目錄

後學　平江蔡方炳　西陵諸匡鼎　編次

冢孫　于　準敬錄

卷之一

羅城書　任廣西柳州府羅城縣稿存四道

條陳引鹽利弊議

對金撫臺問地方事宜

于清端公政書　卷之一　目錄　一

于清端公政書八卷首編一卷外集一卷　（清）于成龍撰（清）蔡方炳　（清）諸匡鼎輯　清康熙四十六年（1707）刻本

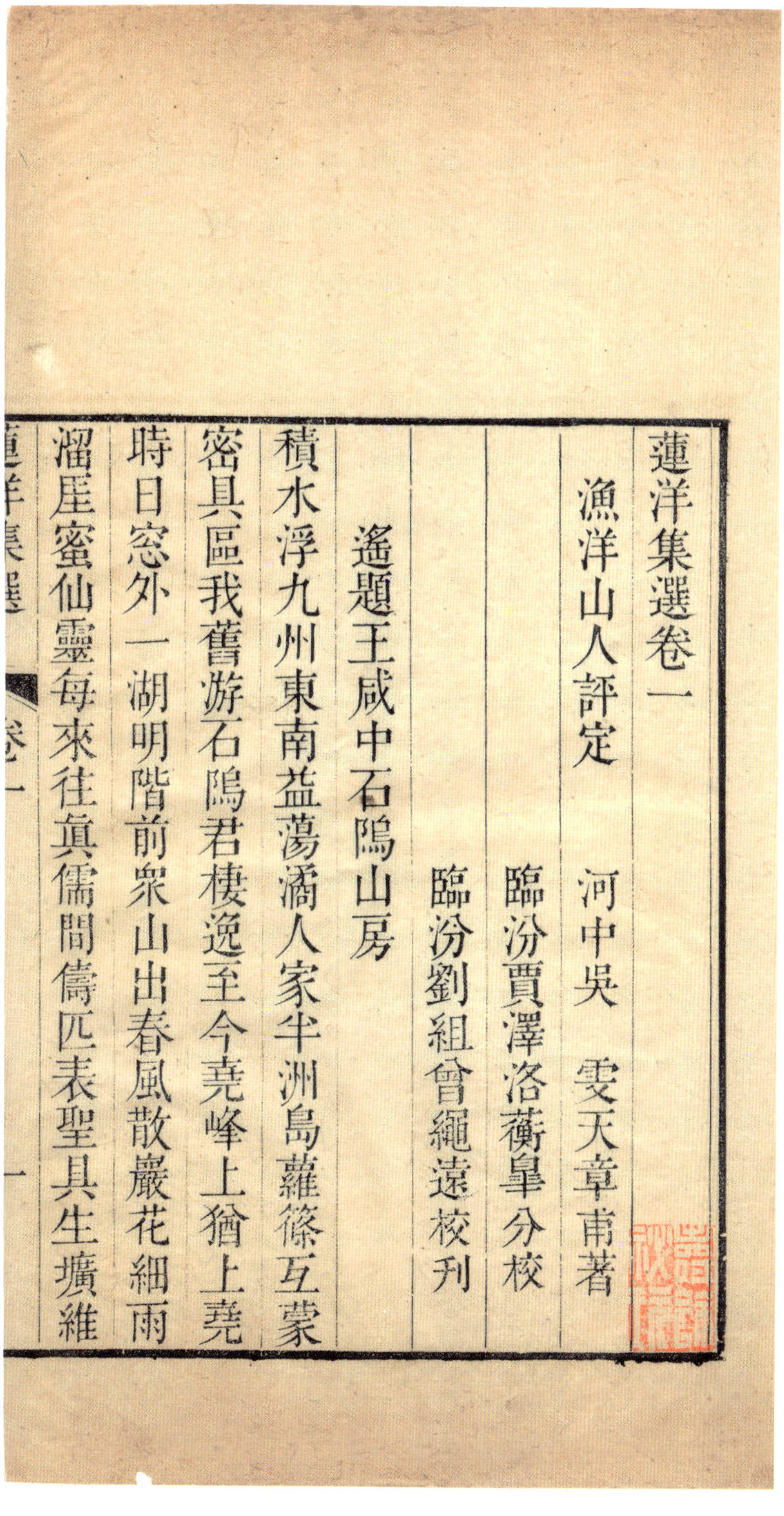

蓮洋集選卷一
漁洋山人評定
河中吳　雯天章甫著
臨汾賈澤洛蘅皐分校
臨汾劉組曾繩遠校刊

遥題王咸中石鴎山房
積水浮九州東南益蕩潏人家半洲島蘿篠互蒙
密具區我舊游石鴎君棲逸至今堯峰上猶上堯
時日窓外一湖明階前衆山出春風散巖花細雨
溜厓蜜仙靈每來往眞儒間儔匹表聖具生壙維

蓮洋集選　卷一　一

蓮洋集選十二卷　（清）吳雯撰　（清）賈澤洛校　（清）劉組曾校　清乾隆十五年（1750）夢鶴草堂刻本

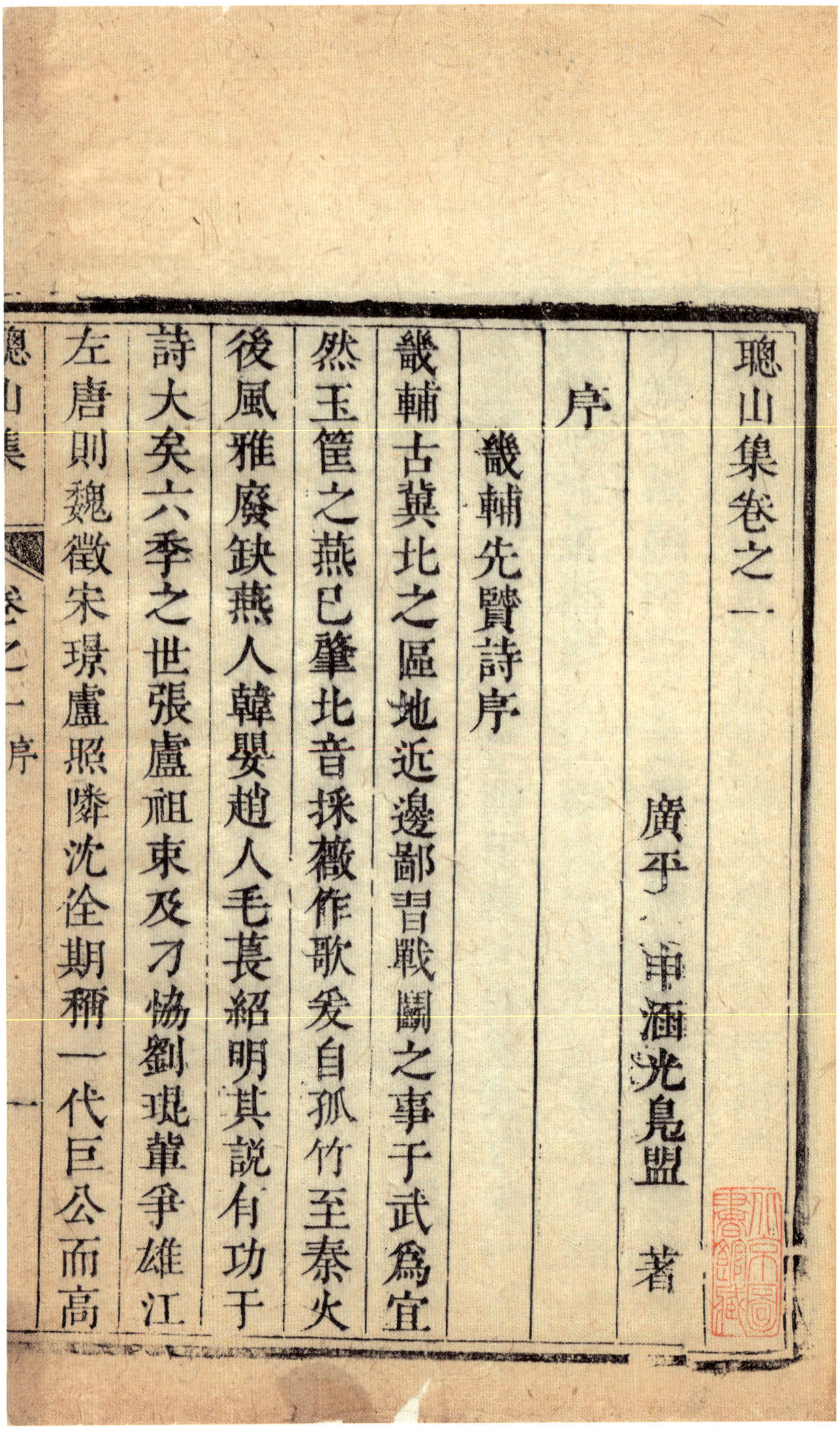
聽山集卷之一

廣平 申涵光鳧盟 著

序

畿輔先賢詩序

畿輔古冀北之區地近邊鄙習戰鬬之事于武爲宜然玉管之燕已肇北音採薇作歌爰自孤竹至秦火後風雅廢缺燕人韓嬰趙人毛萇紹明其説有功于詩大矣六季之世張盧祖束及刁協劉琨輩爭雄江左唐則魏徵宋璟盧照隣沈佺期稱一代巨公而高

聽山集 卷之一 序 一

聽山集三卷 （清）申涵光撰 清康熙二年（1663）刻本

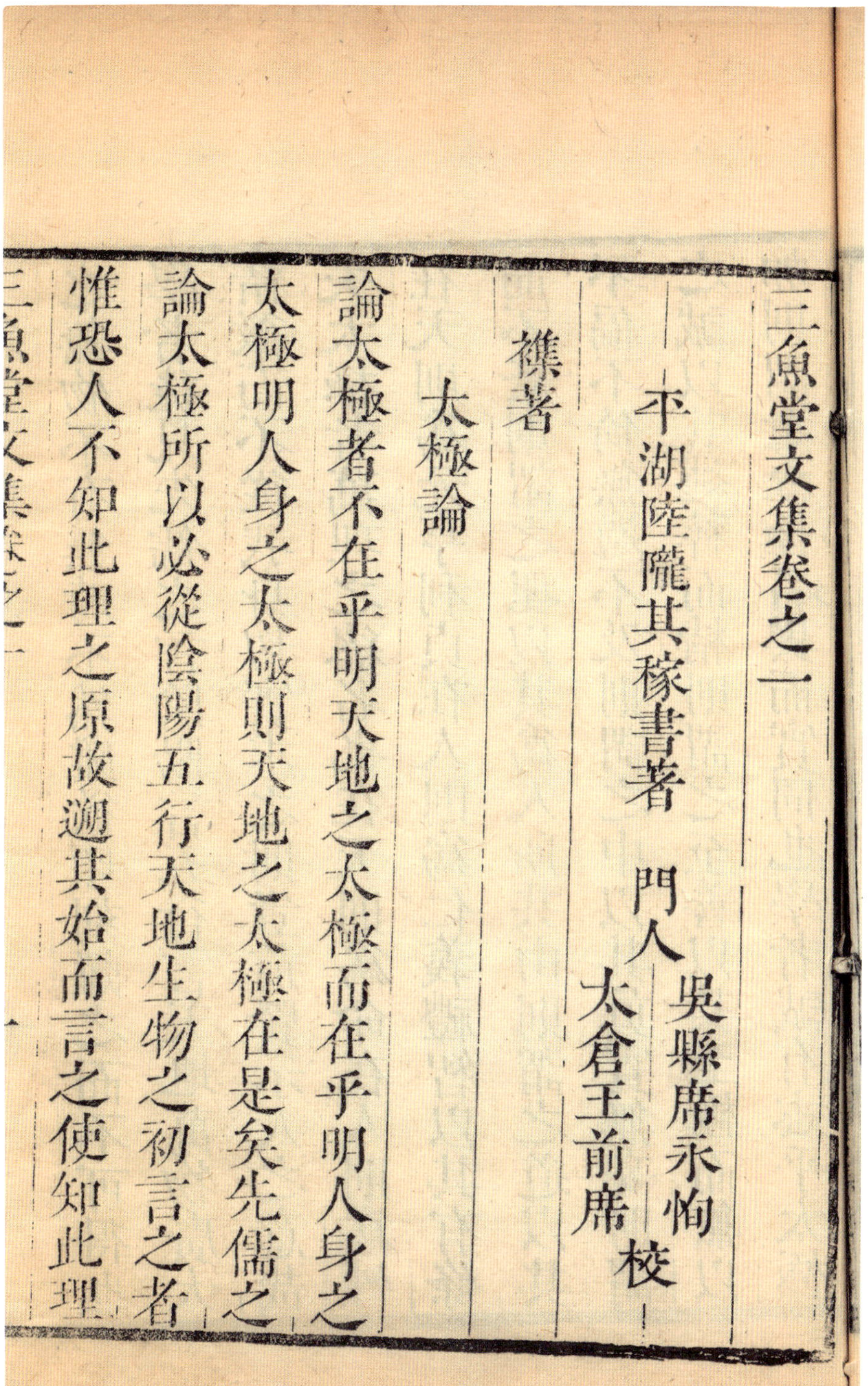

三魚堂文集卷之一

平湖陸隴其稼書著　門人　吳縣席永恂　太倉王前席　校

雜著

太極論

論太極者不在乎明天地之太極而在乎明人身之太極明人身之太極則天地之太極在是矣先儒之論太極所以必從陰陽五行天地生物之初言之者惟恐人不知此理之原故遡其始而言之使知此理

三魚堂文集卷之一　一

三魚堂文集十二卷外集六卷附録一卷　（清）陸隴其撰

清康熙四十年（1701）嘉會堂刻本

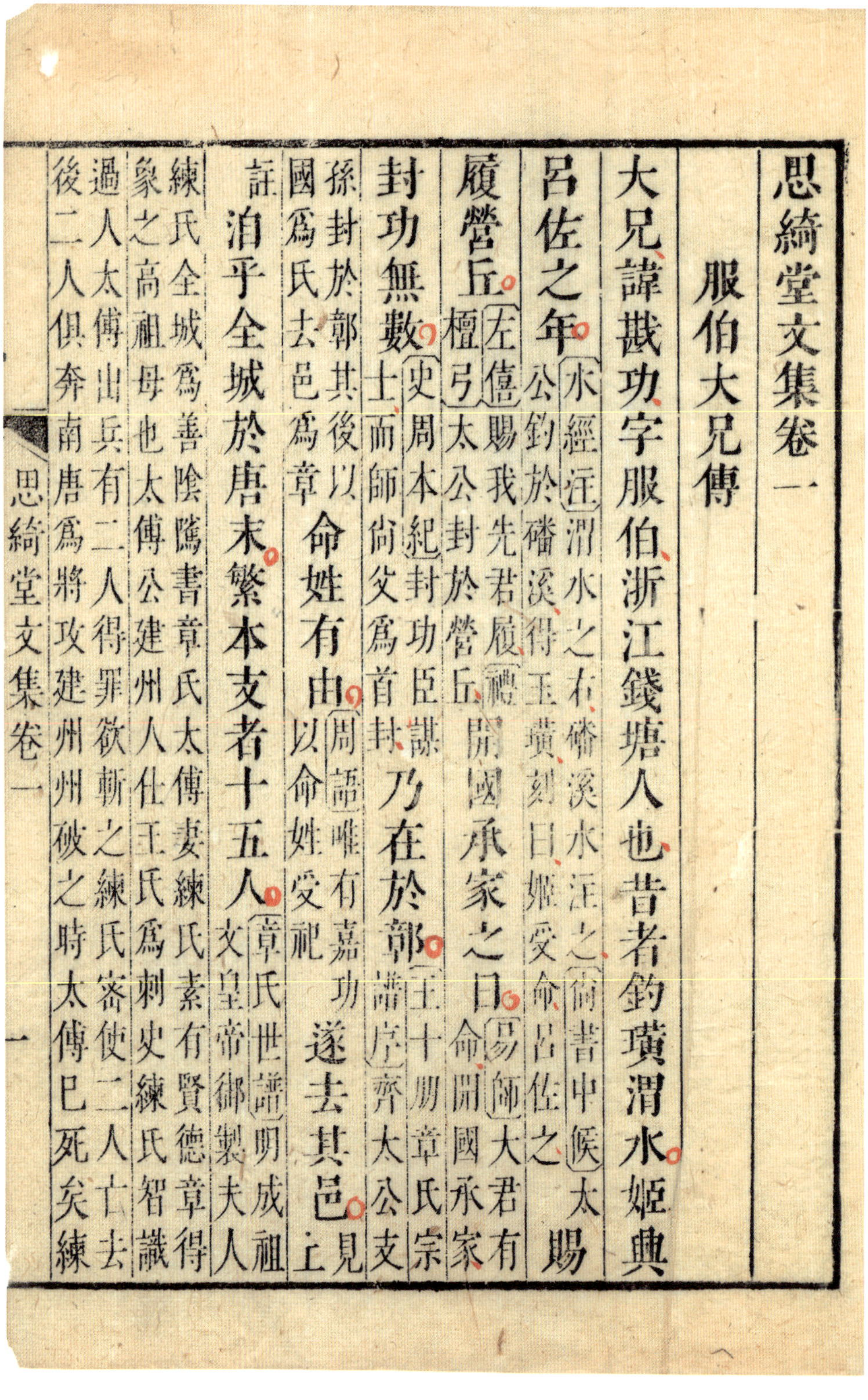
思綺堂文集卷一
服伯大兄傳
大兄諱甡功字服伯浙江錢塘人也昔者釣璜渭水姬典
呂佐之年水經注渭水之右磻溪水注之尚書中候太公釣於磻溪得玉璜刻曰姬受命呂佐之賜
履營丘左僖賜我先君履禮檀弓太公封於營丘開國承家之日易師大君有命開國承家
封功無數史周本紀封功臣謀士而師尚父爲首封乃在於郜王十朋章氏宗譜序齊太公支
孫封於郜其後以國爲氏去邑爲章命姓有由周語唯有嘉功以命姓受祀遂去其邑見上
証洎乎全城於唐末繁本支者十五人章氏世譜明成祖文皇帝御製夫人
練氏全城爲善陰隲書章氏太傅妻練氏素有賢德章得
象之高祖母也太傅公建州人仕王氏爲刺史練氏智識
過人太傅出兵有二人得罪欲斬之練氏密使二人亡去
後二人俱奔南唐爲將攻建州州破之時太傅已死矣練
思綺堂文集卷一　一

思綺堂文集十卷　（清）章藻功撰　清康熙六十一年（1722）刻本

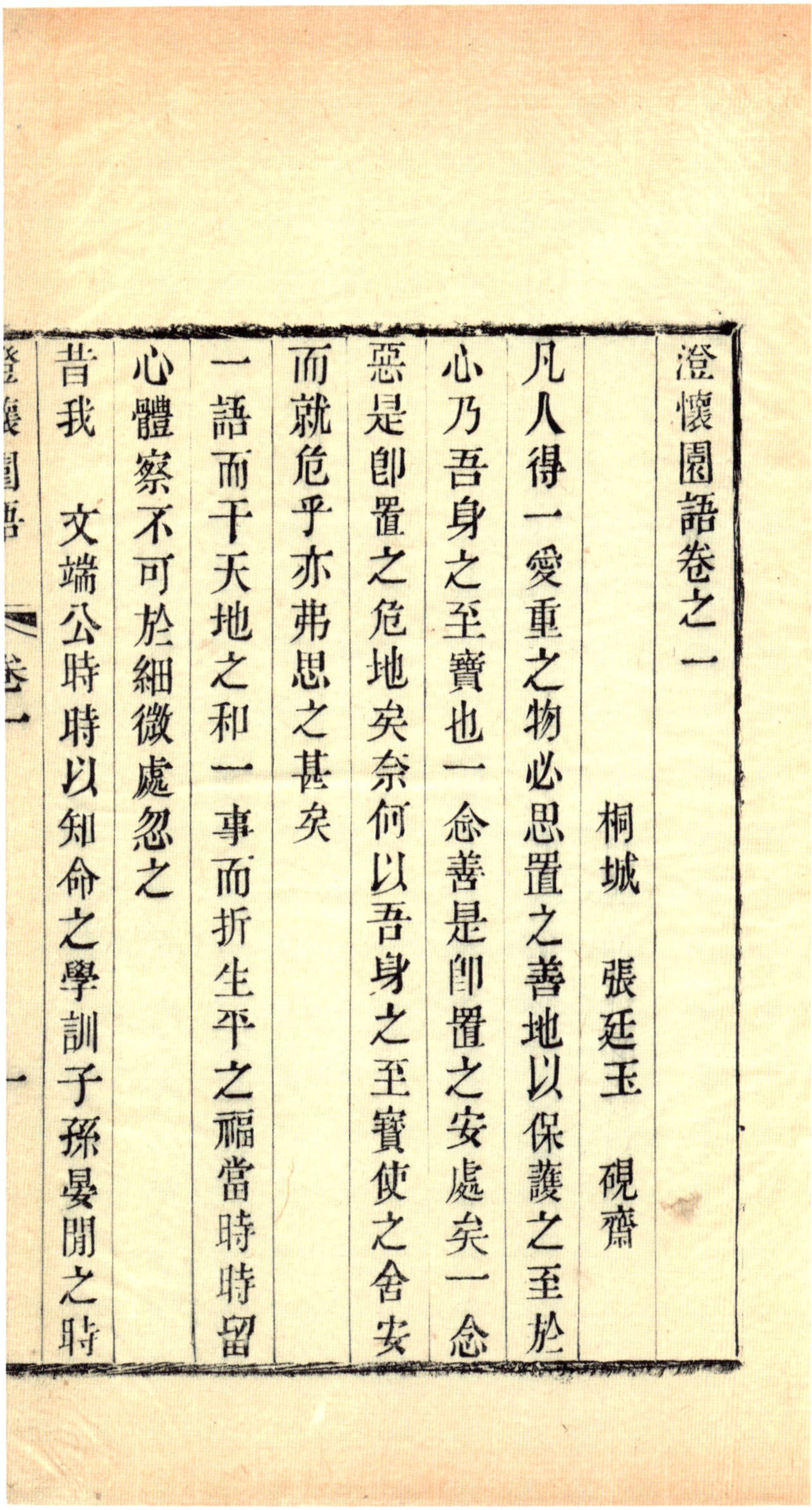
澄懷園語卷之一

桐城　張廷玉　硯齋

凡人得一愛重之物必思置之善地以保護之至於心乃吾身之至寶也一念善是即置之安處矣一念惡是即置之危地矣奈何以吾身之至寶使之舍安而就危乎亦弗思之甚矣

一語而干天地之和一事而折生平之福當時時留心體察不可於細微處忽之

昔我　文端公時時以知命之學訓子孫晏閒之時

澄懷園語　卷一　一

澄懷園語四卷　（清）張廷玉撰　清乾隆十一年（1746）刻本

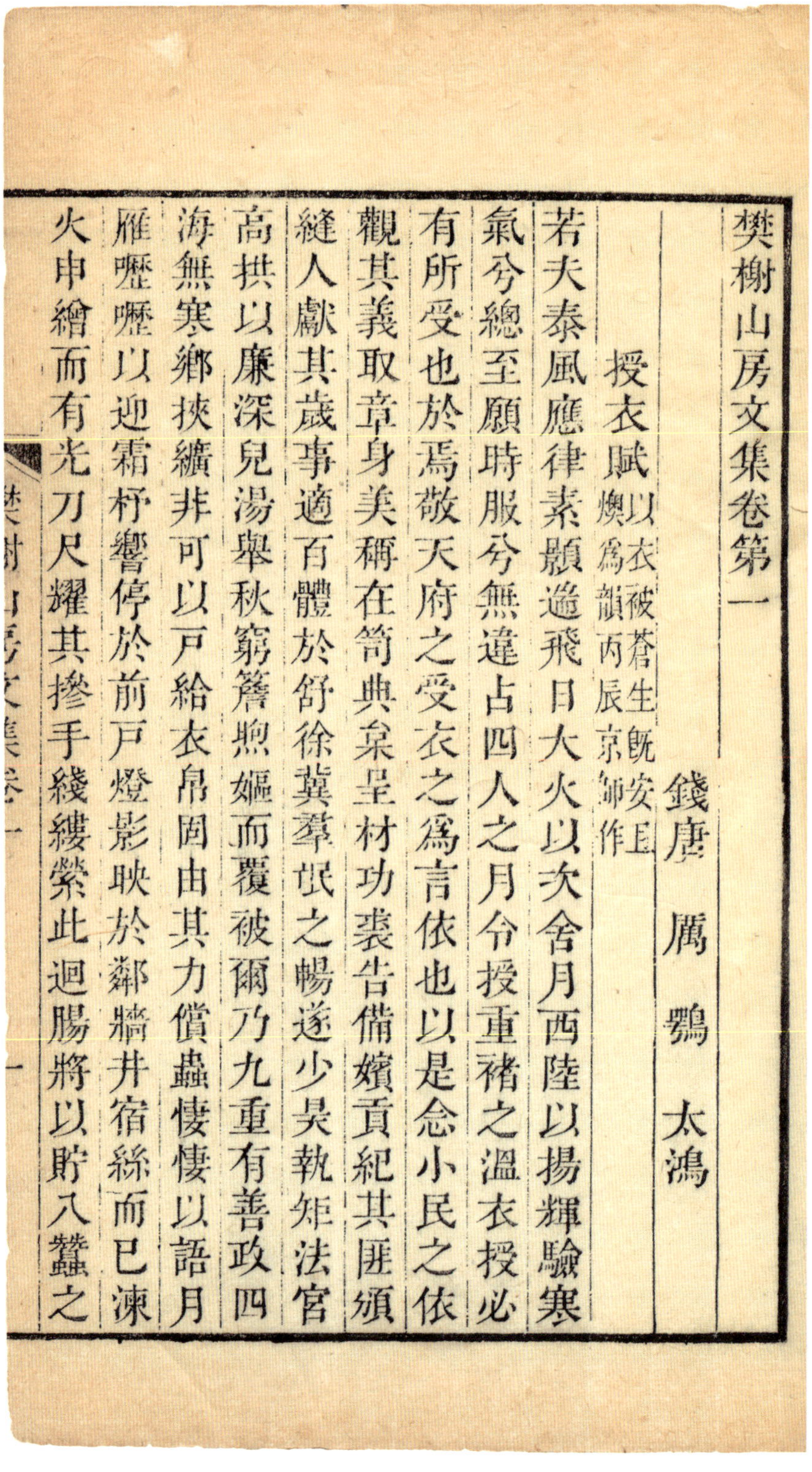

樊榭山房文集卷第一

錢唐　厲鶚　太鴻

授衣賦以衣被蒼生既安且燠爲韻丙辰京師作

若夫泰風應律素顥遒飛日大火以次舍月西陸以揚輝驗寒氣兮總至願時服兮無違占四人之月令授重褚之溫衣授必有所受也於焉敬天府之受衣之爲言依也以是念小民之依覩其義取章身美稱在笥典枲呈材功裘告備嬪貢紀其匪頒縫人獻其歲事適百體於舒徐冀羣氓之暢遂少昊執矩法官高拱以廉深皃湯舉秋窮簷煦嫗而覆被爾乃九重有善政四海無寒鄉挾纊非可以戶給衣帛固由其力償蟲悽悽以語月雁嚦嚦以迎霜杼響停於前戶燈影映於鄰牆井宿緜而已涑火申繪而有光刀尺耀其摻手綫縷縈此迴腸將以貯入蠶之

樊榭山房文集卷一　一

樊榭山房集十卷續集十卷文集八卷　（清）厲鶚撰　清乾隆刻本

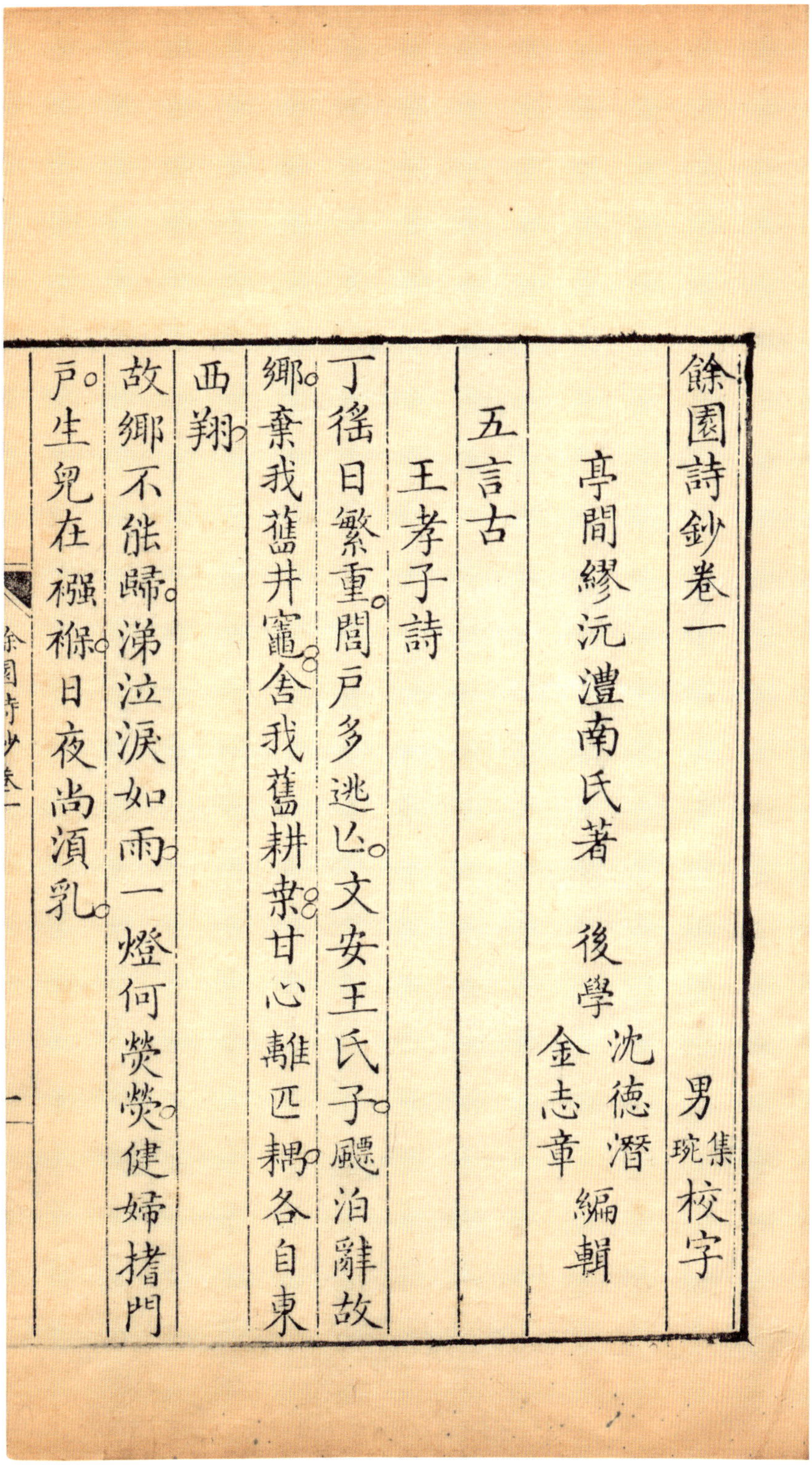

餘園詩鈔卷一　　男琔集校字

亭間繆沅澧南氏著　後學沈德潛　金志章　編輯

五言古

王孝子詩

丁徭日繁重閭戶多逃亾文安王氏子飃泊辭故

鄉棄我舊井竈舍我舊耕耒甘心離匹耦各自東

西翔

故鄉不能歸涕泣淚如雨一燈何熒熒健婦揩門

戶生兒在襁褓日夜尚須乳

餘園詩鈔卷一　一

餘園詩鈔六卷　（清）繆沅撰　（清）沈德潛　（清）金志章編輯　清乾隆十年（1745）葆素堂刻本

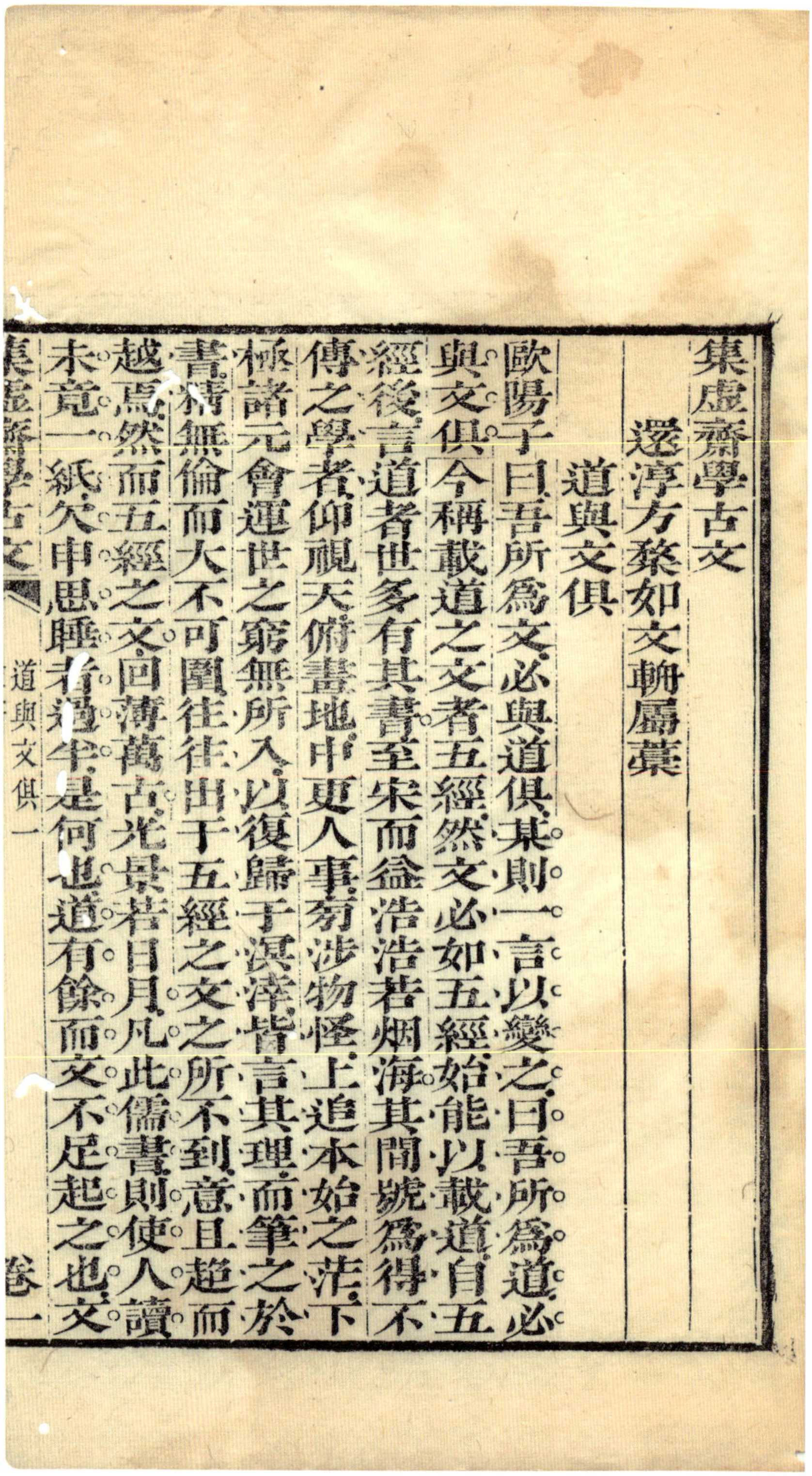
集虛齋學古文

還淳方粲如文輈屬稿

道與文俱

歐陽子曰吾所爲文必與道俱其則一言以變之曰吾所爲道必與文俱今稱載道之文者五經然文必如五經始能以載道自五經後言道者世多有其書至宋而益浩浩若烟海其間號爲得不傳之學者仰覸天俯畫地中更人事旁涉物怪上追本始之茫下極諸元會運世之窮無所入以復歸于溟涬皆言其理而筆之於書精無倫而大不可圍往往出于五經之文之所不到意且超而越焉然而五經之文回薄萬古光景若日月凡此儒書則使人讀未竟一紙欠申思睡者過半是何也道有餘而文不足起之也文

集虛齋學古文　卷一　道與文俱　一

集虛齋學古文十二卷附離騷經解略一卷　（清）方粲如撰
清乾隆十九年（1754）佩古堂刻本

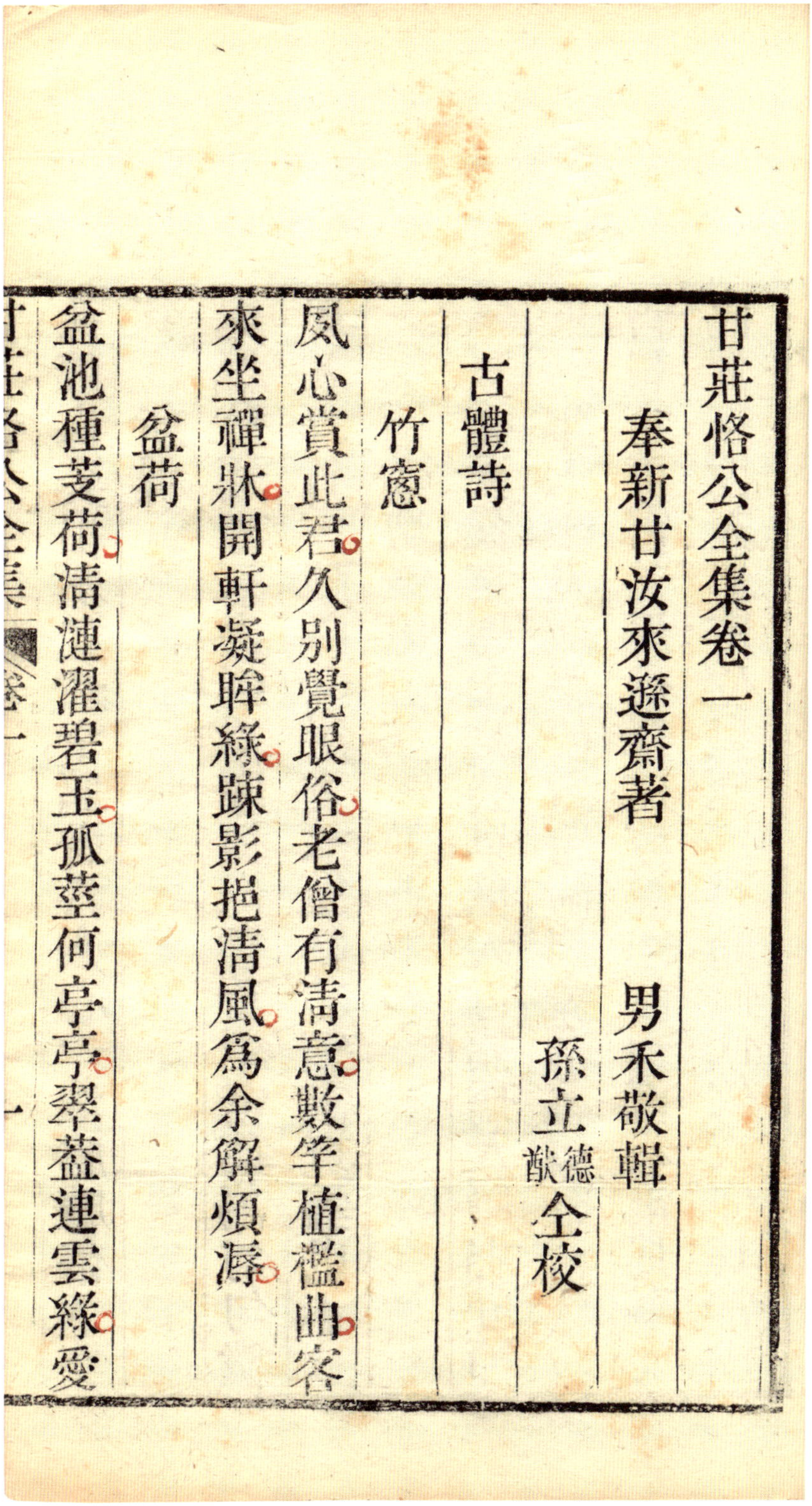
甘莊恪公全集卷一

奉新甘汝來遜齋著　男禾敬輯

孫立德猷仝校

古體詩

竹窻

夙心賞此君久别覺眼俗老僧有清意數竿植檻曲客來坐禪牀開軒凝睟綠踈影挹清風爲余解煩溽

盆荷

盆池種芰荷清漣濯碧玉孤莖何亭亭翠葢連雲綠愛

甘莊恪公全集　卷一　一

甘莊恪公全集十六卷　（清）甘汝來撰　（清）甘禾敬編

清乾隆五十六年（1791）刻本

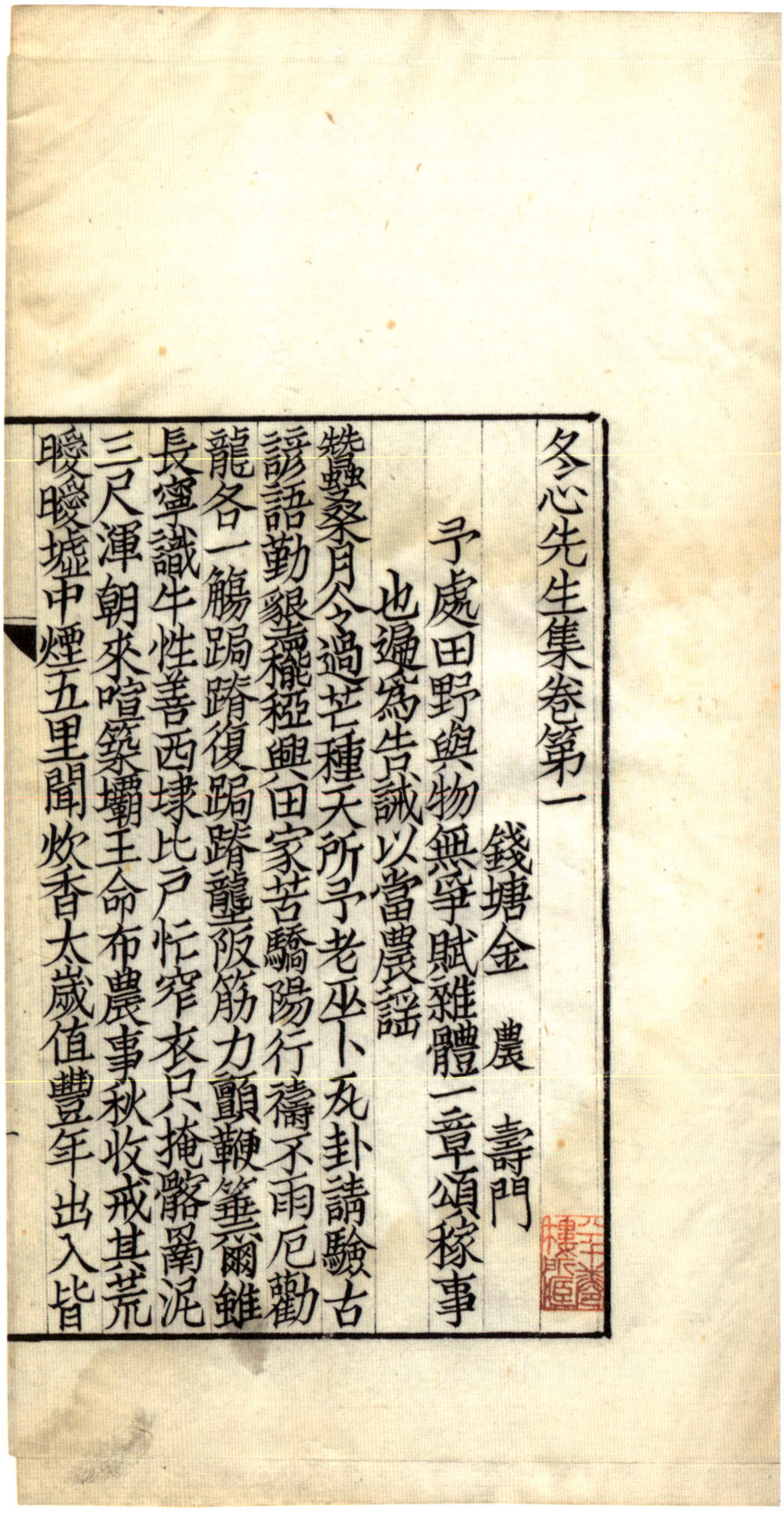
冬心先生集卷第一
錢塘金　農　壽門
予處田野與物無爭賦雜體一章頌稼事
也遍爲告誡以當農謡
蠶桑月令過芒種天所予老巫卜瓦卦請驗古
諺語勤䆉䅘稏與田家苦驕陽行禱不雨厄勸
龍各一觴踢蹐復踢躇壟阪筋力顫鞭箠爾雛
長寧識牛性善西埭比戶忙窄衣只掩骼胬泥
三尺渾朝來喧築壩王命布農事秋收戒其荒
畯畯墟中煙五里聞炊香太歲值豐年出入皆

冬心先生集四卷　（清）金農撰　（清）壽鳳　（清）美鎏抄校　清黑格抄本

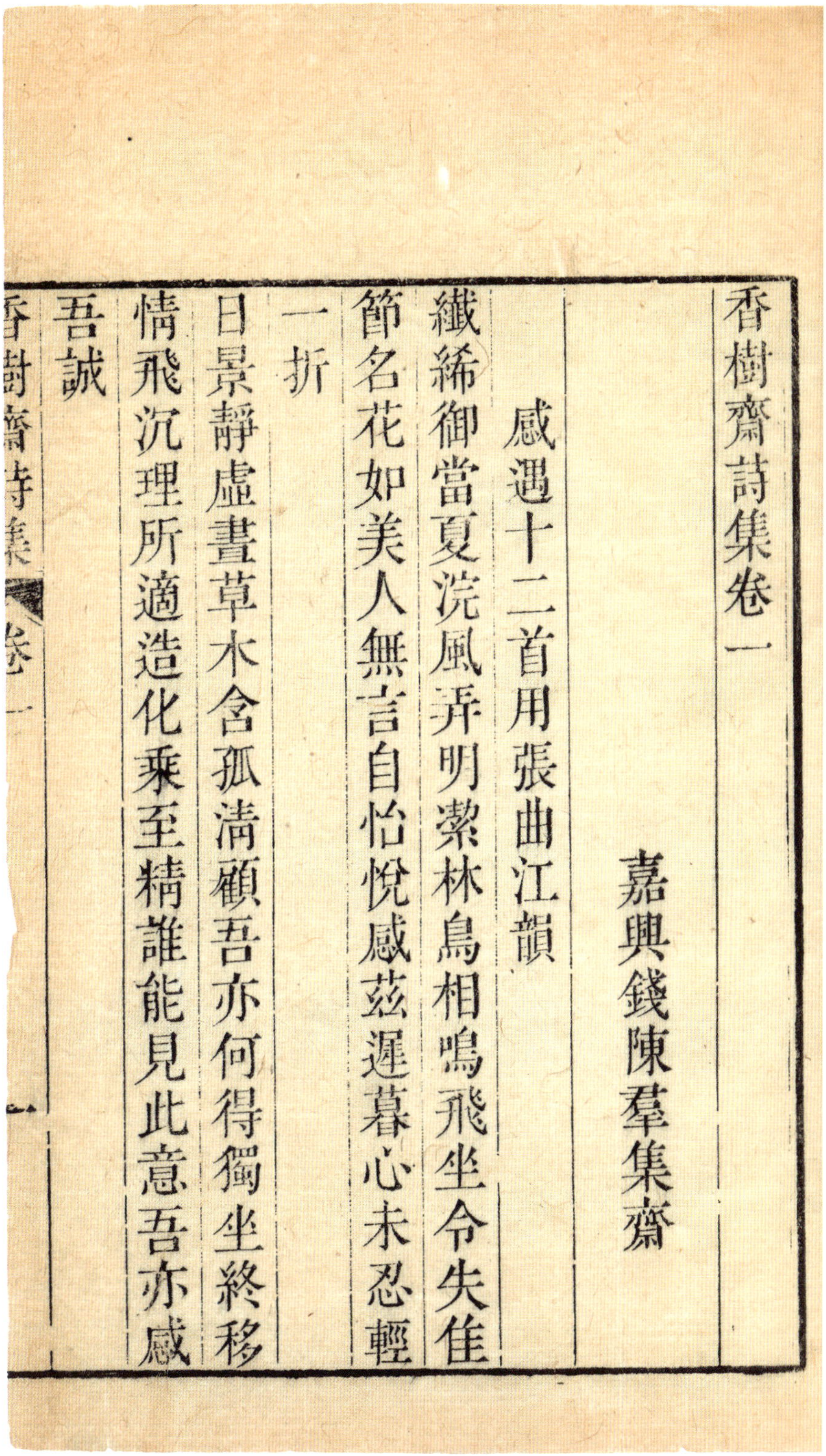
香樹齋詩集卷一
嘉興錢陳羣集齋
感遇十二首用張曲江韻
纖絺御當夏浣風弄明潔林鳥相鳴飛坐令失佳節名花如美人無言自怡悅感茲遲暮心未忍輕一折
日景靜虛晝草木含孤淸顧吾亦何得獨坐終移情飛沉理所適造化乘至精誰能見此意吾亦感吾誠
香樹齋詩集　卷一　一

香樹齋全集八十七卷　（清）錢陳羣撰　清乾隆刻本

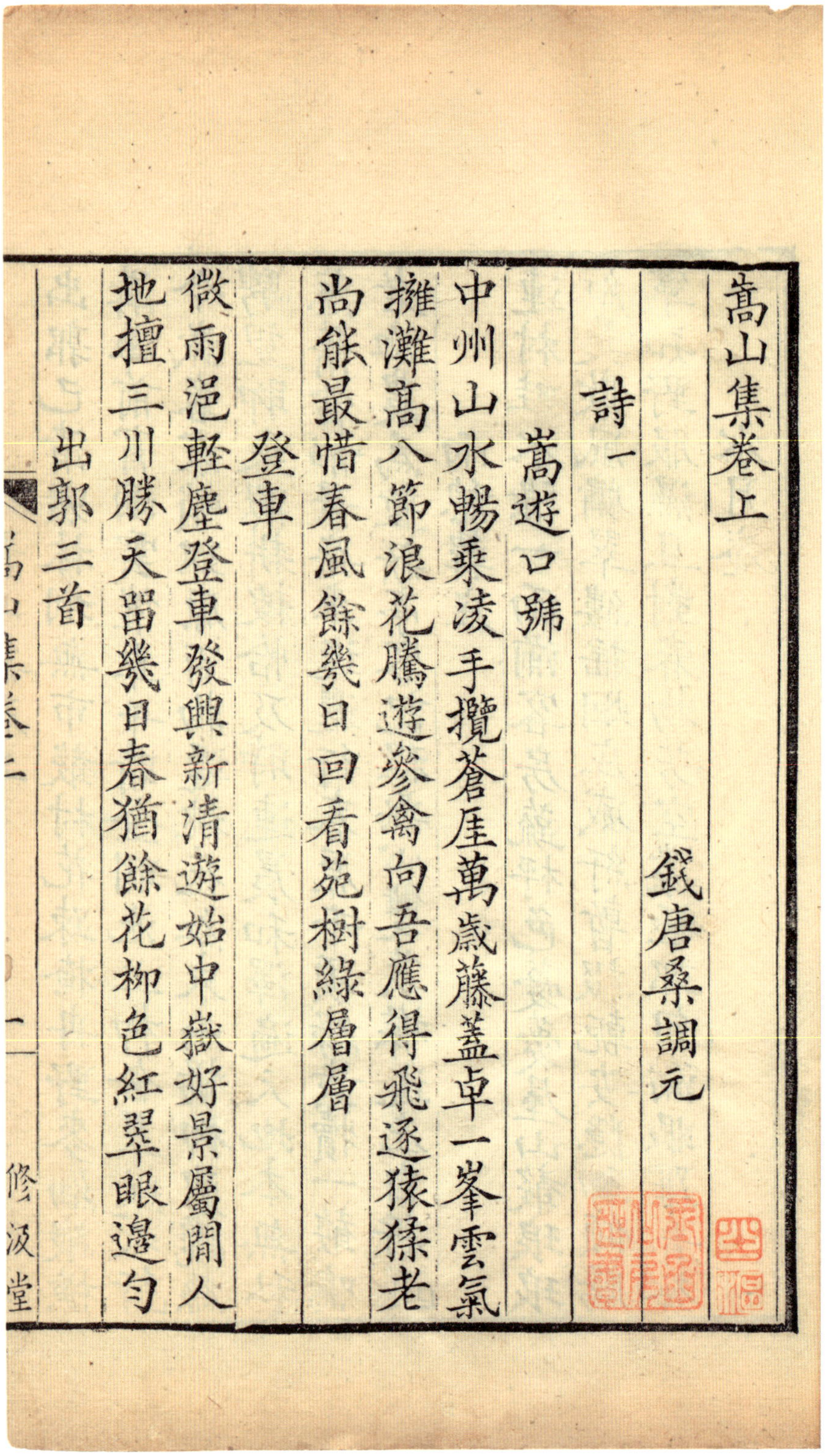
嵩山集卷上
詩一
錢唐桑調元
嵩遊口號
中州山水暢乘凌手攬蒼厓萬歲藤蓋卓一峯雲氣
擁灘高八節浪花騰遊珍禽向吾應得飛逐猿猱老
尚能最惜春風餘幾日回看苑樹綠層層
登車
微雨浥輕塵登車發興新清遊始中嶽好景屬閒人
地擅三川勝天留幾日春猶餘花柳色紅翠眼邊勻
出郭三首
嵩山集卷二　一　修汲堂

弢甫五嶽集二十卷　（清）桑調元撰　清乾隆修汲堂刻本

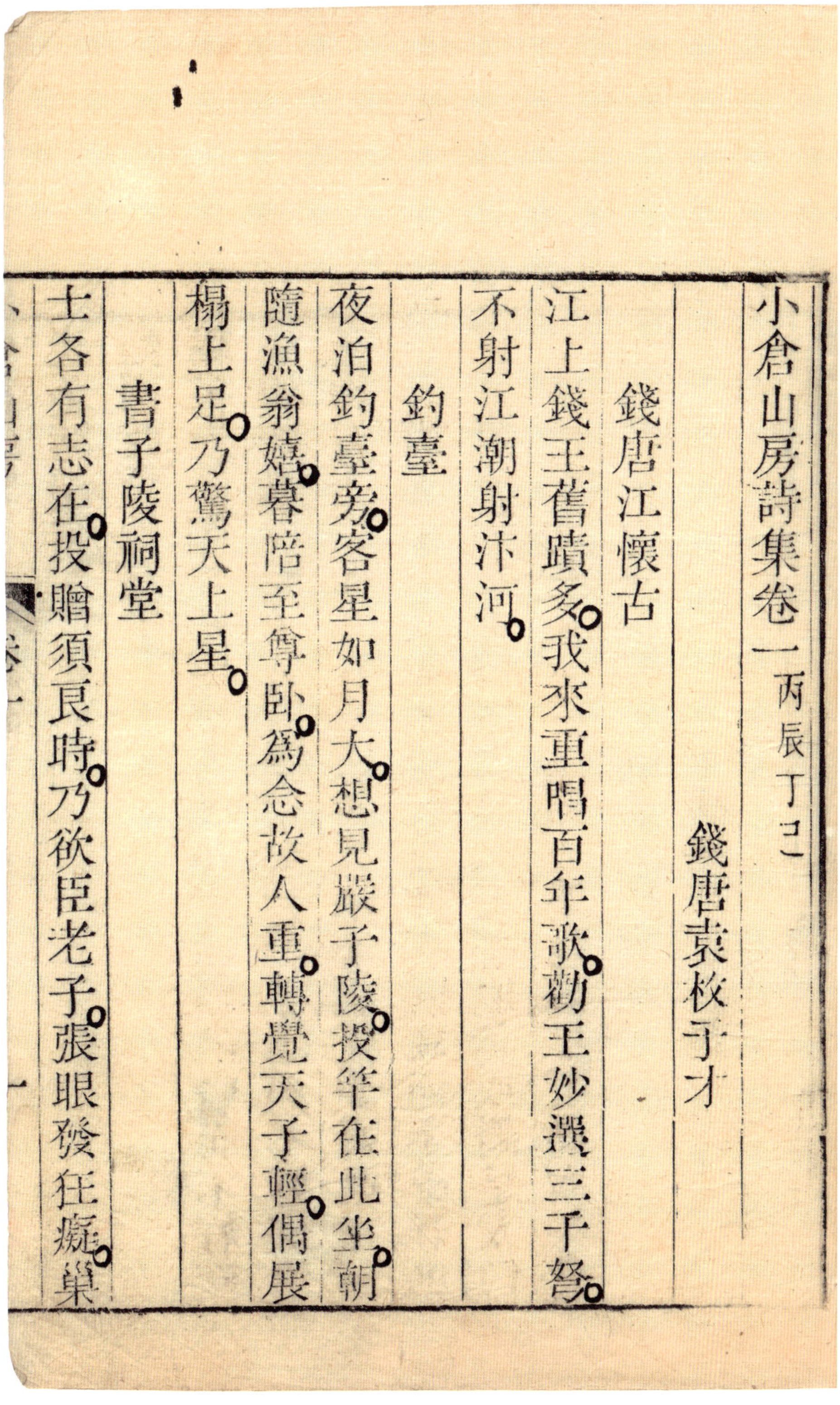
小倉山房詩集卷一 丙辰丁巳

錢唐袁枚子才

錢唐江懷古

江上錢王舊蹟多。我來重唱百年歌。勸王妙選三千弩。不射江潮射汴河。

釣臺

夜泊釣臺旁。客星如月大。想見嚴子陵。投竿在此坐。朝隨漁翁嬉。暮陪至尊卧。爲念故人重。轉覺天子輕。偶展榻上足。乃驚天上星。

書子陵祠堂

士各有志在。投贈須艮時。乃欲臣老子。張眼發狂癡。巢

小倉山房詩集三十六卷補遺二卷　（清）袁枚撰　清乾隆刻本

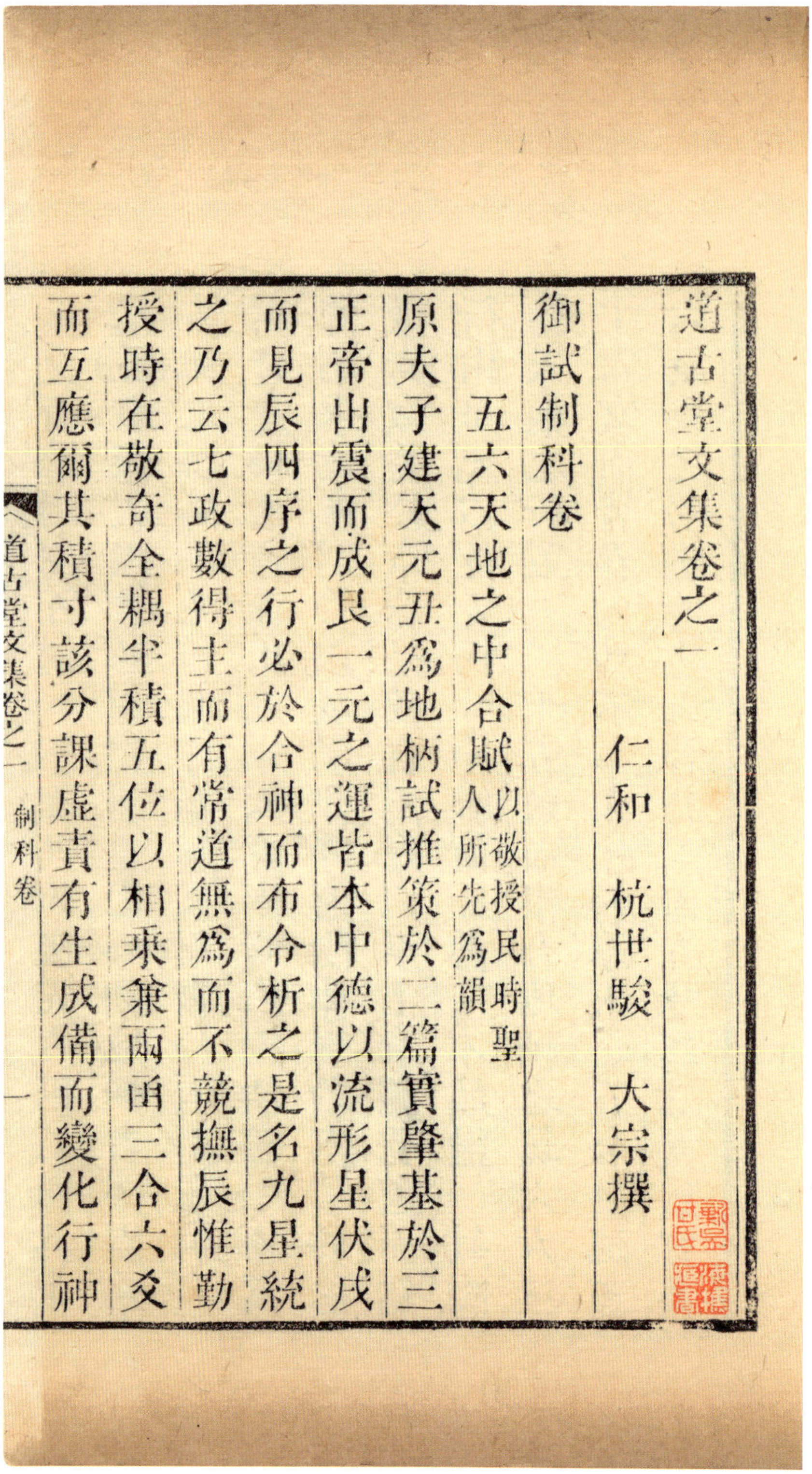

道古堂文集卷之一

仁和　杭世駿　大宗撰

御試制科卷

五六天地之中合賦以敬授民時聖人所先爲韻

原夫子建天元丑爲地柄試推策於二篇實肇基於三正帝出震而成艮一元之運皆本中德以流形星伏戌而見辰四序之行必於合神而布令析之是名九星統之乃云七政數得圭而有常道無爲而不競撫辰惟勤授時在敬奇全耦半積五位以相乘兼兩函三合六爻而五應爾其積寸該分課虛責有生成備而變化行神

道古堂文集卷之一　制科卷　一

道古堂文集四十八卷詩集二十六卷　（清）杭世駿撰　清乾隆四十三年（1778）刻本

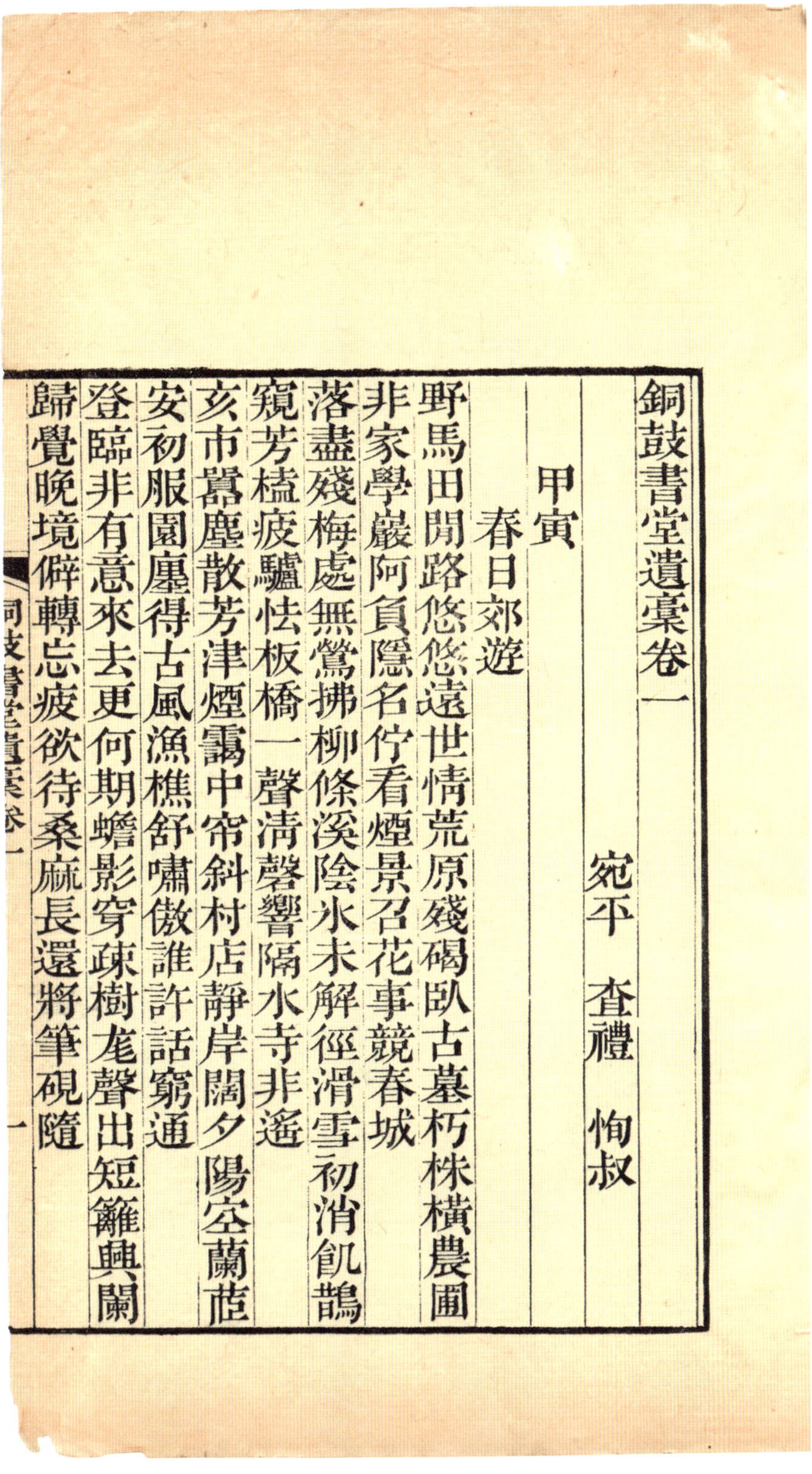
銅鼓書堂遺稾卷一

宛平　查禮　恂叔

甲寅

春日郊遊

野馬田間路悠悠遠世情荒原殘碣臥古墓朽株橫農圃非家學巖阿負隱名佇看煙景召花事競春城

落盡殘梅處無鶯拂柳條溪陰氷未解徑滑雪初消飢鵲窺芳榼疲驢怯板橋一聲清磬響隔水寺非遥

亥市囂塵散芳津煙靄中帘斜村店靜岸闊夕陽空蘭茝安初服園廛得古風漁樵舒嘯傲誰許話窮通

登臨非有意來去更何期蟾影穿疎樹尨聲出短籬興闌歸覺晚境僻轉忘疲欲待桑麻長還將筆硯隨

銅鼓書堂遺稾卷一

一

銅鼓書堂遺稾三十二卷　（清）查禮撰　清乾隆五十七年（1792）刻本

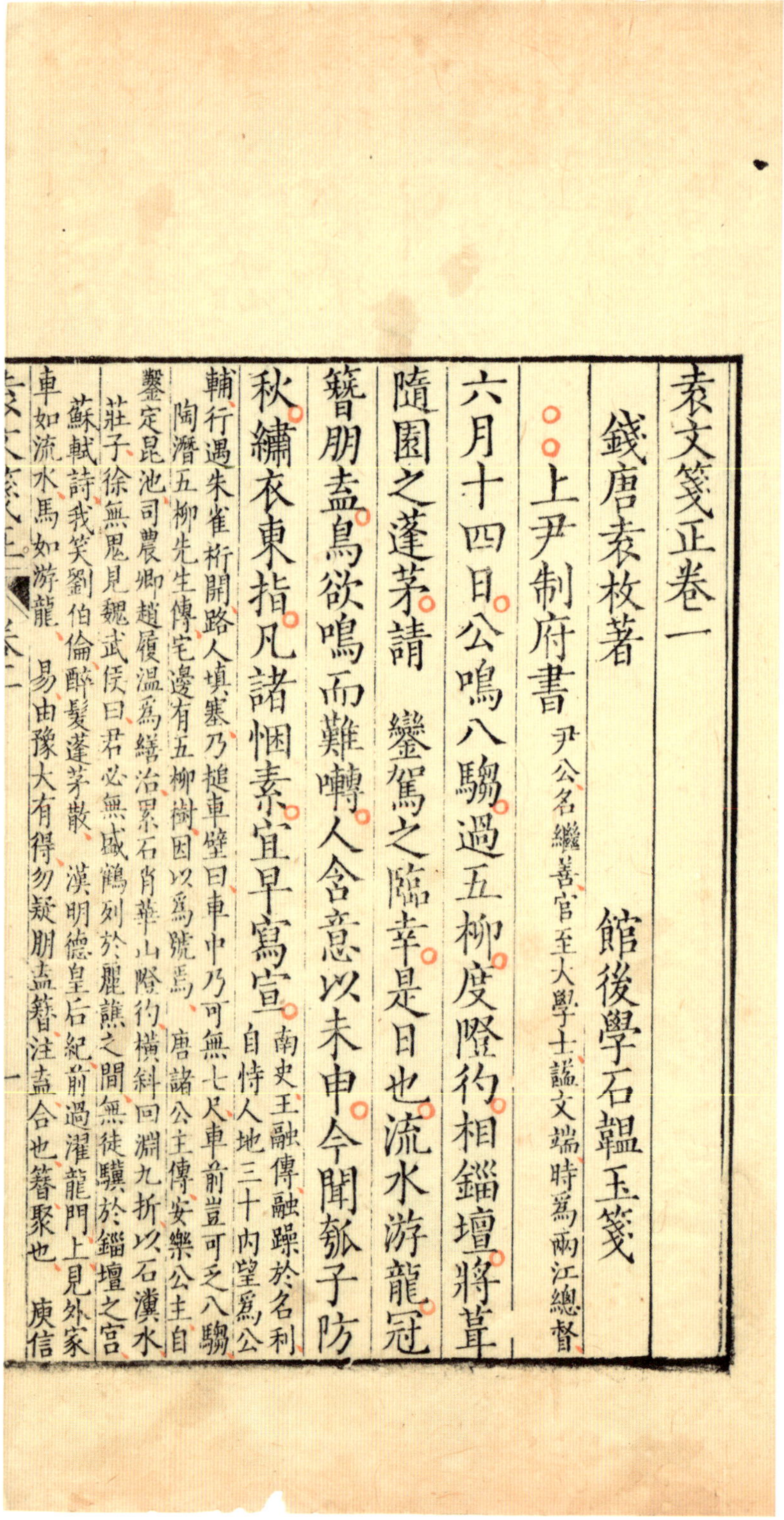

袁文箋正卷一

錢唐袁枚著　　館後學石韞玉箋

上尹制府書 尹公名繼善官至大學士諡文端時爲兩江總督

六月十四日公鳴八騶過五柳度隥彴相錙壇將葺隨園之蓬茅請　鑾駕之臨幸是日也流水游龍冠簪朋盍鳥欲鳴而難囀人含意以未申今聞瓠子防秋繡衣東指凡諸悃素宜早寫宣 南史王融傳融躁於名利自恃人地三十內望爲公輔行遇朱雀桁開路人塡塞乃捶車壁曰車中乃可無七尺車前豈可乏八騶　陶潛五柳先生傳宅邊有五柳樹因以爲號焉　唐諸公主傳安樂公主自鑿定昆池司農卿趙履溫爲繕治累石肖華山隥彴橫斜回淵九折以石瀵水　莊子徐無鬼見魏武侯曰君必無盛鶴列於麗譙之間無徒驥於錙壇之宮　蘇軾詩我笑劉伯倫醉髮蓬茅散　漢明德皇后紀前過濯龍門上見外家車如流水馬如游龍　易由豫大有得勿疑朋盍簪注盍合也簪聚也　庾信

袁文箋正　卷一　一

袁文箋正十六卷補注一卷　（清）袁枚著　（清）石韞玉箋注　清嘉慶十七年（1812）鶴壽山堂刻本

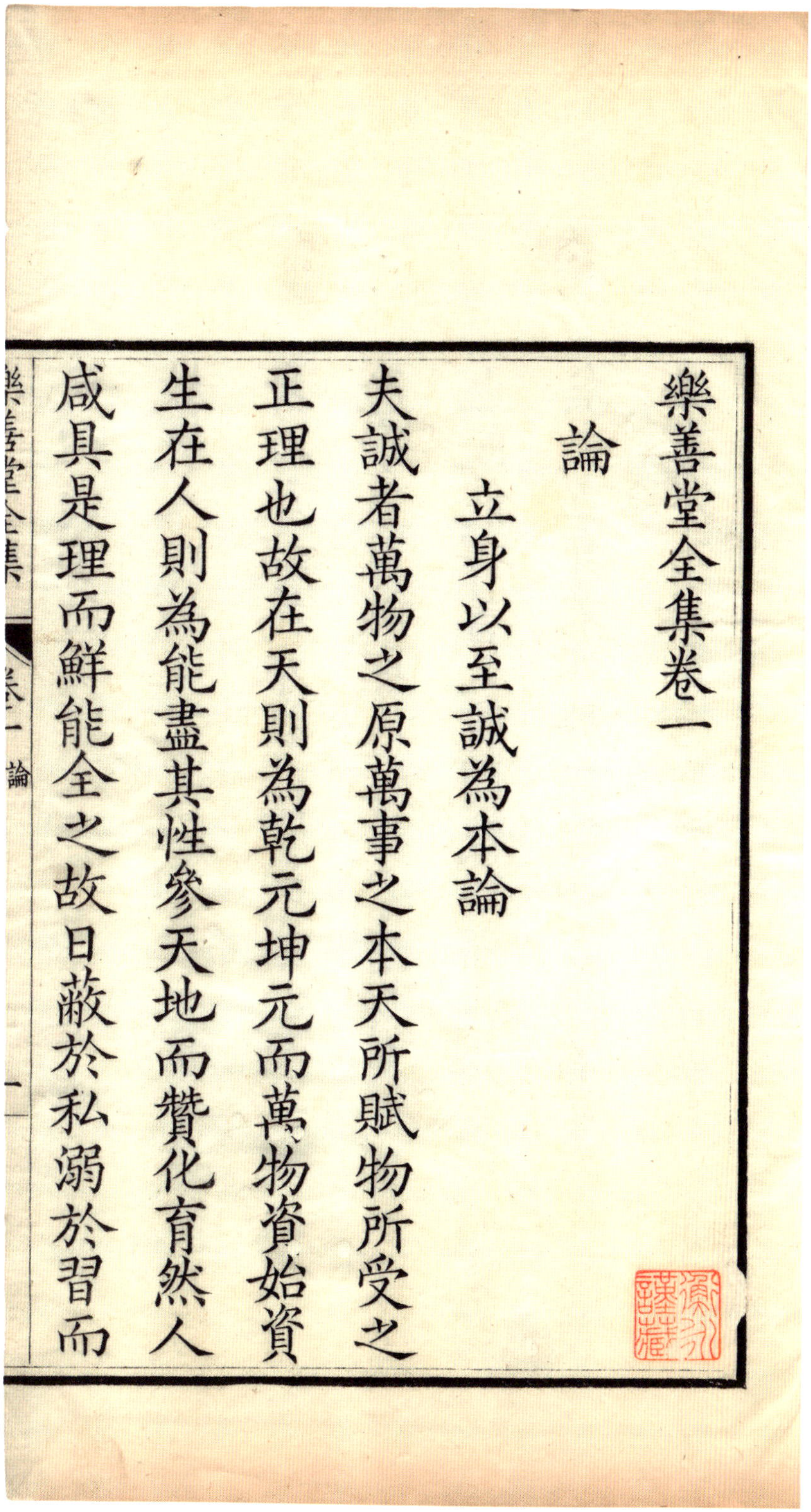
樂善堂全集卷一
論
立身以至誠為本論
夫誠者萬物之原萬事之本天所賦物所受之
正理也故在天則為乾元坤元而萬物資始資
生在人則為能盡其性參天地而贊化育然人
咸具是理而鮮能全之故日蔽於私溺於習而
樂善堂全集　卷一　論　一

樂善堂全集四十卷目録四卷　（清）高宗弘曆輯　清乾隆二年（1737）内府刻本

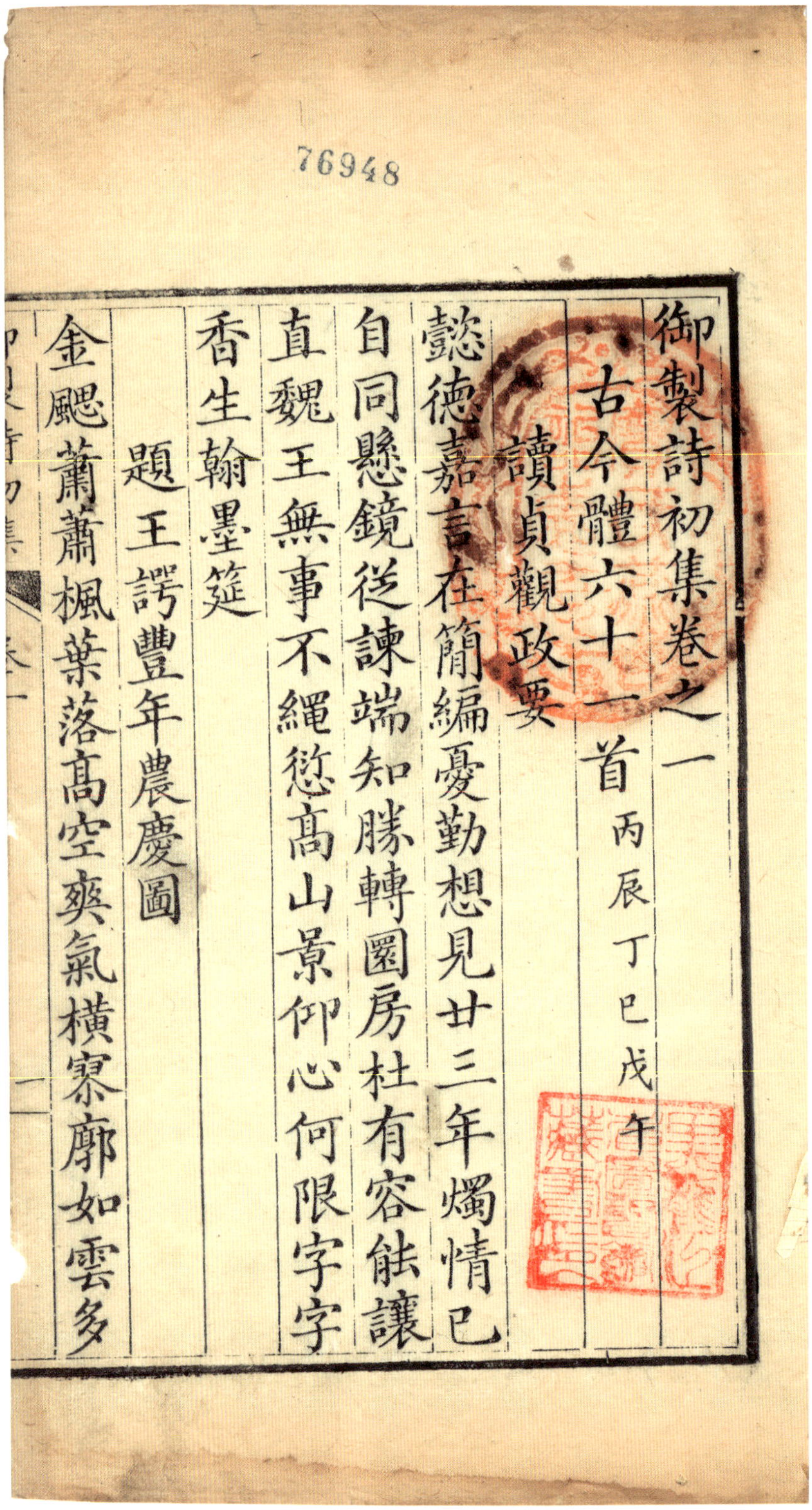

御製詩初集卷之一

古今體六十一首 丙辰丁巳戊午

讀貞觀政要

懿德嘉言在簡編憂勤想見廿三年燭情已
自同懸鏡從諫端知勝轉圜房杜有容能讓
直魏王無事不繩愆高山景仰心何限字字
香生翰墨筵

題王諤豐年農慶圖

金飇蕭蕭楓葉落高空爽氣橫寥廓如雲多

御製詩六集五百七卷　（清）高宗弘曆撰　（清）蔣溥等編　清乾隆十四年（1749）内府刻本

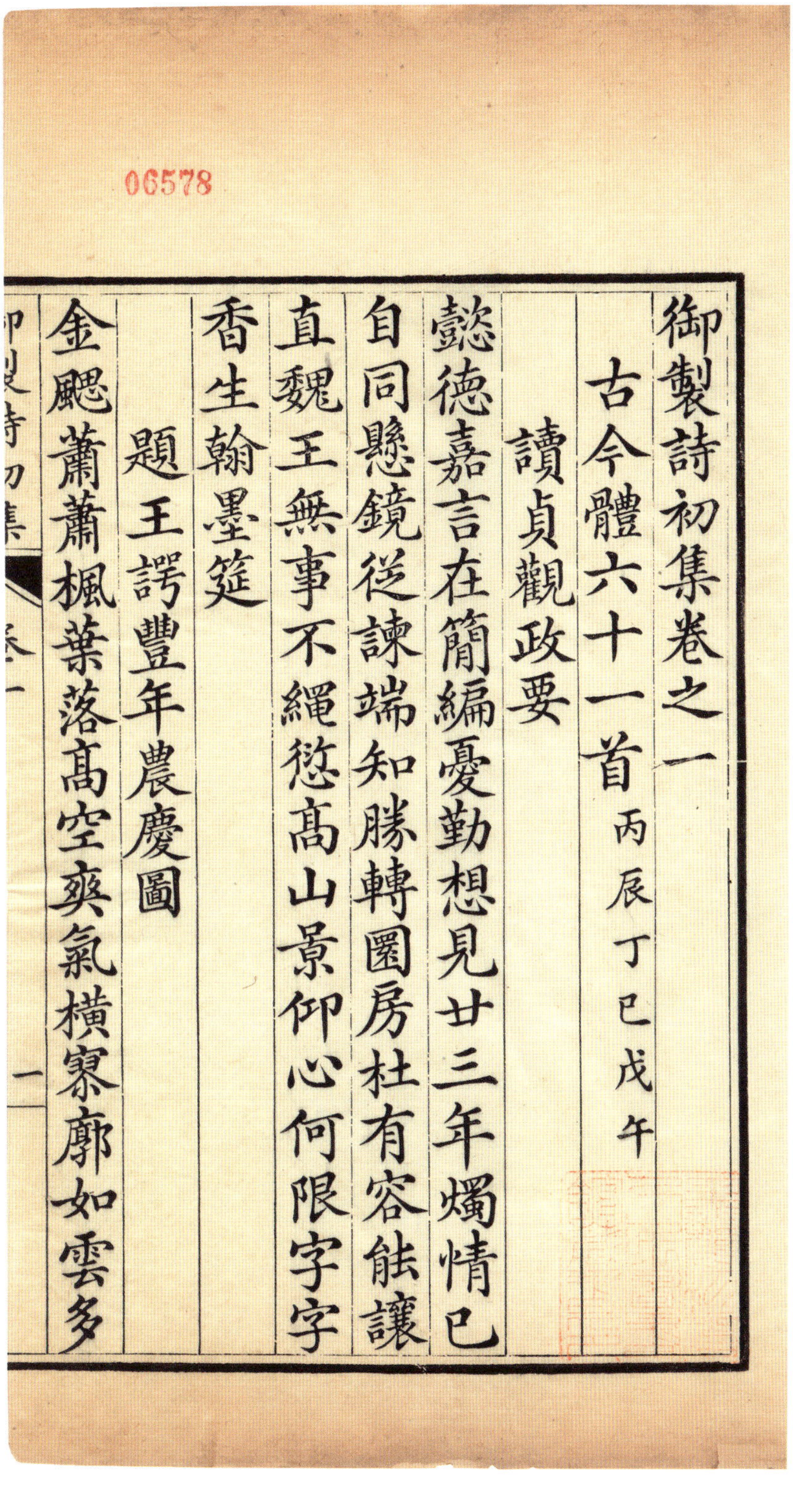

御製詩初集卷之一

古今體六十一首 丙辰丁巳戊午

讀貞觀政要

懿德嘉言在簡編憂勤想見廿三年燭情已自同懸鏡從諫端知勝轉圜房杜有容能讓直魏王無事不繩愆高山景仰心何限字字香生翰墨筵

題王諤豐年農慶圖

金飈蕭蕭楓葉落高空爽氣橫寥廓如雲多

御製詩初集　卷一　一

御製詩初集四十四卷　（清）高宗弘曆撰　清乾隆十四年（1749）内府刻本

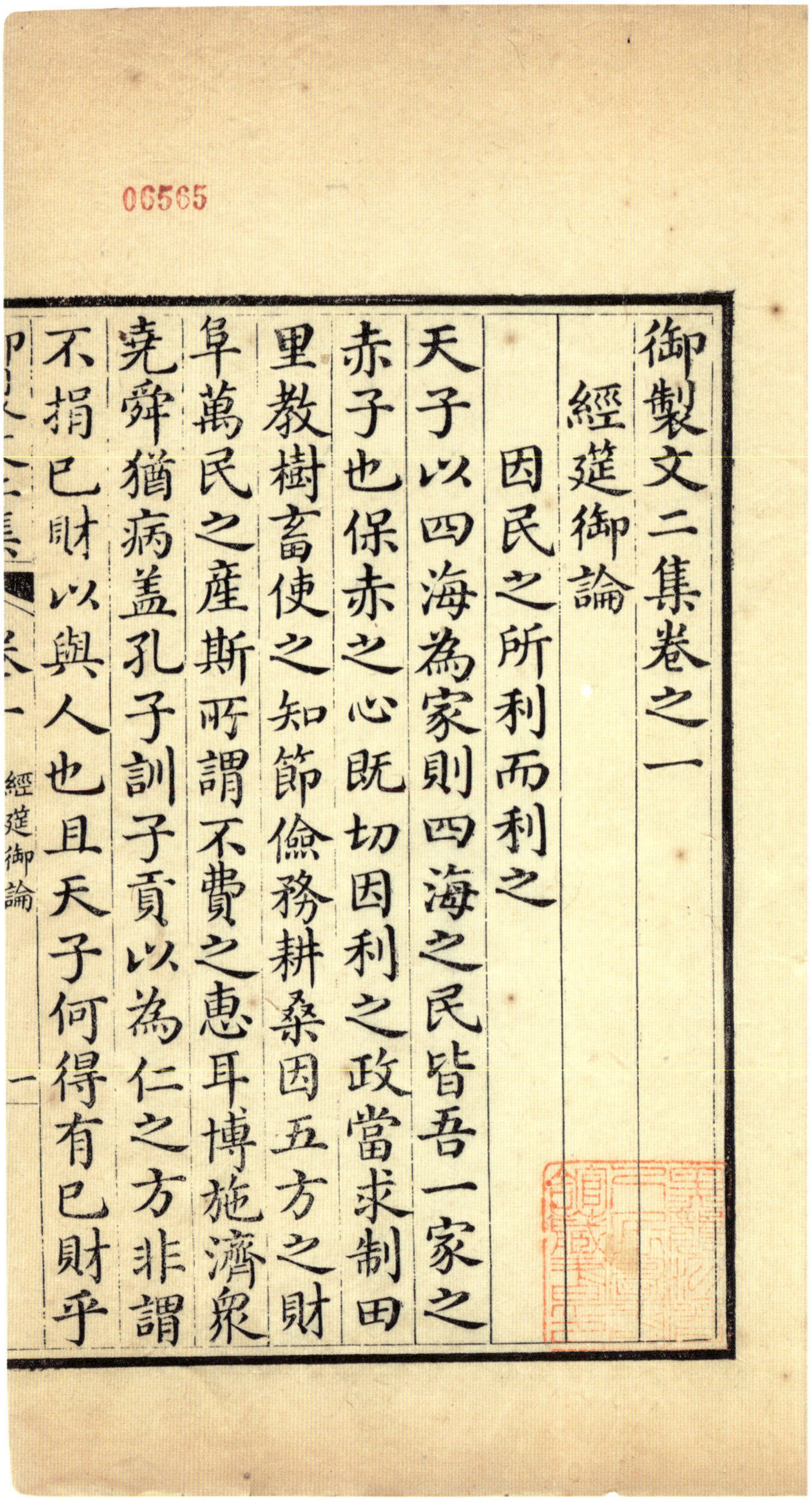

御製文二集卷之一

經筵御論

因民之所利而利之

天子以四海為家則四海之民皆吾一家之赤子也保赤之心既切因利之政當求制田里教樹畜使之知節儉務耕桑因五方之財阜萬民之產斯所謂不費之惠耳博施濟衆堯舜猶病蓋孔子訓子貢以為仁之方非謂不捐已財以與人也且天子何得有已財乎

御製文二集　卷一　經筵御論　一

御製文二集四十四卷目録二卷　（清）高宗弘曆撰　清乾隆五十一年（1786）内府刻本

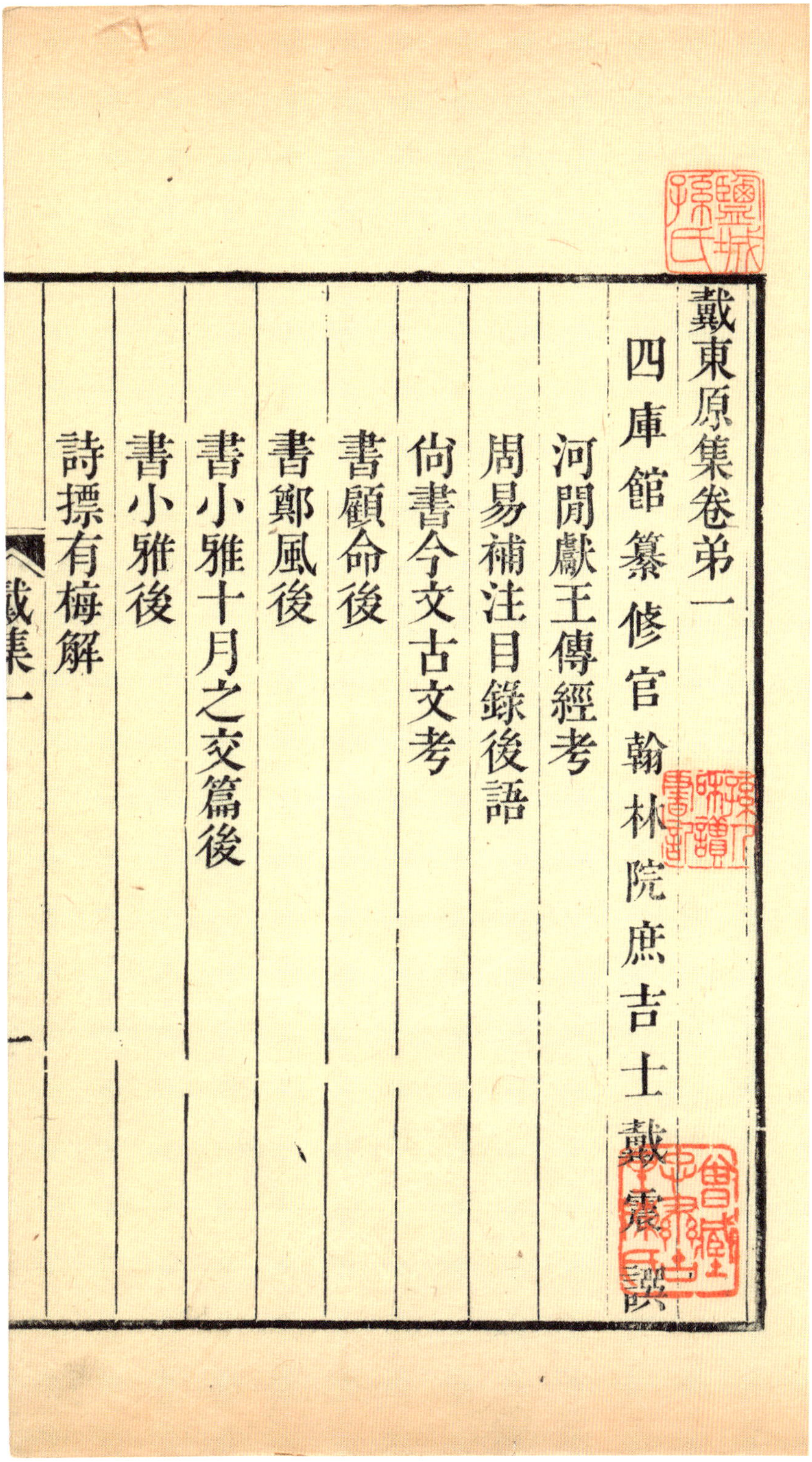
戴東原集卷弟一

四庫館纂修官翰林院庶吉士戴震譔

河閒獻王傳經考

周易補注目錄後語

尚書今文古文考

書顧命後

書鄭風後

書小雅十月之交篇後

書小雅後

詩摽有梅解

戴集一　一

戴東原集十二集附覆校札記一卷　（清）戴震撰　清乾隆五十七年（1792）段玉裁經韻樓刻本

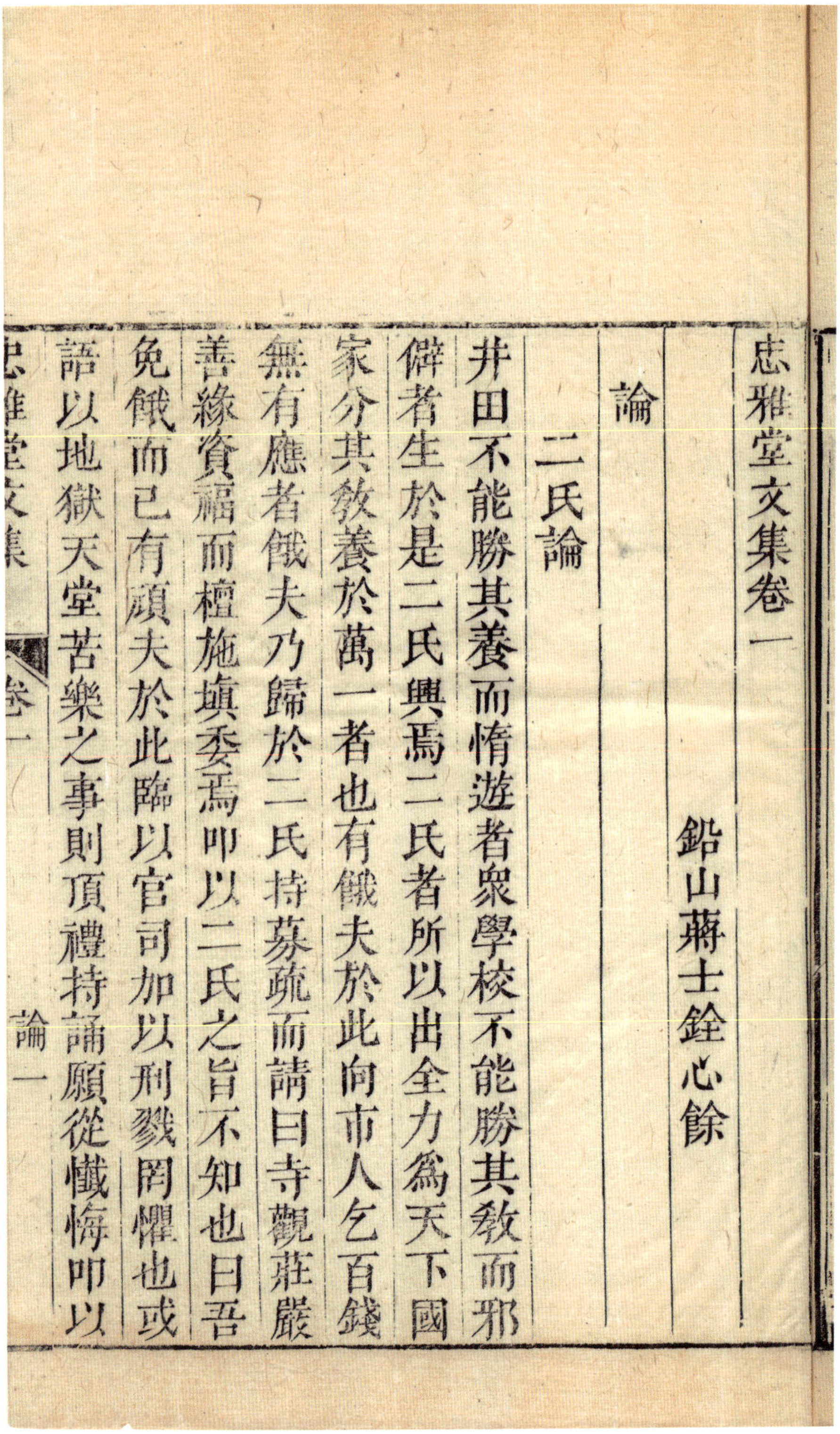

忠雅堂文集卷一

鉛山蔣士銓心餘

論

二氏論

井田不能勝其養而惰遊者衆學校不能勝其敎而邪僻者生於是二氏興焉二氏者所以出全力爲天下國家分其敎養於萬一者也有饑夫於此向市人乞百錢無有應者餓夫乃歸於二氏持募疏而請曰寺觀莊嚴善緣資福而檀施塡委焉叩以二氏之旨不知也曰吾免饑而已有頑夫於此臨以官司加以刑戮罔懼也或語以地獄天堂苦樂之事則頂禮持誦願從懺悔叩以

忠雅堂文集　卷一　論　一

忠雅堂文集十二卷　（清）蔣士銓撰　清嘉慶二十二年（1817）桂林刻本

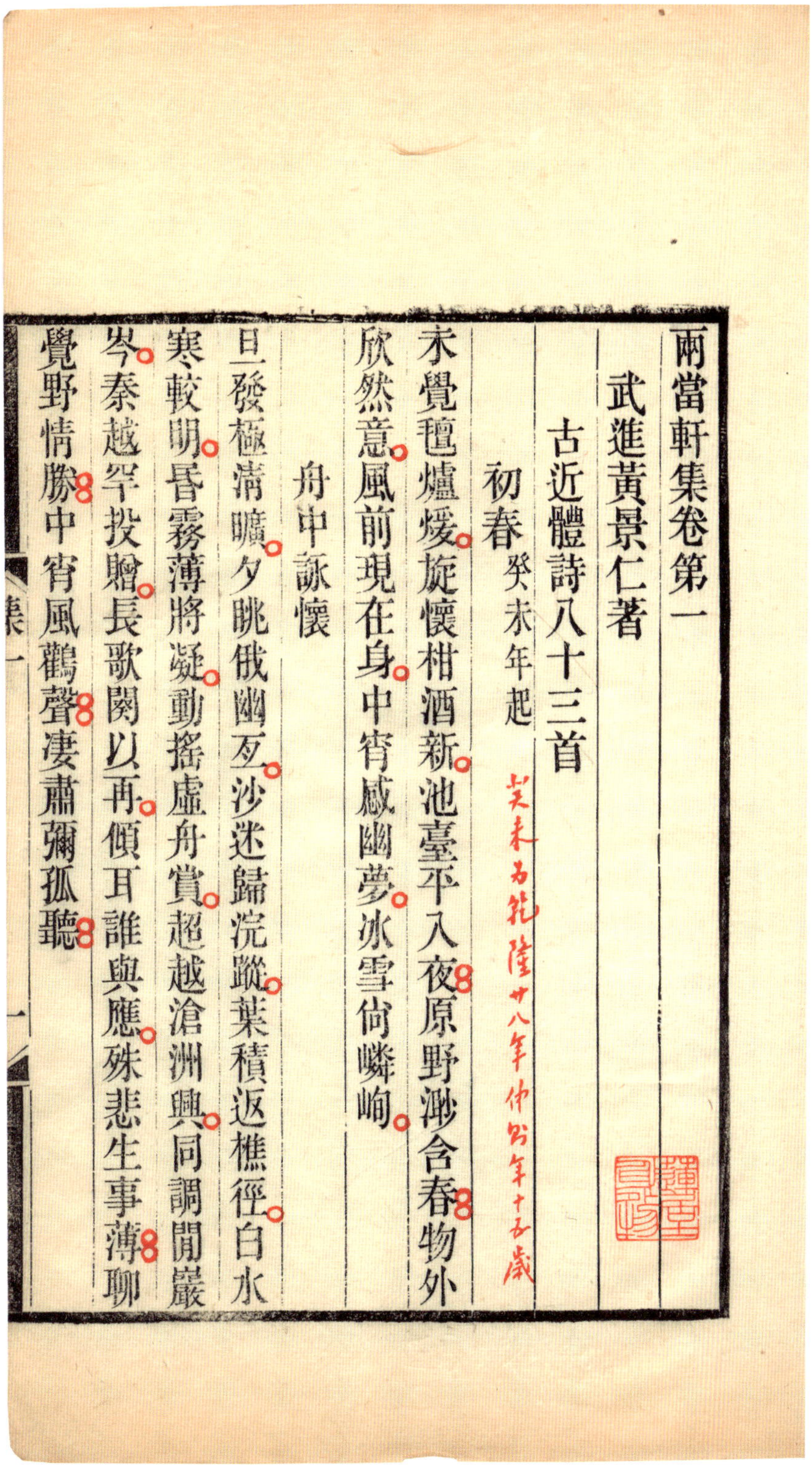
兩當軒集卷第一
武進黃景仁著
古近體詩八十三首
初春 癸未年起
癸未爲乾隆廿八年仲則年十五歲
未覺氊爐煖旋懷柑酒新池臺平入夜原野渺含春物外
欣然意風前現在身中宵感幽夢冰雪尙嶙峋
舟中詠懷
旦發極淸曠夕眺俄幽互沙迷歸浣蹤葉積返樵徑白水
寒較明昏霧薄將凝動搖虛舟賞超越滄洲興同調聞巖
岑秦越罕投贈長歌闋以再傾耳誰與應殊悲生事薄聊
覺野情勝中宵風鶴聲淒肅彌孤聽

兩當軒集二十卷考異二卷附録六卷　（清）黄景仁撰　清咸豐八年（1858）刻本

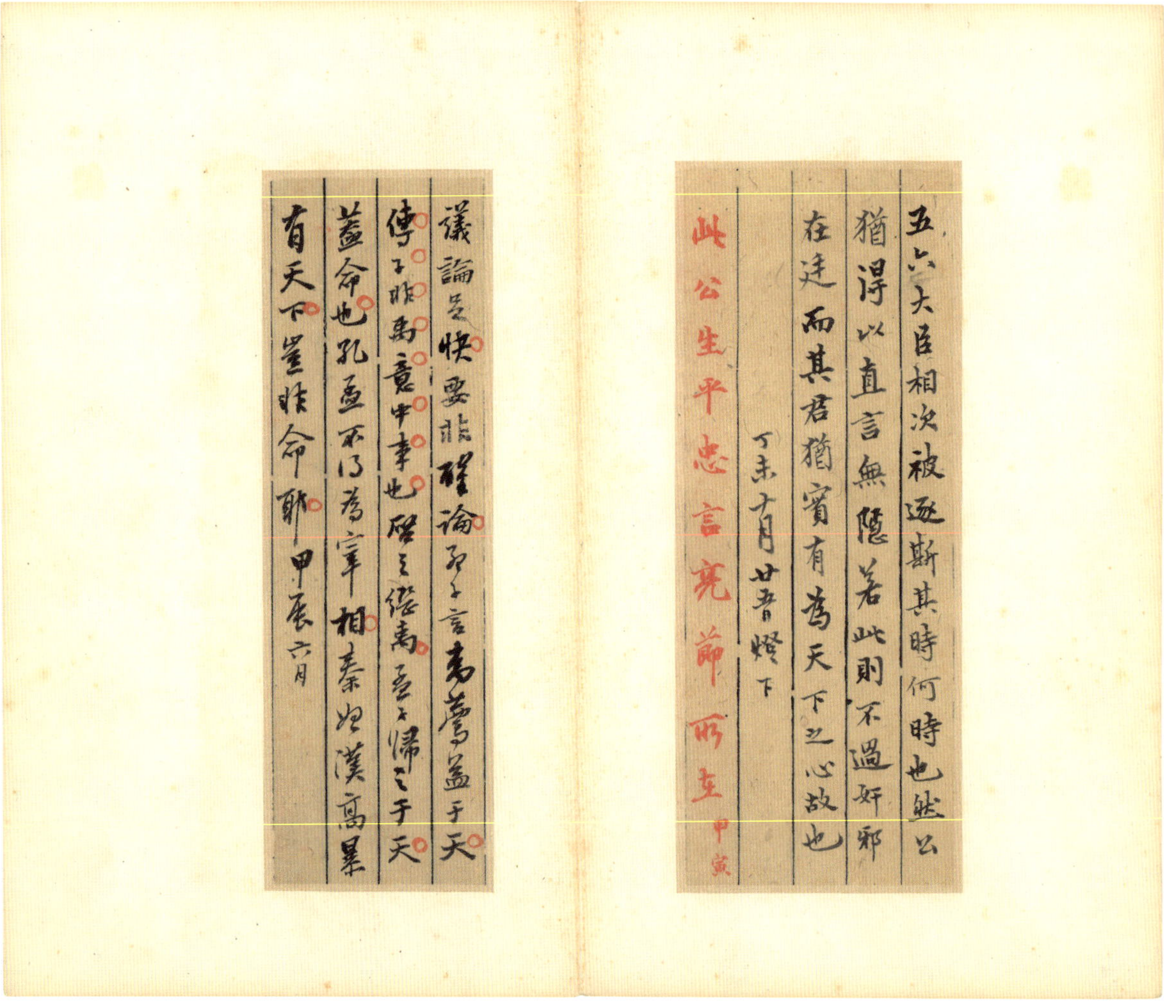

王芑孫日記殘稿不分卷 （清）王芑孫撰　清乾隆四十九年至五十九年（1784–1794）寫本

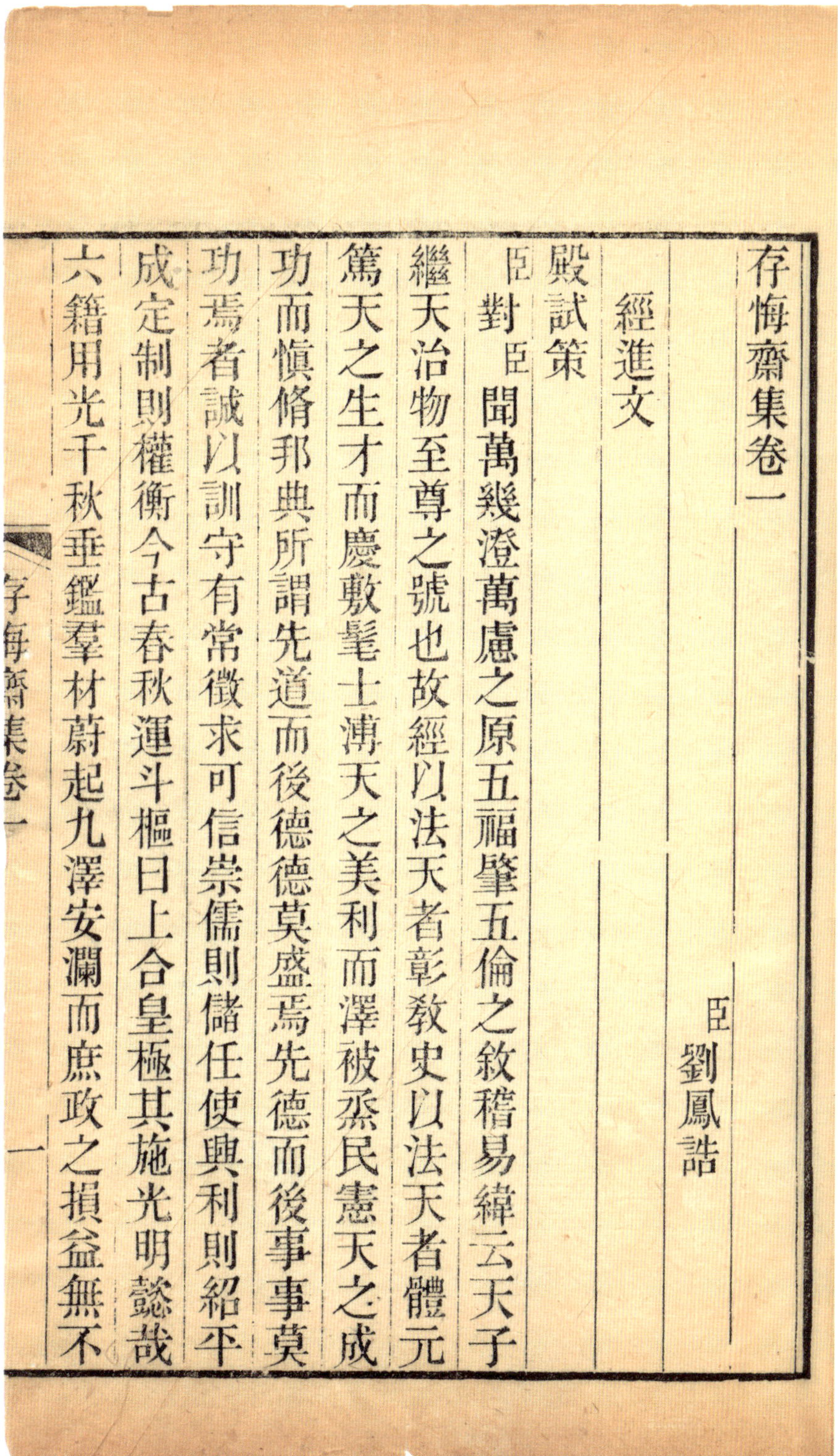

存悔齋集二十八卷外集四卷　（清）劉鳳誥撰　清道光十年（1830）刻本

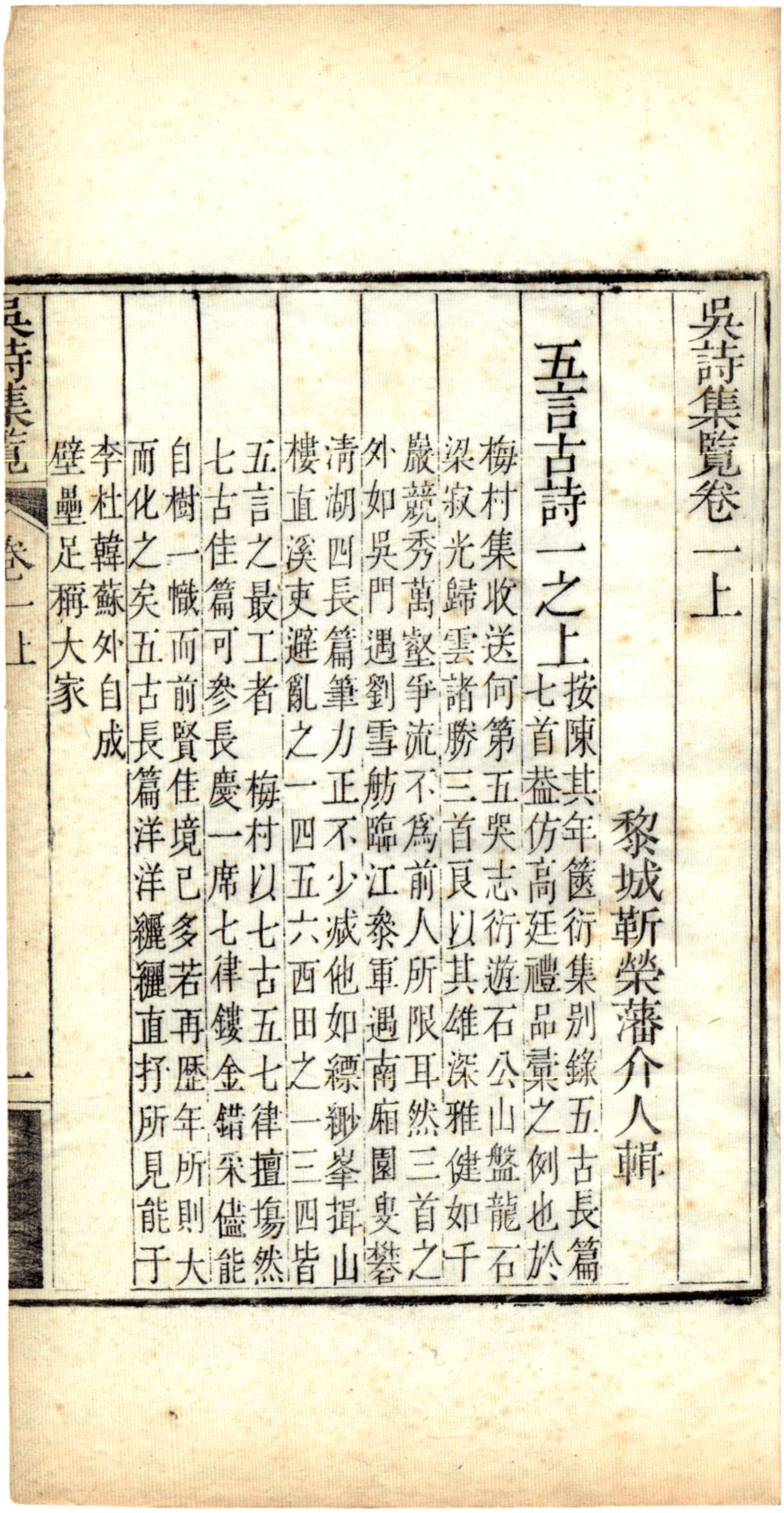
吳詩集覽卷一上
黎城靳榮藩介人輯
五言古詩一之上 按陳其年篋衍集别錄五古長篇七首蓋仿高廷禮品彙之例也於梅村集收送何第五奕志衍遊石公山盤龍石梁寂光歸雲諸勝三首良以其雄深雅健如千巖競秀萬壑爭流不爲前人所限耳然三首之外如吳門遇劉雪舫臨江參軍遇南廂園叟贄清湖四長篇筆力正不少減他如縹緲峯揖山樓直溪吏避亂之一四五六西田之一三四皆五言之最工者 梅村以七古五七律擅場然七古佳篇可參長慶一席七律鏤金錯采儘能自樹一幟而前賢佳境已多若再歷年所則大而化之矣五古長篇洋洋纚纚直抒所見能于李杜韓蘇外自成壁壘足稱大家
吳詩集覽 卷一上 一

吳詩集覽二十卷序目一卷 （清）吴偉業撰 清乾隆四十年（1775）黎城靳氏凌雲亭刻道光七年（1827）胡伯齡印本

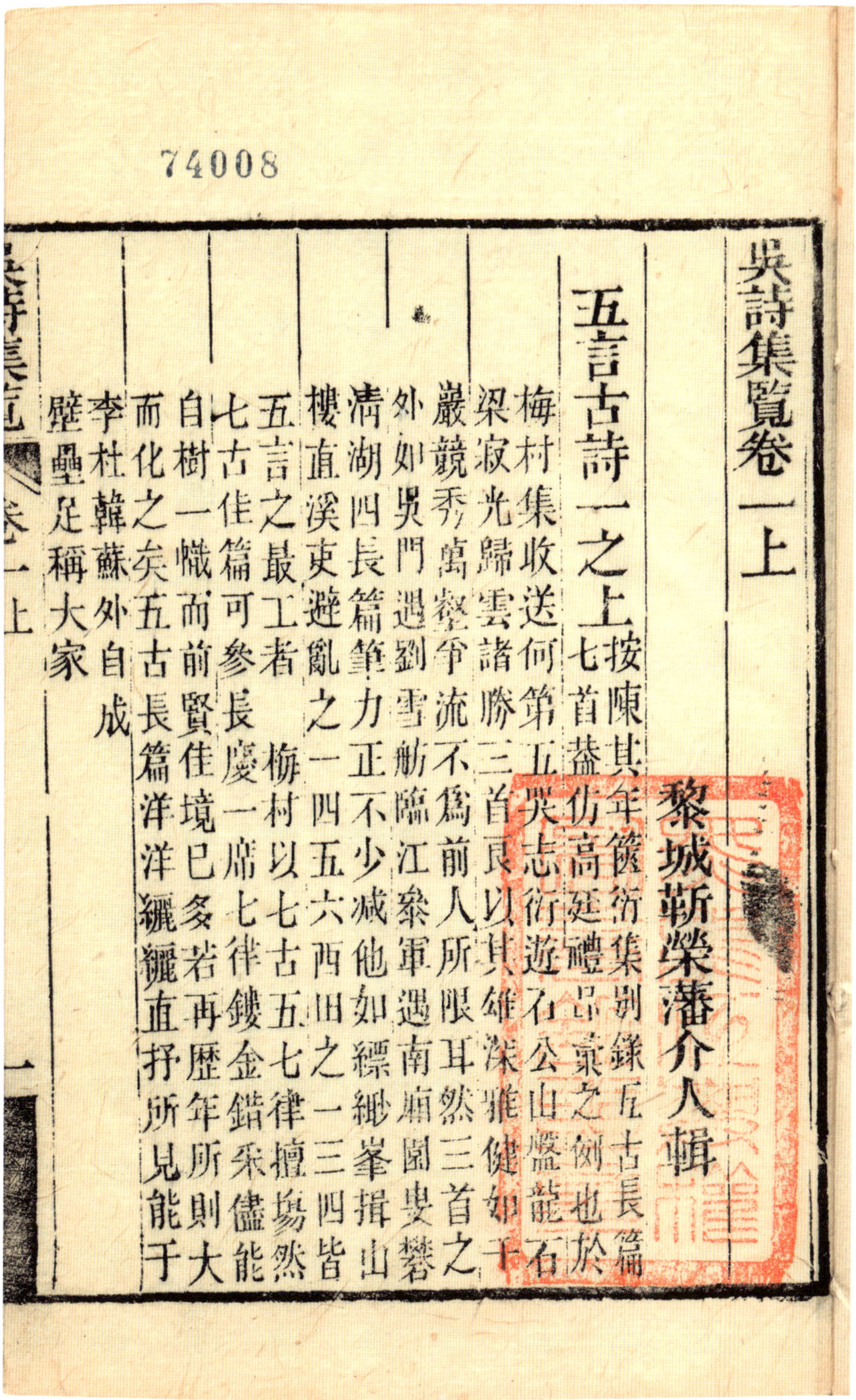

吳詩集覽二十卷　（清）吴偉業撰　（清）顧眉撰　（清）許旭原編　（清）靳榮藩集覽　清乾隆四十年（1775）凌雲亭刻本

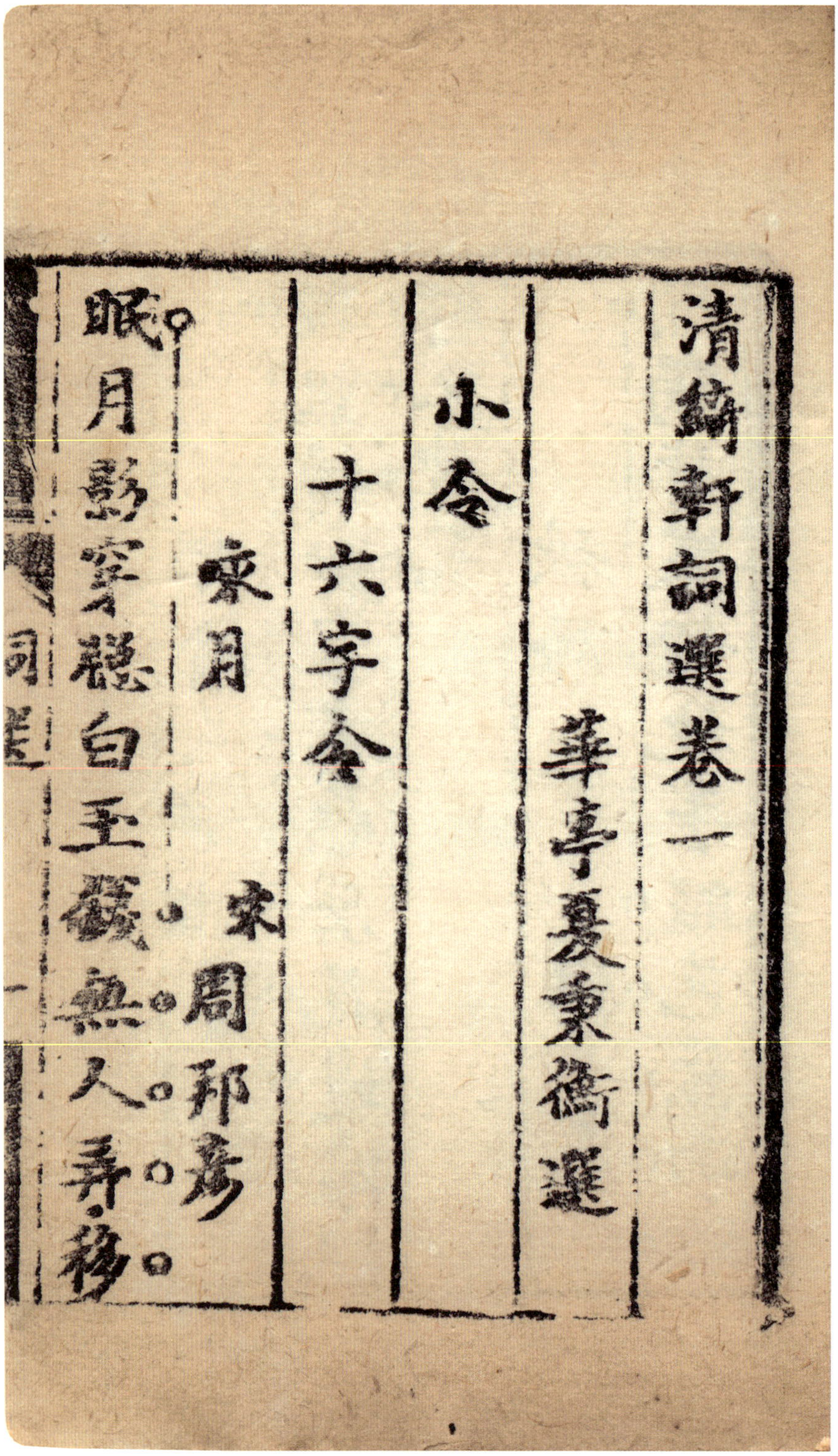

清綺軒詞選十三卷　（清）夏秉衡輯　清乾隆十六年（1751）桐石山房袖珍刻本

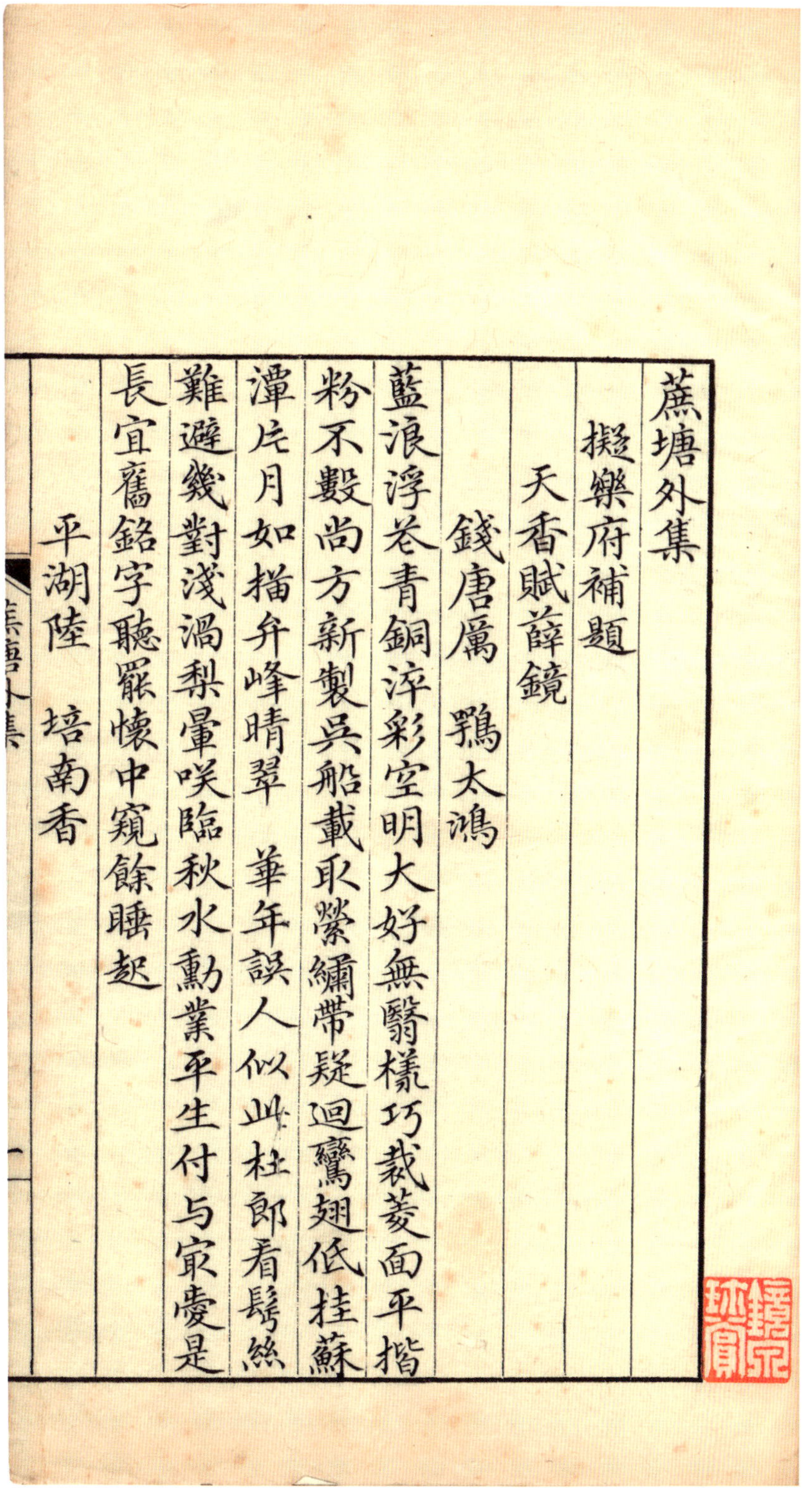
蕉塘外集

擬樂府補題

天香賦蘚鏡

錢唐厲　鶚太鴻

藍浪浮苍青銅淬彩空明大好無翳樣巧裁菱面平揩粉不數尚方新製吳船載取縈繡帶疑迴鸞翅低挂蘇潭片月如描弁峰晴翠　華年誤人似此杜郎看鬢絲難避幾對淺渦梨暈咲臨秋水勳業平生付与宸奩是長宜舊銘字聽罷懷中窺餘睡起

平湖陸　培南香

蕉塘外集一卷　（清）查為仁編　清乾隆十三年（1748）宛平查氏刻本

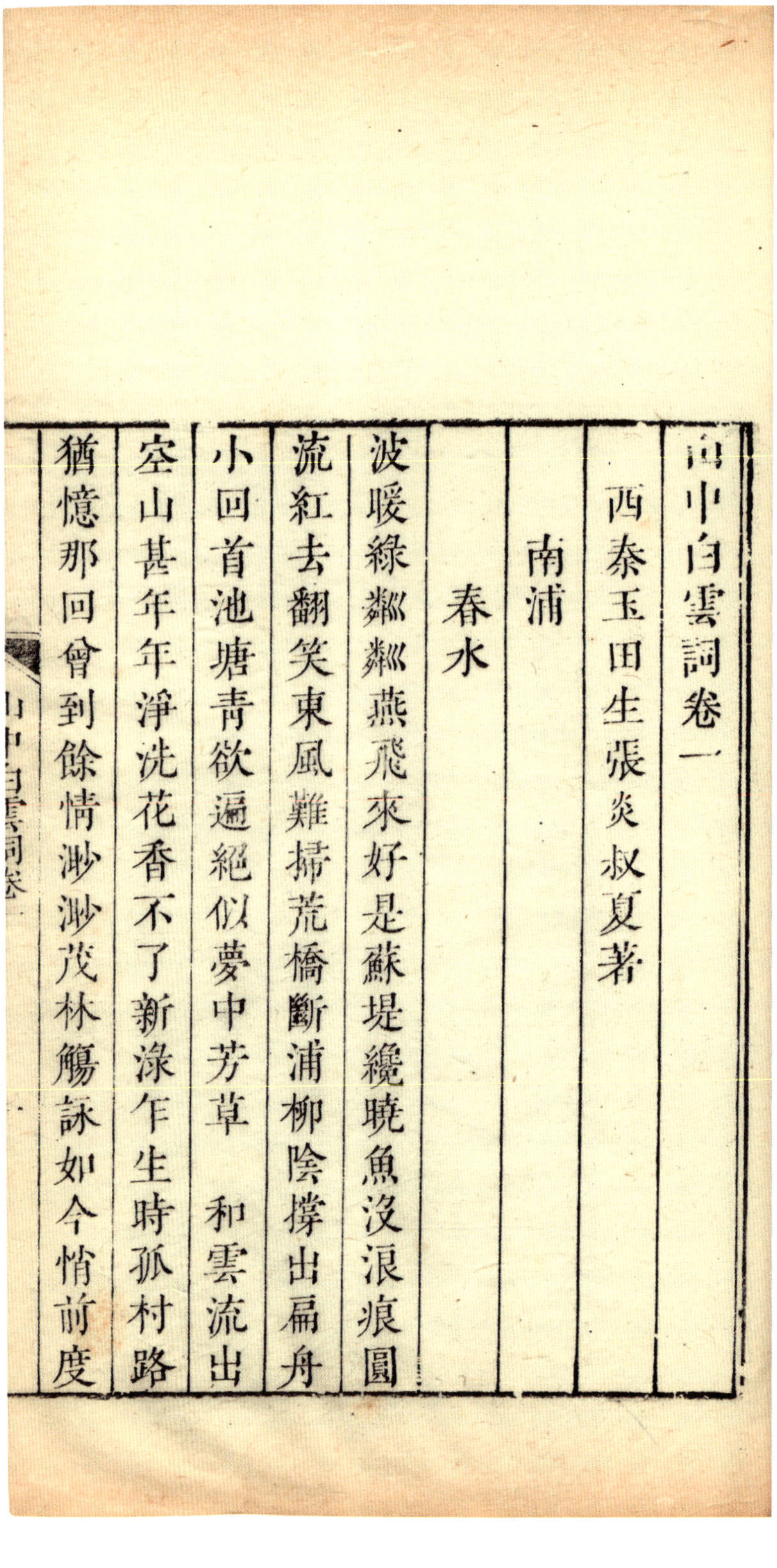

山中白雲詞卷一

西秦玉田生張炎叔夏著

南浦

春水

波暖綠粼粼燕飛來好是蘇堤纔曉魚沒浪痕圓流紅去翻笑東風難掃荒橋斷浦柳陰撑出扁舟小回首池塘青欲遍絕似夢中芳草　和雲流出空山甚年年淨洗花香不了新淥乍生時孤村路猶憶那回曾到餘情渺渺茂林觴詠如今悄前度

山中白雲詞卷一

山中白雲詞八卷附録一卷　（宋）張炎著　清雍正四年（1726）刻本

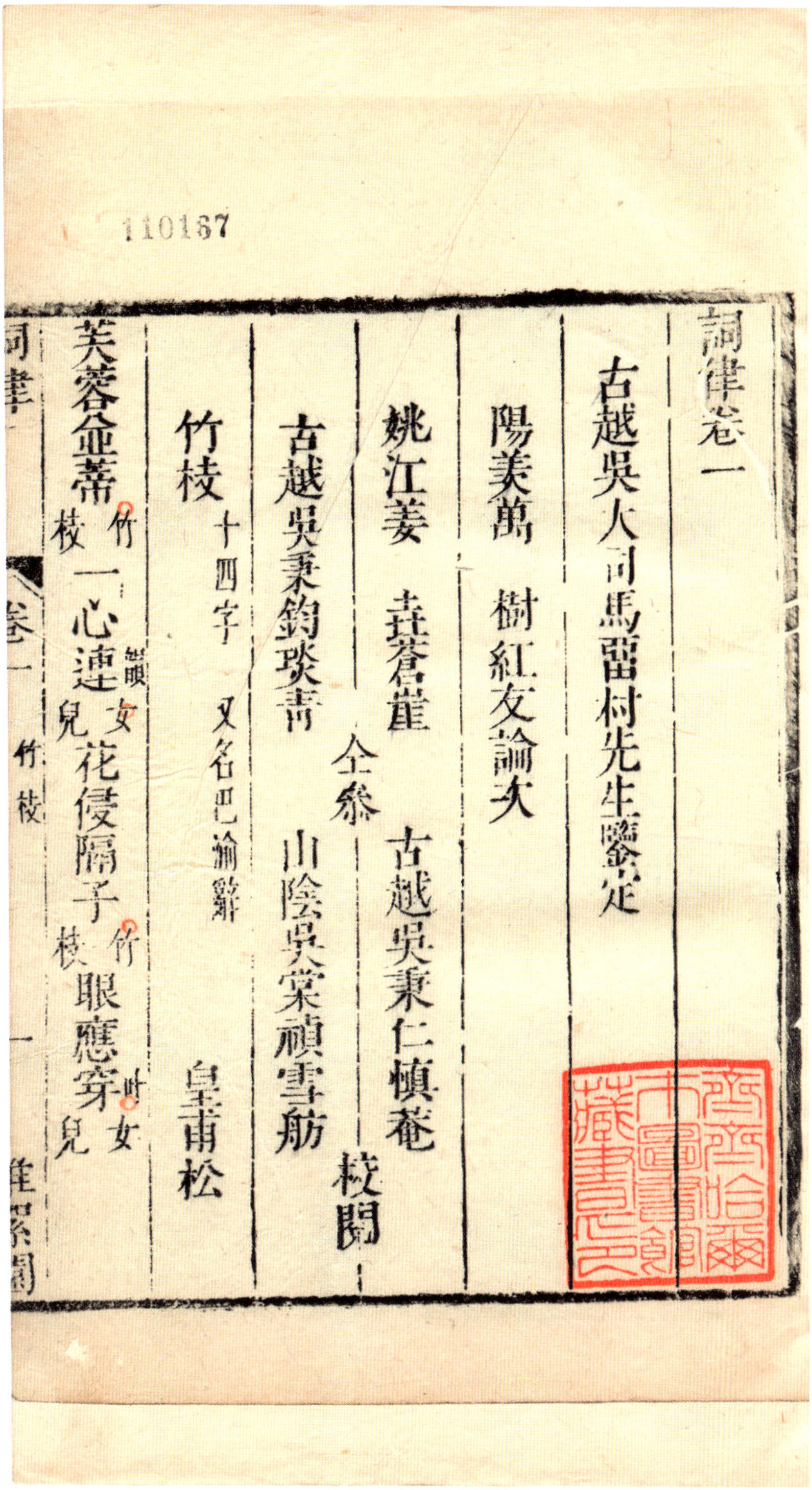

詞律二十卷　（清）萬樹撰　清康熙二十六年（1687）萬氏堆絮園刻本

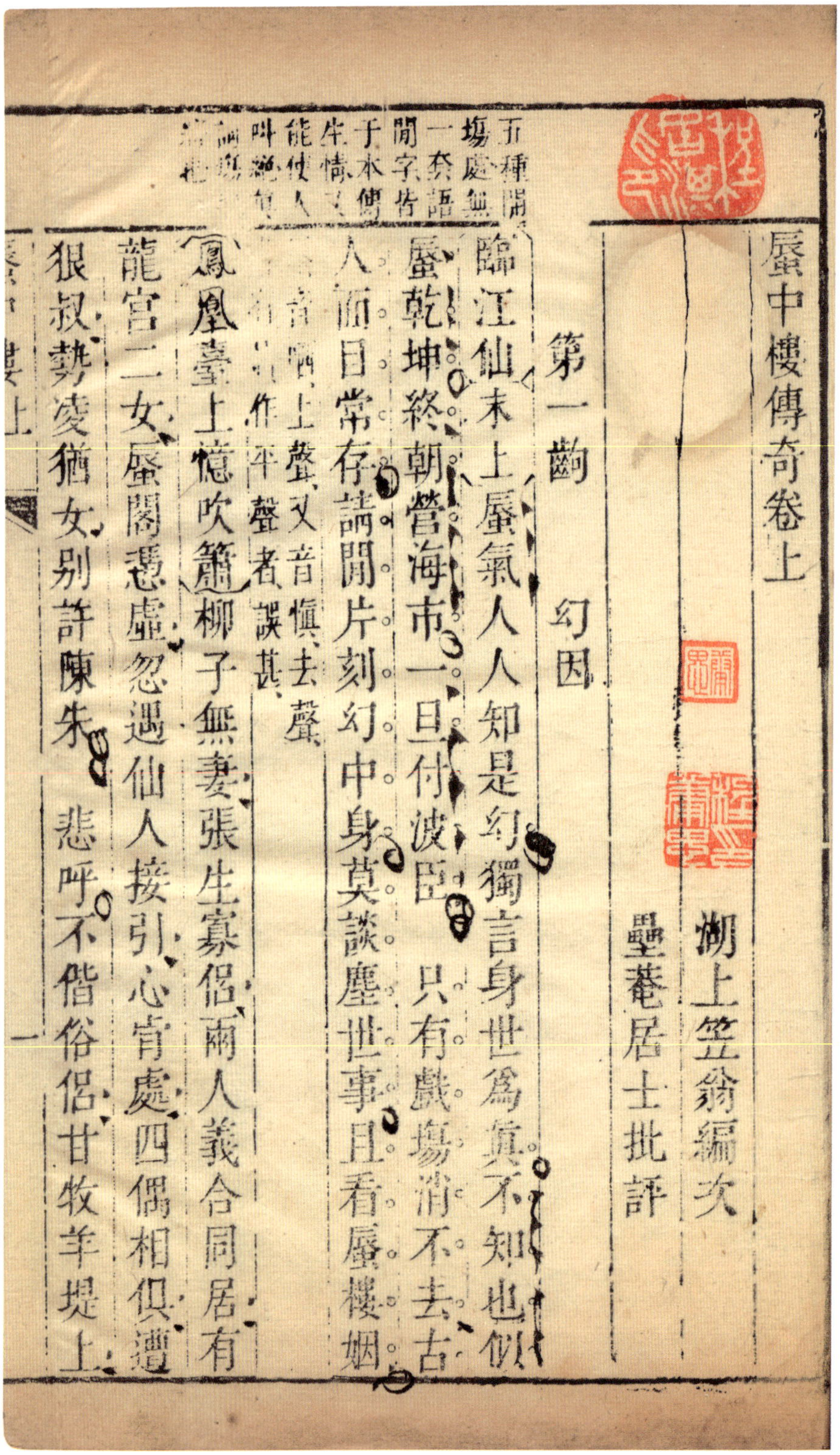

蜃中樓傳奇卷上

湖上笠翁編次

壘菴居士批評

第一齣　幻因

臨江仙末上蜃氣人人知是幻獨言身世爲眞不知也似蜃乾坤終朝營海市一旦付波臣　只有戲場消不去古人面目常存請開片刻幻中身莫談塵世事且看蜃樓姻

音慎上聲又音慎去聲有作平聲者誤甚

鳳凰臺上憶吹簫柳子無妻張生寡侶兩人義合同居有龍宮二女蜃閣憑虛忽遇仙人接引心肯處四偶相俱遭狠叔勢凌猶女别許陳朱　悲呼不偕俗侶甘牧羊堤上

蜃中樓傳奇二卷　（清）李漁編　（清）壘菴居士批　清刻笠翁十種曲本

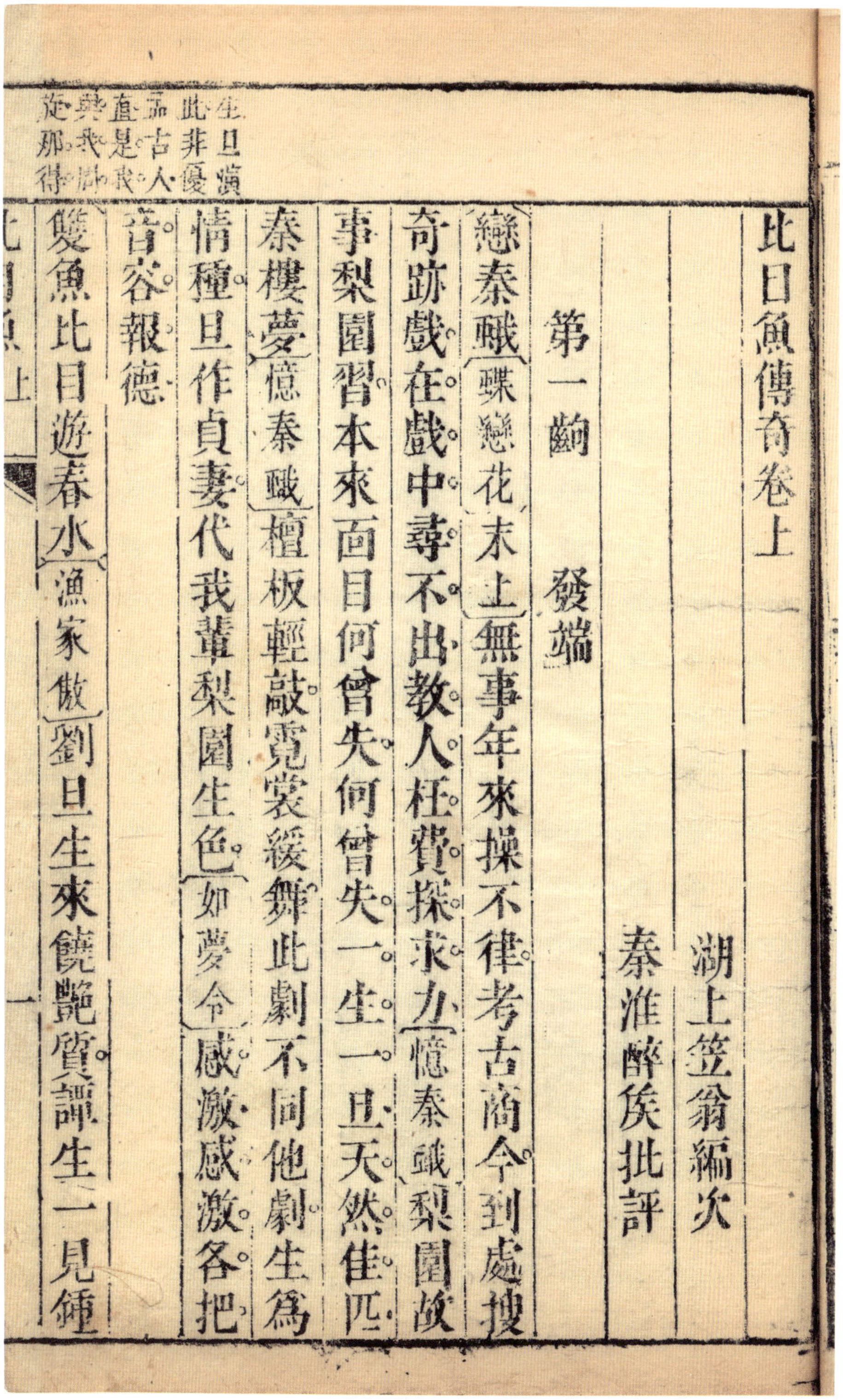
生旦演此非優孟古人直是我與我周旋那得

比目魚傳奇卷上

湖上笠翁編次

秦淮醉侯批評

第一齣　發端

【戀秦娥】（蝶戀花）末上無事年來操不律。考古商今。到處搜奇跡。戲在戲中尋。不出教人枉費探求力。（憶秦娥）梨園故事梨園習。本來面目何曾失。何曾失。一生一旦。天然佳匹。

【秦樓夢】（憶秦娥）檀板輕敲。霓裳緩舞。此劇不同他劇。生爲情種。旦作貞妻。代我輩梨園生色。（如夢令）感激感激。各把音容報德。

雙魚比目遊春水【漁家傲】劉旦生來饒艷質。譚生一見鍾

比目魚傳奇二卷　（清）李漁編　清刻笠翁十種曲本

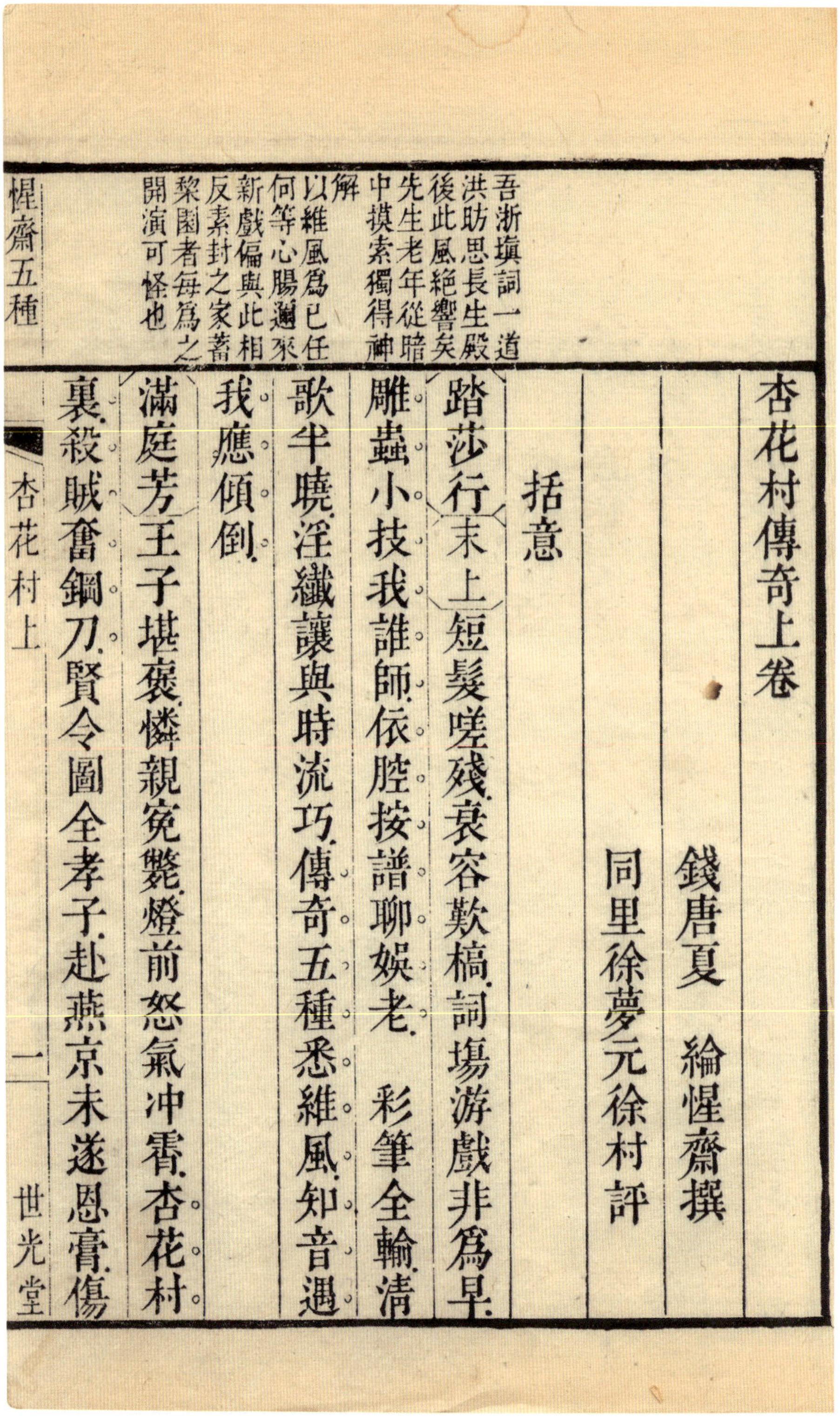

吾浙塡詞一道洪昉思長生殿後此風絶響矣先生老年從暗中摸索獨得神解以維風爲已任何等心腸邇來新戲偏與此相反素封之家蓄黎園者每爲之開演可怪也

杏花村傳奇上卷

錢唐夏　綸惺齋撰

同里徐夢元徐村評

括意

踏莎行（末上）短髮嗟殘衰容歎槁詞塲游戲非爲早雕蟲小技我誰師依腔按譜聊娛老　彩筆全輸清歌半曉淫纖讓與時流巧傳奇五種悉維風知音遇我應傾倒

滿庭芳　王子堪褒憐親寃斃燈前怒氣冲霄杏花村裏殺賊奮鋼刀賢令圖全孝子赴燕京未遂恩膏傷

惺齋五種　杏花村上　一　世光堂

杏花村傳奇二卷三十二齣　（清）夏綸撰　（清）徐夢元評

清乾隆十四年（1749）世光堂刻本

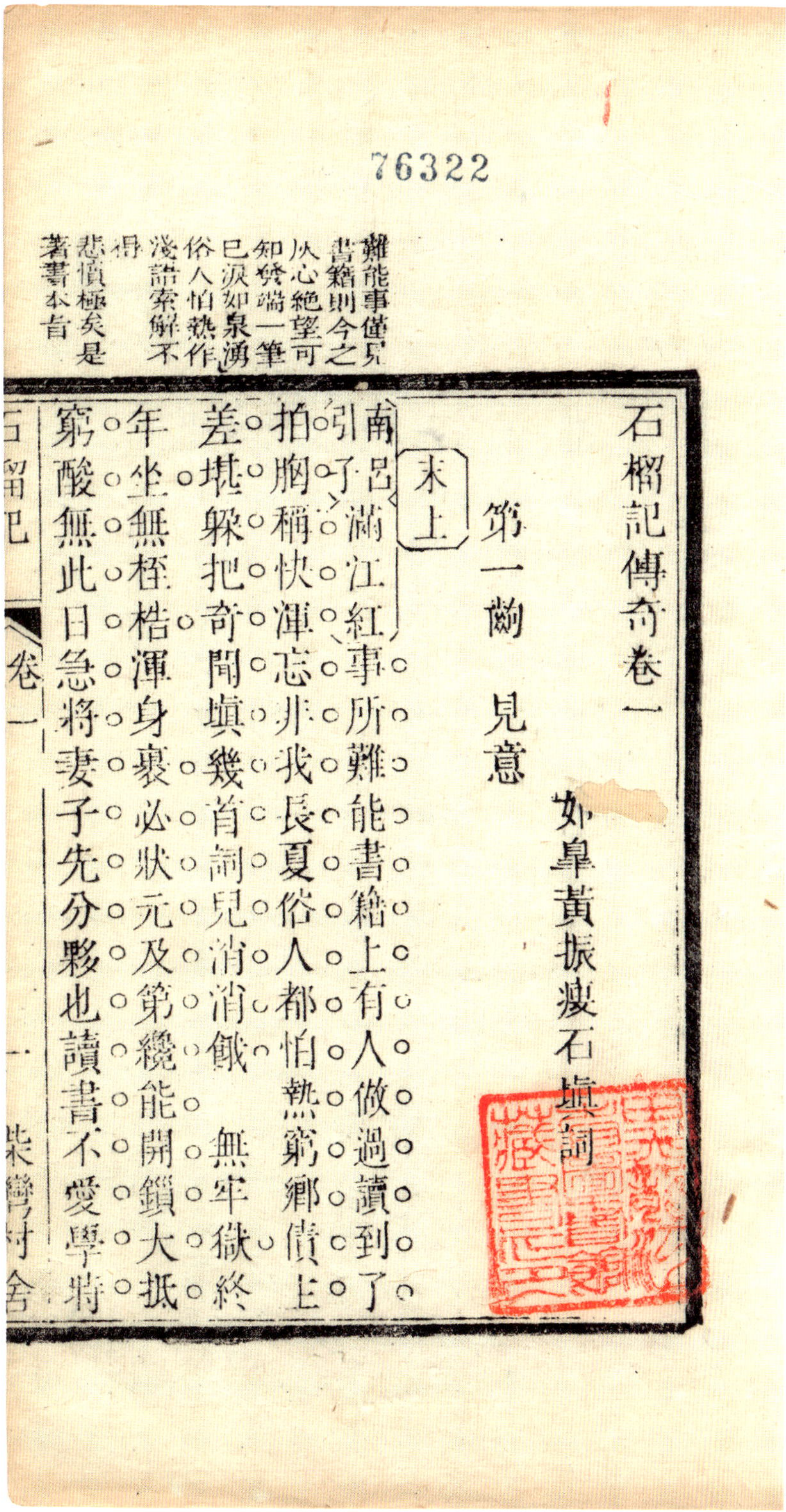

石榴記传奇四卷三十二齣　（清）黄振填詞　清乾隆三十七年（1772）柴灣村舍刻本

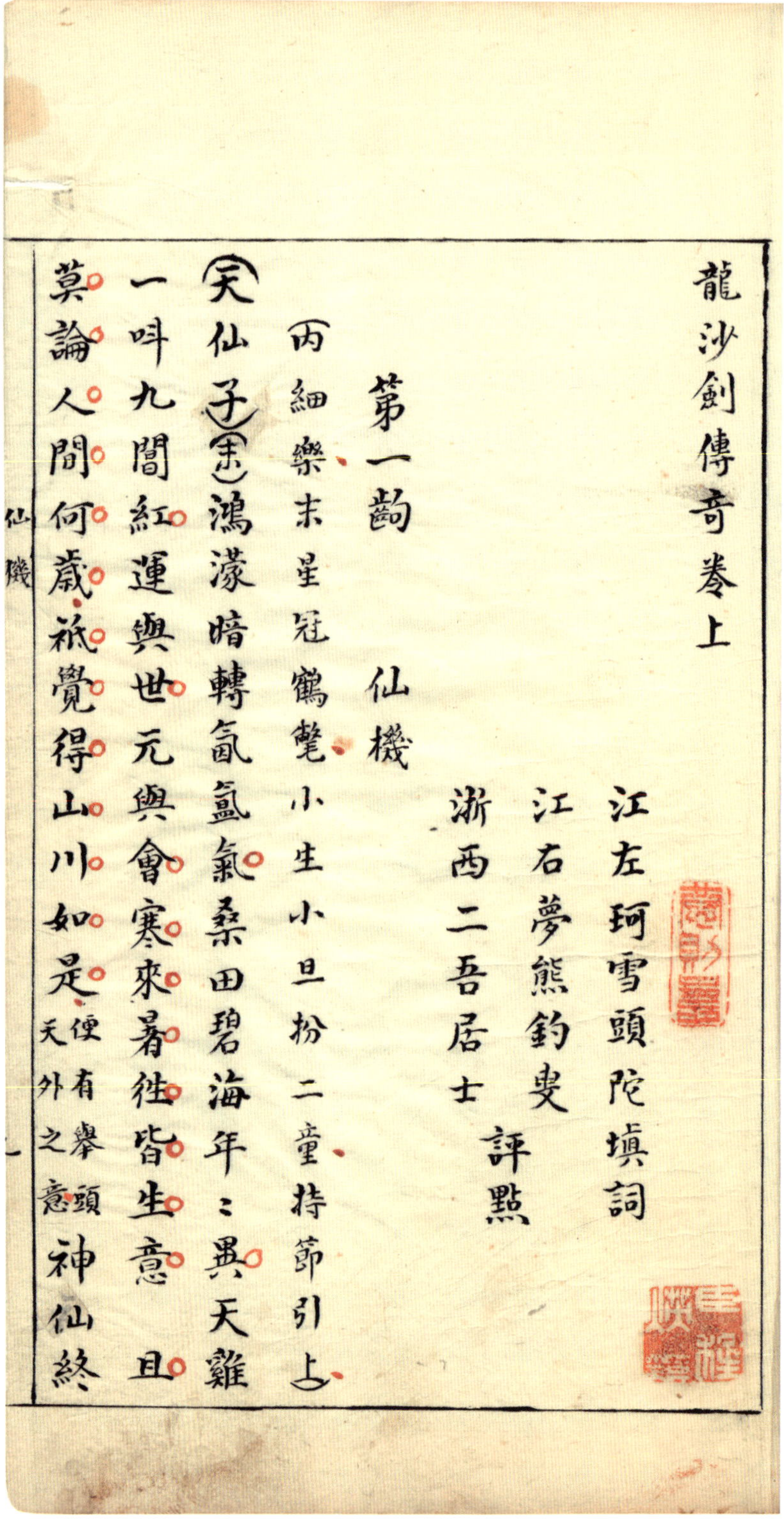

龍沙劍傳奇卷上
江左珂雪頭陀填詞
江右夢熊釣叟
浙西二吾居士 評點
第一齣 仙機
丙細樂末星冠鶴氅小生小旦扮二童持節引上
【天仙子】（末）鴻濛暗轉氤氳氣桑田碧海年年異天雞
一吽九閶紅運與世元與會寒來暑往皆生意且
莫論人間何歲祇覺得山川如是便有舉頭天外之意神仙終
仙機 一

龍沙劍傳奇二卷 （清）程煐填詞 （清）夢熊釣叟 （清）二吾居士評點 清嘉慶七年（1802）抄本

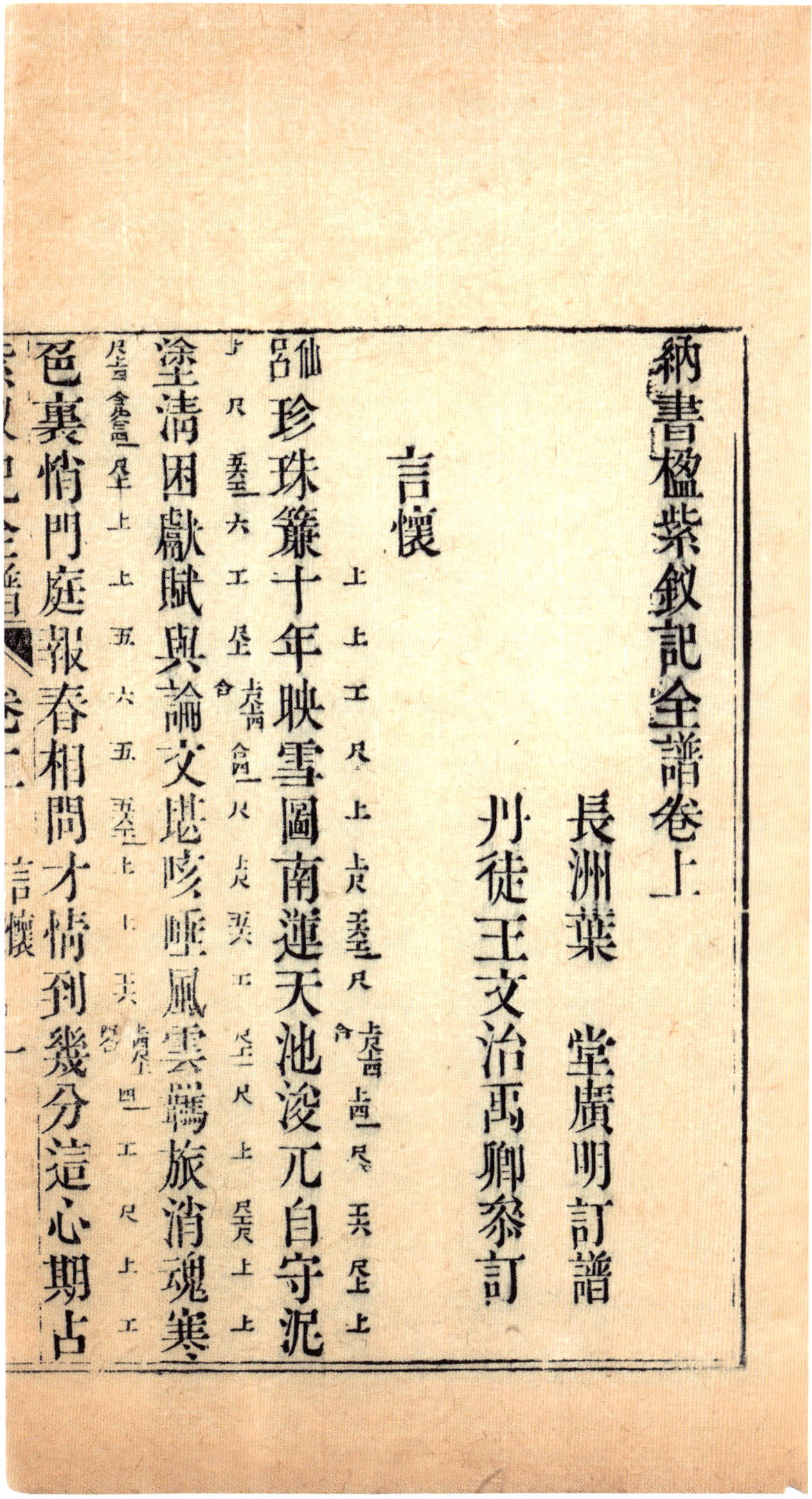
納書楹紫釵記全譜卷上
長洲葉　堂廣明訂譜
門徒王文治禹卿參訂
言懷
仙呂 珍珠簾 十年映雪圖南運天池浚兀自守泥塗清困獻賦與論文堪咳唾風雲羈旅消魂寒色裏悄門庭報春相問才情到幾分這心期占
紫釵記全譜　卷上　言懷　一

納書楹紫釵記全譜二卷　（清）葉堂訂譜　（清）王文治參訂　清乾隆五十七年（1792）納書楹刻本

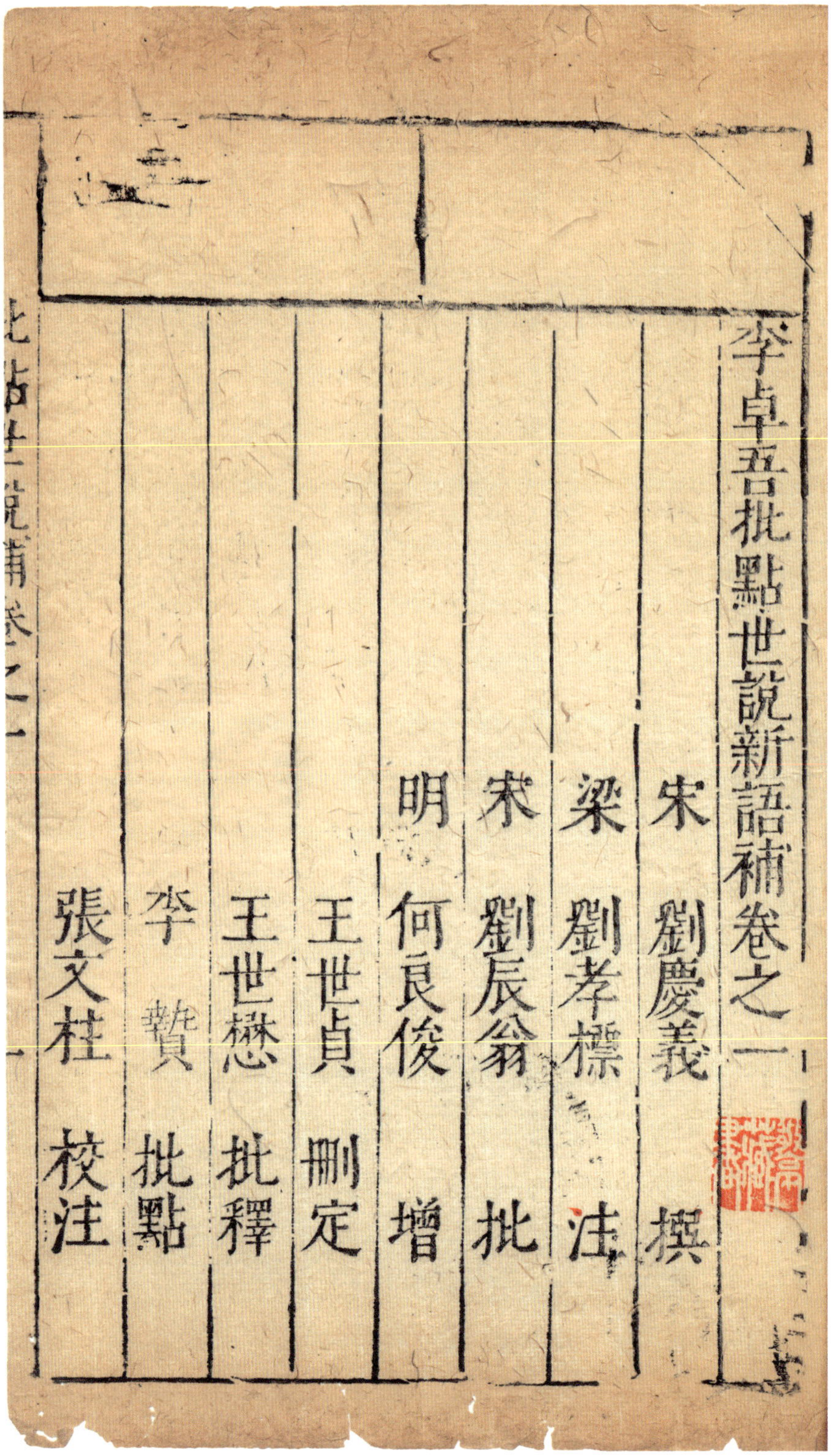
李卓吾批點世說新語補卷之一
宋　劉慶義　撰
梁　劉孝標　注
宋　劉辰翁　批
明　何良俊　增
王世貞　刪定
王世懋　批釋
李　贄　批點
張文柱　校注

李卓吾批點世說新語補二十卷　（南朝宋）劉義慶撰　（南朝梁）劉孝標注　（明）王世貞刪定　明書林余圮孺刻本

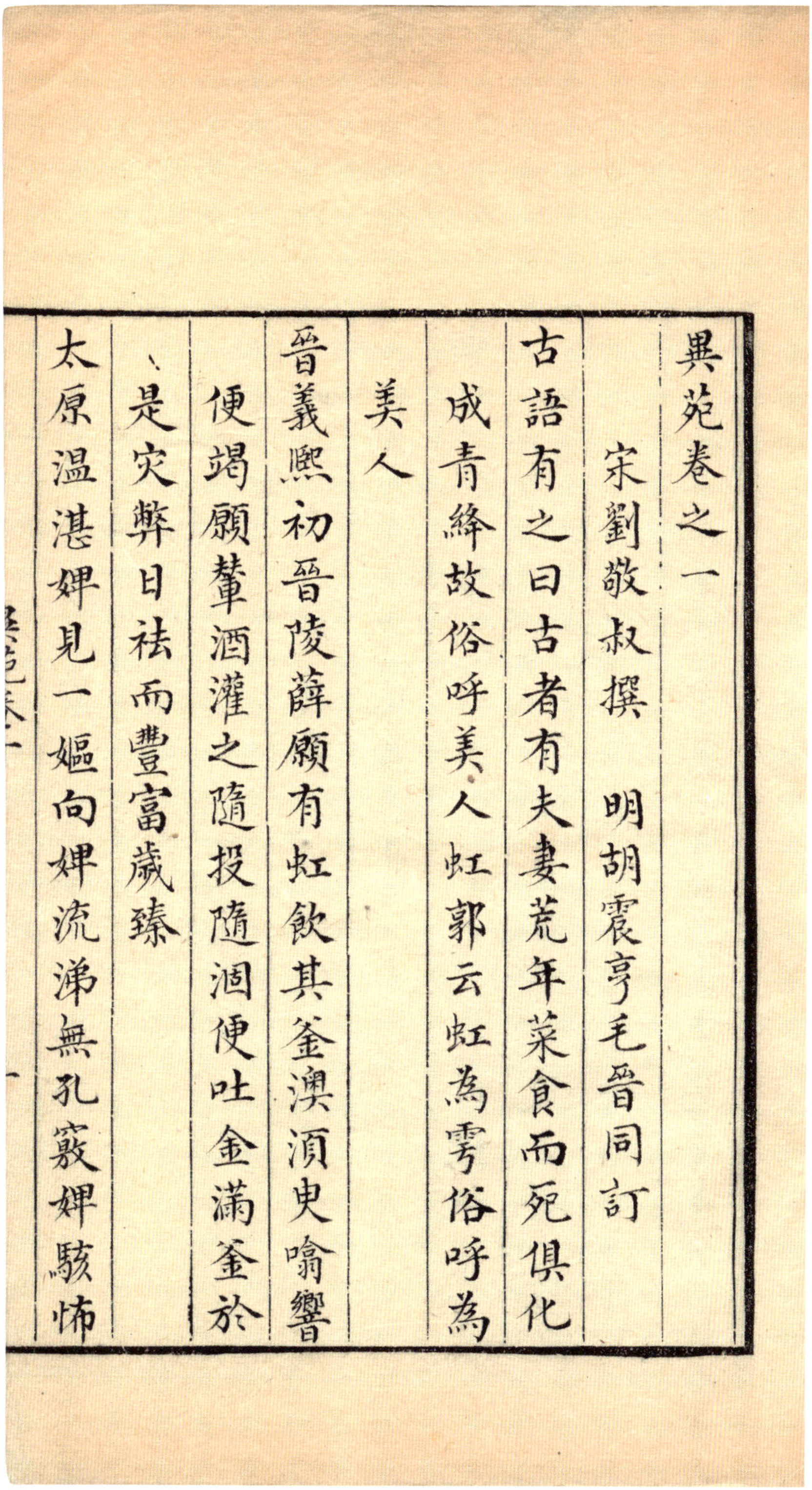

異苑卷之一

宋劉敬叔撰　明胡震亨毛晉同訂

古語有之曰古者有夫妻荒年菜食而死俱化成青絳故俗呼美人虹郭云虹為雩俗呼為美人

晉義熙初晉陵薛願有虹飲其釜澳須臾噏響便竭願輦酒灌之隨投隨涸便吐金滿釜於是灾弊日祛而豐富歲臻

太原温湛婢見一嫗向婢流涕無孔竅婢駭怖

異苑卷一　一

異苑十卷　（南朝宋）劉敬叔撰　（明）胡震亨　（明）毛晉訂　清黑格抄本

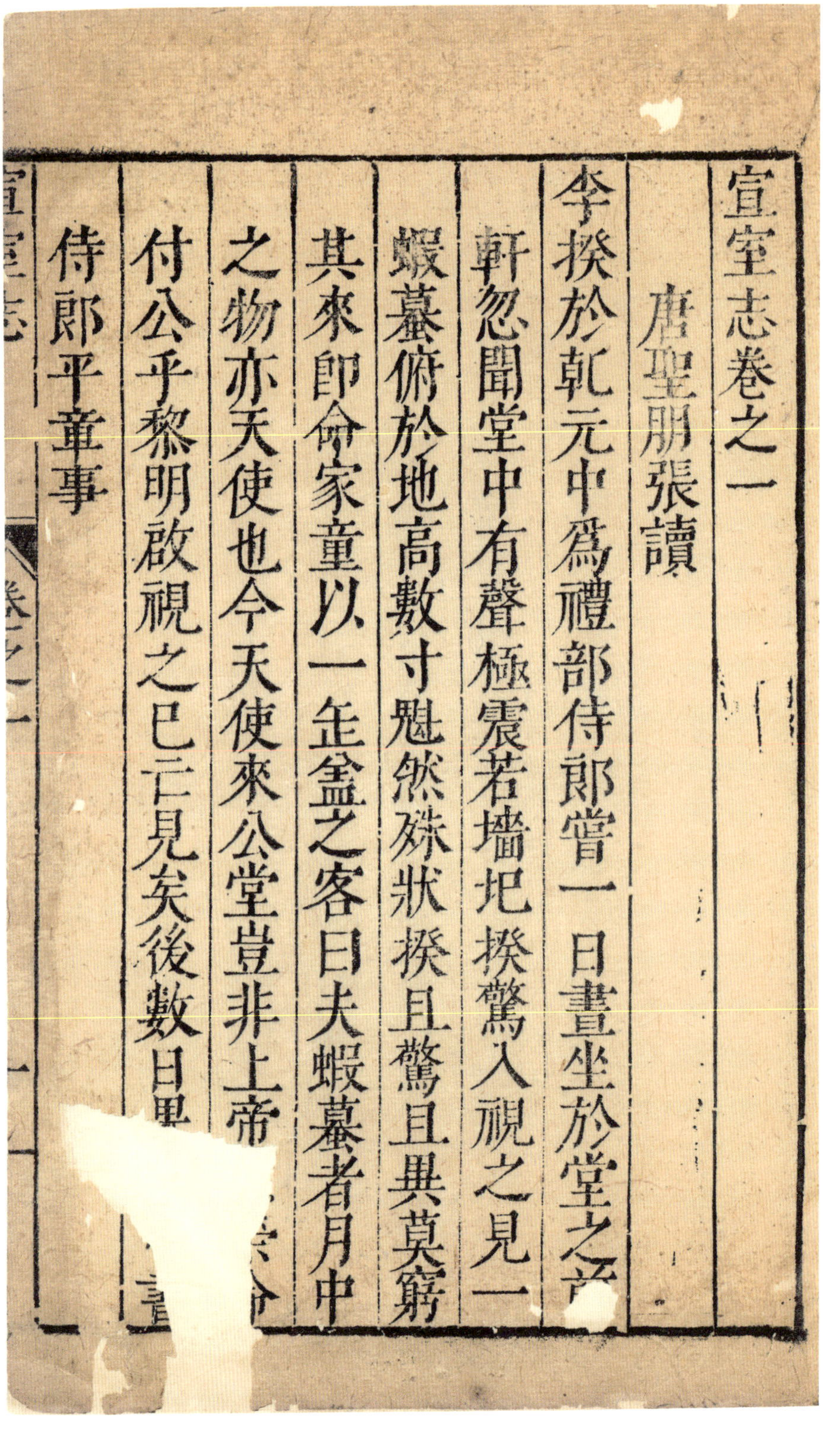
宣室志卷之一
唐　聖朋　張讀
李揆於乾元中爲禮部侍郎嘗一日晝坐於堂之前
軒忽聞堂中有聲極震若墻圮揆驚入視之見一
蝦蟇俯於地高數寸魁然殊狀揆且驚且異莫窮
其來即命家童以一缶盆之客曰夫蝦蟇者月中
之物亦天使也今天使來公堂豈非上帝
付公乎黎明啟視之已亡見矣後數日
侍郎平章事
宣室志　卷之一　一

宣室志十卷補遺一卷　（唐）張讀撰　明萬曆商濬刻稗海叢書本

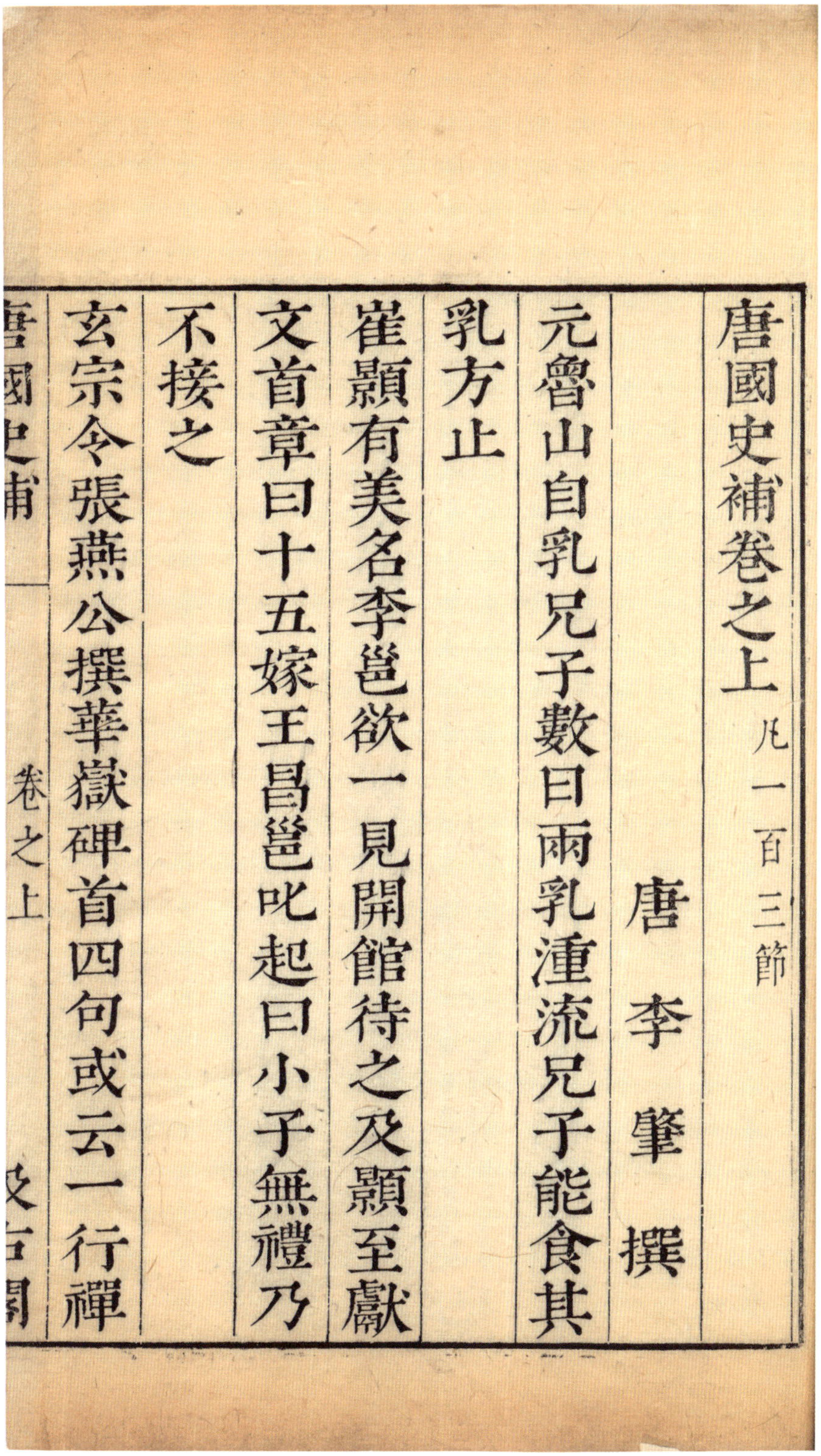

唐國史補三卷　（唐）李肇撰　明崇禎毛晋汲古閣刻津逮秘書本

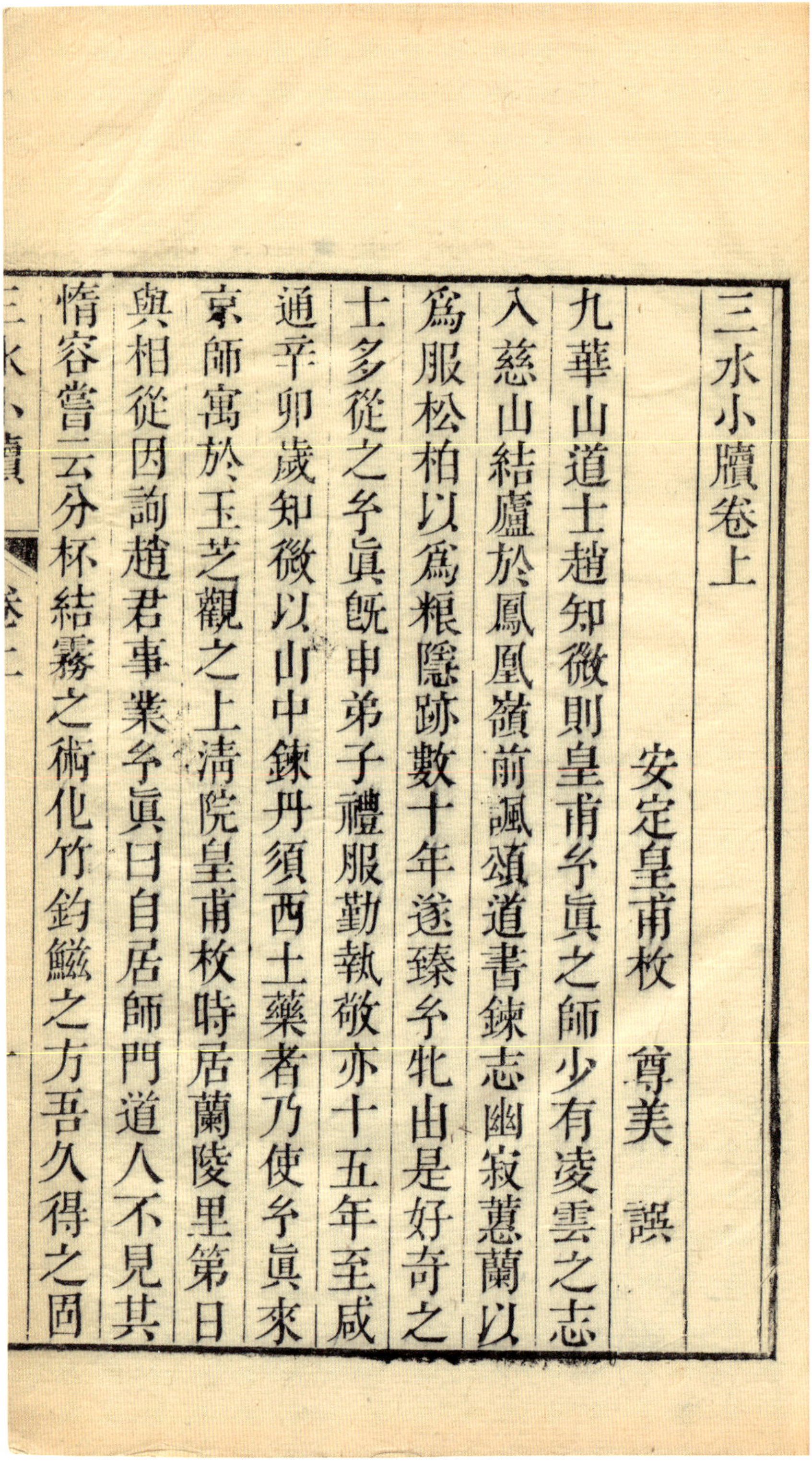

三水小牘卷上

安定皇甫枚　尊美　譔

九華山道士趙知微則皇甫玄眞之師少有凌雲之志入慈山結廬於鳳凰嶺前諷誦道書鍊志幽寂蕙蘭以爲服松柏以爲粮隱跡數十年遂臻玄牝由是好奇之士多從之玄眞旣申弟子禮服勤執敬亦十五年至咸通辛卯歲知微以山中鍊丹須西土藥者乃使玄眞來京師寓於玉芝觀之上清院皇甫枚時居蘭陵里第日與相從因詢趙君事業玄眞曰自居師門道人不見其惰容嘗云分杯結霧之術化竹釣鯔之方吾久得之固

三水小牘　卷上

三水小牘二卷　（唐）皇甫枚撰　清乾隆五十七年（1792）盧文弨刻抱經堂叢書本

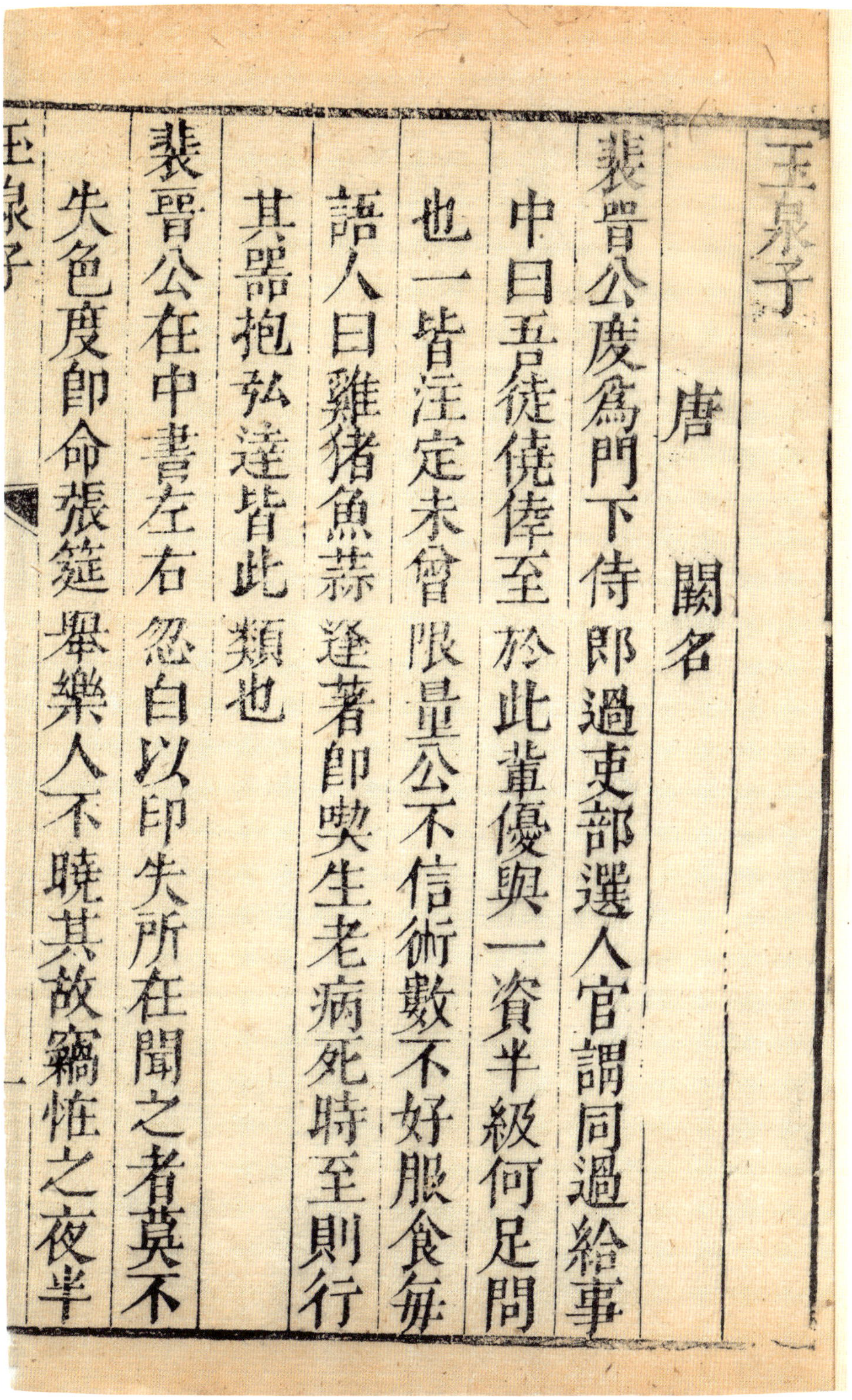

玉泉子

唐　闕名

裴晉公度爲門下侍郎過吏部選人官謂同過給事中曰吾徒僥倖至於此輩優與一資半級何足問也一皆注定未曾限量公不信術數不好服食每語人曰雞猪魚蒜逢著卽喫生老病死時至則行其器抱弘達皆此類也

裴晉公在中書左右忽白以印失所在聞之者莫不失色度卽命張筵舉樂人不曉其故竊怪之夜半

玉泉子　一

玉泉子一卷　（唐）□□撰　明萬曆商濬刻稗海叢書本

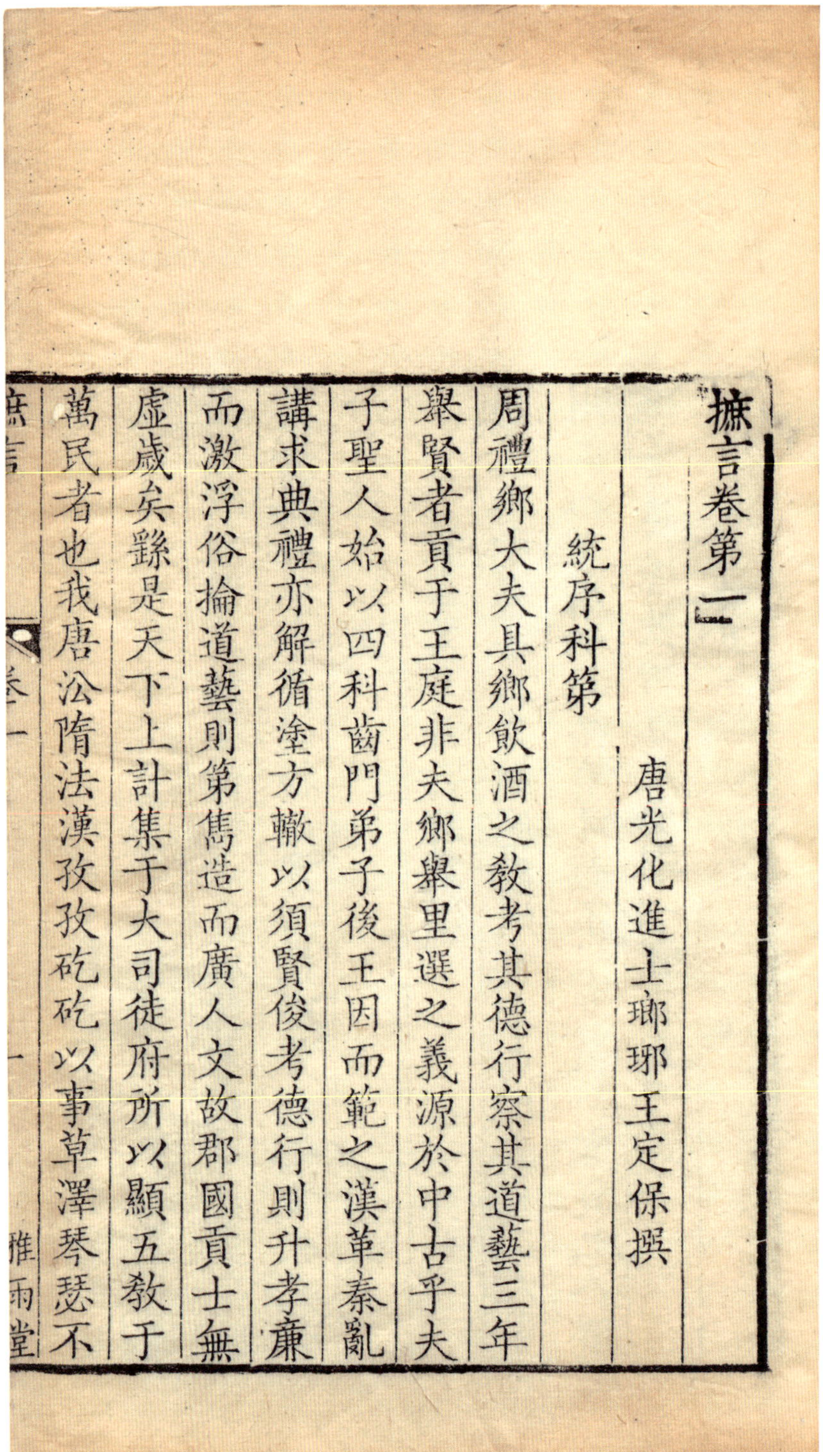

摭言卷第一

唐光化進士瑯琊王定保撰

統序科第

周禮鄉大夫具鄉飲酒之教考其德行察其道藝三年舉賢者貢于王庭非夫鄉舉里選之義源於中古乎夫子聖人始以四科齒門弟子後王因而範之漢革秦亂講求典禮亦解循塗方轍以須賢俊考德行則升孝廉而激浮俗掄道藝則第雋造而廣人文故郡國貢士無虛歲矣繇是天下上計集于大司徒府所以顯五教于萬民者也我唐沿隋法漢孜孜矻矻以事草澤琴瑟不

摭言　卷一　一　雅雨堂

摭言十五卷　（唐）王定保撰　清乾隆二十一年（1756）盧氏刻雅雨堂叢書本

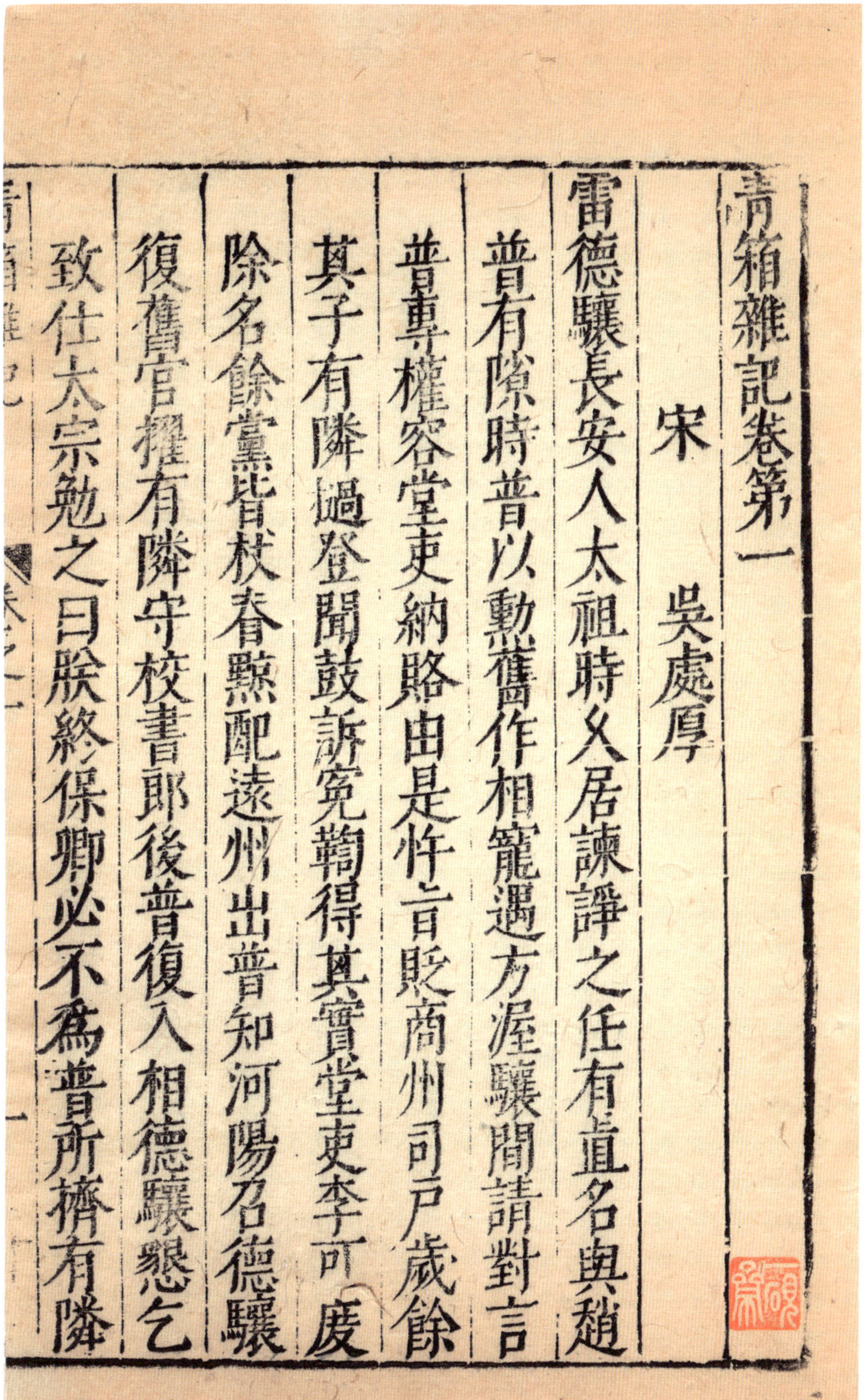
青箱雜記卷第一
宋　吳處厚
雷德驤長安人太祖時久居諫諍之任有直名與趙
普有隙時普以勳舊作相寵遇方渥驤閤請對言
普專權容堂吏納賂由是忤旨貶商州司戶歲餘
其子有鄰撾登聞鼓訴冤鞫得其實堂吏李可度
除名餘黨皆杖脊黥配遠州出普知河陽召德驤
復舊官擢有鄰守校書郎後普復入相德驤懇乞
致仕太宗勉之曰朕終保卿必不爲普所擠有鄰
青箱雜記　卷之一　一

青箱雜記十卷　（宋）吳處厚撰　明萬曆商濬刻稗海叢書本

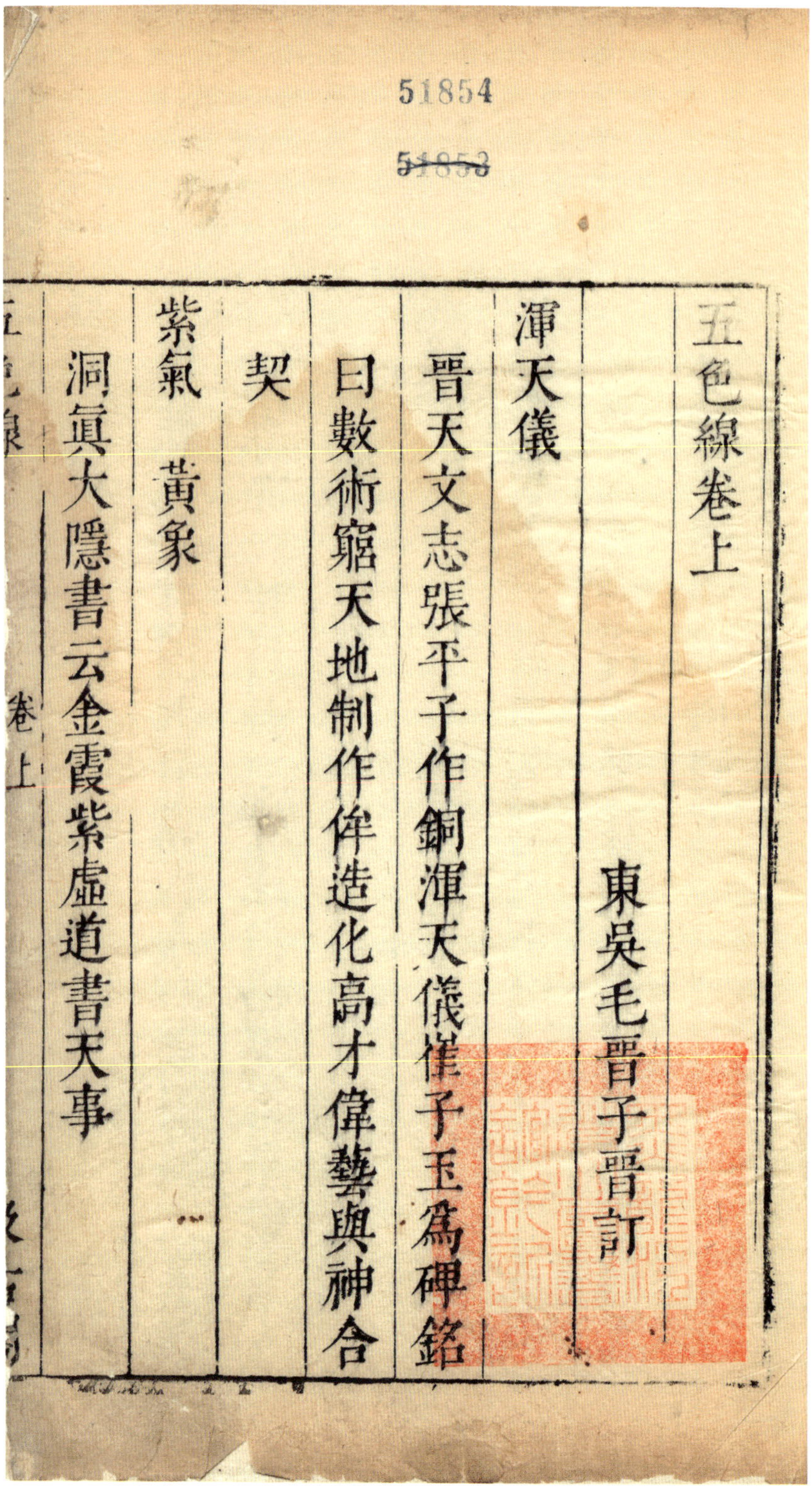
51854
51853

五色線卷上
東吳毛晉子晉訂
渾天儀
晉天文志張平子作銅渾天儀崔子玉爲碑銘
曰數術窮天地制作侔造化高才偉藝與神合
契
紫氣　黃象
洞眞大隱書云金霞紫虛道書天事

五色線　卷上

五色線二卷　（宋）□□撰　（明）毛晉訂　明毛晉刻津逮秘書本

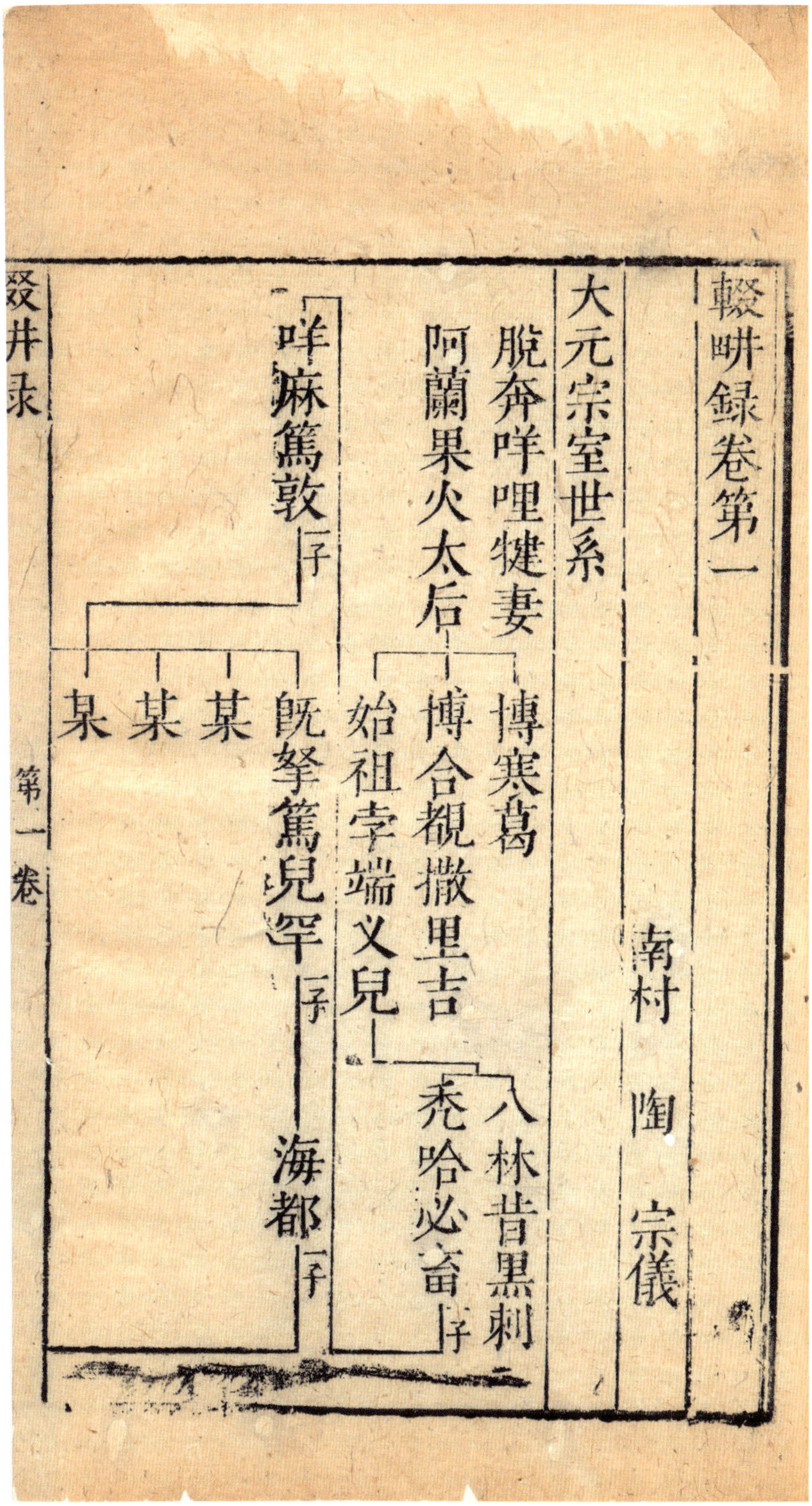

輟畊録三十卷　（元）陶宗儀撰　明廣文堂刻本

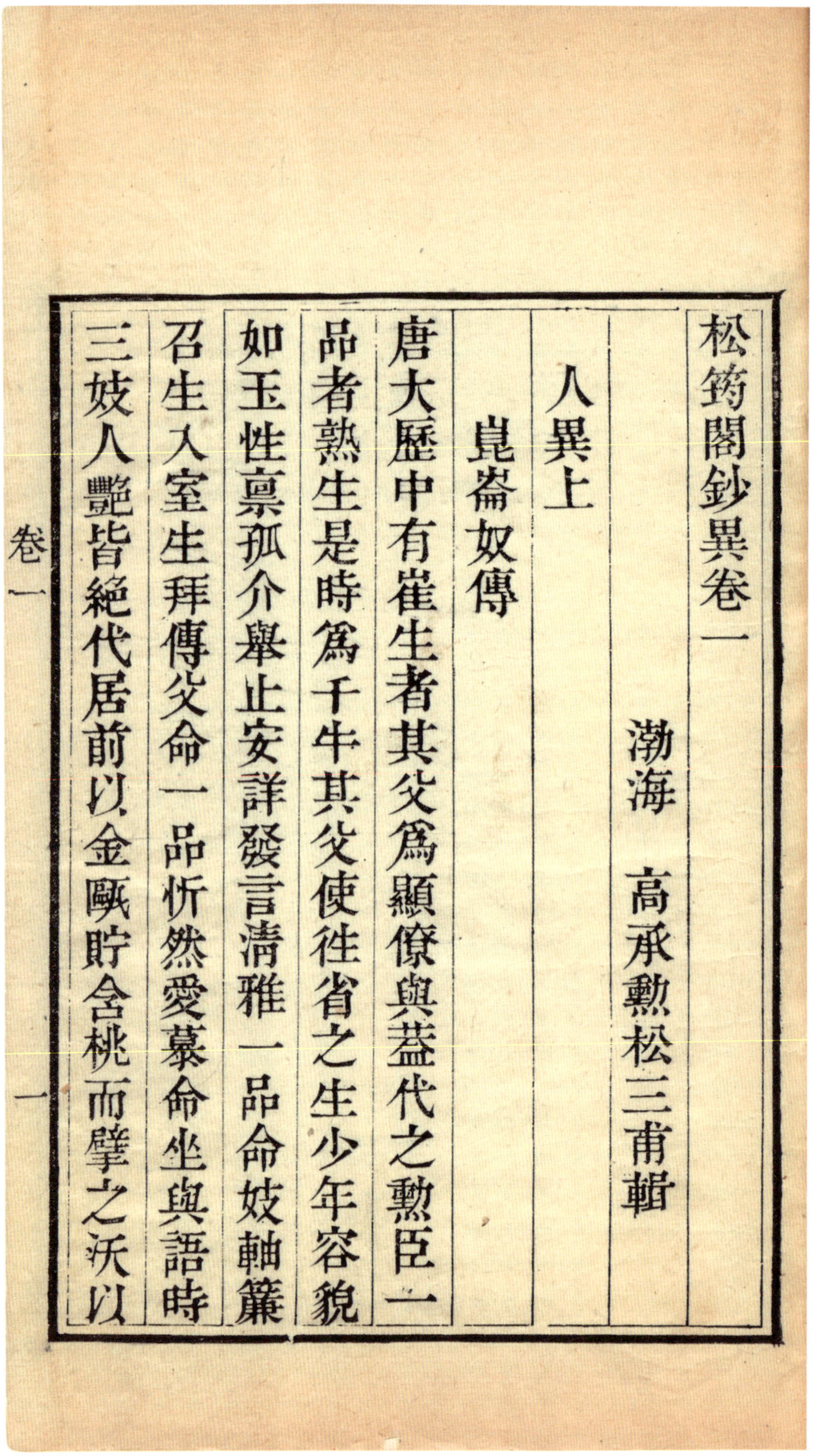
松筠閣鈔異卷一
渤海　高承勳松三甫輯
人異上
崑崙奴傳
唐大歷中有崔生者其父爲顯僚與蓋代之勳臣一
品者熟生是時爲千牛其父使往省之生少年容貌
如玉性禀孤介舉止安詳發言清雅一品命妓軸簾
召生入室生拜傳父命一品忻然愛慕命坐與語時
三妓人艶皆絕代居前以金甌貯含桃而擘之沃以
卷一　一

松筠閣鈔異十二卷　（清）高承勳輯　清道光八年（1828）渤海高氏自刻本

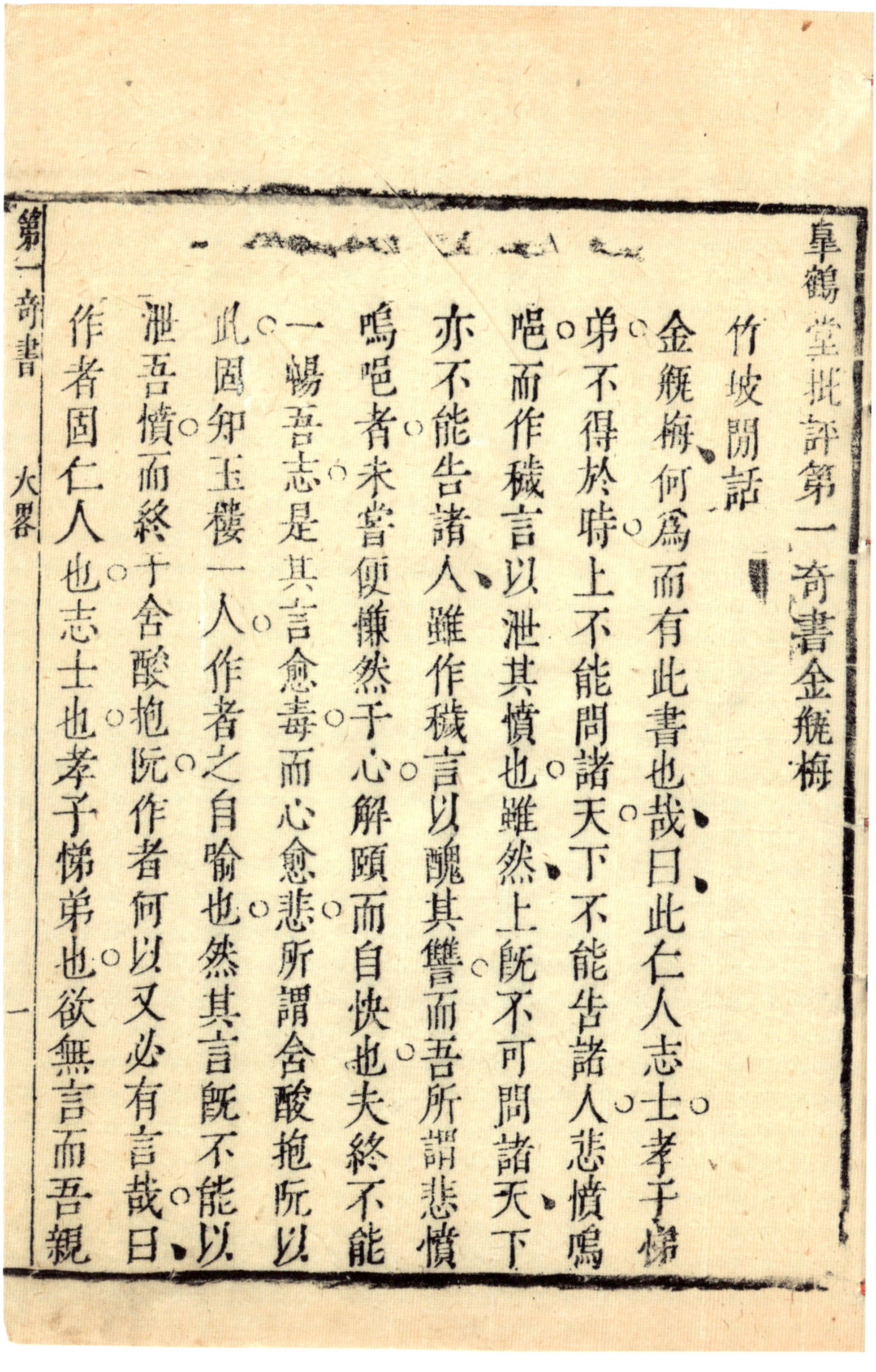

皐鶴堂批評第一奇書金瓶梅

竹坡閒話

金瓶梅何爲而有此書也哉曰此仁人志士孝子悌弟不得於時上不能問諸天下不能告諸人悲憤嗚唈而作穢言以泄其憤也雖然上既不可問諸天下亦不能告諸人雖作穢言以醜其讐而吾所謂悲憤嗚唈者未嘗便慊然于心解頤而自快也夫終不能一暢吾志是其言愈毒而心愈悲所謂含酸抱阮以此固孟玉樓一人作者之自喻也然其言既不能以泄吾憤而終于含酸抱阮作者何以又必有言哉曰作者固仁人也志士也孝子悌弟也欲無言而吾親

第一奇書　大畧　一

皐鶴堂批評第一奇書金瓶梅一百回　（清）李漁撰　清康熙三十四年（1695）在茲堂刻本

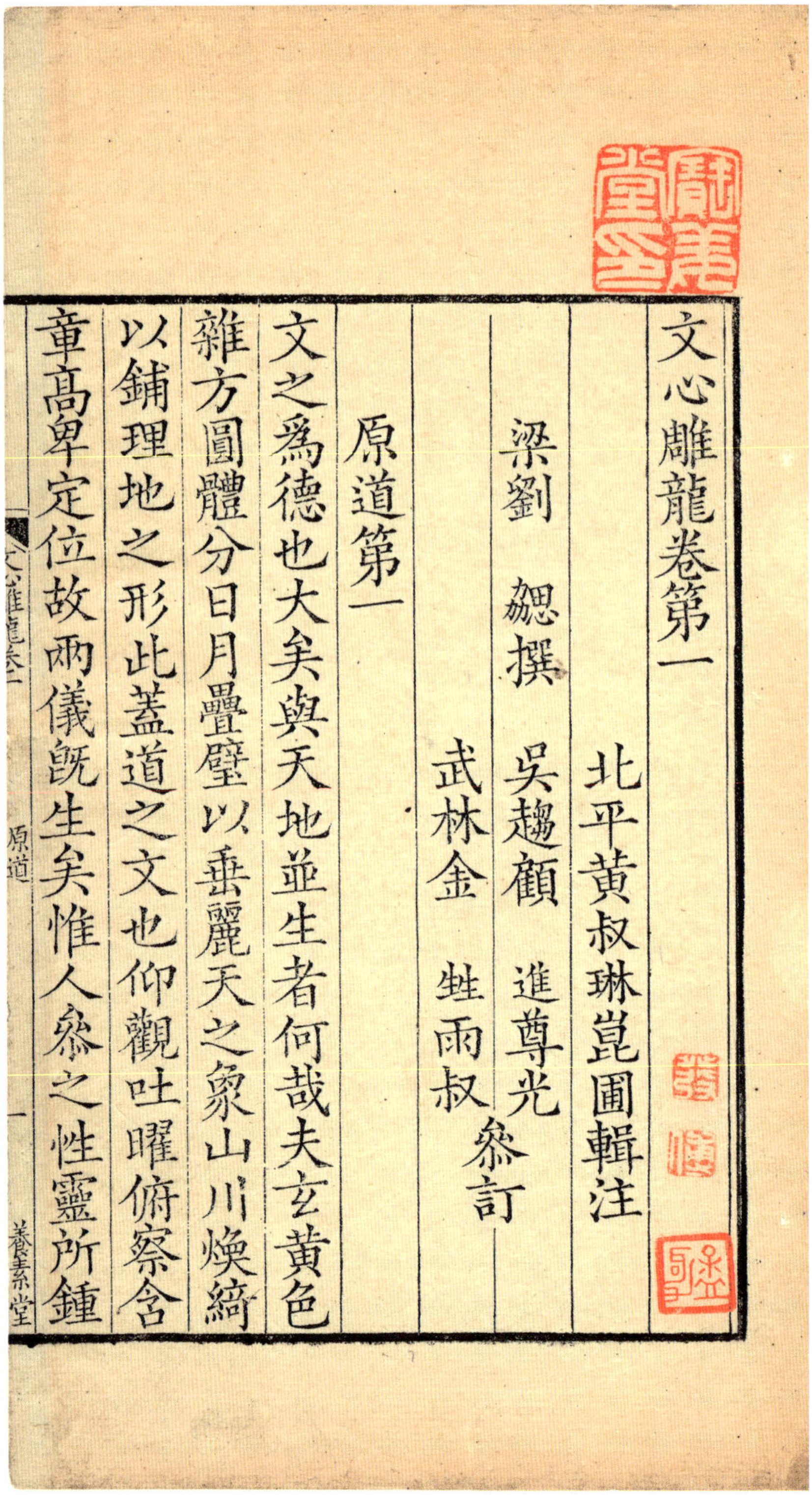

文心雕龍卷第一

北平黄叔琳崑圃輯注

梁劉　勰撰　吴趨顧　進尊光

武林金　甡雨叔　叅訂

原道第一

文之爲德也大矣與天地並生者何哉夫玄黄色雜方圓體分日月疊璧以垂麗天之象山川焕綺以鋪理地之形此蓋道之文也仰觀吐曜俯察含章高卑定位故兩儀既生矣惟人叅之性靈所鍾

文心雕龍卷一　原道　一　養素堂

文心雕龍十卷　（南朝梁）刘勰撰　（清）黄叔琳輯注

清乾隆六年（1741）養素堂刻本

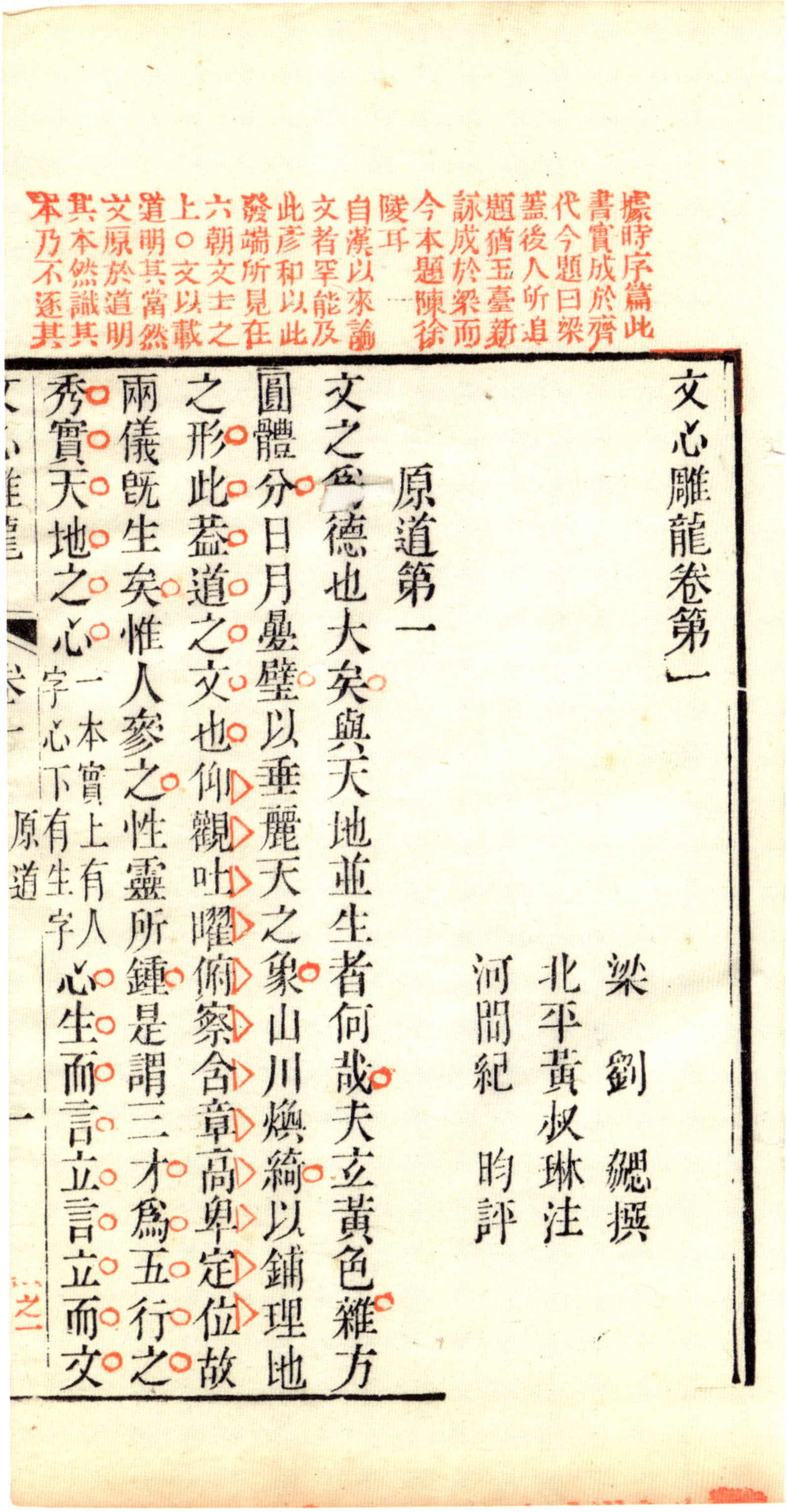

文心雕龍十卷　（南朝梁）劉勰撰　（清）黃叔琳注　（清）紀昀評　清道光十三年（1833）兩廣節署刻朱墨套印本

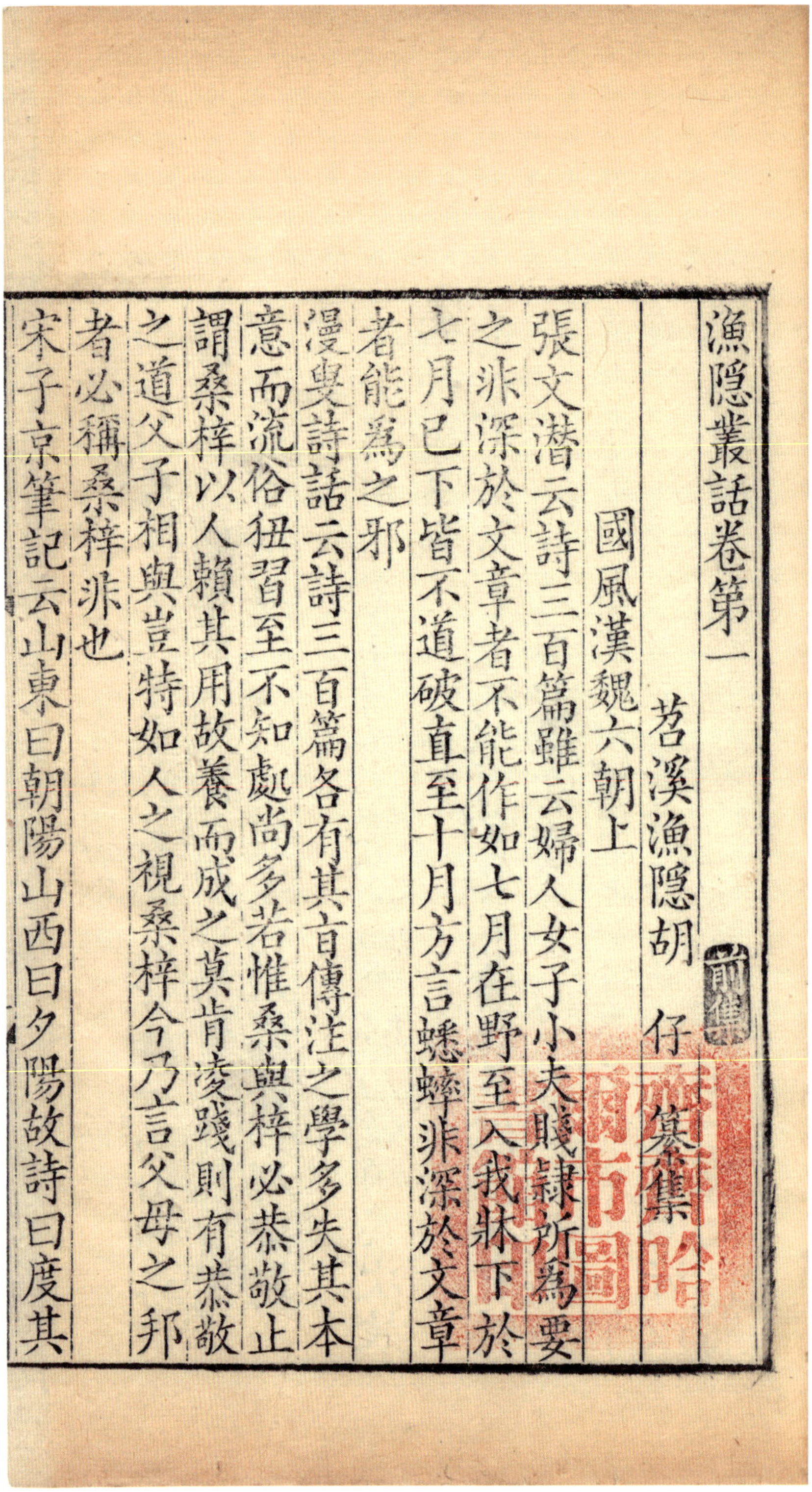
漁隱叢話卷第一
前集
苕溪漁隱胡　仔　纂集
國風漢魏六朝上
張文潛云詩三百篇雖云婦人女子小夫賤隸所爲要之非深於文章者不能作如七月在野至入我牀下於七月已下皆不道破直至十月方言蟋蟀非深於文章者能爲之邪
漫叟詩話云詩三百篇各有其旨傳注之學多失其本意而流俗狃習至不知處尚多若惟桑與梓必恭敬止謂桑梓以人賴其用故養而成之莫肯凌踐則有恭敬之道父子相與豈特如人之視桑梓今乃言父母之邪者必稱桑梓非也
宋子京筆記云山東曰朝陽山西曰夕陽故詩曰度其

漁隱叢話前集六十卷後集四十卷　（宋）胡仔纂集　清乾隆五年（1740）楊佑啟耘經樓影宋刻本

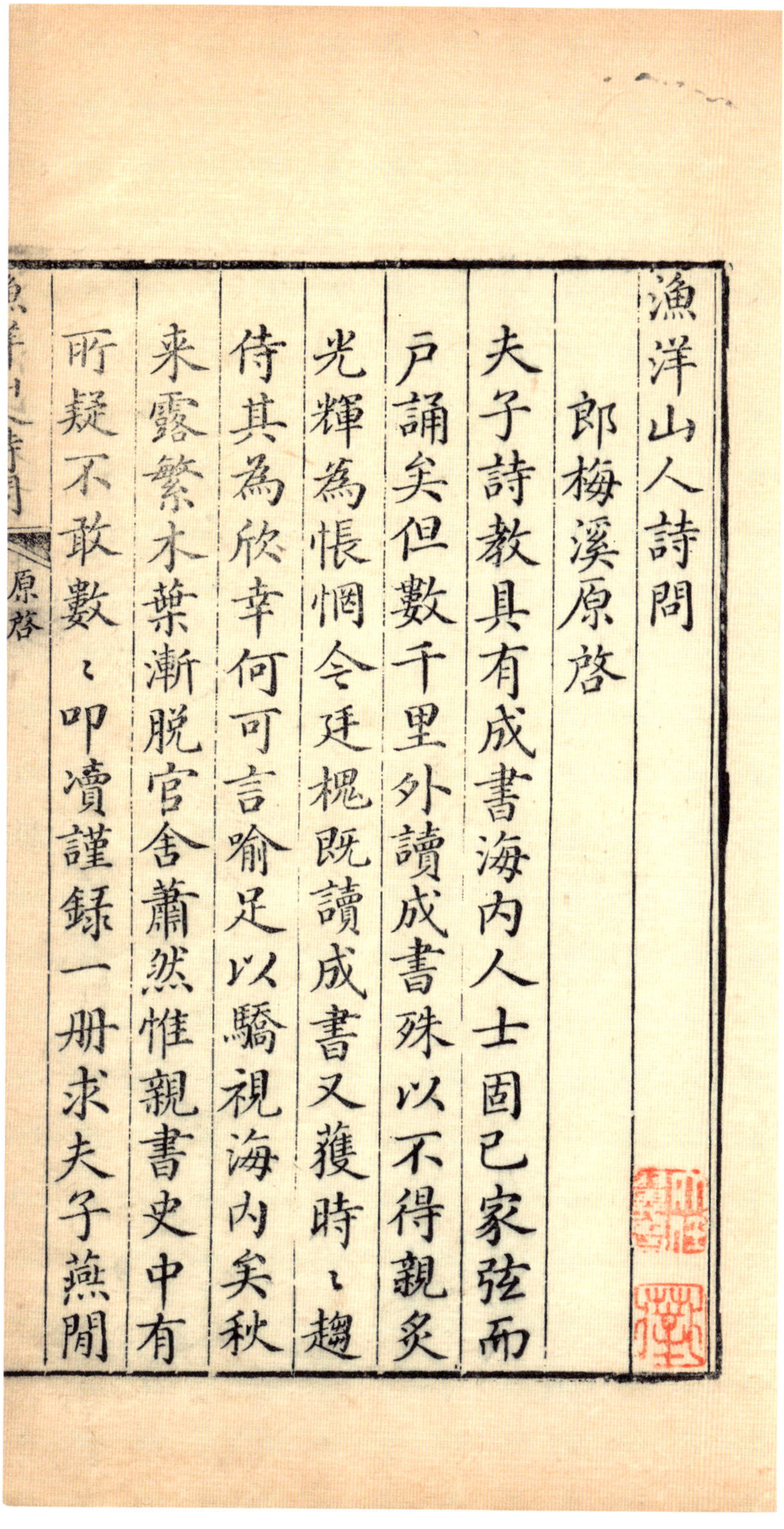
漁洋山人詩問

郎梅溪原啓

夫子詩教具有成書海内人士固已家弦而戶誦矣但數千里外讀成書殊以不得親炙光輝爲悵惘令廷槐既讀成書又獲時〻趨侍其爲欣幸何可言喻足以驕視海内矣秋来露繁木葉漸脱官舍蕭然惟親書史中有所疑不敢數〻叩瀆謹録一册求夫子燕閒

原啓

漁洋山人詩問二卷　（清）王士禛撰　（清）王祖肅校訂

清乾隆三十三年（1768）王祖肅刻本